本書爲

國家社科基金青年項目
"漢代遣册名物資料整理及其所見日常生活史研究"
（23CZS011）
階段性成果

"古文字與中華文明傳承發展工程"規劃項目
"漢代遣册衣食住行類名物集釋與疏證"（G3448）
成果

武漢大學簡帛叢書

漢代遣册衣食住行類名物集釋與疏證

雷海龍　著

科學出版社

北京

内 容 簡 介

漢代遣册集中、有序地記録了豐富多樣的名物，是生者對逝者地下生活的細緻安排，不少可與墓葬隨葬品對應，並且這些隨葬品大多數是當時現實生活中的實用物，是古人"事死如事生"理念的具體實踐，更是研究漢代日常生活史的絕佳材料。本書選取漢代遣册記録的衣食住行類名物進行分類整理，匯集學界已有成果，形成集釋文本，再廣泛收集實物、圖像、文獻等資料加以疏證。

本書適合中國古代史、簡牘學、歷史文獻學、考古學等相關方向的研究者閱讀和參考。

圖書在版編目（CIP）數據

漢代遣册衣食住行類名物集釋與疏證 / 雷海龍著. 北京：科學出版社，2024.10. --（武漢大學簡帛叢書）. -- ISBN 978-7-03-079923-4

Ⅰ. K878.8

中國國家版本館CIP數據核字第2024TE2971號

責任編輯：王光明　郝莎莎 / 責任校對：鄒慧卿
責任印制：吴兆東 / 封面設計：張　放

科*學*出*版*社* 出版
北京東黄城根北街 16 號
郵政編碼：100717
http://www.sciencep.com
北京中科印刷有限公司印刷
科學出版社發行　各地新華書店經銷

*

2024年10月第　一　版　　開本：787×1092　1/16
2025年 7 月第二次印刷　　印張：32 1/4
字數：760 000

定價：268.00圓
（如有印裝質量問題，我社負責調换）

凡　例

（1）釋文一般用通行字寫出，不嚴格按簡文字形隸定。假借字、異體字隨文注出通行字，寫在（　）內。簡文殘缺嚴重，可依據殘筆或文例補足的字，外加【　】號。簡文原有錯字，一般在釋文中注出正字，外加〈　〉號。筆畫不清或已殘損的字，用□表示，一個“□”對應一個字。字數無法確認的，用……表示。簡牘殘斷者，用⊿表示。

（2）簡牘號加底紋表示。簡牘正面用A表示，背面用B表示。欄數用壹、貳、叁……表示。各欄行號用1、2、3……表示。爲方便討論，對少數原簡文連寫者，如朱凌衣物疏、漁陽木楬、海昏侯木楬等，釋文採取分條逐一編號的方式；對於已經發表的漁陽木楬、謝家橋M1遣册、揚家山M135遣册等未編號者，我們加以編號。在各條目下徵引遣册釋文時，“遣册”減省爲“遣”，簡號緊隨其後標注，如“馬王堆M3遣327”表示馬王堆M3遣册簡327；從器志、衣物疏、衣物數、衣物名等遣册自名，本文按照名從主人的原則，保留原稱。

（3）簡文中的重文、合文，釋文保留符號并析寫；墨點、墨框、校對等符號，釋文一般保留；句讀符號，釋文一般不保留。

（4）集釋一般先行列出簡牘整理者或發掘整理者的意見，引述其他學者的論述時使用簡稱，如裘錫圭（2012）。有異説者，按發表先後順序一一列出。如多位學者同時提出相同觀點時，並列交待，其先後順序没有特殊含義。如有討論、補充意見或需要説明者，以按語形式寫出，用“今按”表示。

（5）對諸家説法，一般概括其主要論據和結論。爲行文方便，稱引時均直呼其名，敬祈見諒。

（6）引文出處及不便在文中交待的內容，以脚注形式寫出。

（7）爲避免行文繁瑣，常用典籍、工具書、出土簡帛資料一般不隨文出注，於文末“參考文獻”中附書名。

目　　録

凡例……………………………………………………………………（ⅰ）

緒論……………………………………………………………………（1）

第一章　紡織品與服飾……………………………………………（22）

　第一節　紡織品……………………………………………………（22）

　第二節　服裝………………………………………………………（40）

　第三節　佩飾………………………………………………………（142）

　第四節　雜物………………………………………………………（155）

第二章　飲食………………………………………………………（163）

　第一節　食器………………………………………………………（163）

　第二節　飲器………………………………………………………（245）

　第三節　炊器………………………………………………………（295）

第三章　起居………………………………………………………（328）

　第一節　臥坐之具…………………………………………………（328）

　第二節　化妝與洗沐之具…………………………………………（356）

　第三節　熏香之具…………………………………………………（404）

　第四節　雜物………………………………………………………（418）

第四章　車船………………………………………………………（441）

　第一節　馬車………………………………………………………（441）

　第二節　牛車………………………………………………………（460）

　第三節　輦車………………………………………………………（468）

　第四節　船…………………………………………………………（475）

結語……………………………………………………………………（478）

參考書目………………………………………………………………（481）

後記……………………………………………………………………（505）

緒　論

一、"名物"的界定

"名物"一詞首見於《周禮》，如《春官·司几筵》："司几筵掌五几五席之名物，辨其用，與其位。"《天官·庖人》："庖人掌共六畜六獸六禽，辨其名物。""名物"，賈公彦疏云指"名號物色"。近世以來，學者們從多個角度對"名物"一詞的含義進行了討論，如：華夫認爲"'名物'指物體、器物及其名稱①；陸宗達、王寧認爲"從詞義學的觀點來看，名物講的是一些專名的詞義"②；王強認爲"名物爲有客體可指，關涉古代自然與社會生活各個領域的事物，其名稱亦皆爲我國古代實有或見諸典籍記載的客體名詞"③；毛遠明認爲"名物，是指意義比較固定，對象比較明確，特徵比較具體的專名，又可叫做專稱"④；黃金貴、王建莉認爲"名物詞，包括具體的物和抽象的事，實際上應稱爲物事詞"⑤；錢慧真認爲"'名物'是關於具體特定之物的稱謂，它與物類特徵密切相關，是根據物的顏色、形制等特徵來劃分的物的種類"⑥；杜朝暉認爲"從字面上講，'名物'的'名'即名稱，'物'指事物，事物及其名稱的名稱即是'名物'。名物實際上包含了'名'和'實'。'名物'之'名'指名物詞，'名物'之'實'則爲名物詞所指稱的實物"⑦；周作明、俞理明認爲"所謂名物詞，指那些稱述各種具體和抽象事物的詞語"⑧；劉興均、黃曉冬

---

① 華夫主編：《中國古代名物大典》"序"，濟南出版社，1993年。
② 陸宗達、王寧：《訓詁與訓詁學》，山西教育出版社，1994年，第68頁。
③ 王強：《中國古代名物學初論》，《揚州大學學報》（人文社會科學版）2004年第6期。
④ 毛遠明：《漢語文辭書名物詞語釋義存在的問題》，《阿壩師範高等專科學校學報》2006年第2期。
⑤ 黃金貴、王建莉：《解物釋名——詞義訓詁的基本法》，《解物釋名》，上海辭書出版社，2008年，序言第2頁。
⑥ 錢慧真：《〈周禮正義〉所見孫詒讓名物訓詁研究》，山東大學博士學位論文，2009年，第22頁。
⑦ 杜朝暉：《敦煌文獻名物研究》，中華書局，2011年，第4頁。
⑧ 周作明、俞理明：《東晉南北朝道經名物詞新質研究》，中國社會科學出版社，2015年，第42頁。

認爲："名物是古代人們從顏色、形狀（對於人爲之器來説是指形制）、功用、質料（含有等差的因素）等角度對特定具體之物加以辨别認識的結果，是關於具體特定之物的名稱。"①

就出土遺册所記名物而言，劉興均、黄曉冬對"名物"的定義較爲適用。對某物進行定名，主要是爲了將其與他物進行區分，區分的要素可以是顏色、形制、功用、質料等。同時，名物會受到時代（時）與地域（空）的限制，出現一物多名、一名多物的現象。

二、研究對象與資料簡介

已刊多批漢代遺册記録的衣食住行類名物資料是本書主要的研究對象。漢墓出土的有字封檢、楬等，通常是對封緘的隨葬物品名稱、數量等的簡要説明，富含名物資料，且部分可與同墓出土遺册所記名物相對照，故本書也將它們納入研究範圍。以下大體按照出土地區（湖北、湖南、江蘇、山東、其他省區）和出土時間或館藏時間先後爲序，對本書要討論的各批遺册及相關材料做簡要介紹。

1. 湖北雲夢大墳頭西漢墓M1出土遺册木牘

1972年12月，湖北省博物館在雲夢縣城關鎮西南發掘了大墳頭西漢墓M1，出土有1枚正背墨書的遺册木牘，長24.6、寬6.1、厚0.3厘米。《湖北雲夢西漢墓發掘簡報》發表了木牘照片與摹本以及部分釋文②。陳振裕製作了"木方内容與出土物對照表"，發表有完整的釋文③。《雲夢大墳頭一號漢墓》除有完整的釋文、注釋外，還發表了更清晰的黑白照片以及重新製作的摹本④。劉國勝考釋所記之"鋌"指銅蒜頭壺⑤。毛靜、趙寧作有集釋⑥。

---

① 劉興均、黄曉冬：《"三禮"名物詞研究》，商務印書館，2016年，第34頁。
② 湖北省博物館等：《湖北雲夢西漢墓發掘簡報》，《文物》1973年第9期。
③ 陳振裕：《雲夢西漢墓出土木方初釋》，《文物》1973年第9期。
④ 湖北省博物館：《雲夢大墳頭一號漢墓》，《文物資料叢刊》（4），文物出版社，1981年。
⑤ 劉國勝：《説"金鋌"》，《文物》2012年第1期。
⑥ 毛靜：《漢墓遺策校注》，西南大學碩士學位論文，2011年；趙寧：《散見漢晉簡牘的蒐集與整理》，吉林大學碩士學位論文，2014年。

2. 湖北江陵鳳凰山漢墓群M8、M9、M10、M167、M168、M169出土遣册簡牘、木楬、竹筒墨書

1973年9月中旬至11月中旬，長江流域第二期文物考古工作人員訓練班學員在湖北江陵鳳凰山墓地發掘了9座西漢木椁墓，其中6座墓出土有簡册。

M8棺椁底部出土遣册竹簡175枚，長23、寬0.7、厚0.15厘米。《湖北江陵鳳凰山西漢墓發掘簡報》在介紹出土器物時零星提及幾枚簡的釋文，未發表圖版①。金立介紹M8出土竹簡176枚，完整簡165枚，殘簡11枚，發表了全部釋文，並有簡注，還附有43枚簡的部分圖版②。《江陵鳳凰山西漢簡牘》發表了M8遣册的全部照片、中山大學古文字研究室對這批簡所作的摹本與釋文，外加彭浩所作的釋文與考釋③。趙敏敏對M8簡36—51的簡序進行了重新編排④。劉國勝、趙敏敏指出M8原編號130、134實爲簽牌⑤。

M9棺椁底部出土竹簡和木牘共計80枚，其中有字木牘3枚；遣册竹簡共69枚，簡長23、寬0.7、厚0.15厘米。《湖北江陵鳳凰山西漢墓發掘簡報》介紹了出土簡牘的數量⑥。部分釋文在一些學者的文章中有零星發表⑦。《江陵鳳凰山西漢簡牘》發表了M9遣册的全部照片、中山大學古文字研究室對這批簡所作的摹本與釋文，外加李家浩所作的釋文與考釋。

M10邊廂的一件竹筒裏清理出石硯、木骰，以及竹簡172支、木牘6枚。竹簡除2枚寬簡長約37.3、寬2.9、0.25厘米外，其餘長23、寬0.7、厚0.15厘米。木牘長23—23.5、寬4.6—5.8、厚0.3—0.4厘米。其中一枚木牘正面分四欄逐條記録隨葬物品，背面先記

① 長江流域第二期文物考古工作人員訓練班：《湖北江陵鳳凰山西漢墓發掘簡報》，《文物》1974年第6期。

② 金立：《江陵鳳凰山八號漢墓竹簡試釋》，《文物》1976年第6期。

③ 湖北省文物考古研究所編：《江陵鳳凰山西漢簡牘》，中華書局，2012年。

④ 趙敏敏：《江陵鳳凰山8號墓遣册編聯小議》，《珞珈史苑》2016年卷，武漢大學出版社，2017年。

⑤ 劉國勝、趙敏敏：《談江陵鳳凰山8號漢墓穀物簽牌與西漢遣册所記穀物》，《古籍新詮——先秦兩漢文獻論集》，香港中文大學出版社，2020年。

⑥ 長江流域第二期文物考古工作人員訓練班：《湖北江陵鳳凰山西漢墓發掘簡報》，《文物》1974年第6期。

⑦ 黄盛璋：《江陵鳳凰山漢墓簡牘及其在歷史地理研究上的價值》，《文物》1974年第6期；俞偉超：《古史分期問題的考古學觀察（一）》，《文物》1981年第5期；陳振裕：《從鳳凰山簡牘看文景時期的農業生産》，《農業考古》1982年第1期；彭浩：《鳳凰山漢墓遣策補釋》，《考古與文物》1982年第5期。

録正面未寫完的隨葬品一項，再書寫告地書。《湖北江陵鳳凰山西漢墓發掘簡報》圖版五發表了木牘照片，正文有少量釋文①。黄盛璋對木牘比較清晰的文字作有釋文，並將其與墓中出土物進行了比照②。裘錫圭對木牘作有新的釋文與簡注③。《江陵鳳凰山西漢簡牘》發表了M10簡牘的照片、中山大學古文字研究室對這批簡所作的摹本與釋文，外加裘錫圭所作的釋文與考釋。

M167接近槨頂的青灰泥中出土了成卷狀的74枚遣册木簡，可按序分類爲軺車、婢、奴、漆器、陶器、錢財和食品雜物。墓中出土有4枚墨書竹筒，5件絹袋上分別縛有墨書木楬。《江陵鳳凰山一六七號漢墓發掘簡報》在"頭廂隨葬品一覽表"中發表了58枚簡的釋文，附有39枚簡的局部圖版、4枚簡的完整圖版，未發表竹筒與簽牌上墨書文字圖像資料④。《鳳凰山一六七號漢墓遣策考釋》作有這批簡的釋文和考釋，附有74枚簡的局部照片及其中17枚簡的整簡摹本⑤。《江陵鳳凰山西漢簡牘》發表了M167木簡的全部照片、中山大學古文字研究室對這批簡所作的摹本與釋文，外加姚孝遂、陳雍等所作的釋文與考釋。

M168邊廂中部底層出土1枚竹牘（告地書）和66枚竹簡（遣册）。多枚竹筒有墨書文字。《湖北江陵鳳凰山一六八號漢墓發掘簡報》發表了竹牘的圖版與釋文、5枚簡的釋文、17枚簡的完整照片⑥。俞偉超、黄盛璋討論了竹牘的釋文及相關問題⑦。此後，部分竹簡的釋文有零星發表⑧。《江陵鳳凰山一六八號漢墓》發表了全部釋文，並作有"簡文内容與出土物對照表"，附有竹牘和竹簡的全部照片⑨。田河對這批簡作有

---

① 長江流域第二期文物考古工作人員訓練班：《湖北江陵鳳凰山西漢墓發掘簡報》，《文物》1974年第6期。

② 黄盛璋：《江陵鳳凰山漢墓簡牘及其在歷史地理研究上的價值》，《文物》1974年第6期。

③ 裘錫圭：《湖北江陵鳳凰山十號漢墓出土簡牘考釋》，《文物》1974年第7期。

④ 鳳凰山一六七號漢墓發掘整理小組：《江陵鳳凰山一六七號發掘簡報》，《文物》1976年第10期。

⑤ 吉林大學歷史系考古專業赴紀南城開門辦學小分隊：《鳳凰山一六七號漢墓遣策考釋》，《文物》1976年第10期。

⑥ 紀南城鳳凰山一六八號漢墓發掘整理組：《湖北江陵鳳凰山一六八號漢墓發掘簡報》，《文物》1975年第9期。

⑦ 《文物》編輯部：《關於鳳凰山一六八號漢墓座談紀要》，《文物》1975年第9期；黄盛璋：《關於江陵鳳凰山168號漢墓的幾個問題》，《考古》1977年第1期。

⑧ 俞偉超：《古史分期問題的考古學觀察（一）》，《文物》1981年第5期；陳振裕：《從鳳凰山簡牘看文景時期的農業生產》，《農業考古》1982年第1期。

⑨ 湖北省文物考古研究所：《江陵鳳凰山一六八號漢墓》，《考古學報》1993年第4期。

新的釋文與校釋①。《江陵鳳凰山西漢簡牘》發表了M168簡牘的全部照片、中山大學古文字研究室對這批簡所作的摹本與釋文，外加陳振裕所作的釋文與考釋。

M169頭廂北端底部出土遣册竹簡58枚。《江陵紀南城鳳凰山西漢墓169號發掘簡報》發表了3枚簡的釋文，17枚簡的摹本②。俞偉超、陳振裕、丁華、胡平生、李天虹先後發表了部分簡的釋文③。《江陵鳳凰山西漢簡牘》發表了M169遣册全部照片、中山大學古文字研究室對這批簡所作的摹本與釋文，外加李天虹所作的釋文與考釋。

李家浩、裘錫圭、彭浩、許林萍等學者對這幾批遣册所記部分名物作有考證④，毛靜、張一諾、章水根作有集釋⑤。

3. 湖北江陵張家山西漢墓M247出土遣册竹簡

1983年12月，荆州博物館於江陵磚瓦廠發掘了張家山西漢墓M247，出土了大批竹簡，内容包含《曆譜》《二年律令》《奏讞書》《脈書》《算數書》《蓋廬》《引書》和遣册，其中遣册數量爲41枚（含殘簡）。《江陵張家山三座漢墓出土大批竹簡》簡要介紹了M247的發掘情況⑥。《江陵張家山漢簡概述》列舉了8枚簡文與出土實物的對照⑦。《張家山漢墓竹簡〔二四七號墓〕》完整發表了M247所出簡册全部圖

①　田河：《江陵鳳凰山168號漢墓遣册校釋》，《甘肅省第二屆簡牘學國際學術研討會論文集》，上海古籍出版社，2012年。

②　四川大學歷史系考古專業74級實習隊編印：《江陵紀南城鳳凰山西漢墓169號發掘簡報》，紀南城文物保護與考古發掘辦公室，1975年。

③　俞偉超：《古史分期問題的考古學觀察（一）》，《文物》1981年第5期；陳振裕：《從鳳凰山簡牘看文景時期的農業生產》，《農業考古》1982年第1期；丁華：《江陵鳳凰山漢簡所反映的俑類隨葬狀況》，《奮發荆楚探索文明：湖北省文物考古研究論文集》，湖北科學技術出版社，2000年；胡平生、李天虹：《長江流域出土簡牘與研究》，湖北教育出版社，2004年。

④　李家浩：《江陵鳳凰山八號漢墓"龜盾"漆畫試探》，《文物》1974年第6期；李家浩：《讀江陵鳳凰山漢墓遣策札記三則》，《中國文字學報》第2輯，商務印書館，2008年；裘錫圭：《説"薄土"》，《文史》第11輯，中華書局，1981年，原署名"求是"；彭浩：《鳳凰山漢墓遣策補釋》，《考古與文物》1982年第5期；許林萍：《讀〈江陵鳳凰山西漢簡牘〉札記》，復旦古文字網2013年3月3日。

⑤　張一諾：《江陵鳳凰山漢墓遣策集釋》，首都師範大學碩士學位論文，2011年；章水根：《江陵鳳凰山漢墓簡牘集釋》，吉林大學碩士學位論文，2013年。

⑥　荆州地區博物館：《江陵張家山三座漢墓出土大批竹簡》，《文物》1985年第1期。

⑦　張家山漢墓竹簡整理小組：《江陵張家山漢簡概述》，《文物》1985年第1期。

版、釋文與注釋①。劉釗、陳偉武、毛玉蘭、田河、廣瀬薰雄、何有祖等對遣册所記部分名物作有考證，一些簡序的調整也得到有益探討②。毛静作有集釋。

4. 湖北江陵揚家山西漢墓M135出土遣册竹簡

1990年12月，湖北省荆州地區博物館對江陵縣荆州鎮揚家山墓地進行了發掘，清理不同時代的古墓葬178座，其中M135保存完好。邊廂靠頭廂一端槨底板上出土了1捆竹簡，共75枚，堆放有序，部分殘斷。整簡一般長22.9、寬0.6、厚0.1厘米左右，顏色呈黄褐色，字跡大部分清晰可辨，書寫於篾黄一面，編繩已朽，爲遣册，記録墓中隨葬品，每支簡少則記一物，多則記二三物，字數從二字至十幾字不等。《江陵揚家山135號秦墓發掘簡報》發表了5枚簡的照片，不甚清晰，其中有一枚簡的圖像兩見（圖版頁最右側、最左側），未給出釋文③。《長江流域出土簡牘與研究》釋寫了其中三枚簡④。關於此墓的年代，整理者推定此墓屬秦，上限不超過公元前278年，下限在西漢以前。陳振裕認爲，"仔細分析比較此墓出土的銅、陶、漆器，與雲夢睡虎地11號秦墓仍有一些差别，其年代似定爲秦漢之際至西漢初年較爲妥當；且簡文内容爲遣策，通觀目前已發現的秦代簡牘均無此類内容，很可能與秦人葬俗有關，而西漢時期簡牘内容爲遣策的已是常見，也應與當時的葬俗有關"⑤。尹弘兵通過器型比對，認爲此墓晚於雲夢M11，可能稍早於雲夢大墳頭M1，其年代可能爲秦漢之際至漢初⑥。單育辰將此墓歸入"西漢墓"⑦。

① 張家山二四七號漢墓竹簡整理小組：《張家山漢墓竹簡〔二四七號墓〕》，文物出版社，2001年。
② 劉釗：《〈張家山漢墓竹簡〉釋文注釋商榷（一）》，《古籍整理研究學刊》2003年第3期；陳偉武：《秦漢簡牘考釋拾遺》，《簡帛》第2輯，上海古籍出版社，2007年；毛玉蘭：《對漢簡所見器物及其歷史文化意義的幾點探討》，安徽大學碩士學位論文，2007年；田河：《張家山二四七號漢墓遣册補正》，《社會科學戰線》2010年第11期；廣瀬薰雄：《張家山二四七號漢墓遣策釋文考釋商榷》，《出土文獻與古文字研究》第3輯，復旦大學出版社，2010年；何有祖：《張家山漢簡校釋札記》，《楚簡楚文化與先秦歷史文化國際學術研討會論文集》，湖北教育出版社，2013年。
③ 湖北省荆州地區博物館：《江陵揚家山135號秦墓發掘簡報》，《文物》1993年第8期。
④ 胡平生、李天虹：《長江流域出土簡牘與研究》，湖北教育出版社，2004年。
⑤ 陳振裕：《湖北秦漢簡牘概述》，《新出簡帛研究》，文物出版社，2004年，第56頁。
⑥ 尹弘兵：《江陵地區戰國晚期至秦代墓葬初探》，武漢大學碩士學位論文，2005年，第78頁。
⑦ 單育辰：《1900年以來出土簡帛一覽》，《簡帛》第1輯，上海古籍出版社，2006年。

5. 湖北江陵高臺西漢墓M6、M18出土遣册簡牘

1992年4—9月，荆州博物館對湖北江陵紀南鄉高臺村墓群進行發掘，西漢墓M6、M18出土有簡牘。

M6頭廂出土竹簡53枚（含殘簡），有字簡13枚，記録隨葬物品的名稱與數量，爲遣册。《荆州高臺秦漢墓》發表了這些竹簡的圖像與釋文[①]。劉國勝討論了簡11所記的"薄土"[②]。

M18的頭廂東南部緊貼槨底板上出土木牘4枚，牘乙爲告地書正文，牘丁爲隨葬器物的記録，即遣册。《江陵高臺18號墓發掘簡報》發表了木牘的照片、摹本與釋文[③]。黄盛璋對這批材料進行了初步研究[④]。《荆州高臺秦漢墓》系統發表了此墓的考古發掘成果，對簡牘内容有考釋[⑤]。

姜維、毛靜、于麗微對兩批簡牘作有集釋[⑥]。

6. 湖北荆州蕭家草場西漢墓M26出土遣册竹簡

1992年11月，荆州市周梁玉橋遺址博物館在沙市太湖港東岸的蕭家草場發掘了26號西漢墓。頭廂南部的竹笥蓋上出土35枚竹簡，爲遣册。《關沮秦漢墓清理簡報》發表了3枚簡的釋文及對應的彩色圖版[⑦]。《蕭家草場二六號漢墓發掘報告》完整發表了這批材料，含有遣册的圖版、釋文與注釋[⑧]。劉國勝對部分名物做了名實對應考察[⑨]。毛靜、于麗微作有集釋。

① 湖北省荆州博物館編著：《荆州高臺秦漢墓》，科學出版社，2000年。
② 劉國勝：《讀漢墓遣册筆記（二則）》，簡帛網2008年10月23日。
③ 湖北省荆州地區博物館：《江陵高臺18號墓發掘簡報》，《文物》1993年第8期。
④ 黄盛璋：《江陵高臺漢墓新出"告地策"、遣策與相關制度發覆》，《江漢考古》1994年第2期。
⑤ 湖北省荆州博物館編著：《荆州高臺秦漢墓》，科學出版社，2000年。
⑥ 姜維：《近二十年散見漢簡牘輯録》，武漢大學碩士學位論文，2011年；于麗微：《高臺、關沮、胥浦漢墓簡牘集釋與文字編》，吉林大學碩士學位論文，2014年。
⑦ 湖北省荆州市周梁玉橋遺址博物館：《關沮秦漢墓清理簡報》，《文物》1999年第6期。
⑧ 湖北省荆州市周梁玉橋遺址博物館編：《關沮秦漢墓簡牘》，中華書局，2001年。
⑨ 劉國勝：《説"金鋌"》，《文物》2012年第1期。

7. 湖北荆州謝家橋西漢墓M1出土遣册簡牘

2007年11月，荆州博物館對沙市關沮鄉清河村六組的謝家橋1號西漢墓進行發掘。東室出土了包捆在灰褐色蒲草内的竹簡208枚，竹牘3枚，保存完好，爲告地書和遣册。《中國考古學年鑒·2008》"荆州市謝家橋一號漢墓"簡要介紹了墓葬情況，並發表了告地書的首句釋文①。《湖北荆州謝家橋一號漢墓發掘簡報》發表了第38、66、70號竹簡、第1號竹牘的釋文與彩色圖版②。《2008中國重要考古發現》"湖北荆州謝家橋一號漢墓"亦刊載了見於簡報的幾枚圖版③。《荆州重要考古發現》"謝家橋1號漢墓"發表了3枚竹牘、12枚竹簡的彩色圖版④。曾劍華介紹了這批簡中有11枚竹簡屬於分類小結，197枚竹簡記錄具體的隨葬物品，另有3枚竹牘的内容爲告地書⑤。劉國勝、王貴元、張文瀚對告地書中的部分字詞進行了考釋⑥。姜維、趙寧作有集釋。

8. 湖北荆州胡家草場西漢墓M12出土遣册竹簡

2018年10月至2019年3月，荆州博物館在胡家草場墓地發掘了12號西漢墓，出土了4642枚簡牘，分裝在兩個竹笥中，90號竹笥盛放遣册、石硯等，10號竹笥盛放其他簡牘。遣册的數量有120餘枚，長約23、寬約0.6厘米，未發現編繩和契口。《湖北荆州市胡家草場西漢墓M12出土簡牘概述》介紹了此墓出土簡牘的概況，發表了3551、3559兩枚遣册的釋文與照片⑦。

9. 湖南長沙徐家灣西漢劉驕墓（M401）出土木楬

1951年10月至1952年2月，中國科學院考古研究所湖南調查發掘團在長沙城東五里牌的徐家灣發掘了401號西漢墓，墓主爲劉驕。墓中出土了1枚木楬，墨書三字。《長

———————————————

①　中國考古學會主編：《中國考古學年鑒·2008》，文物出版社，2009年。

②　荆州博物館：《湖北荆州謝家橋一號漢墓發掘簡報》，《文物》2009年第4期。

③　國家文物局編著：《2008中國重要考古發現》，文物出版社，2009年。

④　滕壬生主編：《荆州重要考古發現》，文物出版社，2009年。

⑤　曾劍華：《謝家橋一號漢墓簡牘概述》，《長江大學學報》（社會科學版）2010年第2期。

⑥　劉國勝：《謝家橋一號漢墓〈告地書〉牘的初步考察》，《江漢考古》2009年第3期；王貴元：《謝家橋一號漢墓〈告地策〉字詞考釋》，《古漢語研究》2010年第4期；張文瀚：《謝家橋一號漢墓告地策補釋》，《中原文物》2012年第6期。

⑦　李志芳、蔣魯敬：《湖北荆州市胡家草場西漢墓M12出土簡牘概述》，《考古》2020年第2期。

沙近郊古墓發掘記略》發表了木楬圖版[①]。《長沙發掘報告》詳細發表了此墓的發掘情
況與出土器物資料，包括木楬的釋文與照片[②]。《中國歷史博物館藏法書大觀》著録有
高清照片[③]。趙寧作有集釋。

10. 湖南長沙馬王堆漢墓M1、M3出土遣册竹木簡、竹木楬

　　1972年1—4月，湖南省博物館對長沙東郊五里牌外的馬王堆1號西漢墓進行發掘。
東邊廂北端出土了一批竹簡，共312枚，爲遣册；木楬49枚，其中17枚仍繫在竹笥上，
散落32枚，其上墨書竹笥所盛物品之名；竹楬19枚，其中6枚繫在草泥封口的大口罐
頸部，7枚可能原繫在罐上的竹楬散落，3枚可能原繫在邊廂盛糧食麻袋上的竹楬亦
散落，另有3枚竹楬上僅有密佈的墨點，無可辨識文字。《長沙馬王堆一號漢墓發掘
簡報》介紹了M1的發掘成果，發表的材料中含有部分遣册的釋文，附有9枚遣册的圖
版[④]。《文物》1972年第9期刊發了一組研究馬王堆M1的文章，學者們從多個角度對
M1喪葬制度、出土器物及其他問題進行了討論。《考古》1972年第5期刊發了《關於
長沙馬王堆一號漢墓的座談紀要》。《長沙馬王堆一號漢墓》完整發表了這批竹簡的
圖版、釋文與注釋，竹楬的釋文與13枚圖版，49枚木楬的照片（缺27號）、摹本、
釋文[⑤]。

　　1973年11—12月，湖南省博物館對馬王堆3號漢墓進行了發掘。除於東邊廂一件
漆笥下層出土大量帛書、另一件漆笥中出土醫簡外，於西邊廂的西北角出土409枚竹簡
（含殘簡）、木牘，爲遣册。另於東邊廂外出土1枚有紀年的木牘，爲告地書。此外，
還於東邊廂、南邊廂、西邊廂的竹笥附近出土有53枚散落的木楬，原應繫在竹笥上，
其上墨書文字主要是對竹笥中所盛物品的説明，其中有49枚木楬所記見於遣册簡文，
可相對照。《長沙馬王堆二、三號漢墓發掘簡報》簡要介紹了墓葬的發掘情況，所附
圖版中含有3枚小結木牘、6枚遣册竹簡、2枚木楬[⑥]。《長沙馬王堆二、三號漢墓》發

---

①　考古研究所湖南調查發掘團：《長沙近郊古墓發掘記略》，《科學通報》第3卷第7期，《文
物參考資料》1952年第2期轉載此文。
②　中國科學院考古研究所：《長沙發掘報告》，科學出版社，1957年。
③　史樹青主編：《中國歷史博物館藏法書大觀》第12卷《戰國秦漢唐宋元墨迹》，上海教育出
版社，2001年。
④　湖南省博物館、中國科學院考古研究所、文物編輯委員會：《長沙馬王堆一號漢墓發掘簡
報》，文物出版社，1972年。
⑤　湖南省博物館、中國科學院考古研究所編：《長沙馬王堆一號漢墓》，文物出版社，1973年。
⑥　湖南省博物館、中國科學院考古研究所：《長沙馬王堆二、三號漢墓發掘簡報》，《文物》
1974年第7期。

表了M3的考古材料，其中包含遺册、木楬的圖版、釋文與注釋①。

　　陳直、唐蘭、朱德熙、裴錫圭、周世榮、李家浩、劉釗、伊强、范常喜、鄭曙斌、陳松長、王子今、田天等多位學者們對馬王堆遺册作有考證研究②。在綜合研究方面，金菲菲對M1遺册的相關研究成果進行匯釋，編制有《馬王堆一號漢墓遺策名物索引》，分爲“飲食類”“器物用具類”“絲織品及衣物等類”三大類③。伊强對M3遺册、簽牌的釋文與注釋中存在的問題進行了探討，其中第二部分“注釋的問題”對部分名物詞的注釋問題進行了研究，附録部分有對遺册簡序的調整④。賀强對M1和M3遺册進行了校釋⑤。張如栩討論了M3遺册所見軑侯家的各類人員構成、家庭生活情況及娛樂活動等，

　　①　湖南省博物館、湖南省文物考古研究所編著：《長沙馬王堆二、三號漢墓·第1卷：田野考古發掘報告》，文物出版社，2004年。

　　②　陳直：《長沙馬王堆一號漢墓的若干問題考述》，《文物》1972年第9期。裴錫圭：《從馬王堆一號漢墓“遺册”談關於古隸的一些問題》，《考古》1974年第1期。唐蘭：《長沙馬王堆漢軑侯妻辛追墓出土隨葬遺策考釋》，《文史》第10輯，中華書局，1980年。朱德熙、裴錫圭：《馬王堆一號漢墓遺策考釋補正》，《文史》第10輯，中華書局，1980年。周世榮：《湖南出土漢魏六朝文字雜考》，《湖南考古輯刊》第6集，1994年。李家浩：《毋尊、縱及其他》，《文物》1996年第7期。劉釗：《馬王堆漢墓簡帛文字考釋》，《語言學論叢》第28輯，商務印書館，2003年。伊强：《馬王堆三號漢墓遺策文字考釋》，《出土文獻與古文字研究》第1輯，復旦大學出版社，2006年；《馬王堆三號漢墓遺策補考》，《出土文獻》第9輯，中西書局，2016年。范常喜：《馬王堆一號漢墓遺册“級緒巾”補説》，《華夏考古》2010年第2期；《馬王堆漢墓遺册“甘羹”新釋》，《中原文物》2016年第5期；《〈長沙馬王堆漢墓簡帛集成〉遺策校讀札記四則》，《簡帛研究二〇一六秋冬卷》，廣西師範大學出版社，2017年；《馬王堆漢墓遺册“燭庸”與包山楚墓遺册“燭桶”合證》，《戰國文字研究的回顧與展望》，中西書局，2017年。鄭曙斌：《馬王堆二號漢墓遺策中的喪葬用車》，《湖南省博物館四十周年紀念論文集》，湖南教育出版社，1996年；《馬王堆三號漢墓遺策之“明童”問題研究》，《考古與文物》2005年第1期；《略論馬王堆漢墓遺策記載的土質明器》，《湖南省博物館館刊》第3輯，嶽麓書社，2006年；《馬王堆漢墓遺策所記衣物略考》，《湖南省博物館館刊》第4輯，嶽麓書社，2007年；《略論馬王堆漢墓遺策記載的食物》，《湖南省博物館館刊》第6輯，嶽麓書社，2009年；《馬王堆漢墓遺策所記漆盤考辨》，《湖南考古輯刊》第9集，嶽麓書社，2011年；《論馬王堆漢墓遺册記載的祭器》，《湖南省博物館館刊》第12輯，嶽麓書社，2016年。陳松長：《馬王堆三號墓出土遺策釋文訂補》，《出土文獻與傳世典籍的詮釋》，上海古籍出版社，2010年。王子今：《馬王堆三號漢墓遺策“馬豎”雜議》，《文博》2015年第2期。田天：《關於長沙馬王堆漢墓遺策衣物簡的幾個問題》，《〈長沙馬王堆漢墓簡帛集成〉修訂研討會論文集》，2015年6月；《西漢遺策“偶人簡”研究》，《文物》2019年第6期。

　　③　金菲菲：《長沙馬王堆一號漢墓遺策集釋》，首都師範大學碩士學位論文，2010年。

　　④　伊强：《談〈長沙馬王堆二、三號漢墓〉遺策釋文和注釋中存在的問題》，北京大學碩士學位論文，2005年。

　　⑤　賀强：《馬王堆漢墓遺策整理研究》，西南大學碩士學位論文，2006年。

其中涉及一些名物研究，如食品、飲食起居、衣物、裝飾品、車騎等①。

《長沙馬王堆漢墓簡帛集成》整理了馬王堆M1—M3所出簡帛文獻，刊布了更清晰的圖版，釋文與注釋部分匯集了學界幾十年來的已有成果，並提出不少新的看法②。2015年6月27—28日"《長沙馬王堆漢墓簡帛集成》修訂研討會"召開，與會學者對馬王堆M1、M3所出帛書與簡牘材料進行了討論，提出了不少修訂意見③。

11. 湖南長沙望城坡古墳垸西漢漁陽墓出土木楬

1993年2—7月，長沙市文物工作隊、長沙市文物管理委員會辦公室對位於長沙市香江西岸咸嘉湖西側的望城坡古墳垸西漢漁陽墓進行了發掘，主墓爲帶斜坡墓道的豎穴岩坑木槨墓。在東藏室、南藏室和棺室清理出木楬與封檢等100餘件，有的木楬上圓下方，首部塗黑，有雙孔；有的木楬呈長方形，下端兩側各有一內凹三角形切口。《湖南長沙望城坡西漢漁陽墓發掘簡報》介紹了墓葬的出土概況，發表了9枚木楬的圖版與釋文④。《簡牘名蹟選》發表有C：34-1、E：47木楬的高清彩色圖版⑤。宋少華、蔣文、羅小華對木楬所記部分字詞名物進行補正與考證⑥。姜維、趙寧作有集釋。

12. 江蘇鹽城三羊墩漢墓M1出土衣物疏木牘

1963年11月，南京博物院在鹽城縣伍佑公社三羊墩發掘了一座西漢末期至東漢初期的三棺同槨墓M1，出土1枚已殘去半邊的衣物疏木牘。《江蘇鹽城三羊墩漢墓清理報告》介紹了墓葬發掘情況，發表了木牘照片，並釋其中一條記録爲"間丸頭一相丸"⑦。《散見簡牘合輯》釋出"□□襜褕一""間丸頭一""相丸□一"⑧。《長江

---

① 張如栩：《長沙馬王堆三號漢墓遣策研究》，鄭州大學碩士學位論文，2011年。
② 裘錫圭主編：《長沙馬王堆漢墓簡帛集成》，中華書局，2014年。
③ 《〈長沙馬王堆漢墓簡帛集成〉修訂研討會論文集》，湖南省博物館、復旦大學出土文獻與古文字研究中心、中華書局聯合主辦，2015年6月。
④ 長沙市文物考古研究所、長沙簡牘博物館：《湖南長沙望城坡西漢漁陽墓發掘簡報》，《文物》2010年第4期。
⑤ 西林昭一編：《簡牘名蹟選2.湖南篇（二）》，日本東京二玄社，2009年。
⑥ 宋少華：《長沙西漢漁陽墓相關問題芻議》，《文物》2010年第4期；蔣文：《長沙望城出土木楬簽牌釋文補正》，《語言研究集刊》第11輯，上海辭書出版社，2013年；羅小華：《漁陽漢墓出土木楬選釋七則》，簡帛網2015年6月2日。
⑦ 江蘇省文物管理委員會、南京博物院：《江蘇鹽城三羊墩漢墓清理報告》，《考古》1964年第8期。
⑧ 李均明、何雙全：《散見簡牘合輯》，文物出版社，1990年。

流域出土簡牘與研究》釋出“□□一”“□丸襜褕一”“閑丸□一”“相丸□一”，並考證了“丸”①。《中國簡牘集成》作出更多的釋文②。趙寧、寶磊作有校釋。

13. 江蘇連雲港海州西漢霍賀墓出土衣物疏木牘

　　1973年3月，南京博物院、連雲港市博物館在連雲港海州網疃莊小焦山發掘了一座西漢晚期的夫婦合葬墓，男棺主人爲霍賀。男棺腳端出土木牘7枚，僅1枚有字，内容爲衣物疏。《海州西漢霍賀墓清理簡報》介紹了墓葬發掘情況，發表了衣物疏摹本和四條釋文③。《中國簡牘集成》作有較完整的釋文④。毛静、趙寧、寶磊作有校釋。

14. 江蘇連雲港海州西漢侍其繇墓出土衣物疏木牘

　　1973年12月，南京博物院在連雲港海州網疃莊發掘了一座西漢中晚期的夫婦合葬墓，北棺主人爲男性，名“侍其繇”。南棺主人爲女性。兩棺之内各出一枚木牘，女棺木牘字跡“消失”，男棺木牘字跡清晰，内容均爲衣物疏。《江蘇連雲港市海州西漢侍其繇墓》介紹了墓葬發掘情況，發表了男棺衣物疏的摹本與4條釋文⑤。《散見簡牘合輯》據發掘簡報摹本作出了整枚衣物疏的釋文⑥。《長江流域出土簡牘與研究》《中國簡牘集成》作有新的釋文與簡注⑦。毛静、趙寧、寶磊作有校釋。

15. 江蘇連雲港唐莊高高頂西漢墓出土衣物疏木牘

　　1980年5月，連雲港市博物館在連雲港花果山鄉唐莊高高頂發掘了一座西漢晚期的雙槨並列埋葬的墓葬，於棺内出土一枚木牘，爲衣物疏。《連雲港市唐莊高高頂漢墓發掘報告》介紹了墓葬的發掘情況，發表了衣物疏的一條釋文及黑白照片⑧。

---

① 胡平生、李天虹：《長江流域出土簡牘與研究》，湖北教育出版社，2004年。
② 初師賓主編，胡平生、陳松長校注：《中國簡牘集成》2編第19册，敦煌文藝出版社，2005年。
③ 南京博物院、連雲港市博物館：《海州西漢霍賀墓清理簡報》，《考古》1974年第3期。
④ 初師賓主編，胡平生、陳松長校注：《中國簡牘集成》2編第19册，敦煌文藝出版社，2005年。
⑤ 南波：《江蘇連雲港市海州西漢侍其繇墓》，《考古》1975年第3期。
⑥ 李均明、何雙全：《散見簡牘合輯》，文物出版社，1990年。
⑦ 胡平生、李天虹：《長江流域出土簡牘與研究》，湖北教育出版社，2004年；初師賓主編，胡平生、陳松長校注：《中國簡牘集成》2編第19册，敦煌文藝出版社，2005年。
⑧ 周錦屏：《連雲港市唐莊高高頂漢墓發掘報告》，《東南文化》1995年第4期。

16. 江蘇儀徵胥浦西漢朱夌墓（M101）出土衣物疏木牘、封檢

　　1984年①，揚州博物館在儀徵胥浦公社發掘了一座西漢末期夫婦合葬豎穴土坑木
槨墓M101。甲棺主人名朱夌，女性②，棺內出土"先令券書"竹簡16枚，性質不明的
"何賀山錢"竹簡1枚，取錢記錄木牘1枚，衣物疏木牘1枚，封檢1枚。《江蘇儀徵胥
浦101號西漢墓》介紹了墓葬發掘與出土情況，發表了全部簡牘、封檢的摹本、釋文、
黑白照片③。《江蘇連雲港·揚州新出土簡牘選》發表了衣物疏的清晰黑白照片④。其
後，《揚州館藏文物精華》《儀徵出土文物集粹》先後發表了較清晰的彩色照片⑤。
《散見簡牘合輯》《長江流域出土簡牘與研究》《中國簡牘集成》均收錄此衣物疏的
釋文⑥。毛靜、于麗微、竇磊作有集釋。

17. 江蘇連雲港海州陶灣村西漢西郭寶墓出土衣物疏木牘、竹楬

　　1985年4月，連雲港市博物館在連雲港市新浦區錦屏鎮陶灣村黃石崖清理了一座西
漢中晚期的一棺一槨豎穴土坑墓，墓主爲西郭寶。在墓主頭側出土名謁木牘2枚，夾在
名謁之中的衣物疏木牘1枚⑦。於槨外箱內和陶甕中分別出土1枚竹簡，前者整理者釋爲
"月散□宮"，後者釋爲"□□一石"，未給出圖版。《長江流域出土簡牘與研究》
懷疑這兩枚竹簡"可能是書寫隨葬品名稱數量的簽牌"⑧。《連雲港市陶灣黃石崖西漢

　　①　發掘時間，《簡報》說是"近年來"，未作具體說明。《長江流域出土簡牘與研究》《中國
簡牘集成》均稱爲20世紀80年代中期，《散見簡牘合輯》《二十世紀出土簡帛綜述》則指出時間爲
1984年，此暫從之。
　　②　李解民：《揚州儀徵胥浦簡書新考》，《長沙三國吳簡暨百年來簡帛發現與研究國際學術研
讀會論文集》，中華書局，2005年。
　　③　揚州博物館：《江蘇儀徵胥浦101號西漢墓》，《文物》1987年第1期。
　　④　西林昭一編集：《江蘇連雲港·揚州新出土簡牘選》，連雲港博物館、揚州博物館、每日新
聞社、（財）每日書道會，2000年。
　　⑤　徐良玉主編：《揚州館藏文物精華》，江蘇古籍出版社，2001年；儀徵市博物館編：《儀徵
出土文物集粹》，文物出版社，2008年。
　　⑥　李均明、何雙全：《散見簡牘合輯》，文物出版社，1990年；胡平生、李天虹：《長江流域
出土簡牘與研究》，湖北教育出版社，2004年；初師賓主編，胡平生、陳松長校注：《中國簡牘集
成》2編第19冊，敦煌文藝出版社，2005年。
　　⑦　衣物疏的數量，《簡報》說是2枚，但從所發表照片上的斷裂紋路來看，顯爲一枚木牘的正
反面。
　　⑧　胡平生、李天虹：《長江流域出土簡牘與研究》，湖北教育出版社，2004年。

西郭寶墓》介紹了墓葬的發掘情況，發表了衣物疏的照片、釋文①。石雪萬、武可榮先後刊布了更爲清晰的黑白照片②。《中國簡牘集成》第19册"連雲港市錦屏山陶碗漢墓出土木牘"作有新的釋文，並加以注釋c。馬怡、田河對該衣物疏的部分名物作有考證④。姜維、毛靜、趙寧、竇磊作有校釋。

18. 江蘇東海尹灣東漢墓M2、M6出土衣物疏木牘

　　1993年2月至4月，連雲港市博物館在連雲港市東海縣温泉鎮尹灣村發掘了6座墓葬。其中M2爲一棺一槨墓，墓中出土衣物疏木牘1枚，其具體的出土位置，整理者未作説明。M6爲夫婦合葬的一槨二棺一足廂墓，北側爲男棺，南側爲女棺。男棺遺骸足部出土木牘23枚、竹簡133枚，其中12、13號爲衣物疏木牘。12號木牘正面自名"君兄衣物疏"，13號木牘正面自名"君兄繒方緹中物疏"，背面自名"君兄節司小物疏"。《江蘇東海縣尹灣漢墓群發掘簡報》介紹了該墓葬的發掘情況，發表了部分圖版，其中包括12、13號衣物疏的正反面黑白圖版，未作釋文⑤。《漢代地方行政文書的重大發現——連雲港市尹灣漢墓出土簡牘》亦簡要介紹了此批墓葬的情況與簡牘内容⑥。《尹灣漢墓簡牘初探》概述了這批簡牘材料的主要内容⑦。《書法叢刊》1997年第4期刊載的尹灣漢墓出土簡牘圖版中，有更清晰的6號墓出土衣物疏的圖版。《尹灣漢墓簡牘》系統發表了M2、M6所出簡牘的圖版與釋文，未作注釋⑧。《江蘇連雲港·揚州新出土簡牘選》發表的圖版中，包含3枚衣物疏的清晰照片⑨。劉洪石、陳松長、馬怡、張靜、周群麗、李會豔、王玉蛟、張顯成、范常喜等對衣物疏中的名物作

　　①　連雲港市博物館：《連雲港市陶灣黄石崖西漢西郭寶墓》，《東南文化》第3輯，1988年。
　　②　石雪萬：《西郭寶墓出土木謁及其釋義再探》，《簡帛研究》第2輯，法律出版社，1996年；武可榮：《連雲港市歷年出土簡牘簡述》，《書法叢刊》1997年第4期。
　　③　初師賓主編，胡平生、陳松長校注：《中國簡牘集成》2編第19册，敦煌文藝出版社，2005年。
　　④　馬怡：《西郭寶墓衣物疏所見漢代織物考》，《簡帛研究二〇〇四》，廣西師範大學出版社，2006年；《西郭寶墓衣物疏所見漢代名物雜考》，《簡帛》第4輯，上海古籍出版社，2009年。田河：《連雲港市陶灣西漢西郭寶墓衣物疏補釋》，《中國文字學報》第4輯，商務印書館，2012年。
　　⑤　連雲港市博物館：《江蘇東海縣尹灣漢墓群發掘簡報》，《文物》1996年第8期。
　　⑥　連雲港市博物館等：《漢代地方行政文書的重大發現——連雲港市尹灣漢墓出土簡牘》，《簡帛研究》第2輯，法律出版社，1996年。
　　⑦　連雲港市博物館等：《尹灣漢墓簡牘初探》，《文物》1996年第10期。
　　⑧　連雲港市博物館等：《尹灣漢墓簡牘》，中華書局，1997年。
　　⑨　西林昭一編集：《江蘇連雲港·揚州新出土簡牘選》，連雲港博物館、揚州博物館、每日新聞社、（財）每日書道會，2000年。

有考證①。周群麗、毛靜、宋培超、竇磊作有校釋②。

19. 江蘇連雲港海州區雙龍村西漢淩惠平墓出土衣物疏木牘

2002年7月，連雲港市博物館在連雲港海州區雙龍村花園路發掘了一座西漢中晚期的雙槨四棺墓，其中北槨內置3棺（編號1—3），南槨內置1棺（編號4）。3號棺內出土一枚龜紐銅印，印文"淩氏惠平"。2號棺內出土11枚木牘，7枚爲名謁，1枚爲衣物疏（35號），字跡不清；3號棺內出土1枚衣物疏（60號），正反面字跡清晰；4號棺內出土1枚木牘，無字。《江蘇連雲港海州西漢墓發掘簡報》介紹了墓葬發掘情況，發表了3號棺內所出衣物疏的照片與釋文③。趙寧、竇磊作有校釋。

20. 山東日照海曲西漢墓M129、M130出土衣物疏木牘

2002年，山東省文物考古研究所對日照海曲墓地進行了搶救性發掘。M129爲一棺一槨豎穴土坑墓。棺槨之間所出隨葬品中有2枚衣物疏木牘。M130爲豎穴土坑墓，墓中出土2枚衣物疏木牘，整理者未説明具體的出土位置。《日照海曲漢墓出土遣策概述》介紹了兩座墓葬的基本情況，發表了4枚衣物疏的黑白照片，作有釋文與簡注④。《日照博物館館藏文物集》發表了M129-04A、M130-03A的彩色高清照片⑤。趙寧、竇磊作有校釋。

---

①　劉洪石：《遣册初探》，《尹灣漢墓簡牘綜論》，科學出版社，1999年。陳松長：《尹灣漢簡研讀三題》，《簡帛研究二〇〇一》，廣西師範大學出版社，2001年。馬怡：《尹灣漢墓遣策札記》《"諸于"考》，《簡帛研究二〇〇二、二〇〇三》，廣西師範大學出版社，2005年；《一個漢代郡吏和他的書囊——讀尹灣漢墓簡牘〈君兄繒方緹中物疏〉》，簡帛網2015年12月1日。張靜：《尹灣漢簡遣册名物詞語札記——兼談〈漢語大字典〉、〈漢語大詞典〉之不足》，《樂山師範學院學報》2005年第2期。周群麗：《尹灣漢牘衣物諸詞考——讀〈尹灣漢簡〉札記之一》，《法制與社會》2006年第10期。李會麗：《尹灣漢墓簡牘詞語通釋》，華東師範大學碩士學位論文，2009年。王玉蛟、張顯成：《〈尹灣漢簡〉遣策名物索引》，《簡帛語言文字研究》第6輯，巴蜀書社，2012年。范常喜：《尹灣六號漢墓遣册木牘考釋二則》，《簡帛》第7輯，上海古籍出版社，2012年。
②　周群麗：《尹灣漢墓簡牘整理研究》，西南大學碩士學位論文，2007年；張顯成、周群麗：《尹灣漢墓簡牘校理》，天津古籍出版社，2011年；宋培超：《尹灣漢墓簡牘集釋》，吉林大學碩士學位論文，2014年。
③　連雲港市博物館：《江蘇連雲港海州西漢墓發掘簡報》，《文物》2012年第3期。
④　劉紹剛、鄭同修：《日照海曲漢墓出土遣策概述》，《出土文獻研究》第12輯，中西書局，2013年。
⑤　董書濤主編：《日照博物館館藏文物集》，齊魯書社，2010年。

21. 山東青島土山屯漢墓M6、M147、M148出土衣物疏木牘

　　2011年4—5月，青島市文物保護考古研究所聯合膠南市博物館（現黄島區博物館）對青島市黄島區張家樓鎮土山屯村漢墓群進行了部分發掘，清理出7座墓葬。M6爲重棺重槨墓，東部的1號棺所出木印顯示棺主爲"劉林"，棺内出土衣物疏木牘1枚（棺1：3），兩面均有墨書。M8爲重棺重槨墓，於棺内出土一枚衣物疏木牘（18號），兩面均墨書。M6、M8均爲西漢末期至東漢初期墓。《山東青島市土山屯墓地的兩座漢墓》介紹了這兩座墓葬的發掘情況，發表了兩枚衣物疏的彩色圖版，未作釋文①。M8衣物疏已刊圖版不清晰，本書暫不討論。

　　2017年3—11月，青島市文物保護考古研究所聯合黄島區博物館對青島市黄島區土山屯村墓地群再次進行了發掘，共清理14處漢代封土、60餘座漢魏墓葬。其中M147、M157、M177保存完好。M147爲岩坑豎穴重槨重棺結構，據遣册與印章所記，墓主爲堂邑令劉賜，隨葬品有原始青瓷壺、玉温明、玉枕、玉席、玉具劍、玉帶鉤、琉璃七竅塞、嵌金環首鐵刀、銅鏡、銅印章、玉印章、木俑、木杖、毛筆、板研漆盒和一批木牘，其中，衣物疏木牘出於棺内南側，自名"堂邑令劉君衣物名"。M157亦爲岩坑豎穴重槨重棺結構，墓主爲"左曹中郎劉仲子"，隨葬品主要有銅印、銅鏡、銅帶鉤、漆盒、木劍、木枕、木帶鉤、木杖、雙管毛筆、板研盒、紗帽和木牘等。M177爲"甲"字形岩坑豎穴木槨墓，墓主爲"劉驕君"，墓内隨葬品主要有漆案、耳杯、漆盒、漆盤、竹笥、木牘、角摘和紡織品等，絲織品較多，據遣册記載，棺室内應有50件隨葬的織物；出土的1000多件（套）隨葬品種中，含有木牘23枚、竹簡約10枚。M148保存狀況不佳，隨葬的衣物疏僅剩殘片。《青島土山屯墓群考古發掘獲重要新發現》介紹了M147、M157、M177的發掘概況，發表了劉賜衣物名的彩色照片；未發表M157、M177墓中所出衣物疏的圖像資料②。彭峪、衛松濤發表了劉賜衣物名的釋文與高清紅外照片③。《山東青島土山屯墓群四號封土與墓葬的發掘》介紹了M147、M148的發掘概況，發表有兩墓出土衣物疏的圖像與釋文④。羅小華、伊强對劉賜衣物名中的

　　①　青島市文物保護考古研究所等：《山東青島市土山屯墓地的兩座漢墓》，《考古》2017年第10期。

　　②　青島市文物保護考古研究所：《青島土山屯墓群考古發掘獲重要新發現》，《中國文物報》2017年12月22日。

　　③　彭峪、衛松濤：《青島土山屯墓群147號墓木牘》，復旦古文字網2017年12月27日。

　　④　青島市文物保護考古研究所、黄島區博物館：《山東青島土山屯墓群四號封土與墓葬的發掘》，《考古學報》2019年第3期。

部分名物作有訓釋①。王谷討論了劉林衣物疏中的四處名物②。

22. 廣西貴縣羅泊灣西漢墓M1出土遣册木牘、封檢

1976年6月，廣西壯族自治區博物館在廣西貴縣發掘了羅泊灣西漢墓M1。西邊廂出土了5枚木牘，其中有字者3枚，爲遣册；槨室與從葬坑散見10餘枚木簡，可釋讀者有9枚，也是遣册；有字封檢2枚，於上部墨書封檢所封存的物質名稱。《廣西貴縣羅泊灣一號墓發掘簡報》發表了3枚木牘、5枚木簡、2枚封檢的釋文，及從器志木牘的正反面圖版③。發掘報告《廣西貴縣羅泊灣漢墓》完整發表了這批材料的圖版、釋文與簡注④。張振林、施謝捷、冼光位、王貴元、劉洪濤等對從器志的部分釋文及名物作有校釋和考證⑤。毛靜、趙寧作有集釋。

23. 雲南廣南牡宜東漢墓出土衣物疏木牘

2007年9月，雲南省文物考古研究所聯合文山州文物管理所等機構對廣南縣黑支果鄉牡宜村的一處墓葬進行了搶救性發掘。此墓早年被盜，部分隨葬器物散亂，墓室東北角曾搭有一小型木梯，清理時已毀。墓中採集到5片殘片木牘，墨書文字多漫漶不清，整理者認爲是遣册。《雲南邊境地區（文山州和紅河州）考古調查報告》附錄之《廣南牡宜東漢墓清理報告》介紹了墓葬的發掘情況，發表了5枚木牘的摹本和其中3枚的彩色照片，辨識出"××三枚""××三枝""王笏一"等字樣⑥。楊帆、曾躍明亦有對此墓的簡要介紹⑦。

①　羅小華：《〈堂邑令劉君衣物名〉雜識（一）》，簡帛網2017年12月26日；《〈堂邑令劉君衣物名〉雜識（二）》，簡帛網2017年12月27日。伊强：《青島土山屯墓群147號墓木牘中的"絑"字》，簡帛網2017年12月27日。

②　王谷：《劉林衣物疏所記服飾釋文補正》，《簡帛》第20輯，上海古籍出版社，2020年。

③　廣西壯族自治區文物工作隊：《廣西貴縣羅泊灣一號墓發掘簡報》，《文物》1978年第9期。

④　廣西壯族自治區博物館：《廣西貴縣羅泊灣漢墓》，文物出版社，1988年。

⑤　張振林：《關於更正器名的意見》，《文物》1980年第7期；施謝捷：《簡帛文字考釋札記》，《簡帛研究》第3輯，廣西教育出版社，1998年；冼光位：《西漢木牘〈從器志〉及其特點研究》，《廣西地方誌》2001年第2期；王貴元：《廣西貴縣羅泊灣一號漢墓木牘字詞考釋》，《西北大學學報》2011年第1期；劉洪濤：《釋羅泊灣一號墓〈從器志〉的"憑几"》，《考古與文物》2012年第4期。

⑥　雲南省文物考古研究所、文山州文物管理所、紅河州文物管理所編著：《雲南邊境地區（文山州和紅河州）考古調查報告》，雲南科技出版社，2008年。

⑦　楊帆、曾躍明：《廣南縣牡宜木槨墓與句町古國》，《文山師範高等專科學校學報》2008年第3期；楊帆、萬揚、胡長城編著：《雲南考古：1979—2009》，雲南人民出版社，2009年。

24. 江西南昌墎墩山西漢海昏侯劉賀墓出土木楬

　　2015—2016年，江西省文物考古研究所、南昌市博物館、南昌市新建區博物館聯合發掘了位於南昌市新建區大塘坪鄉觀西村老裘村民小組東北約500米的墎墩山上的西漢海昏侯劉賀墓及祔葬墓群。據整理者披露，劉賀墓中出土了約5000枚竹簡，内容爲古書；約200枚木牘，包括奏牘和遣册類木楬，木楬是繫在竹木笥或漆箱上的標簽，上面寫有盛器編號及所盛物品的名稱和數量等。《江西南昌西漢海昏侯墓考古取得重要發現》《江西南昌西漢海昏侯墓》簡介了海昏侯墓的發掘進展與成果①。《南昌市西漢海昏侯墓》介紹了劉賀墓的清理簡況，發表的圖版中有92號木楬的彩色圖版，未作釋文，該木楬的自帶編號爲"弟卅四"②。《五色炫曜：南昌漢代海昏侯國考古成果》發表的圖片中，含有"第廿""第廿一""第廿四""第卅四"4枚木楬的彩色圖版，其中，"第廿一"木楬整理者作有釋文③。張傳官寫出"第廿"木楬前四行釋文，討論了其中的"絹丸"④。

25. 甘肅武威東漢張德宗墓出土衣物疏木牘

　　1974年10月，武威縣城南郊的一座東漢晚期的磚室墓中發現一枚衣物疏木牘，據衣物疏上的自名，墓主爲張德宗。黨壽山發表了張德宗衣物疏的彩色圖版、釋文，作有簡注⑤；後發表了《武威出土的兩件隨葬衣物疏》，内容與前文基本相同，有少部分修改⑥。吴浩軍據黨壽山發表的圖版作有新的釋文⑦；胡婷婷對張德宗衣物疏作有集釋，内有轉引不少田河未發表的對這枚衣物疏的新考釋意見⑧。趙寧、寶磊作有新的校釋。

　　①　《中國文物報》報社：《江西南昌西漢海昏侯墓考古取得重要發現》，《中國文物報》2015年11月6日；楊軍：《江西南昌西漢海昏侯墓》，《2015中國重要考古發現》，文物出版社，2016年。

　　②　江西省文物考古研究所等：《南昌市西漢海昏侯墓》，《考古》2016年第7期。

　　③　江西省文物考古研究所、首都博物館編：《五色炫曜：南昌漢代海昏侯國考古成果》，江西人民出版社，2016年。

　　④　張傳官：《説南昌西漢海昏侯墓新出木楬的"絹紈"》，《中國文物報》2016年7月8日第6版。

　　⑤　黨壽山：《介紹武威出土的兩件隨葬衣物疏木方》，《武威文物考述》，2001年。據作者於文末説明，此文爲1991年7月參加"中國簡牘學國際學術研討會"時提交的論文。

　　⑥　黨壽山：《武威出土的兩件隨葬衣物疏》，《隴右文博》2004年《武威專輯》。

　　⑦　吴浩軍：《河西衣物疏叢考——敦煌墓葬文獻研究系列之三》，甘肅省第二屆簡牘學國際學術研討會論文集》，上海古籍出版社，2012年。

　　⑧　胡婷婷：《甘肅出土散見簡牘集釋》，西北師範大學碩士學位論文，2013年。

26. 香港中文大學文物館藏西漢遣册竹簡

　　1989至1994年間，香港中文大學文物館入藏戰國至東晉竹木簡牘7批200餘枚，其中有11枚西漢遣册竹簡。《香港中文大學文物館藏簡牘》發表了這批竹簡的圖版、釋文[①]。因竹簡保存狀況不佳，文字多不易辨識，少有學者對這11枚遣册進行研究。毛靜作有校釋。

27. 湖北武漢大學簡帛研究中心藏漢代衣物疏木牘

　　2010年1月，湖北省武漢大學簡帛研究中心獲贈一枚自名"衣物數"的木牘。捐贈者爲武漢大學簡帛網簡帛論壇網友"sz821206"。據其介紹，木牘出土於江蘇與山東交界處山東一側的一座漢墓之中。李靜發表了木牘的黑白與紅外照片，作有釋文與簡注[②]。竇磊作有校釋。

　　本書所利用的漢代遣册及相关材料的釋文主要以正式發表的簡牘整理報告、發掘簡報等爲底本，説明如下表（表1）：

表1　釋文底本對照表

遣册、楬、封檢	釋文底本
大墳頭M1遣册	《雲夢大墳頭一號漢墓》
鳳凰山M8遣册	《江陵鳳凰山西漢簡牘》
鳳凰山M9遣册	
鳳凰山M10遣册	
鳳凰山M167遣册	
鳳凰山M168遣册	
鳳凰山M169遣册	
張家山M247遣册	《張家山漢墓竹簡〔二四七號墓〕》
揚家山M135遣册	《江陵揚家山135號秦墓發掘簡報》
高臺M6遣册	《荆州高臺秦漢墓》
高臺M18遣册	
蕭家草場M26遣册	《關沮秦漢墓簡牘》
謝家橋M1遣册	《荆州重要考古發現》
胡家草場M12遣册	《湖北荆州市胡家草場西漢墓M12出土簡牘概述》

①　陳松長編：《香港中文大學文物館藏簡牘》，香港中文大學文物館，2001年。
②　李靜：《武漢大學簡帛研究中心藏衣物數試釋》，《簡帛》第10輯，上海古籍出版社，2015年。

續表

遣册、楬、封檢	釋文底本
徐家灣M401楬	《長沙發掘報告》
馬王堆M1遣册、楬	《長沙馬王堆一號漢墓》
馬王堆M3遣册、楬	《長沙馬王堆二、三號漢墓》
漁陽墓楬	《湖南長沙望城坡西漢漁陽墓發掘簡報》
三羊墩M1衣物疏	《江蘇鹽城三羊墩漢墓清理報告》
霍賀衣物疏	《海州西漢霍賀墓清理簡報》
侍其繇衣物疏	《江蘇連雲港市海州西漢侍其繇墓》
高高頂衣物疏	《連雲港市唐莊高高頂漢墓發掘報告》
胥浦M101衣物疏（朱夌衣物疏）	《江蘇儀徵胥浦101號西漢墓》
黄石崖M1衣物疏（西郭寶衣物疏）	《連雲港市陶灣黄石崖西漢西郭寶墓》
尹灣M2衣物疏	
尹灣M6衣物疏（君兄衣物疏、君兄繒方緹中物疏、君兄節司小物疏）	《尹灣漢墓簡牘》
海州M1衣物疏（凌惠平衣物疏）	《江蘇連雲港海州西漢墓發掘簡報》
海曲M129衣物疏	
海曲M130衣物疏	《日照海曲漢墓出土遣策概述》
土山屯M6衣物疏	《琅琊墩式封土墓》
土山屯M147衣物疏（劉賜衣物名）	
土山屯M148衣物疏	《山東青島土山屯墓群四號封土與墓葬的發掘》
羅泊灣M1從器志、封檢	《廣西貴縣羅泊灣漢墓》
牡宜衣物疏	《廣南牡宜東漢墓清理報告》
海昏侯楬	《江西南昌西漢海昏侯劉賀墓出土簡牘》
張德宗衣物疏	《武威出土的兩件隨葬衣物疏》
香港中文大學文物館藏遣册	《香港中文大學文物館藏簡牘》
武漢大學簡帛研究中心藏衣物疏	《武漢大學簡帛研究中心藏衣物數試釋》

三、研究路徑

豐富多樣的名物散見在各類文獻之中。如何將它們分門別類地進行系統的歸納、研究，從而使人更清晰地瞭解這些名物在日常生活中的功用，自古以來就爲世人所關注。自漢代開始，就有這類分類考釋的典籍著作。我國第一部考釋名物的典籍當推《爾雅》。《爾雅》將書中收錄的詞語分爲釋詁、釋言、釋訓、釋親、釋宮、釋器、釋樂、釋天、釋地、釋丘、釋山、釋水、釋草、釋木、釋鳥、釋獸、釋蟲、釋魚、釋畜十九篇，前三篇是一般詞語的訓詁，後十六篇是名物訓詁。劉熙《釋名》將全書分爲釋天、釋地、釋山、釋水、釋丘、釋道、釋州國、釋形體、釋姿容、釋長幼、釋親屬、釋言語、釋飲食、釋采帛、釋首飾、釋衣服、釋宮室、釋牀帳、釋書契、釋曲藝、釋用器、釋樂器、釋兵、釋車、釋船、釋疾病、釋喪服計二十七類。除去長幼、親屬、言語、疾病之外，餘皆與名物訓釋相關。王三聘《古今事物考》、文震亨《長物志》、錢玄《三禮名物通釋》《三禮通論·名物編》、華夫主編《中國古代名物大典》、田河《出土戰國遣册所記名物分類匯釋》、毛靜《漢墓遣策校注》、杜朝暉《敦煌文獻名物研究》、黃鳳春、黃婧《楚器名物研究》、張春秀《敦煌變文名物研究》等論著均有不同的分類架構，相對而言，多以功用爲分類的着眼點。

　　漢代遣册所記名物多種多樣，已有部分學者嘗試對這些名物作分類考察[1]。本書從名物的功用出發，選取漢代遣册所記衣、食、住、行類名物做進一步分類、集釋與疏證。第一章"紡織品與服飾"分紡織品、服裝、佩飾、雜物等四類；第二章"飲食"分食器、飲器、炊器等三類；第三章"起居"分臥坐之具、化妝與洗沐之具、熏香之具、雜物等四類；第四章"車船"分馬車、牛車、輦車、船等四類。

　　在研究方法上，本書綜合運用簡牘學、文字學、考古學、歷史學、訓詁學等相關學科方法，遵循出土文獻與傳世文獻相比照、文字資料與實物資料相印證的研究路徑，對漢代遣册所記衣食住行類名物進行系統整理。在研究資料和方法等方面的具體做法是：選擇已刊布漢代遣册及相關的文字材料作爲論文討論的材料基礎；蒐集學界已有的相關名物研究成果，以功能爲分類標準，對漢代遣册及相關材料所記衣食住行類名物進行分類與匯釋；對出土遣册且保存較好的墓葬，梳理墓葬所出隨葬物，將遣册所記與墓葬所出隨葬物進行名實比對考察；考察漢代遣册所記名物對應的器物或器類在其他漢墓中的出土情況，關注其形制、材質、紋飾、銘文、功用等方面的信息；考察遣册所記名物對應之實物類別在漢代圖像資料如畫像石、墓室壁畫、器物紋飾中的配置或使用等情況；如有遣册及相關材料所記名物對應之實物，適當給出相應圖片或是同類型器物的圖片，以便有直觀的瞭解。

---

[1]　魏靈水：《漢墓出土遣策選釋》，安徽大學碩士學位論文，2006年。

第一章　紡織品與服飾

　　出土漢代竹木遺册、衣物疏木牘、木楬等，大多記録有豐富的紡織品與服飾，尤其是在西漢中晚期之後的衣物疏中，服飾佔有很高的比重。帛、布、縣絮是紡織的基本原料，帛爲絲織品，布爲麻織品，縣絮多是用絲或麻製作的填充物。遺册及相關記録中有縣絮、成匹的布、帛等，但更多的是以它們爲原料製作的服飾。大體而言，這些服飾可分爲首服、身服、足服、佩飾四大類。首服，主要有冠、幘、劒、笠、面衣。身服，即上衣下裳，它們多有禪、袷、複三種形制；具體而言，衣有襦、袍、襜褕、襲、中衣等類，裳有裙、絝、褌等類；另有蔽膝、腰帶、項衣、手衣等服飾。足服，主要有履、襪兩種。佩飾，主要有傍囊、決、印、綬、五彩絲等。

第一節　紡　織　品

一、帛

【繪】【帛】

（1）帛一笥　　馬王堆M3遣327

　　　帛繒笥[1]　　馬王堆M3木楬36

（2）繒笥　　馬王堆M1木楬2

　　　繒笥[2]　　馬王堆M1木楬3

（3）繒六十三，匹三丈[3]，緒（紵）三，衣一笥＝（笥，笥）繒　卩　羅泊灣M1
　　　從器志A壹6

（4）繒笥合，中繒直（值）二千萬[4]　　鳳凰山M167遣57

（5）陛下所以帽（贈）物：青璧三，紺繒十一匹，熏（纁）繒九匹[5]　　漁陽木楬
　　　E：47

（6）雜繒一束[6]　　∫　鳳凰山M8遣144

（7）新□繒白（帛）百五十匹[7]　　張德宗衣物疏B貳4

〔集釋〕

　　［1］**中國科學院考古研究所**（1975：57）：簡文中有"素一笥""綺一笥""錦一笥""繡一笥"，竹笥木牌作"帛繒笥""綺繒笥""錦繒笥""繡繒笥"[①]，可見繒是漢代絲織物的泛稱。**馬王堆M3報告**（2004：194、201）："帛繒笥"木牌出土時脱落，與實物對照，應屬南188笥，簡327所記當即指此。南188竹笥内盛絹等絲織物。

　　［2］**馬王堆M1報告**（1973：47、114）："繒笥"木牌2出土時散落，與實物對照，應屬340號笥。"繒笥"木牌3出土時繫在354號笥上。340號、354號竹笥出土有46塊單幅絲織物，爲象徵性的成匹絹帛。

　　［3］**廣西壯族自治區博物館**（1988：79）：繒，秦漢時泛指布帛。"六十三∨匹三丈"即六十三匹，每匹長三丈。**中國簡牘集成17**（2005：1297）：一匹本應爲四丈，此處標準特別，故特地注明。可能書寫者將本應打在"匹"字下的重文號錯打在"三"字下，且錯打成勾識號。

　　［4］**姚孝遂、陳雍**（2012：172）釋文作"繒笥合中繒直二千萬"，直同值，隨葬一竹笥内放35小卷絲織品及算籌等，遣策所記當即指此。**鳳凰山M167簡報**（1976：37）在"鳳凰山一六七號墓頭廂隨葬品一覽表"中將此簡所記對應竹笥1，備注"内裝算籌1袋，黃絹髮罩1個，無字木牘2片，黃絹巾1塊，鍼衣1個，環首鐵削1把、四銖半兩銅錢10枚、毛筆及筆筒各1，絲織品35卷、絲麻綫等"。**李均明**（2009：322）釋文作"繒笥　合，中繒直二千萬"。**章水根**（2013：296）釋文作"繒笥，合中繒直{值}二千萬"，繒笥是盛裝繒的竹笥。**今按**：在鳳凰山M167遺册中，除簡57之外，皆有所記之物的數量。疑簡57的"笥"字後漏寫數詞"一"，此處簡文可釋作："繒笥〖一〗合，中繒直（值）二千萬"。竹笥内所盛的35卷絲織品"有朱、絳、褐、黃等色的絹、紗、縑、錦、羅、綺、組多種，……長約8—9厘米"，這與馬王堆M1：340、M1：354竹笥内盛絲織品的情形比較相似，都屬象徵性的成匹絹帛，可能代表財富。

　　［5］倒數第四字，**長沙市文物考古研究所**（2010：32）釋"薰"。**西林昭一**（2009：38）釋"熏"。**蔣文**（2013：313）指出木楬E：47、C：4原釋"薰"之字均當釋爲"熏"。**今按**："熏"讀爲"纁"，《説文》系部："纁，淺絳也。"

　　［6］**彭浩**（2012：50）：襍即雜，指多色相雜的繒。**今按**："雜繒"一詞在傳世與出土文獻中多見，如《漢書·地理志》"齎黃金雜繒而往"，《東方朔傳》"請賜將軍列侯從官金錢雜繒各有數"，《貢禹傳》"又蒙賞賜四時雜繒縣絮衣服酒肉諸果物"，《匈奴傳》"雜繒萬匹"等；居延新簡EPT52：569記"☒□百匹，雜繒百匹，

---

　　① 按，該墓出土有"素繒笥"木牌。從上下文看，行文中的"帛繒笥"可能是"素繒笥"的誤寫。

又以其所捕斬、馬牛羊、奴婢、財物盡予之", 五一廣場簡966記"縑廿匹、雜繒卅三匹"。"雜繒一束"是指不同種類的成匹繒帛合捆爲一束。鳳凰山M167出土的竹笥裏盛35卷絲織品, "有朱、絳、褐、黄等色的絹、紗、縑、錦、羅、綺、組多種", 這應當就是"雜繒"。

[7] **黨壽山**(2001: 66): "白"通"帛", 繒帛爲絲織物之總稱; 匹, 量詞; 繒帛一百五十匹, 即六百丈, 顯是誇大的數字。**今按**: "百五十匹"也有可能爲實記。

〔疏證〕

《説文》系部: "繒, 帛也。"帛部: "帛, 繒也。"《急就篇》卷二"服璅綸帴與繒連", 顔注: "繒者, 帛之總名, 謂以絲織者也。"馬王堆M1木楬4記"繒聂幣笥", 竹笥内所盛"聂幣"材質有錦、紗、絹和羅綺等①。可見繒、帛、繒帛同義, 是絲織品的統稱。

布帛"一束"一般是指十匹。《儀禮·聘禮》"釋幣制玄纁, 束奠于几下", 鄭玄注: "凡物十曰束。"長沙尚德街東漢簡113背記有: "市縑一匹, 直錢八百廿官錢", "市縑一束, 直錢八千二百錢"②, 此處的一束, 即指十匹。甘肅高臺許三灣魏晉墓壁畫中有一幅"采(彩)帛机(几)"圖, 畫面中有一曲足長几, 上有8匹表現"采(彩)帛"的繒帛③(圖1.1-1, 1), 這些彩帛是成卷放置的, 疑一卷即爲一匹; 其顔色有紅、白、黑、褐等, 似可將這些彩帛稱之爲"雜繒"。嘉峪關魏晉墓M3壁畫中, 有一幅絹帛圖, 左右兩側各有一束絹帛豎立捆綁在一起④(圖1.1-1, 2), 它們有紅、白、黑等不同的顔色, 似可理解爲成束的雜彩帛。

---

① 湖南省博物館、中國科學院考古研究所編: 《長沙馬王堆一號漢墓》(上), 文物出版社, 1973年, 第73頁。
② 雷海龍: 《〈長沙尚德街東漢簡牘〉釋字補札》, 《楚學論叢》第7輯, 湖北人民出版社, 2018年, 第95—106頁。
③ 俄軍等編: 《甘肅出土魏晉唐墓壁畫》, 蘭州大學出版社, 2009年, 第440頁; 趙豐主編: 《絲路之綢: 起源、傳播與交流》, 浙江大學出版社, 2017年, 第82、83頁。
④ 趙豐主編: 《絲路之綢: 起源、傳播與交流》, 浙江大學出版社, 2017年, 第82、83頁。

值得注意的是，西北地區可能出土有捆束成匹布帛的繫帶。斯坦因曾在敦煌發現一件絹條（敦煌帛書1970A），其上墨書“任城國亢父縑一匹，幅廣二尺二寸，長四丈，重廿五兩，直錢六百一十八”[①]（圖1.1-2，1）。敦煌馬圈灣漢代烽燧遺址出土一件絹條（79DMT12：67），長43.4、寬1.8厘米，其上墨書“尹逢深（？）中殺左長傳皁一匹四百卌乙株（？）币□丁酉亭長延壽都吏稚釳”[②]（圖1.1-2，2）。新疆尼雅遺址1號墓地出土一件絹條，殘長13.5、寬4厘米，其上墨書“河内脩武東鄉楊平縑一匹”[③]（圖1.1-2，3）。學者一般根據這些絹條上所書絲織品名“皁”“縑”，認爲這些絹條就是皁、縑[④]。我們認爲這種看法不一定對。這些絹條應該都是用來捆縛“皁一匹”或“縑一匹”的，其本身材質與墨書中的“皁”“縑”無直接關係。這些緣帶上書寫的文字實際上與出土竹、木楬上書寫物品名的作用類似。

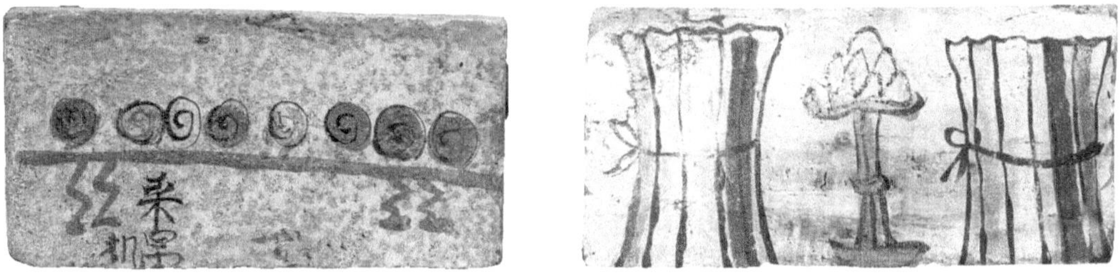

1　　　　　2

圖1.1-1　魏晉畫像磚中的絹帛圖

1. 許三灣魏晉墓“采帛机”圖　2. 嘉峪關魏晉墓M3絹帛圖

---

① 羅振玉：《流沙墜簡·小學術數方技書》，宸翰樓印本，1914年，頁十四；甘肅省文物考古研究所：《敦煌漢簡》，中華書局，1991年，圖版壹伍玖；比田井南谷：《敦煌出土の木簡と殘紙》，天来書院，1993年，第38頁。

② 甘肅省博物館、敦煌縣文化館：《敦煌馬圈灣漢代烽燧遺址發掘簡報》，《文物》1981年第10期；趙豐主編：《絲路之綢：起源、傳播與交流》，浙江大學出版社，2017年，第70頁。此絹條上的墨書文字潦草，原釋“帛一匹”的“帛”字當是“皁”字，“皁一匹”指黑繒一匹。

③ 趙豐、于志勇主編：《沙漠王子遺寶：絲綢之路尼雅遺址出土文物》，藝紗堂，2000年，第101頁。趙豐主編：《絲路之綢：起源、傳播與交流》，浙江大學出版社，2017年，第121頁。“脩”下一字，二書均釋“若”，但也指出“脩若在《漢書》上無法找到，可能就是書上所載的‘脩武’”。黄浩波私下提示當以釋“脩武”爲是。

④ 參錢存訓著，鄭如斯增訂：《印刷發明前的中國書和文字記録》，印刷工業出版社，1988年，第80、81頁；趙豐、于志勇主編：《沙漠王子遺寶：絲綢之路尼雅遺址出土文物》，藝紗堂，2000年，第101頁説明部分；孫機：《漢代物質文化資料圖説（增訂本）》，上海古籍出版社，2008年，第70頁。

圖1.1-2　西北地區出土疑似捆縛布匹的有字絹條

1. 斯坦因所獲絹條（敦煌1970A）　2. 馬圈灣79DMT12：67絹條　3. 尼雅遺址1號墓地絹條

【素】

（1）素一笥　　馬王堆M3遣326
　　　素繒笥[1]　　馬王堆M3木楬27
（2）完素一束[2]　　ㄐ　鳳凰山M8遣143

〖集釋〗

　　［1］**馬王堆M3報告**（2004：192、201）："素繒笥"木牌出土時脱落，與實物對照應屬南175笥。簡326"素一笥"應即指此。南175竹笥内盛絹紗等絲織物。**今按：**"素繒"即"素"，其用例又見於走馬樓西漢簡"素繒五尺五寸，直錢卅九"①。

　　［2］**彭浩**（2012：50）：完，讀爲紈。《爾雅·釋詁》："丸，完也。"《太

---

①　釋文見宋少華：《長沙出土的簡牘及相關考察》，《簡帛研究二〇〇六》，廣西師範大學出版社，2008年，第257頁。

平御覽》卷八百十九引《范子計然》："白紈素出齊魯。"紈素指白緻繒。**今按：**
"完"疑當如字讀，指完整、完好。《説文》宀部："完，全也。"睡虎地秦簡《封
診式》簡23記"某里公士甲、士五（伍）乙詣牛一，黑牝，完麛（麋），有角"①。
"完素""完麛"之"完"意思相同。居延新簡EPT50：215B記"善白素七丈"，
"善"與"完素"之"完"地位相當。

[疏證]

　　表絲織品的"素"，一般是指白色、無紋飾的繒。《淮南子·齊俗訓》："素
之質白，染之以淄則黑。"《説文》素部"素，白致繒也"，段注："鄭注《雜記》
曰：'素，生帛也。'然則生帛曰素，對涑繒曰練而言。以其色白也，故爲凡白之
偁。以白受采也，故凡物之質曰素。如殼下'一曰素也'是也。以質未有文也，故曰
素食，曰素王。《伐檀》毛傳曰：'素，空也。'"

　　漢簡中有關於"素"的記録，如"素九尺五寸"（73EJC：616），"素六尺，尺
十，直六十"（73EJT29：26），"素二尺，直廿二"（Ⅰ90DXT0112③：89B）等，
大致十錢一尺。"白素"一詞常見，如"白素三匹"（EPT59：342），但也有非白
色的"素"，如劉林衣物疏A貳6、7記"皁素緣"，即用皁色的素作衣緣；居延漢簡
284.36A記"弋素丈六尺"，"弋素"的"弋"疑與"弋韋沓"（262.34+262.28A）之
"弋"同義，似當讀爲"黓"，指黑色②；"弋素""皁素"所指相同。尹灣M2衣物
疏A肆2記"青素綺一"，居延漢簡284.36B記"□青素四尺直九十二"。武大藏衣物數
A叁2記"緣〈緑〉素【帬】（裙）□"。因此，絲織品"素"的顏色主要爲白色，但
也有皁、青、緑等顏色，無紋飾可能是素的基本特徵。

---

① 完，原釋"曼"，改釋參看雷海龍：《睡虎地秦墓竹簡法律簡字詞補釋》，《簡帛研究二〇
一七春夏卷》，廣西師範大學出版社，2017年。

② 《廣雅·釋器》"黓，黑也"，王念孫疏證："《爾雅》：'太歲在壬曰玄黓。'是'黓'
爲黑也。字通作'弋'。《漢書·文帝紀》'身衣弋綈'，如淳注云：'弋，皁也。'《張安世傳》
云：'安世尊爲公侯，身衣弋綈。'"此外，關於"弋韋沓"的考釋，參裘錫圭：《漢簡零拾·二〇
術、寶此、沓》，《文史》第12輯，中華書局，1981年。

【綪】【紺繒】

（1）生（綪）一笥[1]　　馬王堆M3遣325

　　　紺繒笥[2]　　馬王堆M3木楬32

（2）陛下所以帽（贈）物：青璧三，紺繒十一匹[3]，熏（纁）繒九匹　　漁陽木楬
　　E：47

〖集釋〗

　　［1］**馬王堆M3報告**（2004：68）：生，讀爲綪。**伊强**（2005：45、46）：上古音"生""綪"聲韻有一定距離，"生"讀作"綪"不合適。簡325"生"字之後可能漏書了"繒""綺"一類的字，也可將"生"讀作"綪"。**今按**：從簡325—330（"生一笥""素一笥""帛一笥""錦一笥""綺一笥""繡一笥"）的記録特徵看，首字都是單字類的絲織品名，故"生"字之後漏書其他字的可能性不大。簡325—330所記絲織品名，除"生一笥"之外，其餘種類均可在木楬中找到明確可對應者，而木楬32"紺繒笥"在遣册中也無明確記録，這提示我們"生一笥"與"紺繒笥"可能存在密切關係。讀"生"爲"綪"的意見似可從。馬王堆M1、M3遣册中的"生"皆讀爲"青"，如M1遣册293、M3遣册279的"生（青）璧"，M1遣册287、M3遣册306的"生（青）繒"，M3遣册75的"生（青）笲（笥）"，M3遣册357與362的"生（青）綺"。顏色詞"青"或"綪"與"紺"義近。《廣韻·霰韻》："綪，青赤色。"《説文》系部："紺，帛深青而揚赤色也。"《玉篇·系部》："紺，深青也。"《廣雅·釋器》："紺，青也。"織物詞"綪"與"紺繒"亦義近，《説文》系部："綪，赤繒也。"地灣漢簡86EDHT：11記有"青一丈九尺"，五一廣場東漢簡469記有"鴻肥一丈，青二丈九尺，并直一千"，這裏的"青"疑均可讀爲"綪"。因此，馬王堆M3報告（2004：194）從名實對應關係的角度認爲"生一笥"疑即指"紺繒笥"（詳下），是有道理的，此從之。

　　［2］**馬王堆M3報告**（2004：194、201）："紺繒笥"木牌出土時脱落，根據出土位置疑屬南173笥。簡325"生一笥"，疑即指此。南173竹笥内盛錦等絲織物。**今按**："紺繒笥"木牌是否屬於南173竹笥，待考。

　　［3］**姜維**（2011：79）：紺，微呈紅色的深青色。《説文》："紺，帛深青揚赤色。"**今按**：里耶秦簡9-731記有"以紺繒爲蓋，縵裹"。《後漢書·輿服志》："公、卿、列侯、中二千石、二千石夫人，紺繒蔮。"可參。

【縑】

（1）縑繒二束[1]　　丿　**鳳凰山M8遣142**

〖集釋〗

　　[1]**章水根**（2013：87）：“縑繒”即雙絲織成的布帛。**今按**：馬王堆M3遣册329記“綺一笥”，墓中出土竹笥木楬34記“綺繒笥”，表明“綺”與“綺繒”無別。依此，鳳凰山M8簡142“縑繒二束”即指縑二束，也即縑二十匹。“縑繒”也見於走馬樓西漢簡，如“縑繒四匹一丈九尺二寸，直錢千九百七十一”[①]。

〖疏證〗

　　縑是雙絲並織而成的緻密絲織品。《説文》系部：“縑，并絲繒也。”《釋名·釋采帛》：“縑，兼也，其絲細緻，數兼於絹，染兼五色，細緻，不漏水也。”《急就篇》卷二“綈絡縑練素帛蟬”，顏注：“縑之言兼也，并絲而織，甚緻密也。”

　　未染之縑一般爲黄色。《淮南子·齊俗訓》：“縑之性黄，染之以丹則赤。”本色之縑，即爲“黄縑”，《後漢書·楚王英傳》：“英遣郎中令奉黄縑、白紈三十匹詣國相。”五一廣場603+837記有“黄縑二束”，1125記有“黄縑八十三匹二丈一尺”，金關漢簡73EJT24：389記有“黄縑一匹，直六百”[②]。染或涑之後，亦有“青縑”“白縑”等，如“青縑皆以作緄”（五一廣場469）、“復買白縑二☒”（EPT8：25）等。

　　斯坦因在敦煌發現的一件絹條墨書“任城國亢父縑一匹，幅廣二尺二寸，長四丈，重廿五兩，直錢六百一十八”（敦煌帛書1970A），“幅廣二尺二寸，長四丈”是當時布帛的標準規制；“重廿五兩”約等於390克。王子今指出，“這一簡文有‘幅廣’和‘長’以及‘直錢’多少即市場價格等重要的資訊，而簡文所見‘重廿五兩’的明確的重量標示，應看作體現品質的數據，是不多見的資料”[③]。

　　縑的用途廣泛。在漢代遣册記録中，縑可用於製作被、襌衣、襦、中衣、裙、

---

　　①　釋文見宋少華：《長沙出土的簡牘及相關考察》，《簡帛研究二〇〇六》，廣西師範大學出版社，2008年，第257頁。

　　②　“六百”，曹方向釋。參曹方向：《肩水金關漢簡（貳）偶讀》，簡帛網·簡帛論壇·簡帛研讀2013年5月21日。

　　③　王子今：《河西簡文所見漢代紡織品的地方品牌》，《簡帛》第17輯，上海古籍出版社，2018年。

襦褕、履、袜、縑囊等。還可用於製作帷，如里耶秦簡9-2291、9-1400均記有"縑帷一堵"。亦可作餽贈、贖罪等其他用途，如樂浪彩篋冢東漢木牘記有"縑三匹。故吏朝鮮丞田肱謹遣吏再拜奉祭"。《後漢書·明帝紀》："天下亡命殊死以下，聽得贖論：死罪入縑二十匹，右趾至髡鉗城旦舂十匹，完城旦舂至司寇作三匹。其未發覺，詔書到先自告者，半入贖。"[1]

【綺】

（1）綺一笥　　馬王堆M3遣329
綺繒笥[1]　　馬王堆M3木楬34

〖集釋〗

[1] **馬王堆M3報告**（2004：194、201）："綺繒笥"木牌出土時脱落，與實物對照應屬南123或124笥。簡329所記當即指此。南123、124竹笥均内盛綺等絲織物，南124位於南123之下。

〖疏證〗

綺是平紋地斜紋起花的絲織品。《説文》系部："綺，文繒也。"《釋名·釋采帛》："綺，攲也，其文攲邪，不順經緯之縱橫也。有杯文，形似杯也，有長命，其綵色相間，皆橫終幅，此之謂也。言長命者眼之，使人命長，本造者之意也。有棊文，方文如棊也。"

綺、錦都是有紋的絲織品，二者的主要區別在於顏色，本色綺是白色的，錦是多彩的。《六書故·工事六》"綺"："織采爲文曰錦，織素爲文曰綺。"

綺、羅多互訓，《楚辭·招魂》"羅幬張些"，王逸注："羅，綺屬也。"《文選·曹植〈七啓〉》"振輕綺之飄飄"，劉良注："綺，羅類。"綺、羅常合稱爲"羅綺"，張衡《西京賦》："始徐進而贏形，似不任乎羅綺"。一般將漢代絲織品中素色平紋提花的織物叫"綺"，將"羅紗組織"糾經提花的織物叫"羅"[2]。

綺的種類多樣，如"杯文綺"，見於曹操墓石楬M2：326"絳杯文綺四幅被一"；《東宮舊事》"太子納妃，有七彩杯文綺被一、絳石杯文綺被一"（《太平

---

① 亦可參《後漢書·章帝紀》："亡命贖：死罪入縑二十匹，右趾至髡鉗城旦舂十匹，完城旦至司寇三匹，吏人有罪未發覺，詔書到自告者，半入贖。"

② 湖南省博物館、中國科學院考古研究所編：《長沙馬王堆一號漢墓》（上），文物出版社，1973年，第48頁。

御覽》卷八一六《布帛部三·綺》引）。馬王堆M1出土綺中的菱形圖案，發掘報告稱："形狀與俯視的耳杯相似，文獻記載中所説'七彩杯文綺'的'杯文'，或即指此"[1]。如"長命綺"，見於曹操墓石楬M2：305"長命綺複衫"；《東宫舊事》記"太子納妃，有……長命杯文綺褲"（《太平御覽》卷八一六《布帛部三·綺》引）。又如"綦文綺"，見於《東宫舊事》"太子納妃，有……紫綦文綺絳絹裏梡囊二"（《太平御覽》卷七○四《服用部六·囊》引）。此外，出土簡牘見有"野王綺"，如侍其繇衣物疏記"紅野王綺復（複）襜褕""□野王綺復（複）衣""白野王綺復（複）衣"等。

居延漢簡163.3記："□賣綺一，直錢八百，約至□□"[2]，從文意看，"一"字下可能漏寫或省寫了量詞"匹"，這是關於漢代綺價的記録。

【緹】

（1）緹五十匹　　漁陽木楬-01

〔疏證〕

此木楬圖像及釋文發表於《書於竹帛——中國簡帛文化》[3]。

"緹"爲絲織品名，所指可能有以下兩種：

其一，表示緹色的絲織品。《説文》系部："緹，帛丹黄色。"《後漢書·應劭傳》："宋愚夫亦寶燕石，緹緼十重。"李賢注："緹，赤色繒也。"走馬樓西漢簡記有"緹繒三丈五尺，直錢四百五十五"[4]，懸泉漢簡Ⅰ90DXT0110②：41記有"緹一匹二丈，直千一百卌"，地灣漢簡86EDHT：11記有"青一丈九尺，緹二丈三尺。·凡四丈二尺"。

其二，"緹"可讀爲"綈"，指厚繒。《説文》系部"綈，厚繒也"，桂馥《義證》"綈，通作緹"。

---

①　湖南省博物館、中國科學院考古研究所編：《長沙馬王堆一號漢墓》（上），文物出版社，1973年，第49頁。

②　從西北漢簡辭例看，一般"約至"後接月份。結合簡文看，此處"約至"後疑是"五月"。

③　劉紹剛、郭思克主編：《書於竹帛——中國簡帛文化》，山東博物館，2017年，第75頁。

④　釋文見宋少華：《長沙出土的簡牘及相關考察》，《簡帛研究二○○六》，廣西師範大學出版社，2008年，第257頁。

【錦】

（1）錦一笥　　馬王堆M3遺328

　　　　錦繒笥[1]　　馬王堆M3木楬29

（2）雜錦繒一束[2]　　〗　鳳凰山M8遺145

〖集釋〗

　　[1]**馬王堆M3報告**（2004：45、194、198、214）："錦繒笥"木牌出土時脱落，與實物對照應屬南104笥。簡328所記當即指此。南104竹笥内盛成幅絲帛6幅，但由於大部分腐朽，僅能見到殘片，含4片錦、2片綺。**今按**：從遣册"錦一笥"與木楬"錦繒笥"對應來看，"錦"與"錦繒"所指相同。"錦繒"又見於里耶秦簡8-891+8-933+8-2204"錦繒一丈五尺八寸"。

　　[2]**章水根**（2013：92）：雜錦繒即用錦製成的雜色繒。**今按**："雜錦繒一束"疑指不同種類或紋樣的錦合捆成一束。

〖疏證〗

　　錦是用彩色絲綫編織紋飾的絲織品。《説文》帛部："錦，襄邑織文。"《急就篇》卷二："錦繡縵紵離雲爵。"顔注："錦，織綵爲文也。"《釋名·釋采帛》："錦，金也，作之用功重，其價如金。故其制字從帛與金也。"懸泉漢簡Ⅰ90DXT0112③：11A記有"錦七尺，直四百五十"，相較於一般織物，價格較高。

　　出土漢晉時期的錦中有自名者。如尼雅遺址出土的一件錦手套上織有"世毋極錦，宜二親，傳子孫"字樣，相同文字内容又見於同墓地所出的一件錦袍和錦鏡衣上[①]；同墓地所出一件錦枕上織有"韓侃吳牢錦，右（佑）二"字樣[②]。"世毋極錦"疑是以吉語取名，"世毋極"意即萬世無極，子孫萬代。"韓侃吳牢錦"疑是以人名取名。

　　所謂"織綵爲文"的錦，紋飾多樣，《釋名·釋采帛》"錦"條，葉德炯補注："漢時錦名最多，有斜文錦、蒲桃錦，見《西京雜記》；有虎文錦，見《漢官儀》；有走龍錦、翻鴻錦、雲鳳錦，均甘泉宮招仙靈閣物，見郭子元《洞冥記》；有鴛鴦

---

　　① 天津人民美術出版社編：《中國織繡服飾全集·3》，天津人民美術出版社，2004年，第120、131、136頁。

　　② 有學者指出其完整文字可能是"韓侃吳牢錦右（佑）二親"。參趙豐主編：《絲路之綢：起源、傳播與交流》，浙江大學出版社，2017年，第154頁。

萬金錦，蛟文萬金錦，均成帝賜後宮物，見《博物要覽》；有綠地五色錦，見吳淑《事類賦》引《西京雜記》；有雲錦、紫錦，見《漢武內傳》。至三國名目尤縣，如《御覽·布帛部》二載《魏志》：絳地交龍錦、紺地句文錦、暴文雜錦。又載《魏武詔》：如意虎頭連璧錦、金薄、蜀薄等。大都隨織文命名。"出土所見漢晉時期的錦還有多種，如西朱村曹魏墓M1石碣所記錦名有"青地落星錦""青地芝草錦""丹地承雲錦"，應是以紋飾取名。五一廣場東漢簡1125記有"維漢錦一端"，"維漢錦"應是此錦的品名，或因其有"維漢"字樣而取名，出土漢代瓦當中即有"惟漢三年大并天下"之語[①]。西朱村M1：219石碣記"白地明光錦"，疑是以錦上所織文字而取名。此外，出土實物錦上，還可見到豐富的文字內容，表達了當時人們的美好願望，如"王侯合昏，千秋萬歲，宜子孫""恩澤下，歲大孰（熟），宜子孫""歲大孰（熟），常葆子孫息，弟兄茂盛""延年益壽，大宜子孫""延年益壽，長葆子孫""子孫富貴壽""宜子德生""萬事如意""安樂如意，長壽無極""富且昌，宜侯王，天延命長""望四海，貴富壽，爲國慶""五星出東方，利中國""討南羌""誅南羌""長樂大明光""大長樂明光，承福受右（佑）""金池鳳""登高明，望四海""好長相保""永昌""宜王"等。

【繡】

（1）繡一笥　　馬王堆M3遣330
　　　繡繒笥[1]　　馬王堆M3木楬35

〖集釋〗

　　［1］**馬王堆M3報告**（2004：194、201）："繡繒笥"木牌出土時脫落，與實物對照應屬南180笥。簡330所記當即指此。南180竹笥內盛織繡。

〖疏證〗

　　繡是用彩色絲綫刺繡而成的絲織品，其與錦的區別在於：錦是用織機織成的，繡是在成品絲織品上進一步刺繡而成的。《説文》系部："繡，五采備也。"《急就篇》卷二"錦繡縵旄離雲爵"，顏注："錦，織綵爲文也。繡，刺綵爲文也。"錦與繡都是多彩的絲織品，因此有"錦繡"連稱。

---

　　①　傅嘉儀：《中國瓦當藝術》，上海書店出版社，2002年，第716頁。

漢代遣册所記繡的品名有長壽繡、乘雲繡、信期繡三種。遣册所見繡的用途多樣，可用於縫製服裝、器巾、包裹等，如襦、袷褕、前襲、騎衣、裙、尉（手衣）、坐巾、枕巾、几巾、幭、囊（橐）、韜、鏡衣、衾、被、枕、茵著、帷等。

二、布

【布】

（1）布十七卷，一笥，繪緣[1]　　卩　<mark>羅泊灣M1從器志A壹7</mark>

〖集釋〗

　　［1］**廣西壯族自治區博物館**（1988：80）：卷是布的單位名稱，有如現在説的"筒"。

〖疏證〗

　　漢代廣義上的布，是大麻布、紵布、葛布的通稱。《小爾雅·廣服》："麻、紵、葛曰布。布，通名也。"狹義上的布，是指大麻布。《説文》巾部："布，枲織也。"在羅泊灣從器志中，A壹6已記有"緒（紵）三"，則A壹7的"布"疑指大麻布。傳世與出土漢代文獻所見布帛的度量單位一般是用匹、尺、寸等，很少用"卷"（布匹的儲存狀態多是卷起來的），此處用例值得關注①。

【紵】

（1）繪六十三，匹三丈，緒（紵）三[1]，衣一笥＝（笥，笥）繪　　卩　<mark>羅泊灣M1</mark>
　　<mark>從器志A壹6</mark>

〖集釋〗

　　［1］**廣西壯族自治區博物館**（1988：79、80）：緒，假借爲紵。

〖疏證〗

　　《説文》系部："紵，檾屬。細者爲絟，布白而細曰紵。从糸，宁聲。緒，紵或

---

　　①　關於量詞"卷"的討論，可參看張顯成、李建平：《簡帛量詞研究》，中華書局，2017年，第125、126頁。

從緒省。"學者多已指出漢代表織物的"緒"應讀爲"紵"①。出土漢代文字資料中，表"紵"的"緒"又寫作"褚""屠""緒"等從"者"得聲的字。羅泊灣從器志此處之"緒（紵）"與"繒"相鄰記録，疑緒（紵）指紵布。

陸璣《毛詩草木鳥獸蟲魚疏》："紵，亦麻也。科生數十莖，宿根在地中。至春自生，不歲種也。荆揚之間，一歲三收。今官園種之，歲再割，割便生剥之，以鐵若竹刮其表，厚皮自脱，但得其裹韌如筋者，煮之用緝，謂之徽紵。今南越紵布皆用此麻。"馬怡指出："在麻類作物中，苧麻纖維的品質最佳，長而强韌，可紡高支紗。其織物涼爽，吸濕，透氣，挺括，適宜作夏季衣料。"②用紵布製作衣物的例子在漢代文獻中多見，不贅舉。考古出土實物中，馬王堆M1出土的細麻布，經鑒定爲苧麻③；羅泊灣M1出土的麻織品的原料有苧麻和大麻④。紵布又常用於製作紵胎或夾紵胎漆器，如海昏侯墓出土的紵胎漆盤刻銘"緒（紵）銀六升槃（盤）五十枚"⑤，即是説紵胎、銀釦、容六升的漆盤有五十件。

三、縣　絮

【縣】

（1）線絮（絮）廿斤，線二斤[1]，一笥，繒緣　　羅泊灣M1從器志A貳11

【集釋】

[1] "絮"上一字與"二"上一字寫法相同，**廣西壯族自治區博物館**（1988：81）均釋"線"，爲"綫"之古文。"線絮廿斤"指成束的麻綫二十斤。"絲二斤"指篕絲二斤。**李均明、何雙全**（1990：127）、**趙寧**（2014：283）釋"絲"。今按：發掘報告釋"線"可從，但解釋可商。疑"線"爲"綿"之訛寫。泉、帛形近。懸泉

---

① 參看盧兆蔭：《關於滿城漢墓漆盤銘文及其他》，《考古》1974年第1期；陳偉武：《秦漢簡牘考釋拾遺》，《簡帛》第2輯，上海古籍出版社，2007年。

② 馬怡：《漢代的麻布及相關問題探討（修訂稿）》，簡帛網2014年12月25日；原載《古代庶民社會》，"中研院"，2013年。

③ 湖南省博物館、中國科學院考古研究所編：《長沙馬王堆一號漢墓》（上），文物出版社，1973年，第47頁。

④ 廣西壯族自治區博物館：《廣西貴縣羅泊灣漢墓》，文物出版社，1988年，第86頁。

⑤ 江西省文物考古研究院、北京師範大學：《江西南昌西漢海昏侯劉賀墓出土漆木器》，《文物》2018年第11期。

漢簡Ⅰ90DXT0109②：2的"泉"字寫作█。傳世南陵鍾銘"南陵大泉第五十八"之"泉"作█①，灞橋出土漢代陶缶上有印文"南陵大泉乘輿水缶"②，其"泉"字作█，寫成"帛"形。學者多已指出，綿、絮混言不別，析言則別，還可構成複合詞"綿絮"③。《説文》糸部："絮，敝綿也。"《玉篇·糸部》："綿，新絮也。"《廣韻·仙韻》："精曰綿，麤曰絮。"從牘文"綿絮廿斤""綿二斤"記錄在一起來看，"綿絮"與"綿"有別。疑"綿絮"爲同義複合詞，等同於絮。在西北漢簡中，用作俸禄的"綿絮"，又有徑稱爲"絮"者④。

　　"廿"上一字，**廣西壯族自治區博物館**（1988：81）釋"絮"，讀爲"絮"。**李均明、何雙全**（1990：127）釋"絮"。

【絮】

（1）線絮（絮）廿斤，線二斤，一笥，繒緣　　羅泊灣M1從器志A貳11
（2）炊（吹）綿（綿）絮一鈞七斤[1]　　　漁陽木楬C：34-2

〔集釋〕

　　[1]"炊"下一字，**長沙市文物考古研究所**（2010：33）釋"綿"。**蔣文**（2013：315）釋"綿"。**陳劍**（2018：67）隸作"綿"，讀爲"綿"。

　　"鈞"下一字，**長沙市文物考古研究所**（2010：33）釋"十"。**蔣文**（2013：315）釋"七"。

　　鈞，**姜維**（2011：83）：《説文》："鈞，三十斤也。"

　　吹綿絮，**蔣文**（2013：315）：《後漢書·章帝紀》"詔齊相省冰紈、方空縠、吹綸絮"，李賢注："綸，似絮而細。吹者，言吹噓可成，亦紗也。"疑"炊綿絮"即"吹綸絮"。**今按**：馬怡認爲《後漢書·章帝紀》中的"吹綸絮"與"紈""縠"等

　　①　旅順博物館：《旅順博物館館藏文物選粹·青銅器卷》，文物出版社，2008年，第144頁。
　　②　陳直：《關中秦漢陶録》，中華書局，2006年，第745、746頁；劉正成主編：《中國書法全集·9·秦漢編·秦漢金文陶文卷》，榮寶齋，1992年，第117頁。缶，舊釋匋，韓建武改釋，參韓建武：《陝西歷史博物館藏陶文彙集》，《西部考古》第18輯，科學出版社，2019年，第159頁。
　　③　參看伊强：《試論居延新簡中的"綿絮"》，《簡帛研究二〇一三》，廣西師範大學出版社，2014年；陳劍：《據出土文獻説"懸諸日月而不刊"及相關問題》，《嶺南學報》復刊第10輯，上海古籍出版社，2018年。
　　④　參看伊强：《試論居延新簡中的"綿絮"》，《簡帛研究二〇一三》，廣西師範大學出版社，2014年，第211頁。

同爲絲織品①。從李賢注中可看出"吹綸絮"屬於很輕的絮，大概因爲比較珍貴，所以纏與冰紈、方空縠相並列。

〔疏證〕

《説文》系部"絮，敝緜也"，段注："凡絮必絲爲之，古無今之木緜也。"《急就篇》卷二"絳緹絓紬絲絮綿"，顏注："漬繭擘之，精者爲綿，麤者爲絮。"緜與絮多指蠶繭的初級加工品，本有精細之別，但也可通稱爲絮。《漢書·文帝紀》："其九十已上，又賜帛人二匹，絮三斤。"顏注："絮，綿也。"陳槃辨析"綿"與"絮"云："絮者大名也。絮之新者，精細者則曰綿，曰纊；而其敝（熟）者，粗者仍其爲絮，則絮固可兼有綿稱也。"②睡虎地秦簡日書甲種《夢》154反、153反壹記："賜某大幅（富），非錢乃布，非繭乃絮。"日書乙種《夢》195壹記："賜某大富（富），不錢則布，不璽（繭）則絮。"③這裏的"絮"疑泛指緜和絮。

從出土文獻看，秦漢人使用的絮有"絲絮""絡絮""絓絮""枲絮""緒絮""布絮""橐絮"等，可見用於填充衣物的動植物纖維或皮毛等，大概都可以稱爲絮。

"絲絮"又寫作"糸絮"，如睡虎地秦簡《封診式·穴盜》81、82："乙以迺二月爲此衣，五十尺，帛裹，絲絮五斤裝（裝），繆繒五尺緣及殿（純）。"居延漢簡89.3："虞卒等二人糸（絲）絮各一斤，直二百。"505.33："官使婢棄，用布三匹，糸（絲）絮三斤十二兩。"

"絡絮"，伊强認爲與"絮"意思相當④。不過，出土秦漢簡牘中還可見到"絡"與其他織物或服飾搭配的詞語，如睡虎地秦簡《封診式·經死》簡68記有"絡禪襦、帬"，整理小組注："絡，《廣雅·釋器》：'綃也。'"此外，里耶秦簡8-158記有"絡帬"，8-439+8-519+8-537記有"絡袍""絡單胡衣"，9-2291記有"絡袍""絡錦"，9-3270記有"絡禪衣"，史語所藏羅布淖爾漢簡L54+L53B記有"絡沓（鞜）一兩"。這些詞組中的"絡"大概都是未漚或未湅的意思。《説文》系部

① 馬怡：《尹灣漢墓遣策札記》，《簡帛研究二〇〇二、二〇〇三》，廣西師範大學出版社，2005年，第267頁。

② 陳槃：《由古代漂絮因論造紙》，《舊學舊史説叢》，上海古籍出版社，2010年，第155—157頁。

③ 陳偉主編：《秦簡牘合集：釋文注釋修訂本（壹、貳）》，武漢大學出版社，2016年，第407、408、517、518頁。

④ 伊强：《試論居延新簡中的"緜絮"》，《簡帛研究二〇一三》，廣西師範大學出版社，2014年。

"絡，絮也。一曰麻未漚也"，段注："未漚者曰絡，猶生絲之未湅也。"疑"絡絮"指未湅的絮。有關"絡絮"的記録還有：《二年律令·金布律》418記："諸冗作縣官及徒隸，大男，冬稟布袍表裏七丈，絡絮四斤，綺二丈、絮二斤。"懸泉漢簡Ⅰ90DXT0116②：22記："出錢二百五十，絡絮一斤。☒"居延漢簡113.4記："絡絮百卌三斤。"居延新簡EPT59：21記："絡絮二斤，直百卌。"

"絓絮"疑指粗絮。《急就篇》卷二"絳緹絓紬絲絮綿"，顔注："抽引麤繭緒紡而織之曰紬。紬之尤麤者曰絓，繭滓所抽也。"《説文》系部"絓，繭滓絓頭也"，王筠《句讀》："絓謂絲之粗者。"居延漢簡308.7A記："絓絮二斤八兩，直四百。"

"枲絮"疑指用麻製作的絮。如周家臺秦簡病方"去黑子方"簡319記："令人孰（熟）以靡（摩）之，令欲出血，即以并傅，彼（被）其上以□枲絮。"《秦簡牘合集》注釋説："'枲'上一字，似是'新'。枲絮，又見於馬王堆帛書《五十二病方》'治以枲絮爲獨'，馬繼興：即以碎麻組成的絮。"[1]江陵鳳凰山M168：297爲2塊麻絮，"麻纖維呈黄白色，類似絲棉，拉力强度大。麻絮在西漢考古中尚屬首次發現"[2]，此麻絮似可稱作"枲絮"。

"緒絮"，居延新簡EPT59：342記"緒絮一斤三兩"，EPT59：76記"堵絮二斤"，肖從禮認爲"緒"是絲頭之義，"堵絮"與"緒絮"同，指殘絲絮[3]。王子今認爲"堵"作爲地名代號的可能性很大[4]。"堵絮"即"緒絮"的意見似可從。不過，我們認爲，"緒""堵"疑讀爲"紵"，紵絮指用苧麻製作的絮。漢代表示紵布多用"緒"字。《漢書·楚元王傳》"用紵絮斮陳漆其間"，顔注："紵絮者，可以紵衣之絮也。"這裏的"紵絮"疑即漢簡所見的"緒絮"或"堵絮"，顔注或不確。

"布絮"疑指麻絮。玉門關漢簡98DYC：7記："六月餘布帛（絮）三千七百七十六斤。"

"橐絮"之"橐"疑指橐佗。《漢書·百官公卿表》"又牧橐、昆蹄令丞皆屬焉"，顔注引應劭曰："橐，橐佗。"居延新簡EPT51：125記："第八隧卒魏郡内黄右部里王廣，賁賣莞皁綺橐絮裝（裝）一兩，直二百七十，已得二百，少七十。遮虜辟衣功所。"《中國簡牘集成》將"橐絮"理解爲"駝毛絮"[5]。金關漢簡

①　陳偉主編：《秦簡牘合集：釋文注釋修訂本（叁）》，武漢大學出版社，2016年，第229頁。
②　湖北省文物考古研究所：《江陵鳳凰山一六八號漢墓》，《考古學報》1993年第4期。
③　張德芳主編，肖從禮著：《居延新簡集釋（五）》，甘肅文化出版社，2016年，第266頁。
④　王子今：《試説居延簡文"魯絮""襄絮""堵絮""彭城糸絮"—漢代衣裝史與紡織品消費史的考察—》，《동서인문（東西人文）》第12號，2019年。
⑤　中國簡牘集成編委會：《中國簡牘集成》第10册，敦煌文藝出版社，2001年，第81頁。

73EJT26：54記：“☐自言迺十二月貰賣菅草（皁）袍一領，橐絮裝，賈錢八，糅得壽貴里李長君所，任者執適隧長”[1]，馬圈灣漢簡172記：“橐絮著（褚）自足止，即馬未決，且從季卿貸轉，已得長羈止，毋爲弛槊”，兩處簡文中的“橐絮”疑即指駝毛絮。

此外，當時亦有一些關於“絮”的品牌。如金關漢簡73EJT28：73記：“☐魯絮一斤直百卅☐”，73EJT31：30記：“已得彭城糸（絲）絮七斤，直四百廿七。”王子今指出，“‘魯絮’應是‘魯’地‘絲的紡織業’的產品”，“彭城糸絮”是“以產出地名爲標誌的‘糸絮’”[2]。漁陽木楬所記的“炊（吹）縣（縣）絮”應也是一種著名的絮。

絮主要用於填充衣物，以增强保暖功能。如《二年律令·金布律》418、419記：“諸冗作縣官及徒隸，大男，冬稟布袍表裏七丈，絡絮四斤，綺二丈、絮二斤；大女及使小男，冬袍五丈六尺、絮三斤，綺丈八尺，絮二斤；未使小男及使小女，冬袍二丈八尺，絮一斤半斤；未使小女，冬袍二丈，絮一斤。”《漢書·匈奴傳下》：“賜以……絮六千斤。”匈奴地處北境，冬季寒苦，所贈之絮很可能就是用於製作禦寒的衣物。

絮可同布一樣用作實物貨幣。睡虎地秦簡日書乙種《夢》195記：“賜某大富（富），不錢則布，不璽（繭）則絮。”錢、布、繭、絮都是財富的代表。北大秦牘《泰原有死者》：“死人所貴：黃卷，黃卷以當金，黍粟以當錢，白菅以當緣。”陳劍指出：“‘緣’當爲‘縣（縣）’字之誤。‘縣’與‘（黃）金’‘錢’並列，死人以‘白茅’所充之‘縣’爲財富。漢代西北簡牘中，用布帛、縣絮等充戍卒之每月俸禄的記載多見。鄒城邾國故城遺址新發現的新莽時期‘貨版’正面陰刻‘黃金’‘銅泉’‘絮’‘布’‘帛’。凡此均可見‘縣’‘絮’與‘貨幣、財富’的關係。”[3]

① 今按：居延新簡EPT51：125“莞皁綺橐絮裝（裝）”中的“莞”與肩水金關漢簡73EJT26：54“菅草（皁）袍一領，橐絮裝”中的“菅”語法位置相同，它們應都表示衣物的製作原料。《左傳》成公九年傳：“《詩》曰：雖有絲、麻，無棄菅、蒯。”

② 王子今：《試説居延簡文“魯絮”“襄絮”“堵絮”“彭城糸絮”—漢代衣裝史與紡織品消費史的考察—》，《동서인문（東西人文）》第12號，2019年。

③ 陳劍：《據出土文獻説“懸諸日月而不刊”及相關問題》，《嶺南學報》復刊第10輯，上海古籍出版社，2018年，第71、72頁。

第二節　服　裝

一、首　服

【冠】

（1）冠一　劉林衣物疏B貳1
（2）冠二[1]　海曲M129-04衣物疏A肆6
（3）冠二枚，在棺中[2]　ノ　鳳凰山M168遣53
（4）冠十，金籤（盦）一＝（一，一）笥，繒緣[3]　羅泊灣M1從器志A壹4
（5）冠小大各一，布冠笥五采（彩）畫一合[4]　馬王堆M3遣268
（6）素冠、縠冠各一[5]　ノ　張家山M247遣25貳

〖集釋〗

［1］**劉紹剛、鄭同修**（2013：206）：冠，帽子。

［2］**陳振裕**（2012：204）在“簡文内容與出土物對照表”中將此簡所記對應出土的二件紗冠（286、287），備注“相符”。**鳳凰山M168報告**（1993：497）：紗冠2件，出於内、外棺之間的東部。M168：287僅存殘片。M168：286已殘破，經復原，冠爲長方袋狀，頂部呈方形，高13、寬18厘米。冠兩側繫有寬約3厘米的紗帶，帶上有三個結。冠面和冠裏由二種不同經緯密度的紗縫合而成。冠面是一種經綫極細的縐紗，冠裏爲經緯絲加捻、密度稀疏呈方孔的平紋組織。簡53所記當指此二件。**今按**：《漢書·江充傳》“充衣紗縠禪衣”，顔注：“縐者爲縠”。M168：286冠的用料實爲縠，此冠即縠冠。

［3］**廣西壯族自治區博物館**（1988：79）：金籤即銅盦。**今按**：墓中出有漆總殘片，“青黑色，經鑒定原是麻織品，外表塗生漆，網孔稀疏，其經緯密度爲每平方厘米經綫18根，緯綫10根”①，疑從器志記録的“冠十”中含有漆總冠。

［4］**馬王堆M3報告**（2004：155）：出土漆夾紵胎油彩雙層長方盦1件（北162），内置漆纚紗冠1頂（北162-1），並有其附屬品絲織物、木棍等。簡268所記當指此盦和所盛漆纚紗冠。**馬王堆M3報告**（2004：227）：據遣策268記載，疑盦中所裝應爲大小兩個冠：“大冠”應指漆纚紗冠，而同出的絲織物、紗帶、紗殘片所裹鐵

---

① 廣西壯族自治區博物館：《廣西貴縣羅泊灣漢墓》，文物出版社，1988年，第86頁。

絲、彩繪圓木棍等物應屬 "小冠" 的部件。**陳建明**（2004：196）：放在長方形粉彩漆奩內的漆纚冠應是文獻記載的武弁大冠。**洪石**（2017：90）指出，發掘報告稱M3：北162爲長方奩，不確，應稱爲笥，紵胎，施五彩畫，其內盛冠。

［5］素冠，**彭琴華**（2019：10）：素冠即白色生帛所製之冠，可用作喪服。素冠亦即縞冠。

穀冠，**張家山二四七號漢墓整理小組**（2001：305）：穀，《説文》："細縛也"。朱駿聲《説文通訓定聲》云，即今縐紗。**彭琴華**（2019：10）：穀冠是以縐紗製作的冠。**今按**：馬王堆帛書《明君》21、22記 "縵帛之衣、疏穀之冠者"[①]，"疏穀之冠" 即穀冠。鳳凰山M168：286冠是出土所見穀冠實物。

〔疏證〕

《説文》一部："冠，絭也，所以絭髮，弁冕之總名也。"《釋名·釋首飾》："冠，貫也，所以貫韜髮也。"《急就篇》卷三 "冠幘簪簧結髮紐"，顔注："冠者，冕之總名，備首飾也。"

馬王堆M1：235著衣戴冠男木俑，鞋底刻有 "冠人" 二字，"頭頂後部向上斜冠一板，板長12、寬8厘米，兩側邊棱稍高，板面刻劃紋。板下又附着一梯形平板。冠兩側有墨繪帶直達下頷，與附着於下頷的小木條相聯結。這種冠戴與帛畫中9個男子的冠戴形式相同，應爲長冠"[②]（圖1.2-1，1）。有學者指出 "冠人" 應指戴冠的人[③]。西安六村堡漢代製陶作坊遺址出土的一件陶俑亦戴類似的長冠[④]。這種長冠即 "劉氏冠" "鵲尾冠"。《史記·高祖本紀》"高祖爲亭長，乃以竹皮爲冠，令求盜之薛治之，時時冠之，及貴常冠，所謂 '劉氏冠' 乃是也"，集解引應劭曰："以竹始生皮作冠，今鵲尾冠是也。"索隱引應劭曰："一名 '長冠'，側竹皮裏以縱前，高七寸，廣三寸，如板。"除馬王堆M1、M3帛畫外，這種頭戴鵲尾冠的圖像還可在金雀山西漢墓M9出土帛畫中見到[⑤]。

---

① 裘錫圭主編：《長沙馬王堆漢墓簡帛集成》（肆），中華書局，2014年，第112頁。
② 湖南省博物館、中國科學院考古研究所編：《長沙馬王堆一號漢墓》（上），文物出版社，1973年，第97頁；湖南省博物館：《長沙馬王堆漢墓陳列》，中華書局，2017年，第89頁。
③ 中國科學院考古研究所、湖南省博物館寫作小組：《馬王堆二、三號漢墓發掘的主要收穫》，《考古》1975年第1期。
④ 湯池主編：《中國陵墓雕塑全集·第2卷·西漢》，陝西人民美術，2009年，第185頁。
⑤ 臨沂金雀山漢墓發掘組：《山東臨沂金雀山九號漢墓發掘簡報》，《文物》1977年第11期。彩色摹本見蘇兆慶編著：《古莒遺珍》，人民美術出版社，2003年，第113頁。

　　馬王堆M3冠笥中所盛之冠是武冠，兩側有護耳①（圖1.2-1，2）。《後漢書·輿服志》："武冠，一曰武弁大冠，諸武官冠之。"《晉書·輿服志》："武冠，一名武弁，一名大冠，一名繁冠，一名建冠，一名籠冠，即古之惠文冠。或曰趙惠文王所造，因以爲名。亦云，惠者蟪也，其冠文輕細如蟬翼，故名惠文。"孫機指出其中關於惠文冠的解説不確，"《禮記·喪服》鄭注：'凡布細而疏者謂之緦。'武弁正是用細疏的緦布製作的"②。羅泊灣M1出土的冠殘片，"青黑色，經鑒定原是麻織品，外表塗生漆，網孔稀疏"，疑即用緦織作。馬王堆M3出土的武冠用絲綫編織，外塗黑漆，可稱之爲漆纚武冠。《説文》系部："纚，冠織也。"《漢書·江充傳》"冠禪纚步搖冠"，顏注："纚，織絲爲之，即今方目紗是也。"相似的漆纚武冠出土於武威磨咀子M62男尸頭上③（圖1.2-1，3），土山屯M147墓主頭部亦出一件，但已殘朽④。漆纚的使用範圍不僅限於武冠，《後漢書·輿服志》："長冠，一曰齋冠，高七寸，廣三寸，促漆纚爲之，制如板，以竹爲裏"，"法冠，一曰柱後。高五寸，以纚爲展筩，鐵柱卷，執法者服之"。武威磨咀子東漢墓M49男尸頭戴漆纚菱孔紋的冠，"周圍一圈裏細竹筋，頭頂另設一竹圈架，上搭纚片一條，像是漢代的進賢冠"⑤。漢墓中多見漆纚殘片出土，如廣州南越王墓⑥，臨沂金雀山M13、M14⑦，徐州雲龍萬達廣場M6⑧，北京大葆臺M1内棺⑨，陽高古城堡M12北棺⑩，朝鮮平壤石岩里M201⑪，王盱墓中棺⑫等，這些墓的墓主基本都是男性。不過，也有女性使用漆纚製作韜髮具，如盱眙東陽M7西棺所出者⑬。

———————————

　　① 湖南省博物館：《長沙馬王堆漢墓陳列》，中華書局，2017年，第185頁。

　　② 孫機：《漢代物質文化資料圖説》，文物出版社，1991年，第233頁。

　　③ 甘肅省博物館：《武威磨咀子三座漢墓發掘簡報》，《文物》1972年第12期。

　　④ 青島市文物保護考古研究所、黄島區博物館：《山東青島土山屯墓群四號封土與墓葬的發掘》，《考古學報》2019年第3期。

　　⑤ 甘肅省博物館：《武威磨咀子三座漢墓發掘簡報》，《文物》1972年第12期。

　　⑥ 廣州市文物管理委員會等：《西漢南越王墓》（上），文物出版社，1991年，第138頁。

　　⑦ 臨沂市博物館：《山東臨沂金雀山周氏墓群發掘簡報》，《文物》1984年第11期。

　　⑧ 徐州市文物局、徐州市文物考古研究所：《溯·源："十二五"徐州考古》，江蘇鳳凰美術出版社，2016年，第74頁。

　　⑨ 北京市大葆臺西漢墓博物館：《大葆臺漢墓文物》，文物出版社，2015年，第91頁。

　　⑩ 東方考古學會：《陽高古城堡：中國山西省陽高縣古城堡漢墓》，日本東京六興出版，1990年，第120頁。

　　⑪ 朝鮮古蹟研究會：《樂浪彩篋冢》，日本京都便利堂，1935年，第95頁。

　　⑫ 東京帝国大学文学部編：《樂浪：五官掾王盱的墳墓》，日本東京刀江書院，1930年，第70頁。

　　⑬ 南京博物院：《江蘇盱眙東陽漢墓》，《考古》1979年第5期。

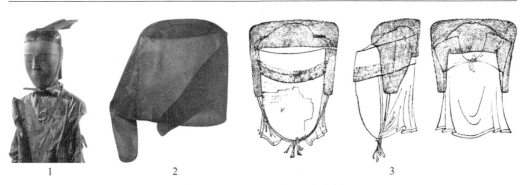

圖1.2-1　漢墓出土劉氏冠與武冠

1. 馬王堆M1：235劉氏冠木俑　　2. 馬王堆M3：北162-1漆纚紗冠（武冠）　　3. 磨咀子M62武冠復原圖

【幘】

（1）幘二　　劉林衣物疏B貳2

（2）幘三枚[1]　　尹灣M6君兄節司小物疏B叁7

（3）亦（赤）幘一[2]　　西郭寶衣物疏B壹3

（4）皁幘二　　劉賜衣物名A肆1

（5）□幘一[3]　　西郭寶衣物疏B壹2

〔集釋〕

　　［1］劉洪石（1999：124）：幘是包頭髮的布巾。原物已腐爛。

　　［2］“幘”上一字，連雲港市博物館（1988：20）釋“玉”。竇磊（2016：31、32）引陳偉意見釋爲“亦”，讀爲“赤”。

　　［3］“幘”上一字，連雲港市博物館（1988：20）釋“皁”。馬怡（2006：257）對釋“皁”存疑。中國簡牘集成19（2005：1879）：幘，包頭巾。

〔疏證〕

　　幘是裹髮之巾。《説文》巾部：“幘，髮有巾曰幘。”幘有不同的名稱，《方言》第四：“覆結謂之幘巾，或謂之承露，或謂之覆髳。皆趙魏之間通語也。”《廣雅·釋器》：“纚、帩，幘也。”

　　幘上加冠，是漢代常見的頭飾，但也有單獨戴冠或著幘者。《急就篇》卷三“冠幘簪簧結髮紐”，顏注：“幘者，韜髮之巾，所以整嫧髮也。常在冠下，或但單著之。”漢代的幘大體上可以分爲介幘和平上幘兩種。除單獨使用外，介幘多與進賢冠組合，平上幘多與武冠（惠文冠）組合。西朱村石碣M1：141、M1：205分別記有“黑介幘一”“平上黑幘一”。《晉書·輿服志》：“漢注曰，冠進賢者宜長耳，今介幘也。冠惠文者宜短耳，今平上幘也。"

　　漢簡所記幘的顏色有皁（黑色）、赤（紅色）兩種，懸泉漢簡Ⅰ 90DXT0116②：102記"緹幘、皁幘各一"，緹、皁對舉，緹爲赤色繒，大概皁幘與赤幘是當時使用最廣泛的兩種幘。就現有材料來看，武吏多戴赤幘，這與當時的文化背景相關，《後漢書·輿服志下》："武吏常赤幘，成其威也。"甘谷漢簡10記："令宗室劉江、劉俞、劉樹、劉舉等著赤幘，爲伍長，守街治滯。"斯坦因所獲敦煌漢簡1279、史語所藏羅布淖爾漢簡L54+L53B均記有"緹幘一"，此二簡所記均爲西北屯戍人員物品清單。居延新簡EPT49：13A記有"隧長當著幘"，此幘雖未言顏色，但可推測其爲赤幘一類。出土漢代陶俑、壁畫所見武職人員多戴赤幘。相比而言，皁幘（黑幘）的使用範圍要更廣泛一些，武職人員亦有著黑幘者，如北洞山楚王墓中的儀衛俑①。文吏著黑幘的例子如上舉西郭寶衣物疏、劉賜衣物名中均記有黑幘，前者身份爲太守，後者身份爲縣令；百子村東漢墓"丞主簿"爲文吏，即著黑幘②。金關漢簡73EJT37：688記有"初亡時黑幘"，五一廣場東漢簡1420記有"建去時著黑幘，衣白布單（襌）衣"。

　　此外，還有青幘、紺幘、緗幘、黃幘、白幘等，如衛宏《漢舊儀》"凡齋，紺幘；耕，青幘；秋貙劉，服緗幘"；應劭《漢官儀》"謁者皆著緗幘大冠、白絹單衣"；《後漢書·輿服志下》"皁衣羣吏春服青幘，立夏乃止，助微順氣，尊其方也"；居延新簡EN：14記有"黃幘一"；《後漢書·禮儀志下》"登遐，皇后詔三公典喪事。百官皆衣白單（襌）衣，白幘不冠"。

　　部分漢墓中尚可見到幘的實物出土，如武威磨咀子M62男尸頭部所戴武冠之下，就有赤紗幘③；M22男尸頭上戴有形狀"略同於今天藏族冬天所戴圓形平頂帽狀"的布帽④，或即平上幘。青海平安縣古城東漢早期墓M7的1號棺尸骨頭部戴有黃色平上幘，3號棺尸骨頭部戴有紅色介幘⑤。

【絮】

（1）故絮（絮）七枚[1]　　尹灣M6君兄節司小物疏B叁8
（2）靡絮（絮）三[2]　　尹灣M2衣物疏B貳11

---

　　① 徐州博物館，南京大學歷史學系考古專業：《徐州北洞山西漢楚王墓》，文物出版社，2003年，第80頁。

　　② 陝西省考古研究院編著：《壁上丹青：陝西出土壁畫集》，科學出版社，2008年，第131頁。

　　③ 甘肅省博物館：《武威磨咀子三座漢墓發掘簡報》，《文物》1972年第12期。

　　④ 甘肅省博物館：《甘肅武威磨咀子漢墓發掘》，《考古》1960年第9期。

　　⑤ 青海省文物考古研究所：《青海平安縣古城青銅時代和漢代墓葬》，《考古》2002年第12期。

（3）方絮（帊）二[3]　尹灣M6君兄節司小物疏B肆3
（4）盧絮（帊）一[4]　尹灣M2衣物疏B貳12
（5）薄巾絮（帊）六[5]　尹灣M2衣物疏B貳8
（6）藱（帊）蒙（幪）四[6]　馬王堆M1遣162
（7）蒙（幪）絮（帊）二[7]　劉賜衣物名A叁12
（8）□絮（帊）一　尹灣M2衣物疏B叁4
（9）□□絮（帊）一　尹灣M2衣物疏B叁5

〔集釋〕

[1] **劉洪石**（1999：124）：絮即帊，"故帊"指用過的巾或破舊之巾。**馬怡**（2005：268）：故絮爲男子頭衣。**張顯成、周群麗**（2011：118）：故絮，用過的舊頭巾。

[2] **張顯成、周群麗**（2011：169）：麾絮，指用精緻的絲織物做成的頭巾。

[3] **馬怡**（2005：268）：就"方絮"與"節衣""手衣""五采系"等"小物"並列來看，釋作頭衣亦未嘗不可，但《初學記》卷二十一引服虔《通俗文》曰："方絮，白紙。"木牘所記"方絮二"是不是白紙，作何用，囿於現有資料的不足，尚難確定。**張顯成、周群麗**（2011：115）："方絮"當爲方形頭巾。

[4] **中國簡牘集成19**（2005：2061）：盧，黑色。**馬怡**（2005：268）："麾絮""盧絮"大約也是頭衣，它們稱作"絮"而非"巾絮""絮巾"，其質地、式樣或有所不同。**馬怡**（2006：252、253）："絮"是頭衣，"盧"即"纑"，一種麻布。

[5] **中國簡牘集成19**（2005：2061）：絮，頭巾，《集韻》："絮，冒絮，頭上巾也。"**馬怡**（2005：267、268）："絮"即"冒絮"，頭衣名。王引之《經義述聞·周官上》："玉府，掌王之燕衣服。鄭注：'燕衣服者，巾絮、寢衣、袍禪之屬。'家大人曰：'絮與帊通，亦巾帊也。'"是王念孫認爲"絮""帊"可通。《說文》巾部："帊，巾帊也。""巾帊"就是"巾絮"。西北漢簡中"絮巾"往往與"布巾"並提，推測其質地可能是絲織品。此處的"薄巾絮"當爲女子頭衣。今**按**：疑"巾絮（帊）"與"絮（帊）巾"無別。居延新簡EPT51：66記有"絮（帊）巾一枚"。

[6] "蒙"上一字，**馬王堆M1報告**（1973：143）釋"藱"。**唐蘭**（1980：56）隸作"藇"，即藱。**朱德熙、裘錫圭**（1980：67、68）：此字中間部分與296號簡"如"字同形，應該釋作"藇"。**馬王堆集成**（2014：197）：簡文"藇"中間從"奴"。**劉釗**（2020：1362）釋爲"藇"。

馬王堆M1報告（1973：143）：繫蒙，植物名，待考。**唐蘭**（1980：56）：繫蒙即番騶，《史記·司馬相如傳》"煩鶩鷛鸆"，集解："徐廣曰：煩鶩一作番騶。"煩、番、繫三字並同音。裴駰《集解》引《漢書音義》："煩鶩，鳧也。"司馬貞《索隱》引郭璞云："煩鶩，鴨屬。"**朱德熙、裘錫圭**（1980：67—68）："繫"在此當讀爲"絮"（帤）；"蒙"當讀爲"幏"，字亦作"幪"；"繫蒙"（絮幪）很可能是指頭巾，與《周勃傳》的"冒絮"同意。《説苑·正諫》"蒙絮覆面"，可能是以絮蒙頭使之下垂以覆面的意思，也可能"蒙絮"是"繫蒙"的另一種説法，"蒙絮覆面"是用蒙絮來覆面的意思。**今按**：劉賜衣物名A叁12記有"蒙絮二"，疑"蒙絮"與馬王堆遣册中的"繫蒙"所指相同。

　　［7］**羅小華**（2017b）："蒙絮"即"冒絮"。**今按**："蒙絮"讀爲"幏帤"。疑"蒙絮"爲同義複詞。《方言》卷四："幏，巾也。大巾謂之盆。嵩嶽之南陳穎之間謂之帤，亦謂之幏。"

〖疏證〗

　　漢代遣册記錄中的絮（帤）、巾絮（帤）、繫（帤）蒙（幏）、蒙（幏）絮（帤）皆指一種頭巾，男女皆可服。居延新簡EPT51：249記"第卅二隊（隧）卒邽邑聚里趙誼，自言十月中賈賣糸絮二枚，直三百，居延昌里徐子敖所，已入二百☑"，李迎春將"糸絮"理解爲"絲綿"，認爲"其量詞稱枚，或即人們整理好的用以填充衣物的絲綿胎"[①]。"糸絮"應讀爲"絲帤"，是絲質的頭巾。同理，金關漢簡73EJT24：6A"出錢卅，君成買絮一枚"、居延漢簡346.30+346.43"幣（敝）橐絮三枚"中的"絮"均當讀爲"帤"。帤是漢代使用較廣的頭飾。

【笠】

（1）笠一，繒橐[1]　　**羅泊灣M1從器志A叁8**
（2）小笠十，皆繒緣　　**羅泊灣M1從器志A伍6**

〖集釋〗

　　［1］**廣西壯族自治區博物館**（1988：81）：《事物紺珠》：笠，織竹爲禦雨具，即竹編雨帽。

張德芳主編，李迎春著：《居延新簡集釋（三）》，甘肅文化出版社，2016年，第482頁。

〔疏證〕

《説文》竹部："笠，簦無柄也。"笠主要用於遮陽和遮雨。《詩·周頌·良耜》："其笠伊糾，其鎛斯趙，以薅荼蓼。"毛傳："笠，所以禦暑雨也。"《太平御覽》卷三八二引崔駰《博徒賦》："博徒見農夫戴笠持耨，以芸（耘）蓼、荼。"

笠有竹笠和草笠兩種。竹笠，見下舉《急就篇》及顔注。草笠，《詩·小雅·都人士》"臺笠緇撮"，鄭玄箋："臺，夫須也。都人之士，以臺皮爲笠，緇布爲冠。"陸機疏"南山有臺"曰："舊説夫須，莎草也，可爲蓑笠。"《禮記·郊特牲》："草笠而至，尊野服也。"

笠在雨天使用時多與蓑搭配。《詩·小雅·無羊》"何蓑何笠"，毛傳："蓑所以備雨，笠所以禦暑。"《國語·越語》："譬如蓑笠，時雨既至，必求之。"嶽麓秦簡《爲吏治官及黔首》14壹"卑苙不亶"，范常喜讀爲"草笠不繕"，《説文》艸部："苙，雨衣。一曰衰衣。"衣部："衰，艸雨衣。秦謂之萆。"[1]山東嘉祥紅山村漢畫像石中有一個農夫形象，其頭戴笠，肩扛雙齒末，末柄上繫有一囊袋狀物，肩部有向前後下垂之物（圖1.2-2，1），舊説"肩和腰部生翼"[2]，我們認爲此農夫肩上所穿之物很可能是蓑。江蘇徐州銅山縣苗山漢墓畫像石中有一幅疑爲神農的形象，頭戴笠，身披蓑衣，左手牽一鳳鳥，右手持一雙齒末[3]。然而，在漢代畫像材料中，多見農夫戴笠持鉏、鐮或犁等農具勞作，少見蓑的形象，這可能與畫面表現爲晴天勞作場景有關（圖1.2-2，2—4）[4]。

在羅泊灣從器志中，既有"笠一"，又有"小笠十"，似"笠"與"小笠"有別。《史記·平原君虞卿列傳》"躡蹻檐簦説趙孝成王"，集解引徐廣曰："簦，長柄笠，音登。笠有柄者謂之簦。"《急就篇》卷三"竹器簦笠簟籧篨"，顔注："竹器，總言織竹爲器也。簦、笠，皆所以禦雨。大而有把，手執以行謂之簦；小而無把，首戴以行謂之笠。"《廣雅·釋器》"簦謂之笠"，王念孫疏證："'簦'與'笠'對文則異，散文則通。"《説文》竹部"笠，簦無柄也"，"簦，笠蓋也"，段注："笠而有柄如蓋也，即今之雨繖。《史記》'躡屬擔簦。'按，簦亦謂之笠，

① 范常喜：《嶽麓秦簡〈爲吏治官及黔首〉札記三則》，《出土文獻與古文字研究》第9輯，上海古籍出版社，2020年，第214—218頁。

② 朱錫禄：《嘉祥漢畫像石》，山東美術出版社，1992年，第77頁。

③ 湯池主編：《中國畫像石全集·4·江蘇、安徽、浙江漢畫像石》，山東美術出版社，2000年，圖版第37頁，圖版説明第17頁。

④ 廣州市文物考古研究所：《銖積寸累——廣州考古十年出土文物選萃》，文物出版社，2005年，第98頁；高文主編：《中國巴蜀新發現漢代畫像磚》，四川美術出版社，2015年，第1頁；四川省什邡市文物保護管理所：《什邡館藏文物集粹》，四川美術出版社，1997年，第52頁。

圖1.2-2　漢代畫像與雕塑中的笠

1.紅山村畫像石局部　2.龜崗M16陶水田　3.德陽犁田畫像磚　4.南泉鄉勞作畫像磚局部

渾言不別也。《士喪禮》下篇：'燕器杖笠翣'，注曰：'笠，竹簿蓋也。'云蓋，則簦也。"《奏讞書》案例二十二中，婢女竀被搶劫前，"操簦，簦鳴匈匈然"。疑羅泊灣從器志中的"笠一"之"笠"爲手持之簦，"小笠十"之"小笠"指頭戴之笠。

【面衣】

（1）面衣一[1]　海曲M129-04衣物疏A貳5

　　　　面衣一　海曲M129-04衣物疏A貳6

（2）面衣一　劉賜衣物名A伍1

（3）面衣一[2]　劉林衣物疏B貳4

（4）□黃面衣一[3]　西郭寶衣物疏B壹4

〖集釋〗

　　[1] 劉紹剛、鄭同修（2013：204）：面衣，古代婦女蒙覆臉面的服飾。

　　[2] "衣"上一字，青島市文物保護考古研究所（2018：32）釋"囬（回）"。王谷（2020：143、144）釋"面"。

　　[3] "黃"上一字，連雲港市博物館（1988：20）未釋。中國簡牘集成19（2005：1878）補釋"流"。

〔疏證〕

面衣，指蒙面之衣，多以布帛之巾爲之。馬怡對漢代面衣有比較充分的討論，此簡要引之，面衣是漢時男女通用的服飾，用以蔽面，可抵禦風寒，略如後世的帷帽或風帽；“面衣”見於傳世文獻與西北漢簡，如《後漢書·劉玄傳》記有“繡面衣”，《西京雜記》記有“金花紫輪面衣”，居延新簡EPT52：92“面衣一枚”，EPT52：141“行勝（縢）、幘、面衣各一”，EPT52：94“白布單衣一領，面衣一枚”；西郭寶衣物疏中的“面衣”是加於頭面的服飾，非專爲喪用[1]。西北漢簡所記之面衣，當與禦寒、擋沙塵的用途有密切關係[2]。

二、項　　衣

【項衣】

（1）阜丸（紈）項衣二　　劉林衣物疏B貳3

〔疏證〕

“項衣”的構詞方式疑與“手衣”“足衣”之類相同，指頸項之衣。連雲港海州霍賀墓“男棺內，屍體頭戴黑色冠幘，頸項圍白色巾，身着黃地朱繪雲紋長袍”[3]。霍賀頸部所圍的“白色巾”似可稱作“項衣”。

三、上　　衣

【衣】

（1）繒六十三，匹三丈，緒（紵）三，衣一笥＝（笥，笥）繒　卩　羅泊灣M1從器志A壹6
（2）青衣　　凌惠平衣物疏A壹4
（3）帛（白）劋（縹）衣一領[1]　　尹灣M2衣物疏A壹7

① 馬怡：《西郭寶墓衣物疏所見漢代名物雜考》，《簡帛》第4輯，上海古籍出版社，2009年，第345—347頁。
② 參初師賓主編，胡平生、陳松長校注：《中國簡牘集成》2編第19冊，敦煌文藝出版社，2005年，第1879頁。
③ 南京博物院、連雲港市博物館：《海州西漢霍賀墓清理簡報》，《考古》1974年第3期。

（4）縹丸（紈）衣[2]　　凌惠平衣物疏A壹2

（5）霜（緗）丸（紈）衣[3]　　凌惠平衣物疏A壹1

（6）霜（緗）丸（紈）衣一領　　尹灣M2衣物疏A壹6

（7）君直緲（縹）綺衣一領[4]　　ノ……送君兄　　尹灣M6君兄衣物疏B貳5

（8）□霜（緗）衣一領[5]　　尹灣M2衣物疏A壹9

〖集釋〗

　　［1］“緲”上一字，**連雲港市博物館**（1997：151）疑爲“帛”。

　　帛緲，**中國簡牘集成19**（2005：2059）：“緲”通“縹”，青白色。**寶磊**（2016：71）：漢晉衣物疏多依照“顏色+質地+衣服名”的順序記録，疑“帛”讀爲“白”，縹指青白色的絹，白縹衣或指青白色的絹製成的衣。

　　［2］“丸”上一字，此字在該衣物疏中凡10見，**連雲港市博物館**（2012：9）皆釋“緗”。**寶磊**（2012）皆釋“縹”。

　　［3］**寶磊**（2016：37）：霜，讀爲緗。

　　［4］**劉洪石**（1999：122）：“君直”後缺“領”字。**張顯成、周群麗**（2011：109）：“君直”爲人名。**今按**：“君直”爲人名的意見可從，漢私印有“靁（霍）君直印”①。

　　［5］“霜”上一字，**連雲港市博物館**（1997：151）釋“練”。

〖疏證〗

　　遣册所記泛稱之“衣”有兩類：其一，上衣的泛稱。這些“衣”與其他衣物一樣並列分條記録。《説文》衣部：“衣，依也。上曰衣，下曰裳。”其二，服裝的泛稱。如“高都里朱君衣”（朱夌衣物疏-1）、“君兄衣物疏”（尹灣M6君兄衣物疏A壹1）、“衣物數”（武大藏衣物數A壹1）、“堂邑令劉君衣物名”（劉賜衣物名A壹1）、“張德宗衣被囊疏”“衣廿七領”（西郭寶衣物疏B叁2）、“·右衣卅領”（劉賜衣物名A貳13）、“·右衣單（襌）復（複）凡九領”（尹灣M2衣物疏A壹11）、“·凡衣襌複廿五領”（朱夌衣物疏-20）、“祱衣丙笥”（馬王堆M3木楬37）。

　　關於漢代衣物疏中的“帛縹”“白縹”，尹灣M2衣物疏A壹7記有“帛緲（縹）衣一領”，A叁7記有“白緲（縹）帬（裙）一”，“帛縹”“白縹”的含義可能有以下兩種：

---

　　①　莊新興、茅子良主編：《中國璽印篆刻全集·第2卷·璽印（下）》，上海書畫出版社，1999年，第102頁691號；康殷編著：《印典》四，中國友誼出版公司，2002年，第2543頁。

其一，白或帛表顔色，帛讀爲白，構成複合顔色詞“白縹”。尹灣M2衣物疏A貳13記“帛繏（縹）鮮（鮮）支單（襌）襦一領”，聯繫尹灣M6君兄衣物疏A貳3、A肆1分別記“青鮮支中單（襌）一領”“白鮮支單（襌）綺一”，“帛縹”與“青”“白”處於相同的語法位置，“帛縹”似以理解爲顔色詞爲佳，即“白縹”。

其二，白或帛表材質，白讀爲帛，構成材質名加顔色名的詞組“帛縹”。“帛縹”疑即“縹帛”，指縹色之帛。五一廣場東漢簡603+837記有“絹青六匹”“絹練十匹二尺”“絹絳二匹”等，所謂絹青、絹練、絹絳疑即青絹、練絹、絳絹。“帛縹”與“絹青”等詞的構詞形式相同。尹灣M6君兄衣物疏A叁5記“練皂大綺一”，劉賜衣物名A貳1記“練繏（縹）襦一領，白丸（紈）緣”、A貳7記“練皂大綺二”、劉林衣物疏A貳2“練皂複袍一領”等，這些例子中的“練皂”“練縹”似可理解爲“皂練”“縹練”，這些都是將材質名置於顔色詞之前的用例。

從尹灣M2衣物疏既記有“帛剽”，又記有“白縹”來看，二者所指可能不同。但是，在“帛繏（縹）鮮（鮮）支單（襌）襦一領”等辭例中，“帛縹”不宜理解爲材質名，而將其視爲顔色名則比較順暢，本書傾向於“帛縹”讀爲“白縹”，屬複合顔色詞。

【上衣】

（1）紫丸（紈）上衣五[1]　　海昏侯木楬20貳1

　　　緑丸（紈）上衣十　　海昏侯木楬20貳2

　　　涓（絹）丸（紈）上衣四[2]　　海昏侯木楬20貳3

　　　□丸（紈）上衣二[3]　　海昏侯木楬20貳4

〖集釋〗

　　［1］海昏侯木楬20的釋文參**張傳官**（2016）。

　　［2］“丸”上一字，**張傳官**（2016）釋“絹”。**今按：**當釋“涓”，讀爲“絹”。

張傳官（2016）：“絹紈”同列，“紈”爲材質，“絹”表顔色。《急就篇》卷二“烝栗絹紺縉紅燃”，《廣雅·釋器》“綃謂之絹，緹謂之紅，纁謂之絳，緇謂之皂”，“絹”均指顔色。《説文》系部“絹，繒如麥䅌”，段玉裁注補“色”字，又謂：“䅌者，麥莖也。繒色如麥莖，青色也。”“絹紈”指麥色之紈，“絹”應是黄色。**今按：**張説可信。以“絹”表黄色，在漁陽墓出土木楬中亦有例證，如木楬D∶18記“青緒（紵）襌衣【八】，□□〖襌〗衣三，絹緒（紵）襌衣三，□襌衣一，白緒（紵）襌衣六，緅（緅）襌衣一，相（緗）緒（紵）襌衣四”，絹與白、緅、緗處於相同的語法位置，疑也是顏色詞。懸泉所出帛書"元致子方書"中，記有"願子方幸爲元買沓（鞜）一兩，絹韋，長尺二寸"，疑"絹韋"之"絹"亦爲顏色詞，表黃色。漢簡中有"弋韋沓"，裘錫圭訓"弋"爲黑色①。"絹韋"與"弋韋"構詞形式相同。

［3］"丸"上一字，**張傳官**（2016）未釋。**吳方浪**（2020：23）釋縹。**今按**：疑爲"縑"字。"縑丸（紈）"又見於淩惠平衣物疏、劉林衣物疏。

〖疏證〗

"上衣"所指可能有兩種：其一，泛指表衣。《説文》衣部"裵，上衣也"，段注："上衣者，衣之在外者也。"五一廣場東漢簡646+587記有"縹細致繻表一"，羅小華認爲"細致即細緻；繻，指織物，《玉篇·系部》：'繻，細密之羅也。'表，指上衣，《説文》衣部：'表，上衣也。'"②其二，泛指上身之衣。如襦、上襌一類，不包含裙、褲等。

【襲】

（1）紗縠（縠）復（複）襲一[1]　　　╱　侍其繇衣物疏A貳7

〖集釋〗

［1］**中國簡牘集成19**（2005：1850）：襲，左邊開襟的袍，給死者穿的衣服。《説文》衣部"襲，左衽袍"，段注："小斂大斂之前，衣死者謂之襲。"

〖疏證〗

《説文》衣部"襲，左衽袍"，段注："小斂大斂之前衣死者謂之襲。"徐灝《注箋》："不獨左衽袍不名爲襲，且袍無左衽之制。……襲之本義爲衣一稱，因之加於外者謂之襲衣。"段玉裁關於"襲"的注解被部分學者用於解釋漢代遣册記錄中的衣物"襲"，但屬衣物的襲不僅見於漢代遣册，還大量見於西北出土漢簡中（詳後），表明"襲"是一種比較常見的衣物。遣册所記衣物"襲"與喪衣可能並無大的關係。西北漢簡中的"襲"有"官襲"（詳後），即縣官發放之襲，説明"襲"可有

① 裘錫圭：《漢簡零拾·二〇术、寳此、沓》，《文史》第12輯，中華書局，1981年。
② 羅小華：《五一廣場簡牘所見名物考釋（一）》，《出土文獻》第14輯，中西書局，2019年，第347、348頁。

官方規制，不太可能採用胡人的左衽衣制①，故徐灝謂襲非左衽袍的意見有道理。

　　襲、褶通用，《儀禮·士喪禮》"襚者以褶"，鄭玄注："古文褶爲襲。"居延新簡EPS4T2：117記有"皁練長習一領"，這裏的"習"即"褶"，也即"襲"。《釋名·釋衣服》："褶，襲也，覆上之言也。"《急就篇》卷二"襜褕袷複褶袴襌"，顔注："褶謂重衣之最在上者也，其形若袍，短身而廣袖。一曰：左衽之袍也。"據此，襲（褶）爲一種上表衣。《禮記·玉藻》"帛爲褶"，鄭注："褶，有表裏而無著。"但從侍其䌛衣物疏記有"複襲"，金關漢簡73EJT31：105記有"單（襌）襲"來看，襲有襌也有複，故鄭玄所注不確。

　　漢簡中多見"襲"的記録，如"襲一領"（敦煌1614），"官襲一領"（EPT5：12），"皁襲一領"（EPT56：331），"布襲一"（EPT56：86），"官練襲一令（領）"（73EJT23：969），"布單（襌）襲一領"（73EJT31：105），"皁復（複）襲一領""布復（複）襲一領"（EPT56：69），"官練複襲一領"（Ⅰ90DXT0114③：66），"縑復（複）襲"（82.34）；"練大襲一領"（EPT58：19），"白練複大襲一領"（EPT52：187），"皁練長習（襲）一領"（EPS4T2：117）。從衆例可知，襲有襌有複，也有大小、長短等不同形制。

　　于豪亮認爲居延漢簡中的綺襲就是袴褶，襲是軍衣的外衣，既可以是單衣，也可以是複衣，又可以加上絲綿成爲綿衣，也可以是皮衣②。需要補正的是，説襲也可以是皮衣，是依據《甲編》2049（即居延509.26A）做出的判斷，所謂"裘襲"之"裘"，《居延漢簡（肆）》已正確改釋爲"裏"③，故暫時未見皮質襲的記録。西北漢簡所記之襲多爲官襲，居延漢簡41.17記有"襲八千四百領，綺八千四百兩"。居延新簡EPT51：192記有"受正月餘襲二百卌二領，其二領物故，今餘襲二百卌領"。如此數量衆多之襲，應都是儲備用於發放給戍卒的，最大的可能就是用作軍衣。金關漢簡73EJT37：1334記"☒長七尺二寸，黑色，小霄，衣皁繒襲、白布襜褕，劍一☒"。73EJH2：16記"䜌得成漢里王意，年五十，長七尺二寸，黑色，衣皁襲、布單（襌）、布綺☒牛一，車一兩，弩一，矢五☒"。前例皁繒襲與白布襜褕搭配，後例皁襲與布襌衣、布綺等搭配，正與《釋名》謂褶（襲）"覆上"、顔師古謂褶爲"重衣之最在上者"相符。由此可見，于豪亮將西北漢簡中的"襲"解釋爲"軍衣的外衣"是有道理的。

────────────────

　　①　關於先秦至漢時期右衽與左衽的討論，可參看邢義田：《古代中國及歐亞文獻、圖像與考古資料中的"胡人"外貌》，氏著：《畫爲心聲：畫像石、畫像磚與壁畫》，中華書局，2011年，第245—280頁。

　　②　于豪亮：《居延漢簡釋叢》，《文史》第12輯，中華書局，1981年，第46—49頁。

　　③　簡牘整理小組編：《居延漢簡（肆）》，史語所，2017年，第170頁。

【前襲】

（1）素前襲一[1]　　鳳凰山M8遣15
（2）練、白緒（紵）襌前襲二　　漁陽木楬C：4-3
（3）練襌前襲四　　漁陽木楬C：34-1-3
（4）白縠繡合（袷）前襲一[2]　　漁陽木楬C：4-2
（5）白綺繡、沙（紗）綺、熏（纁）綺、熏（纁）繡、青縠複前襲九[3]　　漁陽木楬C：4-1
（6）沙（紗）縛（縠）復（複）前襲一，素掾（緣）[4]　　馬王堆M3遣380

〖集釋〗

[1]“素”下一字，**彭浩**（2012：17）未釋，**中山**（2012：17）釋“前”。

襲，**彭浩**（2012：17）：《説文》衣部“襲，左袵袍”，段注：“小斂大斂之前，衣死者謂之襲。”**章水根**（2013：39）：素前襲即用潔白無紋飾的布料做的斂衣袍。

[2]**羅小華**（2016：388、389）：合讀爲袷。袷於文獻中多作袼。

[3]兩個“熏”字，**長沙市文物考古研究所**（2010：33）均釋“薰”。**蔣文**（2013：313）指出木楬E：47、C：4原釋“薰”之字，均當釋爲“熏”。

[4]簡379與簡380“沙”下一字，**馬王堆M3報告**（2004：71）隸作“縛”，古代“沙縠”連稱，故疑爲“縠”字。《漢書·江充傳》師古注：“紗縠，紡絲而織之也。輕者爲紗，縐者爲縠。”**伊强**（2005：29、30）將此種寫法的字釋寫爲“縛”，從“糸”“縠”省聲，當是“縠”字的異構。

前襲，**伊强**（2005：30）：又見於漁陽墓木楬、居延漢簡，“前”或寫作“襄”。《説文》衣部：“襲，左袵袍。”《釋名·釋衣服》“褶，襲也，覆上之言也”，王先謙補曰：“覆，疑當作複，覆亦重也。”居延漢簡101.23又有“練複複襲一領”，《漢書·董賢傳》顔注：“複，古袖字。”比較文例，上引簡文中“複”“前”“反”處於相同的語法位置，因此似可推測“反”“前”也可能是“襲”的某一部分的名稱。**今按**：居延漢簡101.23舊釋“複”之字，《居延漢簡（貳）》已正確改釋爲“複”①。

———————————

① 簡牘整理小組編：《居延漢簡（貳）》，“史語所”，2015年，第2頁。

〔疏證〕

　　漢簡多見“前襲”的記録，如“白練裹襲一領”（敦煌1686），“縣官絳裹襲一領”（509.26A），“練裹襲一領”（179.2），“練複裹襲一領”（101.23），“練復（複）前襲一領”（120.56）等，“裹襲”與“前襲”同。結合遣册記録和西北漢簡記録來看，“前襲”有禪、袷、複三種形制，説明前襲四季皆可穿，是應用比較廣泛的衣物。北大秦簡《製衣》記有“前襲”的尺寸和製法[①]。

【反襲】

（1）沙（紗）縠（縠）複反冀〈襲〉一[1]　　馬王堆M3遣379

〔集釋〕

　　[1]“複”下一字，馬王堆M3報告（2004：71）釋“衣”，伊强（2005：30）釋“反”。

　　“反”下一字，馬王堆M3報告（2004：71）釋“襲”。馬王堆集成（2014：260）釋“冀”，爲“襲”之誤寫。

〔疏證〕

　　“反襲”應屬襲衣的一種，其與“前襲”的區别可能在於穿著的前、後位置不同。

【上禪衣】

（1）絳上禪衣一領　　劉賜衣物名A壹2
（2）無（毋）尊（縛）上禪一領[1]　　劉賜衣物名A壹4
（3）皁丸（紈）上禪衣一領[2]　　劉賜衣物名A壹3
（4）雪丸（紈）復（複）衣、練□上禪各一[3]　╯　侍其繇衣物疏A叁4
（5）枝縠（縠）合（袷）衣、縷上禪各一[4]　╯　　侍其繇衣物疏A叁5
（6）雪丸（紈）合（袷）衣、上□□□上禪衣各一領　╯　侍其繇衣物疏A貳8

〔集釋〕

　　[1]羅小華（2017a）：“無尊”應即“毋尊”。疑“禪”字後省“衣”字。
　　[2]羅小華（2017a）：“上禪衣”即單層的上衣。“丸”讀爲“紈”。

---

① 劉麗：《北大藏秦簡〈製衣〉簡介》，《北京大學學報》（哲學社會科學版）2015年第2期。

　　〔3〕"練"下一字，**李均明、何雙全**（1990：95）釋"回"。**中國簡牘集成19**（2005：1850）：疑"回"字摹寫有誤，意未明。

　　〔4〕**中國簡牘集成19**（2005：1850）：縷，綫。**竇磊**（2016：18）：縷，或指帛。《管子·侈靡》"朝縷綿"，尹知章注："縷，帛也。"

〖疏證〗

　　在侍其縶衣物疏、劉賜衣物名中，"上襌衣""上襌"所指可能相同，"上襌"爲"上襌衣"的簡稱。"上襌衣"可能屬於上衣的一種，指單層的上衣或表衣。北大秦簡《製衣》記有"上襦"的尺寸和製法，"按照《製衣》記載，上襦依據尺寸不同也分爲三種，分別稱爲：大衣、中衣和小衣"，"《製衣》明確記載了上襦和下裙的搭配法：'今裂衣者欲傅大褱於大衣可也，於中衣可也，於小衣可也。今裂衣者欲傅中褱於大衣可也，於中衣可也，於小衣可也。今裂衣者欲傅少褱於大衣可也，於中衣可也，於小衣可也'"①。"上襌衣"與"上襦"中的"上"字含義可能相同。一說，上襌衣是指質量較好的襌衣。

【襌衣】

（1）襌衣二領　　朱㝇衣物疏-3
（2）闌（蘭）襌衣一[1]　　馬王堆M3遣351
（3）緟（蘭）襌衣一領[2]　　西郭寶衣物疏A貳8
（4）縼（緰）襌衣一　　漁陽木楬D：18-6
（5）新白襌衣一[3]　　鳳凰山M8遣5
（6）阜單（襌）五領[4]　　丿丿丿丿　　尹灣M6君兄衣物疏A壹5
（7）布襌衣二　　張家山M247遣9壹
（8）故布襌衣二[5]　　鳳凰山M8遣4
（9）白布單（襌）衣一領　　丿　　尹灣M6君兄衣物疏A壹7
（10）緒（紵）襌衣二　　馬王堆M3遣352
（11）青緒（紵）襌衣一　　馬王堆M3遣349
（12）青緒（紵）襌衣□[6]　　漁陽木楬D：18-1
（13）紺緒（紵）襌衣一[7]　　馬王堆M3遣353
（14）絹緒（紵）襌衣三[8]　　漁陽木楬D：18-3

---

　　①　劉麗：《北大藏秦簡〈製衣〉簡介》，《北京大學學報》（哲學社會科學版）2015年第2期。

（15）霜（緗）緒（紵）襌衣一，繢掾（緣）[9]　馬王堆M3遣348

（16）相（緗）緒（紵）襌衣四[10]　漁陽木楬D：18-7

（17）白緒（紵）襌衣一　馬王堆M3遣347

（18）白緒（紵）襌衣六　漁陽木楬D：18-5

（19）皁緒（紵）襌衣一[11]　鳳凰山M8遣3

（20）緰（緤）錫〈錫〉（緆）襌衣一[12]　馬王堆M3遣354

（21）白錫〈錫〉（緆）襌衣一[13]　馬王堆M3遣356

（22）緰（緰）紕（帗）襌衣一領[14]　西郭寶衣物疏A貳9

（23）毋尊（縛）襌衣[15]　馬王堆M3遣395

（24）毋尊（縛）襌衣一　馬王堆M3遣407壹2

（25）毋尊（縛）單（襌）衣[16]　凌惠平衣物疏A貳1

（26）毋尊（縛）單（襌）衣　凌惠平衣物疏A貳3

（27）毋尊（縛）單（襌）衣一領　尹灣M2衣物疏A壹2

（28）毋尊（縛）單（襌）衣一領　海曲M129-04衣物疏A壹1

（29）毋尊（縛）單（襌）衣一領　海曲M129-04衣物疏A壹2

（30）毋尊（縛）繟（襌）衣一領[17]　武大藏衣物數A貳2

（31）黃毋尊（縛）襌衣一領　西郭寶衣物疏A叁3

（32）白毋尊（縛）單（襌）衣一領[18]　」　尹灣M6君兄衣物疏A壹6

（33）白毋尊（縛）襌衣一領[19]　西郭寶衣物疏A叁1

（34）白毋尊（縛）襌衣一領　西郭寶衣物疏A叁2

（35）皁縛單（襌）衣二領[20]　劉林衣物疏A壹3

（36）毋□襌衣一[21]　鳳凰山M8遣2

（37）帛襌衣一　馬王堆M3遣346

（38）絳丸（紈）單（襌）衣一領　劉林衣物疏A壹1

（39）皁丸（紈）單（襌）衣一領　劉林衣物疏A壹2

（40）蓏（流）黃丸（紈）襌衣一領[22]　西郭寶衣物疏A壹5

（41）☑黃丸（紈）單（襌）衣一領　海曲M129-02衣物疏A壹3

（42）☑黃丸（紈）單（襌）衣一領[23]　海曲M129-02衣物疏A壹4

（43）☑丸（紈）單（襌）衣一領[24]　海曲M129-02衣物疏A壹2

（44）鮮支襌衣一，縠（縠）掾（緣）[25]　馬王堆M3遣396

（45）鮮支襌衣一，縠掾（緣）　馬王堆M3遣407壹3

（46）白縛紋（支）襌三領[26]　劉賜衣物名A貳3

（47）練緯單（襌）衣[27]　　凌惠平衣物疏A肆1

（48）故縑襌衣一[28]　　鳳凰山M8遣1

（49）□散（繖）單（襌）衣一領　　尹灣M2衣物疏A壹4

（50）□縠單（襌）衣一領[29]　　海曲M130-03衣物疏A貳5

（51）青縠單（襌）衣一領　丿　　海曲M130-03衣物疏A貳6

（52）□縠（縠）襌衣一領[30]　衣丿　　侍其繇衣物疏A壹3

（53）□縠單（襌）衣一領　丿　　海曲M130-03衣物疏A壹6

（54）黃縷襌衣一領　　西郭寶衣物疏A叁4

（55）白縷襌衣一領[31]　　西郭寶衣物疏A貳7

（56）白縷【單】（襌）衣一……　　海曲M129-04衣物疏B壹2

（57）皁縷襌衣一領　　西郭寶衣物疏A叁5

（58）☑縷單（襌）衣一□[32]　　海曲M129-02衣物疏A壹5

（59）緒繐襌衣一[33]　　馬王堆M3遣355

（60）緒繐襌衣一[34]　　馬王堆M3遣407壹6

（61）齊繐襌衣一[35]　　馬王堆M3遣394

（62）齊繐襌衣一　　馬王堆M3遣407壹1

（63）白□單（襌）一領　丿　　海曲M130-03衣物疏A貳1

（64）□□單（襌）一領[36]　　武大藏衣物數A貳4

（65）☑【襌】衣一[37]　　鳳凰山M8遣7

（66）□□【襌】衣三[38]　　漁陽木楬D：18-2

（67）□襌衣一　　漁陽木楬D：18-4

（68）□□單（襌）衣一領　　尹灣M2衣物疏A壹3

〖集釋〗

　　［1］馬王堆M3報告（2004：70）："闌"是指色彩而言。伊强（2005：46）：簡文"闌"當是一種絲織物的名稱，似可讀作"練"。今按：簡文中的"闌"或與漢晉衣物疏中表顏色的"間""藺""繡"相當。"闌"似可讀爲"藺"，顏色名。

　　［2］"襌"上一字，連雲港市博物館（1988：20）未釋。中國簡牘集成19（2005：1875）釋"綢"，錦紋。馬怡（2006：255）疑爲"綢"。寶磊（2016：27）："綢"讀爲"藺"。

　　［3］毛靜（2011：50）：新，相對於"故"而言。

　　今按："新白襌衣一"之"白"除了可以理解爲白色，也可能讀爲"帛"。馬王堆遣册346記有"帛襌衣一"，可參。

［4］**劉洪石**（1999：122）：皁單即黑色的牀單。**中國簡牘集成19**（2005：2010）：“早”通“皁”，黑色；“單”通“襌”，單衣。**毛靜**（2011：95）：疑“五”前脱“衣”或“被”字。**今按：**“襌衣”可省稱爲“襌”。

［5］**彭浩**（2012）：故，指舊的。

［6］**今按：**從文意上，“襌衣”之下應接數詞，然從圖版看，“衣”下之字的墨跡似非數字，疑“衣”字下的小殘片拼合有誤。從同墓所出木楬C：34-1、C：4所記各種衣物的數量與小結簡的數量統計來看，這些木楬的計數是可信的。木楬D：18所記衣物小結數量是“凡廿六”即26件，除去明確記録的18件衣物（3+3+1+6+1+4），唯有“青緒襌衣”數量不明。疑“青緒襌衣”的數量爲八。

［7］**馬王堆M3報告**（2004：70）：《釋名·釋采帛》：“紺，含也，青而含赤色也。”

［8］**姜維**（2011：80）：絹，麥青色絲織物。**今按：**此處之“絹”疑爲顏色名，表黃色。

［9］一，**馬王堆M3報告**（2004：69）漏釋。**王貴元**（2004）補釋“一”。

霜，**馬王堆M3報告**（2004：70）在簡351注釋中認爲簡348中的“霜”指色彩。**伊强**（2005：50、51）：“霜”似可讀爲“緗”。《説文新附·糸部》：“緗，帛淺黃色也。从糸相聲。”《釋名·釋采帛》：“緗，桑也，如桑葉初生之色也。”

［10］**長沙市文物考古研究所**（2010：32）所作釋文於“四”後有“□”。**今按：**“四”字下有較大空白，從此木楬記録衣物數量一般不加量詞的情況看，“四”下可能也没有量詞。

相緒，**蔣文**（2013：313、314）認爲其與馬王堆M3遣策簡348的“霜緒”皆讀爲“緗紵”。

［11］**彭浩**（2012：14）：“早”讀爲“皁”，指黑色。**廣西壯族自治區博物館**（1988：80）：鳳凰山M8遣册“早緒襌衣”是指皁色紵織的襌衣，漢初“緒”“紵”相通。

［12］“錫”上一字，**馬王堆M3報告**（2004：70）隸作“鑾”。**伊强**（2005：21、22）：似可釋寫作“鑾”。

［13］“白”下一字，**馬王堆M3報告**（2004：70）釋“錫”。**伊强**（2005：75）將簡354、356的“錫”均讀爲“緆”。**馬王堆集成**（2014：257）：“緆”是細布。**今按：**從字形看，似當釋寫作“錫”，爲“緆”之訛寫。

［14］“襌”上二字，**連雲港市博物館**（1988：20）釋“縝紕”。**中國簡牘集成19**（2005：1875）釋“縝紕”。**馬怡**（2006：253、254）釋“縝紕”，讀爲“繪㡀”，其與《潛夫論·浮侈》“飾襪必繪此”中的“繪此”、西北漢簡中的“實此”

均爲同一種紡織品。《急就篇》"服瑣緰偪與繒連"，顏師古注："緰偪，緆布之尤精者也。""緰紙禪衣"是用一種精緻的細麻布製作的禪衣。

　　[15]今按：從同墓所出簡407記"毋尊（縛）禪衣一"的情況看，此處"毋尊（縛）禪衣"下疑漏寫數詞"一"。

　　毋尊，馬王堆M3報告（2004：72）：尊作縛。陳松長（1994：69）："無尊""毋縛""毋尊"乃同義語詞，"毋尊禪衣"爲直裾式禪衣。李家浩（1996a）：原本《玉篇》系部"縛"字下引《倉頡篇》："毋縛，布名也。"居延漢簡325.11等有"毋尊布一匹"的記錄，以"毋尊"與"布"連言，構成一個複合詞，且以"匹"作爲它的量詞。毫無疑問，"毋尊（縛）"是布名。《急就篇》"禪衣蔽膝布毋縛"，"布毋縛"是説布有叫做毋縛的，毋縛是布名。顏師古注中的"説者或云：'毋縛，布名'"反倒是正確的。"毋尊禪衣"是指用毋尊（縛）布縫製的單衣。

　　[16]"尊"上一字，亦見於A貳3，連雲港市博物館（2012：9）皆釋"母"。竇磊（2012）均改釋爲"毋"。

　　[17]"尊"下一字，李靜（2015：214）釋"禪"，指單層的衣服；尊通縛，毋縛爲布名。今按：此字左旁爲糸，當釋爲"繹"，讀爲"禪"。

　　[18]中國簡牘集成19（2005：2010）：毋尊疑即無終，西漢爲右北平郡屬縣。

　　[19]此條及下二條"毋尊"之"毋"，連雲港市博物館（1988：20）均釋"母"。中國簡牘集成19（2005：1875）、馬怡（2006：256）均釋"毋"。

　　[20]今按：疑"皂""縛"二字之間漏寫"毋"字。也有可能"縛"是"毋縛"的省稱，待考。

　　[21]前二字，彭浩（2012：13）未釋，中山（2012：13）釋"毋□"。許林萍（2013）："毋"下一字應爲"尊"字。方勇（2014）釋爲"胡"，"無胡禪衣"即典籍中常提到的"褠"。今按：許林萍意見似可從。

　　[22]"黃"上一字，連雲港市博物館（1988：20）未釋。中國簡牘集成19（2005：1875）釋"流"。田河（2012c：135）釋"芫"，讀爲"流"。

　　[23]劉紹剛、鄭同修（2013：203）："黃"前所缺字，據辭例應爲"流黃"。今按：漢代遣册所見表黃色的詞組，除了"流黃"還有"木黃"等。

　　[24]劉紹剛、鄭同修（2013：203）：海曲M129、M130遣册中的"丸"讀爲"紈"；單衣，漢墓遣策又寫作"禪衣"。

　　[25]馬王堆M3報告（2004：72）：鮮支，《廣雅·釋器》"縈、繐、鮮支、縠，絹也"，注："《眾經音義》卷二十一引《纂文》云：'白鮮支，絹也，亦名縞。'"周世榮（1994：232）：鮮支或寫作鮮庈，即絹之一種，其生絹曰"縞"，其白者爲"縛"。

［26］"白"下二字，**彭峪、衛松濤**（2017）釋文作"綷（？）紋（？）"，**陳劍**按語云："從文例講此兩字與其它衣物疏之'鮮支'最合；但上字難有善解。"**青島市文物保護考古研究所**（2019：429）釋文作"綷紋"。**宋華強**（2017）：疑"紋"上一字是"綷"字，通"鮮"。

羅小華（2017a）："襌"下漏"襦"字。**今按**：劉賜衣物名中的明確記錄"襦"的有A壹11、A壹12、A貳1、A貳2、A貳4，它們對領、袖或緣都有附加說明，反觀A貳3此處未有這類說明，因此，A貳3或許不是記襦，此處的"襌"疑指襌衣。尹灣M6君兄衣物疏A壹5、海曲M130-03衣物疏A貳1、武大藏衣物數A貳4均有用"襌"表襌衣，"襌"是"襌衣"的省寫或簡稱。

［27］**今按**："練緯襌衣"之"練緯"疑與居延漢簡214.93所記"練緯紬五尺"之"練緯"或"練緯紬"同。"練緯紬五尺"既然以"尺"計量，說明"練緯紬"很可能是繒帛專名。《說文》系部："紬，大絲繒。""練緯襌衣"可能是指用練緯紬縫製的襌衣。"練緯"的具體含義待考。

［28］**彭浩**（2012：13）：襌衣指單衣，《說文》衣部："襌，衣不重。"隨葬的絲麻織物都已朽爛，無法與簡文核對。

［29］"穀"上一字，**劉紹剛、鄭同修**（2013：210）未釋。**今按**：右側爲"少"形。聯繫本衣物疏中的辭例和用字，可補釋爲"紗"，讀爲"紗"。

［30］**南波**（1975：177）：襌衣即單衣。**中國簡牘集成19**（2005：1850）：穀，細紗。

［31］**馬怡**（2006：252、253）：疑"縷"讀爲"纑"。《廣雅·釋器》："縷，纑也。"纑，紵屬，爲布的原料。西郭寶衣物疏所記的"白縷""黃縷""皁縷"是不同顏色的麻布。漢晉衣物疏中的襌衣似以布質爲多。**竇磊**（2016：27）：漢晉衣物疏中確以布質襌衣爲多，但其實也存在不少絲質襌衣。縷，或可如字讀，《管子·侈靡》"朝縷綿，明輕財而重名"，尹知章注曰："縷，帛也。"**今按**：《說文》系部"縷，綫也"，段注："此本謂布縷。引申之，絲亦名縷。"先秦至漢文獻中，"縷""纑"均無明確表布匹者。《管子·侈靡》尹知章注訓縷爲帛，可能是從文意上進行的引申解釋，但將"縷綿"解釋爲綫和絮，前者爲紡織的基本材料，後者爲保暖的基本填充物，亦可通。"縷"多指麻綫或絲綫。北大秦簡《白囊》記有"操白囊三，貫連以絲縷"，睡虎地M77《市販律》中涉及到的販賣之物有"絲縷"，居延漢簡262.34+262.28A記有"絳縷五百尤，白縷五百尤"，由此來看，漢代遣冊所見衣物記錄中，表材質的"縷"可訓爲綫，"白縷襌衣"疑指用白色的綫編織而成的襌衣。

[32]"衣"下二字,**劉紹剛、鄭同修**(2013:203)未釋。**寶磊**(2016:88)釋"□開(？)"。**今按**:對比相鄰記録中的數詞"一"的寫法,可辨"衣"下數詞也是"一";末字漫漶不清,疑爲"領"。

繻,**劉紹剛、鄭同修**(2013:203):一種絲織品名。《説文》系部"繻,繒也",段注:"此本謂布繻。引申之,絲亦名繻。"

[33]"緒"下一字,**馬王堆M3報告**(2004:70)釋文作"縒(縒)"。**伊强**(2005:23、24):似可直接釋爲"縒"。

馬王堆M3報告(2004:70):《廣雅·釋器》"繁、縒、鮮支、縠,絹也",注:"《廣韻》:'縒,細絹也。'《衆經音義》卷十三引《通俗文》:'輕絲絹曰總。''總'與'縒'同。"

[34]牘407壹1、壹6齊、緒下一字,**馬王堆M3報告**(2004:73)釋文作"縒(縒)"。**伊强**(2005:23、24):似可直接釋爲"縒"。

[35]"齊"下一字,**馬王堆M3報告**(2004:72)隸作"縒",縒類似縒。《説文》系部:"縒,帛青色也。"**伊强**(2005:23、24):似可直接釋爲"縒"。

"齊縒"之"齊",**馬王堆M3報告**(2004:72):齊與齌通。**伊强**(2005:24、25):對比簡394的"緒縒"來看,"齊縒"的"齊"有可能和"緒"一樣是一種絲織物的名稱。但是查從"齊"聲或是可以與之音近通假,並且又是絲織物名稱的字,都難以在簡文中講通。另外還有一種可能,M3遣策常見"紺緒"(簡353)、"青綺"(簡361)之類的説法,疑"齊縒"的"齊"也可能是"縒"的修飾語,大概可以讀作"緀"。《説文·系部》:"緀,帛文皃。"《玉篇·系部》:"緀,文皃。"《詩經·小雅·巷伯》"萋分斐分,成是貝錦",毛傳:"萋、斐,文章相錯也。"**今按**:M3整理者將"緒縒"之"縒"訓解爲絹,將"齊縒"之"縒"訓解爲顏色名,似有矛盾之處。遣册中的"緒縒"與"齊縒"都是禪衣的用料,構詞形式相同。馬王堆M1、M3遣册中的"緒",基本都讀爲"紵",表紵布,"緒縒"之"緒"也不排除讀爲"紵"。如然,若將"緒縒"之"縒"訓解爲絹一類織物,"紵絹"不辭,而將兩處記録中的"縒"理解爲顏色詞,有合理之處。材質名+顏色名的用例,在漢代遣册記録中並不少見,如"練皁""練縹"等。因此,"緒縒"疑即"縒緒",即青色的紵布。同理,"齊縒"疑即"縒齊","齊"爲織物名,含義待考。

[36]"單"上二字,**李静**(2015:212)未釋。**寶磊**(2016:79)釋"襦絞","襦絞單"或可讀爲"襰絞禪",指赤黄色的繒製成的禪衣。

[37]**彭浩**(2012:15)釋作"☒衣一"。**許林萍**(2013)補釋爲"☒禪衣一"。

[38]"衣"下一字,**長沙市文物考古研究所**(2010:32)未釋。**姜維**(2011:78)、**蔣文**(2013:315)釋"三"。**今按**:據此木楬上的文字間距和殘留字跡,此處

至少有四個文字。從辭例看，本木楬所記均爲襌衣，則後“衣”字之前應也是“襌”字，可補出。

〔疏證〕

襌衣，可簡稱襌，指用單層布帛縫製之衣。《説文》衣部：“襌，衣不重。”《釋名·釋衣服》：“襌衣，言無裏也。”“有裏曰複，無裏曰襌。”《急就篇》卷二“襌衣蔽膝布毋繑”，顏注：“襌衣，似深衣而褒大，亦以其無裏，故呼爲襌衣。”《二年律令·賜律》簡283記有：“二月盡八月賜衣、襦，勿予裏、絮。”無裏、絮之衣、襦，即襌衣、襌襦。襌衣主要爲夏季所穿，《二年律令·金布律》簡419、420記：“夏皆稟襌，各半其丈數而勿稟綺。夏以四月盡六月，冬以九月盡十一月稟之。”《樂府詩集·相和歌辭·孤兒行》：“冬無複襦，夏無單衣。”

從漢代遣册中的襌衣記錄看，襌衣的材質有麻布、紵、緆、緰笓、毋繑等布質的，也有紈、鮮支、練、縑、繳、紗縠等帛質者。大概當時常見的織物都可用於縫製襌衣。從出土實物看，馬王堆M1墓主所穿衣物中，第6、7、9、10、11、12層爲絲質襌衣（圖1.2-3，1），第19層爲麻布襌衣；M1：329衣笥中出有3件襌衣，含2件素紗襌衣，1件白絹襌衣[1]。尼雅遺址1號墓地M8出有一件由單層黃絹縫製的直領襌衣，以青絹作緣[2]（圖1.2-3，2）。青海平安縣古城東漢早期墓M7的2號棺人骨外穿右衽長襌衣[3]。

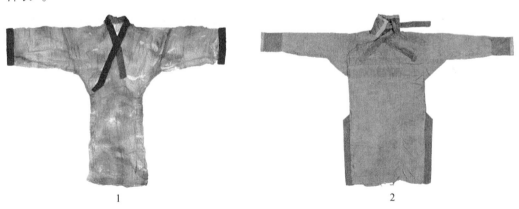

圖1.2-3　出土漢晉襌衣
1.馬王堆M1：329-6素紗襌衣　2.尼雅M8黃絹襌衣

① 湖南省博物館、中國科學院考古研究所編：《長沙馬王堆一號漢墓》（上），文物出版社，1973年，第31、68、69頁。

② 馬承源、岳峰主編：《新疆維吾爾自治區絲路考古珍品》，上海譯文出版社，1998年，第136頁。

③ 青海省文物考古研究所：《青海平安縣古城青銅時代和漢代墓葬》，《考古》2002年第12期。

關於"鮮支"，漢簡所見"鮮支"均是織物名，如：

（1）成匹的鮮支：

①白丸素□五十匹，鮮支二匹，□☒　　Ⅰ 98DYT1：3

②白絹十匹，鮮支七匹。　　五一廣場2010CWJ1③：325-1-125

③黄縑二束、絹青六匹、縹八匹七尺、絹練十匹二尺、絹絳二匹、皁一匹、青夌（綾）一匹、鮮支一　　五一廣場603+837

④黄縑八十三匹二丈一尺，絹絳卅五匹，絹青廿二匹，絹李練十四匹，絹白練五十匹，鮮支廿一匹，絹縹十五匹，維漢錦一端，皁十匹，絹青夌（綾）六匹三尺　　五一廣場1125

⑤白絹鮮支一匹，直錢五百五十　　五一廣場1282

（2）用作衣料的鮮支：

⑥鮮支襌衣一，轂（縠）掾（緣）　　馬王堆M3遣396

　鮮支襌衣一，縠掾（緣）　　馬王堆M3遣407壹3

⑦鮮支長襦一，素掾（緣）　　馬王堆M3遣397

　鮮支長襦一，素掾（緣）　　馬王堆M3遣407壹4

⑧鮮支單（襌）襦（襦）六　　海昏侯木楬20貳7

⑨鮮支單（襌）襦二領　　丿丿　尹灣M6君兄衣物疏A肆3

⑩帛（白）繡（縹）解（鮮）支單（襌）襦一領　　尹灣M2衣物疏A貳13

⑪□解（鮮）支絅二領　　尹灣M2衣物疏A叁2

⑫青鮮支中單（襌）一領　　丿　尹灣M6君兄衣物疏A貳3

⑬繡（縹）解（鮮）支單（襌）諸于一領　　尹灣M2衣物疏A貳11

⑭黄鮮支帬（裙）、白紵蔽（蔽）膝、白鮮支帬　　五一廣場1768+1380

⑮白鮮支單（襌）絝一　　丿　尹灣M6君兄衣物疏A肆1

關於織物"鮮支"的解釋，學者多引如下文獻：

《説文》系部："縞，鮮色也"，"縛，白鮮色也。"

《急就篇》"丞栗絹紺縉紅繎"，顏注："絹，生白縑，似縑而疏者也。一名鮮支。"

　　《漢書·地理志》"厥棐玄纖縞"，顏注："縞，鮮支也，即今所謂素者也。"

　　《廣雅·釋器》："繁、繐、鮮支、縠，絹也。"

《小爾雅·廣服》："繒之精者曰縞。"綜合來看，鮮支即縞，也即是細繒，絹屬。縞的本色是白色，《小爾雅·廣詁》："縞，白也。"則鮮支的本色也應是白色。《説文》"縛"訓白鮮卮，出土文獻所見鮮支的顏色有青、黃、白、白縹等，説明鮮支可染多種顏色。在例②中，"白絹""鮮支"相對記録，表明二者有別，但這種差別可能是細微上的，其中的"鮮支"可能比"白絹"要精細些。在例⑤中，"白絹鮮支"合指一種織物，其構詞形式或即"白"＋"絹鮮支"，鮮支爲絹屬，故可稱爲"絹鮮支"，這與例③④中的"絹練""絹青夌"等構詞相似，"白絹鮮支"可能就是指白鮮支。

　　需要説明的是，五一廣場簡有如下二簡記：

　　⑯盧不以鮮支布與配、達　　五一廣場891
　　⑰鮮支布　　五一廣場1672

此處的"鮮支布"所指可能有以下兩種：其一，"鮮支"與"布"並列，意即絹與布；其二，用鮮支（栀子）染色之布。《説文》木部"栀，木實可染"，段玉裁改爲："栀，黃木，可染者"，注："栀，今之栀子樹。實可染黃，相如賦謂之'鮮支'，《史記》假'卮'爲之。"由於相關簡文不完整，"鮮支布"的準確含義待考。

【袷衣】

（1）緑袷一領[1]　　朱夌衣物疏-6
（2）霜（緗）合（袷）衣一領[2]　　武大藏衣物數A貳8
（3）相（緗）合（袷）衣，春草領、袖，一領[3]　　𠂤　　海曲M130-03衣物疏A貳2
（4）纊（縹）丸（紈）袷，丹丸（紈）緣，一領[4]　　劉林衣物疏A壹5
（5）纊（縹）丸（紈）合（袷）衣一領[5]　　𠂤　　尹灣M6君兄衣物疏A貳6
（6）縹丸（紈）合（袷）衣一領[5]　　西郭寶衣物疏A貳4

（7）【練】丸（紈）合（袷）衣一領[6]　　武大藏衣物數A壹8

（8）霜（緗）丸（紈）合（袷）衣一領[7]　　尹灣M2衣物疏A壹8

（9）白相（緗）丸（紈）袷一領，皁丸（紈）領、紬（袖）、緣[8]　　劉賜衣物名A壹5

（10）雪丸（紈）合（袷）衣、上□□□上禪衣各一領[9]　　Ｊ　侍其繇衣物疏A貳8

（11）皁丸（紈）袷一領　　劉林衣物疏A壹6

（12）相（緗）縠合（袷）衣一領[10]　　西郭寶衣物疏A貳5

（13）枝斅（縠）合（袷）衣、縷上禪各一[11]　　Ｊ　侍其繇衣物疏A叁5

（14）青騎（綺）合（袷）衣，白丸（紈）領……　　海曲M130-03衣物疏A貳4

（15）蓅（流）黃冰（綾）合（袷）衣一領[12]　　西郭寶衣物疏A貳6

〖集釋〗

　　［1］"綠"下一字，**揚州博物館**（1987：13）疑爲"袷"。**李均明、何雙全**（1990：106）釋"袷"。**中國簡牘集成19**（2005：1902）：袷指夾衣。

　　［2］**李靜**（2015：215）：霜，讀爲緗，此處指淺黃色的帛。**今按**：衣物疏中的"霜"多用爲顏色詞，指淺黃色。

　　［3］**劉紹剛、鄭同修**（2013：210）：春草，形容顏色，見《急就篇》"春草雞翹鳧翁濯"顏師古注，馬王堆M3遣策有"春草複衣"。

　　［4］"丸"上一字，**青島市文物保護考古研究所**（2018：32）釋"月"。**王谷**（2020：141、142）釋"丹"。袷，指袷衣，一種有夾層的衣服。"袷"介於禪、複之間，雙層、無絮。

　　［5］"丸"上一字，**連雲港市博物館**（1988：20）釋"縹"。**馬怡**（2006：255）釋"練"。

　　［6］"丸"上一字已殘，**李靜**（2015：212）未釋。**今按**：此字殘筆與A壹3的"練"字相近，似當釋爲"練"。

　　合衣，**李靜**（2015：214）：合通袷，有夾層的衣服，袷衣即夾衣。

　　［7］**張靜**（2005：68）：尹灣M2、M6衣物疏中的"合"通"袷"，指夾衣。

　　［8］相，**彭峪、衛松濤**（2017）釋文擴注"緗"。**今按**："白相（緗）丸（紈）"一詞中的"丸"表示材質，"白緗"應表顏色。疑"白緗"爲複合顏色詞，與其他衣物疏所見"白縹"構詞形式相同。

　　［9］**中國簡牘集成19**（2005：1850）：合衣即袷衣。

　　［10］**中國簡牘集成19**（2005：1877）：相通緗，緗縠即淺黃色的細紗。**馬怡**

（2006：252）："相（緗）縠合（袷）衣"是用淡黄色縠紗製作的袷衣。

[11] "衣"上一字，**李均明、何雙全**（1990：95）缺釋。**中國簡牘集成19**（2005：1850）釋"合"。

枝縠，**賨磊**（2016：17）：枝讀爲支，指用梔子染成的黄色。《漢書·司馬相如傳上》"鮮支黄礫"，顔師古注："鮮支，即今支子樹也。"支子即梔子。縠爲輕薄有孔且起皺的絲織品。枝縠，或即《廣雅》中的"鮮支縠絹"，即梔子所染黄色的皺紗。**今按**：賨磊將"枝縠"之"枝"與顏色詞相聯繫是有道理的。不過，"鮮支"一詞是否可以用來表顏色，以及"鮮支"是否可以簡稱爲"枝"，有待進一步考察。此處"枝縠"之"枝"，與馬王堆M1遺册246—248所記"紋緒（紵）"之"紋"，很可能表一詞，爲某種顏色。朱德熙、裘錫圭認爲"紋緒（紵）"之"紋"可能是"緹"或"紙"的異體[①]。"枝縠"之"枝"或可讀爲"緹"，《左傳》昭公二十二年"以鼓子鳶鞮歸"之"鳶鞮"，《國語·晉語》作"苑支"。《説文》系部："緹，帛丹黄色。"

[12] "黄"上一字，**連雲港市博物館**（1988：20）未釋。**中國簡牘集成19**（2005：1875）釋"流"。**田河**（2012c：135）釋"蒗"，讀爲"流"。

"黄"下一字，**連雲港市博物館**（1988：20）疑爲"冰"，**中國簡牘集成19**（2005：1875）釋"冰"，**馬怡**（2006：255）釋"沘"。

〔疏證〕

袷衣，可簡稱袷，指有表裏而無絮之衣。《説文》衣部："袷，衣無絮。"《急就篇》卷二"襜褕袷複褶袴褌"，顔注："衣裳施裏曰袷，褚之以綿曰複。"長臺關楚墓M1遺册2-013記有："一友齊緅（繡）之斂，帛裏，組緣（縰）"，李家浩讀斂爲袷，指夾衣[②]。

《齊民要術》卷三《雜説》引崔寔《四民月令》："二月，……蠶事未起，命縫人浣冬衣，徹複爲袷。其有嬴帛，遂供秋服。"大概袷衣是春季與秋季所穿之衣。冬穿複衣，夏穿襌衣，春秋穿袷衣。

《二年律令·賜律》簡285記有："官衣一，用縵六丈四尺，帛裏，毋絮；常（裳）一，用縵二丈"，此官衣"帛裏，毋絮"，應屬袷衣。

---

①　朱德熙、裘錫圭：《馬王堆一號漢墓遣策考釋補正》，《文史》第10輯，中華書局，1980年，第74頁。

②　李家浩：《楚簡中的袷衣》，《中國古文字研究》第1輯，吉林大學出版社，1999年，第96—102頁。

【合衣】

（1）青綺襌合衣一，素掾（緣）[1]　　馬王堆M3遺350

（2）生（青）綺襌合衣一，素掾（緣）[2]　　馬王堆M3遺357

〖集釋〗

　　　　[1] **馬王堆M3報告**（2004：69）：合，疑爲袷字。《説文·衣部》："袷，衣無絮。从衣，合聲。"

　　　　[2] **馬王堆M3報告**（2004：70）：生，《釋名疏證·釋采帛第十四》："青，生也。象物生時色也。"故"生綺"應爲"青綺"。**伊强**（2005：46）：頗疑"生繒"的"生"可讀如本字。《玉篇·糸部》："絹，生繒也。"因此，簡文中的"生繒"可能就是上引《玉篇》訓爲"生繒"的"絹"。"生繒"大概是指没有漂煮過的繒。簡357"生綺"的"生"，大概和"生繒"的"生"同義。

〖疏證〗

　　從馬王堆遣册此二處"襌合衣"的表述看，"合衣"不當與"袷衣"通，或是某種衣物的專稱，待考。

【複衣】

（1）緣〈緑〉復（複）衣[1]　　凌惠平衣物疏A壹5

（2）緣〈緑〉復（複）衣一領　　武大藏衣物數A貳6

（3）春草復（複）衣一，續掾（緣）[2]　　馬王堆M3遺359

（4）春草複衣一，續掾（緣）　　馬王堆M3遺360

（5）☑□流黄復（複）衣一領[3]　　海曲M130-05衣物疏A壹1

（6）皁複衣一，皁掾（緣）[4]　　馬王堆M3遺401

（7）草（皁）複衣一，草（皁）掾（緣）　　馬王堆M3遺407貳1

（8）皁複衣一領　　西郭寶衣物疏A貳2

（9）皁復（複）衣一領[5]　　丿　　尹灣M6君兄衣物疏A貳1

（10）☑縜丸（紈）復（複）衣一領[6]　　海曲M130-05衣物疏A壹3

（11）流黄丸（紈）複衣一領[7]　　西郭寶衣物疏A貳1

（12）綵丸（紈）複衣一領[8]　　西郭寶衣物疏A壹8

（13）綵丸（紈）復（複）衣一領[9]　　武大藏衣物數A壹3

（14）霜（緗）丸（紈）復（複）衣一領[10]　　丿　　尹灣M6君兄衣物疏A貳7

（15）雪丸（紈）復（複）衣、練□上襌各一　　丿　　侍其繇衣物疏A叁4

（16）皁丸（紈）復（複）衣一領[11]　〗　尹灣M6君兄衣物疏A貳5

（17）☒□丸（紈）復（複）衣一領[12]　海曲M130-05衣物疏A壹2

（18）☒□丸（紈）復（複）衣一領[13]　海曲M130-05衣物疏A壹4

（19）紗縠（縠）復（複）衣一領[14]　〗　侍其繇衣物疏A貳2

（20）【紅】縠復（複）襦一領[15]　武大藏衣物數A貳9

（21）白縠複衣一領[16]　武大藏衣物數A貳1

（22）紗羅復（複）衣一　〗　侍其繇衣物疏A叁6

（23）紗綺復（複）衣一領[17]　高高頂漢墓衣物疏壹1

（24）青綺複衣一，青綺捄（緣）　馬王堆M3遣361

（25）青騎（綺）復（複）衣，白□……[18]　〗　海曲M130-03衣物疏A貳3

（26）纚（縹）綺複衣一領[19]　西郭寶衣物疏A壹4

（27）纚（縹）綺復（複）衣一領　衣[20]　〗　尹灣M6君兄衣物疏A貳4

（28）紅綺複衣一領　西郭寶衣物疏A肆7

（29）縹綺復（複）衣一領[21]　武大藏衣物數A壹2

（30）□綺復（複）衣，流黃丸（紈）緣，一領[22]　〗　侍其繇衣物疏A壹7

（31）白野王綺復（複）衣一領　〗　侍其繇衣物疏A壹8

（32）□野王綺復（複）衣，皁丸（紈）緣，一領[23]　衣〗　侍其繇衣物疏A壹2

（33）霜（緗）淩（綾）復（複）衣一領[24]　武大藏衣物數A壹7

（34）白冰（綾）複衣一領[25]　西郭寶衣物疏A壹7

（35）皁淩（綾）復（複）衣一領[26]　武大藏衣物數A壹4

（36）☒□復（複）衣一領　海曲M130-05衣物疏A壹5

（37）☒□復（複）衣一領[27]　海曲M130-05衣物疏A壹6

（38）□□復（複）衣，□丸（紈）領……[28]　海曲M130-03衣物疏A叁5

〖集釋〗

　　［1］“復”上一字，**連雲港市博物館**（2012：9）釋“綠”。**寶磊**（2016：37）隸作“緣”，爲“綠”之錯字。

　　［2］春草，**馬王堆M3報告**（2004：70）：春草比作顏色，見《急就篇》卷二“春草雞翹鳧翁濯”顏師古注。**中國科學院考古研究所**（1975：57）：簡文提到一些織物花紋的名稱，如“春草”“蘭”“連珠”“斿豹”等。**今按**：《廣雅·釋器》：“春草、雞翹、蒸縹、鬱金、幅幬、麴塵、綠縓、紫紞、無緣、綦綺、留黃，綵也。”

　　復衣，**馬王堆M3報告**（2004：70）：復或作複。《釋名·釋衣服》：“有裏曰複，無裏曰禪。”**馬王堆集成**（2014：258）：若將此處之“復”讀爲“複”，則此簡與簡360內容全同，似不應分作兩簡而當合計作"二"。疑"復衣""複衣"所指並非一物；或兩簡內容本不全同，抄寫有誤。但簡379"沙（紗）縠（縠）複反襲〈襲〉一"、380"沙（紗）縠（縠）復（複）前襲一"，似乎M3遺册中"復""複"確可互作，存疑待考。**今按**：在其他漢代遺册中存在相同衣物多次記錄的現象，如凌惠平衣物疏"縑丸（紈）襜褕""毋尊（縛）單（襌）衣""縑丸（紈）襜褕"、海曲M129-04衣物疏"毋尊（縛）單（襌）衣一領""單（襌）襦一領"等，均不止一次出現。馬王堆M3簡359"春草復衣"與簡360"春草複衣"很可能是兩件款式相同的衣物分開記錄。

［3］首字已殘，**劉紹剛、鄭同修**（2013：211）釋"白"。

"黄"上一字，**劉紹剛、鄭同修**（2013：211）釋"綬"。**今按**：當釋"流"，同墓衣物疏A貳6、B壹3的"流"字可資比對。

［4］**馬王堆集成**（2014：248）：皂，古書中亦作皁，黑色。簡407作"草複衣""草掾"，簡331有"皁巾"，鳳凰山M8遺册簡3有"皁緒襌衣"，以上"草""皁"均用爲"皂"。

［5］**劉洪石**（1999：122）：皂複衣即黑色的夾衣。

［6］**今按**：《廣韻·霰韻》："綪，青赤色。"

［7］"黄"上一字，**連雲港市博物館**（1988：20）疑爲"漆"。**中國簡牘集成19**（2005：1875）、**馬怡**（2006：255）釋"流"。

流黄丸，**馬怡**（2006：249—251）：即流黄紈，絲織品名。流黄，本指硫黄，又指一種黄色，也用作絲織品名。此處之"流黄丸"，大約是一種類似硫黄、黄繭之黄色的絲織品，或是褐色的絲織品，輕滑而有光澤。

［8］"丸"上一字，**連雲港市博物館**（1988：20）未釋。**中國簡牘集成19**（2005：1875）釋"冰"。**田河**（2012c：134）釋"縹"。**竇磊**（2016：24、25）釋"練"。

［9］**李靜**（2015：213）：練，黄色；丸通紈，質地細滑的絲織品。

［10］**劉洪石**（1999：122）：霜丸即白色的很細的絲織品。**馬怡**（2005：263、264）：尹灣M2、M6出土衣物疏中的"霜"均讀爲"緗"，即"緗"，指淺黄色。

［11］**劉洪石**（1999：122）：丸即紈，很細的絲織品。

［12］"丸"上一字殘，**劉紹剛、鄭同修**（2013：211）釋文作"相（緗）"。

［13］"丸"上一字殘，**劉紹剛、鄭同修**（2013：211）釋文作"相（緗）"。

［14］"紗"下一字，**南波**（1975：175）隸作"縠"，讀爲"縠"。此字亦見於同木牘A壹3、A壹4、A貳7、A叁5，**李均明、何雙全**（1990：94、95）皆隸作"縠"。**胡平生、李天虹**（2004：461、462）、**中國簡牘集成19**（2005：1849、1850）皆徑釋"縠"。

紗縠，**寳磊**（2016：14）：孫機指出紗是輕薄而帶孔的絲織品，先秦時稱爲沙，漢代時則常以紗與紗縠爲類。

〔15〕"縠"上一字，**李靜**（2015：215）釋"紅"，赤色。

〔16〕**李靜**（2015：214）：縠，縐紗一類的絲織品。

〔17〕"綺"下一字，**周錦屛**（1995：105）釋"須"。**寳磊**（2016：19、20）釋"復"，讀爲"複"。

〔18〕"衣"上一字，**劉紹剛、鄭同修**（2013：210）釋"領"。**今按**：當釋"復"，讀爲"複"。

〔19〕"綺"上一字，**連雲港市博物館**（1988：20）疑爲"縑"。**中國簡牘集成19**（2005：1875）疑爲"緅"，蒼白色。**馬怡**（2006：255、249）釋"縹"，此衣物疏中的"縹"皆通"縹"，指淡青色。

〔20〕"領"下之"衣"字，**劉洪石**（1999：122）認爲其衍。**李均明**（2001：395、396）："衣"表該件衣物穿戴在當事人身上，此種標記方式又見於西北漢簡中。

〔21〕"綺"上一字，**李靜**（2015：211、213）釋"褐"，黃黑色。**寳磊**（2016：78）釋"練"。

李靜（2015：213）：綺，平紋底起花的絲織品；復即複，複衣即有夾層含絮的衣服；領，量詞，用於衣衾之類。

〔22〕"綺"上一字，**李均明、何雙全**（1990：94）缺釋。**中國簡牘集成19**（2005：1849、1850）認爲摹本有誤，當釋"縹"，同"縹"，淡青色。**寳磊**（2016：10、14）疑爲"縹"之殘或誤摹。

"黃"上一字亦見同木牘A壹9、A貳4，**李均明、何雙全**（1990：94、95）釋"涑"；**胡平生、李天虹**（2004：461）釋"涑（流）"；**中國簡牘集成19**（2005：1849）釋"流"，流黃，褐黃色。

〔23〕復（複）衣，**南波**（1975：177）：即夾衣。

皁丸，**李均明、何雙全**（1990：94）釋"完□"，**胡平生、李天虹**（2004：461）釋"皁（？）丸"，**中國簡牘集成19**（2005：1849）釋"皁（？）丸（？）"，**趙寧**（2014：172）認爲"皁"和"丸"的摹本或有誤，**寳磊**（2016：10、12、13）釋"皁丸"。

〔24〕**李靜**（2015：213）：霜，讀爲緗，淺黃色。

〔25〕"白"下一字，**連雲港市博物館**（1988：20）釋"冰"。**馬怡**（2006：255）釋"冰"。

冰，**馬怡**（2006：251、252）：冰是"冰"之異體。冰即綾。《潛夫論·浮侈》"冰紈錦繡"，汪繼培箋："'冰'蓋即'綾'之古文。……'綾紈'即'冰紈'

也。”《漢書·地理志下》“織作冰紈綺繡純麗之物”，臣瓚曰：“冰紈，紈細密，堅如冰者也。”顏師古注：“冰，謂布帛之細，其色鮮絜如冰者也。”綾是在斜紋或變形斜紋地上起斜紋花的絲織物，其表面呈特有的冰綾紋，即疊山形的斜紋組織，這是其名稱的由來。將其稱作“冰”，是因其具有這種特殊的花紋，而非謂其質薄清涼。**今按**：“冰”讀爲“綾”，從遣册記錄看，有緗綾、皁綾、白綾等，説明綾與“色鮮絜如冰”無關。

　　［26］**李靜**（2015：213）：皁，黑色。“淩”通“綾”，細薄、有花紋的絲織品。

　　［27］**今按**：“復”上一字殘存“糸”旁。

　　［28］“衣”上一字，**劉紹剛、鄭同修**（2013：210）釋“領”。**今按**：此字左旁爲“彳”，當釋“復”，讀爲“複”。參同衣物疏A壹1的“復”。

　　“丸”上一字，**劉紹剛、鄭同修**（2013：210）釋“緑”。

〖疏證〗

　　複衣是裝有綿絮的厚衣。《説文》衣部：“複，重衣也。”《釋名·釋衣服》：“有裏曰複，無裏曰襌。”《急就篇》卷二“襜褕袷複褶袴褌”，顏注：“衣裳施裏曰袷，褚之以綿曰複。”睡虎地秦簡《封診式·盜馬》簡21、22記男子丙所盜竊之物中有“緹復（複）衣一，帛裏，莽緣、領、褎（袖）”[①]。

　　複衣、袷衣都是重衣，在袷衣中褚綿或絮即爲複衣，複衣撤去所褚之綿或絮即爲袷衣。《齊民要術》卷三《雜説》引崔寔《四民月令》：“二月，……蠶事未起，命縫人浣冬衣，徹複爲袷。其有嬴帛，遂供秋服。”複衣主要是冬季所穿，睡虎地秦簡《日書》甲種《衣良日》《衣》均有曰“五月六月不可爲複衣”[②]。

【薄衣】

（1）縹丸（紈）薄衣　　凌惠平衣物疏A壹3

〖疏證〗

　　薄衣，疑是與“厚衣”相對而言的服裝。

---

　　① “一”的補釋，參雷海龍：《睡虎地秦墓竹簡法律簡字詞補釋》，《簡帛研究二〇一七春夏卷》，廣西師範大學出版社，2017年，第116頁。
　　② 陳偉主編：《秦簡牘合集·釋文注釋修訂本（壹、貳）》，武漢大學出版社，2016年，第460—462頁。

【袍】

（1）衣袍五十領^[1]，二笥＝（笥，笥）皆繒緣　卩　羅泊灣M1從器志A壹2

（2）青袍二領　朱夌衣物疏-11

（3）紺袍一^[2]　張家山M247遣3壹

（4）紅袍二領　朱夌衣物疏-8

（5）絳袍一領，自〈白〉相（緗）緣^[3]　劉賜衣物名A壹7

（6）此（紫）袍一^[4]　張家山M247遣12壹

（7）黄皁袍一^[5]　鳳凰山M8遣21

（8）皁袍一領　劉賜衣物名A壹8

（9）新素袍二^[6]　鳳凰山M8遣17

（10）皁丸（紈）袍一領　劉賜衣物名A壹6

（11）白紗袍一^[7]　鳳凰山M8遣16

（12）☐綺袍二^[8]　鳳凰山M8遣18

（13）淩（綾）袍一領^[9]　朱夌衣物疏-7

（14）綈袍一^[10]　張家山M247遣7壹

（15）新錦袍一　鳳凰山M8遣22

（16）故錦袍一^[11]　鳳凰山M8遣19

（17）☐錦袍一^[12]　鳳凰山M8遣20

（18）繏（縹）丸（紈）複袍，皁丸（紈）緣，一領　劉林衣物疏A壹4

（19）皁素複袍一領　劉林衣物疏A貳1

（20）練皁複袍一領　劉林衣物疏A貳2

〖集釋〗

［1］**廣西壯族自治區博物館**（1988：79）：《説文》衣部："襽，袍衣也。从衣，繭聲。以絮曰襽，以緼曰袍。"《釋名》："袍，丈夫著，下至跗者也。袍，苞也，苞内衣也。婦人以絳作衣裳，上下連，四起施緣，亦曰袍。"五十領指五十件。二笥後面二點爲重號，即"二笥笥皆繒緣"。繒緣是用繒飾竹笥邊緣。卩是清點器物的記號。**今按**：從器志A壹6記有"衣一笥"，A壹2所記"衣袍"似與"衣一笥"有别。"衣袍"可有兩種理解，其一，指衣和袍；其二，指袍衣，即袍。

［2］**張家山二四七號漢墓整理小組**（2001：304）：紺，《急就篇》注："青而赤色也。"袍，《急就篇》注："長衣曰袍。"

［3］自相，**彭峪、衛松濤**（2017）釋文作"自〈白〉相（緗）"。**今按**：劉賜衣

物名中，凡特別説明某衣物的領、袖、緣樣式者，基本都是用"丸（紈）"（見A壹5、A壹11、A壹12、A貳1、A貳2、A貳4），因此，A壹7"自〈白〉相（緗）"後可能漏寫或省寫"丸"字。

［4］**今按**：茈讀爲紫。《爾雅·釋草》"藐，茈草"，郭璞注："可以染紫，一名茈莨，《廣雅》云。"《廣雅·釋艸》"茈莨，茈艸也"，王念孫疏證："茈與紫同。"

［5］**毛靜**（2011：51）：黃皁袍，指黃色和黑色間雜的長衣。**今按**：毛靜的看法可備一説。"黃皁袍"的"黃皁"也可能是複合顏色詞，指黃中偏黑的顏色，武大藏衣物數A壹6記有"栗（綟）皁復（複）襜褕一領"，"綟皁"或與"黃皁"顏色相近。

［6］"新"下一字，**彭浩**（2012：17）未釋。**中山**（2012：17）釋"素"，**章水根**（2013：39、40）從之。

［7］**彭浩**（2012：17）：袍，《説文》衣部："以絮曰襺，以緼曰袍。"**張一諾**（2011：10）：袍特指有夾層的長衣。

［8］**章水根**（2013：40）：此簡上端殘斷，"綺"之前當還有一字，可能是一個表示顏色的詞，也可能是"新"或"故"字。

［9］"袍"上一字，摹本有誤，**揚州博物館**（1987：13）釋"綾"。**于麗微**（2014：90）釋"淩"，讀爲"綾"，"綾"寫成"淩"可能是抄寫者草率所致。

綾，**中國簡牘集成19**（2005：1902）：指細帛。《説文》系部："綾，東齊謂布帛之細曰綾。"

［10］**今按**：綈，厚繒。《史記·范雎列傳》須賈"乃取其一綈袍以賜之"，索隱："綈，厚繒也，音啼，蓋今之絁也。"

［11］錦袍，**張一諾**（2011：11）：錦，《急就篇》顏注曰："錦，織綵爲文也。"《釋名·釋采帛》："錦，金也，作之用功重，其價如金。"**毛靜**（2011：51）：錦袍，帶有各種圖案花紋的絲織品做成的長衣。**今按**：錦袍，亦見於《漢書·匈奴傳》"服繡袷綺衣、長襦、錦袍各一"，《史記·匈奴列傳》作"服繡袷綺衣、繡袷長襦、錦袷袍各一"。袍都是有絮的，而袷都是雙層無絮的，《史記》"錦袷袍"中的"袷"可能因前文而衍，《漢書·匈奴傳》記"錦袍"可能是正確的。

［12］**章水根**（2013：40）：此簡"錦"前面的一個字可能是一個表示顏色的詞。

〔疏證〕

《説文》衣部："袍，襺也。""襺，袍衣也。……以絮曰襺，以緼曰袍。"《奏讞書》案例十九中，"媚衣裹（袍）有（又）敝而絮出"，衛君夫人的養婢"媚"所穿之袍因破敝而造成所褚之絮露出。《二年律令·金布律》簡418—420記"諸冗作縣官及徒隸，大男，冬稟布袍表裏七丈，絡絮四斤，綺二丈、絮二斤；大女及使小男，冬袍五丈六尺、絮三斤，綺丈八尺，絮二斤；未使小男及使小女，冬袍二丈八尺，絮一斤半斤；未使小女，冬袍二丈，絮一斤。夏皆稟禪，各半其丈數而勿稟綺。夏以四月盡六月，冬以九月盡十一月稟之。布皆八稯、七稯。"可知袍可用作冬衣，裝有絮。

《釋名·釋衣服》："袍，丈夫著，下至跗者也。袍，苞也，苞內衣也。婦人以絳作衣裳，上下連，四起施緣，亦曰袍，義亦然也。"《急就篇》卷二"袍襦表裏曲領帬"，顏注："長衣曰袍，下至足跗。短衣曰襦，自膝以上。"可知：一，袍的長度大概在膝與足之間，居延漢簡40.1記"望幸苑髡鉗釱左右止（趾）大奴馮宣，年廿七八歲，中壯，髲（髮）長五六寸，青黑色，毋須，衣皁袍、白布綺，履白革舄，持劍亡。"簡文中特別說明馮宣穿有皁袍、白布褲、白革舄，那麼白布褲與白革舄必當露出一部分，使人從視覺上能夠看到，皁袍的長度當不超過褲腳位置。金關漢簡73EJT22：90記有"衣皁袍、皁綺，馬一匹"，亦是袍與褲的實際搭配案例。二，袍是男女通用的衣物，朱朕衣物疏記有袍，馬王堆M1出土有絮絲綿的袍，二墓墓主均爲女性，可證《釋名》的解釋大體可從。

《禮記·喪大記》："袍必有表，不禪。"袍需褚絮，其必有表、裏、絮，實爲複衣的一種。出土漢代文獻中不見"禪袍"或"袷袍"之稱，正源於此。居延新簡EPT56：113記有"貰賣雒皁復（複）袍縣絮緒（褚）一領，直若干千"，可知複袍裝有絮。EPT56：17記有"貰賣莞縹袍縣（綿）絮裝，直千二百五十"，金關漢簡73EJT26：54記有"貰賣菅草（皁）袍一領，橐絮裝，賈錢八"，兩例中的袍均裝有絮，則所記之袍實爲複袍。總之，劉林衣物疏及西北漢簡所見的"複袍"也就是"袍"。西北漢簡又記有"官袍"（EPT51：507）、"皁袍"（EPT51：314）、"布袍"（EPT59：374）、"縑長袍"（206.28）、"縹復（複）袍"（EPT51：122）、"皁復（複）袍"（EPT51：384）、"布復（複）袍"（332.19）、"白布復（複）袍"（73EJT3：104）、"皁布複袍"（179.2）、"皁練復（複）袍"（69.1）等，以布袍較爲常見，這或與使用群體的身份與財力密切相關。

袍與襦的關係密切，《廣雅·釋器》："袒飾、襃明、襗、袍、襠、袿，長襦也。"《急就篇》顏注亦云："長衣曰袍，下至足跗。短衣曰襦，自膝以上。"將袍與襦相聯繫，可能更多的是著眼於二者的長度關係，但袍無禪袷之制，而襦有禪袷複之分，二者並不完全相同。大概長複襦，就可以稱爲袍。簡言之，袍即長複衣。

【襦】

（1）故襦、短紬（袖）各一領[1]　　張德宗衣物疏B貳2

（2）故小青襦一領[2]　　張德宗衣物疏B叁1

（3）纁（縹）襦一領[3]　　朱夌衣物疏-13

（4）纃（縹）襦，帛（白）素領、袖，一領　　劉林衣物疏A叁5

（5）白纁（縹）襦一領，白丸（紈）領、紬（袖）　　劉賜衣物名A貳2

（6）紅襦一領　　朱夌衣物疏-14

（7）練纁（縹）襦一領，白丸（紈）緣[4]　　劉賜衣物名A貳1

（8）纃（縹）丸（紈）襦，帛（白）丸（紈）領、袖，一領　　劉林衣物疏A叁4

（9）纁（縹）沙（紗）襦一領，白丸（紈）緣　　劉賜衣物名A壹12

（10）縹綺襦（襦）　　凌惠平衣物疏A肆6

（11）紺綺襦，帛（白）丸（紈）領、袖，一領[5]　　劉林衣物疏A叁3

（12）練□襦[6]　　凌惠平衣物疏A叁7

（13）木黄監繻（襦）一領[7]　　尹灣M2衣物疏A貳4

（14）☒□襦，流黄，一領[8]　　海曲M130-05衣物疏B壹4

（15）□襦一領[9]　　張德宗衣物疏A貳3

〖集釋〗

　　［1］**黨壽山**（2001：66）：故襦，舊的短衣。

　　［2］**黨壽山**（2001：66）：“故小青襦”是用新舊、大小、顏色混合取名。

　　［3］“襦”上一字，**揚州博物館**（1987：13）釋“繡”。**陳雍**（1988：80）釋“纁”，即縹。

　　［4］**今按**：“練縹”疑即“縹練”。

　　［5］**今按**：劉林衣物疏中的“帛”字疑均表顏色，讀爲“白”。

　　［6］“練”下一字不清，**連雲港市博物館**（2012：9）釋“單”。**任攀**（2019：341）釋“復”。

　　［7］“黄”上一字，**連雲港市博物館**（1997：151）釋“木”。**田河**（2012c：136）疑爲“流”。

　　“黄”下一字，**連雲港市博物館**（1997：151）疑爲“監”。**田河**（2012c：136）釋“短”。**竇磊**（2016：72）：“監”或讀爲“襤”，《説文》衣部：“襤，無緣也。”《方言》卷四：“楚謂無緣之衣曰襤。”“襤襦”指無邊飾的短衣。**今按**：此字與居延漢簡275.19、10.14、557.5等的“監”字寫法相同。“監”可能是指衣服的材質或形制。

　　木黄，**周群麗**（2006：188）：指黄色調中近於原木色者。

　　［8］**劉紹剛、鄭同修**（2013：211、212）：流黄，褐黄色；或稱褐黄色的物品，

特指絹。**今按**：此處"流黄"疑指前文"襦"的顔色。

　　[9]"襦"上一字，**黨壽山**（2001：64）：似爲"練"，通湅；練襦指用絲繒做的短襦。**胡婷婷**（2013：22）引**田河**意見：已湅之帛曰練，牘文中的"練"無需通"湅"。

〖疏證〗

　　《説文》衣部："襦，短衣也。……一曰曍衣。"《急就篇》卷二"袍襦表裹曲領帬"，顏注："長衣曰袍，下至足跗。短衣曰襦，自膝以上。一曰：短而施要者襦。"《釋名·釋衣服》："襦，煗也，言温煗也。"是襦所指有二，一是短衣，長及膝以上，尤短者僅及腰，故學者多謂襦即襖；二是保暖之衣，《説文》日部："曍，安曍，温也。"漢簡所見之襦多指短衣。

　　西北漢簡中多見襦的記録，如"皁襦一領"（EPT52：387），"縹襦一，直千三百五十"（EPT52：531），"布襦一領"（EPT51：387），"白紬襦一領，直千五"（EPT51：302），"白練襦"（73EJT5：26）等，以布襦較爲常見。

【襌襦】

（1）單（襌）襦，白丸（紈）領、袖，二　丿　　海曲M130-03衣物疏B壹5
（2）君直……單（襌）襦一領，送君兄　丿　　尹灣M6君兄衣物疏B叁4
（3）襌襦二領[1]　　朱㚑衣物疏-10
（4）單（襌）襦一領　　海曲M129-04衣物疏A壹3
（5）單（襌）襦一領　　海曲M129-04衣物疏A壹4
（6）布襌襦一　　張家山M247遣4壹
（7）練單（襌）襦　　凌惠平衣物疏A叁6
（8）練襌襦一領，白丸（紈）緣[2]　衣丿　　侍其繇衣物疏A壹5
（9）練襌襦三　丿　具衣[3]　丿　　侍其繇衣物疏A貳3
（10）練襌襦三領　　西郭寶衣物疏A肆2
（11）練單（襌）繻（襦）三領　丿丿丿　　尹灣M6君兄衣物疏A肆2
（12）練單（襌）襦，帛（白）丸（紈）領、袖，二領[4]　　劉林衣物疏A叁6
（13）練單（襌）襦，帛（白）素領、袖，一領　　劉林衣物疏A叁7
（14）白練襌襦一領，白丸（紈）領、紬（袖）　　劉賜衣物名A貳4
（15）練□單（襌）襦二領　　尹灣M2衣物疏A叁1
（16）新素襌襦一[5]　　鳳凰山M8遣10

（17）故素禪襦一[6]　　**鳳凰山M8遣9**

（18）素、練、白綺、緒（紵）布禪襦卅五　　**漁陽木楬C：34-1-1**

（19）鮮支單（禪）襦二領　〃〃　　**尹灣M6君兄衣物疏A肆3**

（20）帛（白）繏（縹）鮮（鮮）支單（禪）襦一領[7]　　**尹灣M2衣物疏A貳13**

（21）□單（禪）襦二領[8]　　**武大藏衣物數A貳10**

（22）禪縑襦一[9]　　**張家山M247遣1壹**

〖集釋〗

　　［1］"禪"下一字，摹本部分失真，**揚州博物館**（1987：13）疑爲"襦"。**李均明、何雙全**（1990：107）釋"襦"。

　　［2］練禪襦，**南波**（1975：177）：禪襦即單小褂。**中國簡牘集成19**（2005：1850）：練，在水中汰煮繒帛，引申爲精製；禪襦，不加絲絮的襦。

　　［3］"衣"上一字，**南波**（1975：175）缺釋。**胡平生、李天虹**（2004：461）釋"其"。**中國簡牘集成19**（2005：1850）釋"其"，疑"其衣"下脱"一"字，即"練禪襦"共三件，死者穿了其中一件。**寶磊**（2016：10、15）釋"具"，表三件襦皆穿身上，"具衣"二字爲核對隨葬物品後補寫。

　　［4］**今按**："袖二領"之"二"字上筆與"袖"字挨的過近，疑原寫作"一"，後經核對，在"一"之上方添一橫筆，改成"二"字。

　　［5］**章水根**（2013：37）：新，指死者家屬特意爲死者準備的新的斂衣。

　　［6］**張一諾**（2011：10）：《釋名·釋采帛》："素，樸素也，已織則供用，不複加功飾也。"《釋名·釋衣服》："禪襦，如襦而無絮也。"可見禪襦就是指無裏的單層短衣。

　　［7］**今按**："帛繏鮮支禪襦"中的"鮮支"爲材質名，疑"帛繏"爲顏色，"帛"讀爲"白"。

　　［8］"單"上一字，**李靜**（2015：212）釋"羅"，質地輕軟有花紋的絲織品。

　　［9］**張家山二四七號漢墓整理小組**（2001：304）：禪，讀作"單"；縑，《説文》："并絲繒也"；襦，《説文》："短衣也"。

〖疏證〗

　　襦，常見有禪、袷、複三種形制。禪襦即用單層布帛縫製的襦，無裏、無絮。《釋名·釋衣服》："禪襦，如襦而無絮也。"

　　《二年律令·賜律》簡283記有："二月盡八月賜衣、襦，勿予裏、絮"，這裏的襦屬禪襦。其他漢簡中亦有禪襦的記録，如"絳單（禪）襦一領，直二百九十"

（EPT52：188），"白布單（襌）襦一領"（EPT52：94），"縠單（襌）繻（襦）一，直百"（五一廣場469）等。

【袷襦】

（1）縑縠合（袷）襦一領[1]　西郭寶衣物疏A肆1
（2）緹（縹）散（纖）合（袷）繻（襦）一領　尹灣M2衣物疏A貳3

〖集釋〗

　　[1] "縠"上一字，**連雲港市博物館**（1988：20）釋"縹"。**馬怡**（2006：256）釋"縑"。

〖疏證〗

　　袷襦介於襌襦與複襦之間，是有表裏而無絮的襦。

【複襦】

（1）青復（複）襦[1]　凌惠平衣物疏A叁5
（2）閒（蕑）青復（複）襦一領[2]　丿　尹灣M6君兄衣物疏A叁2
（3）蕑青復（複）襦[3]　凌惠平衣物疏A叁1
（4）帛（白）緹（縹）復（複）繻（襦）一領　尹灣M2衣物疏A壹13
（5）縑複襦一領[4]　西郭寶衣物疏A叁9
（6）帛（白）霜（緗）復（複）繻（襦）一領　尹灣M2衣物疏A壹12
（7）素複襦一[5]　張家山M247遣5壹
（8）君直……青丸（紈）復（複）襦一領　丿……送君兄　尹灣M6君兄衣物疏B貳6
（9）緹（縹）丸（紈）復（複）襦一領　丿　尹灣M6君兄衣物疏A叁1
（10）霜（緗）丸（紈）復（複）繻（襦）一領　尹灣M2衣物疏A貳1
（11）沙（紗）□復（複）襦一[6]　三羊墩M1衣物疏A肆2
（12）□縠（縠）復（複）襦一領，白丸（紈）緣[7]　衣丿　侍其繇衣物疏A壹4
（13）縑羅複襦一領[8]　西郭寶衣物疏A叁8
（14）青綺復（複）襦一領[9]　衣丿　尹灣M6君兄衣物疏A貳8
（15）青羂（綺）復（複）襦，白丸（紈）領、袖[10]　丿　海曲M130-03衣物疏B壹6
（16）緹（縹）綺復（複）繻（襦）一領[11]　尹灣M2衣物疏A貳2
（17）緹（縹）綺複襦一[12]　牡宜M1衣物疏殘牘2壹1

（18）縹綺復（複）襦[13]　　凌惠平衣物疏A貳5

（19）緑綺複襦一[14]　　鳳凰山M8遣8

（20）相（緗）羇（綺）復（複）襦，緣〈緑〉領[15]　丿　海曲M130-03衣物疏B壹7

（21）☑【相】（緗）騟（綺）復（複）襦，流黄領，一　海曲M130-05衣物疏B壹3

（22）□綺複襦一[16]　　牡宜M1衣物疏殘牘2壹2

（23）熏（纁）綺繡、熏（纁）縠複襦二　漁陽木楬C：4-7

（24）纐（縹）□凌（綾）復（複）襦一[17]　三羊墩M1衣物疏A肆1

（25）☑【複】襦一[18]　　鳳凰山M8遣11

（26）☑□復（複）襦，白丸（紈）領，一　海曲M130-05衣物疏B壹2

（27）☑【白】□復（複）襦一領　海曲M130-05衣物疏B壹5

【集釋】

　　［1］“復”下一字，**連雲港市博物館**（2012：9）疑爲“襦”。

　　［2］**劉洪石**（1999：122）：閒青，不完全青色。**中國簡牘集成19**（2005：2010）：閒青，青之雜色，大約接近緑色。**周群麗**（2006：188）：閒青疑指緑色。**竇磊**（2016：47）：“閒”讀爲“蕑”，蕑青或指蘭草之青色。

　　［3］**竇磊**（2016：38）：“蕑”，《詩·鄭風·溱洧》“方秉蕑兮”，毛傳：“蕑，蘭也。”蕑青或指蘭草之青色。**今按**：衣物疏中的“蕑”（含閒、緗、繡等）是否讀爲“蘭”有待進一步討論。衣物疏中多見表顏色的“蕑”，又有表顏色的複合詞“蕑青”（凌惠平衣物疏）、“閒青”（君兄衣物疏）、“羽青”（尹灣M2衣物疏、海曲M130-03衣物疏）、“石青”（海曲M130-03衣物疏、牡宜M1衣物疏）等。可知“蕑”是一種顏色名，但是否爲青色，不敢斷定。在凌惠平衣物疏中，A壹7記“繡（蕑）中單（禪）”，A叁1記“蕑青復（複）襦”，蕑、蕑青共見同篇記録，表明二者可能有别。若將“蕑”讀爲“蘭”，則未見“蘭”或“蘭青”表顏色的文獻用例。“蕑”指何種顏色，待考。

　　［4］“複”上一字，**連雲港市博物館**（1988：20）釋“縹”。**馬怡**（2006：256）釋“緀”。

　　［5］**張家山二四七號漢墓整理小組**（2001：304）：複，夾。

　　［6］**趙寧**（2014：168）讀“沙”爲“紗”。

　　［7］**南波**（1975：177）：複襦即夾襖。**中國簡牘集成19**（2005：1850）：襦，短衣。

　　［8］“羅”上一字，**連雲港市博物館**（1988：20）釋“縹”。**馬怡**（2006：256）疑爲“纐”。**竇磊**（2016：24、25）釋“緀”。

〔9〕**劉洪石**（1999：122）："青綺複襦"指用青色的有花紋的絲織品做的短夾衣。

〔10〕**劉紹剛、鄭同修**（2013：208）："復"讀爲"複"。

"青"下一字，**劉紹剛、鄭同修**（2013：208）隸作"羈"，此牘B面又寫作"羈"，均讀爲"綺"。**趙寧**（2014：466）釋"羅"。**今按**：劉、鄭意見可從。懸泉漢簡Ⅰ90DXT0111③：2記有"·縣泉置五鳳二年閏月羈出入簿"，Ⅰ90DXT0116②：47記有"九月餘鞙二"，居延新簡EPT57：44記有"其三繆付廄嗇夫章治馬羈絆"。糸、革作偏旁可互換，羈、羈應是異體關係。鞙，《玉篇·革部》："鞙，亦古文'羈'字，絡頭也。"《急就篇》卷三"彎勒靽韇靬羈韁"，顔注："羈，絡頭也"。故羈、鞙、羈三者可通。

〔11〕"綺"上一字，**連雲港市博物館**（1997：151）疑爲"縹"。

〔12〕此條記錄原未釋。**今按**：可釋作"縹（縹）綺複襦一"。

〔13〕A貳5、A貳7、A叄1、A叄2、A叄6、A叄7、A肆6有寫法相同之字，**連雲港市博物館**（2012：9）皆釋"襦"。**任攀**（2019：340—344）：這些字的右旁爲"高"，左旁除A肆6外均從"衣"，A肆6左邊似從"彳"。它們可隸作"禞"或"徥"，二者爲異體或通假關係。禞可能是襖的古字，讀爲襖。襖、襦、袍三者形制相近，區別一般在長短，從長到短依次是袍、襖、襦，由於前後二者長短相近，所以字書中多互訓。襦、襖形制相近，古書中"襦""襖"兩字也常常連用，漢晉衣物疏中常常出現"襦"字的地方，在連雲港海州西漢墓衣物疏中是"禞"，這恐怕不是偶然的，這也正是後者被誤釋爲"襦"的原因。**今按**：若釋作"禞"或"徥"讀爲"襖"，則A叄6的"單襖"不辭。從辭例看，此字很可能是"褠"或"襦"之訛誤。胥浦M101：86BⅣ的"襦"字作 ，也是"襦"字的異寫。

〔14〕**彭浩**（2012：15）：複，此指夾層；襦，《說文》衣部："短衣也。從衣需聲。一曰襭衣。"**張一諾**（2001：10）："綺"是一種絲織品，多平紋底起花；複，絲綿衣。

〔15〕"相"下一字，**劉紹剛、鄭同修**（2013：208）隸作"羈"，讀爲"綺"。**趙寧**（2014：466）釋"羅"。

"領"上一字，**劉紹剛、鄭同修**（2013：208）釋"緣"。**今按**：此處"緣"爲"綠"之訛寫。

〔16〕此條記錄原未釋。**今按**：可釋作"□綺複襦一"。

〔17〕**中國簡牘集成19**（2005：1895）釋"繡□復襦，一"。

"復"上第一字，**中國簡牘集成19**（2005：1895）釋"繡"。**今按**：疑可隸作"縹"，即"縹"。

“復”上第二字，**中國簡牘集成19**（2005：1895）未釋。**今按**：此字右旁似是
“夌”，左旁不清，可隸作“⬚夌”，讀爲“綾”。凌惠平衣物疏A貳6記有“縹冰
（綾）直領”，A肆3記有“縹冰（綾）薄被”，可參。

　　[18]“襦”上一字，**彭浩**（2012：16）未釋。**中山**（2012：16）釋“複”，**章
水根**（2013：37）從之。

〖疏證〗

　　複襦爲有表裏且裝有絮的襦衣。複襦有別名，《方言》第四：“複襦，江湘之間
謂之䋝，或謂之䙓襡。”

　　西北漢簡中屢見複襦的記錄，如“縹複襦一領”（EPT52：187），“布復（複）
襦一領”（EPT51：67），“練複襦，直錢九百”（73EJT4H：45），“韋復（複）
襦一領”（馬圈灣593）等。《二年律令·賜律》簡282記有“賜衣者六丈四尺、緣五
尺、絮三斤，襦二丈二尺、緣丈、絮二斤”，這裏的襦有“絮二斤”，也屬複襦。

【長襦】

　（1）緗（縹）長繻（襦）一領[1]　尹灣M2衣物疏A壹10
　（2）白緗（縹）長襦一領，白丸（紈）緣[2]　劉賜衣物名A壹11
　（3）緣〈緑〉長襦一領[3]　武大藏衣物數A貳7
　（4）帛長襦一[4]　馬王堆M3遣363
　（5）鮮支長襦一，素掾（緣）　馬王堆M3遣397
　（6）鮮支長襦，素掾（緣）　馬王堆M3遣407壹4
　（7）鑑（縑）豰（縠）長襦一，桃華掾（緣）　馬王堆M3遣400
　（8）鑑（縑）縠長襦一，桃華掾（緣）[5]　馬王堆M3遣407壹8
　（9）□長衣襦一領[6]　張德宗衣物疏A貳1

〖集釋〗

　　[1] 緗，**馬怡**（2006：249）：此衣物疏中的“緗”皆通“縹”，指淡青色。

　　繻，**中國簡牘集成19**（2005：2059）：繻通襦，短襖；長襦即長襖。**張顯成、周
群麗**（2011：168）：長襦，短衣之長者。**竇磊**（2016：71）：“長繻（襦）”指連
腰長衣。古書中亦作“裋”“褣”或“襦”。**今按**：居延新簡EPT52：141記有“縹
（縹）長襦一”，可參。

　　[2]“緗”，牘文屢見，**彭峪、衛松濤**（2017）皆徑釋“縹”。

[3]“長”上一字，**李静**（2015：212）釋“緣”。**今按**：“緣”應是“緑”之
訛。同牘A貳6的“緣”亦是“緑”的訛寫。

“緣”下一字，**李静**（2015：212）釋“單”。**今按**：此字與居延323.3、564.3、
馬圈灣796、五一廣場739等的“長”字寫法相近，疑即“長”字。

“一”上一字，**李静**（2015：212）釋“襦”。**竇磊**（2016：80）釋“裯”。**今
按**：此字或爲“襦”之異寫，釋“襦”可從。

[4]**馬王堆M3報告**（2004：70）：襦，短衣。

[5]“縠”上一字，**馬王堆M3報告**（2004：73）隸作“蠻”。**伊强**（2005：
21）：可釋寫爲“蠻”，從“糸”從“䜌”。“蠻”可能是將金文“䜌”的“敎”旁
所從的“糸”移至整個字形的左邊變化而來。**馬王堆集成**（2014：248）：簡407之字
形當爲標準形，簡334、366、400之字確爲“蠻（䜌）”之訛寫，暫時難以確切隸定。

桃華，**伊强**（2014）：肩水金關漢簡73EJT8：63、居延漢簡62.13記有“桃華
牡馬”，古書有“桃花馬”的説法，唐杜審言《戲贈趙使君美人》：“桃花馬上石
榴裙。”“桃花”作爲花紋的名稱也見於馬王堆M3遣策簡400“蠻縠長襦一，桃華
掾”。**蕭旭**（2015）：“桃華（花）馬”之“桃華（花）”即“駣騾”音變，本當作
“盜騾”，是指毛色由黄白二色相雜的馬，或單稱作“駣”“挑”。馬王堆M3遣册簡
224（引按，指發掘報告簡400）“蠻（綩）縠（縠）長襦一，桃華掾”謂以黄白二色
相雜的顔色作緣。

[6]“長”上一字，**黨壽山**（2001：63、64）：似爲“軀”，“軀長衣襦”即身
長的單或綿袍服。**胡婷婷**（2013：21）引田河意見：“軀長衣襦”就是身上經常穿著
的襦衣，也即墓主人故衣，區別於賵贈之衣。

〖疏證〗

長襦，疑指長過膝的襦。《急就篇》卷二“袍襦表裏曲領帬”，顔注：“長衣
曰袍，下至足跗。短衣曰襦，自膝以上。一曰：短而施要者襦。”《廣雅·釋器》
“袒飾、襃明、襗、袍、襡、袿，長襦也”，王念孫疏證引《深衣釋例》：“《吴
越春秋》：‘越王夫人衣無緣之衣，施左闕之襦，襦下有裳。’則襦爲短衣可知。
其似襦而長者，則特别之曰長襦。《史記·匈奴傳》云‘繡袷長襦’是也。”胥浦
M101：86BⅣ記：“又取長襦一領，直錢千二百”①。

---

① “千”下二字，舊釋“三百”。**今按**：當釋“二百”。

　　從《史記·匈奴列傳》記有"繡袷長襦"的情況看，可知長襦有袷式。五一廣場漢簡617記有"布複長襦一，直二千"，則長襦也有複式。前文提到，襦有禪、袷、複三種式樣，"長襦"或亦有此三種式樣。

【甲襦】

（1）縹綺甲襦　　凌惠平衣物疏A貳7
（2）霜（緗）袷甲襦[1]　　凌惠平衣物疏A叄2

〖集釋〗

　　[1] A貳7、A叄2"襦"上一字寫法相同，**連雲港市博物館**（2012：9）疑爲"單"。**竇磊**（2016：38）釋"甲"，讀爲"裧"。《集韻·狎韻》："裧，襦也。"裧襦，即短襦。

〖疏證〗

　　甲襦，竇磊認爲即短襦，任攀認爲是形制類甲的襦①。"甲襦"應即《方言》所説的"汗襦"。《方言》第四："汗襦，江淮南楚之間謂之褋，自關而西或謂之祇裯，自關而東謂之甲襦，陳魏宋楚之間謂之襜襦，或謂之禪襦。"

　　懸泉漢簡Ⅰ90DXT0208S：11記"汗襦一，直三百"，其中"汗"字作 [圖]。居延新簡EPT59：2所記"傷汗（寒）"之"汗"作 [圖]，金關漢簡73EJD：232所記"𦆯汗里"之"汗"作 [圖]，73EJT37：905B所記"若干"之"干" [圖]，馬圈灣漢簡773所記"鐵干"之"干"作 [圖]，對照來看，"汙襦"應是"汗襦"的誤釋。

【薄襦】

（1）閒（蘭）青薄襦一領[1]　╯　尹灣M6君兄衣物疏A叄3
（2）帛小傅（薄）襦一　　馬王堆M3遣402
（3）帛小傅（薄）襦一　　馬王堆M3遣407貳2

---

　　① 任攀：《連雲港海州漢墓衣物疏所見"甲襦"考》，《"古文字與出土文獻"青年學者論壇論文集》，吉林大學，2019年9月21—23日，第350—355頁。

〔集釋〕

　　〔1〕**伊强**（2005：32、33）：馬王堆M3遣册簡402"帛小傅襦一"中的"傅襦"
即《君兄衣物疏》"閒青薄襦一領"中的"薄襦"。**張顯成、周群麗**（2011：105）：
薄襦，單襦。

〔疏證〕

　　君兄衣物疏A叁3記有"薄襦"，A肆2、A肆3記有"單襦"，則"薄襦""單
襦"同時出現在一枚衣物疏中，含義應有别。凌惠平衣物疏A壹3記有"薄衣"。"薄
襦""薄衣"之"薄"含義可能相同，或表厚薄之薄。

【小襦】

（1）相（緗）小襦，羽青緣[1] 〳 海曲M130-03衣物疏B壹4

〔集釋〕

　　〔1〕**劉紹剛、鄭同修**（2013：208）："相"讀爲"緗"，顔色名，漢墓遣策或
寫作"霜"。

〔疏證〕

　　小襦，疑是以襦的大小取名。北大秦簡《製衣》記有"大襦""小襦"的尺寸和
製法，據整理者介紹，"大襦和小襦同樣也是尺寸上的差别。根據《製衣》記載，大
襦和小襦又分别以有'衺'與否分爲兩類，稱爲'大襦有衺''大襦毋衺'；'小襦
有衺''小襦毋衺'"①。小襦的種類中有名"裋""反閇"者，或與二者用料較少，
形制較小有關。《史記·秦始皇本紀》"夫寒者利裋褐而飢者甘糟穅"，裋，集解引
徐廣曰："一作短，小襦也。"《釋名·釋衣服》："反閇，襦之小者也，卻向著
之，領含於項，反於背後，閇其襟也。"

【帶襦】

（1）素禪帶襦一，素掾（緣） 馬王堆M3遣364
（2）素禪帶襦一，赤掾（緣） 馬王堆M3遣365
（3）纃（綐）綺複帶襦一 馬王堆M3遣366
（4）紫綺複帶襦一 馬王堆M3遣367

---

　　① 劉麗：《北大藏秦簡〈製衣〉簡介》，《北京大學學報》（哲學社會科學版）2015年第2期。

〖疏證〗

　　"帶襦"之"帶"，疑指襦的繫帶。在尼雅遺址1號墓地M8出有一件由單層黃絹縫製的直領禪衣（見前文"禪衣"條），其領上就縫製有帶狀細條，不知是否也有類似式樣的襦。

【直領】

（1）直領二領[1]　張德宗衣物疏A貳2
（2）縹綺直領[2]。季明新婦送大家[3]　張德宗衣物疏A叄1
（3）霜（緗）綺直領一領[4]　尹灣M2衣物疏A貳6
（4）縹冰（綾）直領　淩惠平衣物疏A貳6
（5）縹丸（紈）袷直領　淩惠平衣物疏A貳8
（6）帛（白）纁（縹）合（袷）直領一領[5]　尹灣M2衣物疏A貳7

〖集釋〗

　　[1] **黨壽山**（2001：64）：直領，衣名，可能是"袒領"或"交領"，是一種領口開得很低，穿時露出裏衣的上衣。**寶磊**（2016：96）：從衣物疏所記"直領""分（粉）囊"看，墓主人很可能爲女性。

　　[2] **黨壽山**（2001：64、65）：縹綺直領，一種青白色細綾的袒領上衣。

　　[3]　"送大家"，在張德宗衣物疏中習見，**黨壽山**（2001：64）：大家，大家女之尊稱。班昭即被稱"大家"。此指墓主人張德宗大家。**胡婷婷**（2013：22、23）引**田河**意見："大家"在漢晉時期可以是古代對女子的尊稱，也可以是奴僕對主人的稱呼。

　　[4] **中國簡牘集成19**（2005：2059）：直領，外衣領口的式樣。**張靜**（2005：68）：直領本指衣領，後引申爲對襟之衣。**馬怡**（2005：260）："霜（緗）綺直領"是以淡黃色的綺縫製的直領。

　　[5] **馬怡**（2005：260）："帛纁（縹）合（袷）直領"是以淡青色的帛縫製的有夾裏的直領。

〖疏證〗

　　就衣領的樣式而言，"直領"指對襟，錢玄指出："連于領者曰襟。襟有二式：一曰交領，亦稱袷，今稱旁襟；一曰直領，今稱對襟。"① "直領"也可用作衣名。

————————

　　①　錢玄：《三禮名物通釋》，江蘇古籍出版社，1987年，第18頁。

《方言》第四“袒飾謂之直衿”，郭璞注：“婦人初嫁，所著上衣直衿也。”《廣雅·釋器》“直衿謂之裼”，“袒飾、褒明、襌、袍、襂、袿，長襦也”，王念孫疏證：“直衿，亦作直領。《釋名》云：‘直領，邪直而交下，亦如丈夫服袍方也。’《漢書·景十三王傳》‘刺方領繡’，晉灼注云：‘今之婦人直領也。繡爲方領，上刺作黼黻文。’”馬怡認爲“直領”本是衣領的樣式，也用作服裝的名稱，爲漢時女服，樣式與男服中的“方領”相似；直領又作“直衿”，也稱爲“裼”，比一般的襦要長[1]。華學誠認爲長襦又謂之直衿，乃以其領口式樣而名之[2]。

　　“直領”又見於五一廣場東漢簡，如646+587記有“絳直領一，直千”，469記有“絳複直領一，直錢千”。可知，漢代直領至少有袷、複兩種式樣。漢代遣册所記的“直領”多未言袷、複，疑指襌直領。

　　從目前所見漢代材料看，記録有“直領”的遣册所屬的死者均爲女性。到了魏晉時期，直領的使用範圍有所擴大，如曹操墓石楬M2：330記有“丹文直領一，白綺帬（裙）自副”，從此楬文看，大概漢晉時期直領可與裙搭配穿。

【絅】

（1）□鮮（鮮）支絅二領[1]　　<mark>尹灣M2衣物疏A叁2</mark>

〖集釋〗

　　[1] **中國簡牘集成19**（2005：2059）：絅，墊子。**馬怡**（2005：261、262）：由小結可知“絅”應是與“襦”同類的服裝。“絅”讀爲“裍”，《廣雅·釋器》“複襂謂之裍”，據《集韻·銜韻》“衫，小襦，通作襂”可知襂即衫，據《釋名·釋衣服》“衫，芟也，芟末無袖端也”可知衫爲短衣。《方言》卷四郭璞注“今或呼衫爲禪襦”，則“衫”爲禪襦，而“裍”爲“複襂”，故“裍”當類似複襦，爲絮有絲綿的短衣。《廣雅·釋器》“裍，裑也”，王念孫疏證：“裑，謂衣中也，通作身”。總之，“裍”大約是一種貼身穿著、衣袖不長且無袖邊口的短衣，其内或有襯裏，樣式與衫（襂）、襦等相近。**張靜**（2005）：“絅”與“單襦”對舉，應屬同性質的衣物，祇有厚薄的區別；“絅”同“裍”，夾層衣，《廣雅·釋器》“複襂謂之裍”，王念孫疏證：“此《説文》所謂‘重衣’也。襂與衫同。《方言》注以‘衫’爲禪

---

　　① 馬怡：《尹灣漢墓遣策札記》，《簡帛研究二〇〇二、二〇〇三》，廣西師範大學出版社，2005年，第260頁。

　　② 華學誠匯證：《揚雄方言校釋匯證》，中華書局，2006年，第300頁。

襦。其有裏者則謂之‘袽’。袽，猶重也。”**今按**：此衣物疏所記之“紃”不僅在小結簡中與“襦”同記，且其本身在遣册記録中使用了“領”的量詞，應是衣物。馬怡、張静的考釋意見可從。

【襱】

（1）白丸（紈）單（襌）屬（襱）廿六[1]　　海昏侯木楬20貳5

（2）細練單（襌）屬（襱）十四[2]　　海昏侯木楬20貳6

（3）鮮支單（襌）屬（襱）六[3]　　海昏侯木楬20貳7

〖集釋〗

　　[1] **吴方浪**（2020：23）：“單”讀爲“襌”，“屬”讀爲“襱”，指連腰長襦。

　　[2] 第一字，**吴方浪**（2020：23）指出左旁從糸。**今按**：疑爲“細”字。

　　“單”上一字，**吴方浪**（2020：23）釋“綵”。**今按**：似當釋作“練”。同墓所出木楬“第廿”記有“細練中襌一”，“細練”二字的寫法可參。

　　[3]“單”上二字，**吴方浪**（2020：23）釋“絲文”。**今按**：當釋“鮮支”，首字左旁寫得像“角”形，應是“魚”的訛混。尹灣M2衣物疏A貳13、五一廣場東漢簡438的“鮮支”之“鮮”寫法與之相同，是其證。

〖疏證〗

　　襱，一般認爲是連腰長衣。《廣雅·釋器》“袒飾、褒明、襌、袍、襡、袿，長襦也”，王念孫疏證：“襡，或作襱。《晉書·夏統傳》‘服袿襡’，音義引《字林》云：‘襡，連要衣也。’《釋名》云：‘襡，屬也，衣裳上下相連屬也。荆州謂襌衣曰“布襡”，亦曰“襡褕”，言其襜襜宏裕也。’《雜記》注：‘繭衣裳者，若今大襡也。’正義云：‘謂衣裳相連，而以綿纊著之。’”

　　海昏侯木楬所記之“襱”爲“襌襱”，這與《禮記·雜記》鄭玄注所言裝有綿纊的大襡有一些差異。曹操墓石楬M2：304記有“紫綺大襡一，刾補自副”。西朱村石碣M1：457記有“白緋練大袖襡一領”，李零注釋：“大袖，有垂胡；襡同襡，連腰衣”[1]。安徽南陵麻橋東吴蕭氏家族墓地M2出土衣物疏A壹4記有“黄絳連屬一枚”，田河讀屬爲襱，連襱即衣裳相連的長襦；江西南昌東吴高榮墓出土衣物疏記有“故神

---

　　① 李零：《洛陽曹魏大墓出土石牌銘文分類考釋》，《博物院》2019年第5期。

屬一枚”，竇磊讀屬爲襦，襦、褕異體，襦與襜褕所指並同，神襦指連腰長衣①。疑“襦”“大襦”與“襜褕”是同一種服飾。

【襜褕】

（1）賜〈賜〉（緆）絳襜褕[1]　　凌惠平衣物疏A壹6

（2）緑丸（紈）襜褕一[2]　　三羊墩M1衣物疏A貳1

（3）緣〈緑〉丸（紈）袩（襜）褕一領[3]　　劉林衣物疏A貳3

（4）皁丸（紈）襜褕一領　衣　尹灣M6君兄衣物疏A肆5

（5）縑丸（紈）襜褕[4]　　凌惠平衣物疏A貳2

（6）縑丸（紈）襜褕　　凌惠平衣物疏A貳4

（7）縹丸（紈）襜褕　　凌惠平衣物疏A叁3

（8）□騎（綺）□袩（襜）褕，緣〈緑〉丸（紈）領、袖，一領[5]　　海曲M130-03衣物疏A叁1

（9）□□袩（襜）褕□□[6]　　丿　海曲M130-03衣物疏A貳7

〚集釋〛

　　[1]“絳”上一字，**連雲港市博物館**（2012：9）疑爲“賜”。**竇磊**（2016：38）：“賜”或可讀爲“緆”，《説文》糸部：“緆，細布也”。**吕志峰**（2019：90）：“賜”指給予人的恩惠或財物，這件“絳襜褕”可能是受賞賜之物。**今按**：此字似可隸作“賜”，爲“賜”之訛寫，讀爲“緆”可從。“緆絳”即“絳緆”，指絳色緆布，此處用作襜褕的布料。

　　[2]此處釋文，**李均明、何雙全**（1990：131）作“□□襜褕一”。**胡平生、李天虹**（2004：469）釋第二字爲“丸”，並指出此木牘所記之“丸”皆讀爲“紈”，紈是質地細滑而有光澤的絲綢。

　　“丸”上一字，**竇磊**（2016：86）指出此字左從糸。**今按**：此字位於“丸”之前，可能屬顔色詞，結合字跡看，疑爲“緑”字。

　　[3]“丸”上一字，**青島市文物保護考古研究所**（2018：32）釋“緣”。**今按**：此處“緣”爲“緑”之訛寫。

　　“丸”下一字，又見於A貳5、A貳8、A叁1、A叁2，**青島市文物保護考古研究所**

---

　　①　竇磊：《漢晉衣物疏集校及相關問題考察》，武漢大學博士學位論文，2016年，第116、103、104頁。

（2018：32）均釋“袷”。**劉國勝**（未刊稿）均改釋爲“祜”，“祜褕”讀爲“襜褕”。目前所知漢代衣物疏中將“襜褕”寫作“祜褕”的，僅見日照海曲漢墓和青島土山屯漢墓所出衣物疏牘，此兩地相近，漢時同屬琅邪郡，這或許反映了名物用詞的地域特徵。

　　［4］**吕志峰**（2019：91）：“縑”大概是一種淺黄色的粗綢。**今按**：“縑丸”又見於劉林衣物疏A貳8“縑丸（紈）單（禪）祜（襜）褕一領”。衣物疏所見“丸（紈）”字之前絶大多數都是顔色詞，如縹丸、緑丸、皁丸等，疑“縑丸”之“縑”也是表顔色。《淮南子·齊俗訓》：“縑之性黄，染之以丹則赤。”“縑丸”或即黄色之紈，與“絹丸”比較接近。

　　［5］“丸”上一字，**劉紹剛、鄭同修**（2013：210）釋“緑”。**今按**：當隷作“緣”，“緑”之訛寫。

　　［6］“褕”下一字，**劉紹剛、鄭同修**（2013：210）釋“一”。**今按**：疑爲“二”或“三”。

〖疏證〗

　　襜褕，《説文》衣部：“褕，褕翟，羽飾衣。……一曰直裾謂之襜褕。”《釋名·釋衣服》：“荆州謂禪衣曰布襤，亦曰襜褕，言其襜襜宏裕也。”《急就篇》卷二“襜褕袷複褶袴禪”，顔注：“襜褕，直裾禪衣也。謂之襜褕者，取其襜襜而寬裕也。”《方言》第四：“襜褕，江淮南楚謂之䙔裕，自關而西謂之襜褕，其短者謂之裋褕，以布而無緣、敝而紩之謂之襤褸，自關而西謂之祄褕，其敝者謂之緻。”《漢書·雋不疑傳》“衣黄襜褕”，顔注：“襜褕，直裾禪衣”；《漢書·何並傳》“乃令奴冠其冠，被其襜褕自代”，顔注：“襜褕，曲裾禪衣也。”李家浩指出顔注直裾、曲裾之説自相矛盾；根據漢代簡牘記録的襜褕形制，禪複都有，大概一般襜褕都是禪的；從《方言》《釋名》和《急就篇》顔師古注祇能看出襜褕是寬大的衣服；襜褕屬於短衣[①]。

　　襜褕，在戰國晚期的《詛楚文》中寫作“鞜輸”[②]，在漢簡中又寫作“祜褕”（劉林衣物疏、海曲衣物疏）、“儋偷”（285.19）等。孫機認爲河南密縣打虎亭東漢墓畫像石中的人物所穿服裝特別寬大，或即襜褕[③]。

---

　　① 李家浩：《關於〈詛楚文〉“鞜輸”的釋讀》，《中國語言學》第1輯，山東教育出版社，2008年。

　　② 李家浩：《關於〈詛楚文〉“鞜輸”的釋讀》，《中國語言學》第1輯，山東教育出版社，2008年。

　　③ 孫機：《漢代物質文化資料圖説》，文物出版社，1991年，第243頁。

【襌襜褕】

（1）□□單（襌）襜褕二領[1]　　武大藏衣物數A貳5
（2）縑丸（紈）單（襌）祫（襜）褕一領　　劉林衣物疏A貳8
（3）縑單（襌）祫（襜）褕一領　　劉林衣物疏A叁1
（4）絣單（襌）祫（襜）褕一領[2]　　Ｊ　海曲M130-03衣物疏B貳3

〖集釋〗

　　［1］"單"上一字，**李靜**（2015：212）釋"緣"，邊飾。**今按**：同衣物疏中較清晰的"緣"字與之有别。漢代遣册記録中，表示衣物邊緣的"緣"一般不在衣物名稱之前説明。

　　［2］**劉紹剛、鄭同修**（2013：209）：絣，《説文》系部："絣，氏人殊縷布也。"絣字或可讀爲䋿，《説文》色部："䋿，縹色也。"**竇磊**（2016：93）：絣，或指雜色的織物。《説文》段玉裁注："《華陽國志》曰，武都郡有氐傁，殊縷布者，蓋殊其縷色而相間織之也，絣之言駢也。"《集韻》："絣，雜也。"或指没有花紋的絲織品。《玉篇》："絣，無文綺也。"**今按**：走馬樓西漢簡中記有"絣繒四匹"，表明"絣"爲絲織品，與《説文》所講的"氐人殊縷布"非同一物。西北漢簡中有多處記録成匹的"絣"，如"絣一匹，三百七十"（馬圈灣838A），"絣一匹，直千二百"（EPT51：531），"絣一匹，直五百"（EPT53：52），"絣一匹，直七百"（73EJC：399）等，表明"絣"大概是一種比較常見的絲織物。"絣"從糸從并，疑"絣"是與縑相近的絲織品，《説文》系部："縑，并絲繒也。"

〖疏證〗

　　襌襜褕，即無裏無絮的襜褕。西北漢簡中亦有記録，如"縑復（複）襲、布復（複）襦、布單（襌）襜褕各一領"（82.34），"去時衣絳複襜褕、縑單（襌）襜褕"（73EJT30：94A）等。

【祫襜褕】

（1）□丸（紈）合（祫）襜褕一領　　武大藏衣物數A壹9
（2）【䛈】（紗）縠合（祫）祫（襜）褕，緣〈緑〉丸（紈）領、袖，一領[1]　　Ｊ
　　海曲M130-03衣物疏B壹1

（3）皁冰（綾）袷褕一領[2]　　劉林衣物疏A貳4

〖集釋〗

　　［1］“縠”上一字，**劉紹剛、鄭同修**（2013：207、208）補釋“䜱”，讀爲“紗”，“紗縠”見《漢書·江充傳》。

　　“褕”上一字，**劉紹剛、鄭同修**（2013：207）釋“袡”，讀爲“襜”。

　　“丸”上一字，**劉紹剛、鄭同修**（2013：207）釋“綠”。**趙寧**（2014：466）釋“緣”。**今按**：此墓衣物疏中的顔色詞“綠”均訛寫作“緣”。

　　合袡褕，**劉紹剛、鄭同修**（2013：208）：“合”讀爲“袷”，《説文》衣部：“袷，衣無絮。”徐鍇《繫傳》：“袷，夾衣也。”“袡褕”即“襜褕”，漢墓遣策或寫作“裧褕”。

　　［2］“褕”上一字，**青島市文物保護考古研究所**（2018：32）釋“袷”。**劉國勝**（未刊稿）提出兩種解釋可能：一，由於袡、袷字形相近，此“袷”可能是“袡”之誤寫。二，此處“袷褕”可能是“袷袡褕”的省寫。日照海曲M130-03衣物疏B壹1記有“紗縠合（袷）袡（襜）褕”，武大藏衣物疏牘A壹9記有“□丸（紈）合（袷）襜褕一領”。西北漢簡中有“襜褕”簡稱爲“褕”者，如“布繀綸一領”（EPT51：221）、“☒□皁復褕一領”（Ｖ92DXT1410③：121），“布繀綸”是“布繀（褝）襜綸（褕）”的簡稱，居延漢簡82.34記有“布復（複）襦、布單（褝）襜褕各一領”；“皁復褕”是“皁復（複）襜褕”的簡稱，居延新簡EPT56：86記有“草（皁）復（複）襜褕一”。在這兩種可能中，傾向於認爲“皁冰（冰）袷褕一領”的“袷褕”是“袷襜褕”的簡稱，指一件用黑色綾縫製的雙層不褚絮襜褕。

【複襜褕】

（1）紺復（複）袡（襜）褕一領[1]　　╯　海曲M130-03衣物疏A壹1

（2）栗（緑）皁復（複）襜褕一領[2]　　武大藏衣物數A壹6

（3）皁複襜褕一領　　西郭寶衣物疏A貳3

（4）皁復（複）襜褕一領　　╯　尹灣M6君兄衣物疏A肆4

（5）□皁丸（紈）復（複）襜褕一領[3]　　╯　侍其䌛衣物疏A貳1

（6）黃丸（紈）複襜褕一領　　西郭寶衣物疏A壹6

（7）流黃冰（綾）復（複）襜褕一領[4]　　╯　侍其䌛衣物疏A壹9

（8）桂丸（紈）復（複）袡（襜）褕一領[5]　　╯　海曲M130-03衣物疏A壹8

（9）復（複）皁冰（綾）襜褕一[6]　　╯　侍其䌛衣物疏A叁7

（10）縹□復（複）襜褕一領[7]　　**武大藏衣物數A壹5**

（11）紅野王綺復（複）襜褕，紅丸（紈）緣，一領[8]　　衣ノ　　**侍其䌛衣物疏A壹1**

〖集釋〗

［1］**劉紹剛、鄭同修**（2013：209）：紺，顔色名，《説文》糸部："紺，帛深青而揚赤色也。"《釋名》："紺，含也，青而含赤色也。"

［2］栗，**李靜**（2015：214）：讀爲縹，黃色。

"栗"下一字，**李靜**（2015：212）釋"帛"，絲織物的總稱。**竇磊**（2016：78）隸作"阜"，或爲"帛"字誤書。**今按**：釋"阜"可從，但疑非"帛"之誤寫。鳳凰山M8遣册21記有"黃阜袍一"，疑"黃阜""縹阜"皆爲複合顔色詞，且二者顔色相近。

［3］"阜"上一字，**李均明、何雙全**（1990：94）缺釋。**今按**：可能是"縹"字，武大藏衣物數A壹6記有"栗（縹）阜復（複）襜褕一領"，可參。

［4］"黃"下一字，**李均明、何雙全**（1990：94）釋"沐"。**中國簡牘集成19**（2005：1849）釋"冰"，指繒帛細而光潔。**馬怡**（2006：251、252）：侍其䌛衣物疏A壹9、A叁7中的"沐"即絲織品"綾"。**竇磊**（2016：14）："沐"爲"冰"之異體，多見於碑文。

［5］桂，**劉紹剛、鄭同修**（2013：209、210）：爲顔色名，《説文》木部："桂，江南木，百藥之長。"朱駿聲《定聲》："《漢書·五行志》：'桂，赤色。'"**今按**：疑"桂"讀爲"黊"，《説文》黃部："黊，鮮明黃色也。"《廣雅·釋器》："黊，黃也。"

［6］"阜"下一字，**李均明、何雙全**（1990：95）釋"沐"。**中國簡牘集成19**（2005：1850）釋文作"冰（？）"。

竇磊（2016：18）："復"字明顯高於同欄各行第一字，或爲核對時補寫。據本牘辭例，"復"字當寫於本行第三字，即作"早（阜）冰（冰）復（複）褋褕一"。

［7］"復"上一字，**李靜**（2015：212）釋霜，讀爲緗，淺黃色的帛。**竇磊**（2016：78）釋"羅"，指有網紋的絲織品。**今按**：此字上部從"网"，下部不清，存疑。

［8］此處釋文，**南波**（1975：175）作"紅野王綺復褋（襜）褕紅丸緣一領衣"。

紅野王綺，**中國簡牘集成19**（2005：1850）：紅，紅色；野王，漢縣名，這裏指野王出産；綺，彩色的繒帛。

復，**中國簡牘集成19**（2005：1850）：復通複，夾衣。**竇磊**（2016：11）：複與禪、袷相對，複指綿衣。

"復"下一字摹本作，亦見同木牘A壹9、A貳1、A叁7，分別作、、，**李均明、何雙全**（1990：94、95）均釋"襈"。**胡平生、李天虹**（2004：461、462）、**中國簡牘集成19**（2005：1849、1850）均釋"襜"。**孫欣**（2008：100）：襈讀爲襜，襈褕即襜褕。**竇磊**（2016：11、12）釋"裌"，裌褕爲貼身的小袖短襦。**彭琴華**（2019：64）認爲該字右半與"矣"不同，仍釋爲"襈"。**今按**：此字與漢代衣物疏中的"襜"字寫法很接近，如（君兄衣物疏A肆4）、（凌惠平衣物疏A壹6）、武大藏衣物數A壹9），釋"襜"的意見可從。

襜褕，**中國簡牘集成19**（2005：1850）：一種非正式的便衣，一説爲寬大的便服。

紅丸緣，**胡平生、李天虹**（2004：462）：此牘中的"丸"皆讀爲"紈"。**中國簡牘集成19**（2005：1850）：紅丸緣指用紅的紈鑲邊。

衣丿，**胡平生、李天虹**（2004：462）：此牘每欄末尾的"衣"字當指死者穿在身上的衣服。每條記録末尾的符號，是下葬前核校，確認實有其物的記號。

〖疏證〗

複襜褕，指有表裏且裝有絮的襜褕。西北漢簡中亦有相關記録，如"草（皁）復（複）襜褕"（EPT56：86），"去時衣絳複襜褕、縑單襜褕"（73EJT30：94A）等。

【長襜褕】

（1）縑禪長襜褕一領　　西郭寶衣物疏A叁7

【短襜褕】

（1）縑禪短襜褕一領[1]　　西郭寶衣物疏A叁6
（2）烝（蒸）栗短祫（襜）褕一領[2]　　劉林衣物疏A叁2

〖集釋〗

　　［1］**中國簡牘集成19**（2005：1877）：縑指雙絲紡織的細繒。
　　［2］"栗"下一字，**青島市文物保護考古研究所**（2018：32）釋"粗"。**劉國勝**（未刊稿）釋"短"。"烝栗"即"蒸栗"。

〔疏證〕

　　長襜褕、短襜褕，以襜褕的長短取名。膝蓋位置是區分某些衣類的分界點，如襦與袍，《急就篇》卷二"袍襦表裏曲領帬"，顔注："長衣曰袍，下至足跗。短衣曰襦，自膝以上。"疑長襜褕、短襜褕也是以膝蓋處爲分界的，長襜褕介於膝蓋與腳踝之間，短襜褕介於腰部與膝蓋之間。短襜褕又名"裋褕"。《方言》第四"襜褕，……其短者謂之裋褕"，錢繹箋疏："裋褕，短於襜褕，故以裋名。……豎有短小之義，故童僕未冠者謂之豎，襜褕之短小者亦謂之裋褕。事雖不同，義則一也。"

【大襜褕】

（1）皁丸（紈）大襜褕二領　　劉賜衣物名A壹9

【小襜褕】

（1）皁丸（紈）小襜褕一領[1]　　劉賜衣物名A壹10
（2）皁冰（綾）小祫（襜）褕一領　　劉林衣物疏A貳5

〔集釋〕

　　[1] **羅小華**（2017a）："襜褕"，一種長單衣。**宋華强**（2017）：羅説不確。李家浩先生在《關於〈詛楚文〉"鞈輸"的釋讀》一文早就指出襜褕當是短衣，不是長衣；又指出漢代簡牘所記襜褕，禪、複都有，衹是因爲一般襜褕是單的，所以顔師古注《急就篇》以"禪衣"釋"襜褕"。**今按**：李家浩在談到"襜褕"的形制時説，"襜褕確實是短衣。從《方言》卷四'襜褕……其短者謂之裋褕'來看，襜褕顯然不是很短。秦始皇陵出土武士俑，身多著長至膝的衣服，陝西的學者將其稱爲戰袍。襜褕的長短或與之仿佛。這樣長度的襜褕，對於當時流行的長至腳的深衣來説，當然是短衣了。"[1]因此，説襜褕是短衣，是相對的。漢代遣册中記有"長襜褕""短襜褕"，詳見前文。

〔疏證〕

　　大襜褕、小襜褕，以襜褕之大小取名，可能有内外穿着位置之差。穿在内的稱小襜褕，穿在外的稱大襜褕。其稱名與《釋名·釋衣服》大衣、中衣、小衣之分或有相似的着眼点。

————————————

　　① 李家浩：《關於〈詛楚文〉"鞈輸"的釋讀》，《中國語言學》第1輯，山東教育出版社，2008年。

【諸于】

（1）羽青諸于一領[1]　　尹灣M2衣物疏A貳10

（2）繎（縹）觧〈鮮〉支單（襌）諸于一領[2]　　尹灣M2衣物疏A貳11

（3）繎（縹）丸（紈）諸于一領　　丿　　尹灣M6君兄衣物疏A肆7

（4）皁丸（紈）諸于一領[3]　　丿　　尹灣M6君兄衣物疏A肆6

（5）紺綺諸于一領[4]　　尹灣M2衣物疏A貳9

〖集釋〗

[1]羽青，**張顯成、周群麗**（2011：166）：指一種青色絲織物，爲青色的羽紗或羽緞，用製作衣物的襯裏。**今按**：應劭《漢官儀》卷下：“二千石綬，羽青地，桃花縹，三采，百二十首，長丈七尺。”

[2]“支”上一字，**連雲港市博物館**（1997：151）釋“鮮”。**今按**：本衣物疏A貳13、A叁2有與之寫法相同之字，當隸作“觧”，“鮮”之訛寫或異寫。胡場漢墓群出土的漆笥文字中，“鮑”寫成“䱋”①，也是類似之例。

[3]**劉洪石**（1999：122）：諸于，寬大的上衣。**中國簡牘集成19**（2005：2011）：諸于，一種婦女穿的寬大的上衣。

[4]“綺”上一字作![字形]，**連雲港市博物館**（1997：151）釋“帕”。**中國簡牘集成19**（2005：2057）釋“繎”。**張顯成、周群麗**（2011：167）釋“帕”，讀爲“碧”，指青綠色。**今按**：疑爲“紺”字。![字形]的右旁與A叁7的“白”（![字形]）字寫法有差異。疑![字形]的右旁是特殊寫法的“甘”，類似馬王堆M3遣冊77的“甘”字（![字形]）寫法。“紺綺”作爲服飾用料，又見於馬王堆M1遣冊270、劉林衣物疏A叁3等。

〖疏證〗

諸于，又見於五一廣場東漢簡1768+1380“絳諸于”。

馬怡對“諸于”有較爲詳細的考察：

“諸于”也作“諸衧”，是一種男女通用的外服。“諸于”的傳世文獻記錄見於《漢書·元后傳》《後漢書·光武帝紀》《後漢書·劉玄列傳》等。《漢書·元后傳》“又獨衣絳緣諸于”顏師古注：“諸于，大掖衣，即

---

① 揚州博物館：《漢廣陵國漆器》，文物出版社，2004年，第140頁。

袿衣之類也。"顏注謂諸于爲"大掖衣"可商。大掖衣是漢時儒服，不大可
能是被譏爲"婦人衣"的"諸于"。顏注謂諸于"即袿衣之類"則有一定道
理。袿衣是婦女的上服，有可以飄動的刀圭形長帶垂飾。更始諸將爲武人，
似不大可能穿此種華盛的女服。漢畫像所見的一種長衣，大袖、交領、右
衽，左右身側在腰以下有連綴的緣飾，女子、文吏、武士均有穿着，是當時
的一種較爲定型的服裝，可能就是諸于①。

馬怡文中附有漢畫中的"諸于"服飾圖像（圖1.2-4），可參：

圖1.2-4　漢畫"諸于"服飾

1.執鏡臺女子，山東沂南漢墓石刻畫像　2.簪筆奏事官吏，山東沂南漢墓石刻畫像　3.執劍武士，山東沂南漢墓
石刻畫像

【裾衣】

（1）□縠裾衣，玄縠領、袖，一領　　〻　海曲M130-03衣物疏A壹3

（2）青縠復（複）裾衣，青丸（紈）領、袖，一領　　〻　海曲M130-03衣物疏A壹2

（3）【青】䋦（綺）復（複）裾衣，絳縠領、袖，一領[1]　　〻　海曲M130-03衣物疏
　　 A壹4

（4）相（緗）䋦（綺）復（複）裾衣，羽青領、袖，一領[2]　　〻　海曲M130-03衣物
　　 疏A壹7

〖集釋〗

　　［1］"復"上一字，**劉紹剛、鄭同修**（2013：209）釋文作"䋦（綺）"。**竇**

---

　　①　馬怡：《"諸于"考》，《簡帛研究二〇〇二、二〇〇三》，廣西師範大學出版社，2005年，
第275—279頁。

磊（2016：91）釋"羈"。**今按**：此字右下構件更近"馬"形，可隸作"羈"，讀爲"綺"。同衣物疏中有多個"羈"字，可參。

　　［2］**劉紹剛、鄭同修**（2013：209）：《説文》衣部："裾，衣袍也。"段玉裁依《韵會》改爲"衣裏也"。裾衣、襦衣如長袍、短襖之搭配。

【疏證】

　　裾衣，疑即袿衣。《方言》四："袿謂之裾。"《玉篇·衣部》："裾，袿衣也。"《釋名·釋衣服》："婦人上服曰袿，其下垂者，上廣下狹，如刀圭也。"《漢書·元后傳》"又獨衣絳緣諸于"，顏注："諸于，大掖衣，即袿衣之類也。"疑裾衣是諸于一類服飾。

　　海曲M130出有鐵劍，劉紹剛、鄭同修推測"墓葬的主人當爲男性"[1]。根據馬怡考察，"諸于"男女皆可穿[2]。那麼，此墓衣物疏記録"袿衣"之類的服飾，也是合理的。

【短袖】

（1）故襦、短紬（袖）各一領[1]　　張德宗衣物疏B貳2

【集釋】

　　［1］**黨壽山**（2001：66）："紬"或爲"袖"。短袖，半袖衣。

【疏證】

　　短袖，疑爲衫一類衣物。《説文》衣部："褎，袂也。""袖，俗褎从由。"《釋名·釋衣服》"衫，芟也，芟末無袖端也"，畢沅云："蓋短袖無袪之衣，故曰'芟末無袖端'。"短袖亦即褠，《廣韻·鐸韻》："褠，短袂衫。"

【腰衣】

（1）青綺、紅複要（腰）衣二[1]　　漁陽木楬C：34-1-4

──────────

　　① 劉紹剛、鄭同修：《日照海曲漢墓出土遣策概述》，《出土文獻研究》第12輯，中西書局，2013年，第212頁。

　　② 馬怡：《"諸于"考》，《簡帛研究二〇〇二、二〇〇三》，廣西師範大學出版社，2005年，第275—279頁。

〖集釋〗

[1] 要衣，**姜維**（2011：81）："要"通"腰"。**羅小華**（2016：390）：疑"要衣"是傳世文獻中的"腰襦"。

〖疏證〗

"腰衣"與"頭衣""面衣""項衣""手衣""足衣"等構詞方式相同，疑即腰部之衣。在以"腰"爲構詞要素的服飾中，大概"要襦"與"要衣"的關係最密切。《釋名·釋衣服》："要襦，形如襦，其要上翹，下齊要也。"要襦是齊腰之襦，屬於短襦。但"衣"是"襦"的上位詞，襦屬於衣的一種，疑"要襦"是"要衣"的其中一種。傳世文獻中還有"腰巾"，馬縞《中華古今注·袜肚》："蓋文王所製，謂之腰巾，但以繒爲之。宮女以綵爲之，名曰腰綵。至漢武帝以四帶，名曰袜肚。至靈帝賜宮人蹙金絲合勝袜肚，亦名齊襠。"疑"腰巾"也是"要衣"的一種。

【束腰】

（1）緑束要（腰）一　　馬王堆M3遣342

〖疏證〗

束腰，疑即用以束腰之衣。《詩·衛風·有狐》"之子無帶"，毛傳："帶，所以申束衣。"腰帶爲束衣之帶，"束腰"與腰帶關係不大。漁陽木楬記有"要（腰）衣"，"束要"或與之有關。

【中衣】【中單】【脅】

（1）綈（莆）中衣，皁素緣，一領　　劉林衣物疏A貳6
（2）綈（莆）故中衣，皁素緣，一領[1]　　劉林衣物疏A貳7
（3）縑中衣一[2]　　西郭寶衣物疏A肆8
（4）間（莆）中單（襌）一領[3]　 丿　尹灣M6君兄衣物疏A貳2
（5）繡（莆）中單（襌）[4]　　凌惠平衣物疏A壹7
（6）綈（莆）中單（襌）一領[5]　　武大藏衣物數A貳3
（7）葛中單（襌）一[6]　 丿　尹灣M6君兄衣物疏B壹4
（8）青鮮支中單（襌）一領[7]　 丿　尹灣M6君兄衣物疏A貳3
（9）【縑】脅一領[8]。送大家　　張德宗衣物疏A叁4

〖集釋〗

［1］今按："綢"讀爲"萠"，顔色名。

［2］"縑"下一字，**連雲港市博物館**（1988：20）疑爲"牢"。**中國簡牘集成19**（2005：1876）、**馬怡**（2006：256）釋"中"。

　　中衣，**中國簡牘集成19**（2005：1876）：中衣指内衣。中或作衷。《説文》衣部"衷，裏褻衣。从衣，中聲。《春秋傳》曰：'皆衷其祖服'"，王筠《句讀》："上文釋'褻'字，祇是私居之服耳。'衷'則私服之在中者，故言裏以别之。"**竇磊**（2016：29）："中衣"即"中單"。

［3］間中單，**劉洪石**（1999：122）：間同間，空隙；間中單即夾衣。**中國簡牘集成19**（2005：2010）：閒，雜色；中單，内單衣。**毛靜**（2011：95）："閒"通"綢"，錦紋，西郭寶漢墓遣册載"綢禪衣一領"。**竇磊**（2016：45）：漢代衣物疏中的閒、綢、繡或皆讀爲"萠"，指蘭草之青色。"萠中單"當與《君兄衣物疏》所記"青鮮支中單"顔色、形制相近。

［4］"中"上一字，**連雲港市博物館**（2012：9）釋"綢"。**竇磊**（2016：38）隸作"繡"，讀爲"萠"。

［5］**李靜**（2015：214）：綢，錦紋，絲織品的一種；單通禪，中禪指古時朝服的裏衣。**竇磊**（2016：79）："綢"讀爲"萠"。

［6］**劉洪石**（1999：122）：葛指葛布。**馬怡**（2005：260、261）："中單"即"中禪"，又稱"中衣"，穿在内衣與外衣之間，多用作朝服、祭服的裏衣。中衣、中單也指一般的裏衣，可作汗衫。"青鮮支中單""葛中單"有可能類似後世的汗衫。

［7］**劉洪石**（1999：122）："青鮮支中單"指黑色的新的單衣。**中國簡牘集成19**（2005：2010）：青鮮支爲青色的絹。**馬怡**（2005：264、265）："鮮支"也作"鮮厄"，是"絹"類絲織品；鮮支又指梔子，在漢代用作黃色染料；作爲絲織品，有多種顔色的鮮支，如白鮮支、青鮮支。

［8］**黨壽山**（2001：65）：縑，細的絹。脅，衣名，著在身軀兩側的上衣。"縑脅一領送大家"指細的絹製的脅一件，送給張德宗大家。

〖疏證〗

　　"中衣"與"中單"所指相同，學者多已指出。馬圈灣漢簡1144記："護從者敦煌對苑里鞬寶，年十八，單（禪）襦、復（複）襦各二領，韋綺、布綺各二兩，單（禪）衣、中衣各二領，絮巾、布巾各三，裘、裘綺☒"，從其記録特徵來看，禪衣與中衣屬於同類别的衣物，大概中衣屬禪衣類，這或許是將中衣稱爲中單（中禪）的主要原因。《釋名·釋衣服》："中衣，言在小衣之外，大衣之中也。"《後漢書·禮儀上》："執事者冠長冠，衣皁單衣，絳領袖緣中衣，絳袴袜，以行禮，如故事。"可知"中衣"本指外衣與内衣之間的衣物。

張德宗衣物疏所記之"脅"，疑也即是指中衣一類衣物。《説文》巾部"幭，帵也。一曰帗也。一曰婦人脅衣"，段玉裁於"婦人脅衣"下注："《釋名》所謂'心衣'。小徐作'脅巾'"，朱駿聲《定聲》："脅衣如今之兜肚。"黨壽山認爲，"墓主人張德宗，衣物疏中稱'大家'，是一位達官貴族的女子。"[①]脅衣的記録或可爲此説提供一點佐證。

江陵鳳凰山M168出有一件用白色麻布縫製的麻衣，出土時僅雙袖尚纏於男屍的手臂上，上下通長171、腰圍154、袖長77、兩袖通寬282厘米，考古學者認爲其"應是死者的貼身麻内衣"[②]（圖1.2-5）。這件貼身麻襌衣，疑即中衣。

圖1.2-5　鳳凰山M168：289麻襌中衣

【質】

（1）素繢一領[1]　朱㝉衣物疏-5
（2）小繢三領[2]　朱㝉衣物疏-15
（3）帛傅（薄）質一，沙（紗）掾（緣）[3]　馬王堆M3遣399
（4）帛傅（薄）質一，沙（紗）掾（緣）　馬王堆M3遣407壹7

〔集釋〕

[1]"素"下一字，**揚州博物館**（1987：13）釋"絹"。**于麗微**（2014：89）：此字與後文"小繢三領"的"繢"爲同一字，疑"繢"通"襘"，繡衣。**竇磊**（2016：82、83）贊同于麗微釋爲"繢"字，但釋義則從伊强（2005：32、33）。

[2]**中國簡牘集成19**（2005：1902、1903）：疑繢通襘，繡衣，《説文》衣部："襘，紩衣也。"朱駿聲《定聲》："紩爲繡，文曰黹。凡衣縫紉曰襘。"**伊强**（2005：32、33）：馬王堆M3遣册399"帛傅質一"的"質"與朱㝉衣物疏中的"繢"指同一種衣服；"質"或"繢"大概可以讀作"褻"。

[3]"傅"下一字，**馬王堆M3報告**（2004：73）釋文作"斲（質）"，傅質即覆結，《方言》："覆結謂之幘巾。"**伊强**（2005：32、33）釋"質"，屬衣服

---

①　黨壽山：《介紹武威出土的兩件隨葬衣物疏木方》，《武威文物考述》，2001年，第69頁。
②　湖北省文物考古研究所：《江陵鳳凰山一六八號漢墓》，《考古學報》1993年第4期。

一類。江蘇儀徵胥浦M101出土木牘有"小繢三領"，"質"和"繢"應指同一種衣服。"質"或"繢"大概可以讀作"褺"。《説文》衣部："褺，重衣也。"段注："凡古云一襲者皆一褺之假借。褺讀如重疊之疊。""傅質"的"傅"大概可以讀作"薄"。不過，M3簡379、380都記有"襲"。《禮記·内則》"寒不敢襲，癢不敢搔"，鄭注："襲，重衣。""襲"和"褺"都可訓爲"重衣"。在同一批遣策裏用兩個不同的名稱指同一種衣服似不可能，因此簡文中的"質"是否可讀爲"褺"，還值得進一步考慮。**魯普平**（2018：119）："質"可能讀爲"袛"。《説文》衣部："袛，袛裯，短衣。"《方言》卷四："汗襦，自關而西或謂之袛裯。"戴震疏："袛裯，亦呼爲掩汗也。"

【裧衣】

（1）生（青）綺復（複）裧衣一，生（青）綺掾（緣）[1]　　**馬王堆M3遣362**

〚集釋〛

　　[1]"綺"下一字，**馬王堆M3報告**（2004：70）釋"複"。

　　裧，**馬王堆M3報告**（2004：70）讀爲"褻"。**伊强**（2005：46）：上古音"裧"是精母脂部，"褻"是心母月部。脂部和月部相隔較遠，因此將"裧"讀爲"褻"似不合適。簡文中的"裧"該作何解尚不清楚。**魯普平**（2018：121）："裧"可能讀爲"綟"。《周易·夬卦》："九四：臀無膚，其行次且。"馬王堆帛書《周易》"次"作"郪"。《説文·糸部》"綟，帛文皃。《詩》曰：'綟兮斐兮，成是貝錦。'從糸，妻聲"，段注："帛，各本作'白'，今依《韻會》正。《韻會》用小徐本也。"

【胡衣】

（1）緒（紵）胡衣一[1]　　**馬王堆M3遣398**
（2）緒（紵）胡衣一　　**馬王堆M3遣407壹5**

〚集釋〛

　　[1]**張如栩**（2011：32）：馬王堆遣策記有胡衣、胡人、胡馬，由此可見早在武帝時張騫通西域之前長沙地區已經有胡人、胡服、胡馬出現，進一步說明在漢文帝時期或之前，長沙地區就與邊遠地區早已有聯繫和往來。

〖疏證〗

胡衣疑指胡式衣，屬胡服。王國維《胡服考》謂胡服“其服，上褶下袴”①。里耶
秦簡8-439+8-519+8-537記有：“繚可年可廿五歲，長可六尺八寸，赤色，多髮，未產
須，衣絡袍一、絡單胡衣一，操具弩二、絲弦四、矢二百、鉅劍一、米一石☒”。

【騎衣】

（1）絟（綄）荃禪騎衣一[1]　　漁陽木楬C：4-5

（2）熏（纁）綺繡、沙（紗）綺繡合（祫）騎衣三[2]　　漁陽木楬C：4-6

（3）素繡、沙（紗）縠繡、皁緒（紵）複騎衣三[3]　　漁陽木楬C：4-4

〖集釋〗

[1]“禪”上第一字，**長沙市文物考古研究所**（2010：33）未釋。**蔣文**（2013：
314）釋“絟”，此字又見於馬王堆M1遣策簡265、267，整理者認爲絟是綄之省，讀
爲綄的意見可從。

“禪”上第二字，**長沙市文物考古研究所**（2010：33）釋“荃”。**蔣文**（2013：314）
釋“荃”，引周波意見云：“荃”是“荃”之訛，與上下文的“練”“綺”“縠”
“緒”等類同，也應是布名；張家山簡《二年律令》258—259幾種布名有“絺緒、縞
翻、纑緣、朱纏、絮（襺）、緔布、縠、荃蔓”，整理者云：“荃，《漢書·景十三
王傳》注引蘇林云‘細布屬也’，臣瓚云‘細葛也’，荃蔓當爲一種細的葛布。”**羅
小華**（2016：389、390）疑“荃”讀爲“絵”，絵爲紷之籀文，《類篇》系部：“紷，
絵，布帛名。”《集韻·鹽韻》：“紷，布帛名。或作絵。”

[2]合，**羅小華**（2016：388、389）：讀爲祫，祫於文獻中多作袷。

沙綺，**羅小華**（2016：390）：沙讀爲紗，“沙綺”亦見馬王堆漢墓遣册。

[3]沙縠，**羅小華**（2016：390）：即紗縠。

〖疏證〗

從漁陽木楬記錄來看，騎衣有禪、祫、複三種形制。

宋少華認爲，“騎”本義爲兩腿分跨，後引申爲騎馬；“騎衣”一詞未見於已
知漢代服飾的名稱，當爲方便騎馬而專製的衣服；漢代已出現了一種兩襠合縫的合襠
褲，名之“窮袴”，又名大袴（《漢書·上官皇后傳》），可能與騎衣大同小異；漢

---

① 王國維：《觀堂集林》，中華書局，1959年，第1074—1076頁。

代婦女騎馬者不乏其人，但身份顯赫的墓主生前擁有騎衣，應有着非同尋常的意義[①]。

　　《史記·匈奴列傳》文帝贈匈奴冒頓單于"服繡袷綺衣、繡袷長襦、錦袷袍各一"，《漢書·匈奴傳》作"服繡袷綺衣、長襦、錦袍各一"，顔注："袷者，衣無絮也。繡袷綺衣，以繡爲表，綺爲裏也。"結合漢代遺册中的衣物記録規律，禪、袷、複之後的名詞多爲專有名詞，顔色、質料等詞一般都在禪、袷、複等形制類限定語之前，如漁陽墓此木楬所記的"沙（紗）綺繡合（袷）騎衣"。頗疑《匈奴列傳》"繡袷綺衣"之"綺衣"應爲一詞，可讀爲"騎衣"，即漁陽墓出土木楬所記的"騎衣"。居延新簡EPT5：86記"☐隧長徐良青馬衣一直千五百"，"青馬衣"中的"青"或是顔色詞，不知"馬衣"與遺册中的"騎衣"是否所指相同。

四、手　　衣

【緉】【手衣】

（1）沙（紗）綺緉一兩，素㩐（緣），千金縚（條）劮（飾）[1]　　馬王堆M1遺266
　　　綔（緱）綺緉一兩，素㩐（緣），千金縚（條）劮（飾）[2]　　馬王堆M1遺267
　　　素信期繡尉（緉）一兩，赤㩐（緣），千金縚（條）劮（飾）[3]　　馬王堆M1遺268
（2）素緉二，其一故[4]　　馬王堆M3遺345
（3）手衣一具[5]　　尹灣M6君兄節司小物疏B肆2
（4）手衣一具[6]　　劉賜衣物名A肆13
（5）繍（繡）手衣二☐[7]　　尹灣M2衣物疏B叁6
　　　青綺手衣一具　　尹灣M2衣物疏B叁7

〔集釋〕

　　[1] **馬王堆M1報告**（1973：51、151）：古多以沙爲紗，沙綺指輕綺。緉，簡268作"尉"字，並同，與出土物對照，當是手套。縚是裝飾衣物用的一種絲織窄帶。千金縚劮，織有"千金"字樣的縚帶飾邊。九子奩内有手套3副，即素羅綺手套、朱紅羅綺手套和"信期繡"絹手套，當即簡266、267、268所記。**唐蘭**（1980：46、47）：尉，又作緉，即褽字。《説文》："褽，衽也。"《廣雅·釋器》："衽，袖也。"把袖口縫得能把拇指分開以便活動，即爲手套的原始形式。出土文物中的手套正是袖

　　① 宋少華：《漁陽墓出土絲織品名木楬》，《長沙國寶檔案》，國防科技大學出版社，2013年，第225頁。

頭的形式，把拇指單獨分開。尉（緭）即温暖的袖頭。出土九子奩裏有銀褐色菱紋羅手套，同色絲織品的緣，飾千金絛，即此。**范常喜**（2020：297）：北大漢簡《妄稽》"鑑蔚粉墨"之"蔚"當讀作同聲符的"緭"，指手套。"緭"見於馬王堆一號漢墓遣册簡266、267、268，墓中出土三副直筒露指手套，均置於一件雙層九子奩的上層，該層同時放有絲綿絮巾、組帶、鏡衣各一件，下層是九個小奩，放置梳妝用品。手套"緭"在當時應該是被視爲妝具，而非一般的隨身衣物。

　　［2］**唐蘭**（1980：47）：出土九子奩裏有一付朱紅色菱紋羅手套，銀褐色緣，飾千金絛，當即此。

　　［3］**唐蘭**（1980：46、47）：《説文》："素，白緻繒也。"信期是繡名，《戰國策·趙策》"忠可以寫意，信可以遠期"，"信期"大概是從這類成語來的，意即誠信可以期待。信期繡的主題是鳳，秦漢之際的傳説把鳳代表信。繡即絛，《説文》："絛，扁緒也。"絛是縧帶，用來緣邊，扁緒是絛的一種。千金絛是絛上織有千金字樣的。劦即飭，假借爲飾。出土物九子奩裏有三付手套，一付是繡花的絹緣作絳紫色，以千金絛爲飾，即此。

　　［4］**馬王堆M3報告**（2004：69）：緭即手套。

　　［5］**劉洪石**（1999：124）：手衣指手套。

　　［6］**羅小華**（2017b）：手衣即手套。

　　［7］"手"上一字，**連雲港市博物館**（1997：152）隸作"繡"。**今按：**將"繡"寫作"繡"又見於西郭寶衣物疏、劉賜衣物名。

　　"二"下一字，**連雲港市博物館**（1997：152）未釋。**周群麗**（2007：82）補釋"領"，但在**張顯成、周群麗**（2011：167）釋文中缺釋。**寶磊**（2016：75）：據辭例，補釋"具"爲宜。

〔疏證〕

　　手衣即手套，衣物疏中多見，馬王堆遣册中記爲"緭"，亦寫作"尉"。

　　戰國漢晉時期出土的手套有兩種形制：一爲五指分開式。江陵藤店楚墓M1邊箱出有一雙皮手套，"五指分開，用綫縫合，皮質柔軟"，長28.5厘米[1]（圖1.2-6，1）。二爲直筒露指式。出土所見漢晉時期的手套均爲此種樣式。除馬王堆M1出土3副這種手套外（圖1.2-6，2），西北地區的漢晉墓中亦出有幾件，如尼雅遺址1號墓地M8男尸

---

　　① 荆州地區博物館：《湖北江陵藤店一號墓發掘簡報》，《文物》1973年第9期；湖北省博物館編：《圖説楚文化》，湖北美術出版社，2006年，第308頁。

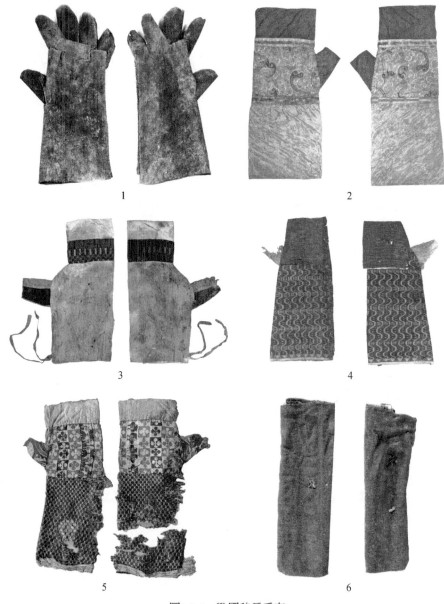

圖1.2-6　戰國魏晉手套

1.藤店M1皮手套　2.馬王堆M1：443-4信期繡手套　3.尼雅95MNⅠM8女尸所戴手套　4.尼雅95MNⅠM3錦手套
5.新疆博物館徵集錦手套　6.洛浦山普拉墓地棉布手套

手上戴有一雙錦手套，女尸手上戴有一雙由織錦與白絹縫製的手套①（圖1.2-6，3）；
同墓地M3出有一雙錦手套，掌部用料爲"世毋極錦宜二親傳子孫"錦，指部用料爲紅

---

① 新疆文物考古研究所：《新疆民豐縣尼雅遺址95MNⅠ號墓地M8發掘簡報》，《文物》2000年
第1期；金維諾總主編，趙豐卷主編：《中國美術全集·紡織品一》，黄山書社，2010年，第94頁；
高春明：《中國歷代服飾文物圖典：先秦、秦漢、魏晉南北朝》，上海辭書出版社，2018年，第180頁。

絹、白絹，下部口緣縫有絹帶①（圖1.2-6，4）。新疆博物館徵集有一雙刺繡方格紋錦手套，下部口緣縫綴有白絹繫帶②（圖1.2-6，5）。新疆洛浦縣山普拉墓地東漢墓出有一件紫紅色棉布手套，"長方形，局部殘，由一塊長方形棉布縱向對折、兩側縫合而成"，長28、寬約9厘米③（圖1.2-6，6），從照片看，似在大拇指位置開有孔。

　　漢代遺册中所記手套這類衣物的例子不多，或與手套並非生活必須品有關。出土漢代陶俑或壁畫中，多見將兩手相向藏於袖內的狀態，這種陶俑多被稱爲袖手俑。將手藏於袖內客觀上也可起到暖手的作用。

五、腰　　帶

【帶】

（1）白帶一　張家山M247遣3貳

（2）糸（絲）帶一，玉句（鉤）[1]　劉賜衣物名A叁3

（3）白革帶、髹（漆）革帶各二雙[2]　馬王堆M3遣338

　　　黑革帶二　馬王堆M3遣339

（4）紅組帶一[3]　馬王堆M1遣275

〖集釋〗

　　[1]**羅小華**（2017b）：玉勾即玉鉤，墓中出土有玉帶鉤。

　　[2]**伊强**（2005：59）："雙"字所從的"雔"寫成了兩"隼"形。

　　[3]關於此簡所記之物，**馬王堆M1報告**（1973：73、151）：組帶爲纂組織物，九子奩中的一件組帶現呈淡黃色，長145、寬11厘米，簡275所記應即指此。**唐蘭**（1980：45）：簡文中的"組帶"是用以束髮的。《儀禮·士喪禮》："髻用組"，注："用組，組束髮也"。出土物九子奩上層有絲帶一條，長145厘米，寬11厘米，淺黃褐色，兩端有穗，當即此。**湖南省博物館**（2017：228）：該組帶爲墓主人生前繫結綿袍類長衣的大帶，遣册記載"紅組帶一"。

---

　　①　趙豐主編：《絲路之綢：起源、傳播與交流》，浙江大學出版社，2017年，第120頁。

　　②　王明芳：《新疆博物館新收藏的紡織品》，《文物》2009年第2期；新疆維吾爾自治區博物館編：《古代西域服飾擷萃》，文物出版社，2010年，第75頁。

　　③　寧夏博物館編著：《絲綢之路：大西北遺珍》，文物出版社，2017年，第78頁。

〔疏證〕

　　《説文》巾部："帶，紳也。男子鞶帶，婦人帶絲。"糸部："紳，大帶也。"
《廣雅·釋器》"繡、紳、鞶、緄、屬、靲，帶也"，王念孫疏證："對文則紳爲帶
之垂者；散文則帶亦謂之紳。"

　　以材質取名之帶有革帶、絲帶、素帶等。以生皮製者曰革帶，以熟皮製者曰韋
帶，析言則別，渾言無別。里耶秦簡9-745+9-1934+9-1933記有"敝韋帶一""敝革黑
帶一"，即是對言之別。馬王堆M3遣册記録有白革帶、漆革帶、黑革帶，白革、黑
革是就帶的質料與顏色而言。北洞山楚王墓出土衆多彩繪武俑所用革帶的顏色大體有
白、黑、紅三種[1]，它們可能就是用白革、黑革、赤革製作的鞶帶。至於"漆革帶"，
其與"白革帶""黑革帶"並列記録，似即髹漆的革帶。長沙楚墓M406:031革劍帶
已殘，革的面上髹黑漆，已有龜裂痕，有些地方的漆已剝落[2]。臨沂金雀山西漢墓M33
出土有一條革帶，"表面起皺，似髹一層黃褐色漆"，長94.5、寬5.7厘米，出土時銅
帶鉤扣在上面[3]（圖1.2-7，1）。額濟納河流域曾出土4根殘革帶，末端爲橢圓形，髹
有紅漆[4]。這些都是漆革帶的實例。金關漢簡73EJT23:964記有"賣絑一兩，直錢廿
三；革帶二枚，直六十"，這裏的"革帶"與"絑"相近出現，指革質腰帶，同屬服
飾類。

　　張家山M247遣册所記"白帶"是以帶的顏色取名的[5]，可能就是傳世文獻常見的
素帶，當然也可能是白革帶。劉賜衣物名A叁3記"糸（絲）帶一，玉句（鉤）"，A
叁4記"糸（絲）劍帶一，玉句（鉤）"，則A叁3的"絲帶"疑指用絲緣編織而成的束
腰之帶。居延新簡EPT52:187記"白素帶二枚"，白素帶也是絲織帶。河北滿城漢墓
M1:5172踞坐玉人所用腰帶上有網格紋[6]，大概是編織帶（可能是絲帶一類）的藝術
化表現。

　　馬王堆M1遣册記録有"紅組帶"，而墓中出有一件淡黃色組帶（圖1.2-7，2）[7]，
雖然顏色不符，但其很可能就是簡文所記的"組帶"。關於這件組帶，一説是束髮之

　　[1]　徐州博物館，南京大學歷史學系考古專業：《徐州北洞山西漢楚王墓》，文物出版社，2003年。

　　[2]　中國科學院考古研究所：《長沙發掘報告》，科學出版社，1957年，第59頁。

　　[3]　臨沂市博物館：《山東臨沂金雀山九座漢代墓葬》，《文物》1989年第1期。

　　[4]　〔瑞典〕弗克·貝格曼考察，〔瑞典〕博·索瑪斯特勒姆整理，黃曉宏等翻譯：《内蒙古額
濟納河流域考古報告》，學苑出版社，2014年，第96頁。

　　[5]　"白"也可能讀爲"帛"，此以直接用字理解，不破讀。

　　[6]　中國社會科學院考古研究所、河北省文物管理處：《滿城漢墓發掘報告》（上），文物出版
社，1980年，第140頁。

　　[7]　湖南省博物館：《長沙馬王堆漢墓陳列》，中華書局，2017年，第228頁。

帶，一説是束腰之大帶。我們傾向於後者。從出土情況看，此組帶出自九子奩上層，同層共出物有手套3件、絲綿絮巾1件、鏡衣1件。由於有手套共出，則這件組帶也可能與妝具無關。《禮記·內則》"執麻枲，治絲繭，織紝組紃，學女事，以共衣服"，孔穎達正義："薄闊爲組。"這件組帶長145、寬11厘米，似也不太適合用作束髮。尼雅遺址漢晉貴族墓地出有一條彩色毛織腰帶，兩端有穗，長134、寬15厘米①（圖1.2-7，3）。這件毛織腰帶的形制就與馬王堆M1出土的黃組帶比較接近。此外，戰國楚遣册革帶、組帶常記在一起，作爲衣帶。

漢代的帶鉤以銅質居多，亦有金、銀、鐵、玉（圖1.2-7，4）②、琉璃、瑪瑙、水晶、錫、鉛等。比較容易分辨的明器帶鉤有滑石質的，如湖南長沙火把山漢墓M10：6、常德漢墓M2113：3、M2120：3、M2146：2等滑石帶鉤③。出土帶鉤中有自名者，如大連姜屯東漢墓M158出土的一枚曲棒形錯銀銅帶鉤的背面刻有"丙午鉤，君宜官"④（圖1.2-7，5），石家莊肖家營東漢墓M2出土一枚時代屬西漢晚期的琵琶形銅帶鉤，背刻"五鳳元年五月丙午□辟邪辟兵除央，服此鉤者皆侯王"⑤（圖1.2-7，6）。先秦至漢時期的帶鉤，多徑稱爲鉤，遣册及諸多出土自名器即如此。但也有以用途命名而稱爲"帶鉤"者，如漢長安城未央宮前殿出土新莽木簡32記有"帶句一枚"，胡平生指出"句"讀如"鉤"，"帶鉤"即束腰帶上的鉤⑥。漢代帶鉤的特色品種之一是文字帶鉤，上鑄各類吉語文字，如"長毋相忘"⑦（圖1.2-7，7），"長宜君

---

①　金維諾總主編，趙豐卷主編：《中國美術全集·紡織品一》，黃山書社，2010年，第97頁。

②　青島市文物保護考古研究所、黃島區博物館：《山東青島土山屯墓群四號封土與墓葬的發掘》，《考古學報》2019年第3期。

③　長沙市工作隊：《長沙火把山楚漢墓》，《湖南文物》第3輯，湖南大學出版社，1988年；湖南省常德市文物局等：《沅水下游漢墓》，文物出版社，2016年，第287、291、688頁。

④　遼寧省文物考古研究所編著：《姜屯漢墓》（上），文物出版社，2013年，第406頁。

⑤　河北省文物研究所、石家莊市文物研究所：《河北石家莊肖家營漢墓發掘報告》，《河北考古文集·3》，科學出版社，2007年，第80、81頁。"服"字不太清晰，原未釋，從結構上分析，很可能是"服"字。出土漢代器物中的吉語中多見"服者……"之語，如銅鏡銘文中常見的"服者君卿""服者富貴番昌"等。

⑥　胡平生：《未央宮前殿遺址出土王莽簡牘校釋》，《出土文獻研究》第6輯，上海古籍出版社，2004年，第222頁。

⑦　南京博物院、盱眙縣文廣新局：《江蘇盱眙縣大雲山西漢江都王陵北區陪葬墓》，《考古》2014年第3期。

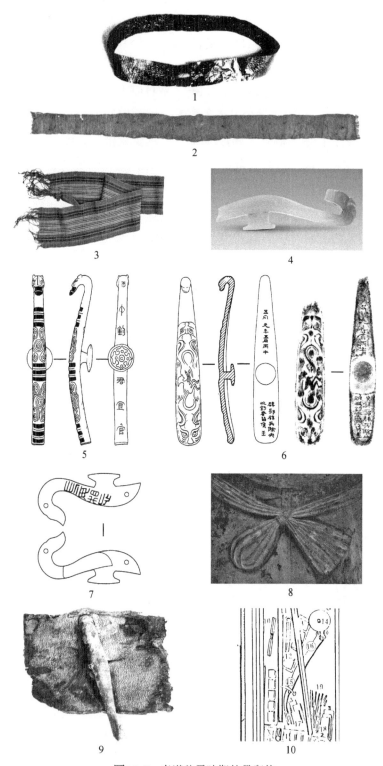

圖1.2-7　秦漢魏晉時期的帶與鉤

1. 金雀山M33：43革帶與銅帶鉤　2. 馬王堆M1：443-5組帶　3. 尼雅遺址毛織腰帶　4. 土山屯M147：19玉帶鉤
5. 姜屯M158：32銅帶鉤　6. 肖家營M2：9銅帶鉤　7. 大雲山M12：36銀帶鉤　8. 秦陵1號車御俑之鞶帶、
帶鉤與劍帶　9. 陽高古城堡M12革帶與銅帶鉤　10. 尹灣M6革帶（16）與銅帶鉤（15）

官，位至三公”①，“大吉羊”②，“日利八千万”③等。

帶鉤多與革帶相配，秦漢雕塑中，多見使用場景的藝術表現，如秦陵1號車御俑之鞶帶與帶鉤④（圖1.2-7，8）。出土實物所見，前舉金雀山西漢墓M33出土的保存狀態完好的革帶上有銅帶鉤鉤住帶尾。陽高古城堡漢墓M12出土的一件殘革帶上，尚嵌有一枚琵琶形帶鉤⑤（圖1.2-7，9）。尹灣漢墓M6男棺的一條革帶亦嵌有銅帶鉤⑥（圖1.2-7，10）。絲帶既可以打結束腰，也可如革帶一樣使用帶鉤。長臺關楚墓M1遣册2-07記有“一索（素）縄繻（帶），又（有）□鉤（鉤）”，2-02記有“一組繻（帶），一革，皆又（有）鉤（鉤）”，劉賜衣物名記“糸（絲）帶一，玉句（鉤）”，都是絲帶也可用鉤的例子。江陵九店楚墓M410：42-2纂組腰帶上嵌有一枚銅帶鉤，長77.1、寬5.3、厚0.12厘米⑦。

附：【帶笥】

（1）帶笥一[1]　　海曲M129-04衣物疏A伍6

【集釋】

　　［1］**劉紹剛、鄭同修**（2013：206）：笥，竹制盛物器。帶，束於上衣的飾物。

【疏證】

　　海昏侯墓出有專門盛放帶鉤的漆笥（M1：531-1）⑧，可見在當時講究的生活中，會將珍視之物專門盛放。海曲漢墓M129所記的“帶笥”可能就是專門用於存放衣帶的竹笥或漆笥。懸泉漢簡中有一枚封檢Ⅰ90DXT0111②：14記有“·刺史帶笥”，這裏的“帶”很可能是人名，但也不排除“帶笥”爲笥名。

①　首都博物館、天津博物館、河北博物院編：《金玉滿堂：京津冀古代生活展》，科學出版社，2017年，第348頁。

②　安徽省文物事業管理局編：《安徽館藏珍寶》，中華書局，2008年，第134頁。

③　唐文元：《貴州威寧縣發現一件西漢銅帶鉤》，《考古》2000年第3期。

④　秦始皇陵博物院：《秦始皇帝陵出土一號青銅馬車》，文物出版社，2012年，第228頁。

⑤　東方考古學會：《陽高古城堡：中國山西省陽高縣古城堡漢墓》，日本東京六興出版，1990年，第72頁。

⑥　連雲港市博物館等：《尹灣漢墓簡牘》附錄“尹灣漢墓6號墓平面圖”，中華書局，1997年。發掘報告未作詳細介紹。

⑦　湖北省文物考古研究所編著：《江陵九店東周墓》，科學出版社，1995年，第336頁。

⑧　江西省文物考古研究院、北京師範大學：《江西南昌西漢海昏侯劉賀墓出土漆木器》，《文物》2018年第11期。

六、下　裳

【裳】【下裳】【裙】【帔】

（1）襌裳一領　朱夌衣物疏-4
（2）複裳二領　朱夌衣物疏-9
（3）素常（裳）二　馬王堆M3遣374
（4）纚（縹）下常（裳）一[1]　〳　尹灣M6君兄衣物疏B壹2
（5）纚（縹）丸（紈）下常（裳）一[2]　〳　尹灣M6君兄衣物疏B壹1
（6）帬（裙）二[3]　〳〳　尹灣M6君兄衣物疏B壹3
（7）故帬（裙）五領[4]　張德宗衣物疏B壹3
（8）羽青帬（裙）一　尹灣M2衣物疏A叁6
（9）帛（白）纚（縹）帬（裙）二　尹灣M2衣物疏A叁5
（10）白纚（縹）帬（裙）一　尹灣M2衣物疏A叁7
（11）帛（白）霜（緗）帬（裙）一　尹灣M2衣物疏A叁4
（12）新素裠（裙）一[5]　鳳凰山M8遣25
（13）緣〈緑〉素【帬】（裙）囗[6]　武大藏衣物數A叁2
（14）新絹帬（裙）一領。送大家　張德宗衣物疏B壹2
（15）故縑裠（裙）一[7]　鳳凰山M8遣23
（16）綈帬（裙）一[8]　張家山M247遣6壹
（17）錦帬（裙）一　張家山M247遣2壹
（18）新錦裠（裙）　鳳凰山M8遣26
（19）新復（複）綬（帔）一[9]　霍賀衣物疏B壹3
（20）被（帔）、綺函[10]　徐家灣M401木楬

〖集釋〗

　　[1]“常”上一字，**連雲港市博物館**（1997：130）釋“下”。**劉洪石**（1999：
122）釋“中”。**宋培超**（2014：141）從字形比對角度辨析其應釋“下”。

　　[2]“丸”上一字，**連雲港市博物館**（1997：130）疑爲“纚”。**今按**：此字右
半已殘，也可能是“繻”，但此衣物疏A貳7用“霜”字表“緗”，故其爲“繻”的可
能性不大，本書暫從整理者釋。

　　常，**劉洪石**（1999：122）：讀爲“裳”，裙子。

［3］**今按**：君兄衣物疏中"帬"與"纕下常"相鄰記録，可能二者有差異。

［4］**黨壽山**（2001：65）：帬即裙，故帬即舊裙。

［5］**章水根**（2013：41）："素袅"即用潔白無紋飾的絲織品做成的裙子。

［6］"緣"下一字，**李靜**（2015：212）未釋。**今按**：此字與A叁1的"帬"字寫法相近，當亦是"帬"字。

　　素，**李靜**（2015：215）：白色的帛。

［7］**彭浩**（2012：19）：袅即裙字。**張一諾**（2011：11）：縑，指雙絲織成的細絹。裙，古指下裳，男女均服。

［8］**張家山二四七號漢墓整理小組**（2001：305）：綈，《急就篇》注："厚繒之滑澤者也"。

［9］**中國簡牘集成19**（2005：1892）釋"新復被，一"。**竇磊**（2016：63）釋"新復綯（被）一"。**今按**：在霍賀衣物疏中，B壹3"新復（複）綯一"緊接B壹1"流黄復（複）大綺一"、B壹2"綺□綺一"記録，"綯"或即"帔"。徐家灣M401木楬"被（帔）、綺函"，可參。

［10］**考古研究所湖南調查發掘團**（1952：73）：墓中又出土一根木簡，上有隸書"被絳函"三字。**中國科學院考古研究所**（1957：124）：M401：01木札正面有墨書"被絳函"三個字。推測這一木札繫在凹缺處縛繩，並懸掛在箱函之上。**陳直**（1961：265）：應釋爲"被綺函"三字。當日木札，既懸掛在箱籠之上，其内必藏有被綺等衣物隨葬品。用衣被等實物殉葬，等於後代之焚冥衣。《説文》："綺，脛衣也，字亦作袴。"褲則爲後起之字，居延漢簡釋文367頁，有"綺一兩"之記載共有兩處，皆有綺，不作袴，與《説文》正體相同。夸字或寫作夲，本題字又變作夆，末筆向内轉彎，正與絳字表示有區别。**胡平生**（1991：11）："被"當讀爲"綯"；所謂的"絳"字，實爲"綺（綗）"字之訛，"綗"訓爲"絇"，即"繝"，"綯綗函"就是盛放絲繩的箱盒。**裘錫圭**（1992a：498）："劉驕墓木札"實爲木簽牌，上書"被綺函"三字。"被"當讀爲"帔"，爲裙之别名，見《説文》《廣雅》等書。"帔綺函"指存放裙褲的箱子。**史樹青**（2001：文字·8）：木札是懸掛在箱匣（函）上的標牌，記載入藏其内的隨葬物品名目。"被絳函"即是放被和綯的匣子。

〖疏證〗

　　裳、下裳、裙、下裙所指相同，爲遮蔽下體的一類服飾，上繫腰間。《説文》衣部："衣，依也。上曰衣，下曰裳。"巾部："常，下帬也。从巾，尚聲。裳，常或從衣。""帬，下裳也。从巾，君聲。袅，帬或从衣。"《釋名·釋衣服》："凡服，上曰衣。衣，依也，人所依以芘寒暑也。下曰裳。裳，障也，所以自障蔽也。"

裙有襌、袷、複三種基本式樣。裙、絝同爲遮蔽下體的服飾，雖然男女均可穿著，但絝的使用範圍更廣一些。在西北漢簡中，“絝”常見，“裙”則少見，如“布帬一”（EPT52：820），“布帬一，縑帬一”（EPT56：86），“降歸義烏孫女子復帬”（敦煌1906）等。在功用上，絝更便於在外勞作或作戰，這或許是西北屯戍地區絝多帬少的主要原因。

漢墓出土有裙。鳳凰山M168出土有2件麻裙，由上窄下寬的四塊裁片和一長條形裙帶縫合而成，其中，M168：290由較細的白麻布裁製，上下通長73、腰圍134、底擺186厘米，裙帶長138、寬5厘米；M168：291由較粗的白麻布縫製，上下通長75、腰圍127、下擺165厘米，裙帶長147、寬45厘米①（圖1.2-8，1）。這兩件麻裙，可稱之爲布襌裙。馬王堆M1出土有2件絹襌裙，形制相同，均用寬一幅的四片絹縫製而成，上部另加裙腰，兩端延長成爲裙帶②（圖1.2-8，2、3）。新疆洛浦山普拉墓地漢墓出有一件

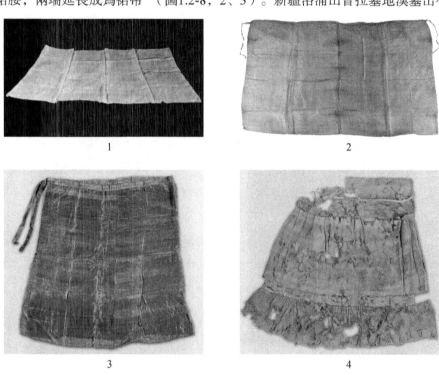

圖1.2-8　漢墓出土的裙
1.鳳凰山M168：290布襌裙　2.馬王堆M1：329-2素絹襌裙　3.馬王堆M1：329-1絳紫絹襌裙
4.山普拉樹紋綴織絛毛裙

①　湖北省文物考古研究所：《江陵鳳凰山一六八號漢墓》，《考古學報》1993年第4期。
②　湖南省博物館、中國科學院考古研究所編：《長沙馬王堆一號漢墓》（上），文物出版社，1973年，第69頁；湖南省博物館編：《馬王堆漢墓傳奇》，中華書局，2014年，第155頁；天津人民美術出版社編：《中國織繡服飾全集·3》，天津人民美術出版社，2004年，第124頁。

樹紋綴織絛毛裙，呈喇叭形，由腰、身、襬三段連綴而成，長95厘米，襬寬（周長）110厘米①（圖1.2-8，4）。

【襌裙】

（1）帛（白）繂（縹）單（襌）帬（裙）二　尹灣M2衣物疏A叄10
（2）布襌裧（裙）一[1]　鳳凰山M8遣24
（3）練、帛、素襌帬（裙）六十六　漁陽木楬C：34-1-8
（4）襌縑帬（裙）一　張家山M247遣8壹
（5）縑單（襌）帬（裙）一　尹灣M2衣物疏A叄11
（6）□□單（襌）帬（裙）一[2]　⅃　海曲M130-03衣物疏A叄6

〖集釋〗

　　[1]**章水根**（2013：41）：襌裧即無裏之裙。

　　[2]"單"下一字作▨，**劉紹剛、鄭同修**（2013：210）未釋。**今按**：當釋"帬"。尹灣M2衣物疏A叄4—11的"帬"字多作▨一類寫法，但小結A叄12中的"帬"字寫作▨，證明"帬"字省寫聲符"君"下之"口"形，仍爲"帬"。

〖疏證〗

　　襌裙，即無裏、無絮之裙。張家山M247遣册所記的"襌縑帬"是將形制詞"襌"提前至材質詞"縑"之前，與"襌縑帬"無別。曹操墓石楬M2：103亦記有"白練單（襌）帬（裙）一"。

【袷裙】

（1）緹合（袷）帬（裙）一[1]　漁陽木楬C：34-1-6
（2）繂（縹）丸合（袷）帬（裙）一[2]　尹灣M2衣物疏A叄8
（3）霜（緗）散（繖）占〈合〉（袷）帬（裙）一[3]　尹灣M2衣物疏A叄9

〖集釋〗

　　[1]合，**蔣文**（2013：314）：讀爲"袷"。**羅小華**（2016：388、389）："袷"於文獻中多作"裌"。

————————

①　天津人民美術出版社編：《中國織繡服飾全集·3》，天津人民美術出版社，2004年，第125頁。

〔2〕**馬怡**（2005：261）："合帬"爲夾裙。

〔3〕"散"下一字，**連雲港市博物館**（1997：151）釋"合"。**今按**：當隸作"占"。同衣物疏A叁8記"合帬"，A叁10記"單帬"，則A叁9"占帬"之"占"應也是表帬的形制，疑"占"是"合"的訛寫。

〔疏證〕

合帬即袷裙，指有表有裏但無絮的裙。

【複裙】

（1）□□複帬（裙）一[1]　　武大藏衣物數A叁1
（2）繡小複裳（裙）一[2]　　鳳凰山M8遣27

〔集釋〕

〔1〕"複"上一字，**李靜**（2015：212）釋"羅"。**今按**：此字與海曲M130-03衣物疏的"羈"寫法似相近，疑可隸作"羈"，讀爲"綺"。

帬，**李靜**（2015：215）：帬即裙，下裳。

〔2〕繡，**孫欣**（2009：131）：繡當爲用絲綫等在布帛上刺成花紋、圖像等。**張一諾**（2011：11）：繡，《説文》系部："繡，五采備也。"**毛靜**（2011：51）：繡，爲刺繡和繪畫設色，五彩具備。**章水根**（2013：42）：據孫機介紹，刺繡所用絲綫均須經過浸染或塗染，而且刺繡較費工，在漢代是很珍貴的織品。複裳即有裏之裙。**今按**：在漢代，刺繡與畫是兩種不同的工藝，在遣册衣物記錄中，表示在布料上刺繡用"繡"字，表示在布料上繪畫則用"畫"，並不相混。

〔疏證〕

複裙，即有表有裏且裝有絮的裙，保暖性能優於禪裙和袷裙，多爲冬季穿服。五一廣場簡617記有："布複帬二，直千四百。"曹操墓石楬M2：290亦記有"絳白複帬（裙）二"。武威磨咀子西漢末期墓M48出土的女尸外穿黃褐色麻布禪衫，束白絹腰帶，內穿淺藍色絹面絲綿襦，下穿黃絹絲綿裙①。這件黃絹絲綿裙也即是黃絹複裙。

---

① 甘肅省博物館：《武威磨咀子三座漢墓發掘簡報》，《文物》1972年第12期。

【直裙】

（1）素襌裯直帬（裙）七[1]　　漁陽木楬C：34-1-10

〖集釋〗

　　[1]“襌”下一字，**長沙市文物考古研究所**（2010：33）釋“裯”。**蔣文**（2013：314）釋“裾”。**今按**：此字筆畫有脱落，與同木楬“裯”字寫法相同。

〖疏證〗

　　“裯直帬”爲專名。漁陽C：34木楬中還有“裯帬”這種服飾，“裯直帬”的“裯”應是用於修飾“直帬”的。《玉篇·𠃊部》：“直，不曲也。”“直帬”或爲直筒形的裙，腰圍與下襬的長度相同，與喇叭形裙相區别。

【裯裙】

（1）白綺、素襌裯帬（裙）六　　漁陽木楬C：34-1-7
（2）青綺複裯帬（裙）一[1]　　漁陽木楬C：34-1-2

〖集釋〗

　　[1]數詞“一”，**長沙市文物考古研究所**（2010：32）漏釋，**西林昭一**（2009：38）釋“一”。
　　裯帬，**姜維**（2011：81）：裯，短衣。《説文》：“裯，衣袂祇裯。”《方言》：“汙襦，自關而西謂之祇裯。”**趙寧**（2014：52）釋文於“裯”後擴注“綢”。**羅小華**（2015）：裯可能讀爲“紬”。

〖疏證〗

　　在漁陽C：34-1木楬中，“裯”字前方的“白綺、素”“青綺”爲材質説明，“襌”“複”爲形制説明，則將“裯”讀爲“綢”或“紬”皆不可信。《方言》第四“裯謂之襤”，錢繹《箋疏》通過考察“裯”“䘿”“貂”“刁”等字詞含義，認爲“凡言‘裯’者，皆短之義”。疑“裯帬”“裯直帬”即短裙、短直裙。

【衫裙】

（1）白綺襌衫帬（裙）二[1]　　漁陽木楬C：34-1-5

【集釋】

　　［1］"禪"下一字，**長沙市文物考古研究所**（2010：33）釋"紗"。**蔣文**（2013：315）釋"鈔"。**羅小華**（2016：390、391）疑"鈔"爲"紗"之誤。

【疏證】

　　漁陽C：34-1木楬所記"白綺禪鈔帬"中，"白綺"爲材質説明，"禪"爲形制説明，"鈔帬"應爲裙名，所指待考。

【便常】

（1）緹禪便常（裳）一[1]　　馬王堆M3遣405
（2）緹禪便常（裳）一　　馬王堆M3遣407貳5

【集釋】

　　［1］**馬王堆M3報告**（2004：73）：《説文》糸部："緹，帛丹黄色也。"

【疏證】

　　"緹禪便常（裳）"之"便裳"位於"禪"之後，應是專有名詞。《説文》人部："便，安也。"疑"便裳"爲燕居所服之裙。《漢書·李陵傳》："昏後，陵便衣獨步出營。"顔注："便衣，謂著短衣小襃也。"便衣、便裳，構詞形式相同，疑均爲非正式之服，休閑裝。

【綺】

（1）綺一兩[1]　　朱炱衣物疏-19
（2）青綺一[2]　　武大藏衣物數A叁3
（3）羽青綺二　　尹灣M2衣物疏A肆1
（4）流黄綺一　　海曲M130-05衣物疏B貳3
（5）素綺一[3]　　張家山M247遣11壹
（6）素綺二[4]　　馬王堆M3遣376
（7）新素綺一[5]　　鳳凰山M8遣13
（8）青素綺一[6]　　尹灣M2衣物疏A肆2
（9）緑丸（紈）綺一　　尹灣M2衣物疏A叁13
（10）白丸（紈）綺一　　海曲M130-05衣物疏B貳4
（11）白丸（紈）綺一[7]　　海曲M130-05衣物疏B貳5

（12）白練綺二　　劉賜衣物名A貳8

（13）青綺袴一　　武大藏衣物數A叄9

（14）□□綺[8]　　凌惠平衣物疏A叄9

（15）綺□綺一[9]　　霍賀衣物疏B壹2

（16）被（帔）、綺函[10]　　徐家灣M401木楬

【集釋】

[1]　"一"上一字，**揚州博物館**（1987：13）釋"絳"。**李均明、何雙全**（1990：107）釋"綺"。

[2]　"青"下一字，**李靜**（2015：212）未釋。**竇磊**（2016：80）釋"綺"。

[3]　**張家山二四七號漢墓整理小組**（2001：305）：袴，《急就篇》注："謂脛衣也"。

[4]　**馬王堆M3報告**（2004：71）：綺，《説文》系部："綺，脛衣也，从糸，夸聲。"《釋名·釋衣服》："綺，跨也。兩股各跨別也。"或作袴，又訛爲褲。今**按**：《王力古漢語字典》"褲"字條："褲，'綺''袴'的晚起俗字。"

[5]　**章水根**（2013：38）：新素綺，即新的用白色無紋飾絲織品做的袴，但不知是禪袴還是複袴。

[6]　青素綺，**中國簡牘集成19**（2005：2059）：青色的絲綢褲。**張顯成、周群麗**（2011：166）：素，當指絲織品没有花紋。**竇磊**（2016：74）：此"素"應指質地，無紋飾的絹。

[7]　**劉紹剛、鄭同修**（2013：212）：綺即袴，今字作褲。

[8]　第一字，**連雲港市博物館**（2012：9）釋"練"。**今按**：此字與同篇的"練"字（如A肆1）有差距，存疑待考。

第二字，**連雲港市博物館**（2012：9）疑爲"緣"。**趙寧**（2014：218）釋文作"緑"。**竇磊**（2016：38）釋"緣"。

[9]　**中國簡牘集成19**（2005：1892）釋文作"□□綺，一"。**竇磊**（2016：63）將首字釋爲"綺"。

[10]　**今按**：在西漢晚期簡牘中，"絳"與"綺"形近，如劉賜衣物名中的"綺"（𦇡）與"絳"（絳），尹灣漢墓M2衣物疏中的"綺"（綺），日照海曲衣物疏M130-03B中的"絳"（絳）。對比可知，"綺"與"絳"的區別主要在於右上部分。徐家灣M401木楬"被"下一字作綺，末筆作豎鈎形，這是從"夆"之字不具有的特徵。馬王堆M3遣册407有字作綺，在文句中是表"綺"的，《馬王堆簡帛文字

編》釋爲"絳"，大概是着眼於此字與綺的右上部分不同。 絝 與 綺 應是寫法相同的一個字。疑 絝 爲雜糅"絳"與"綺"而成。結合文意， 絝 與 綺 可徑釋爲"綺"。居延漢簡198.17B的 绮 ，舊釋"絳"，其也很可能是"綺"字，可惜此簡殘斷，不好從上下文意進一步判斷。

〔疏證〕

　　綺即脛衣。《廣雅·釋親》"股，脛也"，王念孫疏證："凡對文，則膝以上爲股，膝以下爲脛。散文則通謂之脛。"《說文》系部"綺，脛衣也"，段注："今所謂套袴也，左右各一，分衣兩脛。古之所謂綺，亦謂之褰，亦謂之襗，見衣部。若今之滿當袴，則古謂之幝，亦謂之幒，見巾部。此名之宜別者也。"郝懿行《證俗文》第二《衣服·袴》："袴與褌別，古人皆先著褌，而後施袴於外。"[①]

　　孫機指出，漢代的袴有兩種：一種是不合襠的袴，四川宜賓翠屏村7號東漢墓石棺上雕刻的百戲中有作倒立者，其雖著袴，但由於倒立以致上衣翻垂，下體外露，可以反映出這種袴的特點；另一種是兩襠縫合的合襠袴[②]。馬怡認爲，湖北江陵馬山楚墓M1曾出土了一件綿綺，前腰合縫，後腰敞口，腰以下前後開襠，這種一體的開襠褲當是"綺"的典型樣式[③]。在哈密五堡墓地距今3000年的墓葬中出土一件咖啡色的刺繡毛布綺管，其用一幅完整的平紋毛布對折縫合，綺管上端由延長的經綫編出流蘇，並縫一條用於繫縛的腰帶，有學者指出這件無腰無襠的毛綺管與典籍記載的"脛衣"類同[④]。看來，古代確曾有無腰無襠的筒形綺，目前尚不清楚漢代是否還有類似之綺。漢代出土實物綺的例子較少，在新疆山普拉墓地、五堡墓地、尼雅遺址等漢晉墓中出土之綺都是合襠的長褲[⑤]，這些地域本是遊牧區，並不能用以說明内地之綺也都是合襠的。大概騎服中的綺，與短衣配套的綺，都是合襠的。

　　西北漢簡中多見"綺"的記錄。有單記之綺，如"綺一兩，直七百"（82.11），"官綺一兩"（287.24A），"縣官綺二兩"（509.26A），"皁綺一兩，直九百"（EPS4T1：21）；有不同材質的綺——布綺、練綺等，如"布綺一兩，直四百"

---

　　①　（清）郝懿行著，李念孔等點校：《郝懿行集》第3册《證俗文》，齊魯書社，2010年，第2206—2208頁。

　　②　孫機：《漢代物質文化資料圖說》，文物出版社，1991年，第237、238頁。

　　③　馬怡：《尹灣漢墓遣策札記》，《簡帛研究二〇〇二、二〇〇三》，廣西師範大學出版社，2005年，第262頁。

　　④　新疆維吾爾自治區博物館編：《古代西域服飾擷萃》，文物出版社，2010年，第16頁。

　　⑤　新疆維吾爾自治區博物館編：《古代西域服飾擷萃》，文物出版社，2010年，第53、67頁；天津人民美術出版社編：《中國織繡服飾全集·3》，天津人民美術出版社，2004年，第123頁。

（EPT57：3A），“黃布綺一兩”（EPT52：139），“白布綺一兩”（EN：14），
“皂布綺一兩”（敦煌1686），“白練綺一”（EPT52：141），還有用皮革製作的
綺，如“羊皮綺一”（EPT52：141），“羊皮綺一兩”（Ⅰ90DXT0114③：66），
“革履、革袴各一兩”（馬圈灣633），“韋綺一”（EPT52：332、EPT56：69），
“韋綺一兩”（EPT52：272），“韋綺、布綺各二兩”（馬圈灣1144），“白韋綺一
枚”（EPT52：94）。EPT52：91B記有“韋紆（綺）直六百，皮紆（綺）直三百”，
韋綺、皮綺並列記録，表明二者有别。《易·遯》“執之用黃牛之革”，惠棟云：
“始拆謂之皮，已乾謂之革，既熟謂之韋，其實一物也。”①大概皮褲、革綺、韋綺對
言則異，散言則通。

【褌綺】

（1）布褌綺一[1]　鳳凰山M8遺12
（2）白鮮支單（褌）綺一[2]　　ノ　尹灣M6君兄衣物疏A肆1

〖集釋〗

　　[1] **彭浩**（2012：16）：綺讀作袴，《説文》衣部：“脛衣也。”
　　[2] **羅小華**（2019：314）：五一廣場東漢簡1282“白絹鮮支一匹，直錢
五百五十”中的“白絹鮮支”相當於君兄衣物疏中的“白鮮支”。

〖疏證〗

　　褌綺，即無裏無絮之綺。西北漢簡中多見褌綺的記録，如“複、單（褌）綺各一
兩”（馬圈灣854），“黃單（褌）綺一枚”（EPT52：94），“布單（褌）綺一”
（EPT51：384），“白布單（褌）綺一兩”（206.23），“皂布單（褌）綺一兩”
（82.16），“韋單（褌）綺一兩”（EPT52：136A），“私韋單（褌）綺一兩”
（217.30）等，結合遣册記録來看，已知褌綺的製作材質有布、帛、皮革三種。

【袷綺】

（1）投（緰）䘉（帠）袷綺一[1]　　ノ　劉林衣物疏A肆4
（2）白丸（紈）合（袷）綺一[2]　　ノ　侍其繇衣物疏A貳6
（3）緒（紵）綺一，素裏[3]　馬王堆M3遺406
（4）緒（紵）綺一，素裏　馬王堆M3遺407貳6

①　（清）惠棟：《周易述》，中華書局，2007年，第94、95頁。

〖集釋〗

　　[1]"袷"上二字，**青島市文物保護考古研究所**（2018：32）釋"扱紙"，**劉國勝**（未刊稿）釋爲"投紙"，讀爲"緰岼"。《急就篇》"服瑣緰岼與繒連"，顏師古注："緰岼，緆布之尤精者也。"居延漢簡262.34+262.28記有"賨此丈五尺，直三百九十"，裘錫圭指出"賨此"是"緰此"的另一種寫法，《急就篇》"緰岼"，《急就篇》皇象本作"俞此"，《説文》系部作"緰貲"，《潛夫論·浮侈》作"緰此"。西郭賨衣物疏A貳9有"纈紙襌衣一領"，馬怡指出"纈紙"即"緰岼"，緰岼爲細布名，"纈紙襌衣"應是用一種精緻的細麻布製作的襌衣。劉林衣物疏A肆4"投（緰）紙（岼）袷絝一"是指一件用緰岼布縫製的袷褲。傳世文獻和出土文獻中的緰岼、緰貲、緰此、俞此、纈紙、賨此、投紙，爲一詞異寫，表同一種布。

　　[2]"丸"下一字，**李均明、何雙全**（1990：95）釋"吉"。**胡平生、李天虹**（2004：461）釋"合"。

　　"一"上一字，**李均明、何雙全**（1990：95）未釋。**胡平生、李天虹**（2004：461）釋"絝"，讀爲"袴"。**今按**：僅從摹本看，其更近"絳"字。漢簡中有將"絝"錯寫成"絳"的例子，如居延漢簡498.12A記有"復絳一兩"，結合辭例與字形分析，其"絳"字應是"絝"的錯寫。侍其繇衣物疏僅公佈了摹本，難免有不盡準確之處，不管是摹錯，還是原本就寫錯，這裏都應該是表示"絝"。

　　合絝，**中國簡牘集成19**（2005：1850）：合通袷，指帶夾裏的衣服。**賨磊**（2016：15）："合絝"指夾層絝。

　　[3]**今按**：此絝有"裏"，説明其至少是袷絝。

【複絝】

（1）故□複絝[1]　　鳳凰山M8遣14
（2）□素復（複）絝[2]　　淩惠平衣物疏A叁8
（3）流黄丸（紈）復（複）絝一[3]　亅　侍其繇衣物疏A貳4
（4）白丸（紈）復（複）絝一[4]　亅　侍其繇衣物疏A貳5
（5）白丸（紈）復（複）絝一[5]　衣亅　侍其繇衣物疏A壹6

〖集釋〗

　　[1]"故"下一字，**中山**（2012：16）釋"純"。**彭浩**（2012：16）釋"紗"。**章水根**（2013：38）缺釋。**今按**：疑爲"緒"之殘，本批簡3的"緒"字可資比對，清晰的"緒"字可參看馬王堆M1遣册248。緒讀爲紵，指紵布。用紵布製作絝的例子，

在馬王堆M3遺册406、407中也能見到。又，**金立**（1976）所作釋文中，末尾有數詞"一"，但在彭浩（2012）中未見"一"，原因不詳。此簡墨跡有部分脱落，相鄰簡所記衣物都有數詞，這枚簡應也不例外，衹是尚無法判斷數詞的具體數值。

　　〔2〕"素"下一字，**連雲港市博物館**（2012：9）未釋。**趙寧**（2014：220）釋"小"，**竇磊**（2016：38）從之。吕志峰（2019：92）：似爲"復"字，讀爲"複"。**任攀**（2019：341）釋"復"。**今按**：暫從吕志峰、任攀釋。又，"素"上一字似與同衣物疏的其他"緣"字有差異，今存疑。

　　〔3〕此處釋文，**南波**（1975：175）作"涷黄丸復絳一"。**李均明、何雙全**（1990：95）釋"涷黄丸復絳一"。**胡平生、李天虹**（2004：461）釋"一"上一字爲"綺"，讀爲"袴"。

　　〔4〕"一"上一字，**李均明、何雙全**（1990：95）缺釋。**胡平生、李天虹**（2004：461）釋綺，讀爲袴。

　　〔5〕"復"下一字，**李均明、何雙全**（1990：94）釋"絳"。**胡平生、李天虹**（2004：461）釋"綺"，讀爲"袴"。**中國簡牘集成19**（2005：1850）：漢代的綺一般不合襠，分裹兩腿。

〔疏證〕

　　複綺，即有表有裏且裝有絮的綺。《二年律令·賜律》簡282、283記有"賜衣者六丈四尺、緣五尺、絮三斤，襦二丈二尺、緣丈、絮二斤，綺二丈一尺、絮一斤半，衾五丈二尺、緣二丈六尺、絮十一斤。五大夫以上錦表，公乘以下縵表，皆帛裹；司寇以下布表、裏。"《二年律令·金布律》簡418—420記有"諸冗作縣官及徒隸，大男，冬稟布袍表裏七丈，絡絮四斤，綺二丈、絮二斤；大女及使小男，冬袍五丈六尺、絮三斤，綺丈八尺、絮二斤；未使小男及使小女，冬袍二丈八尺，絮一斤半斤；未使小女，冬袍二丈，絮一斤。夏皆稟襌，各半其丈數而勿稟綺。夏以四月盡六月，冬以九月盡十一月稟之。布皆八稯、七稯。"這裏的綺有"絮一斤半""絮二斤"，顯都爲複綺，屬冬衣。居延新簡EPT51：125記"莞阜綺囊絮裝一兩，直二百七十"，其裝有絮，也屬複綺。

　　西北漢簡中多見複綺的記録。如"吏買單綺[①]，九十；復綺，五百八十"（EPT53：52），"青復綺一兩，直五百五十"（EPT57：72），"阜復綺一兩，直七百"（EPT57：57），"布復綺一領"（EPT51：66），"官布複綺一兩"（217.30），"阜布複綺一兩"（101.23），"糸復綺一"（190.32），"阜練復綺一

---

　　①　"單"下一字原釋"絑"。**今按**：當釋"綺"。

兩”（317.28A），“雜采素練複絝二兩”（Ⅱ98DYT2：26）等，以布複絝爲大宗，應多爲縣官發放。

【薄絝】

（1）緣〈綠〉薄絝[1]　　凌惠平衣物疏A叁10

〖集釋〗

　　[1] **吕志峰**（2019：92）：“薄絝”可能是比“單袴”質地更薄的單層褲。

〖疏證〗

　　薄絝，是從絝的厚薄角度取名的。同種材質下禪絝薄於袷絝，袷絝薄於複絝；同爲絲織品用料，綈絝厚於普通繒帛所製之絝等。

【大絝】

（1）皁大絝一　　西郭寶衣物疏A肆4
（2）皁大絝一　丿　劉林衣物疏A肆2
（3）皁布大絝二　丿丿　尹灣M6君兄衣物疏A叁6
（4）白丸（紈）大絝一　西郭寶衣物疏A肆3
（5）白丸（紈）大絝一　劉賜衣物名A貳5
（6）帛（白）丸（紈）大絝一　劉林衣物疏A肆1
（7）皁丸（紈）大絝一　衣衣[1]　丿　尹灣M6君兄衣物疏A叁4
（8）皁丸（紈）大絝一　劉賜衣物名A貳6
（9）☑□丸（紈）大絝一　土山屯M148衣物疏壹1
（10）練皁大絝一[2]　丿　尹灣M6君兄衣物疏A叁5
（11）練皁大絝二　劉賜衣物名A貳7
（12）流黄復（複）大絝一　霍賀衣物疏B壹1

〖集釋〗

　　[1] **劉洪石**（1999：122）：絝同褲。**中國簡牘集成19**（2005：2010）：絝即褲。漢代的褲大多爲套褲，即衹套住兩條腿，而没有褲襠；合襠褲稱爲“大絝”。**馬怡**（2005：262）：“絝”有大小之分。《方言》卷四：“大袴謂之倒頓，小袴謂之校衦，楚通語也。”大絝一般是作男子的外服，且可作正服。在漢畫資料中常可看到男

子身着一種肥大的長褲，褲腳很寬，拖到地面。這種服裝或即大絝。**李會豔**（2009：101）：大絝指有襠的長褲，亦稱"大裯""倒頓""氊袴"。

衣衣，**劉洪石**（1999：122）："衣衣"衍。**陳練軍**（2003：80）："衣衣"是否爲兩次鈎校的結果，目前不能肯定，或許前一個"衣"本身就是一個量詞。**中國簡牘集成19**（2005：2010、2011）：此處兩個"衣"字中的一個應衍。

［2］**劉洪石**（1999：122）：練，煮熟的白絹，練皁指白絹染黑。

〔疏證〕

《方言》第四"大袴謂之倒頓，小袴謂之佼衸，楚通語也"，郭璞注"倒頓"云："今氊袴也。"丁惟汾《方言音釋》："倒頓即大頓。注云'氊袴'者，氊初文作包，今小兒袴之包上衣者，謂之包袴。袴與上衣連合爲一者謂之連共倒，倒亦大也。"華學誠云："倒頓指套褲之大者，其制蓋包及上衣也。"①

大絝多與短衣相搭配，《漢書·廣川惠王越傳》："其殿門有成慶畫，短衣、大絝、長劍。"《昌邑哀王劉髆傳》："衣短衣大絝，冠惠文冠，佩玉環，簪筆持牘趨謁。"

【小絝】

（1）練小絝一[1]　　西郭寶衣物疏A肆5
（2）練小絝二[2]　　丿丿衣丿　　尹灣M6君兄衣物疏A叁7
（3）帛（白）練小絝一[3]　　丿　　劉林衣物疏A肆3
（4）□小絝一[4]　　高高頂漢墓衣物疏叁6

〔集釋〕

［1］"小"上一字，**連雲港市博物館**（1988：20）釋"縑"。**中國簡牘集成19**（2005：1876）、**馬怡**（2006：256）釋"練"。

［2］**馬怡**（2005：262、263）："練"爲練過的熟絹，"練小絝"的顏色應是"練"之本色。**李會豔**（2009：101）：小絝指貼身短褲，通常用作襯裏，勞動者也可單獨穿此。**馬怡**（2005：262）："絝"有大小之分，小絝大約是内褲，但不一定是褲，褲是合襠褲，小絝有不合襠的，如馬山楚墓M1所出由墓主貼身穿着、開襠的綿絝；褲與大絝、小絝的區别或許並不在於是否開襠，而更要看絝腿的寬窄和絝腳的樣式；小絝不可作正服。

① 華學誠匯證：《揚雄方言校釋匯證》，中華書局，2006年，第311、312頁。

［3］**王谷**（2020：143）："帛"讀爲"白"，白色；"白練"是指白色的練；除"白練"外，漢墓遣册記有皁練、縹練、絳練、緗練等，可見練可以染成不同的顔色；《淮南子·説林》"墨子見練絲而泣之，爲其可以黄可以黑"，高誘注："練，白也。"練的本色應是素帛之色，即白色，因此，漢代遣册衣物名中的"練"，若無顔色詞限定，大概都應是指白練。

［4］小絝，**竇磊**（2016：19、20）釋。

〖疏證〗

小絝與大絝相對而言。《方言》第四："大袴謂之倒頓，小袴謂之校衵，楚通語也。"華學誠云："校衵，套褲之小者，其制蓋僅上過膝而不及腰胸也。漁人常服之。後世猶有此衣。"①

【褌】【衳】【中裙】

（1）青緷（褌）一領［1］　張德宗衣物疏A叁3
（2）紫縱（衳）一，素裹［2］　馬王堆M3遣403
（3）紫縱（衳）一，素裹　馬王堆M3遣407貳3
（4）綈（綈）禪縱（衳）一［3］　馬王堆M3遣404
（5）綈（綈）禪縱（衳）一［4］　馬王堆M3遣407貳4
（6）中羣（裙）一　海曲M129-04衣物疏A貳3
（7）中羣（裙）一［5］　海曲M129-04衣物疏A貳4

〖集釋〗

［1］**黨壽山**（2001：65）："緷"即"褌"，一種合襠的短褲；"青褌一領"指青色合襠的貼身短褲一件。**胡婷婷**（2013：23）引**田河**意見："褌"爲合襠褲，但不一定爲短褲。

［2］**馬王堆M3報告**（2004：73）：縱，《説文》糸部："縱，絨屬。从糸，从從省聲。"又《説文》糸部："絨，采彰也。一曰車馬飾。从糸，戊聲。"**陳松長**（1994：70）：紫縱即紫色的飾緣絛帶。

［3］"禪"上一字，**馬王堆M3報告**（2004：73）釋"綈"。《説文·糸部》："綈，厚繒也。从糸，弟聲"。**伊强**（2005：33）：簡404、407的這個字當釋寫爲"絁"。古代"夷""弟"二字音近可通。簡文中的"絁"當是"綈"的異體。

① 華學誠匯證：《揚雄方言校釋匯證》，中華書局，2006年，第311、312頁。

[4] **陳松長**（1994：70）：綈襌縱是用厚帛織成的無裏的單層縰帶。
[5] **劉紹剛、鄭同修**（2013：204）：羣，漢墓遣策或寫作"帬"。

〖疏證〗
馬王堆M3遣册記錄的"縱"，李家浩考證云：

　　由簡文"素裏"可知"紫縱"是夾衣。疑"縱"讀爲"松"。"松"
或寫作"祧""襚""幒""帗"等。古代"從""忽""松"音近可通。
《説文》巾部"幒，幝也。从巾，忽聲"，"幝，幒也。襌，幝或从衣"，
段玉裁注："《方言》：'襌，陳楚江淮之間謂之祧。'《釋名》：'襌，
貫也。貫兩脚，上繫腰中也。'按，今之套褲，古之絝也；今之滿襠
褲，古之襌也。自其渾合近身言曰幝，自其兩襱孔穴言曰幒。《方言》'無裥之袴
謂之禖'，郭云：'即犢鼻禖。'"①

中帬，郝懿行《證俗文》第二《衣服·袴》："中帬，蓋襌之異名。"②劉紹剛、
鄭同修認爲中帬如今之内褲，《漢書·石奮傳》顏注"中帬，若今言中衣也"，王先
謙補注："中帬者，近身下裳，今有襠之袴，俗謂小衣者是矣。"③
縱、襌、中裙均指親身的合襠絝，也即是韝，屍衣。《説文》韋部"韝"段玉裁
注："考許書'韤，足衣也'，'絝，脛衣也'，則當別有屍衣，即《史、漢·萬石
君傳》所謂'中裙'也。而《廣韵·九麌》曰：'韝，屍衣。'《集韵·九麌》曰：
'韝，祧也。'祧即許之幒字，疑《説文》本有'韝，屍衣也。從韋，甫聲'之文，
因與'韝'相似而佚之。"《急就篇》顏注："合襠謂之襌，最親身者也。"《廣
韻·魂韻》："幝，褻衣。"從漢代雕塑、畫像石、畫像磚等圖像材料（詳後）可知
襌的長度多在膝以上，與今之短褲無甚差别。
非遣册類漢簡中亦有襌一類服飾的記錄。如敦煌漢簡1453記有"賣皁布複襌"，
居延漢簡27.1A記有"布復（複）幝（襌）"等，可知也有複襌。結合遣册記錄來看，
襌具有襌、袷、複三種形制；同時，襌也可以作爲商品售賣。又如馬圈灣漢簡633"布
幝（襌）一兩"，居延漢簡82.34記有"布幝（襌）"，EPT51：67記有"布復（複）

① 李家浩：《毋尊、縱及其他》，《文物》1996年第7期。
② （清）郝懿行著，李念孔等點校：《郝懿行集》第3册《證俗文》，齊魯書社，2010年，第2206頁。
③ 劉紹剛、鄭同修：《日照海曲漢墓出土遣策概述》，《出土文獻研究》第12輯，中西書局，2013年。

綺一兩，布褌一兩”，EPT59：51記有“布小褌一兩”等，可知普通士卒所穿之褌多爲布質，且褌也有大小之分。大概所謂的“小褌”多用作内綺，穿於大綺之内，而普通的褌可以外穿。

褌，在漢簡中又寫作昆、緄。金關漢簡73EJC：671記有“布單襦一領，布昆一兩”，這裏“昆”的數量是“一兩”，且與“襦”相鄰記録，則“昆”表一種服飾。上古音昆、軍均屬見母文部，疑昆可讀爲褌。《集韻》魂韻：“褌，《説文》‘幒也’，或作裈、幝、裩。”五一廣場東漢簡469記有“青縑皆以作緄，其青緄……”，617記有“布複緄一，直四百五十”，羅小華認爲“緄”疑讀爲“裩”①，可從。

考古出土的實物褌，較早出現於西周晚期至春秋早期，河南三門峽西周虢國墓地M2009出土有一件麻布祫褌，殘長76、上寬81、下寬130厘米②（圖1.2-9，1）。四川大邑縣安仁鄉出土的一枚表現收穫漁獵的畫像磚中，有農夫身著短衣短褌，手持長鐮勞作的場景③（圖1.2-9，2）。河南南陽畫像石中有一幅執貫頭斧的門神圖，其上穿短衫，下穿短褌④（圖1.2-9，3）。

圖1.2-9　考古文物資料所見之褌
1. 虢國墓地M2009麻布祫褌　2. 大邑安仁畫像磚局部　3. 南陽漢畫像石門神圖

---

① 羅小華：《五一廣場簡牘所見名物考釋（一）》，《出土文獻》第14輯，中西書局，2019年，第346頁。

② 李清麗、常軍、周暘：《虢國墓地M2009出土麻織品上紅色染料的鑒定》，《文物保護與考古科學》2019年第3期；趙豐主編：《絲路之綢：起源、傳播與交流》，浙江大學出版社，2017年，第33、34頁。

③ 四川大學博物館編：《四川大學博物館藏品集萃》，四川大學出版社，2005年，第40頁。

④ 王建中主編：《中國畫像石全集·河南漢畫像石》，河南美術出版社，2000年，第182頁。

【蔽膝】【巨巾】【市】

（1）帛□㪍郂（膝）一[1]　　漁陽木楬C：34-1-11
（2）青巨巾一　　尹灣M2衣物疏A肆8
（3）練巨巾二　　尹灣M2衣物疏A肆9
（4）縷巨巾一[2]　　尹灣M2衣物疏A肆10
（5）絮市三枚[3]　　張德宗衣物疏A叁2

〖集釋〗

[1]“帛”下一字，長沙市文物考古研究所（2010：33）釋“綿”。西林昭一（2009：38）缺釋。蔣文（2013：314）疑爲“布”。

“㪍”下一字，長沙市文物考古研究所（2010：33）釋“膝”。西林昭一（2009：38）釋“郂”。姜維（2011：81）：“㪍”讀爲“蔽”，《急就篇》注：“蔽膝者，於衣之外著之，以蔽前也。”

[2]巨巾，中國簡牘集成19（2005：2059）：大巾，見《釋名·釋衣服》。馬怡（2005：263）：“巨巾”又稱作“蔽膝”，繫在腰前，略似圍裙，長可遮膝。《釋名·釋衣服》：“韍，韠也。韠，蔽膝也，所以蔽膝前也。婦人蔽膝亦如之，齊人謂之巨巾，田家婦女出，至田野，以覆其頭，故因以爲名也。又曰跪襜，跪時襜襜然張也。”則“巨巾”是齊地對婦女所著蔽膝的稱呼。尹灣漢墓在今江蘇省連雲港，西漢爲東海郡，屬齊地，該墓墓主亦爲女性，其遣策中出現“巨巾”，與《釋名》的説法大致相合。

[3]“絮”下一字，黨壽山（2001：65）釋“市”。吳浩軍（2012：302）於釋文中作“帛”。今按：從不太清晰的照片看，至少可以分辨其不是“帛”。暫從黨壽山釋。

絮市，黨壽山（2001：65）：當是一種用次綿做成的婦人㪍膝的帶子。胡婷婷（2013：23）引田河意見：“市”是古代一種繫在腰前，略似圍裙，長可蔽膝的服飾，可以皮質，亦可絲質。黨壽山將“市”解爲蔽膝的帶子恐不妥。

〖疏證〗

《方言》第四：“蔽郂，江淮之間謂之褘，或謂之被，魏宋南楚之間謂之大巾，自關東西謂之蔽郂，齊魯之郊謂之袡。”《釋名·釋衣服》：“韍，韠也。韠，蔽膝也，所以蔽膝前也。婦人蔽膝亦如之，齊人謂之巨巾，田家婦女出，至田野，以

覆其頭，故因以爲名也。”是蔽膝有多種名稱：褘、袚、韍、袡、韠、大巾、巨巾
等。《廣雅·釋器》“大巾、褘、袡、襜、袚，蔽䣛也。韍謂之繂”，王念孫疏證：
“袚、韍，一字也。《説文》作‘市’，《易》作‘紱’，《詩》作‘芾’，《禮
記》作‘韍’，《左傳》作‘韍’，《方言》作‘袚’，《易乾鑿度》作‘芾’，
《白虎通義》作‘紼’，並字異而義同。繂，本作‘韠’，即‘蔽膝’之合聲。
蔽、韠、韍，又一聲之轉。”《方言》“蔽䣛”之“䣛”，華學誠據《説文》改爲
“䣛”①，然漁陽墓木楬所見“蔽膝”寫作“敝䣛”，表明西漢時期確有將“䣛”寫作
“䣛”者，二字同從“秝”得聲，故得相通。

　　《急就篇》卷二“襌衣蔽膝布母縛”，顏注：“蔽膝者，於衣裳上著之，以蔽
前也。一名韍，又曰韠，亦謂之襜。”則蔽膝佩於衣裳的最外層，用以“蔽前”；
既以“膝”爲取名要素，則蔽膝的長度一般會超過膝。王應麟於《急就篇》補注
云：“《詩》：‘赤芾在股。’箋云：‘芾，太古蔽膝之象也。冕服謂之芾，其他
謂之韠。以韋爲之。其制：上廣一尺，下廣二尺，長三尺，其頸五寸，肩革帶博二
寸。’”鄭玄箋謂蔽膝“長三尺”，則大約長70厘米，已超過普通身高人群腰部至膝
蓋的距離。《漢書·王莽傳》：莽妻“衣不曳地，布蔽膝。”則蔽膝不超過腿長。張
德宗衣物疏所記“絮市”是一種複蔽膝，而漁陽木楬所記之蔽膝可能是“襌”制者，
按照衣物的一般形制規律，或還有“袷”制者。

　　五一廣場東漢簡1768+1380記有“白紵幣（蔽）膝”，意即用白色紵布縫製的蔽
膝。陝西靖邊楊橋畔東漢壁畫墓中，有一幅表現婦女摘果的畫面，其穿著的長袍之前
繫有一條青色皁緣蔽膝；同墓壁畫中的軺車出行圖中，軺車後邊的一名懷抱囊袋的女
性，衣著青色皁緣蔽膝②（圖1.2-10，1）。陝西旬邑縣百子村東漢壁畫墓中，不同身份
的“夫人”和侍女多繫有白色蔽膝③（圖1.2-10，2），站立狀態下的蔽膝下襬位於鞋之
上，踞坐狀態下的蔽膝垂於地上，遮蔽兩腿間的視野，起到了文獻所説的“蔽前”的
作用。成都曾家包東漢畫像石墓M1西扇墓門背面畫像中有一手執圓扇的婦女，其腰間
即佩有蔽膝，下垂至膝下；而在M2西扇墓門背面的畫像中，有一名頭戴幘、右手執環
首刀的武士，腰間亦佩有蔽膝，下垂至腳踝之上④（圖1.2-10，3、4）。這説明雖然漢
代著蔽膝者以女性居多，但男性亦可穿服。

　　①　華學誠匯證：《揚雄方言校釋匯證》，中華書局，2006年，第277、278頁。
　　②　陝西省考古研究院編著：《壁上丹青：陝西出土壁畫集》，科學出版社，2008年，第97、
102頁。
　　③　陝西省考古研究院編著：《壁上丹青：陝西出土壁畫集》，科學出版社，2008年，第132—
136、148、160—165頁。
　　④　成都市文物管理處：《四川成都曾家包東漢畫像磚石墓》，《文物》1981年第10期。

1

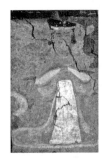

2

3　　　　　　　　　　　　　　　　　4

圖1.2-10　漢代畫像資料所見蔽膝

1. 楊橋畔壁畫局部　2. 百子村壁畫局部　3. 曾家包M1墓門局部　4. 曾家包M2墓門局部

七、鞋　襪

【履】【襪】

（1）㯱（漆）履二兩[1]　　鳳凰山M8遣33

　　新素絑（襪）一兩[2]　　鳳凰山M8遣31

（2）糸（絲）履一兩　丿　尹灣M6君兄衣物疏B貳2

　　　繒履一兩　　丿　　尹灣M6君兄衣物疏B貳3

　　　絑（襪）三兩[3]　　丿丿丿　　尹灣M6君兄衣物疏B貳4

（3）皁糸（絲）履二兩　　西郭寶衣物疏B貳2

　　　素合（袷）絑（襪）一兩[4]　　西郭寶衣物疏A伍1

　　　白布絑（襪）一兩[5]　　西郭寶衣物疏A伍2

（4）青糸（絲）履一　　劉林衣物疏B肆3

　　　皁糸（絲）履一　　劉林衣物疏B肆5

　　　帛（白）素絑（襪）一　　劉林衣物疏B肆4

（5）囗履二兩[6]　　武大藏衣物數A叁8

　　　絑（襪）二兩[7]　　武大藏衣物數A叁7

（6）糸（絲）履一【良】（兩）[8]。送大家　　張德宗衣物疏A叁5

　　　新絑（襪）一【良】（兩）[9]。送大家　　張德宗衣物疏B壹1

（7）素履一兩　　馬王堆M1遣259

　　　絲履一兩　　馬王堆M1遣260

　　　青絲履一兩，扁（編）楮（諸）掾（緣）[10]　　馬王堆M1遣261

　　　接（緉）𪕈一兩[11]　　馬王堆M1遣262

（8）縣（漆）履一兩　　馬王堆M3遣280

　　　絲履二兩[12]　　馬王堆M3遣391

　　　接（緉）𪕈一兩[13]　　馬王堆M3遣392

（9）曷（葛）履一兩[14]　　鳳凰山M168遣52

　　　絲履一兩，在棺中　　丿　　鳳凰山M168遣55

　　　素履二兩，在棺中[15]　　丿　　鳳凰山M168遣56

（10）縣（漆）履一兩[16]　　張家山M247遣14壹

　　　縑履一　　張家山M247遣13壹

（11）青繒履一[17]　　尹灣M2衣物疏B肆3

　　　青糸（絲）履一　　尹灣M2衣物疏B肆4

　　　黃糸（絲）履一　　尹灣M2衣物疏B肆5

（12）·石青韋履一兩[18]　　丿　　海曲M130-03衣物疏B貳1

　　　緣〈緑〉韋履一兩[19]　　丿　　海曲M130-03衣物疏B貳2

（13）青糸（絲）履一兩　　凌惠平衣物疏B壹8

（14）囗石青履囗[20]　　牡宜M1衣物疏殘牘3壹3

（15）粗（襪）一兩　　海曲M129-04衣物疏A貳1

　　　粗（襪）一兩[21]　　海曲M129-04衣物疏A貳2

（16）素絑（襪）一　劉賜衣物名A叁1
　　　布絑（襪）一[22]　　劉賜衣物名A叁2

〔集釋〕

　　［1］**李家浩**（1987：14、15）："鬃履"當讀爲"漆履"，亦見於居延漢簡。**張一諾**（2011：12）：《急就篇》顏注曰："單底謂之履，或以絲爲之。"**章水根**（2013：46）：履，《説文》"足所依也"，也即鞋子；《説文》的鬃，秦漢簡牘多作髹，現作漆，髹履可能是塗上漆以防腐壞的鞋子。

　　［2］**彭浩**（2012：21）：絑讀作襪；兩，讀作緉，指一雙。**孫欣**（2009：124）：《集韻·月韻》："襪，《説文》：'足衣也。'亦作絑。"**毛靜**（2011：51）：素絑一兩，指白襪子一雙。**章水根**（2013：43）：絑，《説文》韋部："茅蒐染韋也，一入曰絑"，指染韋的顏色，此處當借爲《説文》訓爲"足衣"的襪，即襪子；絑，或作絑，南昌東湖吳應墓出土木方即有"故白布絑一量"。

　　［3］**中國簡牘集成19**（2005：2012）：絑即襪。

　　"兩"字下方墨跡，**中國簡牘集成19**（2005：2012）認爲"兩"下的一條綫是誤衍。**寶磊**（2016：50）：所謂"誤衍"，或爲位於中間的鈎校符墨跡部分脱落所致，不爲誤衍。**今按：**寶磊認爲其"不爲誤衍"的意見可從，但並非中間豎筆的脱落，而是右側豎筆的起筆，在發掘簡報所發表的圖版中可以看得更清楚。

　　［4］"合"上一字，**連雲港市博物館**（1988：20）釋"綏"。**中國簡牘集成19**（2005：1876）、**馬怡**（2006：256）釋"素"。

　　"合"下一字，與A伍2"布"下一字相同，**連雲港市博物館**（1988：20）均釋"綠"。**中國簡牘集成19**（2005：1876）、**馬怡**（2006：256）釋"絑"。

　　絑一兩，**中國簡牘集成19**（2005：1877）：絑同襪。《集韻·月韻》："襪，《説文》'足衣也'，或從革、從衣、從皮，亦作絑、絑、絑、襪、帓。"襪兩隻爲一雙，故以"兩"爲單位。

　　［5］白下一字，**連雲港市博物館**（1988：20）疑爲"布"。**中國簡牘集成19**（2005：1876）、**馬怡**（2006：256）釋"布"。

　　［6］"履"上一字，**李靜**（2015：212）補釋爲"糸"，細絲。**今按：**疑爲"韋"字。

　　［7］**李靜**（2015：215）："絑"即"襪"。

　　［8］**黨壽山**（2001：65）：系履一良，即是細絲的鞋一雙。**吳浩軍**（2012：302）於釋文中將此條首字作"絲"。**胡婷婷**（2013：23）引田河意見：首字應釋爲"糸"，可能是排版時將"糸"誤置爲"系"。

［9］**黨壽山**（2001：65）：絑，也作袜。**胡婷婷**（2013：24）引田河意見：絑、襪屬異體關係，漢晉遣册多作絑。

［10］**兩，馬王堆M1報告**（1973：150）：兩即緉，《説文》糸部："緉，履兩枚也"。

扁褚，馬王堆M1報告（1973：150）：扁褚即編諸。《説文》糸部："絛，扁緒也"，段注："《廣雅》作'編緒'，《漢書》及賈生《新書》作'偏諸'，蓋上字作'編'，下字作'諸'爲是。諸者謂合衆采也。"《漢書·賈誼傳》"今民賣僮者，爲之繡衣、絲履、偏諸緣"，顏注引服虔曰："如牙絛以作履緣。"**孫機**（1991：255）：此墓之青絲履今呈菜緑色，履面用絲縷編織而成，方口，口沿前部緣寬邊，扁緒或指這一部分而言。

關於簡259、260、261所記素履一兩、絲履一兩、青絲履一兩的名實對應考察有不同的意見。**馬王堆M1報告**（1973：150）謂65號竹笥所出絲履一雙與簡文"絲履一兩"相合，加上出土於北邊廂的兩雙絲履，似即簡259、260、261所記，不包含屍體足上所穿的絲履。**唐蘭**（1980：49）在"素履一兩"下注釋云："出土65號竹笥内有殘破履一雙，兩隻套疊，從殘留部分看，是雙尖頭翹起方履，面底裏均由編織而成，底是用植物條杆，用綫編結成簾狀的。不知應屬那一件。"是其懷疑"素履"與65號竹笥内所出之履有關。**孫機**（1991：255）則謂簡文"青絲履"對應出土的青絲履。**田天**（2019：264）認爲"假設遣策所記與隨葬品完全吻合，墓主腳上穿的青絲履，應不在遣策記載的範圍内"。

［11］"接"下一字，**馬王堆M1報告**（1973：150）釋"姿"，同委，讀如絞。接姿，即緝了邊的鞋墊。**唐蘭**（1980：49、50）：接即綏；姦寫作姿，姦和蔉是一個字，蔉本菅草，可以做草鞋，現在是用來做鞋墊或鞋套而緝了邊的，所以叫做接（綏）姦。**朱德熙**（1972：71）：從三鹿省，應釋爲"麤"，《説文》"塵"字籀文所從的"麤"正是祇寫三個鹿字頭，與簡文正合。《方言》説："麤，履也"，又説"南楚江沔之間總謂之麤"；《釋名》也説"屨，荆州人曰麤"。把這個字釋爲"麤"，簡文可以得到最合理的解釋。這個字的發現證明了《説文》"塵"字籀文的寫法是確有根據的。**朱德熙**（1974：52）："接麤"的"麤"字祇寫三個鹿頭，過去根據"塵"字籀文從三個鹿頭把它釋爲"麤"字，又根據《方言》"屝、屨、麤，履也，……南楚江沔之間總謂之麤"，《急就篇》顏注"麤者，麻枲雜履之名也"，解釋爲草鞋；現在帛書乙本《老子》"和其光，同其塵"的"塵"字從土從三個鹿頭，和遣册"麤"字的寫法是一致的。**朱德熙、裘錫圭**（1980：71、72）：從三個"鹿"字省體，就是"麤"字。《説文·麤部》"塵"字籀文以三個"鹿"頭代表三

"鹿"，與此同例。馬王堆三號墓帛書出土後，我們發現乙本《老子》"和其光，同其塵"的"塵"字也是以三個"鹿"字頭代表三個"鹿"字，"鹿"字頭的寫法與遣策"麤"字相同。這就完全證實了我們的看法。《方言》四"扉、屨、麤，履也"，又云："絲作之者謂之履，麻作之者謂之不借，粗者謂之屨，東北朝鮮洌水之間謂之䩕角，南楚江沔之間總謂之麤。"《釋名·釋衣服》："履，拘也，所以拘足也……荆州人曰麤，絲（絲字據畢沅校增）、麻、韋、草皆同名也。"《説文·艸部》："麤，艸履也。"《急就篇》"屐屩絜麤嬴窶貧"，顔注："麤者，麻枲雜履之名也。"遣策之"麤"疑指草履。"接"字疑當讀"靸"。《釋名·釋衣服》："靸，韋履深頭者之名也。靸，襲也，以其深襲覆足也。"接麤可能是形制如靸的草鞋。古代稱鞋一雙爲一兩。此簡所記物品數量爲一兩，而麤正好是鞋的名稱，這也可以證明把這個字釋作"麤"是正確的。**劉釗**（1998：621、622）：《吴越春秋·闔閭》"至今後世，即山作冶，麻絰菶服，然後敢鑄金於山"中的"菶"，疑爲"麤"之誤寫。馬王堆M1遣册簡262記"接麤一兩"可證。"麤服"猶言"麤布之衣"。①

　　［12］**今按**：墓中出土絹面麻底鞋一雙（北165），疑與簡文"絲履二兩"有關，但數量不符。

　　［13］"接"下一字，**馬王堆M3報告**（2004：72）隸作"�"，釋爲"麤"，指麻枲類草鞋。**王貴元**（2004）釋"麤"。**伊强**（2005：31）亦釋"麤"，並指出"接"應從朱德熙、裘錫圭讀爲"靸"。

　　［14］"履"上一字，**中山**（2012：195）釋"曷"。**陳振裕**（2012：195、200）釋"甾"，甾即緇，緇履當即黑履。**田河**（2012a：536）釋"曷"，讀爲"葛"，葛履就是葛製之履，與典籍中習見的"葛屨"同。

　　陳振裕（2012：204）在"簡文内容與出土物對照表"中備注"絲織物已朽，出土物未見"。**田河**（2012a：536）：M168出土絲鞋兩雙、麻鞋一雙，麻鞋可能即簡文所記"葛履一兩"。**今按**：田河"曷（葛）履"之釋可從，但認爲"葛履一兩"指墓中出土的麻鞋則可商。墓中所出絲履2雙位於外棺内底西部，麻履一雙位於棺内男尸足部。與簡55、56所記"素履二兩，在棺中""絲履一兩，在棺中"不同，簡52"曷（葛）履一兩"並未注明"在棺中"，則其可能與棺内的麻履無關。從西漢初期的喪葬禮制來説，這雙"曷（葛）履一兩"也不太可能穿在墓主身上。

　　［15］關於簡55"絲履一兩，在棺中"、簡56"素履二兩，在棺中"的名實考

---

①　**今按**：劉釗疑《吴越春秋》的"菶"爲"麤"之誤寫的觀點可從。我們懷疑"菶"更可能是"麤"字的誤釋。五一廣場東漢簡中有多個"麤"字簡寫成從艸從三鹿頭，頗近"菶"形。"麤"自可讀爲"麤"。

察，**鳳凰山M168報告**（1993：497）根據出自外棺内底西部的2雙絲鞋均爲雙尖翹頭方履，鞋底裏、墊用麻綫織成，鞋面和緣爲絹縫製，認爲簡55記"絲履一兩在棺中"當指此二雙絲鞋，但簡文少記一雙；根據出自男屍足部的一雙麻鞋爲雙尖翹頭方履，面用較細密的白色平紋麻布製成，底、裏、墊均用麻綫編織成人字形紋，鞋底有生前穿用的磨損痕跡，認爲簡56記"素履二兩在棺中"，當指此麻鞋，但出土物少一件。**陳振裕**（2012：204）在"簡文内容與出土物對照表"中將簡55所記對應絲鞋二（283、284），備注"出土物多一雙"；將簡56所記對應麻鞋一（296），備注"出土物少一雙"。**田天**（2019：263）認爲鳳凰山M168的衣物簡所載，均非用於墓主裝斂，報告認爲内棺墓主尸身上的一雙麻鞋對應遣策中的"素履二兩"，恐未必然，一方面，遣策中載明"二兩"，出土數量與之不能對應；另一方面，西漢初年遣策中所記載的隨葬鞋履，往往單獨盛裝。**今按**：田天的意見有一定道理。從另一個角度看，漢代遣册記録中的"素"均指絲織物素，並不表示素面。因此，簡56的"素履"不可能指墓主足上所穿的麻鞋。出自外棺内底的兩雙絲履已殘朽，其與簡55、56所記"絲履一兩，在棺中""素履二兩，在棺中"在出土位置上相符，至於類型與數量上的對應關係，已不可考。

[16]**張家山二四七號漢墓整理小組**（2001：305）：兩，雙。

[17]**張顯成、周群麗**（2011：168）：青繒履指青色厚帛鞋。**今按**：這裏的"繒"衹與材質有關，無關厚薄。

[18]**劉紹剛、鄭同修**（2013：209）：韋履，用皮革製成的鞋。

[19]"韋"上一字，**劉紹剛、鄭同修**（2013：208）釋"綠"。**趙寧**（2014：466）釋"緣"。**竇磊**（2016：93）：此處"緣"恐爲"綠"之誤。

[20]此條記録原未釋。**今按**：可釋作"石青履□"。

[21]**劉紹剛、鄭同修**（2013：204）：緉爲襪之別字，字書未見；漢墓遣策"襪"或寫作"韈""絑"。

[22]A叁1、A叁2第二字分別作 ![字]、![字]，**彭峪、衛松濤**（2017）釋"絨"，**陳劍**按語云："右半'市/朮'旁變化 ![字] 似少見，尚待在漢代出土文字資料中覓佳證，不過想想《説文》篆形 ![字] 之來源，亦頗可定——![字]形既不合於古文字，亦與一般隸楷形不同，應即據當時之 ![字] 類形而來。"**伊强**（2017）釋"絑"，此字與馬王堆M3遣册簡375、377、378的"絑"可能有前後相承的關係。**青島市文物保護考古研究所**（2019：429）釋"袜"。**今按**：簡報釋"袜"可能是"絑"之筆誤或誤排。劉賜衣物名A肆11已記有"大巾一"，此"大巾"疑即蔽膝。那麼，![字]、![字]

可能與"紼"的關係不大。西郭寶衣物疏A伍2的"絑"字寫作 [圖]、武大藏衣物數A叁7的"絑"字寫作 [圖]，二者寫法相同，右側構件是在"木"形上加一短橫作爲指示符，即"末"。[圖]、[圖]、[圖]、[圖]，四字寫法比較接近，疑可釋爲"絑"。[圖]、[圖]，可能是此衣物名書手的個性寫法。在劉賜衣物名中還其他一些富有書手個性寫法的字，如A叁8的"橐"字（[圖]）、A伍3的"枕"字（[圖]），以及出現的6個"玉"字（如 [圖]）。

〔疏證〕

（1）履

《説文》履部："履，足所依也。"根據形制、地域的不同，履有衆多異名。《急就篇》卷二："履烏鞜哀絨緞紃。靸鞮印角褐襪巾。裳韋不借爲牧人。完堅耐事踰比倫。屐屬絜麤蠃宴貧。旃裘韘鞿蠻夷民。"《方言》第四："扉、屨、麤，履也。徐兖之郊謂之扉，自關而西謂之屨。中有木者謂之複烏，自關而東謂之複履。其庳者謂之鞮下，禪者謂之鞮，絲作之者謂之履，麻作之者謂之不借，粗者謂之屨，東北朝鮮洌水之間謂之鞅角。南楚江沔之間摠謂之麤。西南梁、益之間或謂之屨，或謂之屩。履，其通語也。徐土邳沂之間大麤謂之鞅角。"《廣雅·釋器》："扉、屨、麤、烏、屩、鞨、不借、鞅角、鞮、屣、薄平、鞮，履也。"

在保存較好、字跡較清晰的記有衣物的遣册中，幾乎都含履或襪，具體説來，一是履與襪組合記録，反映了死後與生前生活的一致性，目前可以確定有這種組合關係的有例（1）—（6）；二是祗記履和襪其中之一，體現出死生之别，例（7）—（10）（13）僅記履，例（16）僅記襪。

先看履。從遣册記録中來看，履的顔色有皁、青、石青、黃、綠等，履的種類中以材質命名者有絲履、繒履、素履、縑履、韋履、葛履，以形制命名者有靸麤，以工藝命名者有漆履。在以材質命名的履中，材質名多指面上的用料。以下分别討論。

絲履，馬王堆M1遣册中同記有"素履"與"絲履"，君兄衣物疏中同記有"絲履""繒履"，表明絲履、素履、繒履有别，"絲履"之"絲"不能解釋爲絲綢的泛稱。"絲履"與"枲履"的構詞形式相同，絲應指絲綫。絲履是用絲綫編織的履，隨着絲綫顔色的不同，有青絲履、黃絲履、皁絲履（見前文遣册所記），又有赤絲履（《孟子·盡心》）、紫絲履（《世説新語·巧藝》）等。馬王堆M1[①]（圖1.2-11，

① 傅舉有、陳松長：《馬王堆漢墓文物》，湖南出版社，1992年，第86頁。

1）、鳳凰山M167、M168均出有絲履。

繒履，大概是用絲織品製作之履的統稱。

素履，指用素製作的履。居延漢簡123.50亦記有"素履"。

縑履，指用縑製作的履。

韋履，指用皮革（主要是熟皮）製作的履。居延新簡EPT52：820記有"韋履一兩，絑一兩"。由於"履"是鞋類通名，革、韋又常互訓，"韋履"又有一些異名，如"革履""韋舄""革舄"①"韋鞜"②"革鞮"等，分別見"革履一兩，布絑一兩"（268.38）、"白革履一兩"（206.23）；"韋舄一"（EPT56：86）；"白革舄"（40.1）；"韋沓"（104.37）、"弋韋沓一兩"（262.34+262.28A）、"牛韋鞜二兩"（498.14）、"沓一兩，絹韋，長尺二寸"（Ⅱ0114③：611）；"革鞮二兩"（EPT59：19）、"革鞮二兩"（EPT58：115）等。據《急就篇》顏注，舄是"複底而有木者"，鞜是"生革之履"，鞮是"薄革小履"。西朱村石碣M1：268記有"六寸絳韋宛下一量，縣著"，"縣著"讀爲"縣褚"，"宛下"疑讀爲"鞔下"。《釋名·釋衣服》："晚下，如舄，其下晚晚而危，婦人短者著之，可以拜也。"畢沅云："'晚下'當作'鞔下'。《方言》云：'自關而東謂之複履，其下單者謂之鞔下。'"由此可知"宛（鞔）下"屬鞋名，尺寸較小；"一量"即"一緉"；此石碣所記即一雙長六寸的絳色韋履，內褚有縣。出土實物所見，湖南長沙戰國楚墓曾出有一雙革履，面由兩塊皮革縫製，底爲皮墊，長24.3、寬10.9、高7.5厘米③（圖1.2-11，2）。青海平安縣古城鄉北村東漢早中期墓M5前室棺蓋上放置有一雙革履④（圖1.2-11，3）。

葛履，指用葛綫編製或用葛布縫製的履。《詩·齊風·南山》："葛屨五兩，冠緌雙止。"《魏風·葛屨》："糾糾葛屨，可以履霜。"與葛履相近的麻類鞋有枲履，多見於西北漢簡中，如"枲履一兩"（103.4）。漢墓多有麻鞋出土，如鳳凰山M168所出麻履保存完好，面用白色麻布，底、裏、墊用麻綫編織，長29、頭寬11、跟深6厘米⑤（圖1.2-11，4）。蕭家草場M26的棺蓋上放置有1雙麻鞋，麻編底，麻繩繫

---

① 《漢書·東方朔傳》文帝"足履革舄"，顏注："革，生皮也。不用柔韋，言儉率也。"可參。

② 《漢書·揚雄傳〈長楊賦〉》：文帝"革鞜不穿"。可參。

③ 楚文物展覽會編輯：《楚文物展覽圖錄》，北京歷史博物館，1954年，第25頁；國家文物局主編：《中國文物精華大辭典·金銀玉石卷》，上海辭書出版社、商務印書館（香港），1996年，第208頁。

④ 青海省文物考古研究所編著：《再現文明：青海省基本建設考古重要發現》，文物出版社，2013年，第135頁。

⑤ 湖北省文物考古研究所：《江陵鳳凰山一六八號漢墓》，《考古學報》1993年第4期。彩色照片見滕壬生主編：《荆州重要考古發現》，文物出版社，2009年，第172頁。

帶，形制同於現代草鞋，長26、前寬11.1、後寬8.9、高3.5厘米①（圖1.2-11，5）。武威磨咀子漢墓M17、M22、M48、M49、M62等墓均出有麻鞋②。

接麤，在小結簡中簡稱爲“麤”，與“履”並列，説明“接麤”的核心詞素是“麤”。朱德熙、裘錫圭指出麤指草鞋，接麤讀爲鞖麤，可能是形制如鞖的草鞋。鞖麤可能就是草製拖鞋③。漢簡所見之草鞋名，還有屬、扉。屬，寫作“緰”，如“犬絑二兩，枲履一兩，革鞮二兩，枲緰（屬）二兩”（EPT58：115）、“☐緰（屬）二兩，☐絑二兩”（83.1）、“履一兩，緰（屬）一兩，犬一兩”（102.9）等。《釋名·釋衣服》：“屬，草屨也。”《史記·平原君虞卿列傳》“躡蹻檐簦説趙孝成王”，索隱：“蹻，亦作‘緰’，音脚。徐廣云：‘蹻，草履也。’”扉，寫作“菲”或“肥”，如“枲菲一兩”（179.2）、“枲肥一兩”（EPT52：638）。《方言》：“扉、屨、麤，履也，徐兖之郊謂之扉。”《釋名·釋衣服》：“齊人謂草屨曰扉。”《左傳》僖公四年“共其資糧扉屨”，杜預注：“扉，草屨。”

根據《方言》“南楚江沔之間揔謂之麤”，則在漢代的長沙國和江漢地區，“麤”除了指草鞋外，也是鞋類的泛稱，等同於履，這在長沙五一廣場簡中可以得到部分證明，如簡409記有“韋麤二兩”，簡646+587記有“絲麤一梁（兩），直五百五十”，簡1122記有“木麤”，羅小華指出韋麤即韋製之履，絲麤即絲製之履④。這裏的“韋麤”“絲麤”分别相當於“韋履”“絲履”，而“木麤”也即是木屐，《急就篇》顔注：“屐者，以木爲之，而施兩齒，所以踐泥”。

漆履，即髹漆之履，是在成品履的面、幫等部位髹漆的履。居延漢簡100.23記有“故漆履一兩”。出土所見，九連墩楚墓M2出土有一雙麻鞋，鞋幫外罩一層皮革，再髹漆，履長22.7、最寬11.8、最高4.7厘米⑤（圖1.2-11，6），這是比較早見的漆履。廣西貴縣羅泊灣西漢墓M1的一、二、三號殉棺內的尸骨足部出有漆麻履，其鞋幫表面髹漆，382號漆履長24、寬10.5厘米⑥（圖1.2-11，7）。馬圈灣烽燧遺址出有一雙漆麻

---

① 湖北省荆州市周梁玉橋遺址博物館：《關沮秦漢墓簡牘》，中華書局，2001年，第179頁。

② 甘肅省博物館：《甘肅武威磨咀子漢墓發掘》，《考古》1960年第9期；甘肅省博物館：《武威磨咀子三座漢墓發掘簡報》，《文物》1972年第12期；甘肅省文物考古研究所：《甘肅武威磨咀子東漢墓（M25）發掘簡報》，《文物》2005年第11期。

③ 朱德熙、裘錫圭：《馬王堆一號漢墓遣策考釋補正》，《文史》第10輯，中華書局，1980年，第71、72頁。

④ 羅小華：《五一廣場簡牘所見名物考釋（三）》，《出土文獻研究》第18輯，中西書局，2019年，第347、348頁。

⑤ 湖北省文物考古研究所等：《湖北棗陽九連墩M2發掘簡報》，《江漢考古》2018年第6期。

⑥ 廣西壯族自治區博物館：《廣西貴縣羅泊灣漢墓》，文物出版社，1988年，第86頁。

屨，以粗麻綫編織，口呈橢圓形，口緣以細麻綫縫綴，面髹黑漆，屨長29、口緣長17.5厘米[①]（圖1.2-11，8）。朝鮮平壤南井里彩篋冢M116第1號棺内出有一雙漆革舄，厚木底，革面上髹黑漆，長27.6、高13.5厘米[②]（圖1.2-11，9）。

漢簡中還有以顔色命名的履，如“絳履”（484.19）、“緹履”（Ⅰ90DXT0110①：14）等。

（2）襪

《説文》作韈，韋部：“韈，足衣也。”《急就篇》顔注：“韈，足衣也，一曰：褐謂編枲爲韈也。”漢簡中的襪絶大多數都寫作“絉”，偶見寫作韎、粡者。《集韻·月韻》：“韈，《説文》‘足衣也’，或从革、从衣、从皮，亦作韎、絉、䘱、袜、帓。”漢代遣册記録中以材質命名的襪有布襪、素襪，以形制命名的襪有袷襪。以下分别討論。

布襪，即以麻布縫製的襪。西北漢簡中亦多見“布絉”的記録，如“布絉一兩”（EPT51：66）、“白布絉二兩”（EPT52：94）等。與布襪相類的還有枲襪、葛襪。枲襪即用麻綫編織的襪，214.93記有“布絉一兩，枲絉一兩”。葛襪指用葛布縫製或用葛綫編織的襪，8.2記有“布絉二兩，……葛絉二兩”，EPT51：387記有“褐絉一”，“褐絉”疑即“葛絉”。鳳凰山西漢墓M167的竹笥中出有一雙麻布襪[③]，羅泊灣西漢墓M1殉葬者的足部穿有麻布襪[④]，武威磨咀子漢墓M22女尸足穿布襪一雙[⑤]，懸泉遺址亦出土有布襪[⑥]，它們的形制未見詳細介紹；陽高古城堡漢墓M12北棺内的尸骨穿有一雙麻布襪，再穿一雙革履[⑦]（圖1.2-11，10），此即“布絉一兩，革履一兩”（73EJT23：975）組合穿着的實證。

素襪，即用素縫製的襪。曹操墓石楬M2：321記有“白練絉一量（量）”，“白練絉”也是用絲織品縫製的襪。

袷襪，即有表有裹但不褚絮的襪。這種雙層襪，在漢墓中出土多件。馬王堆M1

① 甘肅省文物考古研究所編：《敦煌漢簡》附録二《敦煌馬圈灣漢代烽燧遺址發掘報告》，中華書局，1991年，第56頁。

② 朝鮮古蹟研究會：《樂浪彩篋冢》，日本京都便利堂，1935年，第56頁，圖版七七。

③ 鳳凰山一六七號漢墓發掘整理小組：《江陵鳳凰山一六七號漢墓發掘簡報》，《文物》1976年第10期。

④ 廣西壯族自治區博物館：《廣西貴縣羅泊灣漢墓》，文物出版社，1988年，第86頁。

⑤ 甘肅省博物館：《甘肅武威磨咀子漢墓發掘》，《考古》1960年第9期。

⑥ 甘肅省文物考古研究所：《甘肅敦煌漢代懸泉置遺址發掘簡報》，《文物》2000年第5期。

⑦ 東方考古學會：《陽高古城堡：中國山西省陽高県古城堡漢墓》，日本東京六興出版，1990年，第121頁。

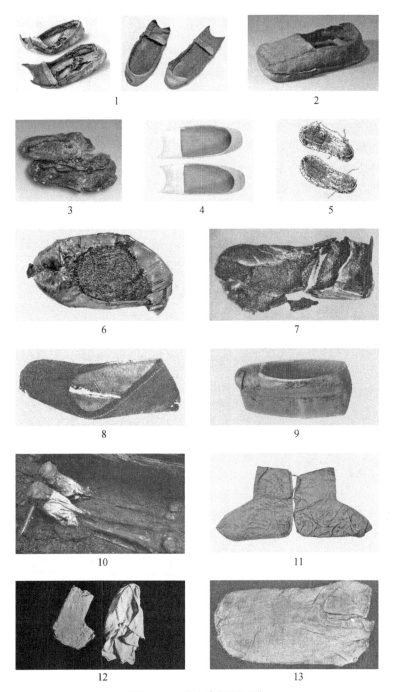

圖1.2-11 考古資料所見襪

1.馬王堆M1：N04青絲履 2.長沙楚墓革履 3.古城M5革履 4.鳳凰山M168：296麻履 5.蕭家草場M26：95麻履
6.九連墩M2：267漆麻履 7.羅泊灣M1：382漆麻履 8.馬圈灣T10：026漆麻履 9.樂浪彩篋冢M116漆革烏
10.陽高古城堡M12革履與麻布襪出土情形 11.馬王堆M1：329-3絹祫襪 12.鳳凰山M168：294麻布祫襪
13.馬圈灣T12：0121麻布祫襪

出土衣笥中有袷襪共2雙，形制相同，齊頭，鞠後開口，開口處並附襪帶，兩雙都用絹縫製而成，縫在脚面和後側，襪底無縫，襪面用的絹較細，襪裏用的絹稍粗①（圖1.2-11，11）。鳳凰山M168男尸足部出土麻布袷襪1雙，齊頭，鞠後開口，繫帶已失，襪底無縫②（圖1.2-11，12）。敦煌馬圈灣烽燧遺址出有一件麻布袷襪，以本色麻布雙層加厚後縫製，後跟開口，底長25、筒深14厘米③（圖1.2-11，13）。這幾件袷襪的一個共同點是在鞠後開口，綴有繫帶。《史記·張釋之馮唐列傳》："嘗召居廷中，三公九卿盡會立，王生老人，曰'吾韤解'，顧謂張廷尉：'爲我結韤！'釋之跪而結之。"可結之襪，疑即這種鞠後開、副有繫帶的襪。

　　西北漢簡中還多見"犬絑"，其又寫作"狗皮絑"，屬於韋襪的一種，這也證明韤、韤字確有所屬。相關簡文見"犬絑二兩"（EPT50：213）、"狗皮絑二兩"（敦煌1686）等。居延漢簡102.9記有"履一兩，緭（屬）一兩，犬一兩"，這裏的"犬一兩"可能漏寫了"絑"字，也有可能"犬一兩"是"犬絑一兩"的省稱，"一兩"限定了"犬"的屬性範圍。

第三節　佩　　飾

一、傍　　囊

【傍囊】【傍囊】

（1）旁（傍）鞼（囊）一[1]　　丿　鳳凰山M8遺32
（2）旁（傍）囊一[2]　　丿　鳳凰山M168遺47
（3）板旁（傍）囊一具[3]　尹灣M6君兄繒方緹中物疏A貳6

〖集釋〗

　　[1]此簡釋文，**彭浩**（2012：21）作"□鞻一"，中山（2012：21）作"菊鞼一"。**李家浩**（2008a：67、68）作"旁鞼一"。"鞼"即"韓"字的異體，也就是

────────────

　　①　湖南省博物館、中國科學院考古研究所編：《長沙馬王堆一號漢墓》（上），文物出版社，1973年，第69頁。
　　②　湖北省文物考古研究所：《江陵鳳凰山一六八號漢墓》，《考古學報》1993年第4期。
　　③　甘肅省文物考古研究所編：《敦煌漢簡》附錄二《敦煌馬圈灣漢代烽燧遺址發掘報告》，中華書局，1991年，第56頁。

"橐"字的異體。"旁"應讀爲"傍"。"傍橐"與"傍囊"當是同物之異名。"鞶囊"除盛印綬之外，還盛帨巾等物。鳳凰山M8出土絲囊一，當是簡文所記的"傍囊"。**方勇**（2014：465、466）："旁囊、傍囊、鞶囊"應是指佩在腰間的用於裝手巾的小帶囊。M8簡32"旁鞊（囊）一"與M168簡47的"旁囊一"內容一致，說明"鞊（囊）"即指引申的囊義。

［2］"旁"下一字，**中山**（2012：194）釋"橐"。**陳振裕**（2012：194）釋"橐"。**方勇**（2014：466）：圖版不是很清晰，整理者隸定可能存在問題，但無論怎麼講，囊橐二者本同義，《說文》"橐，囊也"。

旁囊，**陳振裕**（2012：200）：旁即傍，旁囊就是側在腰間的囊。《晉書·輿服志》："漢世著鞶囊者，側在腰間，或謂之傍囊，或謂之綬囊，然則以紫囊盛綬也。"**李家浩**（2008a：68）：《晉書·輿服志》說："諸假印綬而官不給鞶囊者，得自具作。其但假印不假綬者，不得佩綬。鞶，古制也。漢世著鞶囊者側在腰間，或謂之傍囊，或謂之綬囊，然則以紫囊盛綬也。"鳳凰山M168遣策"旁囊"當即此處所說的"傍囊"。"旁""傍"二字通用。"傍橐"與"傍囊"當是同物之異名。

陳振裕（2012：204）在"簡文內容與出土物對照表"中將此簡備注"絲織物已朽，出土物未見"。

［3］**劉洪石**（1999：123）："板旁橐"疑即綬囊。M6出土雲紋帶鉤一件即是鉤旁囊之用，另有虎頭木雕一件7×7厘米，疑爲綬囊外的鑲嵌之飾物。**中國簡牘集成19**（2005：2016）："板旁橐"不明爲何種袋子。**張顯成、周群麗**（2011：112）：板讀爲版，即牘，指墓中出土的十枚名謁木牘。旁橐即旁囊、鞶囊。**范常喜**（2012：172—176）：劉洪石將"旁橐"釋作"旁囊"可從。"旁橐"即盛放印綬的袋子。棺內出土的一件冥器木印可能入葬時即盛放在"旁橐"中。"板"指板牘，即墓中所出20餘方木牘。**范常喜**（2012：176）注引匿名審稿專家意見："板旁橐一具"之"板"有可能是"旁橐"的修飾語，或即裝"板"的"旁橐"。**馬怡**（2015）："板旁橐"指盛牘板的旁橐[①]。旁橐是佩在身側的囊袋，可綴於帶。"一具"指一套。"板旁橐"的數量爲"一具"，可能是指其備件完備，是一套配有帶或鉤、扣之類的盛牘板的旁橐。此物未見於《發掘報告》。**今按**：類似小挎包的"旁橐"是一種多用途的容器，並非"板"的指向性盛裝用具。居延漢簡326.6A記有"板橐二，直百五十"，"板橐"大概就是"板"的指向性盛裝用具之一。將沒有密切內在聯繫的"板"與"旁橐"一起

---

① 馬怡在脚注中認爲劉洪石文指出"本墓所出雲紋帶鉤一件'即是鉤旁囊之用'"，或亦可從。按：據發掘報告"尹灣漢墓6號墓平面圖"，墓中出土的帶鉤是與革帶（即鞶）伴出。此類帶鉤的鉤體較淺，無法牢固鉤掛其他佩飾，一般是束腰之用。

記録，並使用量詞"一具"，較大的可能是"板"臨時盛裝在"旁橐"中，構成一套器具。由於"板"已盛裝在"旁橐"之中，從視覺上首先看到的是"旁橐"，需要打開包裝纔能知曉裏面之物。"板旁橐一具"或是要表達裝有"板"的"旁橐"一具。

〔疏證〕

　　旁橐、旁橐、旁囊所指相同，即見於傳世文獻中的傍囊、鞶囊。李家浩引《晉書·輿服志》《儀禮·士昏禮》《禮記·內則》等文獻，指出鞶囊除盛印綬之外，還盛帨巾等物；同時，還指出鳳凰山M8出土的一件絲囊即遣册所記的"傍橐"①。值得注意的是，据《儀禮·士昏禮》鄭玄注"男鞶革，女鞶絲"，鳳凰山M8的墓主爲男性，出土的傍囊爲絲質，則在漢代男性亦可"鞶絲"。

　　從鳳凰山M8出土的絲質傍囊的形制看，其大體上近正方形，附有提繫（圖1.3-1，1）。陝西千陽西漢墓出有31枚骨算籌，"算籌係裹在一絲絹囊内，繫在死者腰部"②，張沛認爲絲絹囊袋爲算袋；另據其介紹，在清理旬陽佑聖宫一號漢墓時，"發現成束的算籌與石硯、銅削、銅帶鉤等一起置於死者腰際，估計埋葬時亦有'算袋'（因據文獻記載，古時"算袋"不祇盛籌，也貯筆硯）"③。這些所謂的"算袋"可能即傍囊。大概印、綬、小型文具、版牘、手巾、鍼綫等物，凡可置入傍囊者，均可盛裝、隨身攜帶。

　　漢代雕塑與畫像材料中亦有傍囊的形象。如江蘇儀徵煙袋山西漢墓M1：112木俑的右側腰部刻一凸起的小囊袋，塗朱④，疑其爲傍囊一類物品。沂南北寨漢畫像石墓中有一些歷史故事圖，其中有兩位武士配有傍囊⑤（圖1.3-1，2），孫機指出這種繪有虎頭的鞶囊即傳世文獻所記的虎頭鞶囊，用以盛綬⑥。在安徽亳州東漢晚期曹騰墓畫像石中有一幅武士圖，其外穿襜褕，左胯部佩長劍，右胯部佩傍囊，長劍與傍囊可能都由劍帶佩繫⑦（圖1.3-1，3）。

　　① 李家浩：《讀江陵鳳凰山漢墓遣策札記三則》，《中國文字學報》第2輯，商務印書館，2008年。

　　② 寶雞市博物館等：《千陽縣西漢墓中出土算籌》，《考古》1976年第2期。

　　③ 張沛：《算籌的産生、發展及其向算盤的演變》，《東南文化》1988年第6期。

　　④ 南京博物院：《江蘇儀徵煙袋山漢墓》，《考古學報》1987年第4期。

　　⑤ 山東博物館：《沂南北寨漢墓畫像》，文物出版社，2015年，第68、69頁。

　　⑥ 孫機：《漢代物質文化資料圖説》，文物出版社，1991年，第248頁。

　　⑦ 李燦：《亳州曹操宗族墓字磚圖録文釋》，中華書局，2015年，第573頁。

圖1.3-1 考古資料所見傍囊

1.鳳凰山M8絲傍囊 2.沂南北寨畫像石墓佩戴虎頭鞶囊的武士 3.安徽亳州曹騰墓武士圖

二、決

【決】

（1）玉決一 劉林衣物疏B壹5

〖疏證〗

決即韘。《説文》韋部"韘，射決也。所以拘弦，以象骨，韋系，著右巨指。……《詩》曰'童子佩韘'"，段注："《衛風》'童子佩韘'，毛曰：'韘、決也。能射御則帶韘。'《小雅·車攻》傳曰：'決，所以鉤弦也。'鄭注《周禮》曰：'抉，挾矢時所以持弦飾也。'注《鄉射禮》《大射儀》云：'決猶闓也，以象骨爲之，箸右大巨指，以鉤弦闓體。'按，即今人之扳指也。經典多言決，少言韘。……《内則》言'佩決'，《詩》言'佩韘'，蓋言一可以包二。"

劉林墓未遭盜擾，據發掘報告，劉林棺内出土的玉器有一件韘形佩、一件帶鉤、一件琀蟬、一件印、四件塞[1]。對照來看，出土的一件韘形佩（棺1：7）當即簡文所記的"玉決"（圖1.3-2，1）。由此可知漢代貴族墓中出土的這種韘形玉佩可稱作"決"。漢代尤精美之韘形玉珮"決"還可參看海昏侯墓出土者[2]（圖1.3-2，2、3）。海昏侯墓出土有不少文字木楬，不知其上有無記錄"決"，待今後資料公佈。

---

[1] 青島市文物保護考古研究所、青島市黄島區博物館：《琅琊墩式封土墓》，科學出版社，2018年，第29頁。

[2] 江西省文物考古研究院、廈門大學歷史系：《江西南昌西漢海昏侯劉賀墓出土玉器》，《文物》2018年第11期。

　　　1　　　　　　　　　　2　　　　　　　　　　3

圖1.3-2　漢墓出土玉玦

1. 土山屯M6棺1：7玉韘形佩　　2. 海昏侯墓M1：1878-21龍紋螭紋韘形玉佩

3. 海昏侯墓M1：1488龍鳳螭紋韘形玉佩

三、印

【印】

（1）印一[1]　　西郭寶衣物疏B壹8

　　　印衣二　　西郭寶衣物疏B壹9

（2）印一[2]　　淩惠平衣物疏B壹6

（3）員（圓）付蔓二，盛印、副（髻）[3]　　馬王堆M1遣225

〖集釋〗

　　[1]　"一"上一字，與B壹9"衣"上一字爲同一字，**連雲港市博物館**（1988：20）均釋"印"。**寶磊**（2016：33）均釋"比"。**今按**：簡報釋"印"的意見可從。與《二年律令》簡332的"印"字寫法相近。"印一"指墓中出土1枚銅私印，其印面陰刻"西郭寶"三字①（圖1.3-3，1）。

　　[2]　"一"上一字，**連雲港市博物館**（2012：9）疑爲"橐"。**任攀**（2019：341）釋"虜"，讀爲"簏"，3號棺出有竹笥殘片，當是簏之遺跡。**今按**：疑此字是起筆寫得過長的"印"字，與居延漢簡10.4、403.3等的"印"字的結構比較接近。此衣物疏B壹2記"節（櫛）笥一"，緊跟其後的B壹3、4、5、6、7分別記"鏡一""節（櫛）一具""交（鉸）刀、聶（鑷）各一""印一""尺、刀各一"，這些東西均應盛裝在"節笥"中。此墓3號棺也即是淩惠平棺，出土M1：49漆笥，發掘簡報未詳説其中所盛器具，僅大致介紹其内有"鍼筒、綫繞、長尺、印章"等。目前能確切知

————————————

　　①　圖片見高偉、高海燕：《連雲港市出土漢印研究》，《書法叢刊》1997年第4期。

道墓中出土的M1：50彩繪漆木尺出自漆笥中。從尹灣M6 "君兄節司小物疏" 中所記品類可以知道，櫛（梳篦）、鉸刀、鑷、鏡等也應是放入櫛笥中的。因此，B壹6 "印一" 應也屬櫛笥的盛裝之物。此漆笥内出有棺主私印 "淩氏惠平"（圖1.3-3，2）。

　　［3］**馬王堆M1報告**（1973：147）：印章放單層五子奩内，與簡文所記稍有出入。**魏宜輝、張傳官、蕭毅**（2019）：所謂的 "辛追" 二字應釋 "避"，爲墓主之名，印文應釋 "妾避"。**今按**：釋 "妾避" 可信。因這枚印保存不佳，尚不清楚這是實用印還是明器印①（圖1.3-3，3）。

〖疏證〗

　　《説文》印部："印，執政所持信也。"《釋名·釋書契》："印，信也。所以封物爲信驗也。"

　　漢代的官印除皇帝特許之外，不能用原印隨葬，罷官、辭官、右遷或左遷、死亡等凡不在原官職者，都需交還原印綬，故漢代墓葬中出土的官印大部分都是明器。私印爲私人所有，原主死後多用以隨葬。遣册所記之 "印" 可能都是指私印。

　　漢代實用私印以銅印和玉印爲主，也有金、銀、瑪瑙、琥珀、水晶、綠松石、煤精、石、骨、象牙、角、木等。明器私印中，材質爲滑石、泥質者大多可直接判定是爲隨葬而製，其餘材質者則需要從印文的刻法、文字的工整度等多方面分析，篆刻粗劣、文字潦草的私印多屬明器。明器印的另一種表現形式，就是用毛筆書寫於印面上。如劉賜墓中就出有兩枚玉印，分别墨書 "堂邑令印" "蕭令之印"②（圖1.3-3，5）。湖南常德南坪原種場土地山漢墓M2408出土有一枚銅印，上有墨書文字，原釋爲 "□長之印"③（圖1.3-3，6），我們通過辨認，確定其應爲 "充長之印"，爲明器官印④。巨野紅土山西漢墓人架腰部出有一枚覆斗鈕玉印，印面上有朱書文字，多已剝落，無法分辨⑤，可知用書寫的方式製作明器印除了墨書，還有朱書。漢墓出土有大量的無字銅印、玉印，它們或者爲印坯，或者就是原書有印文，但保存過程中文字脱落。

　　① 此彩色圖片見湖南省博物館：《長沙馬王堆漢墓陳列》，中華書局，2017年，第57頁。
　　② 青島市文物保護考古研究所、黄島區博物館：《山東青島土山屯墓群四號封土與墓葬的發掘》，《考古學報》2019年第3期。
　　③ 湖南省常德市文物局等：《沅水下游漢墓》，文物出版社，2016年，第456、457、704頁。
　　④ 相關討論見 "落葉掃秋風"：《金石札叢·説 "充長之印" 印》，簡帛網·簡帛論壇·古史新探2019年9月29日。
　　⑤ 山東省菏澤地區漢墓發掘小組：《巨野紅土山西漢墓》，《考古學報》1983年第4期。

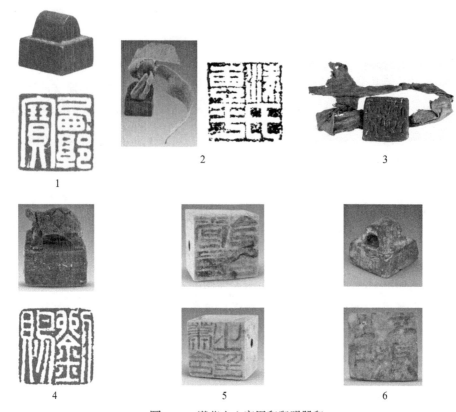

圖1.3-3　漢墓出土實用印與明器印

1. 西郭寶墓出土銅私印"西郭寶"　2. 淩惠平墓M1：59銅私印"淩氏惠平"　3. 馬王堆M1：441-18私印"妾避"

4. 土山屯M147：20銅私印"劉賜"　5. 土山屯M147：17墨書玉官印"堂邑令印"、M147：18墨書玉官印

"蕭令之印"　6. 土地山M2408：6墨書銅官印"充長之印"

附：【印衣】【印巾】

（1）印一　西郭寶衣物疏B壹8

　　　印衣二　西郭寶衣物疏B壹9

（2）綬印衣一具[1]　劉賜衣物名A肆4

（3）印巾二[2]　尹灣M6君兄節司小物疏B叁5

〖集釋〗

　　［1］羅小華（2017b）："綬印衣"，指盛裝印綬的囊袋。今按：劉賜衣物名中除A肆4之外，未見再記有印，疑"綬印衣一具"是指綬、印、綬衣、印衣一具。劉賜胯部有2枚玉印、1枚銅印相鄰出土，銅印M147：20印文爲"劉賜"（圖1.3-3，4），玉印M147：17、M147：18印面上分別墨書"堂邑令印""蕭令之印"（圖1.3-3，5）。衣物名所記的"印衣"應指盛裝這三枚印的囊袋。

〔2〕"巾"上一字，**連雲港市博物館**（1997：132）疑爲"卸"。**劉洪石**（1999：124）釋"卸"，卸巾可能是一種是包頭用的巾。**張顯成、周群麗**（2011：116）釋"卸"，即"御"，讀爲"浴"，浴巾即澡巾。**今按**：當釋"印"，可參看劉賜衣物名A肆4、居延漢簡14.19A、133.4A、287.15A、敦煌1291等中的"印"字。

〔疏證〕

印衣，大概是盛裝印的小型囊袋。《隸釋》卷六《國三老袁良碑》："特賜錢十萬，雜繒卅匹，玉具劍、佩、書刀、繡文印衣、無極手巾各一。"黃生云："印衣，印囊也。"①

印巾，疑爲包裹或擦拭印所用之巾。官員一般佩有官印與私印，簡文中"印巾"的數量爲二，或與之有關。

四、綬

【綬】

（1）黑綬一　　劉林衣物疏B壹4
（2）綬印衣一具[1]　　劉賜衣物名A肆4

〔集釋〕

[1] **今按**："綬印衣一具"疑指綬、印、綬衣、印衣一具，包含有綬。

〔疏證〕

《急就篇》卷二"綸組縌綬以高遷"，顏注："綬者，受也，所以承受環印也，亦謂之縌。秩命不同，則綵質各異，故云以高遷。"王應麟補注："自諸侯王鳖綬而下，有紫綬、青綬、墨綬、黃綬，以別秩命之高卑。"《廣雅·釋器》："綸、組、紱，綬也"，王念孫疏證："古者綬以貫玉，至戰國始有'印綬'之名。……《續漢書·輿服志》云：'漢承秦制，加之以雙印佩刀之飾，乘輿黃赤綬。自諸侯王以下，有赤綬、綠綬、紫綬、青綬、黑綬、黃綬、青紺綸之異焉。'綸爲有秩嗇夫所佩，故列在諸綬之末。《法言·孝至》篇云：'五兩之綸，半通之銅，蓋印綬之至微者也。'《北堂書鈔》引《漢官儀》云：'綬長一丈二尺，闊三尺。'《漢書·嚴助

---

① （清）黃生：《黃生全集·義府》，安徽大學出版社，2009年，第258頁。

傳》云：‘方寸之印，丈二之組。’是組即綬也。”王方認爲，文獻常見的“印綬”連稱在實際佩戴過程中並不具備可操作性，“印”“綬”的聯繫方式是以較細的絲織物“綟”作爲繫帶而使“印”“綬”相關聯①。

黑綬，指黑色之綬帶，爲六百石吏所配。丁孚《漢儀》：“黑綬，羽青地，絳二采，八十首，長一丈七尺。”應劭《漢官儀》：“秩六百石，銅章墨綬。”從劉林衣物疏記有“黑綬”來看，劉林大概是縣令一級的官吏。但官綬如無朝廷恩許，離任時需要交還。隨葬品遠比劉林墓豐厚的劉賜墓中，使用明器墨書玉官印，説明土山屯劉氏墓群似乎還未達到皇帝特詔允許以生前職官的原印綬隨葬的地步，疑劉林衣物疏中的“黑綬”爲明器。此“黑綬”的記錄和隨葬，是死者向地下官員展示自己身份時的憑證之一。

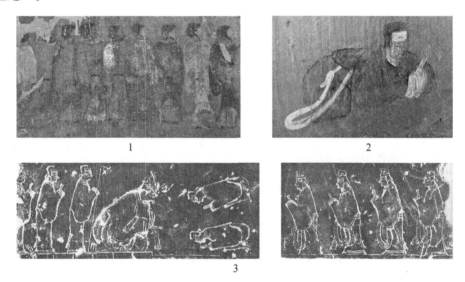

圖1.3-4　漢代畫像中的綬帶
1.馬王堆M3車馬儀仗圖局部　2.楊橋畔壁畫墓拜謁圖　3.孫家村畫像石拜謁圖局部

印綬是官位的代表，蒼山元嘉元年畫像石墓題記云“學者高遷，宜印綬”。宜印綬，即很適合當官，能夠順利高遷。江西南昌東吳高榮名刺上書“弟子高榮再拜，問起居，沛國相字萬綬”②。高榮字“萬綬”，可能含有希望官運亨達，位至三公，封侯王等美好祝願。“綬”的重要意義在高榮的字上可以得到一定程度的反映。漢代帛畫、壁畫、畫像石等多可見到文武官吏腰間佩戴綬帶的情形，如馬王堆M3出土帛畫車馬儀仗圖中，有不少背向站立的戴武冠之人腰間佩有綬帶[①]（圖1.3-4，1）。陝西靖邊楊橋畔渠樹壕漢墓前室西耳室南壁有一名作跪拜狀的武將拜謁圖，頭戴武冠，手執名刺類物，腰間有長長的綬帶[②]（圖1.3-4，2）。山東汶上縣孫家村畫像石墓中有官員拜謁圖，戴進賢冠，手執名刺，腰繫綬帶；同畫像石中還有一名高級官員，身後有武吏持節，踞坐，憑靠在曲足几上，頭戴通天冠，身穿長袍，腰間繫有網格明顯的綬帶，正接受兩名武吏拜謁[③]（圖1.3-4，3）。

附：【綬衣】【綬笥】

（1）綬印衣一具　　劉賜衣物名A肆4
（2）綬司（笥）一　　劉賜衣物名A叁9
〔疏證〕

綬衣，即盛綬之囊袋。西朱村石碣M1：366記有"朱綬文綬囊一，八十首朱綬、九采衰帶、金鮮卑頭自副"，"文綬囊"也即是有紋飾的綬衣，用以盛裝"朱綬"。

綬笥，主要是用於盛裝綬的竹笥或木笥。西朱村石碣M1：266記有"四寸錐畫員（圓）綬笥二，丹縑衣、袷沓自副"。《太平御覽》卷六九二《服章部九·珮》引《晉書》曰：王祥箸遺令子孫云："吾氣絕，不須沐浴，勿纏尸，皆瀚故衣，隨時所服。所賜山玄玉珮、衛氏玉玦、綬笥，皆勿以斂。"《漢舊儀》卷上："印綬盛以篋，篋以綠綈表，白素裏。"盛印綬的篋，可稱之爲綬篋，與綬笥義同。

劉賜衣物名A肆4記有"綬"，則A叁9所記的"綬司（笥）"是盛放綬的笥。但另一方面，此衣物疏未見其他妝奩記錄，棺內也僅出土一件竹笥，疑此處的"綬司（笥）"實際上也起到了櫛笥或鏡奩的作用，是以其中所盛衆多小件器物中的一件（此處爲"綬"）來指稱此笥，對應墓中出土的M147：7號竹笥，其內盛竹片、雙管毛筆、板硯、木梳、木篦、角器、漆刷等。《初學記》卷二十六《器物部·綬》引張衡《綬笥銘》："懿矣茲笥，爰藏寶珍，冠縷組履。"此"綬笥"也是一件多用途器。

下面附帶簡要談談漢簡所見的"笥"。

關於"笥"的材質。傳世文獻多言笥爲竹器或葦器，如《漢書·貢禹傳》"故時齊三服官輸物不過十笥"，顏注："笥，盛衣竹器。"《後漢書·張宗傳》"亂著

①　傅舉有、陳松長：《馬王堆漢墓文物》，湖南出版社，1992年，第28頁。
②　徐光冀主編：《中國出土壁畫全集·6·陝西》（上），科學出版社，2011年，第41頁。
③　法國巴黎大學北京漢學研究所編：《漢代畫像全集：二編》，上海商務印書館，1951年，第57頁圖八七。

笥中", 李賢注: "笥, 以竹爲之。"《儀禮·大射》"小射正奉決拾以笥", 鄭玄注: "笥, 萑葦器。"出土簡帛文獻所見笥的材質多樣, 有竹笥、葦笥、漆木笥等, 如蕭家草場M26遣册30記有"竹笥一合", 居延漢簡521.34記有"入河内葦笥一合", 大墳頭M1遣册牘B壹1記有"木笥二"。

關於"笥"的形制。《玉篇》竹部: "圓曰簞, 方曰笥。"馬王堆M1、M3出土的方形有蓋竹器所繫或附近掉落的木楬多稱這些竹器爲"笥", 如M1：329木楬墨書"衣笥", 所繫的竹笥内盛衣物。揚州邗江胡場漢墓M20出土的一件方形漆木匣的一面墨書有"居女一笥", 可知此種方形器也即是"笥"。因此, 文獻稱"方曰笥"可信。用竹、葦、木、紵等材質製作的方形有蓋匣子均可稱"笥"。

關於"笥"的命名。笥, 又名"篋"或"椷"。《儀禮·士冠禮》"同篋"鄭玄注: "隋方曰篋。"《急就篇》卷三"篋笥箕帚筐篋簍", 顏注: "篋, 長笥也, 言其狹長篋篋然也。"《廣雅·釋器》"匜謂之椷", 王念孫疏證: "匜之言挾也。《爾雅》云: '挾, 藏也。'《説文》: '匜, 椷藏也。或作篋。'《士冠禮》'同篋', 鄭注云: '隋方曰篋。'篋、椷, 一聲之轉。椷之言函也。《説文》'椷, 篋也', 《周官·伊耆氏》'共其杖咸', 鄭注云: '咸, 讀爲函。'椷、咸、函, 並通。"漢墓有"椷"的自名器出土, 如2015年發掘的胡場M5出土一件"自名爲'椷'的小型漆盒, 正面呈長方形, 側面呈方形, 頂部爲四面坡的盝頂", 其墨書題記爲"櫺（楔）椷"[1]。這種器物在其他漢墓出土自名器裏又叫"笥", 如胡場M20出土的一件長方形漆木笥墨書"栂（梅）、霝（楔）一笥"[2]。此外, 羅泊灣M1從器志A叁5記有"小、大斤、曲削栝=繒緣, 笥", 此墓發掘報告認爲"栝"假爲"椷", 即削鞘[3]; 中國簡牘集成疑"栝"讀爲"函"[4]。居延漢簡506.1記有"藥咸一橐三", 裘錫圭指出"藥咸"當讀爲"藥函", 即盛藥的木匣, 咸、椷、函可通[5]。現在看來, 栝、函、栖、椷、篋, 都是笥一類盛具。

關於"笥"的用途。《説文》竹部: "笥, 飯及衣之器也。"從漢代遣册記録

---

① 秦宗林:《揚州胡場漢代墓葬》,《大衆考古》2015年第11期。"椷"上一字, 原未釋。**今按**: 可隸作"櫺", 讀爲"楔", 指樟棗。

② 傅舉有主編:《中國漆器全集·3·漢》, 福建美術出版社, 1998年, 第122頁。此墨書題記中, "栂"下一字舊釋"栗"。**今按**: 當釋爲"霝", 讀爲"楔", 指樟棗。胡場M5木楬記有"栂（梅）、櫺（楔）笥", 可參。

③ 廣西壯族自治區博物館:《廣西貴縣羅泊灣漢墓》, 文物出版社, 1988年, 第81頁。

④ 初師賓主編, 胡平生、陳松長校注:《中國簡牘集成》2編第17册, 敦煌文藝出版社, 2005年, 第1299頁。

⑤ 裘錫圭:《漢簡零拾》,《文史》第12輯, 中華書局, 1981年, 第29頁。

看，笥可用於盛肉食、素食、糧食、水果、調料、織物、服飾、香料、妝具、文具、財物、器物等，如鳳凰山M9遣册48記"肉一笥"，馬王堆M1遣册134記"梨一笥"，馬王堆M1木楬47記"珠幾（璣）笥"，M3遣册327記"帛一笥"等。故笥是漢代使用範圍頗廣的盛具。

關於"笥"在遣册中的記録方式。在衆多關於"笥"的記録中，有的"笥"後跟數詞，如西郭寶衣物疏A伍7記"節（櫛）笥一"；有的"笥"後跟數量詞，如張家山M247遣册15+41貳記"□史先笥一合"①，笥皆有蓋，故其量詞多用"合"；有的直接將"笥"作爲名量詞，如張家山M247遣册34記"書一笥"。

關於"絳繡笥"。海昏侯木楬110記"白丸（紈）書帛一匹，鉬五寏，絳繡笥盛"②，羅小華認爲"'絳繡'亦見日照海曲遣策M130-03正'絳繡被白緣'，整理者劉紹剛、鄭同修指出'絳繡即爲在絳色的織物上繪彩畫'"。我們認爲，"繡"與彩繪是兩種不同的加工方式。"絳繡"即絳色的刺繡品。"絳繡"之後未跟數詞和量詞，疑"絳繡笥"爲一詞，土山屯M8衣物疏B貳5記有"絳繡笥一"，可證。"絳繡笥"可能是指用絳繡將笥的内面、口沿、外面等包裹，加以縫製或粘合而成的笥。"絳繡笥盛"即用絳繡笥盛放"書帛"與"鉬"。羅泊灣M1從器志所記隨葬物中，用於盛放其他器物的笥，多用繒飾緣，如A壹2"衣袍五十領，二笥，笥皆繒緣。"馬王堆M1出土的329號竹笥"内用黃絹襯裹"，441號漆單層五子奩中的5號小圓奩"内繃絳色絹"。由此可見，用織物裝飾笥是比較講究的做法。此外，張家山M247遣册30壹記有"緹斂（奩）一"，張家山二四七號漢墓整理小組注釋云："緹，《廣雅·釋器》：'赤也。'"從出土漢代簡帛文獻所見與漆器相關的記録來看，表漆器顏色爲赤色，多用"丹"或"赤"字，未見用"緹"字者。可將"緹"與絲織品相聯繫。作爲絲織品的"緹"可作二解，一是表緹色的絲織品，二是讀爲"綈"，指厚繒，詳參本書"緹"條疏證。"緹奩"疑是用緹裝飾的奩。《漢舊儀》卷上"印綬盛以篋，篋

① "笥"上一字，張家山二四七號漢墓整理小組（2001：305）釋"光"，史光，應係人名。何有祖（2004b）改釋"光"爲"先"。**今按**：M247遣册簡15、41可綴合，並復原"合"字。

② "丸"下一字，羅小華（2018）釋"畫"。**今按**：應釋"書"。"丸"讀爲"紈"，《説文》系部"紈，素也"，段注："素者，白致繒也。"白紈即白繒。白紈可用作服飾的主要材質，如西郭寶衣物疏、劉賜衣物疏都記有"白丸（紈）大綺一"，也較多的用於領或袖的緣飾用材，如海曲衣物疏M130-03B壹5"單（襌）襦，白丸（紈）領、袖，二"，劉賜衣物疏A貳4"白練襌襦一領，白丸（紈）領、紬（袖）"。"白丸（紈）書帛一匹"意即以白紈製作的用於書寫的帛一匹。

"五"上一字，羅小華（2018）釋"銀"。**今按**：此字應釋"鉬"。

"五"下一字，羅小華（2018）未釋。**今按**：可隸作"叀"，即"惠"，爲"寏"之異體。"鉬五寏"的"寏"於此處很可能是量詞，"鉬""寏"的讀法待考。

以緑綈表，白素裏”，此種篋若從用途着眼，可稱之爲綏篋，也即是綏笥；若以製作工藝爲着眼點，可稱之爲綈篋，也即綈笥。“緹盦”之“緹”若讀爲“綈”，則“緹（綈）盦”、綈笥可能是用“綈”裝飾的不同形狀的有蓋盛具，前者圓形，後者長方形。絳繡笥、緹盦、綈笥，均屬用絲織品裝飾的較爲精緻的盛具。

五、五 彩 絲

【五彩絲】

（1）五采（采）糸（絲）一具[1]　　尹灣M6君兄節司小物疏B肆4
（2）五采（采）糸（絲）一橐　　尹灣M2衣物疏B貳6

【集釋】

[1] **劉洪石**（1999：124）：糸即絮，五采絮可能指有刺繡的巾。**張顯成、周群麗**（2011：116）：五采糸即五采細絲，五采指青、黄、赤、白、黑五種顔色。

【集釋】

五彩絲，竇磊指出，“五采系”即五色絲綫，驅邪、辟兵災，《風俗通義》佚文：“五月五日，以五彩絲繫臂，名長命縷，一名續命縷，一名辟兵繒，一名五色縷，一名朱索，辟兵及鬼，命人不病温。”①

《潛夫論·浮侈》“或紡綵絲而縻，斷截以繞臂。此長無益於吉凶，而空殘滅繒絲，縈悸小民”，汪繼培箋：

> 《御覽》廿三引《風俗通》云：“夏至著五綵辟兵，題曰游光厲鬼，知其名者，無温疾。五綵，辟五兵也。”又永建中京師大疫云：“厲鬼字野重，游光亦但流言，無指見之者。其後歲歲有病，人情愁怖，復增題之，冀以脱禍。今家人織新縑，皆取著後縑絹二寸許繫户上，此其驗也。”卅一引云：“五月五日，以五綵絲繫臂者，辟兵及鬼，令人不病温。”八百十四引云：“五月五日，賜五色續命絲，俗説益人命。”此文所云，蓋即指此類。

---

① 竇磊：《漢晉衣物疏集校及相關問題考察》，武漢大學博士學位論文，2016年，第61頁。

尹灣M2衣物疏所記五彩絲用橐盛裝，屬於儲藏性質，可能是備用。君兄節司小物疏所記五彩絲一具，一具即一套，其盛於"節司"之中，亦屬儲藏性質，下葬時並不繫縛於臂。

五彩絲或稱"五顏絲"。斯坦因第二次中亞探險所獲木簡CH.W.843所書文字，舊釋"·右五頭察各一□"或"齊五□祭各一斗"，胡平生改釋爲"·右五顏絲各一糾"，並指出此類簡乃駐軍登記存儲物資裝備的簡冊，軍中存放的"五顏絲"指"五綵辟兵"，是一種具有"辟兵""辟鬼""不病""無疾"等魔力的神物①。

第四節　雜　　物

一、巾

【巾】

（1）巾三[1]　海曲M129-04衣物疏A伍7

（2）紫巾一[2]　大墳頭M1遣牘B貳4

（3）緹巾二[3]　大墳頭M1遣牘B肆1

（4）皁巾一[4]　馬王堆M3遣331

（5）閒（蘭）巾一，邛（紅）緑〈緣〉[5]　阝　謝家橋M1遣-07

（6）麻巾一　馬王堆M1遣250

（7）緒（紵）巾一[6]　馬王堆M1遣249

（8）楮（紵）巾二。今四[7]　馬王堆M3遣332

（9）絞緒（紵）巾二，繢掾（緣）[8]　馬王堆M1遣246

（10）絞緒（紵）巾一，素掾（緣）　馬王堆M1遣247

（11）絞緒（紵）巾一　馬王堆M1遣248

（12）白緒（紵）巾一[9]　西郭寶衣物疏B壹5

（13）帛（白）緒（紵）兩幅巾一[10]　劉林衣物疏B伍3

（14）·素巾一[11]　西郭寶衣物疏A陸1

（15）錦巾一　張家山M247遣7貳

---

① 胡平生：《樓蘭出土文書釋叢》，《文物》1991年第8期；初師賓主編，胡平生、陳松長校注：《中國簡牘集成》2編第20冊，敦煌文藝出版社，2005年，第2185頁。關於這類"軍事禳辟術"的討論，亦可參閱陳偉武：《簡帛兵學文獻探論》，中山大學出版社，1999年，第68—70頁。

（16）脊（萌）繡巾一[12]　　）　鳳凰山M168遣48

（17）□巾一　尹灣M2衣物疏B貳7

（18）大婢□，承巾[13]　　）　鳳凰山M8遣52

　　　　大婢紫，承巾[14]　　）　鳳凰山M8遣53

（19）大婢□，【承巾】[15]　鳳凰山M9遣3

　　　　大婢□，承巾　鳳凰山M9遣4

〔集釋〕

　　〔1〕**劉紹剛、鄭同修**（2013：206）：《説文》巾部"巾，佩巾也"，段注："《玉篇》曰：'本以拭物，後人著之於頭。'"

　　〔2〕**湖北省博物館**（1981：19）：《説文》巾部："巾，佩巾也。"墓内出有絲織物殘片，顏色已不可辨，其中當包括木牘所記的"紫巾一"。

　　〔3〕**湖北省博物館**（1981：20）：緹爲丹黄色，墓内出土的絲織物殘片，顏色不可辨。

　　〔4〕**馬王堆M3報告**（2004：69）：早，《廣雅·釋器》："早，黑也。"又："緇謂之早。"

　　〔5〕**姜維**（2011：134）："閒巾"當爲雜色巾。**今按**："閒"讀爲"萌"，顏色名。"邛"讀爲"紅"。"緑"疑爲"緣"之訛寫。

　　〔6〕**唐蘭**（1980：47）：緒即紵，是用苧麻織成的細布。

　　〔7〕**馬王堆集成**（2014：256）："今四"係校讎語。

　　〔8〕"緒"上一字，**馬王堆M1報告**（1973：149）釋"紋"，即文；緒，疑當讀爲紵。**朱德熙、裘錫圭**（1980：74）：簡246至248釋文的"紋"字，從照片看應釋爲"絞"，可能是"緹"或"紙"的異體。**馬王堆集成**（2014：209、210）釋"絞"。

　　績，**馬王堆M1報告**（1973：149）：《説文》系部："績，織餘也。"宋玉《神女賦》"羅紈綺績盛文章"，李善注引《倉頡篇》："績似纂色赤。"《急就篇》"承塵户嵊條績總"，顏注："績亦條組之屬也，似纂而色赤。"與實物對照，凡簡文言績者，似指包括絨圈紋錦在内的赤色提花織物。

　　〔9〕**馬怡**（2006：254、255）："緒巾"或即"紵巾"，"白緒巾"大約是用白紵製作的頭衣。或説"緒巾"即"絮巾"，一種頭衣。傳世文獻與漢晉簡牘中有不少"絮巾"的記載，或與本衣物疏所記之"白緒巾"是同一種物品。**今按**："緒""紵"相通之例在出土漢代文獻中常見，"白緒（紵）巾"應是用白色紵布製作的巾。

［10］**王谷**（2020：145）："帛緒"疑讀爲"白紵"，指白色紵布。西郭寶衣物疏記有"白緒（紵）巾一"與劉林衣物疏中的"帛（白）緒（紵）兩幅巾一"爲同類物。"兩幅"疑指巾的寬幅。《説文》巾部："幅，布帛廣也。"《漢書·食貨志》："布帛廣二尺二寸爲幅，長四丈爲匹。"

［11］"巾"上一字，**連雲港市博物館**（1988：20）釋"綬"。**中國簡牘集成19**（2005：1876）、**馬怡**（2006：256）釋"素"。

右上方的墨點，**連雲港市博物館**（1988：20）、**中國簡牘集成19**（2005：1876）、**馬怡**（2006：256）未釋，且將此條與"備刀一"視爲一條。**毛靜**（2011：89、90）："素巾"疑用來包裹佩刀。**竇磊**（2016：30）引**陳偉**意見："或爲不規則分欄的另外一欄，此時墨點表示與上欄區隔。"引**劉國勝**意見："當爲背面巾類物品，書寫遺漏後補寫於正面空白處，加·以標記。"

［12］"繡"上一字，**中山**（2012：194）釋"脅"。**陳振裕**（2012：194）缺釋。**今按**：隸作"脅"的意見可從。疑可讀爲"萠"，顏色名。

陳振裕（2012：204）在"簡文内容與出土物對照表"中將此簡備注"絲織物已朽，出土物未見"。

［13］"婢"下一字，**彭浩**（2012：26）釋"緑"，**中山**（2012：26）釋"緣"。**今按**：緣、緑形近，但可分辨，主要區別在右下部，前者近"彖"形，後者近"水"形。此字右下筆畫有殘失，本書暫存疑。

承巾，**彭浩**（2012：26）：承，奉。出土物中不見巾。**章水根**（2013：54）：《説文》手部："承，奉也，受也。"承巾即恭敬地拿着巾。

［14］**章水根**（2013：54）："大婢紫，承巾"即拿着巾的名叫紫的成年婢女。**今按**：可語譯爲：大婢"紫"捧着巾。

［15］**李家浩**（2012：62、78）："大婢□"下殘缺之字，摹本作"侍"，但從照片看不到殘畫。簡文所記木俑往往成對，一、二號簡所記木俑"大婢"是"侍"，按理講此號簡和四號簡所記木俑"大婢"是一對，彼"大婢"是"承巾"，此"大婢"也應該是"承巾"，疑此簡殘缺之字是"承巾"二字。

〔疏證〕

《説文》巾部："巾，佩巾也。"《急就篇》卷二"靸鞮卬角褐韤巾"，顏注："巾者，一幅之巾，所以裹頭也。一曰：裹足之巾，若今人裹足布也。"《釋名·釋首飾》："巾，謹也，二十成人，士冠庶人巾，當自謹修四教也。"《廣雅·釋器》："帉、帉、帨、帨、幋、幋、幏、幭，巾也。"王念孫疏證："巾者，所以覆物，亦所以拭物。"《儀禮·士婚禮》"母施衿結帨"，鄭玄注："帨，佩巾也。"

故巾是一個多義詞，其可以是頭巾、蔽膝、手巾、器巾等，需要聯繫前後語境而定其義。

在遣册記録中，頭巾多稱爲幘、帊、絮巾等，蔽膝稱爲蔽膝、巨巾、大巾等，手巾則徑稱手巾，覆物之巾稱爲器巾、幭等。未有其他用途類詞語搭配的"巾"，可能是指多用途的佩巾，本書暫且歸入一類。

【帗】【大巾】

（1）麻紌（帗）一　　馬王堆M3遣378
（2）緒（紵）紌（帗）三[1]　　馬王堆M3遣375
（3）素紌（帗）二。今三[2]　　馬王堆M3遣377
（4）大巾一　　劉賜衣物名A肆11

〔集釋〕

[1]　"緒"下一字，簡377、378有與此字寫法相同之字，**馬王堆M3報告**（2004：71）釋"紼"，疑爲"市"字。**陳松長**（2001a：530）、**何有祖**（2004a）釋"紞"。**伊强**（2005：27、28）：似可釋寫作"紌"，大概可讀作"帗"。《説文》巾部"帗，楚謂大巾曰帗。从巾，分聲"，段玉裁注："《方言》：'大巾謂之帗。'《内則》曰'左佩紛帨'，鄭云：'紛帨，拭物之佩巾，今齊人有言紛者。'《釋文》曰：'紛，或作帉'。按：紛者，段借字也。帗、帉同。"對比馬王堆M1簡249"緒巾一"、簡250"麻巾一"，將M3簡文中的"紌"讀爲"帗"從辭例、文意上講也很合適。

[2]　**馬王堆集成**（2014：260）："今三"係校讎語，M3簡332有"今四"。

〔疏證〕

馬王堆遣册所記之"帗"，伊强據《説文》《方言》等訓爲大巾，可從。劉賜衣物名中的大巾、小巾相次記録，則其取名着眼於大小，這裏的"大巾"與蔽膝之另稱"大巾"（《方言》第四"蔽郗，……魏宋南楚之間謂之大巾"）無關。帗（大巾）、小巾，似乎是雜用之巾。

【小巾】

（1）小巾一[1]　　尹灣M6君兄節司小物疏B叁3

（2）小巾二　劉賜衣物名A肆12

（3）□小巾□□□□[2]　鳳凰山M9遣59

【集釋】

[1] **劉洪石**（1999：124）：小巾指擦抹憑几或用具的巾。**張顯成、周群麗**（2011：115）：小巾，小帕子。

[2] 首字與倒數第二字，**中山**（2012：76）釋繡、盛。**李家浩**（2012：76）作缺釋處理。

【手巾】

（1）手巾一[1]　尹灣M6君兄節司小物疏B叁4

（2）素手巾□繢緣[2]　丿　鳳凰山M8遣54

（3）細練手巾一　劉林衣物疏B伍4

（4）帛（白）浮（？）手巾一[3]　劉林衣物疏B伍5

【集釋】

[1] **張顯成、周群麗**（2011：116）：手巾即手帕，拭面或揩手用的巾。

[2] “巾”下一字，**中山**（2012：27）未釋，**彭浩**（2012：27）疑爲“皆”。今**按**：“素手巾”後未見數詞，而“皆”的使用應至少包含數量爲二及其以上的對象。此字殘缺筆畫較多，釋爲“皆”確實比較可疑。

繢，**張一諾**（2011：15）：《急就篇》“承塵户嗛條繢緫”，顏注曰：“繢，亦條組之屬也，似纂而色赤。”繢，亦指繪或繡得彩色花紋。**毛靜**（2011：54）：繢，《説文·糸部》“繢，織餘也”，段玉裁注：“一曰畫也。”《正字通·糸部》：“繢，……會五采以畫也。”繢緣，在巾的邊緣繪上圖案。此簡的素手巾，或是指簡52、53中大婢所奉之巾。

關於此簡所記之物，**彭浩**（2012：27）指出不見實物。

關於此簡的簡序，今**按**：簡54所記的“素手巾”與簡52、53所記大婢所奉之巾並不相同，簡54的順序不應位於簡53之後。

[3] **王谷**（2020：144—146）：劉林衣物疏B伍4、B伍5原釋文中所謂的“于”，字的豎筆是否出頭，不好確定。“于”似當釋爲“手”。“手巾”，漢墓遣冊屢見。“帛浮”二字圖版字迹模糊不清，據上下文推測，疑爲“帛練”二字，讀爲“白練”。

〖疏證〗

手巾，今謂之手帕、手絹，即拭手之巾。金關漢簡73EJT37：861記有"手巾二"。曹操墓石楬M2：362記有"緻手巾一"，西朱村石碣M1：229記有"白越手巾一"，"緻""越"疑指越布，即越地所産之布，"白越手巾"或指用白色的越布製作的手巾。

手巾屬小巾類，可隨身攜帶。《三國志·魏書·武帝紀》："身自佩小鞶囊，以盛手巾細物。"《太平御覽》卷七一六《服用部·手巾》引《漢名臣奏》："王莽斥出王閎，太后憐之。閎伏泣失聲，太后親自以手巾拭閎泣。"又引《東宮舊事》："太子納妃，有百濟白手巾也。"《隸釋》卷六《國三老袁良碑》："特賜錢十萬，雜繒卅匹，玉具劍、佩、書刀、繡文印衣、無極手巾各一。"

戰國漢晉墓中有手巾出土實物。如長沙左家塘楚墓M44出有一枚縠手巾，上下有緣，一角打小結，長28、寬24厘米①（圖1.4-1，1）。1934年新疆羅布淖爾孔雀河北岸古墓中出有一枚長方形的絹巾，四周有緣，一角縫有繫帶，長17.5、寬13厘米（圖1.4-1，2），有研究認爲其即綢帕，用以拭手②。尼雅遺址1號墓地M8出有一枚長方形棉布巾，一角縫有天藍色絹帶環扣，長7.5、寬5厘米③（圖1.4-1，3）。左家塘楚墓所出之縠手巾的一角打小結，或是爲了與繫帶相接，繫帶已不存。新疆出土的兩枚手巾均縫綴繫帶，主要是出於方便攜帶之用。

圖1.4-1　考古資料所見手巾
1.左家塘楚墓M44縠手巾　2.孔雀河古墓出土絹手巾　3.尼雅95MNⅠM8：37棉布手巾

① 湖南省博物館、首都博物館：《鳳舞九天：楚文化特展》，科學出版社，2015年，第77頁。
② 南京博物院編著：《歷代織繡》，江蘇美術出版社，2013年，第2頁。
③ 新疆文物考古研究所：《新疆民豐縣尼雅遺址95MNⅠ號墓地M8發掘簡報》，《文物》2000年第1期。

二、衣　幭

【衣幭】

（1）連絑（珠）合（袷）衣戝（幭）一[1]　　馬王堆M3遣358

〖集釋〗

　　［1］“衣”下一字，**馬王堆M3報告**（2004：70）隸作“戝”，與“裁”相近。**伊强**（2005：25、26）：可釋寫作“戝”，即“幭”字。

　　連絑，**馬王堆M3報告**（2004：70）：《說文·系部》：“絑，純赤也。《虞書》‘丹朱’如此。”**中國科學院考古研究所**（1975：57）：簡文提到一些織物花紋的名稱，如“春草”“蘭”“連珠”“斿豹”等。**伊强**（2005：26、27）：“連絑”（連珠）爲絲織物花紋的名稱，“連絑（珠）合（袷）衣幭”指的是一種有“連珠”紋飾的“合（袷）衣幭”。

〖疏證〗

　　幭是覆物之巾。衣幭疑即用以包裹衣物之巾。“袷衣幭”之“袷”爲幭的形制，即有表有裏，馬王堆M1出土的盒幭即爲袷制，若用其包裹衣物，即可稱之爲“袷衣幭”。

三、衣　笥

【衣笥】

（1）衣笥[1]　　馬王堆M1木楬1
（2）衣薈乙笥[2]　　馬王堆M3木楬7
　　乙笥[3]　　馬王堆M3木楬8
（3）繒六十三，匹三丈，緒（紵）三，衣一笥=（笥，笥）繒[4]　卩　羅泊灣M1從器志A壹6
（4）衣袍五十領，二笥=（笥，笥）皆繒緣　卩　羅泊灣M1從器志A壹2
（5）被（帔）、綺函　徐家灣M401木楬

〖集釋〗

　　［1］**馬王堆M1報告**（1973：65、111、114）：M1：329竹笥長69.5、寬39.5、高

21厘米，黄絹襯裏，内盛袍6件、襌衣3件、裙2件、襪2雙、袍緣1件。"衣笥"木牌出土時繫在329號笥上。

　　〔2〕**馬王堆M3報告**（2004：188）："衣薈乙笥"木牌出土時脱落，當屬東112竹笥。"薈"本意爲草木繁密貌，此處似指香草，"衣薈"意爲衣服與香草共聚。**馬王堆集成**（2014：265）：此説可疑，待考。

　　〔3〕**馬王堆M3報告**（2004：188、200）：東111"乙笥"木牌未記係何物，特小，長方形，頂部未用墨塗黑，出土時與東78"衣薈乙笥"木牌均在東112竹笥附近。東78"衣薈乙笥"當屬東112竹笥木牌，而東111木牌當屬象徵性。東112竹笥内盛夾服、裙及絲織物。

　　〔4〕**廣西壯族自治區博物館**（1988：80）："繒"下似脱一"緣"字，恐爲此行字數太多，有意省去。

〔疏證〕

　　衣笥，即盛衣之笥。用笥盛衣，是漢代常見的使用方式。馬王堆M1、M3，羅泊灣M1隨葬之衣，均用笥盛裝（圖1.4-2，1）。

　　衣笥之外，還有衣篋、衣函等盛衣之具。《東觀漢記》卷七《傳二・東平憲王蒼》："今以光烈皇后假髻、帛巾各一，衣一篋遺王。"《急就篇》卷三"篋笥箕帚筐篋簍"，顔注："篋，長笥也，言其狹長篋篋然也。"衣笥、衣篋，形制相仿，用途相同。

　　衣函，見於徐家灣M401木楬"被（帔）、綺函"，"函"即漆木笥一類盛具，此指衣箱。《慧琳音義》卷七"寶函"注："函，古文作柙，或作械。《考聲》云：木匜也。《説文》作圅，圅，篋也。"和林格爾壁畫墓中室北壁中央有夫人燕居圖，其左側有大型四足方箱，疑即衣櫃①（圖1.4-2，2）。

1　　　　　　　　　　　　　　　　　2

圖1.4-2　考古資料所見衣笥與衣櫃
1.馬王堆M1：329衣笥　2.和林格爾壁畫墓燕居圖左側有三枚衣櫃

---

　　①　陳永志等編：《和林格爾漢墓壁畫孝子傳圖摹寫圖輯録》，文物出版社，2015年，第123、124頁。

第二章　飲　　食

在漢代遣册中，飲食類器物的記録佔有較大比重①。飲食器可分爲食器、飲器和炊器。食器有盛食器、取食器、承食器等，其中盛食器主要有鼎、盤、杯、盂、罍、缶、籥等，取食器有枓、匕、箸，承食器主要有案。飲器有盛飲器、挹飲器，其中盛飲器有壺、鍾、鈁、樏、杯、卮等，挹飲器爲勺。炊器主要有竈、釜、甑、甂等，燃料有薪、炭兩種，取水器有汲甕。

第一節　食　　器

一、盛　食　器

【杯】

（1）桼（漆）汾（丹）幸食杯五十　馬王堆M1遣192

　　　桼（漆）汾（丹）幸食杯五十[1]　馬王堆M1遣193

（2）桼（漆）汾（丹）幸食杯百[2]　馬王堆M3遣247

（3）桼（漆）汾（丹）畫小桮（杯）十[3]　大墳頭M1遣牘A貳4

　　　桼（漆）汾（丹）畫大桮（杯）十[4]　大墳頭M1遣牘A貳5

　　　緒（絎）栖（杯）廿[5]　大墳頭M1遣牘B肆7

　　　桼（漆）栖（杯）十[6]　大墳頭M1遣牘B肆8

（4）畫杯三雔〈雙〉[7]　高臺M18遣牘壹6

　　　桼（漆）杯二雙一奇[8]　高臺M18遣牘貳1

（5）丹杯百，一笥，繒緣[9]　羅泊灣M1從器志A叁2

　　　杯及卑（椑）虎（榹）、西靡、笥各一[10]　羅泊灣M1從器志B貳2

---

① 需要説明的是，食物在漢代遣册中記録較多，相關的研究成果也比較豐富（如趙敏敏：《西漢遣册所記食物整理與研究》，武漢大學碩士學位論文，2017年），限於篇幅，本書暫不討論食物類名物。

（6）牧（墨）杯七[11]　　∫　張家山M247遣37貳

　　　畫杯七　　∫　張家山M247遣35貳

（7）食赤杯十[12]　　∫　鳳凰山M8遣111

　　　黑杯廿[13]　　∫　鳳凰山M8遣109

（8）黑杯十五隻（雙）[14]　　∫　鳳凰山M9遣27

（9）赤杯三具[15]　　鳳凰山M10牘1A肆4

　　　黑杯五[16]　　鳳凰山M10牘1A肆5

（10）墨桮（杯）廿枚[17]　　鳳凰山M167遣28

（11）黑杯卅[18]　　∫　鳳凰山M168遣31

　　　畫杯卅[19]　　∫　鳳凰山M168遣32

　　　魚杯廿枚[20]　　∫　鳳凰山M168遣33

（12）縢（漆）杯二百[21]　　漁陽木楬B：8

（13）黑杯十[22]　　方　蕭家草場M26遣8

（14）□桮（杯）十隻（雙）[23]　　鳳凰山M169遣15

　　　□桮（杯）五隻（雙）[24]　　鳳凰山M169遣17

【集釋】

　　[1]“幸”上一字，**馬王堆M1報告**（1973：145）摹寫字形，注釋云：此字漢代漆器銘文中常見，舊釋有“彤”“泹”“汩”“羽”“雕”等，諸説不同。就製造漆器程序而言，似指畫花紋後的打磨抛光。**唐蘭**（1980：33）隸作“洀”，即般；洀（般）和麭一聲之轉，本意是上完灰漆之後，再上一道漆。洀工就是麭工。**朱德熙**、**裘錫圭**（1980：69、70）釋爲“汅”，是指丹漆的一個字，讀爲“丹”或“彤”；古書裏“漆”和“髹”不言色者往往指黑漆，丹漆一般稱“彤”；漆器“髹汅畫”一般是在施黑漆、朱漆後再加文飾，“髹畫”大概是以“髹”兼指施黑漆和朱漆，“髹汅”不加“畫”字應該是施黑漆、朱漆而不加文飾的意思。**馬王堆集成**（2014：201）釋“汅”。朱、裘之説是，此字亦見於M3遣册267、273。二、三號墓報告引周世榮之説不可從。**今按**：海昏侯墓出土M1：528漆木盾上的朱書銘文記有“私府縢丹畫盾一”①，一件漆笥的殘片上朱書銘文記有“私府縢丹木笥一合”②。可證“汅”同“丹”。

————————

　　①　江西省文物考古研究院、北京師範大學：《江西南昌西漢海昏侯劉賀墓出土漆木器》，《文物》2018年第11期。

　　②　江西省博物館：《驚世大發現：南昌漢代海昏侯國考古成果展》，江西美術出版社，2018年，第134頁。

　　關於"幸食杯"，**馬王堆M1報告**（1973：78）：一些漆器上書寫有"君幸酒"或"君幸食"字樣，可以解釋爲希望使用者進食、進酒的意思。**唐蘭**（1980：35、36）："幸酒""幸食"等的"幸"字爲統治階級專用的動詞，"君"泛稱這類貴族。**今按**：西漢鏡銘有"日有憙，宜酒食"，又有"日有憙，幸酒食"，"宜"與"幸"相當，含義應相近，幸酒、幸食，意即宜酒、宜食。君幸食、君幸酒，大概是祝願使用者能吃好喝好，身體健康，延壽無疆。長沙風篷嶺西漢墓出土的M1：33圓形漆器殘片上朱書有"宜酒食"三字[1]，故宮博物院藏一件青銅壺鑄有"宜酒食，樂未央，長久富"[2]，遼寧遼陽三道壕的一件陶案刻銘"永元十七年三月廿六日造作瓦案，大吉，常宜酒肉"[3]。君幸食、君幸酒、宜酒食、宜酒肉等吉語的含義大體相同。

　　［2］"幸"上一字，**馬王堆M3報告**（2004：64）隸作"汅"，爲"汅"的異體字，漢代漆器銘文中的"汅工"即《髹飾録》中的"罩明"工藝。**伊强**（2005：18）：M1、M3遣册中的此字當從朱德熙、裘錫圭釋爲"汧"，讀爲"彤"。

　　馬王堆M3報告（2004：130）：出土漆木食杯98件，外髹黑漆，内髹紅漆，素面，杯内黑漆書"君幸食"，耳背均書"一升半升"（南42除外）。簡247所記當即指此，但實物少二件。

　　［3］**湖北省博物館**（1981：17、18）：婄即棓之假借字，《急就篇》三顔注："杯，飲器也。"木牘所記"膝汅畫小婄十"指墓中出土的頭廂1號等10件器形較小的彩繪花紋漆耳杯。

　　［4］**湖北省博物館**（1981：18）："膝汅畫大婄十"指墓中出土的邊廂35號等10件器形較大的彩繪花紋漆耳杯。

　　［5］**湖北省博物館**（1981：20）：緒栖即紵杯，指夾紵胎的漆耳杯，當即墓内出土的邊廂20號等20件夾紵胎的漆耳杯。**今按**：洪石指出"在關於漆器的發掘簡報和研究文章中，凡是言夾紵胎者其實皆爲紵胎即布胎"[4]。

　　［6］**湖北省博物館**（1981：20）：就是墓内出土的頭廂31號與耳杯盒裹的10件裹塗紅漆、外塗黑漆的耳杯。**今按**："膝栖十"也可能指内外均髹黑漆的10件C型耳杯，詳見疏證部分。

　　［7］"三"下一字，**湖北省荆州博物館**（2000：229）釋"雙"。**于麗微**（2014：

①　長沙市文物考古研究所：《西漢長沙王陵出土漆器輯録》，嶽麓書社，2016年，第160頁。
②　杜迺松主編：《故宮博物院藏文物珍品大系：青銅生活器》，上海科學技術出版社、商務印書館（香港），2007年，第62頁。
③　胡海帆、湯燕：《1996—2017北京大學圖書館新藏金石拓本菁華（續編）》，北京大學出版社，2018年，第58頁。**今按**："常"舊釋"當"，今改。
④　洪石：《戰國秦漢漆器研究》，文物出版社，2006年，第113—117頁。

44）隸作"雔"，是"雙"的訛字。

湖北省荆州博物館（2000：229）將"畫杯三雙"對應髹漆小型耳杯6件。

［8］湖北省荆州博物館（2000：229）："髹杯二雙一奇"應爲5件髹漆耳杯，未見實物。**今按**：漆杯爲無紋飾的髹漆耳杯，墓中所出耳杯皆有彩繪，故發掘報告云"未見實物"，可從。

［9］廣西壯族自治區博物館（1988：81）："丹杯"指紅色漆耳杯。

［10］廣西壯族自治區博物館（1988：83）：杯指漆耳杯。

［11］"杯"上一字，張家山二四七號漢墓整理小組（2001：305）釋"枚"，馬榶。杯，疑讀爲"棓"，大杖。或説"枚"字爲"杖"字之誤。田河（2010：89）："枚杯"與"畫杯"屬同類之器，杯指耳杯。**今按**：首字當釋"牧"，牧杯即墨杯、黑杯（詳見後文疏證）。簡文記錄的牧杯、畫杯各7枚，總數爲14枚；從該墓隨葬器物分佈圖看，有漆耳杯15件，比簡文記錄的數量多1件。

［12］彭浩（2012：42）：出土有赤色耳杯10件。

［13］彭浩（2012：41）：出土有黑色漆耳杯20件。

［14］章水根（2013：118）：M168簡31簡文爲"黑杯卅"，與之對應的隨葬品爲内塗朱漆，外塗黑漆，無花紋的耳杯。鳳凰山M9簡27所記耳杯在發掘簡報中没有介紹，也應該是内塗朱漆，外塗黑漆，無花紋的耳杯。

［15］毛靜（2011：68）：赤杯，指漆紅漆的耳杯。章水根（2013：140）：赤杯三具即六個紅色耳杯。**今按**：鳳凰山M10遣册所記耳杯中有"柯（閜）一具""赤杯三具""黑杯五"，墓中共出土漆耳杯12枚，除"黑杯"的數量明確爲5之外，閜、赤杯的數量並不明確。

［16］毛靜（2011：68）：黑杯，指漆黑漆的耳杯；墓中共出土耳杯12件。章水根（2013：141）：黑杯即外塗黑漆的耳杯，此墓共出土大、中、小耳杯12個，簡文所記有大耳杯（柯）兩個、赤杯6個和黑杯5個，共13個，簡文少記1個。

［17］姚孝遂、陳雍（2012：162）：隨葬墨色耳杯6。鳳凰山M167簡報（1976：36）在"鳳凰山一六七號墓頭廂隨葬品一覽表"中將此簡所記對應"墨色耳杯10"，備注"10枚爲疊，以絲綫捆紮，實物少10"。章水根（2013：285）：墨栖當與黑杯顏色相似，黑杯是内塗朱漆，外塗黑漆。**今按**：姚孝遂、陳雍的意見與發掘簡報相左，似發掘簡報更可信。

［18］陳振裕（2012：203）在"簡文内容與出土物對照表"中將此簡所記對應黑漆耳杯30（82—86、90—92、133—136、167、168、197—204、267—272），備注"相符"。鳳凰山M168報告（1993：476）：D型厚木胎耳杯30件，内塗朱漆，外塗黑漆，無花紋，大小基本相同。簡31記"黑杯卅"，當指此類器。

〔19〕**陳振裕**（2012：203）在"簡文内容與出土物對照表"中將此簡所記對應小彩繪耳杯30（94、95、96、113—115、118—122、124、205—208、212—219、241—243、265、266、226），備注"相符"。**鳳凰山M168報告**（1993：475）：B型漆木耳杯30件，耳上用朱、褐漆彩繪卷雲紋和圓卷紋。簡32記"畫杯卅"，當指此類器。

〔20〕**陳振裕**（2012：203）在"簡文内容與出土物對照表"中將此簡所記對應彩繪小魚紋漆耳杯20（89、98—104、125—132、139—142），備注"相符"。**鳳凰山M168報告**（1993：476）：C型漆木耳杯20件，器形花紋完全相同，較小，朱繪小魚紋。簡33所記當指此類耳杯。

〔21〕**姜維**（2011：82）：據發掘簡報，該墓出土耳杯2500件，皆爲木胎，外髹黑漆，内髹紅漆。該木楬所記當是隨葬耳杯中一部分。**今按**：發掘簡報總體介紹耳杯2500餘件，皆"外髹黑漆，内髹紅漆"，但又説"Ⅰ型，通體髹黑漆，耳部朱繪雲氣紋，杯内繪鳳鳥、雲氣紋"，則此墓所出耳杯有通體髹黑漆和外髹黑漆、内髹紅漆這兩種，再另加紋飾。木楬所記"漆杯"與墓主出土耳杯的對應關係不明。

〔22〕**蕭家草場M26報告**（2001：139）：出土大小形制相同、通體髹黑色漆的漆耳杯10件。

〔23〕**李天虹**（2012：222）：桮即杯；隻，疑通作雙。

〔24〕"桮"上一字，**中山**（2012：211）、**李天虹**（2012：211）均未釋。**章水根**（2013：345）：此字當是一個形容顔色或紋飾的詞。

李天虹（2012：223）在"遣策與出土實物對照表"中將簡15所記對應"彩繪大漆耳杯18"，將簡17所記對應"小漆耳杯14"。**今按**：鳳凰山M169尚有多枚殘簡，可釋簡文中與"杯"相關者爲簡15、16、17，分別記"□桮（杯）十隻（雙）""醬桮（杯）五隻（雙）""□桮（杯）五隻（雙）"。墓中出土耳杯的具體情況是，"漆耳杯共52件。橢圓形，新月形耳上翹，平底。按大小及紋飾可分爲三種：Ⅰ彩繪大耳杯，18件，長15.9、寬12、高4厘米，耳上繪有雲氣暗紋和Ⅲ形、花草形明紋；Ⅱ醬色大耳杯，20件，長16.5、寬12.6、高4.5厘米，通體髹醬色漆，素面；Ⅲ小耳杯，14件，長13.5、寬10、高3.5厘米，内紅外醬，無紋飾"。由於簡15、17首字無法確釋，故簡文記錄與出土耳杯的對應關係不明。

〖疏證〗

關於桮、杯二字的關係，《古文字譜系疏證》指出："桮，初文作杯，桮乃杯之繁文，從木，否聲"①；《字源》指出："戰國文字從木，不聲。秦代文字承襲戰

① 黄德寬主編：《古文字譜系疏證》，商務印書館，2007年，第284頁。

國文字，聲旁‘不’或加‘口’繁化爲‘否’，聲旁有‘不’‘丕’‘否’‘音’幾種寫法”①。《急就篇》卷三“榶杅槃案杅閜鋗”，顔注：“杯，飲器也，一名鹽。閜，大杯也。”《方言》第五：“盃、械、盞、溫、閜、㯷，㯖，杅也。秦晉之郊謂之盃；自關而東趙魏之間曰械，或曰盞，或曰溫。其大者謂之閜，吳越之間曰㯷，齊右平原以東或謂之㯖。杅，其通語也。”《廣雅·釋器》：“㯷、鹽、㯖、械、盃、閜、盞、溫，杯也。”因“杯”以兩側有耳爲顯著特徵，後人多稱其爲耳杯。漢代耳杯自名器中雖然尚未見到“耳杯”之稱，但不少自名器的銘文中稱口沿兩側之抓手爲“耳”，如“銅耳黃涂栢”，則“耳杯”之稱是合適的。

　　漢代亦有特殊形制的耳杯，如揚州平山養殖場新莽墓M4∶9器體呈圓形，器壁較高，口沿兩側附有對稱耳，內外髹褐漆，素面，口徑17.2、底徑10.2、高6.2厘米，發掘簡報稱其爲“圓漆耳杯”②（圖2.1-1，1），應可從。上海博物館藏有一件西漢彩繪漆耳杯，一側耳上雕有踞坐戴武冠的立體人像（圖2.1-1，2），製作精美，頗具新意③。貴州赫章可樂西漢晚期墓M48∶3無耳角質杯係用獸角磨製而成，橢圓身，窄平沿，淺腹，平底，假圈足，長6.9、寬5.8、高2.2厘米④。此角杯甚小，屬杯中之“盞”；其無耳，可能是受製作材質的限制，不得已而爲之。此外，漢代還有帶底座的耳杯，如茂陵一號無名冢一號從葬坑出有6件鎏金銅耳杯底座，喇叭形足，圓柱柄上分四枝，所承托的漆耳杯已朽，僅殘存銅耳或銀釦⑤；安徽渦陽稽山西漢崖墓亦出有一件形制相同的鎏金銅耳杯底座⑥（圖2.1-1，3）。這兩處墓葬所出之底座與耳杯的共存關係並不明確，幸運的是，江蘇儀徵雙壇村西漢墓出有2件保存較好的帶銅底座漆木耳杯（圖2.1-1，4），底座的形制與前舉兩墓所出者相同，但未鎏金，其底座的四個枝托嵌入到耳杯底部，使得底座與耳杯成爲一個整體⑦。由此可以知道茂陵陪葬墓與稽山漢墓所出的底座應也是要嵌入耳杯底部的，它們是一個整體。帶座耳杯在楚墓與秦墓中亦有出土，祇是造型不同：楚墓中的帶座耳杯近豆形，長臺關楚墓M1遣册2-020稱之

---

① 李學勤主編：《字源》，天津古籍出版社、遼寧人民出版社，2012年，第521頁。

② 揚州博物館：《揚州平山養殖場漢墓清理簡報》，《文物》1987年第1期。

③ 上海博物館編：《柏林·上海：古代埃及與早期中國文明》，上海書畫出版社，2016年，第258頁。

④ 貴州省博物館考古組、貴州省赫章縣文化館：《赫章可樂發掘報告》，《考古學報》1986年第2期，第228頁。

⑤ 咸陽地區文管會、茂陵博物館：《陝西茂陵一號無名冢一號從葬坑的發掘》，《文物》1982年第9期。

⑥ 劉海超、楊玉彬：《安徽渦陽稽山漢代崖墓》，《文物》2003年第9期。

⑦ 游咏：《西漢銅座漆耳杯及相關問題的討論》，《東南文化》1999年第2期；金維諾總主編，陳振裕、蔣迎春、胡德生卷主編：《中國美術全集·漆器家具·1》，黃山書社，2010年，第162頁。

爲"杯豆"，意即杯形之豆；河南泌陽官莊秦墓出有一件四足耳杯，其杯底鑲嵌鎏銀
銅箍，再於四角鑄接四蹄足①。戰國秦漢時期的有座耳杯可能是專用於盛食的，功能
更近"豆"。

　　杯又可作爲飲食器的泛稱，如睡虎地秦簡《封診式·毒言》簡93"皆莫肯與丙
共桮（杯）器"，整理者注："杯器，見《漢書·地理志》：'都邑都放效吏及内郡
賈人，往往以杯器食。'《大戴禮記·曾子事父母》注：'杯，槃、盂、盆、盞之總
名也。'杯器指當時通行的以耳杯爲主的飲食用具。"②金關漢簡73EJT31：127"☑
□錢言以市杯器☑"，73EJT32：20"☑□調爲官市桮（杯）器長安□□□輜車
一乘"③，73EJT37：778"遣尉史李鳳市席杯器餘得"，這些簡中的"杯器"也
是以"杯"後綴"器"字組成"杯器"一詞來指稱以耳杯爲核心的飲食用具。
懸泉漢簡Ⅱ90DXT0215②：404記"縣泉置河平三年十月廚杯器物名籍☑"，
Ⅱ90DXT0313③：1記"●縣（懸）泉置元康三年七月廚食器簿"，兩相對照，前一記
録中的"杯器物"當爲一詞，實與"杯器"同，屬食器。

　　漆木耳杯在戰國秦漢時期頗爲流行，形制有一些變化，如方耳、圓耳的演變，圈
足的有無等。除使用範圍最廣的漆木耳杯外，出土所見的實用耳杯還有用玉、琉璃、
銀、玳瑁、角、漆皮、漆布、銅、鐵等多種材質製作者。明器耳杯則以陶、滑石、鉛
質者爲主。

　　杯作爲飲食器，具體用途不一，取名也不一樣。食杯，指用於盛食之杯。酒杯，
指用於盛酒之杯。醬杯，指用於盛醬之杯。肉杯，指用於盛肉之杯④。染杯，多爲銅

---

　　①　駐馬店地區文管會、泌陽縣文教局：《河南泌陽秦墓》，《文物》1980年第9期。
　　②　睡虎地秦墓竹簡整理小組：《睡虎地秦墓竹簡》，文物出版社，1990年，第163頁。
　　③　安，原未釋，張俊民補釋。參張俊民：《〈肩水金關漢簡（叁）〉釋文獻疑》，簡帛網2015
年1月19日。
　　④　見揚州萬維工地漢墓M20出土漆耳杯自名。參王子堯、靳禕慶、楊暉：《漢廣陵國之漆耳
杯》，《"中國漆器文化研究的回顧與展望"學術研討會論文集》，浙江攝影出版社，2017年，第81
頁。"肉杯"原被誤釋爲"月杯"，今據文意改釋。

質，指置於染爐上加熱醬料之杯[①]。羹杯，指盛羹之杯[②]。具杯，指成套之杯[③]。出土所見漢代耳杯有部分尚存有食物，如鞏義新華小區東漢墓M1：29銅三足圓案上置有7個銅耳杯，內盛雞骨、肉羹、麵食殘渣等[④]，這些耳杯均屬食杯，細分則有肉杯、羹杯等。

遣册記録之杯，有以材質取名者，如緒桮，未言"緒"者多屬木質；有以大小取名者，如闓、栘、大杯、小杯；有以髹漆顏色取名者，如黑杯、墨杯、漆杯、牧杯、赤杯、丹杯；有以紋飾或器上文字取名者，如畫杯、魚杯、髹汧幸食杯、髹汧幸酒杯；有以用途取名者，如食赤杯、醬杯、歙柯；有以共存狀態取名者，如具杯。

畫杯，即彩繪之杯，見於高臺M18（圖2.1-1，5）、張家山M247、鳳凰山M168遣册等。《釋名·釋書契》："畫，繪也，以五色繪物象也。"漢墓出土彩繪耳杯均有髹漆，或通體髹黑漆，或外髹黑漆內髹紅漆。疑"畫杯"之名强調有紋飾，是"漆畫杯"或"漆丹畫杯"的簡稱。

墨杯，見於鳳凰山M167遣册。黑杯，見於鳳凰山M8、M9、M10、M168、蕭家草場M26遣册。牧杯，見於張家山M247遣册。西北漢簡中亦有類似記録，如居延漢簡89.13記有"墨著（紵）大桮（杯）廿""故黑墨小桮（杯）九"。墨、牧、黑三者音近可通。牧、墨上古音均屬明母職部，《漢書》等文獻記載的黄帝之臣"力牧"，敦煌漢簡寫作"力墨"，馬王堆《十六經》寫作"力黑"。《説文》土部："墨，書墨也。从土从黑，黑亦聲。"里耶秦簡7-4"柏求筆及黑"，"黑"即"墨"；馬王堆帛書《陰陽脈死候》3"面黑目環（睘）視裒（衺）"，張家山《脈書》簡51作"面墨目圜（睘）視雕〈雅〉（邪）"；武威漢簡《儀禮·泰射》簡42"若丹若黑"，今本作"若丹若墨"；金關漢簡73EJT37：1455"其牛墨介齒八歲"，"墨介"在其他西北漢簡中多作"黑犗"。《史記·商君列傳》"殷紂墨墨以亡"，《韓詩外傳》作

---

① 見"史侯家銅染桮"自名器及林巳奈夫、王仁湘、孫機等學者的研究。參林巳奈夫：《漢代の文物》，京都大學人文科學研究所，1976年，第242—244頁；寧立新、楊純淵：《四神染爐考辨》，《北方文物》1988年第1期；孫機：《漢代物質文化資料圖説》，文物出版社，1991年，第308、309頁；孫機：《關於染器——答黄盛璋先生》，《文博》1995年第1期；王仁湘：《染爐之謎》，《中國烹飪》1988年第10期，原署名"知子"；李開森：《是温酒器，還是食器——關於漢代染爐染杯的考古實驗報告》，《文物天地》1996年第2期；陳昭容：《史語所藏平安侯家染爐——兼談染爐染杯的相關問題》，《古今論衡》第10期，2003年。

② 如《史記·項羽本紀》"幸分我一桮羹"，亦見於古人堤漢簡58+60、馬圈灣漢簡8、居延漢簡265.17等。樂浪漢墓出土耳杯有自名"羹桮"者，參梅原末治：《支那漢代紀年銘漆器圖説》，日本京都桑名文星堂，1943年，第27、46頁。

③ 詳後文"具杯"條。

④ 鄭州市文物考古研究所、鞏義市文物保護管理所：《河南鞏義市新華小區漢墓發掘簡報》，《華夏考古》2001年第4期。

"商紂默默而亡"，《説苑·正諫》作"紂嘿嘿而亡"。這些豐富的例證均説明墨、黑互通，居延簡所記"黑墨小梧"之"黑墨"應是同義複詞。因此，漢簡記録中的墨杯、黑杯、牧杯、黑墨杯均指黑色的耳杯，也即是髹有黑漆的耳杯。漢代髹漆盛具，如盇、盂、耳杯等，通常外腹和外底髹黑漆，内壁和内底髹黑漆或紅漆，故漆器顏色的區別主要在於内部，外部的顏色一般無需多言①。鳳凰山M10遺册A肆4、5分別記有"赤杯三具""黑杯五"，赤杯、黑杯相對而言，則必有區別，赤杯疑指内髹紅漆之杯，黑杯疑指内髹黑漆之杯（也即通體髹黑漆之杯）。因此，墨杯、黑杯、牧杯疑指通體髹黑漆的耳杯。西漢早期遺册所屬墓葬的考古發掘資料有部分未見詳細披露，這爲我們進行名實考察帶來很大困難，相關情況簡要統計如表2.1-1。可以爲我們提供確切證據的是蕭家草場M26遺册，其簡8記"黑杯十"，對應墓中出土的通體髹黑漆的耳杯10枚。

表2.1-1 漢代遺册所記"黑杯""墨杯""牧杯"的名實對應情況

遺册與編號	杯名	簡文内容	出土耳杯
鳳凰山M9遺册27	黑杯	黑杯十五隻（雙）	顏色不明
鳳凰山M8遺册109	黑杯	黑杯廿	黑色耳杯。未言内外
鳳凰山M10木牘1A肆5	黑杯	黑杯五	顏色不明
鳳凰山M167遺册28	墨杯	墨栖（杯）廿枚	墨色耳杯。未言内外
鳳凰山M168遺册31	黑杯	黑杯卅	整理者説"黑漆耳杯"，未言内外；發掘報告説"内塗朱漆，外塗黑漆"。二者矛盾，待考
蕭家草場M26遺册8	黑杯	黑杯十	通體髹黑色漆
張家山M247遺册37貳	牧杯	牧（墨）杯七	顏色不明

赤杯，見於鳳凰山M10遺册，亦見於西北漢簡，如懸泉漢簡Ⅰ90DXT0109②：41+42記"入大赤杯百。受丞張卿所買。□"，居延漢簡89.13A記"赤栖（杯）七具"。鳳凰山M8遺册111所記"食赤杯"是以用途和顏色取名，據顏色而言，也屬"赤杯"。

————————————

① 出土漢代漆器中，外髹紅漆者少見，如成都天回西漢墓M3：13陶罐外髹紅漆；南昌海昏侯墓M1：633漆木樽（原稱爲"朱漆卮"）通體髹紅漆，再用黑漆彩繪紋飾；揚州邗江胡場西漢墓M17出土的一件漆耳杯，除耳面髹褐漆外，餘髹紅漆（分別參成都文物考古研究所、荆州文物保護中心：《成都天回鎮老官山漢墓發掘簡報》，《南方民族考古》第12輯，科學出版社，2016年，第227頁；江西省文物考古研究院、北京師範大學：《江西南昌西漢海昏侯劉賀墓出土漆木器》，《文物》2018年第11期；揚州博物館：《漢廣陵國漆器》，文物出版社，2004年，第55頁）。孫機指出："外黑内紅的漆器在春秋時已經出現，至戰國時寖成定制。"（《關於漢代漆器的幾個問題》，《文物》2004年第12期）漢代的漆器亦多採用這種髹漆方案，故出土所見外髹黑漆内髹紅漆的漆器遠多於通體髹黑漆者。

丹杯，見於羅泊灣從器志，《廣雅·釋器》："丹、彤、朱……，赤也"，故丹杯、赤杯所指相同。同樣由於鳳凰山M8、M10的考古發掘資料未見詳細披露，羅泊灣M1又被盜嚴重，故很難對丹杯、赤杯進行確切的名實考察（表2.1-2）。從這三座墓披露的考古資料對漆耳杯的總體介紹來看，未見有通體髹紅漆者，而鳳凰山M10遣冊"赤杯""黑杯"對言，疑赤杯、丹杯是漆赤杯、漆丹杯的簡稱，指外髹黑漆、內髹紅漆的耳杯。

表2.1-2　漢代遣冊所記"赤杯""丹杯""食赤杯"的名實對應情況

遣冊與編號	杯名	簡文內容	出土耳杯
鳳凰山M10遣冊1A肆4	赤杯	赤杯三具	顏色不明
羅泊灣M1從器志A叄2	丹杯	丹杯百，一笥，繢緣	整理者謂指"紅色漆耳杯"，未言內外
鳳凰山M8遣冊111	食赤杯	食赤杯十	整理者謂指"赤色耳杯"，未言內外

漆杯，見於大墳頭M1、高臺M18遣冊和漁陽墓木楬。《周禮·春官·巾車》"漆車"，鄭玄注："漆車，黑車也。"賈公彥疏："凡漆不言色者，皆黑。且大夫所乘墨車，無篆縵之飾，直得黑名，是凡車皆黑漆也。"但出土文獻中不盡然，如海昏侯墓出土多件漆笥殘片上有朱書銘文，今擇其三，錄釋文如下：

（1）私府臻（漆）丹木笥一合。用漆一斗二升七籥，丹猶（猶）、醜（紬）布、財物、工牢（牢），并直六百九十七。昌邑十一年造作，廿合。（器號暫未見公佈）[1]

（2）私府臻（漆）木笥一合。用漆一斗一升六籥，丹㬿（油）、醜（紬）布、財用、工牢，并直九百六十一。昌邑九年造，卅合。（M1：34）

（3）私府臻（漆）木笥一合。用漆一斗二升七籥，丹猶（油）、醜（紬）布、財物、工牢，并直六百九十七。昌邑十一年作，廿合。（M1：668）[2]

① 江西省博物館：《驚世大發現：南昌漢代海昏侯國考古成果展》，江西美術出版社，2018年，第134頁。
② 江西省文物考古研究院、北京師範大學：《江西南昌西漢海昏侯劉賀墓出土漆木器》，《文物》2018年第11期。另參范常喜：《海昏侯劉賀墓出土漆書"丹㬿""醜布"考》，《語言科學》2020年第3期。

范常喜將"丹臾""丹猶"均讀爲"丹油"，指調製丹漆及其他彩漆所用的丹砂和植物油①。我們關注三處銘文中關於木笥的自名信息，例（1）自名"漆丹木笥"，銘文後文確實提到製作這件木笥用到的材料"丹"；例（2）、（3）自名"漆木笥"，其中未言"丹"，但銘文後文仍然都提到製作這件木笥用到了材料"丹"。這説明"漆木笥"與"漆丹木笥"含義相同。"漆丹"可以省略"丹"，而祇言"漆"。朱德熙、裘錫圭曾指出，漆器"髹汈畫"一般是在施黑漆、朱漆後再加文飾，"髹畫"大概是以"髹"兼指施黑漆和朱漆②。因此，在理解遣册所記"漆杯"時，不能簡單理解爲黑漆耳杯，需結合其他簡文及出土實物進行細緻考察。遺憾的是，高臺M18隨葬的耳杯祇有可與簡文"畫杯三雙"相對應的6枚彩繪漆耳杯；漁陽墓被盜，記有"漆杯二百"的木楬與隨葬漆耳杯的共存關係有待進一步披露。

表2.1-3　漢代遣册所記"漆杯"的名實對應情況

遣册與編號	杯名	簡文内容	出土耳杯
大墳頭M1遣册B肆8	漆杯	髹（漆）栖（杯）十	顏色不明。可能指通體黑漆，或外髹黑漆、内髹紅漆者
高臺M18遣册貳1	漆杯	髹（漆）杯二雙一奇	未葬入
漁陽墓出土木楬B：8	漆杯	髹（漆）杯二百	顏色不明

大墳頭M1遣册所記之"漆杯"與墓中所出耳杯的對應關係有些複雜（表2.1-4）。此遣册中與耳杯有關的記録有"髹汈畫閶二""髹汈畫大婔十""髹汈畫小婔十""絉栖廿""醬栖十""髹栖十"。前三者有"髹汈畫"和大小限定，可以很容易與墓中出土的彩繪耳杯按照大小尺寸進行對照。"絉杯"可根據出土耳杯的材質進行準確對應。剩下的"漆杯十"和"醬杯十"，前者從髹漆的角度取名，後者從用途角度取名，着眼點不同，但數量都爲10；墓中出土木耳杯中，可與它們進行對應者亦分爲兩個組別，其中10件外髹黑漆内髹紅漆，另10件則通體髹黑漆③（圖2.1-1，6）。若按照"凡漆不言色者皆黑"的觀點，"漆杯"當指通體髹黑漆者。若從"漆"可兼指髹黑漆和髹紅漆的角度來看，"漆杯"又可指外髹黑漆内髹紅漆的耳杯。因此，從目前有限的材料來看，大墳頭M1所記之"醬栖十""髹栖十"可與墓中出土的10件B型、10件C型漆木耳杯相對應，有待進一步探討四者之間的準確對應關係。

---

① 范常喜：《海昏侯劉賀墓出土漆書"丹臾""醜布"考》，《語言科學》2020年第3期。

② 朱德熙、裘錫圭：《馬王堆一號漢墓遣策考釋補正》，《文史》第10輯，中華書局，1980年，第69、70頁。

③ 東京国立博物館：《漆で描かれた神秘の世界—中国古代漆器展—》，東京国立博物館，1998年，第154頁。

表2.1-4　大墳頭M1出土耳杯與遣冊記錄的對應情況　　（單位：厘米）

式樣	總數	紋飾	胎骨	髹漆	編號	數量	長度	寬度	高度	對應簡文
A	22	彩繪花紋	木	內紅外黑	邊廂17	1	24.5	18	8.6	膝汙畫問二
					邊廂15	1	23.4	19.4	7.2	
					邊廂35、27、48、31、32、36②、41②；頭廂37等	10	18	14.5	5.6	膝汙畫大婄十
					頭廂1、4、7、8、14、33、53②、54；邊廂48等	10	16.8	12.5	5	膝汙畫小婄十
B	10	素面	木	內紅外黑	邊廂8、9、10、31、43、46等	6	15.2	11	4.2	"醬栖十"或"膝栖十"
					頭廂31、41、21②等	4	14.8	10.7	5	
C	30	素面	木	內外黑	邊廂21、17②、20、37③，頭廂3、2等	10	18.3	14	5.8	
				紵	內外褐	邊廂20、32②、36③、44等	20	16.2	13.4	4	緒栖廿

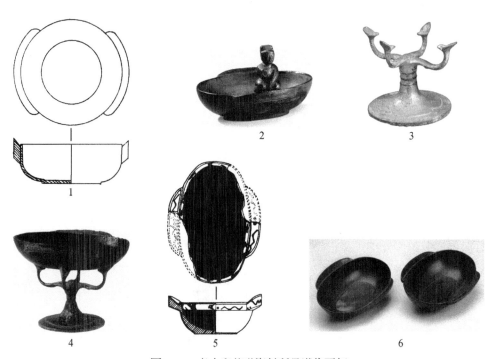

1

2

3

4

5

6

圖2.1-1　考古與傳世資料所見漢代耳杯

1.坪山養殖場M4：9圓漆木耳杯　2.上海博物館藏漆木彩繪耳杯　3.稽山崖墓耳杯底座　4.雙壇村漢墓帶座耳杯
5.高臺M18：15彩繪漆木耳杯　6.大墳頭M1通體黑漆耳杯

【問】

（1）問一雙[1]　　高臺M18遣牘貳2

（2）柯（問）一隻（雙）[2]　　鳳凰山M9遣24

（3）柯（問）一雙（雙）[3]　方　　蕭家草場M26遣6

（4）柯（問）二枚[4]　　鳳凰山M167遣18

（5）柯（問）二雙[5]　丿　　鳳凰山M8遣107

（6）柯（問）一具[6]　　鳳凰山M10牘1A肆3

（7）髹（漆）汧（丹）畫問二[7]　　大墳頭M1遣牘A貳7

〔集釋〕

　　[1]湖北省荆州地區博物館（1993：20注釋③）：問或作柯，《方言》五：
"盂、槭、盞、溫、問、㮾、㯟，栖也。……其大者謂之問。"湖北省荆州博物館
（2000：229）將"問一雙"對應大耳杯2件。今按：發掘簡報云墓中出土彩繪漆耳杯
共8件，形制、紋飾基本相同，2件形體稍大，其中較大的M18：19長22、寬12、通高
6.2厘米。其在漢代耳杯中屬大尺寸者，故遣册謂之曰"問"。

　　[2]李家浩（2012：67、79）：柯，亦見於鳳凰山M8簡107和M167簡18，皆用
爲"問"，指一種大的耳杯；鳳凰山漢墓竹簡量詞"雙"往往省寫作"隻"，本墓竹
簡也是如此。

　　[3]蕭家草場M26報告（2001：138）："柯"即"問"，指大耳杯，出土大小
形制相同的彩繪大耳杯2件。

　　[4]姚孝遂、陳雍（2012：158）：柯即問，隨葬大耳杯二。鳳凰山M167
簡報（1976：36）在"鳳凰山一六七號墓頭廂隨葬品一覽表"中將此簡所記對應"大
耳杯2"。

　　[5]彭浩（2012：41）：柯，即問，指大耳杯，出土有四件大耳杯。孫欣（2009：
93）："柯"是碗、盂之類的器物，《方言》卷五："㼜謂之盂，趙魏之間……盂謂
之柯。"地域上基本相合。《廣雅·釋器》："柯，盂也。"《荀子·正論》："故
魯人以榶，衛人用柯，齊人用一革，土地形制不同，械用備飾不可不異也。"章水根
（2013：76）：《説文·門部》："問，大開也，大栖亦爲問"，問本義應是"大開
也"，訓爲"大杯"，可能也是假借義。今按：金關漢簡73EJC：550記"赤于（盂）
一、一斗柯（問）一，皆□□"，是盂、問有區别。

　　[6]章水根（2013：140）：柯讀爲問，即大耳杯，柯一具即兩個大耳杯。今
按：鳳凰山M10遣册所記耳杯中有"柯（問）一具""赤杯三具""黑杯五"，墓中

共出土漆耳杯12枚，除“黑杯”的數量明確爲5之外，閜、赤杯的數量並不明確，“一具”數量不明。

　　[7] **湖北省博物館**（1981：18）：閜即大耳杯，出土的耳杯中，有兩件體形特大的彩繪漆耳杯（邊廂15、17），當即木牘所記的“膝汧畫閜二”。**今按**：這兩件形體特大的彩繪漆木耳杯，邊廂17長24.5、寬18、高8.6厘米，邊廂15長23.4、寬19.4、高7.2厘米，確屬大型耳杯。

【疏證】

　　“閜”指大杯。《方言》第五：“盂、械、盞、溋、閜、㼟、㽀，桮也。……其大者謂之閜。”《急就篇》卷三：“椯杅槃案桮閜盌”，顏注：“杯，飲器也，一名㿿。閜，大杯也。”藉助考古出土實物等資料，可對閜的形制、容量有更多認識。

　　高臺M18出土的閜，長徑22、短徑12、高6.2厘米；蕭家草場M26出土的閜，長徑21.7、高7.1厘米（圖2.1-2，1）；大墳頭M1出土的閜，一件長24.5、寬18、高8.6厘米，另一件長23.4、寬19.4、高7.2厘米。據此可知，閜的長徑多在一尺左右。

　　金關漢簡73EJC：550記“赤于（盂）一、一斗柯（閜）一”，這部分反映了閜的容量，一斗相當2000毫升。江蘇揚州李巷東莊西漢墓M20出土有一批漆器，其中有在耳背朱書“尹小杯”的耳杯，長徑12.6、短徑8.7、高4.1厘米，實測容130毫升；又有在耳背朱書“尹大杯”的耳杯，長徑15.5、寬11.9、高4.6厘米，實測容約240毫升[1]。“尹小杯”“尹大杯”中的“尹”應是器主姓氏，小杯、大杯則是對耳杯尺寸或容量說明，其大杯的容量遠小於一斗，因此，並非所有的“大杯”都是“閜”。似乎大尺寸（一尺左右乃至更大）或大容量（一斗左右乃至更多）的耳杯纔可稱之爲“閜”。出土所見最大的“閜”爲江蘇盱眙東陽西漢墓M3：13漆木耳杯，長徑32.5、短徑25、高12.2厘米，外髹黑漆、內髹紅漆，彩繪紋飾，與勺共出[2]（圖2.1-2，2）。

1　　　　　　　　　　　2

圖2.1-2　漢墓出土的閜

1. 蕭家草場M26：40漆丹畫閜　　2. 東陽M3：13漆丹畫閜

① 王子堯、靳禕慶、楊暉：《漢廣陵國之漆耳杯》，《“中國漆器文化研究的回顧與展望”學術研討會論文集》，浙江攝影出版社，2017年，第80頁。

② 南京博物院：《江蘇盱眙東陽漢墓》，《考古》1979年第5期。

【具杯】、【具器】、【具杯柙】

（1）騥（漆）畫小具杯廿枚，其二盛醬、鹽。其二郭（槨）首，十八郭（槨）足[1]
　　　馬王堆M1遣195
　　　　　騥（漆）畫具杯柙二合[2]　　馬王堆M1遣196
　　　　　■右方騥（漆）畫小具杯廿枚，檢（奩）二合[3]　　馬王堆M1遣197
（2）騥（漆）畫小具杯廿枚[4]　　馬王堆M3遣250
　　　　　騥（漆）畫具杯柙二合[5]　　馬王堆M3遣249+409
（3）具器一具[6]　　大墳頭M1遣牘A叄1
（4）具器一合，杯十枚，有囊[7]　　丿　鳳凰山M168遣35

〖集釋〗

　　［1］具杯，**馬王堆M1報告**（1973：145）：具杯疑爲成套的杯，或謂爲酒食具用的杯。《禮記·內則》"若未食則助長者視具"，鄭注："具，饌也。"《漢書·何武傳》"（何）壽爲具召武弟顯"，顏注："具謂酒食之具也。" **唐蘭**（1980：36）：具杯指食具所用的杯。

　　馬王堆M1報告（1973：145）：墓中出幾何紋"君幸酒"漆耳杯（小酒杯）10件，1件（390）出北邊廂（郭首）M1：382漆案上，9件出東邊廂（郭左）。其中7件放具杯盒中），當即此簡所記之器，但實際杯數祇有簡文的一半。**唐蘭**（1980：36）：墓中出土幾何紋君幸酒漆杯十個，長徑14厘米，是出土漆杯中最小的。一件出於郭首（北槨箱），和卑匲、小卮等同列案上，說明即此具杯。此外九個在槨左，不在槨足，數目也祇有一半。

　　［2］**馬王堆M1報告**（1973：83、145）：柙，《說文·木部》"柙，劍柙也"，柙通匣，與盒爲同源詞。墓中出具杯盒1件，橢圓形，由上蓋和器身兩部分以子母口扣合而成，器內及蓋內髹紅漆，器身和器蓋均髹黑褐色漆並彩繪紋飾，上下口沿均紅漆書"軑侯家"三字，具杯盒內套裝耳杯7件，其中6件順疊，1件反扣。簡196記"騥畫具杯柙二合"，其一即指此器。**唐蘭**（1980：36）：杯柙即杯匣。墓中出土的具杯柙，祇容七個具杯，說明並不是由於杯和柙成爲一套，纔叫做具杯的。盛杯之器又叫做笿。柙從合聲，笿從各聲，合和各也是一聲之轉。出土祇有一件，比簡文也少一半。

　　［3］**馬王堆M1報告**（1973：145）：檢，指簡196之"柙"，檢、柙音近得通，後起字作"奩"。**唐蘭**（1980：36）：上簡稱"柙"而此稱"檢"，似是筆誤。**朱德熙、裘錫圭**（1980：73）：簡196的"柙"字與簡197的"檢"字恐怕不是音近通用的

關係。簡196考釋引《説文》"枱"字，簡197考釋又説"檢即指上簡之'枱'，檢枱音近得通，後起字作'奩'"，似乎自相矛盾。**今按**：馬王堆漢墓所出漆奩、具杯枱的形制確實不同。但古人稱謂器具時有"同類相及"的現象，奩、枱都是盛具，都有蓋和身，大概這裏也是同類相及的説法。其他漢墓中就出有奩形的耳杯盒，如金雀山西漢墓M31：1、天長三角圩西漢墓M1：176①，其蓋壁下緣接近器底。

　　[4] **馬王堆M3報告**（2004：127）：出土漆木小酒杯25件，外黑漆，内紅漆，彩繪紋飾，在杯内紅漆地上黑漆書寫"君幸酒"三字。其中9件置於M1：西26漆具杯盒内，9件置入M1：北122漆具杯盒内，另有7件置於M1：南37漆食奩内。簡250"髹畫小具杯廿枚"或即指此，但數量不盡相符。**今按**：簡文記"小具杯廿枚"，又記"具杯枱二合"，則小具杯應是鍼對具杯枱中所盛者而言的。大概記録者認爲具杯枱中是以10枚爲一套的，故記爲"小具杯廿枚"，實際盛裝情況是各具杯枱中僅有9枚。

　　[5] **馬王堆M3報告**（2004：130）：出土漆木具杯盒2件，内髹紅漆，外髹黑褐色漆，彩繪紋飾，上下口沿均紅漆書"軑侯家"三字，每個具杯盒内裝小酒杯9件，其中8件疊，最後1件反扣。簡249所記當即指此。**伊强**（2005：52）：將簡249上段與簡409拼合后，茬口的形狀、竹簡的長度、文字書寫風格、簡文文意均很合適。

　　[6] **湖北省博物館**（1981：6、18）：馬王堆M1出土的耳杯盒，簡文稱爲"具杯枱"（簡196）。大墳頭木牘所記的"具器一具"當是墓内出土的一件漆耳杯盒（頭廂32），其由形制基本相同的器身與蓋扣合而成，外作橢圓形，内作耳杯形，腹外有兩道凹弦紋，木胎，裏塗紅漆，外塗黑漆，長16.5、寬15.8、高11.8厘米，出土時耳杯盒裏的耳杯已散落，復原後盒裏應平放6個漆耳杯。

　　[7] **陳振裕**（2012：200、203）：具器，就是成套的飲酒用器，《漢書·何武傳》"（何）壽爲具召武弟顯"，顔師古注："具謂酒食之具也。"此簡所記對應漆耳杯盒1（79）、漆耳杯10（79-1—10），相符，絲織物已朽，囊未見。**鳳凰山M168報告**（1993：475、476）：B型耳杯另一種10件，均出於耳杯盒内，器形略小，口沿内外及耳上彩繪紋飾，79-2號長13.5、寬11.2、高4.3厘米，簡35所記當指此十器。耳杯盒1件（79），盒内盛放耳杯10件，長20.5、寬16.8、高13厘米，簡35所記具器當指此器，出土時包囊已朽。**田河**（2012a：534、535）："具"似乎解釋爲成套的更合適。

[疏證]
　　具杯，一説是成套之杯，一説是酒食之具。"杯"本就是酒食之具。"具杯"

---

　　① 臨沂市博物館：《山東臨沂金雀山九座漢代墓葬》，《文物》1989年第1期；安徽省文物考古研究所：《天長三角圩墓地》，科學出版社，2013年，第64、65頁。

有專用盛具"具杯枱"，説明"具杯"的取名可能並非着眼於用途，而是其成套配置的共存狀態。《爾雅·釋言》"握，具也"，郭璞注："具謂備具。"彭浩指出："'具'有齊全的意思，鳳凰山漢簡中'具'字多見，凡成套成組的器物皆稱作'具'。"①成套之器均可稱"具器"，它如"具劍"。"具杯"疑指成套之杯。從馬王堆遣册所記"小具杯"之稱來看，"具杯"取名與大小無關。其可盛鹽、醬，墓中出土的成套之杯中又有"君幸酒"的銘文，則具杯可作食器，亦可作酒器，用途與普通之杯大體相同。

"具杯枱"之"枱"，《説文》木部："枱，劍柙也。"李家浩指出，"枱""柙"二字在古代不僅同義，而且音近可通，"枱"與"柙"當是同源詞，古代除裝劍的柙稱"枱"外，實際上裝其他東西的柙也可以稱"枱"②。唐蘭指出，盛杯之器又叫做笒，《説文》"笒，杯笒也"，《一切經音義》十六引《字林》"笒，杯籠也"，這是用竹籠來盛杯的；枱從合聲，笒從各聲，合和各也是一聲之轉③。

用漆盒盛裝成套之杯的做法在楚墓中即已多見，如九連墩楚墓M1：28酒具盒爲長方體，身蓋子母口相扣，兩端各有短柄，盒内分三格，裝有方盤2枚，小扁壺2枚，耳杯12枚④。漢墓出土的具杯盒以漆木、漆紵兩種材質爲主，内置成套漆耳杯；亦有陶質者，内置成套陶耳杯，可能是明器。

漢墓出土的具杯盒可根據耳杯的放置方向分爲兩種形制：

其一，豎着疊置耳杯的具杯盒。盒身多呈橢圓形，兩端有短柄，内多側置10枚耳杯，如高臺M33：31⑤、鳳凰山M168：79⑥（圖2.1-3，1）、漁陽墓C：184⑦（圖2.1-3，2）、砂子塘M1出土8套⑧；也有置9枚（馬王堆M3：北122、西26⑨，五女

① 彭浩：《鳳凰山漢墓遣策補釋》，《考古與文物》1982年第5期。

② 李家浩：《仰天湖楚簡剩義》，《簡帛》第2輯，上海古籍出版社，2007年，第36頁。

③ 唐蘭：《長沙馬王堆漢軑侯妻辛追墓出土隨葬遣策考釋》，《文史》第10輯，中華書局，1980年，第36頁。

④ 湖北省文物考古研究所、襄陽市文物考古研究所、棗陽市文物考古隊：《湖北棗陽九連墩M1發掘簡報》，《江漢考古》2019年第3期。

⑤ 湖北省荆州博物館編著：《荆州高臺秦漢墓》，科學出版社，2000年，第136、138、139頁。

⑥ 湖北省文物考古研究所：《江陵鳳凰山一六八號漢墓》，《考古學報》1993年第4期。

⑦ 長沙市文物考古研究所、長沙簡牘博物館：《湖南長沙望城坡西漢漁陽墓發掘簡報》，《文物》2010年第4期。

⑧ 湖南省博物館：《長沙砂子塘西漢墓發掘簡報》，《文物》1963年第2期。

⑨ 湖南省博物館、湖南省文物考古研究所：《長沙馬王堆二、三號漢墓》，文物出版社，2004年，第130頁。

冢M267：15①），7枚者（馬王堆M1：177②），還有多至17枚者（濟源西窰頭西漢墓M10所出陶具杯盒③）。爲減少盒内裝滿耳杯後的晃動，所盛耳杯分成兩組相向疊置，中間兩件杯口相對，其中一件的耳部削尖。

其二，平着疊置耳杯的具杯盒。盒内設計有耳杯形狀的槽，外部形狀或與内槽的形狀一致，或爲圓形。所盛耳杯的數量不一，有4枚者，如邗江西湖蜀崗西漢墓④（圖2.1-3，3）；有6枚者，如大墳頭M1頭廂：32⑤（圖2.1-3，4）。有的此類具杯盒中設計有多個耳杯槽，如天長三角圩西漢墓M1：176錐畫紵胎漆奩内隔出大、中、小

圖2.1-3　漢墓出土具杯盒

1.鳳凰山M168：79具杯盒　　2.漁陽C：184具杯盒　　3.蜀崗西漢墓出土耳杯形具杯盒　　4.大墳頭M1頭廂：32具杯盒
5.三角圩M1：176具杯盒　　6.走馬墩西漢墓出土具杯盒

① 洛陽市第二文物工作隊：《洛陽五女冢267號新莽墓發掘簡報》，《文物》1996年第7期。

② 湖南省博物館、中國科學院考古研究所編：《長沙馬王堆一號漢墓》（上），文物出版社，1973年，第83頁。

③ 濟源博物館：《濟之源：濟源歷史文明展》，大象出版社，2018年，第111頁。

④ 傅舉有主編：《中國漆器全集·3·漢》，福建美術出版社，1998年，第121頁。

⑤ 湖北省博物館：《雲夢大墳頭一號漢墓》，《文物資料叢刊》（4），文物出版社，1981年；東京国立博物館：《漆で描かれた神秘の世界—中国古代漆器展—》，東京国立博物館，1998年，第153頁。

三個耳杯形槽，内置三個小型具杯盒，但出土時未盛耳杯①（圖2.1-3，5）。江蘇寶應縣天平鄉前走馬墩西漢墓出土的一件紵胎具杯盒亦爲盦形，内分三個耳杯槽，盛大、中、小規格的耳杯各10件，另有5枚小漆盤共置②（圖2.1-3，6）。

【醬杯】

（1）醬桮（杯）五隻（雙）[1]   鳳凰山M169遣16
（2）醬桮（杯）十[2]   大墳頭M1遣牘B肆6
（3）醬杯十隻（雙）[3]   丿   鳳凰山M9遣25
（4）醬杯廿[4]   丿   鳳凰山M8遣110
（5）醬杯廿   胡家草場M12遣3559
（6）醬桮（杯）卅枚[5]   鳳凰山M167遣19
（7）醬杯冊枚   殳   謝家橋M1遣-08
（8）小醬杯十[6]   方   蕭家草場M26遣7

〔集釋〕

[1] **李天虹**（2012：223）在“遣策與出土實物對照表”中將簡16所記對應“醬色大漆耳杯20”。

[2] **湖北省博物館**（1981：20）：醬桮可能是指用途而言。當即墓内出土的M1邊廂：21等10件裏外均塗黑漆的耳杯。**今按：**此處所記“醬杯”也可能指外髹黑漆、内髹紅漆的10件耳杯，相關討論見前文“杯”條疏證。

[3] **李家浩**（2012：67、79）：《太平御覽》卷七五九引《通俗文》云：“醬杯曰盞，或曰溫。”“醬杯”亦見於鳳凰山M8簡110、M167簡19、M169簡16以及大墳頭漢墓木牘。此外，鳳凰山M8簡10、M168簡37還記有“醬卮”。“醬杯”“醬卮”跟“醬甀”（《戰國策·東周策》“秦興師臨周而求九鼎”章）、“醬瓿”（《漢書·揚雄傳》）、“醬瓶”（《齊民要術·作醬法》）等構詞形式相同，當是指盛醬用的杯和卮。

[4] **彭浩**（2012：41）：出土有醬色漆耳杯20件。

[5] **姚孝遂、陳雍**（2012：159）：桮即杯，隨葬醬色小耳杯20。**鳳凰山M167簡報**（1976：36）在“鳳凰山一六七號墓頭廂隨葬品一覽表”中將此簡所記對應“花耳

---

① 安徽省文物考古研究所：《天長三角圩墓地》，科學出版社，2013年，第64、65頁。
② 傅舉有主編：《中國漆器全集·3·漢》，福建美術出版社，1998年，第112頁。

小耳杯、醬色耳杯各10”，備注“10枚爲一疊，以絲綫捆紮。實物少10”。

　　[6] **蕭家草場M26報告**（2001：139）：出土大小、形制相同的小漆耳杯10件，均外髹黑漆，内髹朱漆。

【疏證】

　　醬杯，一説指醬色之杯。一説指用於盛醬的杯，如陳振裕認爲醬桮可能是指用途而言①；王子今在相關討論中將“醬杯”之“醬”理解爲食用之醬②。陳昭容認爲，出土簡牘中常見“醬杯”之記載，例子很多，充分説明“杯”用來盛醬在漢代是很普遍的事情③。揚之水認爲，或以爲醬杯之“醬”是表明顔色，然而傳世的兩漢文獻卻不見如此用法，《太平御覽》卷七五九“杯”條下引《通俗文》曰“醬杯曰盞，或謂之溫”，這裏的醬杯當然不是指顔色；以馬王堆漢墓遣策爲據，曰醬杯之醬乃指稱用途，或者没有太多的疑問④。李家浩指出，“醬”的本義，古今没有多大變化，指用肉或豆、麥等製作的調味品。醬色的意思出現很晚，是因爲像醬的顔色而得名。早在西漢時期的“醬”，根本不可能用作顔色。“醬杯”跟“醬甄”“醬瓿”“醬瓶”“醬甕”“醬豆”等構詞形式相同，當是指盛醬的杯⑤。

　　漢墓出土有醬杯自名器。江蘇揚州萬維工地漢墓M20出土的漆耳杯中，一件有銘文“醬杯”，另一件有銘文“肉杯”⑥。醬杯、肉杯是對漆杯的用途説明，醬、肉對言，則“醬杯”之“醬”就是指調味之醬。染杯是用於加熱醬料的杯，多爲銅質，而遣册所記之醬杯多爲漆器，漆醬杯不能用於加熱，可能盛的冷醬或轉盛染杯加熱好的醬。醬杯盛醬屬於臨時用途，並不代表這種杯衹能用於盛醬。

---

　　①　湖北省博物館：《雲夢大墳頭一號漢墓》，《文物資料叢刊》（4），文物出版社，1981年，第20頁。陳振裕執筆。

　　②　王子今：《漢代人飲食生活中的“鹽菜”“醬”“豉”消費》，《鹽業史研究》1996年第1期。

　　③　陳昭容：《史語所藏平安侯家染爐——兼談染爐染杯的相關問題》，《古今論衡》第10期，2003年，第15頁。

　　④　揚之水：《説“勺藥之和”》，《中國歷史文物》2004年第2期。

　　⑤　李家浩：《讀江陵鳳凰山漢墓遣策札記三則》，《中國文字學報》第2輯，商務印書館，2008年，第70—72頁。

　　⑥　王子堯、靳褘慶、楊暉：《漢廣陵國之漆耳杯》，《“中國漆器文化研究的回顧與展望”學術研討會論文集》，浙江攝影出版社，2017年，第81頁。

【醬卮】

（1）醬栀（卮）一[1]　　丿　鳳凰山M8遣105
（2）醬杷（卮）一枚[2]　　鳳凰山M167遣30
（3）醬后〈卮〉一合[3]　　丿　鳳凰山M168遣37
（4）小醬卮一[4]　　方　蕭家草場M26遣15

〔集釋〕

　　［1］**彭浩**（2012：40）：出土有醬色漆卮一件。

　　［2］**姚孝遂、陳雍**（2012：163）：隨葬醬色卮一。**鳳凰山M167簡報**（1976：36）在“鳳凰山一六七號墓頭廂隨葬品一覽表”中將此簡所記對應“雙耳大卮1”。

　　［3］**陳振裕**（2012：200、203）：醬后，當即醬色的漆卮。出土物未見。**鳳凰山M168報告**（1993：477）：卮，大小各1件，薄木胎，卷制，均圓筒形，直壁，平底，有蓋，頂隆起，蓋與器身相扣合。小卮（138-1）單環耳，口徑9、高10厘米，簡37所記可能指此器。**章水根**（2013：327）：此墓共出土2件卮，而簡文所記有3件卮，而湖北考古所在每條下皆説“可能指此器”或“當即此器”，明顯不合實際。

　　［4］**蕭家草場M26報告**（2001：140）：出土漆小卮1件，器蓋及器腹外壁有以朱、褐色漆彩繪的花紋。

〔疏證〕

　　卮一般爲飲器，也可用作食器。醬卮，一説是醬色之卮。一説是用於盛醬的卮，如王子今在相關討論中將“醬卮”之“醬”理解爲食用之醬，李家浩指出“醬卮”指盛醬用的卮①。王、李的意見可信。蕭家草場M26遣册15記“小醬卮”，説明“醬卮”有大小之別。《二年律令·賜律》簡298—301記：“二千石吏食粲〈糵〉、粲、稻（糯）各一盛，醢、醬各二升，介（芥）一升。千石吏至六百石，食二盛，醢、醬各一升。五百石以下，食一盛，醬半升。食一盛用米九升。”漢代一升相當於200毫升。大概每餐所食用的醬並不太多，故盛具亦不需要太大。醬卮、醬杯似以小卮、小杯爲多。

────────────

　　① 王子今：《漢代人飲食生活中的“鹽菜”“醬”“豉”消費》，《鹽業史研究》1996年第1期；李家浩：《讀江陵鳳凰山漢墓遣策札記三則》，《中國文字學報》第2輯，商務印書館，2008年。

【盤】

（1）髹（漆）畫食般（盤），俓（徑）一尺二寸，廿枚[1]　　馬王堆M1遣188

（2）☑【畫】食般（盤），俓（徑）一尺二寸，廿[2]　　馬王堆M3遣259

（3）髹（漆）畫沐（木）般（盤），容五斗[3]　　馬王堆M1遣202

（4）瓦般（盤）一[4]　　✔　鳳凰山M9遣41

〖集釋〗

　　［1］**馬王堆M1報告**（1973：144）："一尺二寸"約合28厘米，墓中出食盤10件，口徑28.5厘米，當即此簡所記之器，但實際器數僅及簡文所記之半。**今按**：與此簡相關的小結簡191記"右方髹（漆）畫般（盤）小大廿一，桮（杯）二"，其中所説的大盤指簡189所記之"髹畫大盤"，則簡188所記之食盤從尺寸上來説屬於小盤。

　　［2］**馬王堆M3報告**（2004：64）釋文作"□食般（盤），俓（徑）一尺二寸廿"，**伊强**（2005：35）指出"寸"字之後似加一逗號爲好①。

　　"食"字前尚有殘筆，**馬王堆M3報告**（2004：64）未釋，**王貴元**（2004）補釋爲"畫"。

　　馬王堆M3報告（2004：133、134）：出土漆木大食盤20件，大小相近，彩繪紋飾，盤内内圈雲紋空隙處朱書"君幸食"三字，其中M3：南147口徑28.5、底徑16.5、高6厘米。簡259所記當即指此。

　　［3］與此簡相關的小結簡204記作"右方髹（漆）華圩（盂）十，木般（盤）一，盛六合"②。**馬王堆M1報告**（1973：145、146）：沐般，即洗沐用的盤；或謂本組簡係食器，"沐般"當依小結簡（簡204）作"木般"。墓中沐盤、木盤均未見。**唐蘭**（1980：32）："沐盤"當依後文小題作"木盤"，此處是食器，不應屬入沐髮用的水器。**鄭曙斌**（2019：295、296）：沐盤應爲木盤，疑指裝米汁沐髮，潔面之盤。**馬王堆集成**（2014：202）："沐"似應讀爲"木"。本簡與盛食物的盂、盛等器物同出，應當是指一種飲食器。三號墓遣册中與本簡相當的是簡254，作"髹（漆）畫木圩（盂）一，容五斗"，疑沐（木）盤和木圩（盂）的"木"都是指木胎，是一種較大的盛酒或湯漿的漆器。

　　［4］**章水根**（2013：121）：瓦盤即陶製盤。**今按**：鳳凰山M6、M9、M10各出陶盤1件，"均爲敞口、寬唇淺盤，惟底部略有差異，有平底、小平底、圜底之分，最大者口徑28、高5.6厘米"。從形制和尺寸看，這三件陶盤疑爲食盤。M9所出陶盤，當即

---

① 伊强此意見可從，馬王堆M3遣册其餘釋文中的類似情形，均依此處理。

② "合"字筆迹較淡，馬王堆M1報告（1973：146）未釋，馬王堆集成（2014：203）釋"合"。

簡41所記"瓦般"。

[疏證]

　　盤是侈口淺腹的盛具，可用於盛水、盛食或盛物等。《説文》木部"盤，承槃也"，段注："承槃者，承水器也。"與匜組合使用的盤即爲盛水之盤。蒼山元嘉元年畫像石墓題記云"玉女執尊（樽）杯桉（案）柈（盤）"[①]，《史記·滑稽列傳》"杯盤狼藉"，馬王堆M1、M3出土多見書有"君幸食"之盤[②]（圖2.1-4，1、2），這些"盤"當屬食盤。《急就篇》卷三"櫋杅槃案桮閜盌"，顔注："無足曰盤，有足曰案，所以陳擧食也。"其中之"槃"非必就是"陳擧食"之具，也可能是食盤。

　　出土所見同屬食盤者，還有"飯槃"，如懸泉漢簡ⅠT0110②：27記"·食用鐵干若白歊飯，盛以大解、飯槃（盤）各一，不用笥。"滿城漢墓出土多件紵胎漆盤（M1：5071、M1：5088、M1：5114等），自名爲"御裖（紵）飯槃（盤）"，其中5071號漆盤内盛烤乳豬骨架一具[③]。貴州清鎮平壩漢墓M56出土一件紵胎漆盤刻銘云"乘輿髹汋畫紵黄釦飯槃（盤），容一升"[④]。江蘇邗江縣楊壽鄉寶女墩新莽墓出土的M104：29紵胎漆盤刻銘云"乘輿髹汋畫紵黄釦斗飯槃（盤）"[⑤]（圖2.1-4，3）。朝鮮平壤漢墓出土多件"容一斗"的"飯槃"，如石岩里丙墳出土的一件紵胎漆盤刻銘云"乘輿髹汋畫紵黄釦飯槃（盤），容一斗"[⑥]。滿城漢墓自名爲"飯槃"者有盛烤乳豬的用例，説明飯盤並非祇用於盛飯，實際上仍是一種食盤。又有自名"果槃"者，如長沙風篷嶺西漢墓M1出土的一件漆膜上朱書"永巷果般（盤）"，表明此盤是盛果之盤[⑦]。古人堤漢簡58+60記"羹杯一，果槃（盤）二，羹斗、匕各一，人二槃（盤）一☐"即爲果盤之實際用例，其與其他食具並列記録，顯亦爲食具。又有自名與"廚"相關之盤，如天長三角圩西漢墓出土M19：34漆木盤口徑15.2、高2.8厘米，内底和外底刻"廚"字[⑧]，表明此盤屬廚器。

　　總之，食盤是盛飯、肉、菜、果等多用途的盤。

①　山東省博物館、蒼山縣文化館：《山東蒼山元嘉元年畫象石墓》，《考古》1975年第2期。

②　陳建明、聶菲：《馬王堆漢墓漆器整理與研究》（下），中華書局，2019年，第118、328頁。

③　中國社會科學院考古研究所、河北省文物管理處：《滿城漢墓發掘報告》（上），文物出版社，1980年，第150頁。

④　貴州省博物館：《貴州清鎮平壩漢至宋墓發掘簡報》，《考古》1961年第4期。

⑤　揚州博物館、邗江縣圖書館：《江蘇邗江縣楊壽鄉寶女墩新莽墓》，《文物》1991年第10期；揚州市文物局：《韞玉凝暉：揚州地區博物館藏文物精粹》，文物出版社，2015年，第202頁。

⑥　梅原末治：《支那漢代紀年銘漆器圖説》，日本京都桑名文星堂，1943年，第12頁。

⑦　長沙市文物考古研究所、望城縣文物管理局：《湖南望城風篷嶺漢墓發掘簡報》，《文物》2007年第12期。

⑧　安徽省文物考古研究所：《天長三角圩墓地》，科學出版社，2013年，第281頁。

圖2.1-4　漢墓出土食盤

1.馬王堆M1：130漆食盤　2.馬王堆M3：南158漆食盤　3.竇女墩M104：29漆飯盤

【平盤】

（1）䐑（漆）平槃（盤）一[1]　　丿　鳳凰山M8遣95

　　　小平槃（盤）一[2]　　丿　鳳凰山M8遣49貳

（2）䐑（漆）畫平般（盤），俓（徑）尺六寸，一枚[3]　馬王堆M1遣205

　　　䐑（漆）畫平般（盤），俓（徑）二尺，一枚[4]　馬王堆M1遣206

　　　䐑（漆）畫平般（盤），俓（徑）二尺五寸，一枚[5]　馬王堆M1遣207

（3）䐑（漆）畫平般（盤），俓（徑）尺六寸，三枚[6]　馬王堆M3遣258

　　　䐑（漆）畫平般（盤），俓（徑）二尺，三枚[7]　馬王堆M3遣257

　　　䐑（漆）畫平般（盤），俓（徑）二尺五寸，三枚[8]　馬王堆M3遣256

（4）小盛脯平槃（盤）二[9]　　丿　鳳凰山M168遣20

〖集釋〗

　　[1]彭浩（2012：37）：出土有漆平盤一件。章水根（2013：70）：“平槃”指敞口近平之盤，明顯不是用來承接水的，當是盛物之盤。

　　[2]“平”下一字，彭浩（2012：25）隸作“槃”。中山（2012：25）隸作“槃”。吴哲夫、吴昌廉（1983：158）隸作“槃”，同盤。毛靜（2011：54）釋“槃”。今按：漢代“槃”字有異體如 （49.31+49.13）、（EPT50：141）、

（EPT49：47）、 （五一廣場383）、 （刑徒磚[1]）。比對可知中山（2012）隸作"欒"可從。"欒（欒）"可讀爲"盤"。"欒"從"栾"得聲，從"栾""般"得聲之字有相通之例，如《周禮·春官·巾車》"欒纓，十有再就"，鄭注："欒讀如鑾帶之鑾。"清華簡《楚居》簡5"酓欒"，整理者注釋云："《漢書·古今人表》作'熊盤'，'樊'與'盤'皆脣音元部字。"[2]

〔3〕**馬王堆M1報告**（1973：146）：漢代尺六寸，約合36.8厘米，M1：117漆平盤徑35厘米，與此相近，當即簡文所記之器。

〔4〕**馬王堆M1報告**（1973：146）：漢代二尺，約合46厘米，墓中出土平盤未見與此尺寸近似者。

〔5〕**馬王堆M1報告**（1973：146）：漢代二尺五寸，約合57.5厘米，M1：216漆平盤徑53.6厘米，與此相近，當即簡文所記之器。**鄭曙斌**（2011：288）：馬王堆M1出土平盤2件，M3出土平盤9件，尺寸不一，從器形、大小及銘文來看，除小平盤可作盛食器外，大、中號平盤可能類似於漆案一般的盛食托盤。

〔6〕**馬王堆M3報告**（2004：132、133）：出土漆木平盤9件，彩繪紋飾，其中M3：南154、M3：155、M3：170口徑分別爲34.5、36、48厘米，簡258所記當指此三件。**今按**：《馬王堆漢墓漆器整理與研究（上）》第207、208頁的統計表中，M3：南154、M3：155、M3：170口徑分別爲34.8、34.3、34厘米。簡文所記"徑尺六寸"，也即直徑約36.8厘米，與新測量的三件漆盤的直徑數據比較接近。

〔7〕**馬王堆M3報告**（2004：130、132）：出土漆木平盤9件，彩繪紋飾，其中M3：南40、M3：東7、M3：南47口徑分別爲49、50、52.2厘米，簡257所記當即指此三件。

〔8〕**馬王堆M3報告**（2004：130）：出土漆木平盤9件，彩繪紋飾，其中M3：南41、M3：46、M3：48口徑分別爲59.1、57.9和58厘米。簡256所記當即指此三件。

〔9〕**陳振裕**（2012：199、202）：出土物有平底大漆盤二件，因墓中積水浮動，盤上未見乾肉。此簡所記對應大平底漆盤二（109、152），相符。**鳳凰山M168報告**（1993：469）：A型圓盤2件（109、152），平底盤，器型最大，直口，淺盤，平底，大小相同，口徑32.5、高3.5厘米。簡20所記當指此二器。**今按**：簡20所記"小平欒"是相對於簡19所記"方平欒"的尺寸而言，墓中出土的方平盤（M168：244）長71.2、寬43.2、高4.7厘米，小平盤口徑32.5、高3.5厘米。

① 王木鐸、王沛：《東漢刑徒磚拐存》，國家圖書館出版社，2010年，第23頁23號。
② 李學勤主編：《清華大學藏戰國竹簡（壹）》，中西書局，2010年，第185頁。

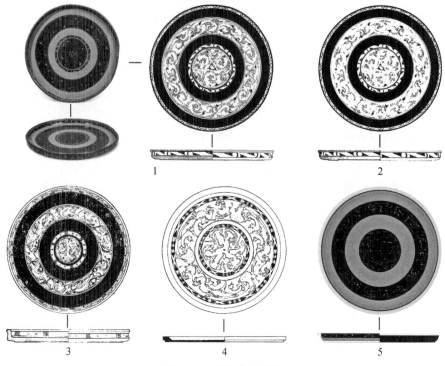

圖2.1-5　漢墓出土平盤

1.馬王堆M1：216　2.馬王堆M3：南47　3.鳳凰山M168：152　4.雙古堆M1：38　5.大雲山M1Ⅵ：5640

【疏證】

　　平盤，見於《管子·山權數》"北郭之得龜者，令過之平盤之中"，尹知章注："平盤者，大盤也。"此是隨文釋義，因龜的體型較大，平盤可放置龜，故謂平盤爲大盤。然從遺册記録來看，漢代的平盤有大有小，故平盤之得名與大小無必然關係。平有平直、平坦一類義項。《玉篇·亏部》："平，直也。"從遺册記録與出土實物來看，平盤的底部是平直的，與圓底之盤相區別，故平盤是指平底之盤。又從這些出土平盤的器形特徵來看，平盤的壁都比較低矮，遠觀仿若平地一般，故平盤的得名也可能與器壁低矮有關。要之，平盤是指平底的矮壁盤。雙古堆M1：38是一件平盤自名器，麻布胎，直壁，平底，銀釦沿，髹黑漆，錐刻、彩繪幾何圖案和雲紋，徑31.8、高1.4厘米，刻銘云"女陰侯布平槃（盤），徑尺二寸"[1]（圖2.1-5，4）。大雲山M1Ⅵ：5640亦是一件平盤自名器，紵胎，敞口，平沿銀釦，弧腹，平底，外髹黑漆，內髹朱漆，彩繪紋飾，口徑37、底徑33.2、高2.6厘米，外底邊緣刻銘云"緒（紵）員

―――――――――――

　　[1]　安徽省文物工作隊等：《阜陽雙古堆西漢汝陰侯墓發掘簡報》，《文物》1978年第8期。銘文摹本見韓自强：《阜陽·亳州出土文物文字編》，2004年，第52頁。

（圓）平鑒〈盤〉（盤），徑尺六寸"[①]（圖2.1-5，5）。這兩件銀釦紵胎漆盤正是平底、矮壁之器。類似的漆平盤在鳳凰山M167、高臺M2、毛家園M1等西漢早期墓中也能見到。從鳳凰山M168遣册所記小平盤盛脯來看，平盤可作食盤使用。

【椑櫎】

（1）卑（椑）虎（櫎）二合[1]　丿　張家山M247遣38貳

（2）椑虎（櫎）二雙[2]　高臺M18遣牘貳3

（3）杯及卑（椑）虎（櫎）、西麜、筍各一[3]　羅泊灣M1從器志B貳2

　　畫卑（椑）虎（櫎）六十[4]　羅泊灣M1封檢482

（4）大卑（椑）虎（櫎）三雙[5]　丿　鳳凰山M8遣96

　　小卑（椑）虎（櫎）五雙[6]　丿　鳳凰山M8遣97

（5）大椑虎（櫎）一具[7]　方　蕭家草場M26遣12

　　小椑虎（櫎）一具　方　蕭家草場M26遣13

（6）髹（漆）汧（丹）畫小卑（椑）虎（櫎）二[8]　大墳頭M1遣牘A貳6

　　髹（漆）卑（椑）虎（櫎）四[9]　大墳頭M1遣牘A叁3

（7）尺卑（椑）虎（櫎）五隻（雙）[10]　丿　鳳凰山M9遣28

　　炙卑（椑）虎（櫎）五隻（雙）[11]　丿　鳳凰山M9遣29

（8）大食卑=（椑櫎）一具[12]　鳳凰山M10牘1A壹6

　　尺卑=（椑櫎）一具[13]　鳳凰山M10牘1A貳1

　　會（膾）卑=（椑櫎）[14]　鳳凰山M10牘1A貳2

（9）緒（紵）卑（椑）虎（櫎）一隻（雙）[15]　鳳凰山M167遣35

　　尺卑（椑）虎（櫎）六枚[16]　鳳凰山M167遣27

　　食卑（椑）虎（櫎）一隻（雙）[17]　鳳凰山M167遣36

　　膾卑（椑）虎（櫎）二〖隻〗（雙）☐[18]　鳳凰山M167遣37

　　炙卑（椑）虎（櫎）四枚[19]　鳳凰山M167遣21

（10）尺卑（椑）虎（櫎）五隻（雙）[20]　丿　鳳凰山M168遣22

　　　八寸卑（椑）虎（櫎）三隻（雙）[21]　丿　鳳凰山M168遣23

　　　食大卑（椑）虎（櫎）二隻（雙）[22]　丿　鳳凰山M168遣24

　　　會（膾）卑（椑）虎（櫎）二隻（雙）[23]　丿　鳳凰山M168遣21

---

① 南京博物院、盱眙縣文化廣電和旅遊局：《大雲山：西漢江都王陵1號墓發掘報告》，文物出版社，2020年，第494頁。

（11）尺卑（椑）虎（榹）五隻（雙）[24]　鳳凰山M169遣18

　　　七寸卑（椑）虎（榹）五隻（雙）[25]　鳳凰山M169遣19

　　　食卑（椑）虎（榹）一隻（雙）[26]　鳳凰山M169遣20

（12）六寸卑（椑）虎（榹）二枚[27]　謝家橋M1遣66

　　　五寸卑（椑）虎（榹）六枚[28]　又 謝家橋M1遣-05

（13）桼（漆）畫卑（椑）虎（榹），桱（徑）八寸，卅[29]　馬王堆M3遣251

（14）桼（漆）畫卑（椑）虎（榹），桱（徑）八寸，卅。其七盛乾定，郭（槨）

　　　首；卅一盛瘤（膾）、載（戴）[30]　馬王堆M1遣214

（15）牛乘炙一器　馬王堆M1遣40

　　　犬其努（脅）炙一器　馬王堆M1遣41

　　　犬肝炙一器　馬王堆M1遣42

　　　■右方牛、犬、彘、鹿、雞炙笥四合，卑（椑）虎（榹）四[31]　馬王堆M1

　　　遣46

（16）牛瘤（膾）一器　馬王堆M1遣56

　　　羊瘤（膾）一器　馬王堆M1遣57

　　　鹿瘤（膾）一器　馬王堆M1遣58

　　　魚瘤（膾）一器　馬王堆M1遣59

　　　■右方瘤（膾）卑（椑）虎（榹）四[32]　馬王堆M1遣60

（17）卵𪎭（餐）一器　馬王堆M1遣123

　　　■右方居（粔）女（籹）、唐（糖）、僕（餦）蹬（飥）、卵𪎭（餐）笥三

　　　合、卑（椑）虎（榹）一[33]　馬王堆M1遣124

（18）牛濯（臛）胃一器　馬王堆M1遣51

　　　牛濯（臛）脾、含（肣）、心、肺各一器　馬王堆M1遣52

　　　■右方濯（臛）牛胃、𦠆（豚）、雞笥二合，卑（椑）虎（榹）三[34]

　　　馬王堆M1遣55

（19）犬肩一器，與載（戴）同笥　馬王堆M1遣63

　　　犬載（戴）一器　馬王堆M1遣64

　　　彘肩一器，與載（戴）同笥　馬王堆M1遣65

　　　羊肩、載（戴）各一器，同笥　馬王堆M1遣67

　　　■右方牛、犬、彘、羊肩載（戴）八牒，華一，笥四合，卑（椑）虎（榹）五[35]

　　　馬王堆M1遣68

〔集釋〕

　　〔1〕**張家山二四七號漢墓整理小組**（2001：305）：卑庑，《朱德熙古文字論集》云爲“較淺的盆盤類器皿”。由簡文看，器當有蓋。**今按**：“卑庑”用量詞“合”的例子似僅見於此處。疑此處的“合”指兩件漆盤相扣。鳳凰山M167頭廂中的漆盤多兩兩相扣合，再用絲綫捆紮；謝家橋M1有兩件銅盤（W：30）出土時也是相向扣合，内盛一塊獸類肩胛骨。兩兩扣合的隨葬方式，可能是因爲扣合形成的空間中可以存儲食物。此處所記“卑庑二合”疑是“卑庑二雙”的另一種表達方式。從張家山M247隨葬器物分佈圖看，4件漆盤（11、17、26、27）疑即簡文所記“卑庑二合”，也即椑梒二雙。

　　〔2〕**湖北省荆州地區博物館**（1993：20注釋④）：椑梒即木盤，《説文·木部》云梒爲槃。**湖北省荆州博物館**（2000：229）將“椑庑（梒）二雙”對應墓中出土的漆盤四件。

　　〔3〕“卑”下一字，**廣西壯族自治區博物館**（1988：83）隸作“徆”，讀爲“梒”，卑梒即漆盤。**李均明、何雙全**（1990：128）、**趙寧**（2014：291）釋“庑”。**中國簡牘集成17**（2005：1301）釋“墟”。**今按**：釋“庑”可從，卑庑即椑梒。墓中出土漆盤殘片約100多片，完好的2件，可復原的10多件，形制大體相似，但大小不同，皆斫木胎，形制是寬沿、敞口、淺腹、平底，外髹黑漆，僅内腹下部髹紅漆，有紋飾，如M1：314口徑21.5、高2.8厘米。從器志中未記其他漆盤，結合其他漢墓中所見椑梒的形制看，該墓出土漆盤均爲椑梒。

　　〔4〕“卑”下一字，**廣西壯族自治區博物館**（1988：86）釋“徆”。卑徆即漆盤。墓中出土大量彩繪漆盤即此。**李均明、何雙全**（1990：128）釋“遞”。**中國簡牘集成17**（2005：1304）釋“庑”。

　　“庑”下墨跡，**廣西壯族自治區博物館**（1988：86）釋“六十”，**中國簡牘集成17**（2005：1304）疑爲“斗”，表容量。**今按**：釋“六十”可從，其爲“六十”合文。

　　〔5〕“卑”下一字，**中山**（2012：37）、**彭浩**（2012：37）釋“匜”。**黄盛璋**（1974：70）釋“庑”。

　　卑庑，**彭浩**（2012：37）：卑同椑；匜同遞，借爲梒，《説文·木部》説梒爲槃。出土實物有大漆盤5件，比簡文記數少1件。

　　〔6〕**彭浩**（2012：37）：出土有小漆盤九件。**章水根**（2013：73）：此處椑梒出土的數量亦與簡文所記不符，出土物少一件。

　　〔7〕“大”下一字，**蕭家草場M26報告**（2001：139）釋“卑”。**于麗微**（2014：47）釋“椑”。

　　椑庑，**蕭家草場M26報告**（2001：139）：卑庑即椑梒，《説文·木部》訓梒爲槃；出土有大小形制相同的漆盤2件，結合下一簡簡文有“小卑㯅一具”來看，出土的兩件實物口徑均爲22.3、高3.2厘米，無大小之别。**今按：**墓中出土漆盤口徑22.3厘米，接近一尺，應屬尺椑㯅。這兩件同尺寸漆盤與簡12、13的對應關係不明。

［8］**湖北省博物館**（1981：18）：“卑㯅”讀爲“椑㯅”，《説文·木部》：“㯅，槃也”。卑㯅就是盤子，《急就篇》三“槫榼椑㯅匕箸籫”，“椑㯅”連文。墓内出土的兩件彩繪漆盤（邊廂40、45）當是木牘所記的“䰍汧畫小卑㯅二”。

［9］**湖北省博物館**（1981：18）：“䰍卑㯅四”指墓内出土的4件夾紵胎漆盤（邊廂34、33、12、頭廂36）。

［10］**李家浩**（2012：68、80）：卑㯅，亦見於鳳凰山其他幾座漢墓竹簡和馬王堆漢墓竹簡，有學者指出即《急就篇》“槫榼椑㯅匕箸籫”之“椑㯅”，是一種盤名。“尺椑㯅”指口徑一尺的椑㯅。

［11］**章水根**（2013：119）：“炙卑㯅”亦見於鳳凰山M167簡21，M167出土漆盤四個，其中兩個盛有炙羊肩，“炙卑㯅”即盛有炙肉的盤子。

［12］**黄盛璋**（1974：70）：“卑：”非是重文，皆表“卑㯅”。M8遣策有“大卑㯅三雙”“小卑㯅五雙”，據此，“一具”當爲一雙。**章水根**（2013：135）：一具，從出土情況來看，M10共出土漆盤6個，牘文記載三種不同的“卑㯅”各一具，一具即相當於一雙，黄盛璋之説可從。

［13］“卑”上一字，**中山**（2012：90）、**裘錫圭**（2012：90）均釋“尺”。**章水根**（2013：136）：於字形上釋爲“尺”或“欠”皆可，但從文義上來講，釋“尺”爲妥。**今按：**漢代墨書文字中，尺、欠雖然形近，但二者的起筆筆勢不同，該字釋“尺”可從。

［14］**毛靜**（2011：67）：“會”通“膾”，表細小，簡文指最小的漆盤。**章水根**（2013：137）：膾在這裏應該就是表示卑㯅的用途是盛膾的。**今按：**疑“會卑=”之後承前省略了數量詞“一具”。

［15］緒，**姚孝遂、陳雍**（2012：164）：《説文》：“紵或從緒省。”

一隻，**姚孝遂、陳雍**（2012：164）：《史記·龜策列傳》“王獨不聞玉櫝隻雉”，《集解》引徐廣曰：“隻一作雙。”鳳凰山M168遣策凡言“隻”者，出土實物多爲雙。“雙”簡省作“隻”，蓋漢代習俗。以下各簡，凡言“隻”者，均當爲“雙”。**李天虹**（2002：55、56）：隻乃獲得之本字，意爲擒獲、獲得。在兩周及戰國文字裏，隻字含義與商代卜辭相同，亦用爲獲。但在地下出土的漢代文字資料裏，隻成爲當單個講的“只”的本字。漢代的隻可以用作雙。鳳凰山M167、M168所出遣策中的“隻”常常用作“雙”。鳳凰山漢墓中“隻”的用法，主要是根據出土實物及其數量來進行判斷的，若出土實物及其數量不明，“隻”字的用法也就無從確定。**今按：**

在懸泉漢簡元康四年"雞出入簿"中，"隻"與"枚"在同句中出現，説明"隻"與"枚"不同，"隻"用爲"雙"。參照懸泉漢簡中的用例，鳳凰山M167、M168、M169遣册中的量詞"枚"應表單個，"隻"應表"雙"。

姚孝遂、陳雍（2012：164）：隨葬夾紵胎漆盤一對。**鳳凰山M167簡報**（1976：36）在"鳳凰山一六七號墓頭廂隨葬品一覽表"中將此簡所記對應"夾紵胎盤2"，備注"兩兩相扣合，以絲綫捆紮"。

［16］**姚孝遂、陳雍**（2012：161）：隨葬口徑約23厘米（相當於漢制一尺）的漆盤六。**鳳凰山M167簡報**（1976：36）在"鳳凰山一六七號墓頭廂隨葬品一覽表"中將此簡所記對應"盤6"，備注"兩兩相扣合，以絲綫捆紮，徑約23厘米"。

［17］**姚孝遂、陳雍**（2012：165）：隨葬盛食品的漆盤一對。**鳳凰山M167簡報**（1976：36）在"鳳凰山一六七號墓頭廂隨葬品一覽表"中將此簡所記對應"盤2"，備注"兩兩相扣合，以絲綫捆紮"。

［18］**姚孝遂、陳雍**（2012：165）：膾，《説文》："細切肉也。"M168遣策作"會"。隨葬盛有肉醬狀食物的漆盤二對。**鳳凰山M167簡報**（1976：36）在"鳳凰山一六七號墓頭廂隨葬品一覽表"中將此簡所記對應"盤2"，備注"兩兩相扣合，以絲綫捆紮"。

［19］**姚孝遂、陳雍**（2012：159）：卑匜，《急就篇》作椑榹。《説文》："榹，盤也。"隨葬漆盤四，其二内盛炙羊肩。**鳳凰山M167簡報**（1976：36）在"鳳凰山一六七號墓頭廂隨葬品一覽表"中將此簡所記對應"盤4"，備注"兩兩相扣合，以絲綫捆紮"。

［20］**陳振裕**（2012：199、202）：出土物有大漆盤10件，口徑22.4厘米，與漢代一尺相近。此簡所記對應中圜底漆盤10（147、148、150、155—159、173、174），出土物多5件。**鳳凰山M168報告**（1993：469、470）：圓盤，B型敞口，寬平沿外折，深盤，小圜底。中盤10件，150號口徑22.4、高4厘米。簡22所記當指此10器，但比簡文所記多5件。**李天虹**（2002：56）：對應出土實物爲中圜底漆盤10，隻用爲雙。**今按**：陳振裕云"出土物多五件"，當是將簡文中的"隻"理解爲單數量詞，李天虹指出這裏的"隻"用爲"雙"，簡文記録與出土實物的數量相符。

［21］**陳振裕**（2012：199、202）：出土物有大漆盤六件，口徑18.3厘米，與漢代八寸基本符合。此簡所記對應小圜底漆盤6（183、184、187—190），出土物多3件。**鳳凰山M168報告**（1993：470）：圓盤，B型敞口，寬平沿外折，深盤，小圜底。小盤6件，188號口徑18.3、高3厘米。簡23所記當指此六器，但簡文少記3件。**李天虹**（2002：56）：對應出土實物爲小圜底漆盤6，隻用爲雙。**今按**：李天虹意見可從。

［22］食，**章水根**（2013：322）："食"是表示此類盤是用來盛裝食物的。

　　陳振裕（2012：202）在"簡文内容與出土物對照表"中將此簡所記對應"大圜底漆盤四（172、182、153、154）"，備注"出土物多二件"。**鳳凰山M168報告**（1993：469）：圓盤，B型敞口，寬平沿外折，深盤，小圜底。大盤4件，172號口徑27.8、高5.8厘米。簡24記所記當指此四器，但比簡文所記多2件。**李天虹**（2002：56）：對應出土實物爲大圜底漆盤4，隻用爲雙。**今按**：李天虹意見可從。

　　〔23〕會，陳振裕（2012：188）讀爲"繪"。田河（2012a：533）："會"當以讀爲"膾"爲是。章水根（2013：321）：會卑庡即膾椑槅，用來盛細切肉的漆盤。

　　陳振裕（2012：202）在"簡文内容與出土物對照表"中將此簡所記對應"最小圜底漆盤四（138-2—5）"，備注"出土物多三件"。**鳳凰山M168報告**（1993：470）：圓盤，B型敞口，寬平沿外折，深盤，小圜底。最小盤4件，大小相同，均出於138號大漆卮裹。138-1、2號口徑13.3、高2.3厘米。簡21所記當指此類盤子，但出土物多3件。**李天虹**（2002：56）：對應出土實物爲最小圜底漆盤4，隻字用法不明。**章水根**（2013：321）："隻"用爲"雙"，出土此類漆盤4件，比簡文所記多二件。**今按**："庡"下一字，中山（2012：187）、陳振裕（2012：188）等均釋"一"，並在此基礎上進行簡文記錄與出土實物的數量對應考察。然從照片看，此字頗近"二"字，上横筆墨跡稍淡，摹本失之。章水根云此處簡文中"隻"用爲"雙"，應可從，但因其釋數詞爲一，故所作名實對於考察不確。因此，簡文所記"會卑庡二隻"也即"膾椑槅二雙"，出土的4件小漆盤與簡文記錄可相對應。

　　〔24〕**李天虹**（2012：222、223）：卑庡通作椑槅。簡18、19所記對應漆盤24。**今按**：發掘簡報云墓中出土"圓漆盤26件，器形紋飾大致相同，有大、中、小三種，徑16.5—29、高2.2—6厘米。口沿外折、敞口、淺腹、平底。其中二大盤通體黑漆，僅繪零星雲氣紋，風格與其餘漆盤不同，可能是不同地區或作坊的產品"。簡文所記"尺卑庡"可能對應墓中出土的中型漆盤。

　　〔25〕**李天虹**（2012：223）在"遣策與出土實物對照表"中將簡18、19所記對應"漆盤24"。**今按**：此墓所出漆盤情況見上文。簡文所記"七寸卑庡"可能對應墓中出土的小型漆盤，七寸約16.1厘米，與墓中所出最小尺寸的漆盤相近。

　　〔26〕**李天虹**（2012：223）在"遣策與出土實物對照表"中將簡20所記對應"大漆盤2"，備注"相符"。**今按**：簡18記"尺卑庡五隻"，簡19記"七寸卑庡五隻"，合計十隻（雙），即20枚。墓中出土26枚漆盤，還有6枚漆盤未找到可與簡文對應者。簡20整理者釋文作"食卑庡一隻"，然此簡有殘泐，這裏可作兩種分析：一是數詞"一"之釋法符合實際，則"食卑庡"的數量爲2枚，餘下4枚漆盤可能爲未釋出的某枚或某幾枚殘簡所記。二是數詞"一"爲"二"或"三"之殘，則食卑庡的數量就不止2枚。但不管其數詞是一、二還是三，墓中出土的2件大漆盤與"食卑庡"的對應關係不明。

［27］此簡釋文從**荆州博物館**（2009：41）釋。

［28］**曾劍華**（2010：10）：有學者考證，卑庶是一種較淺的盤子。謝家橋M1共出土漆盤20件，敞口折沿，斜弧腹壁，整體較淺，應是遣策中所記載的卑庶。

［29］“卑”下一字，**馬王堆M3報告**（2004：64）隸作“遞”，釋爲“匜”。

馬王堆M3報告（2004：134）：出土漆木小食盤38件，内紅漆，外黑漆，彩繪紋飾，盤内黑漆書“君幸食”，盤外近底部朱書“一升半升”，M3：東27口徑18.3、底徑9、高3.1厘米。簡251所記當即指此，但實物比簡文記載少二件。

［30］**馬王堆M1報告**（1973：87、146）：墓中出小漆盤20件，内髹紅漆，外髹黑漆，彩繪紋飾，内底黑漆書“君幸食”，外近底部朱書“一升半升”，口徑18.5厘米，折合漢尺約八寸，當即此簡所記之器，但實際器數僅爲簡文一半。其中5件出北邊廂（郭首），内有食物遺存，15件出東邊廂，内6件有魚骨、牛排骨、雞骨、麵食等遺存，與簡文所記基本一致。

［31］“卑”下一字，**馬王堆M1報告**（1973：134）釋“匜”。**朱德熙、裘錫圭**（1980：62）釋“庶”。**馬王堆集成**（2014：180）釋“庶”。裘錫圭先生認爲“庶”可能是爲“嗁（啼）”所造的表意字，象虎口中出氣之形，本簡的“庶”除去“虎”之外的部分寫得像“匚”，可能正是因爲要用此字來記録器皿名而有意改造的。

馬王堆M1報告（1973：134）：小結言“器”，多數以卑匜計數。本組8枚簡，笥五器三，與小結言笥四卑匜四有出入，疑是小結誤計。

［32］**今按**：簡56—59中的量詞“器”爲泛指，用容器盛裝，均可用“器”爲量詞。故在小結簡中需明確説明分條記録中“器”之所指，即“卑庶”。

［33］**今按**：由小結簡可知簡123中的量詞“器”實指“卑庶”。

［34］**今按**：由小結簡可知簡51、52中的量詞“器”實指“卑庶”。

［35］“牒”下一字，**馬王堆M1報告**（1973：136）釋“華”。**唐蘭**（1980：13）隸作“蕪”，即僕，通作撲，即簿（薄），是用葦或竹來做的筐筥一類的盛器。**朱德熙、裘錫圭**（1980：64）釋“華”。

關於小結簡的計數問題，**馬王堆M1報告**（1973：136）：各組小結簡凡言牒者，均係總計本組簡數。本組牛肩1器，犬肩1器，犬裁1器，豕肩1器，羊肩裁各1器，共6器。牛肩1器盛1笥，牛裁1笥，犬裁1笥（犬肩器同笥），豕裁1笥（豕肩器同笥），羊裁1笥（羊肩器同笥），共5笥。小結器數、笥數各少一。又小結“華一”，當指盛牛肩的“華圩”，本組簡文缺記，故小結言8牒而實際祇7牒。**朱德熙、裘錫圭**（1980：64）：本組共用六器，其中盛牛肩一器，據簡201乃是“華圩（盂）”，即小結簡所記的“華一”。這是“考釋”所已經指出的。六器減去“華一”，當然應該是五器。小結簡説“卑庶五”一點不錯。簡61考釋指出，230號竹笥上“繫二木牌，一書‘牛肩笥’，一書‘牛載笥’，可知牛肩、牛載同置此笥中”。由此可見雖然簡文没有明説牛肩、牛載同笥，實際上它們跟犬、豕、羊的肩、戴一樣也是同笥的。這樣，這一組所用的笥正應該是四個。小結器數、笥數都没有“少一”。本組中，牛、犬、豕的肩和戴都是分簡記的，獨有羊的肩、戴合記於一簡。書寫遣策的人在寫小結簡的時候，大概誤認爲羊的肩、戴也是分簡記的，所以把本組簡數誤計爲八牒，比實際數字多出了一牒。並不是由於本組缺記盛牛肩的“華圩”，“故小結言八牒而實際祇七牒”。61號簡説“牛肩一器，笥一”，“一器”就指“華圩”。

〔疏證〕

　　椑榹，在漢代遣册中多寫作“卑虒”，又寫作“椑虒”。遣册記録的椑榹，從大小角度取名者有大椑榹、小椑榹，從尺寸角度取名者有尺椑榹、八寸椑榹、七寸椑榹、六寸椑榹，從工藝角度取名者有漆椑榹、漆畫椑榹（畫椑榹）[①]，從材質角度取名者有紵椑榹，從用途角度取名者有食椑榹、炙椑榹、膾椑榹等，有以“器”概稱椑榹者，還有以“卑=”省代椑榹者[②]。

　　椑榹，從簡帛出土歷程來看，最早見於馬王堆M1遣册，該墓整理者注釋“卑虒”云：

　　　　《急就篇》“榑楥椑榹匕箸簪”，顔師古、王應麟併以椑榹爲二物，非是。椑榹乃疊韻連語，或謂之區匱。《一切經音義》六引《纂文》：“區匱薄也，今俗呼廣薄爲區匱。關中呼𥁃匱。”案區匱、𥁃匱一音之轉，如是，則《急就篇》中的“椑榹”與簡文“卑匱”當爲一物。或釋匱爲匱，與籩通。此二字後簡屢見，與出土物對照，當即漆器中的小盤。[③]

朱德熙指出“卑匱”就是《急就篇》的“椑榹”[④]，後朱德熙、裘錫圭有詳細論證：

　　　　“卑虒”是疊韻連語，音或轉爲“區匱”。玄應《一切經音義》六：“《纂文》云：區匱，薄也。今俗呼廣薄爲區匱，關中呼𥁃匱。”與此音近的聯綿詞還有“椑榹”。《廣雅·釋木》“下支謂之椑榹”，王念孫《疏

____

①　畫椑榹也即漆畫椑榹。漆器凡有畫者，必先髹漆。

②　出土文獻中“營室”省作“營=”，“是謂”省作“是=”，“卑虒”省作“卑=”，“=”用作“省代符號”的論述，可參看陳劍：《關於“營=”與早期出土文獻中的“省代符”》，復旦古文字網“學術討論區”，2011年7月9日。

③　湖南省博物館、中國科學院考古研究所編：《長沙馬王堆一號漢墓》（上），文物出版社，1973年，第134頁。

④　朱德熙：《座談長沙馬王堆一號漢墓》發言，《文物》1972年第9期。

證》: "支與枝同。……椑之言卑也,以其卑下也。" "斯" "虒" 皆支部
心母字,椑榹、觱匜、區匜、椑斯,顯然都是一語之轉。觱匜訓廣薄,椑斯
爲下枝,以椑榹命名的器皿也必然有卑下淺平的特點。《説文·木部》:
"榹,槃也。"《方言》五 "顱,陳魏宋楚之間謂之題,自關而西謂之
顱",郭璞注: "今河北人呼小盆爲題子。"《廣雅·釋器》: "題、甌,
顱也。"《説文·瓦部》: "甌,小盆也。" "題" "虒" 古音亦極近。椑
榹和榹、題應該是同類的器皿。對照出土實物,可以肯定椑榹是一種較淺的
盆盤類器皿的名稱。[①]

李天虹側重從 "卑" 的角度解釋 "卑虒":

《説文》木部: "榹,槃也。"《急就篇》第二十章 "槫榼椑榹匕
箸籫",顏注: "椑,圓榼也。"《廣韻·釋器》: "區榼謂之椑。"
是名 "椑" 的器物特點是扁、圓形。盤通常呈扁、圓狀,故簡文稱盤爲
"卑虒"。[②]

從遣册記録與出土實物(圖2.1-6)對照來看,椑榹是淺腹小盤,屬於食盤。

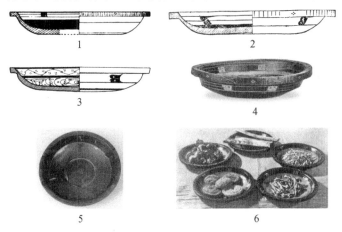

圖2.1-6 漢墓出土椑榹
1.高臺M18∶24 2.羅泊灣M1∶314 3.蕭家草場M26∶21 4.大墳頭M1邊廂∶40[③] 5.鳳凰山M167椑榹[④]
6.馬王堆M1盛食椑榹

① 朱德熙、裘錫圭: 《馬王堆一號漢墓遣策考釋補正》,《文史》第10輯,中華書局,1980
年,第63頁。
② 李天虹: 《江陵鳳凰山西漢簡牘·一六九號墓》,中華書局,2012年,第222頁。
③ 湖北省博物館: 《秦漢漆器: 長江中游的髹漆藝術》,文物出版社,2007年,第75頁。
④ 傅舉有主編: 《中國漆器全集·3·漢》,福建美術出版社,1998年,第85頁。

【盛】

（1）黄粲食四器，盛　　馬王堆M1遺128

　　　白粲食四器，盛　　馬王堆M1遺129

　　　稻食六器，其二檢（盍），四盛[1]　　馬王堆M1遺130

　　　麥食二器，盛　　馬王堆M1遺131

　　　■右方食盛十四合，檢（盍）二合[2]　　馬王堆M1遺132

（2）髹（漆）畫盛六合，盛黄白粲、稻食、麥食，各二器[3]　　馬王堆M1遺203

（3）髹（漆）畫盛十合[4]　　馬王堆M3遺266

（4）盛一合[5]　　張家山M247遺13貳

（5）盛一雙[6]　　高臺M18遺牘壹2

（6）盛一雙（雙）[7]　　蕭家草場M26遺5

（7）髹（漆）汧（丹）畫盛二合[8]　　大墳頭M1遺牘A貳2

（8）大盛一合[9]　　鳳凰山M167遺17

　　　小盛二合[10]　　鳳凰山M167遺22

（9）大盛二合[11]　丿　鳳凰山M8遺89

　　　小盛二合[12]　丿　鳳凰山M8遺90

（10）大盛三合[13]　丿　鳳凰山M168遺12

　　　卵盛三合[14]　丿　鳳凰山M168遺11

（11）☑盛二合[15]　　鳳凰山M169遺23

【集釋】

[1] **馬王堆集成**（2014：193）：一共六器，其中兩個是盍，四個是盛。從語法上來説，可以看作“四盛”上省略了“其”。

[2] 盛，**唐蘭**（1980：21）：《説文》：“盛，黍稷在器中以祀者也。”《穀梁傳·桓公十四年》注“黍稷曰粲，在器曰盛”。

馬王堆M1報告（1973：141）：墓中出盛糧食製品的器物共計11件，有漆盒4件（51、52、68、70），漆食盍1件（50），錫箔陶盒4件（69、72、91、108），彩繪陶盒2件（71、73）；出土時器內大多有餅狀或醬羮狀食物遺存，當即此簡所記，但實物少盛4合、檢1合。

[3] **馬王堆M1報告**（1973：80、146）：簡文意謂二器盛黄白粲（黄粲、白粲各一器），二器盛稻食，二器盛麥食。此六盛應屬簡132所記的“食盛十四合”；墓中出鳳紋漆木盒4件，器形大小相同，蓋器均書“君幸食”，外底均紅漆書“六升半升”，

器内盛有餅狀食物，當即此簡所記之器，但實際器數比簡文少2件。

　　［4］**馬王堆M3報告**（2004：120）：出土漆木盒10件，表髹黑漆，内髹紅漆，彩繪紋飾，蓋内和器内均黑漆書"君幸食"，外底紅漆書"六升半升"。簡266所記當即指此。

　　［5］**張家山二四七號漢墓整理小組**（2001：305）：盛，《禮記·喪大記》注："謂今時杯杅也。"**今按**：從張家山M247隨葬器物分佈圖看，1號漆盒疑即簡文所記之器。

　　［6］**湖北省荆州博物館**（2000：229）將"盛一雙"對應陶盒二件。

　　［7］**蕭家草場M26報告**（2001：138）：盛，《説文》"黍稷在器中以祀者也"，《禮記·大喪記》"食粥於盛"，鄭玄注："盛謂今時杯杅也。"出土大小形制相同的彩繪漆盒2件。**今按**：本批簡的"雙"字上部構件均爲"雔"，應隸作雙，疑爲"雙"的異體。黄文傑認爲"雙，從雔，又持之；秦漢文字'雔'或删簡其一，從隹；'雙'減省爲'隻'"[①]。蕭家草場遣册的書寫風格相同，書手應是同一人。本書將這批簡中其他墨跡不太清晰的"雙"字統一隸作"**雙**"。

　　［8］**湖北省博物館**（1981：17）：《説文》皿部："盛，黍稷在器中以祀者也。"盛爲黍稷之器，馬王堆M1竹簡所記也是這樣。墓中出土的兩件彩繪漆圓盒（邊廂11、14），當即木牘所記的"鰝洍畫盛二合"。

　　［9］**姚孝遂、陳雍**（2012：158）：盛，《説文》："黍稷在器中也。"（據小徐本）《禮記·喪大記》"食粥于盛"，注："謂今時杯杅也。"隨葬大漆盒一個，内盛黍稷之類的食品。**鳳凰山M167簡報**（1976：36）在"鳳凰山一六七號墓頭廂隨葬品一覽表"中將此簡所記對應"大盒、盒各1"，備注"實物多1"。

　　［10］**姚孝遂、陳雍**（2012：160）：隨葬小漆盒二。**鳳凰山M167簡報**（1976：36）在"鳳凰山一六七號墓頭廂隨葬品一覽表"中將此簡所記對應"小盒2"。

　　［11］**彭浩**（2012：35）：有圓漆盒二件。**毛靜**（2011：57）：圓漆盒二件可能爲大盛，也可能爲小盛。**章水根**（2013：68）：此墓出土的圓漆盒"通高12.5—15、口徑15—17厘米"，而M168中大盛，兩件大小爲"口徑18.6、蓋徑21.4、通高18.3厘米"，一件大小爲"口徑17、蓋徑20、通高17.3厘米"。因此，此墓出土的兩件圓漆盒可能應該是指下一簡的兩件"小盛"。**今按**：發掘簡報中的漆盒通高與口徑數據是鍼對M8、M9、M10三座墓中出土的5件圓漆盒而言的，並非僅對M8所出漆盒。大、小本是相對而言。目前未見M8出土漆圓盒的詳細測量數據，故這兩件漆盒與M8遣册記錄中的"大盛""小盛"的對應關係並不明確，本書暫從彭浩之説。

───────────────

　　① 黄文傑：《秦漢文字的整理與研究》，社會科學文獻出版社，2015年，第228頁。

［12］**彭浩**（2012：35）：不見實物。

［13］**陳振裕**（2012：202）在“簡文内容與出土物對照表”中將此簡所記對應大漆圓盒三（112、137、211），備注“相符”。**鳳凰山M168報告**（1993：466、467）：A型漆木盒3件，器形較大，211號與112號大小相同，口徑18.6、蓋徑21.4、通高18.3厘米；137號口徑17、蓋徑20、通高17.3厘米。簡12所記當指此三器。

［14］**陳振裕**（2012：202）在“簡文内容與出土物對照表”中將此簡所記對應小漆圓盒三（110、166、196），備注“相符”。**鳳凰山M168報告**（1993：467、468）：B型漆木盒3件，較小，大小相同，110號通高13.8厘米。簡11所記當指此三器。

卵盛，**田河**（2012a：532、533）：“卵盛”就是卵形漆盒。**章水根**（2013：318）：卵當是形容其形狀的。

［15］**李天虹**（2012：224）在“遣策與出土實物對照表”中將簡23所記對應“漆盒4”。**今按：**發掘簡報謂墓中出土“漆盒3件，其中2件底蓋均作半圓球形，有圈足，以子母口扣合，蓋飾成行紅色點紋，口徑19.7厘米；另一爲橢圓形”。橢圓形者應是漆橢圓盒，圓形的2件漆盒疑即簡23所記的“☑盛二合”。

〖疏證〗

漢代遣册所記的“盛”爲盛食之器。孫機對“盛”的用途、器類、演變歷程、名稱使用時段等作有分析：

> 鼎中盛肉食，和它相配合的盛米食之器西周時用簋，春秋時用敦，戰國後期用盒。無論簋、敦或盒，均可以稱爲盛。《説文·皿部》：“盛，黍稷在器中以祀者也。”《左傳·桓公六年》“粢盛豐備”，杜注：“黍稷曰粢，在器曰盛。”雲夢大墳頭西漢墓遣策中之“髹汧畫盛二合”，即墓中出土的兩件彩繪漆圓盒。馬王堆1號墓遣册中的“右方食盛十四合”“髹畫盛六合，盛黃白粢、稻食、麥食各二器”等條所説的盛，即指出土物中的各種漆盒和陶盒。可見漢代盛米食的盒名盛。燒溝125號西漢中期墓所出陶盒，蓋上墨書“稻黍”2字，更無疑是一件盛。不過西漢時也出過簋形器和敦形器，它們大約也可以稱爲盛。如此説能够成立，則西漢之盛有簋形、敦形與盒形3種。至西漢後期，簋形盛與敦形盛已不多見。東漢中期以降，盒形盛亦減少。故鄭玄在《禮記·喪大記》的注中遂説：“盛謂今時杯、杅也。”實際上盛這個名稱至此時已經不太通行了。[①]

---

① 孫機：《漢代物質文化資料圖説》，文物出版社，1991年，第305頁。

　　從遣册記録來看，"盛"確多用於盛裝米食，如黄粢食、白粢食、稻食、麥食。《二年律令·賜律》簡298—301記："二千石吏食繋〈繋〉、粢、穤（糯）各一盛，醯、醬各二升，介（芥）一升。千石吏至六百石，食二盛，醯、醬各一升。五百石以下，食一盛，醬半升。食一盛用米九升。"可知用"盛"裝米食在漢代是較爲流行的日常生活方式。

　　作爲盛具，"盛"亦可稱其他食物，如羅泊灣M1∶245陶三足盒内盛酸梅[①]，廣西合浦堂排漢墓銅簋形盒M2A∶26内盛楊梅，M2A∶25内盛鐵冬青葉、果核[②]。南越王墓D2銀豆形裂瓣紋盒内存半盒藥丸，G51、G71陶三足盒内盛少量青蚶[③]。

　　結合遣册記録與漢墓出土"盛"類器（圖2.1-7）來看，"盛"主要用於盛米食，亦可兼用於盛其他食物。"盛"典型造型近似用兩個形制相近的碗扣在一起，蓋與身在拆開時可作兩件碗用。

圖2.1-7　漢墓出土盛（盒）

1.馬王堆M1漆盛及餅食[④]　2.鳳凰山M167漆盛[⑤]　3.大墳頭M1漆盛[⑥]

---

①　廣西壯族自治區博物館：《廣西貴縣羅泊灣漢墓》，文物出版社，1988年，第245頁。

②　廣西壯族自治區文物工作隊：《廣西合浦縣堂排漢墓發掘簡報》，《文物資料叢刊》（4），文物出版社，1981年，第50頁。

③　廣州市文物管理委員會等：《西漢南越王墓》（上），文物出版社，1991年，第209、210、297頁。

④　湖南省博物館：《長沙馬王堆漢墓陳列》，中華書局，2017年，第145頁；文物出版社編輯：《中國考古文物之美.8.輝煌不朽漢珍寶——湖南長沙馬王堆西漢墓》，文物出版社，1994年，第117頁。

⑤　湖北省博物館：《秦漢漆器：長江中游的髹漆藝術》，文物出版社，2007年，第62頁。

⑥　湖北省博物館等：《湖北雲夢西漢墓發掘簡報》，《文物》1973年第9期。

【鼎】

（1）鼎二[1]　　羅泊灣M1從器志B叁2

　　　金斗（枓）[2]　　羅泊灣M1從器志B叁3

（2）釘（鼎）一雙[3]　　高臺M18遣牘壹3

（3）金鼎二[4]　　大墳頭M1遣牘A壹8

（4）金鼎一雙（雙）[5]　　蕭家草場M26遣18

（5）瓦器三貴，錫〈錫〉垛（塗），其六鼎盛羹[6]，鈁六盛米酒、温（醖）酒
　　　馬王堆M1遣221

（6）髹（漆）畫木鼎七，皆有蓋，盛羹[7]　　馬王堆M1遣165

　　　髹（漆）畫鈚（匕）六　　馬王堆M1遣166

　　　■右方髹（漆）畫鼎七、鈚（匕）六　　馬王堆M1遣167

（7）髹（漆）畫木鼎六，皆有蓋[8]　　馬王堆M3遣237

〔集釋〕

　　[1]今按：此墓東、西器物坑内共出土Ⅰ、Ⅱ式銅鼎各3件，牘文“鼎二”所指之器或在其中。

　　[2]廣西壯族自治區博物館（1988：84）：金斗即銅勺。今按：牘文“金斗”緊接“鼎二”，則金斗應與鼎配套。南越王墓出土銅鼎（G6）内有銅勺一件，可參。

　　[3]“一”上一字，湖北省荆州博物館（2000：229）釋“鉈”，“鉈一雙”對應陶匜一件，少一。今按：當釋“釘”，讀爲“鼎”，“釘（鼎）一雙”對應墓中出土的兩件陶鼎。又，此墓隨葬的兩件陶鼎中各放置有一枚陶勺，而這兩件陶勺在遣册中未見記録。據馬王堆遣册記録與出土器物的組合情況來看，疑高臺M18遣册所記“釘（鼎）一雙”已包含陶勺（匕）在内。

　　[4]湖北省博物館（1981：17）：“金鼎二”指墓内出土的兩件銅鼎（頭廂27、28）。今按：墓中出土的銅勺（頭廂17）疑是與銅鼎配套者。

　　[5]蕭家草場M26報告（2001：140）：出土大小、形制相同的銅鼎2件。

　　[6]“六”下一字，馬王堆集成（2014）：該“鼎”與同墓遣册中其他“鼎”字的寫法不同。相似寫法的“鼎”見於蕭家草場漢墓遣策簡18。今按：蕭家草場M26遣册18的“鼎”字上方仍作“目”形，與馬王堆此字並不相似。

　　貴，馬王堆M1報告（1973：147）：疑讀爲匱或簣，《廣雅·釋器》：“簣，籠也”。古有舉土之籠，又有盛物之籠，此當爲盛物之籠。唐蘭（1980：38）：貴即

簀,《廣雅·釋器》:"簀,籠也。"此爲盛物之籠。《史記·滑稽傳》"甌窶滿篝",徐廣音義:"篝,籠也。"《廣雅·釋器》同。窶就是甄,甌和甄都是瓦器,可見籠也可以盛瓦器。三簀共盛十二器,每簀四器。**馬王堆集成**(2014:205):M3簡298有"瓦器三貴"、簡104有"瓦貴六",二、三號墓報告讀"貴"爲"繢",指瓦器上繪有花紋,似可從。一號墓報告説出土物中未發現盛陶器的"貴",也從側面説明讀"貴"爲匱或簀似乎不妥。**今按**:從"瓦器三貴""瓦貴六"比對來看,"貴"可作量詞,且也可用材質名"瓦"來修飾,則簡文中的"貴"很可能是一種器名,且可以有陶質者,待考。

錫坥,**馬王堆M1報告**(1973:147):坥似當讀爲塗,《禮記·郊特牲》"朱干設錫"鄭注:"干,盾也。錫,傅其背如龜也",疑"錫坥"之錫與"朱干設錫"之錫爲同一詞。或以爲錫爲錫之訛。**馬王堆M1報告**(1973:122):素面的有鼎、盒、壺、鍾、瓿、釜等6類16件,器表均有一層錫箔狀物,竹簡稱之爲"錫坥"。**唐蘭**(1980:38):錫當作錫,隸書易和易常混亂;坥即塗。這是瓦器錫塗,以代替錫器。漢文帝禁止治霸陵用金銀銅錫,所以用錫塗的瓦器。**朱德熙、裘錫圭**(1980:70):簡222、221、224的"錫"字都應釋作"錫","考釋"所引或説,是正確的。**馬王堆集成**(2014:205):"錫塗"是鍍錫之意,根據所鍍金屬不同,有金塗、銅塗、錫塗等。

馬王堆M1報告(1973:147):墓中出陶鼎6件,其中4件有錫箔,2件彩繪。出土時,4件鼎内有鳥類骨胳。又有牛白羹、勒酪羹、雞【酪】羹或雞【白】羹、瘸(雁)巾羹、鰿肉禺(藕)巾羹等陶器竹牌,與簡文"六鼎盛羹"相符。出土陶鈁2件,皆彩繪,則與簡文所記略有出入,且未發現盛陶器的"貴"。**唐蘭**(1980:38):簡文説"錫塗其六鼎",下文纔説"鈁六",可見錫塗限於鼎,但出土六個陶鼎祇有四個是錫塗,兩個是彩繪。陶鈁出土兩個,都是彩繪。出土陶器竹簽有鹿酪羹、雞羹、牛白羹、鰿肉禺(漢)巾羹、瘸巾羹等,當即盛羹的六個鼎裏的,但還少一個簽。出土錫塗陶鼎裏有三個是有禽骨的,彩繪陶鼎裏也有一個有禽骨。**今按**:簡文中的"錫塗"應包含鼎和鈁。

[7]髤,**馬王堆M1報告**(1973:143):髤即髹字省體,漢代漆器銘文中常見,古籍多作髤、髹。髤畫即刷漆並畫花紋,墓中出雲紋漆鼎7件,與簡文合。**馬王堆集成**(2014:198):此字亦多見於M3遺册,二、三號墓報告直接釋爲"髹";于豪亮指出"髤"也寫作髤或髹,在秦漢文字資料中有兩種讀音,一種音休,意思是塗漆,另一種讀爲"漆";李家浩從之,舉馬王堆M1遺册"髤畫"爲例,並引應劭《風俗通義》"作漆畫屐"、曹操《上雜物疏》"漆畫重几大小各一枚",證"髤畫"之"髤"當讀爲"漆"。

馬王堆M1報告（1973：78、79）：漆木鼎7件，器表黑漆，器内紅漆，彩繪紋飾。100號鼎出土時内盛有藕片半鼎。

［8］**馬王堆M3報告**（2004：118）：出土漆木鼎6件，表黑漆，内紅漆，彩繪紋飾。簡237所記當即指此。

〖疏證〗

《説文》鼎部："鼎，三足兩耳，和五味之寳器也。"《漢書·五行志》："鼎者，宗廟之寳器也。"

鼎的自名器甚多，如西安未央區三橋鎮高窯村窖藏出土的15號銅鼎，扁球形身，三蹄足、二圓耳，蓋上有三個半環鈕，口沿刻"上林銅鼎，容三斗，并重廿四斤。鴻嘉二年六月，工左、惲造，二百合，第五"①。完整的鼎都配有蓋，故量詞可用"合"。三半環鈕蓋在漢代比較流行，將此種蓋倒過來，可臨時作三足盤使用。

從漢代銅鼎銘文來看，"鼎"又寫作"鏳"，屬用字上的繁化，如高窯村窖藏11號銅鼎自名"昆陽乘輿銅鏳"②，懸泉漢簡Ⅰ90DXT0109②：6B記有"銅鏳一"，敦煌後坑墩採集到的一枚木楬1223記有"鏳一，詣尉丞舍"。

值得注意的是，"鼎"又有寫作"釘"者，如江蘇邗江縣楊壽鄉寳女墩新莽墓M104出土有兩件銅鼎，1號銅鼎頂蓋刻銘"服食官釘蓋第二"，腹上部刻銘"廣陵服食官釘第二"；2號銅鼎腹上部刻銘"廣陵服食官釘第十"③。香港朱昌言藏有一件西漢銅鼎，鼎身口沿刻有"壺關銅釘，容五升，重二斤"十字，腹底刻有"壺關"二字④。已有學者指出釘即鼎⑤。釘、鼎上古音均屬端母耕部，音近可通。《説文》頁部："頂，顛也。從頁、丁聲。顁，或從貞作。顥，籀文從鼎。"《漢書·賈捐之傳》"興曰：'顥鼎貴，上信用之'"，顏注引如淳曰："鼎音釘，言方且欲貴矣。"因此，高臺M18遣册木牘所記"釘一雙"，也即是鼎一雙，墓中正出土M18：8、17二件陶鼎（圖2.1-8，1）⑥，名實相符。懸泉漢簡Ⅰ90DXT0114①：119A記有"釘一，毋蓋"，"釘"無蓋，表明"釘"本應是一件帶蓋之器；Ⅱ90DXT0111②：8

① 西安市文物管理委員會：《西安三橋鎮高窯村出土的西漢銅器群》，《考古》1963年第2期。

② 西安市文物管理委員會：《西安三橋鎮高窯村出土的西漢銅器群》，《考古》1963年第2期。

③ 揚州博物館、邗江縣圖書館：《江蘇邗江縣楊壽鄉寳女墩新莽墓》，《文物》1991年第10期。

④ 彭適凡：《九如園吉金：朱昌言藏古代青銅器》，上海辭書出版社，2018年，第142、143頁。

⑤ 江蘇省地方志編纂委員會：《江蘇省志·文物志》，江蘇古籍出版社，1998年，第430頁；徐正考：《漢代銅器銘文綜合研究》，作家出版社，2007年，第262頁；彭適凡：《九如園吉金：朱昌言藏古代青銅器》，上海辭書出版社，2018年，第142頁説明。

⑥ 湖北省荆州博物館編著：《荆州高臺秦漢墓》，科學出版社，2000年，第64、65頁。

記有"銅釘一合"，量詞爲"合"，亦表明"釘"爲有蓋之器；疑這些"釘"也應讀爲"鼎"。

　　出土漢代鼎的材質以銅爲主，又有鐵、陶、漆木、滑石等。銅鼎、鐵鼎可作烹煮器，部分出土金屬鼎的底部有煙炱，爲實用器。漆木鼎本身不適合加熱，祇可盛食。陶鼎屬仿銅禮器，亦多作盛食器。滑石鼎爲明器。漢代遣册所記之鼎，有銅鼎、漆木鼎、陶鼎三種，基本涵蓋了漢代主要鼎類。與鼎之用途相關的記錄，祇見於馬王堆M1、M3遣册，均用於盛羹，而馬王堆漢墓隨葬鼎中遺物也多爲食物，如馬王堆M1：100漆木鼎内盛有藕片半鼎（圖2.1-8，2）[1]，M1：52、M1：99、M1：105三件錫塗陶鼎分別盛有鴨、雁和雞骨（圖2.1-8，3）[2]，M1：67彩繪陶鼎盛有雞骨；M2出土的7件陶鼎均盛有醬狀食物殘渣，M3漆木鼎中所盛之物已無存。在其他漢墓中亦多見鼎中盛有食物，如謝家橋M1E：14銅鼎内殘存動物骨骼[3]。

圖2.1-8　漢墓出土鼎

1.高臺M18：17陶鼎　2.馬王堆M1：100漆鼎，盛藕片　3.馬王堆M1錫塗陶鼎，盛禽骨

【盒】

（1）食檢（盒）一具[1]　　鳳凰山M10牘1A貳3

（2）食檢（盒）一合[2]　　刄　謝家橋M1遣-02

（3）勝（漆）汈（丹）食檢（盒）一合，盛稻食[3]　馬王堆M1遣212

　　　稻食六器，其二檢（盒），四盛　馬王堆M1遣130

①　陳建明、聶菲：《馬王堆漢墓漆器整理與研究》（下），中華書局，2019年，第50頁。

②　湖南省博物館：《長沙馬王堆漢墓陳列》，中華書局，2017年，第130頁。

③　荊州博物館：《湖北荆州謝家橋一號漢墓發掘簡報》，《文物》2009年第4期。

（4）☐【汭】（丹）食檢（奩）一合[4] 馬王堆M3遣273

膝（漆）畫檢（奩），俓（徑）尺，高蘁成五寸，二合[5] 馬王堆M3遣261

膝（漆）汭（丹）脯檢（奩）一合[6] 馬王堆M3遣267

（5）大食檢（奩）一合[7] 丿 鳳凰山M8遣103

小食檢（奩）一合[8] 丿 鳳凰山M8遣102

大畫脯檢（奩）一合[9] 丿 鳳凰山M8遣101

黑中脯檢（奩）一合[10] 丿 鳳凰山M8遣100

小卵檢（奩）一合[11] 丿 鳳凰山M8遣99

（6）檢（奩）一合，盛食 港中大遣124

檢（奩）一合，盛☐[12] 港中大遣129

（7）脯籢（奩）一合[13] 丿 張家山M247遣21貳

籢（奩）一合[14] 張家山M247遣14貳

（8）膝（漆）木檢（奩）一合[15] 大墳頭M1遣牘A貳3

膝（漆）脯檢（奩）二，其一小畫[16] 大墳頭M1遣牘A貳8

（9）大脯檢（奩）一合[17] 丿 鳳凰山M168遣13

小雞檢（奩）一合[18] 丿 鳳凰山M168遣15

卵小檢（奩）一合[19] 丿 鳳凰山M168遣16

（10）大脯檢（奩）一枚[20] 鳳凰山M167遣25

小脯檢（奩）一枚[21] 鳳凰山M167遣24

（11）大畫脯檢（奩）一[22] 方 蕭家草場M26遣9

小脯檢（奩）一[23] 方 蕭家草場M26遣10

一斗檢（奩）一具[24] 蕭家草場M26遣11

（12）大脯檢（奩）一合[25] 丿 鳳凰山M9遣31

小脯檢（奩）一合[26] 丿 鳳凰山M9遣32

（13）卵檢（奩）一[27] 鳳凰山M169遣21

（14）大方籢（奩）一[28] 羅泊灣M1從器志B貳1

（15）檢（奩）一合[29] 高臺M18遣牘壹4

〖集釋〗

［1］**章水根**（2013：137）：食檢即裝食品之奩。M10出土有二件圓奩，一件橢圓奩，一件漆圓盒，牘文所記應該是指那兩件圓奩，漆盒四不包括在內。**今按：**疑“食檢（奩）一具”包含墓中出土的兩件圓奩、一件橢圓奩，合稱“一具”。

［2］**姜維**（2011：133）：“檢”通“奩”。**今按：**發掘簡報謂墓中出土漆木奩2

件，其中一件僅内外髹黑漆而未施彩繪；另一件爲單層無格圓奩（M1W：26），外髹黑漆，内髹紅漆，器表於黑漆地上用紅、黄色彩繪紋飾，腹徑23.8、通高10.8厘米，内盛木梳、木篦、木刷等。"食檢（奩）一合"疑指墓中所出的那件内外髹黑漆的素面漆奩。

　　［3］**馬王堆M1報告**（1973：88、146）：墓中出1件雲氣紋漆食奩（50），夾紵胎，内有餅狀食物，當即此簡所記之器。

　　［4］**馬王堆集成**（2014：253）：簡首所缺之字似當爲"髹"，參看M1遺册簡212："髹（漆）汾（丹／彤）食檢（奩）一合，盛稻食。"**今按**：馬王堆M3出土漆木食圓奩3件（南34、南37、南36），其中南34、南37爲簡261所記之器，疑南36爲簡273所記之食奩。南36漆食奩外髹黑漆，内髹紅漆，素面無紋飾，蓋壁外底部朱書"軑侯家"，蓋内和底内黑漆書"君幸食"，徑26、高12厘米。"君幸食"表明此器爲食器，外髹黑漆、内髹紅漆也與簡文中的"〔髹〕汾"描述相符。

　　［5］"尺"下二字，**馬王堆M3報告**（2004：65）疑爲"食鹽"。**何有祖**（2004a）釋"高鹽"，讀爲"膏鹽"，二者是兩種不同的物品。**王貴元**（2004）釋"高藍"。**伊强**（2005：19注釋31）：鳳凰山M167漢簡記有"藍器一"，吉林大學歷史系考古專業赴紀南城開門辦學小分隊注釋認爲"'藍'乃'鹽'的借字"；"藍器一"的"藍"和馬王堆M3遺策261的"高藍"可能有關係。**馬王堆集成**（2014：252）認爲"高"下一字當隸爲"鹽"，鳳凰山M167簡49首字似與本簡之字同。"高鹽成五寸二合"此句斷句、含義尚待研究。

　　"五"下一字，**馬王堆M3報告**（2004：65）釋"斗"。**王貴元**（2004）釋"寸"。

　　馬王堆M3報告（2004：140）：出土漆木食奩3件（南34、南37、南36），形式相同，大小相近，有蓋，蓋圓拱，身直壁，平底，其中南34、南37外髹黑漆，内壁和底外圈髹紅漆，彩繪紋飾，外底朱漆書"二斗"，底内外圈黑漆書"君幸食"，南37徑26、高12厘米，内裝7個小酒杯。簡261所記之器當即指此。**今按**：這三件漆奩均有"君幸食"標記，而僅南34、南37有彩繪，符合簡文所記的"髹畫檢（奩）"，且數量剛好爲二，與簡文合，整理者的名實考察可從。

　　［6］"檢"上一字，**馬王堆M3報告**（2004：65）釋爲"脯"，參證實物，疑爲橢圓意。**伊强**（2005：19）釋"脯"，"脯檢"漢代簡牘中常見。M3出土一橢圓形的奩（《三號漢墓》140頁，圖五六），當即簡267所記的"脯檢"。

　　［7］**彭浩**（2012：39）：出土有大漆奩一件。**章水根**（2013：74）："大食檢"即用來裝食物的大漆奩。

　　［8］**彭浩**（2012：39）：出土有小橢圓奩一件。**孫欣**（2009：100）："食奩"即是裝食物的匣子。**章水根**（2013：74）："食"是用來表示奩的用途的。

［9］**彭浩**（2012：39）：出土有彩繪大橢圓奩一件。**章水根**（2013：73）："畫"即指漆器上繪有紋飾圖畫。

［10］**彭浩**（2012：38）：出土有黑色中型橢圓奩一件，不見肉脯。**孫欣**（2009：100）："脯檢"即是裝乾肉的匣子。**章水根**（2013：73）："中"指此奩爲中型，處於大奩和小奩之間。

［11］**彭浩**（2012：38）："卵檢"即"卵奩"，疑指形狀似卵的橢圓形奩，出土有小橢圓漆奩一件。**田河**（2012a：532、533）：鳳凰山M8簡99"小卵檢（奩）"當與鳳凰山M168簡16"卵小檢（奩）"相同，"卵奩""卵盛"與戰國遺册中的"卵缶""卵蓋"結構相同，"卵"的用法也應相類。"卵盛"就是卵形漆盒，"小卵檢"即卵形小奩。**章水根**（2013：73）：彭浩之説可從，"卵"在此處應是指奩的外形如卵。

［12］**今按**："盛"下一字不能確釋。從此簡的記録格式與簡124相同來看，疑此簡所記之奩也是盛食物類的。

［13］簽，**張家山二四七號漢墓整理小組**（2001：305）讀爲籢，即奩，盛物器，馬王堆M1遺策有"食檢（籢）"。

脯奩，**廣瀨薰雄**（2010b：367、368）："脯奩"亦見鳳凰山M8、M9、M167遺策，馬王堆M3遺策。與出土實物相對照，可知"脯奩"指的是橢圓形的奩。根據發掘簡報，張家山M247出土了兩件橢圓漆奩。此"脯簽一合"當是這兩件橢圓漆奩中的一件。看出土實物，真的内盛肉食的衹有鳳凰山M9簡32"小脯檢（奩）一合"一例而已。"脯奩"似乎不一定是盛脯用的。若果真如此，"脯奩"之"脯"不是乾肉的意思，但也不一定是像馬王堆M3整理者所説的橢圓的意思。待考。**廣瀨薰雄**（2019：212、213編校追記）："脯奩"之"脯"不是乾肉的意思。例如鳳凰山M9簡牘，除了"大脯檢一合"（31號簡）、"小脯檢一合"（32號簡）外，還有"脯一笥"（49號簡）；鳳凰山M168簡牘，除了"大脯檢一合"外，還有"脯六串"（63號簡）。如果"脯奩"是裝脯用的盒子，當時爲何没有把脯肉放在這些盒子裏？可見"脯奩"不是裝脯用的。因此筆者認爲，馬王堆M3遺策和張家山M247漢墓遺策中"脯奩"之"脯"與乾肉之"脯"使用不同的字形可能是有理由的。**今按**：廣瀨薰雄的辨析有道理。雙古堆漢墓出土的一件長方形紵胎漆奩刻銘曰"布方脯檢（奩），容四升"，長23.9、寬8.9、高7厘米[①]。此奩爲長方形，故刻銘中强調"方"。胡家草場M12遺册3528記"脯

---

① 安徽省文物工作隊等：《阜陽雙古堆西漢汝陰侯墓發掘簡報》，《文物》1978年第8期。銘文摹本見韓自强：《阜陽·亳州出土文物文字編》，2004年，第52頁。

檢（盒）一合，盛肉”，3589記“脯三束，盛以笥一合”①，顯示出“脯盒”之“脯”非指乾肉。從這兩處材料可以看出，“脯盒”之“脯”與形狀、用途無關，待考。

　　〔14〕**今按**：“簽（盒）一合”與“盛一合”相鄰記録，疑這裏的“簽（盒）”屬食盒。墓中出土圓形、橢圓形漆盒各2件，當包含簡文“簽（盒）一合”所指之器。

　　〔15〕**湖北省博物館**（1981：17）：檢即盒，“黎木檢一合”指墓内出土的一件漆盒（邊廂7）。**今按**：墓中出土的2件漆圓盒都是木胎，符合牘文所説的“黎木”。又，此盒與其他食器相鄰記録，則此盒亦當爲食器。

　　〔16〕“黎”下一字，**湖北省博物館**（1981：18）釋“隋”，“隋檢”即橢圓形盒，對應墓内出土的一件器形較大的橢圓形漆盒（頭廂10）和一件較小的彩繪花紋橢圓形漆盒（邊廂16）。**田河**（2012b：766）認爲此字似是“脯”，“脯盒”爲漢簡遺册中習見之物。**今按**：細審照片，摹本有誤，田河釋“脯”可從。墓中出土橢圓形漆木盒2件，一大一小，較大的頭廂10號素面，較小的邊廂16號有彩繪紋飾，與簡文記録相符，發掘報告雖然釋字有誤，但器物對應的意見可從。

　　〔17〕**陳振裕**（2012：202）在“簡文内容與出土物對照表”中將此簡所記對應大橢圓漆盒一（273），備注“相符”。**鳳凰山M168報告**（1993：478、479）：橢圓盒273號器形較大，黑漆、素面，内有12根竹簽和2根竹片，當爲串肉塊的竹串，長29.6、寬12、高11.5厘米。簡13所記當指此器。**章水根**（2013：318）：“脯檢”即“脯盒”，裝乾肉的漆盒。

　　〔18〕**陳振裕**（2012：202）在“簡文内容與出土物對照表”中將此簡所記對應中橢圓漆盒一（160），備注“盒裹未見小雞”。**鳳凰山M168報告**（1993：479）：橢圓盒160號蓋長20.5、蓋寬9.8、通高9.3厘米。簡15所記當指此器。**章水根**（2013：318）：“小雞檢”和“大脯檢”結構完全相同，“小”是指漆盒體形較小，不是指此盒是用來裝小雞的。

　　〔19〕**陳振裕**（2012：202）在“簡文内容與出土物對照表”中將此簡所記對應小橢圓漆盒一（171），備注“相符，盒裹未見雞蛋”。**鳳凰山M168報告**（1993：479）：橢圓盒171號器形矮小，長15.8、寬7.9、通高6.3厘米。簡16所記當指此器。**田河**（2012a：532、533）：鳳凰山M8簡99“小卵檢（盒）”當與鳳凰山M168簡16“卵小檢（盒）”相同，“小卵檢”即卵形小盒。**章水根**（2013：319）：“卵”指此橢圓形的小漆盒的外形似卵，此盒正形如卵狀。

　　〔20〕**姚孝遂**、**陳雍**（2012：161）：隨葬大橢圓盒一。**鳳凰山M167簡報**（1976：36）在“鳳凰山一六七號墓頭廂隨葬品一覽表”中將此簡所記對應“大橢圓盒1”。**章**

---

①　李志芳：《胡家草場西漢墓M12出土遣册初探》，《江漢考古》2023年第2期。

水根（2013：285）："大脯檢"與"小脯檢"相對，即形狀體積較大的裝乾肉的匣子。

［21］**姚孝遂、陳雍**（2012：160）：脯，《説文》訓爲乾肉；檢即枱，後起字作奩。隨葬小橢圓奩一，内盛肉食。**鳳凰山M167簡報**（1976：36）在"鳳凰山一六七號墓頭廂隨葬品一覽表"中將此簡所記對應"小橢圓奩1"。

［22］**蕭家草場M26報告**（2001：139）：脯，《説文》訓爲乾肉。檢同檢，即奩。出土彩繪的漆橢圓奩1件，器内未見乾肉。

［23］**蕭家草場M26報告**（2001：139）：出土通體髹黑色漆小橢圓奩1件，器内未見乾肉。

［24］**蕭家草場M26報告**（2001：139）："一斗"指檢的容量，出土通體髹黑色漆的漆圓奩1件，經實測，圓奩的容量爲2870毫升。**今按**：M26：1漆奩與耳杯等飲食器具相鄰放置，疑此奩屬食奩。

［25］**陳振裕**（1982：66）：墓中出土大漆橢圓奩1件，未見肉脯。

［26］**陳振裕**（1982：66）：墓中出土小漆橢圓奩1件，未見肉脯。

［27］**李天虹**（2012：222、224）：檢，通作奩。簡21、22所記對應漆奩3，相符。**章水根**（2013：346）："卵檢"指外形如卵的漆奩，而不是指用來裝卵的漆奩。

［28］**今按**：此條記録前後均爲食器，則"大方籢"可能也是食器。墓中出土的596號長方形漆木笥保存完整，外髹黑漆，内髹紅漆，彩繪紋飾，長20.4、寬11.3、通高9.5厘米，或與"大方籢"有關。

［29］**湖北省荆州博物館**（2000：229）將此簡所記對應漆奩一件。**今按**：墓中出土的26號漆圓奩爲圓筒形，直口，深直腹，平底，内髹紅漆，外髹黑漆，素面，腹徑21、通高16.54厘米。牘文"檢（奩）一合"與鼎、匜相鄰記録，疑這裏的"奩"屬食奩。

〔疏證〕

從港中大遣册124記"檢一合，盛食"，馬王堆M1遣册簡212記"膝汈食檢一合，盛稻食"，可以明確看出"食奩"就是盛食之奩。

遣册記録中的食奩有大小之分，所盛之物有泛稱的食，也有具指的稻食、肉等。《説苑·尊賢》："臣笑臣隣之祠田也，以一奩飯、一壺酒、三鮒魚。"《齊民要術》卷四"魏明帝時，諸王朝，夜賜冬成柰一匳"，卷十"象言病，帝以美梨一匳賜象"。可見匳所盛之食類頗廣。一個特别的現象是，馬王堆M3：南37漆奩上有"君幸食"三字，表明此奩屬食奩，但其内盛7個小耳杯（圖2.1-9，1）[①]，應是將此奩臨時作爲具杯盒使用，則食奩除了盛裝食物之外，亦可盛裝其他小型食器，此種情形當是發

---

① 陳建明、聶菲：《馬王堆漢墓漆器整理與研究》（下），中華書局，2019年，第314頁。

揮"食盒"作爲"盒"的基本功能。

由於盒是多用途器具，漢代遣册記録又比較簡要，故要判斷那些不説明用途的盒是否爲食盒就有一些不確定性，有二種方式可提供一些判斷依據。其一，看簡文的相鄰記録，如其相鄰之間爲食器，則盒同爲食器的可能性較大；其二，看墓中出土實物，着重關注伴出器物的屬性、器體上有無文字説明、所盛之物，如有的盒與其他食具共出，則盒亦爲食器的可能性較大，馬王堆漢墓中出土的漆盒凡言"君幸食"者均爲食盒；共出關係不明、又未見文字説明，但所盛之物爲食物，則亦當屬食盒。

大雲山M1：3894錐畫紵胎銀釦盒製作小巧精緻，口徑14、蓋徑14.5、通高6.5厘米，蓋身、外底均漆書"常食"二字[1]（圖2.1-9，2），則此盒屬"尚食"掌管，當屬食盒。

青海平安縣古城東漢墓M7二號棺頂置一件木盒，内盛1件木耳杯；盛有雞骨及羊肩胛骨的盒後又放1件大木耳杯，内置1件小耳杯；三號棺頂放有一件木盒，上扣木碗，内盛大小耳杯各1件、雞骨[2]。發掘簡報稱這些盒爲食盒，應可從。此墓所出食盒同時起到了盛食、盛食器的功能。

甘肅酒泉瓜州縣橋子鄉魏晉墓出有一件陶圓盒，子口、直壁、平底，口徑19、底徑24、高12.6厘米，外腹壁墨書"食餅斂"三字[3]（圖2.1-9，3）。其"斂"應讀爲"盒"，盛餅之用。瓜州縣南岔鄉魏晉墓出土有一件形制相同的陶圓盒，口徑17.9、底徑20.9、高13.7厘米，外腹壁墨書"食飯舉"三字[4]（圖2.1-9，4）。將"食餅斂"與"食飯舉"對照可知"斂"與"舉"位置相同，應都是器名。古舉、吕、莒可通[5]，"舉"當讀爲"筥"。《詩·召南·采蘋》"維筐及筥"，毛傳："方曰筐，圓曰筥"。食飯筥爲盛飯之筥。盒與筥形制有異，主要體現在盒蓋之壁較高，蓋與身扣合時，蓋下緣接近盒底，筥則用子母扣，蓋無壁或壁甚短。從瓜州魏晉墓出土的這兩件器物的形制來看，食餅盒爲筥類器，但從用詞來看，盒、筥混稱，或是着眼於二者都是圓形器。那麽，盒、筥析言則異，渾言不别。西朱村石碣M1：98記有"飯筐一"。飯筥、飯筐，因形狀不同而各取其名，用途實同。

---

① 南京博物院、盱眙縣文廣新局：《江蘇盱眙縣大雲山西漢江都王陵一號墓》，《考古》2013年第10期。

② 青海省文物考古研究所：《青海平安縣古城青銅時代和漢代墓葬》，《考古》2002年第12期。

③ 楊永生主編：《酒泉寶鑒：館藏文物精選》，甘肅文化出版社，2012年，第41頁。

④ 楊永生主編：《酒泉寶鑒：館藏文物精選》，甘肅文化出版社，2012年，第42頁。

⑤ 張儒、劉毓慶：《漢字通用聲素研究》，山西古籍出版社，2002年，第348頁。

圖2.1-9　漢墓出土食盒

1.馬王堆M3：南37 "君幸食" 漆丹食盒　2.大雲山M1：3894 "常食" 食盒　3.瓜州縣橋子鄉魏晉墓出土陶盒
4.瓜州縣南岔鄉魏晉墓出土陶盒

【付蔓】

（1）食苻（付）㾻（蔓）一[1]　　亅　鳳凰山M168遣64

〖集釋〗

　　[1] "食" 下一字，**中山**（2012：197）釋 "苻"，**陳振裕**（2012：198）釋 "符"。**今按**：釋 "苻" 可從。可對比同批遣册簡38 "蘇"、簡60 "笥"、簡62 "笞" 的艸頭與竹頭寫法。

　　陳振裕（2012：200、204）：符㾻與附蔓相同，爲器物名，即小漆合①。出土物未見。**毛靜**（2011：80）：符，通 "府"，這裏指藏物之處；㾻，用作 "庾"；"府庾" 爲同義連用。食府庾指盛放有糧食的倉，墓中出土一件盛有小米的陶倉，當是此遣策所記 "食符㾻"。**田河**（2012a：536）："符㾻" 應讀爲 "瓿甊"。《方言》卷五："缶謂之瓿甊，其小者謂之瓶。"《廣雅·釋器》："瓿甊，缶也。" 簡文 "食瓿甊" 可能是指墓中所出的陶罐（M168：278）。**章水根**（2013：337、338）：陶倉

① 原擴注：《文物》1972年第9期，第71頁，朱德熙先生在馬王堆一號漢墓座談紀要上的發言。

遣策中一般稱"囷"，或以"菌"作囷，且前面也不會有"食"等修飾詞，故毛靜之説可商；田河認爲符瘦即部婁、甀甄，讀爲甀甄，比較合理。**今按**：M168：278陶罐即其他遣册所記的"甀甄"，但M168出土了2件陶甀甄，若與簡64對應，則數量不符。陳振裕謂符瘦與附婁同，指小漆盒的意見應可從。

〔疏證〕

漢代遣册記録中的"甀甄"爲一種小陶罐，用於盛裝液體，而"付婁"則是一種小漆盒，主要用於盛裝非液態之物。甀甄、付婁雖然音韻、命名機理相近，但卻是材質、工藝、用途等多有不同的兩類器物。從用字特徵看，"符瘦"似讀爲"付婁"要好一些，指有穹頂形蓋的漆盒。疑"食符瘦"也即其他遣册記録中的"食盒"。

鳳凰山M168共出土6件漆盒，包含圓盒、橢圓形盒各3件。若將"食符瘦"理解爲食盒，則遣册中也恰好有6條關於盒的記録，簡文記録與出土實物可以一一對應（表2.1-5）。

表2.1-5 鳳凰山M168遣册所記盒器的名實對應 （單位：厘米）

簡號	簡文内容	出土漆盒及器號	尺寸	備注
14	鑯（鏡）一，有檢（盒）∫	錐畫漆圓盒（123）	蓋徑17.7、通高11	相符
17	大車檢（盒）一合 ∫	漆素大圓盒（162）	不詳，但大於小圓盒	相符
64	食符（付）瘦（婁）一 ∫	漆素小圓盒（149）	蓋徑20、通高12厘米	相符
13	大脯檢（盒）一合 ∫	橢圓漆盒（273）	長29.6、寬12、高11.5	相符
15	小雞檢（盒）一合 ∫	橢圓漆盒（160）	長20.5、蓋寬9.8、通高9.3	相符
16	卵小檢（盒）一合 ∫	橢圓漆盒（171）	長15.8、寬7.9、通高6.3	相符

【盂】

（1）竽（盂）三雙[1] ∫ 鳳凰山M8遣98

（2）盂四枚[2] 鳳凰山M167遣20

（3）杅（盂）八枚[3] ∫ 鳳凰山M168遣18

（4）小盂一枚[4] ∫ 鳳凰山M169遣33

（5）小于（盂）一具[5] 鳳凰山M10牘1A貳5

（6）䰍（漆）畫盂四[6] 漁陽木楬B：575

（7）䰍（漆）汧（丹）畫盂二[7] 大墳頭M1遣牘A貳1

（8）䰍（漆）畫木杅（盂）一，容五斗[8] 馬王堆M3遣254

　　䰍（漆）畫華杅（盂）廿枚[9] 馬王堆M3遣253

（9）緊（漆）畫華圩（盂）十枚，其一盛牛肩，郭（槨）左；九，郭（槨）足[10]　馬王堆M1遣201

　　■右方緊（漆）華圩（盂）十，木般（盤）一，盛六合　馬王堆M1遣204

　　牛肩一器，筍一[11]　馬王堆M1遣61

　　■右方牛、犬、鹿、羊肩載（戴）八牒，華一[12]，筍四合，卑（椑）虒（榹）五　馬王堆M1遣68

（10）食于（盂）一雙（雙）[13]　蕭家草場M26遣16

（11）盂一[14]　丿　張家山M247遣20貳

（12）瓦盂一枚[15]　鳳凰山M167遣38

（13）瓦盂二，各一布囊[16]　羅泊灣M1從器志A伍5

（14）大瓦于（盂）一枚[17]　⊕　蕭家草場M26遣23

　　小瓦于（盂）一枚[18]　⊕　蕭家草場M26遣24

（15）金于（盂）一[19]　方　蕭家草場M26遣20

（16）☑□盂一[20]　丿　鳳凰山M169遣34

【集釋】

　　[1]彭浩（2012：37）：筍，疑通盂，出土實物有漆盂6件，可能爲此簡所記。今按：《戰國縱橫家書》232記"箸之飯（盤）筍（盂）"，可參。

　　[2]姚孝遂、陳雍（2012：159）：鳳凰山M168遣策"盂"作"杅"，隨葬漆盂4。鳳凰山M167簡報（1976：36）在"鳳凰山一六七號墓頭廂隨葬品一覽表"中將此簡所記對應"大盂、小盂各2"。章水根（2013：283）：《說文》"盌，小盂也"，盂當爲一種類似碗的飲器。

　　[3]陳振裕（2012：202）在"簡文内容與出土物對照表"中將此簡所記對應漆盂8（97、144、165、169、170、185、186、161），備注"相符"。鳳凰山M168報告（1993：468）：盂8件，大小相同，170號口徑26、底徑16.6、高8.6厘米，簡18所記當指此8器。今按：M168出土有漆匕2件（146、255），但發掘簡報未對墓中所出漆匕的共置關係作詳細説明①，僅發掘簡報圖版捌-3所示照片中，漆盂與漆匕一同拍攝。《楚秦漢漆器藝術·湖北》圖153所示彩繪變形鳥紋盂出自鳳凰山M168，説明文字云"出土時，盂裏置一漆匕"②。從M168隨葬器物分佈圖看，161、144號漆盂附近有146、

---

　　① 紀南城鳳凰山一六八號漢墓發掘整理組：《湖北江陵鳳凰山一六八號漢墓發掘簡報》，《文物》1975年第9期；湖北省文物考古研究所：《江陵鳳凰山一六八號漢墓》，《考古學報》1993年第4期。

　　② 陳振裕主編：《楚秦漢漆器藝術·湖北》，湖北美術出版社，1996年，第204頁。

255號漆匕，而漆匕附近無其他合適的食器可與之組合。疑這兩枚大小相同的漆匕爲161、144號漆盂的配套之物。簡文所記"杅（盂）八枚"的真實情況或許是：盂八枚，其二有匕。

〔4〕**李天虹**（2012：224）在"遣策與出土實物對照表"中備注簡33、34所記"不明所指，或即出土物中的鉢或碟"。**章水根**（2013：348、349）：《説文》"盌，小盂也"，隨葬物中有陶鉢四件，可能即是本簡與下一簡所記。**今按**：發掘簡報謂墓中出土漆盂3件，"二大一小，徑14.5—24、高6—9厘米，直口，淺腹，圈足，口沿外部有凹弦紋一道"，另有"漆匕2件，匕部扁平，呈橢圓形，柄下粗上細，髹醬色漆，描金彩繪"。簡33所記的"小盂一枚"疑指出土的小漆盂。從鳳凰山M168所出部分漆盂内置漆匕來看，疑M169的兩件漆匕亦是與漆盂組合的。

〔5〕**裘錫圭**（2012：90）於釋文"于"後擴注"盂"。**彭浩**（1982：90）：M10的"小于（盂）一具"是兩件漆盂。**章水根**（2013：138）：《説文·皿部》"盂，飲器也"，大徐本作"飯器也"，《史記·滑稽傳》有"酒一盂而祝"，《後漢書·孝明帝紀》有"盂水脯糒"，可知盂當爲飲器；又《説文·皿部》"盌，小盂也"，盌今作碗。**今按**：從發掘簡報的統計表看，M10出有漆盂2件，彭浩之説可參。兩件漆盂的大小、共置關係等信息在發掘簡報中未見詳細説明。M10亦出有漆匕1件（見發掘簡報的統計表），"小于（盂）一具"可能包含漆匕在内。

〔6〕**姜維**（2011：82）：據發掘簡報，該墓出土盂125件，均外髹黑漆，内髹紅漆，朱繪紋飾，此木楬所記當是隨葬漆畫盂中的一部分。

〔7〕**湖北省博物館**（1981：17）："縢汩畫盂二"指墓中出土的2件彩繪漆盂（頭廂39、邊廂6）。

〔8〕**馬王堆M3報告**（2004：64）：杅即盂，或作杅，《説文·皿部》"盂，飲器也"，段注："杅即盂之假借字。"又引《方言》説："盂，宋、楚、魏之間或謂之盌。"出土漆器中，盂形似盤而腹略深。**鄭曙斌**（2011：289、291、292）：漆木盂（南35）口徑38厘米，明顯偏大，應爲簡文所記"漆畫木杅"；從文獻記載來看，盂有食盂與水盂之別；木杅是指墓中出土的口徑最大的漆盂，腹較深，容量較大，明顯不同於盛食的華杅，而應是洗臉或潔手所用的水盂。**今按**：簡文所記"縢畫木杅（盂）""容五斗"，顯是容量較大之盂，鄭文謂其應指南35漆木盂，似可從，但謂這件漆畫木盂"是洗臉或潔手所用的水盂"，似有不妥。馬王堆M1遣册所記之盂有"盛牛肩"者，盂的體積和容量比較大，這件"容五斗"的漆畫木盂屬於食器的可能性仍然較大。

〔9〕**馬王堆M3報告**（2004：134）：出土漆木盂10件，器形相同，大小有別，内

紅漆，外黑漆，彩繪紋飾。簡253所記當即指此，但實出數較簡文記載少10件。**今按**：墓中出土東17、南107、南126、南127、西10、西11、西16、西17、西30這9件漆盂口徑24—25、高9—9.6厘米，而南35漆盂口徑38、高12厘米，大很多，鄭曙斌（2011：289）已指出南35漆盂爲簡254所記。故簡253所記的漆盂實出9件。

　　［10］**馬王堆M1報告**（1973：87、88、145）：圩讀爲盂，《急就篇》作"杅"，漢晉銅器刻文也有作"汙""釪"的，均當讀爲盂。考古工作中常有把盂誤爲洗的。"華圩"爲雙聲疊韻聯綿詞，當爲盂之别名。華從琴，《説文》以琴爲于聲字，重文作"芌"。于聲誇聲多有紆曲窪下之義。盂本以"迂曲"得名（參看《廣雅疏證》卷七下"鏊……盂也"條），稱盂爲華圩猶稱題爲卑匜之比。墓中出點紋和雲紋漆盂共6件，器形大小相同，直口圓唇，腹較深微鼓，矮圈足，均彩繪紋飾，口徑25、腹徑26.5、底徑16、高9.3厘米，"其一盛牛肩郭左"當即指簡68所記之"華一"。6件均出東邊廂（郭左），與簡文略異，盂數也比簡文少4件。**唐蘭**（1980：32）釋"圩"上一字爲"箽"，箽圩即蓑盂，應是仿竹器或葦器的盂，疑此即葢盂，《漢書·東方朔傳》"置守宫盂下"，顏師古注："盂，食器也。若葢而大，今之所謂葢盂也。"出土遺物中有編織雲紋漆盂6枚，同出槨左（東槨箱），與簡略異。**今按**：小結簡將"華盂"簡稱爲"華"，"華盂"與"華"含義相同，"華"應爲器物名。懸泉漢簡Ⅰ90DXT0109②：6B記"持私案三、銅鑪一、釜三、華于十二、大杯十、小杯七十二、酒樽一合"，銅鑪即銅鼎，華于即華盂，簡文涉及的器物案、鼎、釜、杯、樽，尤其是最有可能有彩繪紋飾的耳杯，均未提及紋飾信息，華盂也即是盂。盂有多種形制（詳後文疏證），"華盂"或是當時對碗形盂的專稱。

　　［11］**朱德熙、裘錫圭**（1980：64）：61號簡説"牛肩一器，笥一"，"一器"就指"華圩"。

　　［12］**馬王堆M1報告**（1973：136）：簡68小結"華一"當指盛牛肩的"華圩"。

　　［13］**蕭家草場M26報告**（2001：140）："于"即"盂"，出土大小、形制相同的彩繪漆盂2件。

　　［14］**韓厚明**（2018：下編719）：盂，盛液體的圓口器皿；據廣瀬薰雄《遣册》排序，簡20"盂"附近物品多爲盥洗器，器形見《江陵張家山三座漢墓出土大批竹簡》第6頁。**今按**：墓中出有1件陶盂（M247：14）[①]，"平沿外折，敞口，上腹以下

---

① 按：此盂在張家山M247隨葬器物分佈圖中編號14，但在具體介紹時編號爲M247：21，配圖二三的編號相同，這裏有兩種可能，即墓號誤植或器號誤植。由於這批墓葬所出陶盂的制制相近，今暫以器號誤植理解，而以平剖面圖中的器號爲正。參荆州地區博物館：《江陵張家山三座漢墓出土大批竹簡》，《文物》1985年第1期。

折收，小平底，飾黑衣，上腹均有一道凹弦紋；M247：21（引按：疑爲M247：14）器上腹在白色地上繪紅、黑色菱形方格紋，器内上下腹均飾一圈白色帶紋。通高7.6、口徑18、底徑6.4厘米"，疑這件陶盂是簡文所記的"盂一"。

[15] **姚孝遂、陳雍**（2012：165）：隨葬陶盤一。**鳳凰山M167簡報**（1976：36）在"鳳凰山一六七號墓頭廂隨葬品一覽表"中將此簡所記對應"盤1"。

[16] **廣西壯族自治區博物館**（1988：82）：瓦盂即陶盂（盆）。**今按**：發掘報告陶器未見盂、盆、盤類介紹，具體形制不詳。陶器用布囊包裹的現象在漢墓出土情形中不多見。南越王墓C44陶瓿用絲絹包裹[①]，結合羅泊灣從器志所記，南越王墓那些包裹器物的織物，在下葬之時可能是囊一類的織品。

[17] **蕭家草場M26報告**（2001：141）："大瓦于（盂）一枚"，出土物不見。**劉國勝**（2012：80）指出"大瓦盂一枚"是指隨葬器物中的陶盤。

[18] **蕭家草場M26報告**（2001：141）："小瓦于（盂）一枚"，出土陶盂1件。**今按**：該墓98號"陶盂"出土時與釜甑疊置，疑是與釜甑配套的"盉"，同屬於簡28所記的"甑一具"。墓中所出陶盤（22號）口徑31.2、底徑15.2、高5.6厘米，尺寸較大，劉國勝（2012：80）謂22號陶盤對應簡文"大瓦于（盂）一枚"，應可從。疑"小瓦于（盂）一枚"之小瓦盂是指小陶盤，未入葬。

[19] **蕭家草場M26報告**（2001：140）："金于（盂）一"，出土物不見。**劉國勝**（2012：80）："金盂一"應指隨葬的一件銅盤。《集韻·月韻》"齊人謂盤曰盂"，《廣韻·虞韻》"盂，盤盂"。鳳凰山M167遣册38記"盆盂一枚"，發掘整理者認爲是指隨葬的一件陶盤。蕭家草場26號墓遣册上記有"大瓦于（盂）一枚""小瓦于（盂）一枚"，墓中出土陶盤、盂各1件，從形制看，盤較盂口大、腹淺，但兩者形制比較接近。其中"小瓦盂一枚"當如報告所指出的爲陶盂，而"大瓦盂一枚"，我們以爲是指隨葬器物中的陶盤。由此推斷遣册把銅盤記作"金盂"也是有可能的。

[20] **李天虹**（2012：224）在"遣策與出土實物對照表"中備注簡33、34所記"不明所指，或即出土物中的鉢或碟"。**章水根**（2013：349）：此簡的"□盂"應該比上一簡的"小盂"稍大些。**今按**：首字暫不識，此簡所記之"□盂"的材質、大小等亦無從考察。

〖疏證〗

盂，《方言》第五："盂，宋楚魏之間或謂之㿃。㼏謂之盂，或謂之銚鋭。㼏謂之櫂，盂謂之柯。海岱東齊北燕之間或謂之盉。"華學誠云：

---

① 廣州市文物管理委員會等：《西漢南越王墓》（上），文物出版社，1991年，第115、476頁。

按：《説文·皿部》作“盉”，即“盂”。《説文》釋作“飯器”，段玉裁注本改作“飲器”，云：“飲，大徐及《篇》《韻》《急就篇》注作‘飯’，誤。”徐鍇《説文解字繫傳》作“飯器”。《韓非子·外儲説左上》：“爲人君者猶盂也，民猶水也，盂方水方，盂圓水圓。”即其例也。戴震《方言疏證》：“盂亦作杅。《後漢書·顯宗孝明帝紀》：‘杅水脯糒而已。’注引《方言》‘盌謂之盂’。”

又按：《廣雅·釋器》“盂也”條王念孫疏證：“盂之言迂曲也，盂、盓、椀皆曲貌也。《説文》：‘盂，飲器也。’《士喪禮》下篇：‘兩敦兩杅。’鄭注云：‘杅以盛湯漿。’杅與盂同。”《漢書·東方朔傳》“上嘗使諸數家射覆，置守宮盂下，射之，皆不能中”，顏師古注：“盂，食器也，若盌而大，今之所謂盓盂也。”“盂”得名於迂曲，其爲器本盛湯漿，亦可盛飯食。段氏校改説文所釋“飯”作“飲”是也，然以爲《玉篇》《廣韻》《急就篇》顏注作“飯”誤，則嫌偏執。[1]

唐蘭討論馬王堆遣册所記之盂時認爲：

盂，古代常以盤盂連稱。《尸子·處道》“盂方則水方，盂圓則水圓”（《後漢書·吕强傳》引作“杅”），則是水器。周代銅器中盂常自稱爲鑄（饙）盂，飤盂，則是盛食器。《説文》“盂，飯器也”，有的本子作飲器，《儀禮·既夕禮》“兩杅”注“杅，盛湯漿”，則又可以飲。此簡説盛牛肩，則又不止盛飯了。可見盂是盛器，其用途並不是很固定的。漢代常見的盂，過去稱爲洗，徐中舒訂正爲盂（見《當塗出土晉代遺物考》）是對的。但《儀禮·士冠禮》“設洗”，鄭玄注：“洗，承盥洗者，棄水器也。士用鐵。”看來，洗是比較大的。賈公彦疏：“案漢禮器制度，洗，士用鐵，大夫用銅，諸侯用白銀，天子用黄金也。”就其用途來説，盂和洗是可以同類的。[2]

從出土文獻中關於“盂”的記録來看，盂兼作食器、飲器。作食器者如蕭家草場M26遣册16之“食盂”，居延漢簡89.13A之“羹于（盂）一”〔220.18A亦有“更

① 華學誠匯證：《揚雄方言校釋匯證》，中華書局，2006年，第335、336頁。
② 唐蘭：《長沙馬王堆漢軑侯妻辛追墓出土隨葬遣策考釋》，《文史》第10輯，中華書局，1980年，第32頁。

（羹）于（盂）"］，馬王堆M1遺册201之"華盂""盛牛肩"。作爲飲器之一的
"酒盂"，參後文"盛飲器"節的相關討論。綜合説來，漢代的盂有三種形制。

一是盆形盂。如長沙湯家嶺西漢張端君墓出土的一件銅盆形器，敞口、寬折沿、
收腹、平底、底部邊沿鑄三小圓足、上腹鑄有鋪首銜環一對，口徑40.8、底徑22、高
17.6厘米，口沿墨書"張端君銅汙（盂）一"[1]（圖2.1-10，1）；安徽當塗西晉墓出土
的一件銅盆形器口沿刻"德家釪"（圖2.1-10，2），徐中舒指出"釪"即"盂"，舊
所稱"洗"之器當即盂[2]。張家山M247遺册所記的"盂一"，疑指墓中出土的14號陶
盆形器（圖2.1-10，3）。

二是盤形盂。《韓非子·外儲説左上》："孔子曰：'爲人君者猶盂也，民猶
水也；盂方水方，盂圓水圓。'"《藝文類聚·雜器物部》引《荀子》作："君者盤
也，民者水也，盤圓則水圓，盤方則水方。"[3]盤、盂異文，所指相同。《急就篇》卷
三"橢杅槃案梧閜㼯"，顔注："杅，盛飯之器也。一曰：齊人謂盤爲杅。"文獻中
盤盂亦常連用，如《韓非子·大體》"豪傑不著名於圖書，不録功於盤盂"，《戰國
縱橫家書》232"箸之飯（盤）竽（盂）"。鳳凰山M167遺册38所記"瓦盂"對應墓
中所出陶盤，蕭家草場M26遺册20所記"金盂"對應墓中出土的13號銅盤（圖2.1-10，
4），大墳頭木牘所記"金小盂"對應墓中出土的銅盤，均屬盤形盂。謝家橋M1遺策
記載的銅器中有"金杅"，"金杅是一種盛水的銅盤"[4]。謝家橋M1共出有2件銅盤，
其中西室30"出土時與另1件銅盤扣合，內盛一塊獸肩胛骨，口徑34.2、高6厘米"[5]
（圖2.1-10，5），由此看來，謝家橋M1遺册所記"金杅（盂）"對應的銅盤除了如曾
文所説可用於盛水外，亦可能用作盛食器。總之，盤和盂形制、用途相近，漢代存在
將盤稱爲盂的現象。

三是碗形盂。漢代遺册所記之盂，多屬此型（圖2.1-10，6—13）。漢晉墓出土
有此類盂的自名器，如雙古堆M2出土的一件漆盂，平沿，小束頸，弧壁，平底，圈
足，彩繪紋飾，頸部刻有"女（汝）陰侯盂，容斗五升"[6]（圖2.1-10，14）。徐州大
廟西晉漢畫像石墓M1：8釉陶盂，圓唇，口微斂，弧腹，平底內凹，口徑20.4、底徑

---

① 汙，發掘簡報釋"洗"，馬王堆M1報告（1973：145注釋⑥）改釋爲"汙"，讀爲"盂"。
② 徐中舒：《當塗出土晉代遺物考》，《史語所集刊》第三本第三分，1932年，第314—316頁。
③ 《太平御覽·器物部二》引《荀子》作："君者槃也，水者民也，槃圓則水圓，槃方則水
方。""水者民也"是"民者水也"的誤倒。盤、槃異體字。
④ 曾劍華：《謝家橋一號漢墓簡牘概述》，《長江大學學報》（社會科學版）2010年第2期。
⑤ 荆州博物館：《湖北荆州謝家橋一號漢墓發掘簡報》，《文物》2009年第4期。
⑥ 器形及釋文參安徽省文物工作隊等：《阜陽雙古堆西漢汝陰侯墓發掘簡報》，《文物》1978
年第8期。銘文摹本見韓自强：《阜陽·亳州出土文物文字編》，第54頁。

11、高7.6，底刻"盛倫于"[①]（圖2.1-10，15），疑"于"讀爲"盂"，"盛倫"或爲人名，東漢北海太守"盛苞"即以"盛"爲姓。"盛倫于"可能是説"盛倫"之"于（盂）"。《慧琳音義》卷八十九"盂盛酪"注："《方言》云：'盌謂之盂。'椀之大而無足者是。"從出土實物看，秦至西漢時期的漆木盂幾乎都有矮圈足。在漢簡記録中，居延漢簡89.13A記有"故畫于（盂）三，黑墨于（盂）四，羹于（盂）一，故中槃（盤）一"，220.18A記有"更（羹）于（盂）一，于（盂）二，……盆二，……小盆一"，這些記録的"盂"與"槃"或"盆"同時出現，説明這些盂的形制與盤、盆不同，疑是碗形盂。西朱村石碣M1：279記有"五升墨漆畫杅（盂）☐"，疑也是碗形盂。出土漢代碗形盂以漆木爲主，幾乎都有彩繪紋飾。除銅盂、木盂外，實用盂還有紵胎者，如東陽小雲山西漢墓M1：174、M1：175紵胎漆盂外髹褐漆，內髹紅漆，素面，外底有朱書"巨田萬歲"，口徑26.8、底徑14.8、高10.8厘米[②]。隨葬用的碗形盂則有陶、滑石等製作者，如鞏義新華小區東漢墓M2有兩件陶碗，內外均髹紅漆，彩繪紋飾，其中M2：31口徑19.2、底徑12.6、高6.6厘米[③]（圖2.1-10，16），發掘簡報稱其爲陶碗，不很準確，其應是仿彩繪漆盂的陶盂，屬明器；湖南常德武陵南平土墩墓D7M3：3滑石盂口徑18.4、底徑11.2、高7厘米[④]，發掘報告稱之爲盒，但此器有束頸，與盒差異大，應是明器盂。

【罌】

（1）☐罌（罌）二枚，盛肉醬、豆醬[1]　　　鳳凰山M169遣35

〖集釋〗

　　[1] **李天虹**（2012：222、224）：罌，通作罌。《説文》缶部："罌，缶也。"簡35所記對應漆衣陶罐4。**今按**："罌"上一字疑爲"瓦"。瓦罌即陶罌。發掘簡報云墓中出土漆衣陶罈4件，"直口，圓鼓腹，小平底，肩、腹各飾劃弦紋兩道，有兩件口徑略大，約13.5厘米，小者口徑12.7厘米，通高均爲20厘米"。這些"陶罈"與儀徵張集團

---

①　徐州博物館：《江蘇徐州大廟晉漢畫像石墓》，《文物》2003年第4期。

②　盱眙縣博物館：《江蘇東陽小雲山一號漢墓》，《文物》2004年第5期。

③　鄭州市文物考古研究所、鞏義市文物保護管理所：《河南鞏義市新華小區二號墓發掘簡報》，《華夏考古》2003年第3期。

④　湖南省常德市文物局等：《沅水下游漢墓》，文物出版社，2016年，第136頁、圖版141。

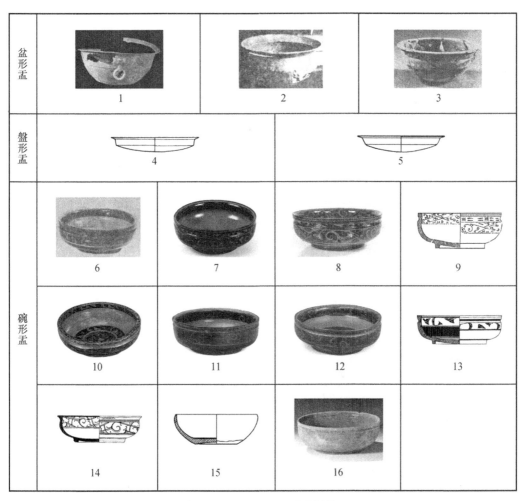

圖2.1-10　漢墓出土三種形制的盂

1. 湯家嶺西漢墓銅盂　2. 當塗西晉墓德家盂　3. 張家山M247：14陶盂　4. 蕭家草場M26：13銅盤（盂）
5. 謝家橋M1西室：30銅盤（盂）　6. 鳳凰山M8漆盂　7. 鳳凰山M167漆盂[1]　8. 鳳凰山M168：170漆盂
9. 鳳凰山M169漆盂　10. 大墳頭M1頭廂：39漆盂[2]　11. 馬王堆M1：東61漆盂[3]　12. 馬王堆M3：南107漆盂[4]
13. 蕭家草場M26：8漆盂　14. 雙古堆M2漆盂　15. 大廟西晉墓M1：8陶盂　16. 鞏義新華小區M2：31陶盂

[1] 傅舉有主編：《中國漆器全集·3·漢》，福建美術出版社，1998年，第81頁。
[2] 湖北省博物館：《秦漢漆器：長江中游的髹漆藝術》，文物出版社，2007年，第71頁。
[3] 陳建明、聶菲：《馬王堆漢墓漆器整理與研究》（下），中華書局，2019年，第134頁。
[4] 陳建明、聶菲：《馬王堆漢墓漆器整理與研究》（下），中華書局，2019年，第299頁。

山西漢墓M1所出陶甂造型幾乎一致[①]。《方言》第五"甌，罌也"，《玉篇·瓦部》"甌，盛五升，小罌也"，故鳳凰山M169所出"陶鐔"就是陶罌。簡文所記分別盛肉醬、豆醬的瓦罌疑即墓中出土四件陶罌中的兩件。

【疏證】

　　罌是一種大口、短頸或無頸、鼓腹的盛器（詳"盛飲器·罌"條疏證），多用於盛酒、漿等液體。但從鳳凰山M169遣册所記來看，罌也可用於盛醬等食物。金關漢簡73EJT24：152記"糒嬰（罌）一，直二☐"，糒罌是盛乾糧之罌，與醬罌一樣，亦屬盛食之罌。

【甌】

（1）馬醬一坑（甌）[1]　　馬王堆M1遣98

　　　鲂一坑（甌）　　馬王堆M1遣99

　　　鰛一坑（甌）　　馬王堆M1遣100

　　　䜴（豉）一坑（甌）　　馬王堆M1遣101

　　　■右方鮏（膾）、指（脂）十牒、資九、坑（甌）五[2]　　馬王堆M1遣102

（2）然（臡）一坑（甌）[3]　　馬王堆M3遣110

　　　肉鮏（膾）一坑（甌）　　馬王堆M3遣111

　　　魚鮏（膾）一坑（甌）　　馬王堆M3遣112

　　　鰛一坑（甌）　　馬王堆M3遣113

　　　鲂一坑（甌）　　馬王堆M3遣114

　　　䜴（豉）一坑（甌）　　馬王堆M3遣115

　　　醯（醢）一坑（甌）　　馬王堆M3遣116

　　　鹽一坑（甌）　　馬王堆M3遣117

　　　醬一坑（甌）　　馬王堆M3遣118

　　　肉醬一坑（甌）　　馬王堆M3遣119

　　　温（醖）酒二坑（甌）　　馬王堆M3遣120

　　　助（醹）酒二坑（甌）　　馬王堆M3遣121

　　　·坑（甌）、資廿一，其七受中，十四臨湘家給[4]　　馬王堆M3遣236貳3—5

---

　　① 南京博物院、儀徵博物館籌備辦公室：《儀徵張集團山西漢墓》，《考古學報》1992年第4期；儀徵市博物館：《儀徵出土文物集粹》，文物出版社，2008年，第71頁。

〖集釋〗

　　[1]"一"下一字，**馬王堆M1報告**（1973：138）隸作"垌"，讀爲"儋"；或釋"垌"，疑即瓨（或作瓬）字繁體。簡文稱"垌"者凡4簡（簡98—101），似皆盛醯醬食品。對照出土物，當指陶壺類。**朱德熙**（1974：52）：98—102號簡的"坑"字（應讀爲"瓨"），過去誤釋爲"垌"。**唐蘭**（1980：25）釋"坑"，即瓨字，出土有印紋硬陶壺一件，是盛豆豉醬的，大概就是這裏所説的坑。**朱德熙、裘錫圭**（1980：73）：98—101號簡的器名不應釋作"旐"，而應從唐蘭先生説釋作"坑"，讀爲"瓨"。**王貴元**（2002）：臨時量詞"坑"即"缸"。

　　[2]**馬王堆M1報告**（1973：138）：本組牒數12，資8，垌4，與小結對照，牒數多2而資、旐數各少1。

　　[3]"一"下一字，**馬王堆M3報告**（2004：55）釋"垌"，另將簡111—121、236相同之字亦釋"垌"。**伊强**（2005：12）：此字亦見M1遣册，唐蘭釋爲"坑"，即"瓨"字。

　　[4]**馬王堆M3報告**（2004：63）：木牘中垌、資等小結數字與竹簡條文所載數量不符。隨葬物中並未見垌、資、埁諸物。

〖疏證〗

　　馬王堆遣册所記的盛器"坑"，唐蘭、朱德熙、裘錫圭、陳劍等學者讀"坑"爲"瓨"，並作有比較充分的討論。唐蘭指出：

　　　　坑即瓨字，《方言》五"瓨、……甖，靈桂之間謂之瓨"，郭璞注："今江東通呼大瓮爲瓨。"《廣雅·釋器》："瓨，瓶也。"字亦作"堈"或"甌"。《新撰字鏡》"瓨"字下注："堈同"。《玉篇》："堈，器也，亦作甌。"《廣韻》："堈，甕也。""甌，上同。"《説文》没有瓨、堈、甌等字，而有瓨、缸兩字，説："瓨，似甖，長頸，受十升，讀若洪。"又説："缸，瓨也。"《廣韻》缸下江切"甖缸"，瓵"上同"。"瓵"應是"瓨"字之誤。這些字都是一聲之轉。如《廣韻》岡、崗、剛、掆、鋼、綱、堈、堈等字和亢、笀、芫、抗、魧、远等字都音"古郎切"，而"瓨"字變爲"甌"，正如"扛"字的變爲"摜"，即由古音的東部轉入陽部。由於方音的不同而假借别的字，如此簡借"坑"字來代替"瓨"或"缸"字，《玉篇》《廣韻》《字鏡》等書則借"堈"字，改爲從瓦的形聲字，就出現"瓨"和"甌"字了。《史記·貨殖傳》"醯醬千瓨"，可見瓨是用來盛醯醬之類的。①

裴錫圭利用馬王堆M1遣冊中的"坑"字形體及讀爲"瓴"的信息，對《史記·貨殖列傳》中的"坻"、《漢書·貨殖傳》中的"瓨"有如下解釋：

> 《史記·貨殖列傳》"醯醬千坻"，《漢書·貨殖傳》"坻"作"瓨"。《史記會注考證》改《史記》的"坻"爲"瓨"，一般人也多認爲《史記》的"坻"是"瓨"的誤字。馬王堆一號漢墓遣冊所記食物有"馬醬一坑""魴一坑""鰡一坑""豉一坑"，"坑"爲器名，應讀爲"瓴"。司馬遷的時代與馬王堆一號漢墓的時代相距不遠。《史記》的坻盛醯、醬，遣冊的坑也用於盛醬、豉等物。"坻"顯然是"坑"（瓴）的誤字而不是"瓨"的誤字。
>
> 瓴和瓨是同類器物（二字聲亦相近）。《史記集解》引徐廣釋"瓴"爲長頸罌。《漢書》顏師古注也說："瓨，長頸甖也，受十升〈斗〉。"《廣雅·釋器》把瓴、甖、瓨都訓作"瓶"。所以我們也不必說《漢書》的"瓨"是"坑"（瓴）的訛字。《長沙馬王堆一號漢墓》說墓中所出301號硬陶罐內藏豆豉，當即簡文所記"豉一坑"的"坑"。此器口較小，頸部較高，形制正與徐廣注所謂長頸罌相合。②

【資】

（1）魚魷（䱁）一資[1]　　馬王堆M1遣90

　　肉魷（䱁）一資　　馬王堆M1遣91

　　魚脂一資　　馬王堆M1遣92

　　肉醬一資　　馬王堆M1遣93

　　爵（雀）醬一資　　馬王堆M1遣94

　　離（離）然（䑉）一資　　馬王堆M1遣95

　　薑（虋）胎〈脂〉（脂）一資　　馬王堆M1遣96

　　孝（膠）楊（餳）一資　　馬王堆M1遣97

---

① 唐蘭：《長沙馬王堆漢軑侯妻辛追墓出土隨葬遣策考釋》，《文史》第10輯，中華書局，1980年，第25頁。

② 裴錫圭：《考古發現的秦漢文字資料對於校讀古籍的重要性》，《中國社會科學》1980年第5期。

■右方鈗（脘）、脂（脂）十牒，資九、坑（瓴）五[2]　馬王堆M1遣102

（2）醯（醯）一資　馬王堆M1遣103

鹽一資　馬王堆M1遣104

澄（醢）一資　馬王堆M1遣105

醬一資　馬王堆M1遣106

■右方醯（醯）、醬四資　馬王堆M1遣107

（3）襄（蘘）荷苴（菹）一資　馬王堆M1遣154

筍苴（菹）一資　馬王堆M1遣155

瓜苴（菹）一資　馬王堆M1遣156

■右方苴（菹）五牒，資五[3]　馬王堆M1遣157

（4）魚脂（脂）一資　馬王堆M3遣122

薑（薑）脂（脂）一資　馬王堆M3遣123

瓜醬一資　馬王堆M3遣124

瓜苴（菹）一資　馬王堆M3遣125

筍苴（菹）一資　馬王堆M3遣126

·坑（瓴）、資廿一，其七受中，十四臨湘家給[4]　馬王堆M3遣236貳3—5

（5）元（杬）栯（梅）二資，其一楊栯（梅）　馬王堆M1遣139

■右方栯（梅）、元（杬）栯（梅）、筍，瓦資一[5]　馬王堆M1遣141

〔集釋〕

　　[1] **馬王堆M1報告**（1973：138）：簡141記“瓦資一”，可見資是陶器，與陶質無關。出土印紋硬陶罐有二木牌，一書“鹽一資”，另一書“囗資”，説明“資”就是硬陶罐。又簡139“元梅二資其一楊梅”，133、229號硬陶罐內分別盛有楊梅和梅，皆可爲證。

　　[2] **馬王堆M1報告**（1973：138）：本組牒數12，資8，坃4，與小結對照，牒數多2而資、瓵數各少1。

　　[3] **馬王堆M1報告**（1973：142）：本組牒數、資數均缺2，疑有缺簡。

　　[4] **馬王堆M3報告**（2004：63）：木牘中坃、資等小結數字與竹簡條文所載數量不符。隨葬物中並未見坃、資、垆諸物。

　　[5] **馬王堆M1報告**（1973：141）：案本組簡文，應爲二資廿𦤎，小結簡少記一資廿𦤎。

〖疏證〗

　　遣册所記的容器 "資" 多用於盛醬、菹、酒、鹽、醯等，對應墓中出土的施釉硬陶罐。馬王堆M1整理者通過簡文記錄與出土實物對照、竹楬的文字記錄等有效信息，指出 "資" 指墓中出土的硬陶罐。從器物對照來説，整理者意見可從。唐蘭認爲盛醬和酒等的 "資" 就是 "瓷" 字；瓦資就是帶釉的硬陶罐；瓷器是從硬陶發展來的，但瓷這個名詞是從酒資這個資字發展而成的[①]。王貴元亦説臨時量詞 "資" 指帶釉硬陶罐，後作 "瓷"[②]。馬王堆集成認爲唐説似不可信[③]。

　　五一廣場東漢簡中亦有關於 "資" 的記録，如簡301記有 "頃（傾）資寫（瀉）酒置杅（盂）中"，這裏的 "資" 應指盛酒之資。五一廣場簡與馬王堆漢簡同出於長沙，説明兩漢時期的長沙地區一直在使用 "資" 這種器具。

　　孔家坡漢簡《日書》"五勝" 篇105—107+殘24記："五勝：東方木，金勝木。□鐵，長三寸，操，東。南方火，水勝火。以簀盛水，操，南。北方水，土勝水。操土，北，裹以布。西方金，火勝金。操炭，長三寸，以西，纏以布。欲有所之，行操此物不以時。"[④]簀，整理者注釋云："疑讀爲 '盞'，《説文》段注：'黍稷器，所以祀者。'" 資、齊音近可通，如《禮記·昏義》"爲后服資衰"，鄭注："資，當爲齊。" 疑孔家坡《日書》中的 "簀" 與馬王堆遣册中的 "資" 所指相同，都是指類似馬王堆M1所出硬釉陶罐那樣的容器。

【缶】

（1）賴苴（菹）一埳（缶）[1]　　馬王堆M3遣127

　　　元（杬）梌（梅）一埳（缶）　　馬王堆M3遣128

　　　山茪（蔥）苴（菹）一埳（缶）　　馬王堆M3遣129

　　　無（蕪）夷（荑）一埳（缶）　　馬王堆M3遣130

　　　娿〈婆〉（醬）俞（蕍）一埳（缶）　　馬王堆M3遣131

　　　要（腰）雜一埳（缶）　　馬王堆M3遣132

　　　埳（缶）七，其三受中，四臨湘家給　　馬王堆M3遣236貳6—8

　　①　唐蘭：《座談長沙馬王堆一號漢墓》發言，《文物》1972年第9期；唐蘭：《長沙馬王堆漢軑侯妻辛追墓出土隨葬遣策考釋》，《文史》第10輯，中華書局，1980年，第3、23、24頁。

　　②　王貴元：《漢代簡牘遣策的物量表示法和量詞》，《簡帛語言文字研究》第1輯，巴蜀書社，2002年。

　　③　裘錫圭主編：《長沙馬王堆漢墓簡帛集成》（陸），中華書局，2014年，第186頁。

　　④　釋文參看劉國勝：《孔家坡漢簡日書 "五勝" 篇芻議》，《簡帛》第9輯，上海古籍出版社，2014年。

〖集釋〗

[1]"一"下一字,簡128—132、236有寫法相同者,**馬王堆M3報告**(2004:56)均隸作"埮"。**裘錫圭**(2008:7腳注⑩):馬王堆M3遣策整理者將簡129末字右旁隸定爲"舍",疑所謂"舍"爲"缶"之訛體,當釋"埮",讀爲"缶"。**周波**(2013:303、304):馬王堆M3遣策簡127—132均有一個原釋爲"埮"的字,寫作 ![字], 裘錫圭指出此字當釋"埮",讀爲"缶"。簡127、128、129分別云"蘋菹一埮""元梅一埮""山菮(蔥)菹一埮",可與包山遣策簡255"菮(蔥)菹二砡(缶),萬菹一砡(缶)""蜜梅一埮(缶)"相比對。楚簡"埮"字寫作 ![字], 與 ![字] 寫法很近,顯是一字。![字] 當從裘說釋爲"埮(缶)"。馬王堆遣策"缶"作 ![字], 當是受楚文字"缶"字寫法的影響。

〖疏證〗

關於缶的討論,參"盛飲器·缶"條疏證。馬王堆M3未出陶缶類器,遣册所記盛醬、菹的"埮(缶)"可能未入葬。馬王堆M3未入葬之器多可在M1中找到相同類別的器物,幸運的是,M1中確有近缶類的陶器,如發掘報告稱之爲"陶瓿"的M1:274。西漢早期的陶瓿肩部比較平,與M1:274形制有異,疑稱之爲"陶缶"更合適,也即是M3所記的"埮(缶)"。

【笝】【篘】【櫙】

(1)鹽一笝[1]　　張家山M247遣16壹

　　　 弢一笝　　張家山M247遣18壹

　　　 醬一笝　　張家山M247遣19壹

　　　 醢(醢)介(芥)一笝　　張家山M247遣17壹

(2)竹篘四[2]　　大墳頭M1遣牘B壹8

(3)芥一篘(篘)[3]　　丿　　鳳凰山M8遣159

　　　 □〖藍(鹽)〗一篘(篘)　　丿　　鳳凰山M8遣160

　　　 蝙(瓣)醬一篘(篘)　　丿　　鳳凰山M8遣161

　　　 肉醬一篘(篘)　　丿　　鳳凰山M8遣162

　　　 甘酒一篘(篘)　　丿　　鳳凰山M8遣163

(4)竹襦(櫙)一[4]　　丿　　鳳凰山M8遣167

(5)肉醬一器[5]　　鳳凰山M167遣47

　　　㫸（苦）酒一器　　鳳凰山M167遺48

　　　藍（鹽）器一　　鳳凰山M167遺49

　　　辨（瓣）醬一器　　鳳凰山M167遺50

〔集釋〕

　　　〔1〕“一”下一字，**張家山二四七號漢墓整理小組**（2001：303）釋“莆（箭）”。**王貴元**（2003：86）釋“箭”。**今按**：該墓出土物中似未見竹箭類盛具。

　　　〔2〕**湖北省博物館**（1981：19）：《説文·竹部》：“篢，大竹筩也。从竹，易聲”。墓內出土的3件圓竹筒（頭廂5，邊廂23、28），當即木牘所記的“竹篢四”，但實物爲3件。

　　　〔3〕**裘錫圭**（1987：30）：“篢”與“篢”當是一字，是指墓中所出竹筒而言的。各墓所出竹筒有的口徑很小，缺乏實用價值，當是明器。

　　　〔4〕**彭浩**（2012：56）：不見實物。**章水根**（2013：102）：檽當讀爲橢，《廣韻》“器之狹長”，《急就篇》“橢杅槃案杯閜盌”，顏師古注：“橢，小桶也，所以盛鹽豉。”M8出土竹筒7個，簡159至163佔去5個，還剩2個，其中一個可能即本簡之“竹檽”。

　　　〔5〕**姚孝遂、陳雍**（2012：169）：隨葬一竹筒，上有墨書“肉醬”二字。**今按**：簡文中的量詞“器”對應墓中出土的竹筒，從同墓地所出遺册的相關記錄來看，“器”大概是“篢”或“箭”的代稱，與馬王堆遺册中用“器”代指“卑虒”屬同類用詞現象。

〔疏證〕

　　　箭通常指竹箭，一端保留竹節不穿透，另一端開口，長度一般與一節竹子相近。箭是竹箭製品的通名。《説文》竹部：“箭，斷竹也。”《玉篇·竹部》：“箭，竹箭也。”張家山M247遺册所記用於盛醬、芥、酒等的“箭”是一個泛稱，從同地區所出遺册記錄與出土實物來看，用於盛調料、飲品等的竹箭多稱爲“篢”。“篢”爲專名。

　　　篢，《説文》竹部：“篢，大竹箭也。”鳳凰山M168有“篢”的自名器（246號竹箭），形制與同墓所出其他竹箭相同，但較短，長24、徑5.4厘米，側面墨書“枇篢”，裝竹筷10枚；另8件長竹箭形制是“用整竹鋸制，以竹節處爲底與口，口部的竹節鑿一小孔，口部上尚留有高2.5厘米的竹筒半邊，並在近兩端各鑽一小孔，以繫繩提攜。……M168：210，長42、直徑5.5厘米”①。大墳頭M1遺册所記“竹篢四”

──────────

　　　①　湖北省文物考古研究所：《江陵鳳凰山一六八號漢墓》，《考古學報》1993年第4期。

對應墓中出土形制相同的竹筲3件，“以原竹節爲口和底，口部有一小洞，口上有一弧形壁”，頭廂5號徑7.2、通高22.6厘米[①]。大墳頭M1所出“竹筲”實物與鳳凰山M168“枇筲”的形制、大小相近，説明這種口沿上保留有弧形壁的竹筲就是“筲”。裘錫圭正確指出，大墳頭M1、鳳凰山M8、M168等墓出土的竹筒“筲”亦即是“桱桯”，睡虎地秦漢墓M1、M8、M34等出土的竹提筒應該就是盛酒用的桱桯，也可叫做筲[②]。

出土秦漢時期的竹筲大體上可以分爲兩類。一類是前舉口沿保留弧形壁者，亦見於胡家草場M12[③]、周家寨M8[④]、蕭家草場M26[⑤]等，均無蓋。另一類是有蓋的竹筲，器蓋纏繩一組，器身纏繩兩組，並在上組繩上加提繫，除睡虎地秦漢墓所出之外，還見於荆州高臺西漢墓M6：114，睡虎地西漢墓M77：9、M77：10等。竹筲有蓋與無蓋，在用途上當有部分差別，如在隨身攜帶這方面，有蓋竹筲的優勢明顯。鳳凰山M8遣册記録中，“簽（筲）”與“欙（橢）”同時記録，説明二者有別。不知“橢”是否指這種有蓋的竹提桶。《急就篇》卷三“橢杅槃案桮閜盌”，顔注：“橢，小桶也，所以盛鹽豉。”桶多有蓋，竹提桶亦有蓋，或許二者之間存在某種關聯。另一方面，高臺M6：114竹提筲（報告稱爲“漆卮”）出土時與耳杯（38、39、41等）相鄰[⑥]，睡虎地M77：9、M77：10竹提筲出土時與漆圓盤（4、5、11）相鄰[⑦]，這與《急就篇》“橢杅槃案桮閜盌”的器類歸併有些相似。鳳凰山M8的考古發掘資料未見詳細發表，尚不清楚此墓是否出土有帶蓋的竹提筲，待考。表2.1-6是秦漢墓出土且發表有圖像的兩類竹筲的簡要信息。

---

① 湖北省博物館：《雲夢大墳頭一號漢墓》，《文物資料叢刊》（4），文物出版社，1981年，第11頁。

② 裘錫圭：《鎧與桱桯》，《文物》1987年第9期。

③ 荆州博物館：《湖北荆州市胡家草場墓地M12發掘簡報》，《考古》2020年第2期。

④ 湖北省文物考古研究所、隨州市曾都區考古隊：《湖北隨州市周家寨墓地M8發掘簡報》，《考古》2017年第8期。

⑤ 湖北省荆州市周梁玉橋遺址博物館：《關沮秦漢墓簡牘》，中華書局，2001年，第178頁。

⑥ 湖北省荆州博物館編著：《荆州高臺秦漢墓》，科學出版社，2000年，第44頁。

⑦ 湖北省文物考古研究所、雲夢縣博物館：《湖北雲夢睡虎地M77發掘簡報》，《江漢考古》2008年第4期。

表2.1-6　　秦漢墓葬出土竹筒統計表　　　　　（單位：厘米）

墓葬與器號	圖像	尺寸	備注
睡虎地秦墓M9：1		高22、徑8.1	
大墳頭漢墓M1頭廂：5		高22.6、徑7.2	另有形制、大小相同者2件
鳳凰山漢墓M10			有墨書文字
鳳凰山漢墓M168：210		高42、徑5.5	墨書"苦酒"。另有形制、大小相同者7件，亦有墨書文字
鳳凰山漢墓M168：246	形制同上	高24、徑5.4	墨書"枇筥"，内盛竹筴10枚
蕭家草場漢墓M26：45		高31.6、徑4.2	另有形制、大小相同者4件
蕭家草場漢墓M26：44		高31.6、徑3.6	内盛竹筴21枚
胡家草場漢墓M12：88		高44.2、徑4.6	另有形制相同者4件
周家寨漢墓M8：69、M8：68、M8：28、M8：67、M8：70、M8：71		分別高50.8、44.8、43、36、27.4、16.8、徑3.4—3.8	部分内置竹籤。用途不詳
睡虎地秦墓M8：22		高16	
睡虎地秦墓M34：40		高14.8、徑10	
高臺漢墓M6：114		高16.4、徑10×11	
睡虎地漢墓M77：9		高36、徑11	

二、取　食　器

【科】

（1）木科一[1]　　丿　鳳凰山M8遣113

（2）鼎二　羅泊灣M1從器志B叁2

　　　金斗（科）[2]　羅泊灣M1從器志B叁3

（3）鐵科、金科各一[3]　大墳頭M1遣牘A叁6

（4）金鎏一，有科[4]　　丿　張家山M247遣26貳

〔集釋〕

　　［1］"木"下一字，**中山**（2012：42）釋"科"，**彭浩**（2012：42）釋"杓"，並謂墓中"不見實物"。**章水根**（2013：80）亦釋"杓"，M8出土兩件漆勺，一件形體較大，長31.5厘米，一件形體較小，爲明器，簡文所記當指形體較大的漆勺。**今按**：釋"科"的意見可能是對的，此字或有部分筆畫脱落。章水根將此簡所記對應墓中出土的大漆勺，應可從。此簡在小結簡中歸入"食器籍"，木科應屬取食器。

　　［2］**廣西壯族自治區博物館**（1988：84）：金斗即銅勺。**今按**：牘文中"金斗"緊接"鼎二"記録，疑金斗是與鼎配套的銅勺。墓中出土形制、大小相同的銅勺4件，木柄保存完好，通長34、口寬6.5、柄長27厘米。出土銅勺與簡文所記"金斗"在數量上的對應關係不明。

　　［3］**湖北省博物館**（1981：18）：《説文·木部》："科，勺也。"墓内出土木柄銅勺（頭廂17）當即木牘所記"金科"，但木牘所記的"鐵科"未見實物。**今按**：簡文所記鐵科、金科各一，推測兩件斗是放置在一起的。"鐵科"可能已朽。漢墓常見斗與釜或鼎組合隨葬，大墳頭M1所出銅勺1件與銅鼎2件、銅釜1件都不相近，但銅勺與銅鼎同出頭廂，且鼎的數量爲二，簡文記録之"科"的數量也是二，故可推測銅勺、鐵勺是兩件銅鼎的配套之器，衹是由於某種原因未放置在一起。木牘記録中的鼎、科也未相鄰記録，可能是有意爲之。可部分參考馬王堆M1遣册165、166漆畫鼎與漆匕相鄰記録，但隨葬時7件漆鼎中的2件出自南邊廂，5件出自東邊廂，而出自東邊廂的5件中的4件位於南端，1件中部偏北的位置，6件漆匕出自東邊廂西北角的漆盂之下。

　　［4］**今按**：據張家山M247隨葬器物分佈圖，31號爲銅鎏，32號爲銅勺，此二器應即遣册所記的"金鎏一，有科"，勺的形制未見介紹。廣州淘金坑西漢墓M3、M7、

M19各出銅勺一件，多與鑒同出，“勺置鑒旁，成一套”①。亦有銅勺出土時置於鑒内者，如西安白家口西漢墓M23所出銅勺置於鑒内②。

【疏證】

　　枓爲勺類器。《説文》木部：“枓，勺也。”《玉篇·斗部》：“枓，飲水器。”《儀禮·少牢饋食禮》“司宫設罍水于洗東，有枓”，鄭注：“枓，斟水器也。”飲水、斟水皆爲枓的部分功用。

　　漢代遣册記録之枓多有對應器物隨葬，可據以考察其形制（圖2.1-11，1—3）。“枓”有自名器，如傳世羽陽宫銅枓刻銘“羽陽宫銅疏枓，重一斤十三兩”③（圖2.1-11，4）。“枓”在其他自名器、文獻記録中又寫作“鈄”“斗”等，如長沙風篷嶺漢墓M1：101-7銅勺刻銘“☒銅鈄（斗）一，重一斤九兩”④；傳世漢春信家銅勺刻銘“春信家銅斗，重十兩”⑤（圖2.1-11，5）；雙古堆漢墓出土的一件長柄銅勺刻銘“女陰侯斗，重一斤八兩”⑥（圖2.1-11，6）；茂陵陪葬坑出土的一件銅勺刻銘“□平邑家斗，重二斤”⑦（圖2.1-11，7）。綜合這些枓的形制來看，不論斗的大小、漏孔之有無、柄之長短、何種材質，凡如斗形的勺類器，皆可謂之枓。

　　漢代遣册記録中的枓，或與鑒組合，或與鼎組合，當屬取食之器。古人堤漢簡58+60記有“羹杯一，果槃（盤）二，羹斗、匕各一，人二槃（盤）一☒”⑧，斗、匕並列記録，斗當用作舀羹器，匕應用作食羹器。“羹斗”是以用途取名的。

①　廣州市文物管理處：《廣州淘金坑的西漢墓》，《考古學報》1974年第1期。

②　考古研究所陝西考古調查發掘隊：《寶雞和西安附近考古發掘簡報》，《考古通訊》1955年第2期。

③　遼寧省博物館編著：《遼寧省博物館藏金石文字集萃》，文物出版社，2021年，第193頁。

④　長沙市文物考古研究所、望城縣文物管理局：《湖南望城風篷嶺漢墓發掘簡報》，《文物》2007年第12期。

⑤　于省吾：《雙劍誃古器物圖録》，中華書局，2009年，第113頁。

⑥　器形及釋文參安徽省文物工作隊等：《阜陽雙古堆西漢汝陰侯墓發掘簡報》，《文物》1978年第8期。銘文摹本見韓自强：《阜陽·亳州出土文物文字編》，2004年，第46頁。

⑦　咸陽地區文管會、茂陵博物館：《陝西茂陵一號無名冢一號從葬坑的發掘》，《文物》1982年第9期。

⑧　張春龍、楊先雲：《湖南張家界市古人堤漢簡釋文補正續（下）》，《簡牘學研究》第8輯，甘肅人民出版社，2019年，第170頁。“斗”字，原釋“升”，今改釋。

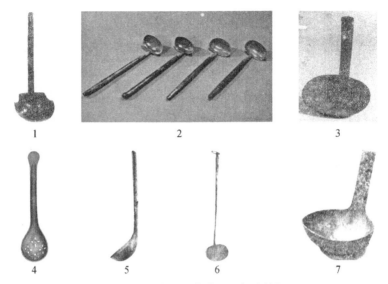

圖2.1-11 考古與傳世所見勺（枓）

1.鳳凰山M8漆木勺 2.羅泊灣M1木柄銅勺 3.大墳頭M1銅勺 4.羽陽宮銅疏枓 5.春信家銅斗 6.女陰侯斗
7.□平邑家斗

【匕】

（1）髹（漆）畫木鼎七，皆有蓋，盛羹　馬王堆M1遣165

　　髹（漆）畫鈚（匕）六[1]　馬王堆M1遣166

　　■右方髹（漆）畫鼎七、鈚（匕）六　馬王堆M1遣167

（2）髹（漆）畫木鼎六，皆有蓋　馬王堆M3遣237

　　髹（漆）畫鈚（匕）六[2]　馬王堆M3遣241

（3）金匕、木匕各一[3]　大墳頭M1遣牘A叁4

（4）枇（匕）、箸笥一☒[4]　鳳凰山M167遣65

（5）枇（匕）二[5]　丿　鳳凰山M8遣112

（6）☒□一笥，有匕　張家山M247遣15+41壹

〖集釋〗

　　[1] **馬王堆M1報告**（1973：143）：鈚即匕的繁體，古籍匕或作枇、杝。匕有
木製，有銅製，故字或从金作鈚。《詩·小雅·大東》“有捄棘匕”，《毛傳》：
“匕，所以載鼎實。”鼎、匕每同設。《儀禮·士昏禮》“舉鼎入陳於阼階南，西面
北上，匕、俎從設”，又《公食大夫禮》“旅人南面加匕於鼎”，皆其例。考古工作
中亦經常發現鼎、匕同出。墓中出雲紋漆匕6件，與簡文合。**鄭曙斌**（2019：287）：

鈚即枃，漆鼎中配置匕，則是爲了便於從鼎中取肉羹。**今按**：雖然遣册記録中將漆鼎與漆匕配套記録，但出土時，6件漆匕位於東75號漆盂下，疑漆鼎、漆盂、漆匕三器配套，鼎盛羹，用匕舀羹至盂中。

　　［2］**馬王堆M3報告**（2004：120、123）：出土漆木匕6件，彩繪紋飾，簡241所記當即指此。**今按**：馬王堆M1遣册中漆鼎與漆匕組合，M3遣册所記漆鼎與漆匕應也是組合器。M3出土漆鼎與漆匕都是6枚，出土時，東5、10、35、37、68、69漆匕與東20、38、66、67漆鼎相鄰放置，説明漆鼎與漆匕正是配套的。

　　［3］**湖北省博物館**（1981：18）：出土時銅匕置於銅釜裏，應是用於撈取黍稷的。木牘所記的"金匕木匕各一"，當是墓内出土的一件銅匕（邊廂19-1）和一件彩繪漆木匕（邊廂22）。**今按**：墓中所出銅匕"匕面扁平，近橢圓形，圓長柄，匕面長6.2、寬4.4厘米，柄長19.6、圓徑0.5厘米"，較小。邊廂22號漆匕的匕面也是扁平式的，面寬4.3、與殘柄通長25.5厘米，與漆耳杯等相鄰出土。

　　［4］**姚孝遂、陳雍**（2012：176）：枃，匕之繁寫。《説文》："匕亦所以用比取飯。"《廣雅·釋器》："匙，匕也。"《方言》"箸筩，陳楚宋魏之間謂之筲"，郭注："盛枃箸籠也。"《急就篇》"槫榼椑榹匕箸籫"，顏師古注："籫，盛匕箸之籠也。"《廣雅·釋器》："筲、籫，箸筩也。"隨葬一竹筩，内盛木匙和箸。

　　鳳凰山M167簡報（1976：37）在"鳳凰山一六七號墓頭廂隨葬品一覽表"中將此簡所記對應"竹筷筩1，内裝漆匕一枚，竹筷21根"。

　　此簡於"一"下殘斷，**鳳凰山M167簡報**（1976：37）、**姚孝遂、陳雍**（2012：176）補量詞"枚"。**今按**：據發掘簡報，墓中出土"竹筷筩"1件，"内裝漆匕一枚，竹筷21根"，則簡文所記並非鍼對竹筩本身而言，而是對這一套器物的記録。若要爲此簡補釋量詞，似乎以"具"字較佳，指一套。

　　［5］**彭浩**（2012：42）：出土彩繪漆匕2件。**章水根**（2013：79）：枃，即匕，類似今之飯匙，柄細，匕部扁平。**今按**：鳳凰山M8出土漆匕2件，M9、M10各出1件，這4件漆匕長10.6—25厘米，匕部扁平，細柄。這種扁平匕一般是進食使用。

〖疏證〗

　　《説文》匕部："匕，相與比敘也。从反人。匕，亦所以用比取飯，一名栖。"木部："栖，《禮》有栖。栖，匕也。"又匕部："匙，匕也。"《廣雅·釋器》："栖、匙，匕也。"是匕、栖、匙可互訓，所指相同，屬取食器。

　　從出土實物看，根據匕身形狀，漢代的匕可分爲兩類：

　　一是淺斗匕，斗腹較淺。形制與枓接近，但與同尺寸的枓相比，匕的容量較小，不少考古發掘報告將這種淺斗匕徑稱勺，如宜昌前坪西漢墓M108：5、M105：7"銅勺"柄長約25厘米，出土時置於銅鼎旁[1]（圖2.1-12，1、2），這兩件"銅勺"的斗很淺，似稱"銅匕"更合適。尺寸較大的淺斗匕，如馬王堆M1所出者斗徑8.5、全長41—43厘米，M3所出者斗徑8、全長41.3—43厘米[2]（圖2.1-12，3、4），尺寸大，顯已不適合用於進食，而適合用於舀食，故馬王堆M1、M3遣册將這種漆匕與鼎相配，用於舀取鼎中所盛之羹。

二是扁平匕，是匕面扁平或微有弧度的匕。如傳出洛陽的一件銅量器方寸匕，身作扁平正方形，邊長2.3厘米，刻銘曰"方寸匕"[3]，此器雖不是食器，但至少説明這種類似之器爲"匕"。扁平匕並不適合舀粥或湯類食物，應多用於吃飯。

進食之匕多爲漆木質，也有用銅、金、銀等製作者，扁平匕、淺斗匕均有，都比較小，多長一尺左右，與筷的長度相當，故遣册記録與出土實物中有將匕與筷一併放置在簪中者，《急就篇》亦云"樸槾椑梡匕箸簪"，匕、箸、簪三器連言，關係密切。前文例（3）、（5）所記之匕，都是扁平匕（圖2.1-12，5—7）。鳳凰山M168：146淺斗匕出土時置於盂内（圖2.1-12，8），應屬進食之匕。古人堤漢簡58+60"羹杯一，果槃二，羹斗、匕各一，人二槃一☒"中的羹匕就是食羹之匕，疑是淺斗匕。鞏義新華小區東漢墓M38的兩件銅盤内各有一枚淺斗式的銅匕，盤内有肉羹殘跡[4]（圖2.1-12，9），這兩件銅匕疑即羹匕。陝西神木大保當東漢墓出土有3件所謂的"鏟形器"（98M2：11、M4：6、M24：13），"鏟頭平面爲葫蘆形或鞋底形，周圍打薄成刃，背面起一圓脊，器柄爲圓柱狀，柄端或打磨渾圓或刻成龍形"，分别長22.2、16.6、16.5厘米[5]（圖2.1-12，10），這幾件鏟形器應是進食之匕。

①　宜昌地區博物館：《1978年宜昌前坪漢墓發掘簡報》，《考古》1985年第5期。
②　陳建明、聶菲：《馬王堆漢墓漆器整理與研究》（下），中華書局，2019年，第78、300頁。
③　熊長雲：《新見秦漢度量衡器集存》，中華書局，2018年，第146、147頁。
④　鄭州市文物考古研究所、鞏義市文物保護管理所：《河南鞏義市新華小區漢墓發掘簡報》，《華夏考古》2001年第4期。
⑤　陝西省考古研究所、榆林市文物管理委員會辦公室：《神木大保當：漢代城址與墓葬考古報告》，科學出版社，2001年，第31頁。98M2：11骨匕的彩色照片見清華大學藝術博物館、陝西歷史博物館：《與天久長：周秦漢唐文化與藝術》，上海書畫出版社，2019年，第375頁。

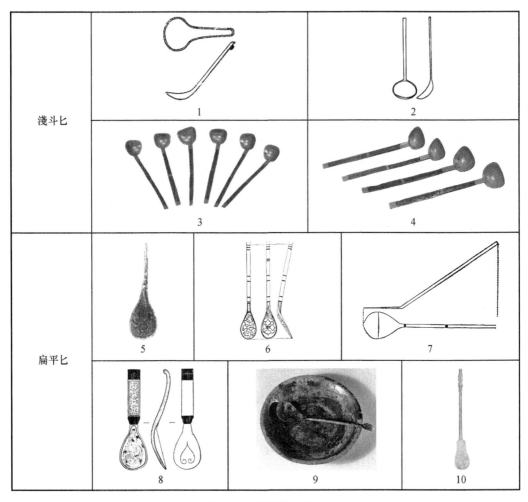

<table>
<tr><td>淺斗匕</td><td>1</td><td>2</td></tr>
<tr><td></td><td colspan="2">3　　　　　　　4</td></tr>
<tr><td>扁平匕</td><td>5　　6</td><td>7</td></tr>
<tr><td></td><td colspan="2">8　　　　9　　　　10</td></tr>
</table>

圖2.1-12　漢墓出土的匕

1. 前坪M108：5銅匕　2. 前坪M105：7銅匕　3. 馬王堆M1漆匕　4. 馬王堆M3漆匕　5. 鳳凰山M8漆匕
6. 大墳頭M1邊廂：22漆匕　7. 大墳頭M1邊廂：19-1銅匕　8. 鳳凰山M168：146漆匕
9. 新華小區M1：38銅盤與銅匕　10. 大保當98M2：11骨匕

【箸】

（1）箸＝（箸、箸）箅一[1]　　╵　鳳凰山M8遣114

（2）朼（匕）、箸箅一□[2]　　鳳凰山M167遣65

（3）☒□一箅，有匕[3]　　張家山M247遣15+41壹

〖集釋〗

［1］**彭浩**（2012：42）：出土筷筒一件，内裝竹筷一束。

［2］"箸"下一字，**中山**（2012：176）、**姚孝遂、陳雍**（2012：176）均釋

"筲"。**今按**："筲"是"箸筲"的方言，"箸筲"不辭。細審摹本與照片，摹本似有誤。此字寫法潦草，但可辨中間有類似圓圈的筆畫，頗疑是"筲"字，參 ▨（鳳凰山M8遺冊114）。

〔3〕"一"上一字已殘，原未釋。**今按**：疑爲"箸"之殘，參 ▨（鳳凰山M8遺冊114）。"箸一筲，有匕"意即盛裝有箸、匕的竹筲一枚。墓中出土物未見。

〔疏證〕

《急就篇》卷三"樸櫨椑榹匕箸籫"，顏注："箸，一名梜，所以梜食也。"《廣雅·釋器》："筴謂之箸。"箸、筴，即筷子。截竹製作者爲竹筷，析木製作者爲木筷，也有銀筷、銅筷、鐵筷、骨筷等，多作長圓條形，長度多在一尺（23厘米）左右。其他漢簡中亦有關於"箸"的記錄，如居延漢簡237.27記"買箸五十隻"，"隻"讀爲"雙"；懸泉漢簡Ⅰ90DXT0114①：116B記"大杯卅，小杯卅，□槐、科各二，□十三枚□，小槃（盤）□大槃（盤）三□□，三斗筲一，箸十五隻"，"槐"讀爲"魁"，"三斗筲"疑指容量爲三斗的飯筲，"隻"讀爲"雙"。懸泉置遺址中出土有漆箸[1]（圖2.1-13，1）。

漢墓出土的筷子，多呈雙數，有的是裝在筷筲裏，如鳳凰山M8、M167，蕭家草場M26，大墳頭M1，謝家橋M1所出者。部分漢墓中的筷子出土時與其他食器一併放置，如馬王堆M1北邊廂382漆案放置盛有食物的椑榹5枚、漆酒卮2枚、漆酒杯1枚、肉串竹夾1套、竹筷1雙；昭通桂家院子東漢墓所出的銅四足方案放置耳杯7枚、小碗1枚、栗子1堆、雞骨1堆、筷子2雙[2]；鞏義新華小區M1：29三足銅圓案放置銅耳杯7枚、漆耳杯1枚、銅筷1雙，耳杯中存有雞骨、肉羹、麵食殘渣，銅筷由銅片卷製而成，長22、徑0.5厘米[3]。漢畫像石中亦能見到筷子的形象，如臨沂吳白莊漢畫像石墓中室東壁上層的執筆人物正前方置三足酒樽1枚，右前側有一圓案，上置耳杯4杯、筷子1雙[4]（圖2.1-13，2）；武梁祠畫像石中有"邢渠哺父"圖，邢渠右手執有筷子一雙[5]（圖2.1-13，3）。總之，筷子是夾取實物的餐具，與食匕一起構成漢代人重要的進食之器。

① 甘肅省文物考古研究所：《甘肅敦煌漢代懸泉置遺址發掘簡報》，《文物》2000年第5期；甘肅省博物館：《甘肅絲綢之路文明》，科學出版社，2008年，第76頁。

② 雲南省文物工作隊：《雲南昭通桂家院子東漢墓發掘》，《考古》1962年第8期。

③ 鄭州市文物考古研究所、鞏義市文物保護管理所：《河南鞏義市新華小區漢墓發掘簡報》，《華夏考古》2001年第4期。

④ 臨沂市博物館：《臨沂吳白莊漢畫像石墓》，齊魯書社，2018年，第202、203頁。

⑤ （清）馮雲鵬、馮雲鵷：《金石索》（下），書目文獻出版社，1996年，第1313頁。

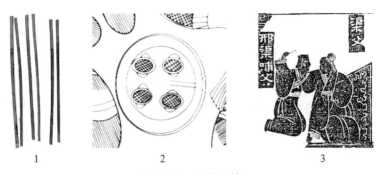

圖2.1-13　漢代的箸
1.懸泉置遺址出土漆箸　2.吳白莊漢畫像石局部　3.武梁祠"邢渠哺父"局部

附：【筲】【篝】

（1）箸=（箸、筯）筲一　丿　　鳳凰山M8遣114
（2）枇（匕）、箸筲一☒　　鳳凰山M167遣65
（3）枇（匕）篝[1]　　鳳凰山M168竹筒246

【集釋】

　　[1]鳳凰山M168報告（1993：493）：竹筷籠（附筷）1件（246），形制與竹筒相同，但較短，長24、徑5.4厘米，正面用墨和紅色粉彩繪幾何紋圖案，側面有墨書隸體"枇篝"二字，裏裝竹筷10根，筷長24.5、徑0.3—0.5厘米。**裘錫圭**（1987：30）："枇篝"意即盛枇（匕）的竹筒。

【疏證】

　　箸筲即盛箸之筲，匕篝即盛匕之篝。《説文》竹部："篝，大竹筲也。"《急就篇》卷三"槫榼椑椻匕箸籫"，顔注："籫，盛匕箸之籠也。"則箸筲、匕箸筲、匕篝、籫所指相同。《方言》第五："箸筲，陳楚宋魏之間謂之筲，或謂之籯，自關而西謂之桶檧。"大概"籫"是專名，箸筲、匕箸筲、匕篝是通俗名稱，筲、籯、桶檧爲方言稱謂。

　　出土漢代之籫，多爲竹筒製作，主體長度短於所盛之筷或匕，有的在口沿一側鑽孔以供穿繩提繫，有的在口沿一側保留弧形壁，另加穿孔以供提繫，有的在口沿一側保留T形弧壁，以便提持。出土所見，大墳頭M1邊廂：49竹籫長20.3、徑2.2厘米，內裝16枚圓竹箸，長24、粗端徑0.3、細端徑0.2厘米（圖2.1-14，1）。蕭家草場M26：44竹籫口部之上有T形抓手，通高31.6、徑3.6厘米，內裝圓竹筷21枚，長22.5厘米，直徑

0.3—0.4厘米（圖2.1-14，2）。鳳凰山M8所出竹簦内裝竹筷一束。鳳凰山M167出土竹簦内裝漆匕1枚、竹筷21枚。鳳凰山M168：246竹簦長24、徑5.4厘米，内裝竹筷10枚，長24.5、徑0.3—0.5厘米，簦壁有墨書"枇箸"。

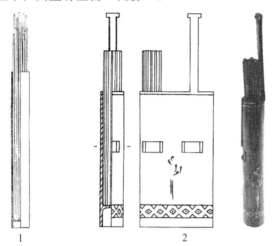

圖2.1-14　漢墓出土竹簦
1. 大墳頭M1邊廂：49　2. 蕭家草場M26：44

三、承 食 器

【案】

（1）案一[1]　鳳凰山M10牘1A叁1

〔集釋〕

　　[1] **黄盛璋**（1974：70）將"案一"對應出土實物"漆案1"。**章水根**（2013：138）：《急就篇》"橢杅槃案桸閜盌"，顏師古注："無足曰盤，有足曰案，所以陳舉食也。"這裏的漆案當指食案。

〔疏證〕

　　《説文》木部："案，几屬。"《方言》第五："案，陳楚宋魏之間謂之樯，自關東西謂之案。"《急就篇》卷三"橢杅槃案桸閜盌"，顏注："無足曰盤，有足曰案，所以陳舉食也。"《廣雅·釋器》"案謂之樯"，王念孫疏證：

　　　　案之言安也，所以安置食器也。樯之言寫也，《説文》："寫，置物也。"案亦所以置食器，其制蓋如今承槃而有足，或方或圓。《禮器》注言

"方案"，《説文》訓"桉"爲圓案，是也。古人持案以進食，若今人持承槃，《史記·田叔傳》云"高祖過趙，趙玉張敖自持案進食"是也。亦自持案以食，若今持酒杯者并槃而舉之，《鹽鐵論·取下》篇云"從容房闥之間，垂拱持案而食"是也。凡案，或以承食器，或以承用器，皆與几同類。故《説文》云："案，几屬。"

陳增弼在討論漢晉時期的"案"時云：

> 漢、魏、晉時代的案有書案和食案之分。食案型體較小；四邊起沿，叫作"攔水綫"；在墓葬中往往按使用功能，與食具同出，有的甚至上面擺着魚、雞等食物，也有的刻有象徵性的魚紋。案腿形式比較多樣。
>
> 兩漢墓葬，多出土各種類型的机、案實物和明器。就材質分，有木案、漆案、銅案、石案、陶案。就紋飾分，有素案、彩繪案。就功能分，有食案、書机、奏案。就形制分，有長案、圓案、單案、疊案。總之，作爲漢代日常生活的家具的食案，幾乎每座漢墓都有出土，這具有一定的普遍性。[1]

上述言之成理，以下試作一點補充。

臨沂銀雀山西漢墓M10：13漆木案，已殘，存長方形案板與矮足，雙面均髹黑漆，素面，殘長34、寬26、厚1.2厘米，案正面刻"開陽尉案"，背面刻"東郡"[2]。這件案體型較小，應屬"小案"（參293.2+293.1），素面無紋，也可稱之爲"素案"（參73EJT24：322）。

遼陽三道壕漢代村落遺址出有一件陶案，案正中刻魚一條，魚之上、下、西北角、西南角各刻一字，合起來爲"吉日富壽"，魚之右側刻銘"永元十七年三月廿六日造作瓦案，大吉，常宜酒肉"[3]，則此案自名"瓦案"，並自言"常宜酒肉"，當屬食案。

故宮博物院藏有一件鎏金銅酒樽，由酒樽和三足承盤組成，承盤口沿下刻"建武廿一年，蜀郡西工造乘輿一斛，承旋，雕蹲熊足，青碧、閔（玫）瑰飾。銅承旋徑二尺二寸。銅塗工崇，雕工業，湅工康，造工業造。護工卒史惲、長氾、丞蔭、掾巡、

① 陳增弼：《漢、魏、晉獨坐式小榻初論》，《文物》1979年第9期；《論漢代無桌》，《考古與文物》1982年第5期。

② 銀雀山漢墓發掘隊：《臨沂銀雀山西漢墓發掘簡報》，《文物》2000年第11期。

③ 胡海帆、湯燕：《1996—2017北京大學圖書館新藏金石拓本菁華（續編）》，北京大學出版社，2018年，第58頁。"常"舊釋"當"，今改。

令史郎主"①（圖2.1-15，1）。孫機指出"旋"讀爲"槤"，《説文》木部"槤，圜案也"，圜案即圓案，即槤，承旋正作圓案形②。居延漢簡293.2+293.1"將軍器記"中有"大案七，小案十，圜五"，"圜"即"槤"，指圓案，"大案""小案"雖未言形狀，但很可能是指方案，方案、圓案是漢代最主要的兩種案。永州鷂子嶺西漢墓M2：66"漆盤"，紵胎，平折沿，銅釦，淺腹，底附三乳狀鎏金銅足，内底和器壁有錐畫戧銀幾何紋飾，口徑24.8、腹深2.3、高3.2厘米，外沿下部刻銘"建平五年，廣漢郡工官造乘輿㯽汧畫紵黄釦旋，徑九寸。㯽工禑，上工恩，銅釦黄塗工偉，畫工武，汧工忠，清工立，造工章造。護工卒史顯、守長竟、丞尚、掾宗、令史夢主"③（圖2.1-15，2），此器自名"旋"，應讀爲"槤"，其爲圓形、下有三乳丁足，也與"槤"訓"圜案"的特徵相符。從出土情況看，此"旋"出土時内置漆卮2件，周圍有漆耳杯4件，漆樽1件，説明此"旋（槤）"屬酒具。金關漢簡72EJC：147A記"少酒案之具"，"酒案之具"當包含案、耳杯、樽、卮等多種酒具。

案，又寫作"桉""槤"。如蒼山元嘉元年畫像石墓題記云"玉女執尊杯桉栟"，王褒《僮約》"滌杯整桉"，"桉"爲"案"之異體，兩處文獻中的"桉"應都是食案。東牌樓漢簡110叁2記有"馬汝槤（案）一雙"④，"槤"是木質案的繁體。在此木牘中"槤"與"于（盂）""筥"等食器相鄰記録，可能都屬食器。鳳凰山M10遺册"案一"記於椑榹、食奩、盂等食器之後，應是盛食器之案。

食案、書案雖然都名曰案，但二者的造型和功用有較大差別。從造型來看，食案以長方形、圓形案面爲主，案面四周一般有攔水緣，如邗江胡場M14所出漆木案⑤（圖2.1-15，3）；書案則通常作長方形案面，左右兩側有擋板，如朝鮮南井里M116

---

① 方國錦：《鎏金銅斛》，《文物參考資料》1958年第9期；杜廼松主編：《故宮博物院藏文物珍品大系：青銅生活器》，上海科學技術出版社、商務印書館（香港），2007年，第79頁。有觀點據銘文將此酒樽命名爲"斛"。雖然量器"斛"也是圓筒形器，但此處銘文中的"斛"前有"一"字，"一斛"應是表容量的，頗疑"斛"字後至少漏刻"樽"字。邯鄲張莊橋漢墓出土的"建武廿三年"銅酒樽與故宮所藏"建武廿一年"銅酒樽的造型相同，其刻銘云"建武廿三年，蜀郡西工造乘輿大爵酒樽。内者室。銅工堂，金銀塗，章文工循，造工某。護工卒史惲、長泹、守丞汎、掾習、令史惜主"（郝良真：《邯鄲出土的"蜀西工"造酒樽》，《文物》1995年第10期），即自名"酒樽"，可資比對。

② 孫機：《漢代物質文化資料圖説》，文物出版社，1991年，第313、315頁。

③ 湖南省文物考古研究所、永州市芝山區文物管理所：《湖南永州市鷂子嶺二號西漢墓》，《考古》2001年第4期。

④ 槤，整理者釋爲"桉"，王子今改釋爲"槤"，參王子今《蔣席·皮席·荔席——長沙東牌樓簡牘研讀札記》，《簡帛研究二〇〇五》，廣西師範大學出版社，2008年。

⑤ 揚州博物館：《漢廣陵國漆器》，文物出版社，2004年，第114頁。

出土漆木書案[①]（圖2.1-15，4），廣漢出土畫像磚中亦可見書案的形象[②]（圖2.1-15，5）。曹操墓石碣M2：328記有"書案一"，西朱村石碣M1：224記有"墨漆書案一"。因尋常人家並不需要用到書案，故書案一般出自身份較高的墓中。洛陽朱村東漢壁畫墓主室北壁西部的墓主夫婦畫面[③]（圖2.1-15，6），就有三種案：大型食案、酒樽承檈（即酒案）、書案，一目瞭然，是研究漢代"案"的形制、用途的佳例。

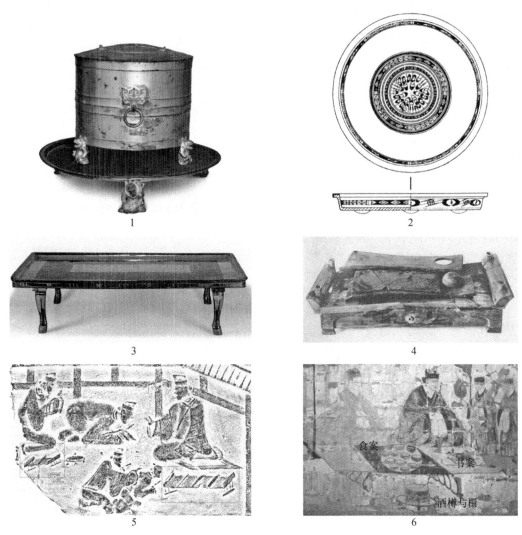

圖2.1-15　漢代的食案與書案
1.故宮博物院藏建武廿一年乘輿酒樽　2.鵓子嶺M2：66漆檈　3.邗江胡場M14漆案　4.朝鮮南井里M116漆書案
5.廣漢出土畫像磚局部　6.朱村壁畫局部

①　平壤名勝舊蹟保存会編：《楽浪彩篋塚：遺物聚英》，日本京都便利堂，1936年，第54頁。
②　《中國畫像磚全集》編輯委員會：《中國畫像磚全集：四川漢畫像磚》，四川美術出版社，2005年，圖版第104頁。
③　洛陽市第二文物工作隊：《洛陽市朱村東漢壁畫墓發掘簡報》，《文物》1992年第12期。

【方平盤】

（1）方平槃（盤）一[1]　Ｊ　　鳳凰山M168遣19

〖集釋〗

[1] **陳振裕**（2012：199、202）：方平槃，就是長方形的平底大漆盤。《急就篇》卷三"橢杅槃案桮閜盌"，顏注："無足曰盤，有足曰案，所以陳舉食也。"此簡所記對應大方平漆盤1（244），相符。**鳳凰山M168報告**（1993：468）：方平盤1件（244），長方形，周邊較高，平底，底部四角有曲形足，長71.2、寬43.2、高4.7厘米，出土時，盤裏尚有牛排和雞骨等物。簡19所記當指此器。

〖疏證〗

"方平槃"以器物形態取名，"方"指器形爲方形（長方形），"平"指器底平直。《急就篇》顏注云："無足曰盤，有足曰案。"然鳳凰山M168：244"方平槃"有四矮足①（圖2.1-16，1），若依顏説，當名之曰"方平案"，是則盤、案對言則異，渾言不別，同屬一類器具。從出土實物來看，鳳凰山M168，馬王堆M1、M3所出漆案②（圖2.1-16，2、3）形制相同，馬王堆遣册之爲"其來"（詳後），鳳凰山遣册稱之爲"方平槃"。

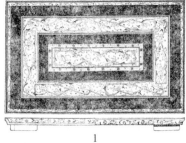

1

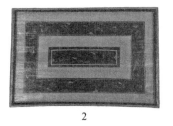

2

3

圖2.1-16　漢墓出土方平盤
1. 鳳凰山M168：244　2. 馬王堆M1：382　3. 馬王堆M3：北125

---

① 湖北省文物考古研究所：《江陵鳳凰山一六八號漢墓》，《考古學報》1993年第4期。
② 陳建明、聶菲：《馬王堆漢墓漆器整理與研究》（下），中華書局，2019年，第142、354頁。

【其來】

（1）繇（漆）畫其來一，長二尺六寸，廣尺七寸，盛定^[1]　　馬王堆M1遣208

　　　繇（漆）畫其來一，長二尺六寸，廣尺七寸^[2]　　馬王堆M1遣209

　　　繇（漆）畫其來二，廣各二尺，長各三尺二寸^[3]　　馬王堆M1遣210

（2）繇（漆）畫其來，廣二尺，長三尺二寸，二枚^[4]　　馬王堆M3遣275

　　　繇（漆）畫其來，廣一尺七寸，長二尺六寸，二枚^[5]　　馬王堆M3遣276

〖集釋〗

　　［1］“其”下一字，**馬王堆M1報告**（1973：88、146）釋“末”，其末合音爲橛，一作嶪。橛形如案而爲俎類。墓中出土的漆案，無橫距，實際是梡的形式而用橛的名稱。漢代二尺六寸，約合59.8厘米；尺七寸，約合39.1厘米。出土漆木案2件，均爲長方形，平底，底部四角附高2厘米的矮足，彩繪紋飾，外底朱漆書“軑侯家”，其中M1：382漆案長60.2厘米，寬40厘米，與此相近，當即簡文所記之器，案上又放置小漆盤5件、漆耳杯1件、漆卮2件，小盤内盛食物，盤上放竹串1件，耳杯上放竹箸1雙，這種擺設應是當時貴族宴飲時的情形。**朱德熙**（1974：52）：我們曾把“其來”（208號）的“來”釋爲“朿”（《長沙馬王堆一號漢墓》一書釋爲“末”），現在根據帛書和新出竹簡，可以肯定是“來”字。**朱德熙、裘錫圭**（1980：73）：208至211號簡釋文“其末”的“末”字，從照片看應釋爲“來”，西漢前期的“來”字大都這樣寫。**馬王堆集成**（2014：203）：亦見於M3遣册簡275，釋爲“來”從字形看可信，至於“其來”何以指案，待考。

　　［2］**馬王堆M1報告**（1973：146）：尺寸同簡208，應共二件，出土漆案與此相近的衹382號一件，較簡文少一件。

　　［3］**馬王堆M1報告**（1973：146）：漢代二尺約合46厘米；三尺二寸，約合63.6厘米。M1：273漆案長76.5、寬46.5厘米，與此相近，當即簡文所記之器。簡文記二，實出一。

　　［4］“其”下一字，簡276有相同之字，**馬王堆M3報告**（2004：65）均釋“朿”，或作“丌”，象形。**伊强**（2005：19、20）：此字又見於M1簡208—211，當從朱德熙、裘錫圭釋爲“來”。M3出土3件被定名爲“案”的漆器，M1也出土了2件形制與之相同的“案”。這些“案”在簡文中何以被稱作“其來”尚不清楚。**魯普平**（2018：112）：馬王堆簡帛中“棘”所從之“朿”都寫爲“來”形；“其”下一字可能是“朿”字；“其”上古屬群母之部字，“朿”上古屬清母錫部字，而“几”上

古屬見母脂部字；"其束"的合音與"几"非常相近。"其束"要表達的就是"几"的含義。"几"爲"案"義。《釋名·釋牀帳》："几，庪也，所以庪物也。"《玉篇·几部》："几，案也。"

馬王堆M3報告（2004：134）：出土漆木案共3件，長方形，矮窄邊，淺盤，平底，底四角附有高僅2厘米的矮足，彩繪紋飾。其中M3：西44長75、寬47、高5厘米，簡275所記當即指此，但實物祇一件。

［5］**馬王堆M3報告**（2004：134）：出土漆木案中，M3：西9、M3：北125長60.2、寬39.5、高5厘米，簡276所記當即指此。

〔疏證〕

"其來"的含義暫不明，與出土實物對照，是指長方形漆食案。這種漆案在鳳凰山M168亦有出土，M168遣册簡19稱爲"方平槃"，由此可知"其來"與"方平槃"所指相同。

第二節 飲 器

一、盛 飲 器

【杯】

（1）髹（漆）畫龔中幸酒杯十五　馬王堆M1遣185

　　髹（漆）畫龔中幸酒杯十五[1]　馬王堆M1遣186

（2）髹（漆）畫龔中幸酒杯廿[2]　馬王堆M3遣248

（3）傷（觴）杯卅[3]　丿　鳳凰山M8遣108

（4）傷（觴）杯十隻（雙）　丿　鳳凰山M9遣26

（5）傷（觴）桮（杯）卅枚[4]　鳳凰山M167遣31

〔集釋〕

［1］**馬王堆M1報告**（1973：144）：廣州三元里西漢墓出土的漆盤以及河北滿城西漢劉勝墓出土的漆杯，器上均朱書"龍中"二字，與"龔中"意同，"龍"與"龔"疑當讀爲"籠"，《抱樸子·內篇·極言》："龍椀墜地，而脆者獨破"，亦借龍爲籠；《方言》五："桮落"，郭注："盛桮器籠也"，皆可證。或釋龔與供同義，《說文·共部》："龔，給也"，龔中，意謂供內用。墓中出卷雲紋耳杯

（一升酒杯）20件，當即簡185、186所記之器，但實際器數較簡文所記少10件。**唐蘭**（1980：35）：龏即供字，《説文》："龏，給也"，中，内也，意謂供内用。墓中出土卷雲紋君幸酒漆耳杯20枚，銘爲"君幸酒，一升"，當即此，但比此少10枚。**朱德熙、裘錫圭**（1980：73）：簡185、186的"龏中"，"考釋"引或説讀爲"供中"，比較合理，讀爲"籠中"，是採用了我們的謬説。**馬王堆集成**（2014：200）：似以讀"供"爲優。**于淼**（2015：172）：遣册中，"龏"表{供給}，與《説文》記載相合，《説文》共部："龏，給也。从共龍聲。"然而這種用法最終被"供"字取代。

　　［２］**馬王堆M3報告**（2004：127）：出土漆木一升酒杯15件，外黑漆，内紅漆，彩繪紋飾，外底朱書"一升"。簡248所記或即指此，但實際出土數少5件。

　　［３］**彭浩**（2012：41）：《説文》角部"觶實曰觴，虚曰觶"，照此例，傷杯指盛了食物的耳杯，未盛食物的耳杯就以顔色稱呼。出土物中有同樣的漆耳杯30件。

　　［４］**姚孝遂、陳雍**（2012：163）：傷即觴，隨葬耳杯29。**鳳凰山M167簡報**（1976：36）在"鳳凰山一六七號墓頭廂隨葬品一覽表"中將"傷杯卅枚"對應出土的"花沿、花耳耳杯各10，素耳杯9"，備注"10枚爲一疊，以絲綫捆紮；實物少1"。

【疏證】

　　馬王堆M1、M3遣册所記的"髹畫龏中幸酒杯"與酒相關，故本書歸入飲器中。需注意的是，雖然其爲酒杯，但也並非必須用作飲酒，仍可他用。"龏中"銘文，除了馬王堆M1整理者所説見於三元里漢墓出土的漆盤、滿城漢墓出土的漆杯外，還在長沙廟坡山西漢墓被盜的漆耳杯上見到，"龏中""鑫中""龍中"含義相同，待考。

　　傷（觴）杯，見於鳳凰山M8、M9、M167，謝家橋M1遣策①。李家浩認爲：

　　　　"觴杯"的"觴"應該與"杯"同義。《文選》卷一六江文通《別賦》"掩金觴而誰御"，吕延濟注："觴，酒杯也。"又卷四二吴季重《答東阿王書》"臨曲池而行觴"，張銑注："觴，杯也。"古代或稱杯爲"蠡"。《方言》卷五："蠡……杯也……其大者……吴、越之間曰蠡。"《太平御覽》卷八五〇引《風俗通》："吴郡名酒杯爲蠡。""蠡""觴"二字的基本聲符都從"易"聲。頗疑當杯講的"觴"，應該跟"蠡"是同一個詞的不同寫法。因爲"觴"與"杯"是同類器物，所以簡文"傷（觴）杯"連言，構成複合名詞。"傷（觴）杯"當指盛酒用的杯。②

<hr />

　　①　曾劍華（2010：10）謂謝家橋M1遣策中所記載的漆木器中有"傷杯"。

　　②　李家浩：《讀江陵鳳凰山漢墓遣策札記三則》，《中國文字學報》第2輯，商務印書館，2008年，第69頁。

　　大墳頭M1遣册木牘A叁2記有"螫畫角傷（觴）二"，其整理者認爲"角傷，即角觴，這座墓所出土的漆耳杯，按其數量，皆和木牘所記的'婄''閶''栖'相合，可見'角觴'絶不是耳杯"①。此説合理，疑"觴"泛指酒具。《吕氏春秋·義賞》"斷其頭以爲觴"，高誘注："觴，酒器也。""觴杯"之"觴"疑是用來説明此杯的用途與酒相關，觴杯即酒杯。

　　從考古出土實物看，漢代飲酒器是以酒樽爲核心，酒樽和耳杯屬成套酒具，如江蘇連雲港海州霍賀墓出土的漆樽内盛有栗、棗、杏、耳杯5枚、漆碗1枚②；侍其縣墓出土的漆樽内置有7枚紵胎漆耳杯③；山西渾源畢村西漢墓出土的銅樽内置10枚銅耳杯④（圖2.2-1，1）。故，與酒樽組合使用的耳杯，應都屬酒杯。

　　某些耳杯上有文字信息，可以藉此判斷其具體用途。如馬王堆M1：158"君幸酒"耳杯⑤（圖2.2-1，2），又如湯家嶺西漢墓出土漆耳杯上書"端君酒杯"⑥；寧波漢墓出土的一件漆耳杯内書"宜酒"⑦；海昏侯墓M1：139-19-⑥紵胎耳杯内底刻"食官""慎口"，外底刻"御酒栖"⑧，這些無疑都是酒杯。綿陽雙包山西漢墓M2出土的紵胎漆耳杯上刻有"平宫左茜"或"平宫右茜"等銘文，李家浩指出"右茜"即"右糟"，是釀造帶滓的酒的機構⑨。則這些帶有"茜"銘文的耳杯均屬酒杯。臨沂金雀山西漢墓M31：3漆木耳杯外壁書有"莒盉"⑩（圖2.2-1，3），何琳儀讀"盉"爲"醯"，一種較清的酒⑪。則書有"莒盉（醯）"的耳杯亦屬酒杯。

　　①　湖北省博物館：《雲夢大墳頭一號漢墓》，《文物資料叢刊》（4），文物出版社，1981年，第18頁。

　　②　南京博物院、連雲港市博物館：《海州西漢霍賀墓清理簡報》，《考古》1974年第3期。

　　③　南波：《江蘇連雲港市海州西漢侍其縣墓》，《考古》1975年第3期。

　　④　山西省文物工作委員會等：《山西渾源畢村西漢木槨墓》，《文物》1980年第6期；李曄：《大同地區出土的漢代銅酒具》，《文物世界》2010年第2期。

　　⑤　陳建明、聶菲：《馬王堆漢墓漆器整理與研究》（下），中華書局，2019年，第101頁。

　　⑥　湖南省博物館：《長沙湯家嶺西漢墓清理報告》，《考古》1966年第4期。

　　⑦　趙人俊：《寧波地區發掘的古墓葬和古文化遺址》，《文物參考資料》1956年第4期。

　　⑧　江西省文物考古研究院、北京師範大學：《江西南昌西漢海昏侯劉賀墓出土漆木器》，《文物》2018年第11期。

　　⑨　李家浩：《秦漢簡帛文字詞語雜釋》，《第二屆國際暨第四屆全國訓詁學學術研討會論文集》，臺灣師範大學國文學系，1998年。

　　⑩　臨沂市博物館：《山東臨沂金雀山九座漢代墓葬》，《文物》1989年第1期；蘇兆慶編著：《古莒遺珍》，人民美術出版社，2003年，第168頁。

　　⑪　何琳儀：《莒盉》，《文物》1993年第1期。

1　　　　　　　　　　2　　　　　　　　　3

圖2.2-1　考古出土酒杯

1.源畢村漢墓銅酒樽與銅耳杯　2.馬王堆M1：158 "君幸酒" 漆耳杯　3.金雀山M31：3 "莒盎" 耳杯

【桗】

（1）髹（漆）畫大桗，容四升，十[1]　　馬王堆M1遣184
（2）髹（漆）畫大桗，容四升，十[2]　　馬王堆M3遣260

〔集釋〕

　　[1] **馬王堆M1報告**（1973：82、144）：桗與酒杯同組，亦應爲飲酒器。桗，疑爲觶或觛之變音。墓中出大耳杯（四升酒杯）10件，内髹紅漆，黑漆書 "君幸酒"，外壁與杯底髹黑漆，素面，耳背朱書 "四升" 二字，器形最大，當即此簡所記之器。**唐蘭**（1980：35）：桗、匜音同，戰國以後匜的用途已不僅沃盥，而轉爲酒漿器，其形狀也轉變得和杯相類，甚至是一物而異名了。出土有雲紋君幸酒漆桗10枚，銘在腹内爲 "君幸酒"，耳背朱書 "四升" 二字，與此正合。**彭浩**（1982：90）：發掘報告認爲 "桗" 是一種在器上書有 "四升" 二字的耳杯，是正確的；"桗" 應借作 "間" 字，兩字同屬歌韻，"大桗" 即 "大間"，指大耳杯，與出土的實物相符。**馬王堆集成**（2014：200）：M3遣册260有 "大桗"，應即 "大桗"，二、三號墓報告（2004）讀爲 "匜"，不可從，M1簡190、191之 "柁" 已讀爲 "匜"。大桗／桗就是一種容量較大的耳杯，讀爲觶似可考慮。

　　[2] "大" 下一字，**馬王堆M3報告**（2004：64、65）釋 "桗"，即匜。**何有祖**（2004a）釋 "桗"，讀爲 "匜"。**王貴元**（2007：279、280）釋 "桗"，"桗" "桗" 當是 "間" 的借字。用 "桗" 可能也與其意義有關，《集韻·真韻》："桗，大也。"

　　馬王堆M3報告（2004：127）：出土漆木四升酒杯10件，外黑漆，内紅漆，彩繪紋飾，杯内黑漆書寫 "君幸酒" 三字，外底朱書 "四升"，是耳杯中最大的一種。簡260 "髹畫大桗，容四升，十"，如依所記容量和數量，疑係指此。

〖疏證〗

　　與出土實物對照，大栘／大移指一種尺寸較大的耳杯，其上書有"君幸酒"，如M1：428、M3：南153①（圖2.2-2，1、2）等，則簡文所記的大栘／大移用作酒杯。疑"大栘／大移"是長沙地區對於某種耳杯的一種方言稱謂，待考。

　　　　　　1　　　　　　　　　　　　　2

圖2.2-2　馬王堆漢墓出土大栘耳杯

1. 馬王堆M1：428　2. 馬王堆M3：南153

〖飲問〗

（1）歆（飲）柯（問）四隻（雙）[1]　　　丿　　鳳凰山M168遣34

〖集釋〗

　　[1]　"柯"上一字，**中山**（2012：188）釋"歆"。**陳振裕**（2012：200）釋"歆"，歆柯就是䰞或械問，《方言》五："械，柘也。"《急就篇》卷三顔注："桮，飲器也，一名䰞。問，大杯也。"就是大漆耳杯。**彭浩**（1982：90）釋"歆"，讀爲"飲"。

　　陳振裕（2012：203）在"簡文内容與出土物對照表"中將此簡所記對應大彩繪漆耳杯10（175、176、178—181、191—194），備注"出土物多六件"。**鳳凰山M168報告**（1993：474、475）：A型耳杯10件，器形特大，均爲長21、寬15.5、高6厘米，並有彩繪花紋，根據花紋的不同劃分，其中有2件三魚紋杯、6件雙鳳紋杯、2件大畫杯，簡34所記當指此10器，但簡文少記6器。**李天虹**（2002：56）："歆柯四隻"對應出土實物爲大彩繪漆耳杯10，隻字用法不明。**章水根**（2013：325）：歆柯四隻，即飲問四雙，出土物比簡文所記多2件。

---

①　陳建明、聶菲：《馬王堆漢墓漆器整理與研究》（下），中華書局，2019年，第94、340頁。

〖疏證〗

　　歙（飲）柯（閜），即用於飲用的大耳杯。鳳凰山M168所出"飲閜"類漆耳杯中，有2件彩繪有三魚紋，長21、寬15.5、高6厘米①（圖2.2-3，1）。毛家園M1亦出土有這種三魚紋耳杯，長21.1、寬15.7、高6.4厘米②（圖2.2-3，2），尺寸與鳳凰山M168所出者接近，或亦屬於飲閜。

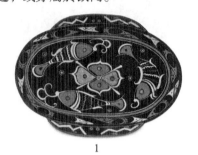 

1　　　　　　　　　　　　　　2

圖2.2-3　漢墓出土三魚紋漆耳杯

1. 鳳凰山M168：175　2. 毛家園M1

【卮】

（1）卮一合[1]　張家山M247遣2叁

（2）卮一合[2]　高臺M18遣牘壹5

（3）畫卮一[3]　方　蕭家草場M26遣14

（4）髹（漆）畫二升卮八[4]　馬王堆M1遣182

　　　髹（漆）畫七升卮二，皆有蓋[5]　馬王堆M1遣180

　　　髹（漆）畫斗卮二，有蓋[6]　馬王堆M1遣179

　　　髹（漆）布小卮一，容二升，有蓋，盛溫（醖）酒[7]　馬王堆M1遣181

（5）髹（漆）畫二升卮廿[8]　馬王堆M3遣244

　　　髹（漆）畫七升卮五，皆有蓋[9]　馬王堆M3遣243

　　　髹（漆）畫斗卮二，有蓋[10]　馬王堆M3遣245

　　　髹（漆）布小卮二，容二升，有蓋[11]　馬王堆M3遣246

（6）二斗后〈卮〉二合[12]　丿　鳳凰山M168遣36

　　　傅薜后〈卮〉一合[13]　丿　鳳凰山M168遣38

（7）大二斗卮一，有蓋，盛醪[14]　丿　鳳凰山M9遣34

　　　□斗卮一，有蓋，盛□　鳳凰山M9遣35

---

①　湖北省博物館：《秦漢漆器：長江中游的髹漆藝術》，文物出版社，2007年，第110頁。

②　湖北省博物館：《秦漢漆器：長江中游的髹漆藝術》，文物出版社，2007年，第44頁。

（8）中卮二，皆毋（無）蓋[15]　謝家橋M1遣70

（9）小卮一[16]　鳳凰山M169遣13

　　☑卮一[17]　鳳凰山M169遣14

（10）小卮一[18]　高臺M6遣5

（11）小杷（卮）一枚[19]　鳳凰山M167遣29

（12）一半歓（飲）栀（卮）一[20]　丿　鳳凰山M8遣104

【集釋】

[1] **今按**：張家山M247隨葬器物分佈圖中未見卮。

[2] **湖北省荆州博物館**（2000：229）：墓中未見實物。

[3] **蕭家草場M26報告**（2001：139）：出土以朱、褐色漆彩繪的漆大卮1件。

[4] **馬王堆M1報告**（1973：82、144）：出土器内黑漆書"君幸酒"、底部朱漆書"二升"的漆卮共4件（205、207、213、389），器形相同，卷木胎，無蓋，有耳，彩繪紋飾，當即此簡所記之器，簡記八，實出四。

[5] **馬王堆M1報告**（1973：82、144）：137號漆木卮器内黑漆書"君幸酒"、底部朱漆書"七升"，即此簡所記之器，簡文七升卮二，實出一。

[6] **馬王堆M1報告**（1973：82、144）：《史記·項羽本紀》"賜之卮酒，則與斗卮酒"，斗卮即盛一斗酒的卮。墓中所出的135號漆木卮最大，有蓋有耳，彩繪紋飾，實測容2100毫升，與七升卮（137）容量爲1500毫升相較，其容量當在一斗上下，當即此簡所記之斗卮。簡文斗卮二，實出一。

[7] **馬王堆M1報告**（1973：82、144）：縢布，指在麻布胎上刷漆，漢代布胎漆器銘文多稱"紵""夾紵"或"褚"，此簡稱"布"，義並同。388號漆卮，夾紵胎，有蓋有耳，耳上鎏金銅環二，蓋紐鎏金銅環一，蓋和器壁錐刻紋飾，尺寸稍大於二升卮，當即此簡所記之器。**唐蘭**（1980：34）：縢布即夾紵，以紵布爲胎，所以或稱紵，或稱布。

[8] **馬王堆M3報告**（2004：126）：出土漆木二升卮20件，無蓋，有耳，表黑漆，内紅漆，彩繪紋飾，器裏紅漆地上黑漆書"君幸酒"，外底紅漆書"二升"，簡244所記當即指此。

[9] **馬王堆M3報告**（2004：123、126）：出土漆木七升卮5件，表黑漆，内紅漆，彩繪紋飾，器内黑漆書"君幸酒"，外底紅漆書"七升"，簡243所記當即指此。

[10] **馬王堆M3報告**（2004：123）：出土漆木斗卮2件，有蓋有耳，表黑漆，内紅漆，彩繪紋飾，外底朱書"斗"字，簡245所記當即指此。

〔11〕**馬王堆M3報告**（2004：126）：出土漆夾紵胎小卮2件，有蓋，表黑漆，内紅漆，錐畫紋飾，簡246所記當即指此。

〔12〕"斗"下一字，**中山**（2012：191）、**田河**（2012a：529、535）、**章水根**（2013：326）均釋"卮"。**陳振裕**（2012：191、200）釋"后"，疑爲"卮"字。**今按**：此墓遣冊簡37、38有與簡36此字寫法相同者，與馬王堆帛書《春秋事語》82"后"字寫法相近。此三字當隸作"后"，陳振裕所釋可從。"后"爲"卮"之錯寫。

陳振裕（2012：200、203）：此簡所記對應大漆卮一（138），出土物少一件。**鳳凰山M168報告**（1993：477）：卮，大小各1件，均圓筒形，直壁，平底，有蓋；大卮（138）有對稱的雙環耳，口徑20、高22厘米，器内盛放小漆卮1件，小漆盤4件，簡36所記似指此器。

〔13〕**陳振裕**（2012：200、203）：傅蘚，《淮南子·俶真》"華藻鋪鮮"，《説文·草部》："蒪，華葉布，从草，傅聲。讀若傅。""傅蘚后"當即有華麗紋飾的漆卮。墓中出有彩繪花紋漆卮一件（138-1），簡文所記當即此器，相符。**章水根**（2013：327）：此簡的"傅蘚"與簡33中的"魚"一樣，都是指花紋，此墓出土的小卮（M168：138-1）紋飾華麗，可能是指"傅（蒪）蘚卮"。**今按**：《淮南子·俶真》中的"鋪鮮"，歷代注家意見分歧較大，其與遣冊所記之"傅蘚"關係不明。此墓出土的漆卮，紋飾大同小異，"傅蘚"可能與紋飾無關，具體所指待考。

〔14〕**李家浩**（2012：69、80）：醪，《説文》酉部説是"汁滓酒也"，即帶滓的酒，相當現在南方的米酒或醪糟。**今按**：據發掘簡報，鳳凰山M8、M9共出土漆卮3件，通高9—18.5、口徑7.8—21.5厘米，圓蓋，卮身作圓筒形，平底，身側有鋬，其中兩件祇一鋬，另一件有兩個對稱的鋬。聯繫鳳凰山M168遣冊簡36所記"二斗后〈卮〉二合"，對應墓中出土的138號雙耳卮（口徑20、高22厘米）來看，疑鳳凰山M9遣冊所記"大二斗卮一，有蓋，盛醪"，對應那件"有兩個對稱的鋬"、通高18.5、口徑21.5厘米的漆卮。

〔15〕此簡釋文從**荆州博物館**（2009：41）。

〔16〕**李天虹**（2012：223）在"遣策與出土實物對照表"中將簡13、14所記對應"漆卮2"，備注"相符"。**章水根**（2013：344）："小卮"即體形較小的酒器卮。**今按**：墓中出土2件漆卮，一件圓筒身、平底、有銅鋬和蓋；另一件無蓋，圓筒身，單耳，平底，底部附三銅矮蹄足，高5.7、徑8.2厘米。從發掘簡報按照1∶2比例尺所繪綫圖來看，三足卮的尺寸遠小於有蓋的無足卮，疑簡文所記的"小卮"是指那件三足卮。

〔17〕**章水根**（2013：344）：從原簡來看，此簡上端所殘之字可能有兩三個之多，前面很可能是表示此卮容量的"□斗"。**今按**：墓中出土的一件圓筒身、平底、有銅鋬和蓋的漆卮，疑即此簡所記之器。

[18] **今按**：墓中出土的114號"漆卮"爲髹漆的竹提筒，疑爲篹或榼。墓中另出有三足漆卮4件（8、66、76、81），簡報稱爲"樽"不確（詳下文疏證）。從"M6槨室内隨葬器物分佈平面圖"來看，這4件三足卮以66號口徑最小，疑其即簡文所記的"小卮"。

[19] "小"下一字，**鳳凰山M167簡報**（1976）釋"杞"，**中山**（2012：162）釋"杞"。**姚孝遂、陳雍**（2012：162）釋"杞"，杞即卮，隨葬有耳有蓋小卮一。**毛靜**（2011：71）釋"杞"，即栀字，通卮。**章水根**（2013：286）懷疑此字當是栀字的一種簡省寫法，此字右部所從即卮字下所從的部分。**李家浩**（2019：57—59）：杞是栀的省寫，其字結構應該分析爲從"木""卮"省聲。"栀"是"卮"的異體。

鳳凰山M167簡報（1976：36）在"鳳凰山一六七號墓頭廂隨葬品一覽表"中將此簡所記對應"單耳小卮1"。

[20] **彭浩**（2012：39）：栀，讀爲卮。一半，以"一斗壺一雙""二斗櫨一"等例，"半"應是容量，爲半斗。《漢書·項籍傳》"士卒食半菽"，應劭注："半，五升器名。"出土有大漆卮一件。**章水根**（2013：74）：卮，酒漿器，故本簡名飲卮。**今按**：《小爾雅》："半量曰半。"《史記·項羽本紀》索隱引王劭曰："半，量器名，容半升也。"集解引徐廣曰："半，五升器也。"《漢書·李陵傳》集注："五升曰半。"簡文中的"半"疑如彭浩所説指半斗。居延漢簡262.34+262.28記有："戎介（芥）種一半，直十五"，此處之"半"可能亦指半斗。

〔疏證〕

《説文》卮部："卮，圜器也。一名觛。所以節飲食。"《急就篇》卷三："蠡斗參升半卮觛"，顏注："卮，飲酒圓器也。"

從漢代簡牘關於卮的記録來看，卮有多種，以製作工藝和胎質分，有畫卮、漆畫卮、赤卮（敦煌1891、居延505.8）、漆木卮（尹灣"武庫永始四年兵車器籍簿"B肆23）等；以大小分，有大卮、中卮、小卮；以容量分，有二斗卮、斗卮、七升卮、二升卮等；以用途分，有酒卮、飲卮、醬卮等。其中，"畫卮"可能是"漆畫卮"或"漆丹畫卮"的簡稱。"赤卮"疑指外髹黑漆、内髹紅漆的卮。

關於卮的形制和功用，王振鐸指出卮是漢代慣用的飲食器，爲筒狀的圓形器，有的裝有把耳和蓋子，與近代的筒形杯的樣式和用法基本相近；質料有銅、銀、玉、漆、石、陶六種；卮均爲筒形體，區别在於蓋、耳（即鋬）、足的有無和紋飾的不同[1]。裘錫圭云："1968年考古工作者在河北滿城中山靖王墓裏發現了一對銅燈，銘文

① 王振鐸：《論漢代飲食器中的卮和魁》，《文物》1964年第4期。

自稱'卮錠'，外形正與王先生所考定的卮相合。卮的形制問題得到了徹底解決。通俗一點説，卮的形狀就跟現在最常用的那種搪瓷口杯差不多。不過古代的卮一般是漆器或陶器，器把没有搪瓷口杯的把那樣大，通常不作耳形而作環形，器底有時還有三個小矮足。"[1]孫機亦云："1964年王振鐸結合文獻記載與出土實物，對卮作出了正確的定名。1968年發現滿城1號墓出土的圓筒形銅燈自名'卮錠'，1977年又發現阜陽西漢汝陰侯墓出土的圓筒形漆器自名爲'卮'，從而完全證實了上述論斷。故此説已爲文物考古工作者所普遍接受。"[2]滿城漢墓M1：5086卮燈自名爲"卮錠"[3]（圖2.2-4，1），"卮錠"即卮形之錠。阜陽雙古堆M2出土漆卮自名"女陰侯卮，容五升"[4]（圖2.2-4，2）。大雲山江都王陵M1Ⅵ：3910紵胎漆卮由11件卮由小至大逐次套裝，外底皆有錐刻銘文，自名爲"十一襲卮"[5]（圖2.2-4，3），十一襲即十一重。《淮南子·覽冥》"金積折廉，璧襲無理"，高誘注："襲，重也。"這幾件卮的自名器形制與王振鐸對卮的研究相符。漢墓遣册所記對應的出土實物，如蕭家草場M26：36（圖2.2-4，4）、馬王堆M1：135（圖2.2-4，5）、M1：388"漆布小卮"[6]（圖2.2-4，6），形制亦基本相同。

　　鳳凰山M169遣册記有2件"卮"，墓中亦出有2件卮（圖2.2-4，7），它們應有密切的對應關係。出土2件卮中的一枚底有三足，説明平底卮下附三足者，仍然是卮，可稱之爲三足卮。上舉王振鐸、裘錫圭、孫機等學者以及大多數發掘報告都認爲這種三足器是卮。鳳凰山M168：224漆卮下有三足，發掘報告稱之爲"樽"，不確。因此，鳳凰山M168實出138、138-1號這2件平底卮（圖2.2-4，8）、224號這1件三足卮（圖2.2-4，9）。

　　①　裘錫圭：《斗卮和題湊》，《裘錫圭學術文化隨筆》，中國青年出版社，1999年。此文原題《讀古書要注意考古資料》，發表在《電大文科園地》1984年第7期。

　　②　孫機：《漢代物質文化資料圖説》，文物出版社，1991年，第310頁。

　　③　中國社會科學院考古研究所、河北省文物管理處：《滿城漢墓發掘報告》（上），文物出版社，1980年，第71頁。

　　④　器形及釋文參安徽省文物工作隊等：《阜陽雙古堆西漢汝陰侯墓發掘簡報》，《文物》1978年第8期。銘文摹本見韓自强：《阜陽·亳州出土文物文字編》，第54頁。

　　⑤　南京博物院、盱眙縣文化廣電和旅遊局：《大雲山：西漢江都王陵1號墓發掘報告》，文物出版社，2020年，第497、498頁。

　　⑥　陳建明、聶菲：《馬王堆漢墓漆器整理與研究》（下），中華書局，2019年，第81、87頁。

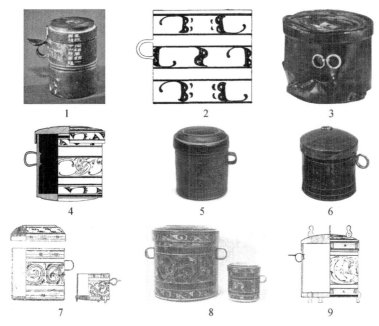

圖2.2-4　漢墓出土的卮

1. 滿城M1：5086 "卮錠"　2. 雙古堆M2 "女陰侯卮"　3. 大雲山M1Ⅵ：3910-4 "襲卮"
4. 蕭家草場M26：36 "畫卮"　5. 馬王堆M1：135 "漆畫斗卮"　6. 馬王堆M1：388 "漆布小卮"
7. 鳳凰山M169平底卮與三足卮　8. 鳳凰山M168：138 "二斗卮" 與M168：138-1 "醬卮"
9. 鳳凰山M168：224 "傅薛卮"

【觶】

（1）角單（觶）一隻（雙），金足[1]　 ∫　鳳凰山M168遣39

（2）㯳（漆）畫角傷（觴）二[2]　大墳頭M1遣牘A叁2

〖集釋〗

　　[1] **陳振裕**（2012：203）在 "簡文内容與出土物對照表" 中將 "角單一隻，金足" 對應漆樽一（224），備注 "相符"。**鳳凰山M168報告**（1993：477）：樽1件（224），直口，直壁，平底，底安有三個矮銅蹄足；外壁有一銅環耳形把，口徑13、通高18厘米，簡39所記當指此器。**李天虹**（2002：56）：對應出土實物爲漆樽1，隻用爲只。**章水根**（2013：327）：角單即角觶，《儀禮·既夕禮》 "實角觶四"，鄭玄注： "古文角觶爲角柶。" 此簡的角觶應不同於《儀禮》中的 "角觶"，是指墓中出土的漆樽， "金足" 即指此器爲銅蹄足。

　　[2] **湖北省博物館**（1981：18）：角傷，即角觴。這座墓所出土的漆耳杯，按其數量，皆和木牘所記的 "嫇" "間" "桮" 相合，可見 "角觴" 絕不是耳杯。墓中出

土的兩件銅器座（頭廂45、46），其上殘缺，原形未明，但從其內殘痕看，似爲漆器之座；再把全部出土物與木牘所記的器物核對，把它定爲"髹畫角觿二"的銅器座，是有可能的。

【疏證】

　　鳳凰山M168：224"漆樽"實爲卮，見"卮"條的相關討論。

　　大墳頭M1出有2件形制相同的銅器座，"圓座，底有方孔，粗短把中空，上插入漆器（已殘缺）"，頭廂45號底徑6、上徑4、高3厘米（圖2.2-5，1）。鳳凰山M168亦出有兩件形制相同的銅器座，249、250號"曺形器座"，"通體鎏金，上部尚有木胎塗紅漆的痕跡，應是某種木胎漆器的底座，口徑5、高3厘米"（圖2.2-5，2）。比對鳳凰山M168與大墳頭M1這四件器物，不難發現，它們的形制、大小比較接近，且均有上接漆器的殘片留存。兩墓的發掘簡報均認爲它們是器座，可信。

　　在大墳頭M1、鳳凰山M168之外的其他漢墓中，亦有不少相類似的金屬底座出土，稱法不一，茲以墓葬大致的時代先後爲序簡要介紹如下：

　　（1）胡家草場M12出土銅"口沿扣件"2件，"M12：41，環狀，應爲漆木卮的口沿部扣件，直徑9.8、高1.1厘米"，又有銅"器座"2件，"M12：42，上部呈喇叭口狀，應爲漆木卮的底座，底徑6.6、高3厘米"（圖2.2-5，3），墓葬時代屬西漢文帝時期[1]。

　　（2）翠屏山M1：49銀"杯座"，"爲漆高足杯的底座，呈圈足形，口小底大，口徑3.6、底徑6、高2.6厘米"（圖2.2-5，4），墓葬時代屬西漢早期中後時期[2]。

　　（3）前坪M14出土銅"扣器"2件，"形式同M14：19，高2.4厘米"（圖2.2-5，5），墓葬時代屬西漢早期偏晚時期[3]。

　　（4）鄭家山M56：1銅"器座"，"陶拍狀，微侈口，束腰，下部外擴折下，短直壁，平底，口徑4.9、底徑7.9、通高3.6厘米"（圖2.2-5，6），墓葬時代屬西漢初年至文景之際[4]。

---

① 荆州博物館：《湖北荆州市胡家草場墓地M12發掘簡報》，《考古》2020年第2期。
② 徐州博物館：《江蘇徐州市翠屏山西漢劉治墓發掘簡報》，《考古》2008年第9期。
③ 湖北省博物館：《宜昌前坪戰國兩漢墓》，《考古學報》1976年第2期。
④ 湖北省文物考古研究所、襄樊市博物館：《湖北襄樊鄭家山戰國秦漢墓》，《考古學報》1999年第3期。

（5）穀城高鐵北站GBM23：7"銅構件"，"一端呈管狀，介面殘，另一端呈柄狀，正中開方形孔，柄徑6.3、方孔邊長2.2、管徑4.1、殘高3厘米"（圖2.2-5，7），墓葬時代屬西漢早期[1]。

（6）穀城高鐵北站GBM24：7"銅構件"，"形制與GBM23：7一致，一端有一個不規則的缺口，柄徑3.1、管徑6.4、壁厚0.2、殘高2.8厘米"（圖2.2-5，8），墓葬時代屬西漢早期[2]。

（7）孫家崗M12：2銅"車"，"器身較矮，胎較薄，直徑6厘米"（圖2.2-5，9），墓葬時代屬西漢早期[3]。

（8）六安經開區M30出土"銅構件"2件，"形制相同，短束柄，餅足，中空，內有木質殘留，M30：9-1，底徑5.2、柄徑2.8、壁厚0.6、通高2.5 厘米；M30：9-2，柄緣殘，底徑5.2、柄徑3、壁厚0.6、殘高2.4 厘米"（圖2.2-5，10），墓葬時代屬西漢中期偏早時期[4]。

（9）大雲山M1出土25件"器座"，分二型，A型24件，"喇叭形底座，上有圓孔，內部中空，下爲圓形平底，通體鎏金"，M1Ⅵ：3956口徑2.6、底徑5.6、高1.8（圖2.2-5，11）；B型1件，M1Ⅵ：3955"上口以下器壁略內收近直，下爲圓形平底，通體鎏金，口徑3.2、底徑6.2、高2.6厘米"（圖2.2-5，12），墓主爲江都王劉非，墓葬時代爲公元前128年或稍候一段時間[5]。

爲便於比較，將上文所舉出土漢代金屬底座的相關信息統計爲表2.2-1：

[1]　重慶師範大學歷史與社會學院等：《湖北穀城縣高鐵北站墓群西漢墓發掘簡報》，《考古》2019年第9期。

[2]　重慶師範大學歷史與社會學院等：《湖北穀城縣高鐵北站墓群西漢墓發掘簡報》，《考古》2019年第9期。

[3]　宜昌市博物館、遠安縣文物管理所：《遠安孫家崗古墓發掘簡報》，《江漢考古》1999年第1期。簡報將此器稱作"車"，疑爲"䡊"之誤植。

[4]　安徽省文物考古研究所、吉林大學考古學院：《安徽六安經濟開發區碧桂園漢代墓葬M30發掘簡報》，《東南文化》2020年第2期。

[5]　南京博物院、盱眙縣文廣新局：《江蘇盱眙縣大雲山西漢江都王陵一號墓》，《考古》2013年第10期；南京博物院、盱眙縣文化廣電和旅遊局：《大雲山：西漢江都王陵1號墓發掘報告》，文物出版社，2020年，第483頁。

表2.2-1　漢代金屬底座出土情況簡表　　　　　　（單位：厘米）

序號	器物	報告原稱名	材質	數量	上徑	下徑	高	墓葬時代	備注
1	大墳頭M1頭廂：45、46	銅器座	銅	2	4	6	3	西漢初年	"上插入漆器（已殘缺）"
2	鳳凰山M168：249、M168：250	銅書形器座	銅	2	5		3	西漢文帝前元十三年（前167）	"上部尚有木胎塗紅漆的痕跡"
3	胡家草場M12：38、M12：42	器座	銅	2		6.6	3	西漢文帝時期	另出口沿扣件2件（M12：41、M12：44）
4	翠屏山M1：49	杯座	銀	1	3.6	6	2.6	西漢早期中後期	
5	前坪M14：19	銅扣器	銅	2			2.4	西漢早期偏晚	
6	鄭家山M56：1	器座	銅	1	4.9	7.9	3.6	西漢初年至文景之際	
7	穀城高鐵北站GBM23：7	銅構件	銅	1	4.1	6.2	3	西漢早期	
8	穀城高鐵北站GBM24：7	銅構件	銅	1	3.1	6.4	2.8	西漢早期	
9	孫家崗M12：2	車	銅	1		6		西漢早期	
10	六安經開區M30：9-1、M30：9-2	銅構件	銅	2	2.8	5.2	2.5	西漢中期偏早	M30：9-1 "中空，内有木質殘留"
					3	5.2	2.4		
11	大雲山M1Ⅵ：3956—M1Ⅵ：3961、M1Ⅵ：4394—M1Ⅵ：4400、M1Ⅵ：4402—M1Ⅵ：4412	器座	銅	24	2.6	5.6	1.8	西漢中期偏早	24件尺寸相近，此以3956號爲例
12	大雲山M1Ⅵ：3955	器座	銅	1	3.2	6.2	2.6	西漢中期偏早	

　　從表2.2-1可知，這種器座在西漢墓中多見，部分墓葬成對出土，部分器殘留漆木殘片。翠屏山M1發掘簡報謂"銀杯座""爲漆高足杯的底座"，胡家草場M12發掘簡報謂銅器座"應是漆木卮的底座"，均可信。

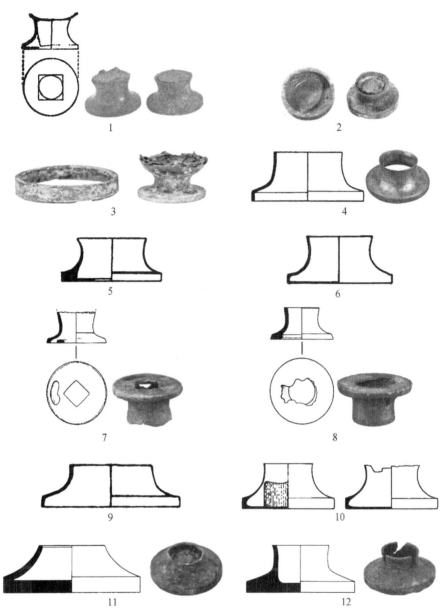

圖2.2-5　出土漢代金屬底座

1. 大墳頭M1頭廂：45、46　2. 鳳凰山M168：249、M168：250　3. 胡家草場M12：38、M12：42
4. 翠屏山M1：49[①]　5. 前坪M14：19　6. 鄭家山M56：1　7. 穀城高鐵北站GBM23：7
8. 穀城高鐵北站GBM24：7　9. 孫家崗西漢墓M12：2　10. 六安經開區M30：9-1、M30：9-2
11. 大雲山M1Ⅵ：3956　12. 大雲山M1Ⅵ：3955

① 該器的照片採自徐州博物館官網·首頁·典藏·金銀器，藏品編號10891（http：//xzmuseum.com/collection_detail. aspx?id=16018）。

戰國秦漢墓中常見一種類似現代高腳酒杯的高足筒身器，有玉、銅、漆木、陶等不同材質。考古發掘報告多稱爲"杯"或"高足杯"。也有學者稱這類器爲"高足卮"①。安徽渦陽石弓山崖墓出土有1件錯金銅座玉杯，"杯體直口，成圓筒形，下口內斂。杯座銅質，略呈豆形，直口，口有淺槽，用來卡牢玉杯，弧腹下收，平底，喇叭狀高圈足，杯體高4、直徑4.9、厚0.2厘米，玉杯通高8.2、足徑4.2厘米"②（圖2.2-6，1），這件玉杯的銅座樣式、大小與上表中的器座比較接近。安徽六安九里溝西漢早期墓M176：13陶高足杯出土時殘斷成二截③（圖2.2-6，2），其殘座的形態與上舉器座十分相近。據此二件器物，可以瞭解銅座漆杯的大致形制。幸運的是，西漢墓中就出土有完整的銅座漆杯，如江蘇盱眙東陽西漢墓群出土有5件高足杯，均"木胎，銅釦，直口，深腹，銅高足。器內漆朱色，外表漆黑色，朱繪雲氣紋、幾何雲紋、菱形紋、圓圈及鋸齒紋。一件口徑7、足徑5.8、通高18.8厘米"④（圖2.2-6，3）。上述例證表明，大墳頭M1、鳳凰山M168出土的那4件銅底座應是高足漆杯的底座。胡家草場M12出土的2套銅底座與釦，應分屬於兩件高足漆杯，其銅釦的使用方式可參考杜陵陵園出土的高足金釦玉杯⑤（圖2.2-6，4）。

回過頭來看遣册記録。大墳頭M1遣册記"㯡（漆）畫角傷（觴）二"，鳳凰山M168遣册39記"角單（觶）一隻（雙），金足"。"角觴""角觶"含義應相同。《玉篇·角部》："觶，酒觴也。"《吕氏春秋·義賞》"斷其頭以爲觴"，高誘注："觴，酒器也。"《説文》角部："觶，鄉飲酒角也。""觚，小觶也。"卮部："卮，圜器也。一名觛。"《急就篇》卷三："蠡斗參升半卮觛"，顏注："卮，飲酒圓器也。觛謂觶之小者，行禮飲酒角也。"根據前文大墳頭M1、鳳凰山M168遣册記録與出土實物的名實對應考察來看，"觶"很可能是漢代人對高足杯的專稱。《漢官舊儀》："宗廟三年大祫祭于高廟，……皇帝上堂盥，侍中以巾奉觶酒從。……其夜半入行禮，平明上九卮，畢，羣臣皆拜，因賜胙。"疑文中的"觶"指高足杯，"卮"指平底或三足卮。

①　孫機：《漢代物質文化資料圖説》（增訂本），上海古籍出版社，2008年，第360頁。

②　劉海超、楊玉彬：《安徽渦陽稽山漢代崖墓》，《文物》2003年第9期；阜陽博物館編：《阜陽博物館文物集萃》，文物出版社，2017年，第42頁。

③　安徽省文物考古研究所、六安市文物管理所：《安徽六安市九里溝兩座西漢墓》，《考古》2002年第2期。

④　南京博物院：《江蘇盱眙東陽漢墓》，《考古》1979年第5期。

⑤　劉雲輝、劉思哲：《漢杜陵陵區新出土的玉杯和玉舞人》，《文物》2012年第12期。

圖2.2-6　漢墓出土的觶

1. 石弓山崖墓玉觶（銅座、玉身）　　2. 九里溝M176：13陶觶　　3. 東陽M7：24漆觶（銅座、漆木身、銅釦）

4. 杜陵陵區金釦玉觶

【壺】

（1）壺一雙[1]　　高臺M18遣牘壹1

（2）一斗壺一雙[2]　丿　鳳凰山M8遣91

　　　三斗壺一雙[3]　丿　鳳凰山M8遣92

（3）三斗壺二枚[4]　鳳凰山M167遣26

（4）大壺一隻（雙）[5]　丿鳳凰山M168遣26

　　　小壺一隻（雙）[6]　丿　鳳凰山M168遣27

（5）金壺，繒緣其籃[7]　羅泊灣M1從器志A伍4

（6）金壺一[8]　蕭家草場M26遣21

（7）木壺一[9]　大墳頭M1遣牘B貳1

（8）木壺一隻（雙），盛醪[10]　鳳凰山M169遣26

（9）勶（漆）畫壺一，有蓋，盛沮（醴）酒　馬王堆M1遣168

　　　勶（漆）畫壺二，皆有蓋，盛米酒　馬王堆M1遣169

　　　勶（漆）畫壺三，皆有蓋，盛米酒[11]　馬王堆M1遣170

（10）勶（漆）畫壺六，皆有蓋[12]　馬王堆M3遣239

〖集釋〗

　　[1]湖北省荆州博物館（2000：229）將"壺一雙"對應陶壺二件。

　　[2]彭浩（2012：36）：小漆壺二件。

　　[3]彭浩（2012：36）：大漆壺二件。**今按**：發掘簡報謂M8、M9共出土漆圓壺6件，"大小各3件，小者高27、口徑10厘米，大者高37、口徑12.5厘米。口外侈、短頸、鼓腹、圓圈足。有的帶圓蓋"。其中4件屬於M8，2件屬於M9，則大體上M8遣册所記"三斗壺"的尺寸是"高37、口徑12.5厘米"，"一斗壺"尺寸是"高27、口徑10厘米"，簡文所記與墓中出土實物的大小、數量相符。

　　[4]姚孝遂、陳雍（2012：161）："三斗"指壺之容積而言，隨葬漆壺二。**鳳凰山M167簡報**（1976：36）在"鳳凰山一六七號墓頭廂隨葬品一覽表"中將此簡所記對應"壺2"。

　　[5]陳振裕（2012：202）在"簡文内容與出土物對照表"中將此簡所記對應大漆壺二（81、93），備注"出土物多一件"。**鳳凰山M168報告**（1993：472、474）：A型壺3件，二大一小，81號有蓋，口徑13.4、通高39厘米。簡26所記當指此二器，但簡文少記1件。**李天虹**（2002：56）："大壺一隻"對應出土實物爲大漆壺2，隻用爲雙。

　　[6]陳振裕（2012：202）在"簡文内容與出土物對照表"中將"小壺一隻"對應小漆壺一（145），備注"相符"。**鳳凰山M168報告**（1993：474）：A型壺145號較小，有蓋，口徑11.5、通高33厘米。簡27所記當指此器。**李天虹**（2002：56）："小壺一隻"對應出土實物爲小漆壺1，隻用爲只。**章水根**（2013：323）：此墓遣策中隻用爲"隻"，與以上幾簡用法不同，但也有可能用爲"雙"，出土物比簡文所記少一件。**今按**：同時代、同地區的通用語言大致相同。鳳凰山西漢墓群出土遣册中的"隻"應均用爲"雙"。M168：145漆壺口徑11.5、通高33厘米，M168：177漆壺口徑11.5、高29.5厘米，兩件大小相近，似即簡文所記的"小壺一隻（雙）"。

　　[7]廣西壯族自治區博物館（1988：82）：金壺即銅壺。

　　[8]蕭家草場M26報告（2001：140）：《説文·壺部》："壺，昆吾圜器也。"《玉篇·壺部》："壺，食飲器也。"出土銅蒜頭壺1件。**劉國勝**（2012：80）："金壺一"應是隨葬的銅鈁，《説文》："鈁，方鐘（鍾）也。"又"鍾，酒器也。"《正字通》："鍾，壺屬。"馬王堆M1遣册簡168—178記有彩繪漆木"枋（鈁）""橦（鍾）""壺"，且皆記盛有酒；馬王堆M3遣册簡238—240號簡也有相似内容，故遣册把銅鈁記作"金壺"是有可能的。

　　[9]湖北省博物館（1981：19）："木壺一"是墓内出土的一件木胎漆壺（頭廂56）。

[10] **李天虹**（2012：224）在"遣策與出土實物對照表"中將簡26所記對應"漆衣陶壺2"，備註"相符"。**今按**：墓中出土2件漆壺，"侈口、短頸、圓腹、喇叭形圈足，已殘"，當即"木壺一隻（雙）"，所盛之醬已不存。

[11] **馬王堆M1報告**（1973：143）：墓中未見漆壺。

[12] **馬王堆M3報告**（2004：120）：出土漆木壺6件，球面形蓋，無紐，表黑漆，内紅漆，彩繪紋飾，簡239所記當即指此。

〔疏證〕

《説文》壺部："壺，昆吾圜器也。"《急就篇》卷三"甄缶盆盎甕甖壺"，顏注："壺，圓器也，腹大而有頸。"《春秋公羊傳》何休注："壺，禮器。腹方口圓曰壺，反之曰方壺，有爵飾。"《玉篇·壺部》："壺，盛飲器也。"鄭玄注《周禮·秋官·掌客》"壺四十"云："壺，酒器也。"又注《周禮·夏官·序官》"挈壺氏不能掌其職焉"云："壺，盛水器也。"壺又可作爲盛食器，《荀子·勸學》"以錐飱壺也"，王先謙集解："以錐飱壺，言以錐代箸也；古人貯食以壺。"遣册所記之壺有盛醬、醛酒、米酒，漢墓出土壺中亦多見盛酒、盛食物的例子。

傳世與出土漢代器物中，有不少壺的自名器（表2.2-2），如小龜山TG52銅壺，有蓋，侈口、束頸、鼓腹、矮圈足，腹部有箍飾3道、鋪首銜環1對，口徑8.5、通高20.5厘米，足緣刻銘中自名爲"壺"[1]（圖2.2-7，1）。壺又作"櫨"，如風篷嶺M1：96銅壺自名爲"櫨"[2]。遣册記錄之壺對應墓中出土之器，如鳳凰山M168：81（圖2.2-7，2）、馬王堆M3：西27[3]（圖2.2-7，3），形制相近。

遣册所見"金壺""木壺"是以材質取名的。金壺即銅壺，又見於里耶秦簡9-132"金壺十"。出土所見木胎壺，幾乎都有髹漆，"木壺"也即是"漆壺"，但並非所有的漆壺都是木壺，髹漆之壺的胎質多種多樣，銅、木、紵、陶等，均有出土實物可參。

遣册所見"大壺""小壺""三斗壺""一斗壺"是以大小尺寸取名的。三斗壺屬於大壺，一斗壺屬於小壺。但大壺、小壺本是相對而言，從表2.2-2中漢代自名"壺"器來看，壺的最大容量是"五斗"。大概三斗至五斗之間的壺可以稱爲大壺，小於三斗的壺可以稱爲小壺。

---

① 南京博物院：《銅山小龜山西漢崖洞墓》，《文物》1973年第4期。
② 長沙市文物考古研究所、望城縣文物管理局：《湖南望城風篷嶺漢墓發掘簡報》，《文物》2007年第12期。
③ 陳建明、聶菲：《馬王堆漢墓漆器整理與研究》（下），中華書局，2019年，第285頁。

表2.2-2　漢代壺的自名器　　　　　　　　（單位：厘米）

出處	銘文	口徑	腹徑	高	備注
風篷嶺M1∶96	銅榼（壺）一，容五斗，有蓋，并重□□斤十二兩，長沙元年造，第七				已殘
風篷嶺M1∶99[①]	☑榼（壺）一，容五斗，有蓋，并重廿六斤十三兩，長沙元年造，第八				已殘
湯家嶺西漢墓	端君五斗壺一隻	15	30	37.5	
湯家嶺西漢墓[②]	端君二斗壺一隻	12.5	22.3	29.2	
《秦漢金文録》卷二[③]	關邑家銀黄涂（塗）壺，容二斗，及（？）蓋，并重十斤四兩				疑“及”爲“有”字
《秦漢金文録》卷二	平陽子家壺一，容二斗，重十斤四兩				
《秦漢金文録》卷七	杜陵東園銅壺，容二斗，重十五斤，永始元年供工長造，護昌，守嗇夫宗，掾通主，守左丞博，守令並省				
日本正木直彦藏[④]	綏和元年，供工=譚爲内者造錯銀壺，護相、守嗇夫搏、掾並主，右丞楊、令賀省。容六升半，重十斤十三兩				
《秦漢金文録》卷七	槐里壺，重三斤一兩長容四升，乙，十三				

　　值得留意的是，蕭家草場M26遣册21記有“金壺一”，劉國勝指出“金壺”對應墓中出土的銅鈁[⑤]。鈁與壺同屬西漢禮器的核心組成部分，多配套隨葬。鈁爲方壺，壺一般指圓壺，二者屬同類器，將鈁稱爲壺，大概屬於同類相及。芝加哥美術館藏有一件束漢鎏金錯銀銅壺，方口、圓腹，高32.4厘米[⑥]（圖2.2-7，4）。此銅壺的形制介於方壺與圓壺之間，正説明鈁、壺關係非常密切。

---

　　①　長沙市文物考古研究所、望城縣文物管理局：《湖南望城風篷嶺漢墓發掘簡報》，《文物》2007年第12期。

　　②　湖南省博物館：《長沙湯家嶺西漢墓清理報告》，《考古》1966年第4期。

　　③　容庚：《秦漢金文録》，史語所，1931年。

　　④　東京帝国大学文学部編：《樂浪：五官掾王盱の墳墓》，日本東京刀江書院，1930年，第36頁。

　　⑤　劉國勝：《説“金鋌”》，《文物》2012年第1期。

　　⑥　凱萊（Kelley, C. F.）、陳夢家著，田率譯：《白金漢所藏中國銅器圖録》，金城出版社，2014年，第211頁。芝加哥美術館官網，https://www.artic.edu/artworks/7544/jar-hu。

1　　　　　　　　2　　　　　　　　3　　　　　　　　4

圖2.2-7　漢代的壺

1. 小龜山TG52"丙長翁主壺"　　2. 鳳凰山M168：81漆壺，遺册記爲"大壺"　　3. 馬王堆M3：西27漆壺，
遺册記爲"漆畫壺"　　4. 芝加哥美術館藏方口圓腹銅壺

【鍾】

（1）髹（漆）畫橦（鍾）一，有蓋，盛温（醞）酒　　馬王堆M1遣176

　　　髹（漆）畫橦（鍾）一，有蓋，盛温（醞）酒[1]　　馬王堆M1遣177

（2）髹（漆）畫橦（鍾）二，皆有蓋[2]　　馬王堆M3遣238

〖集釋〗

　　［1］**馬王堆M1報告**（1973：144）：墓中出雲紋漆鍾2件，與簡文合。**唐蘭**（1980：34）：橦用爲鐘，鐘爲樂器，鍾爲酒器，古代常通用。出土雲紋漆鐘2個，據説是盛羹的，或者濁酒沉澱與羹相似，有一個"石"字銘，表明盛一石。

　　［2］**馬王堆M3報告**（2004：118）：出土漆木鍾2件（東63、西7），器形、大小相同，球面形蓋上有三個黄色S形紐，表黑漆，内紅漆，彩繪紋飾，外底正中朱書"石"字，東63口徑18.3、腹徑36、圈足高3、底徑20.5、通高57厘米。簡238所記當即指此。

〖疏證〗

　　先秦時期的鍾，有用爲量器者。《左傳》昭公三年："齊舊四量，豆、區、釜、鍾。四升爲豆，各自其四，以登於釜，釜十則鍾。陳氏三量皆登一焉，鍾乃大矣。"漢代有不少鍾的自名器，其造型與壺基本相同，惟尺寸、容量一般較大。

　　鍾有無標準器？有無大小之分？或可從漢代的自名器中找尋到一些綫索（表2.2-3）。

表2.2-3　漢代自名爲“鍾”且自記容量之器

出處	銘文	口徑（厘米）	腹徑（厘米）	高（厘米）	實測容量（毫升）	備註
高莊M1：6[①]	宦者銅金鐘（鍾）一，重一鈞廿斤八兩，容十斗六升	17.7	35.1	45		
滿城M1：4108[②]（圖2.2-8，1）	中山内府鍾一，容十斗，重□□，卅六年，工充國造	18	34.5	45.3	18860	前119年
茂陵附近出土[③]	大初二年造，第七，中私官銅鍾，容十斗，重卅四斤；中私	17.8		43.5	19400	前103年
茂陵附近出土[④]	大初二年造，第六十九，中私官銅鍾，容十斗，重卅一斤；中私	17		45	19450	前103年
高窰村窖藏17號[⑤]（圖2.2-8，2）	南宮鍾，容十斗，重五十一斤，天漢四年造	17.5	35	43.7		前97年
蘆莊子西漢墓[⑥]（圖2.2-8，3）	南宮鍾，容十斗，重五十一斤，天漢四年造			44		前97年
平壤船橋里M1[⑦]	孝文廟銅鍾，容十斗，重卅七斤，永光三年六月造					前41年
連家莊出土[⑧]	常山食官鍾，容十斗，重一鈞十八斤	17	35.8	42.8		

①　河北省文物研究所、鹿泉市文物保管所：《高莊漢墓》，科學出版社，2006年，第34、36頁。

②　中國社會科學院考古研究所、河北省文物管理處：《滿城漢墓發掘報告》（上），文物出版社，1980年，第43、48、51頁。

③　劉最長、朱捷元：《漢茂陵出土的西漢“中私官”銅鍾》，《文物》1980年第7期；冀東山主編，梁彥民分卷主編：《神韻與輝煌·青銅器卷》，三秦出版社，2006年，第154頁。

④　劉最長、朱捷元：《漢茂陵出土的西漢“中私官”銅鍾》，《文物》1980年第7期；冀東山主編，梁彥民分卷主編：《神韻與輝煌·青銅器卷》，三秦出版社，2006年，第152頁。

⑤　王長啓、孔浩群：《西安北郊發現漢代墓葬》，《考古與文物》1987年第4期；西安市文物保護考古所：《西安文物精華·青銅器》，世界圖書出版西安公司，2005年，第74頁。

⑥　滄州市文物管理處：《河北南皮縣蘆莊子漢墓》，《文物春秋》1998年第1期；滄州市文物局：《滄州文物古跡》，科學出版社，2007年，第52頁。關於此鍾的銘文考釋，參看“落葉掃秋風”：《試談兩件刻銘相同的銅鍾》，簡帛網·簡帛論壇·古史新探，2019年3月16日。

⑦　朝鮮總督府：《樂浪郡時代の遺蹟》，日本東京北澤書店，1928年，第219頁；下中邦彥：《書道全集》第2卷，日本東京平凡社，1958年，第72頁。

⑧　鄭紹宗：《河北行唐發現的兩件漢代容器》，《文物》1976年第12期；河北省博物館、文物管理處：《河北省出土文物選集》，文物出版社，1980年，第140頁。

续表

出處	銘文	口徑（厘米）	腹徑（厘米）	高（厘米）	實測容量（毫升）	備注
高莊M1：413①	常山食官鍾，容十斗，重□鈞□斤	16.8	33.6	41.6		
陝西歷史博物館藏②	陳氏鐘（鍾），容十斗	17.6		46.1		
唐家寨出土③	元成家鐘（鍾），容十斗，重卅五斤	18.8		44.6	22500	
西安北郊漢墓④	酒。河間食官鐘（鍾），容十斗，重一鈞四斤四兩	16.5	32	46	19200	
陽陵陪葬墓97YPⅠY7M144⑤	般邑家銅鍾，容十斗，重卅五斤，第二，家工造	17.3	35.2	43.6		
茂陵陪葬坑K1：002⑥	陽信家銅鐘（鍾），容十斗，重卅九斤	16.5	34.2	44.3		
東太堡漢墓⑦	代食官獸（㹴）鍾，容十斗，第十	18	31.5	46		
饅頭山漢墓⑧	大高銅鍾一，容十斗	19.3	34	45.5		
界山漢墓M1：1⑨	平望子家鐘（鍾），容十斗	20	36.8	46.4		

---

① 河北省文物研究所、鹿泉市文物保管所：《高莊漢墓》，科學出版社，2006年，第34、36頁。

② 韓建武：《陝西歷史博物館藏東周秦漢有銘銅器叢考》，《文博》2016年第3期；張天恩主編：《陝西金文集成》第16冊，三秦出版社，2016年，第94頁。

③ 韓建武：《陝西歷史博物館藏幾件漢代刻銘銅器考釋》，《考古與文物》2014年第4期。

④ 王長啓、孔浩群：《西安北郊發現漢代墓葬》，《考古與文物》1987年第4期；西安市文物保護考古所：《西安文物精華·青銅器》，世界圖書出版西安公司，2005年，第74頁。

⑤ 陝西省考古研究所陽陵考古隊：《漢景帝陽陵考古新發現（1996年—1998年）》，《文博》1999年第6期；漢陽陵博物館：《漢陽陵》，文物出版社，2017年，第92頁。

⑥ 咸陽地區文管會、茂陵博物館：《陝西茂陵一號無名冢一號從葬坑的發掘》，《文物》1982年第9期。

⑦ 山西省文物管理工作委員會、山西省考古研究所：《太原東太堡出土的漢代銅器》，《文物》1962年第4—5期；山西省文物局：《山西珍貴文物檔案·1》，科學出版社，2018年，第213頁。

⑧ 杜江：《河北隆化發現西漢墓》，《文物資料叢刊》（4），文物出版社，1981年，第228頁；姜振利主編：《隆化文物志》，中國文史出版社，2007年，第108頁。

⑨ 青島市文物局、平度市博物館：《山東青島市平度界山漢墓的發掘》，《考古》2005年第6期。

续表

出處	銘文	口徑（厘米）	腹徑（厘米）	高（厘米）	實測容量（毫升）	備注
保利藝術博物館藏①	漕，銅鐘，容石，廿枚，重卅斤，建昭三年，魯十六年四月，受殿中。 中宮，六枚。	17.5	35	44		
《秦漢金文録》卷二②	乘輿御水銅鍾，容一石，重卅四斤半，建平四年十一月，長安市造 南陵大泉，第五十八	18.2	36.5	45.1		前3年。現藏旅順博物館
《秦漢金文録》卷二	中私府銅鍾，容一石，重卅六斤四囗，十年正月甲寅造；中宮賜，今平昌家，第十九；五十					
《秦漢金文録》卷二	十二年，家官鐘（鍾）一，重廿九斤五兩，容一石四升十三龠，有蓋，第廿二，中尚食					
《秦漢金文録》卷二	王長子鍾，容一石，重卅五斤					
《秦漢金文録》卷二	銅一石鐘（鍾），重卅二斤；丁					
《秦漢金文録》卷二	南皮侯家鐘（鍾），容十斗，重卅四斤，第五；容一石重卅四斤；鍾；重卅四斤”					
《秦漢金文録》卷二	朝陽少君鐘（鍾），重卅斤八兩，容十斗，乙					
《秦漢金文録》卷二	李是（氏）鐘（鍾）容十斗 祝阿侯鐘（鍾），容十斗，重卅斤					
《秦漢金文録》卷二	祝阿侯鐘（鍾），容十斗，重卅斤八兩					

---

① 《保利藏金》編輯委員會：《保利藏金》，嶺南美術出版社，1999年，第299—302頁。

② 容庚：《秦漢金文録》，“史語所”，1931年。

续表

出處	銘文	口徑（厘米）	腹徑（厘米）	高（厘米）	實測容量（毫升）	備注
東太堡漢墓[1]	清河大后中府鍾，容五斗，重十七斤，第六	14.5	27	37		
甘肅慶陽出土[2]	陽朔四年，考工=□爲湯官造卅湅銅鐘（鍾），容五斗，重廿三斤，工敞、護章、佐譚、嗇夫譚、掾彭祖主，右丞賀、令護省。外湯官，第卅九	15	26.1	36.2		前21年
湖南長沙出土[3]	閭翁主銅鍾，容五斗			36.2		
《秦漢金文錄》卷二	平都主家銅鐘（鍾），容五斗，重廿三斤二兩，第七					
《秦漢金文錄》卷二	中尚方銅五斗鍾一，重三十六斤，始建國四年秊月，工□□□東嗇夫□掌護常省					12年
紅花崗西漢墓[4]	臨孝，鍾一枚，容三斗					陶質
《秦漢金文錄》卷二	利成家家□銅鐘（鍾），容二斗，重九斤六兩					

　　從表2.2-3不難看出，容十斗（一石）的鍾佔大多數，高度多在45厘米左右，約等於漢代二尺。疑十斗（一石）是漢代鍾的標準容量。馬王堆漢墓出土漆鍾外底正書有"石"字，可作爲漆鍾的標準器（圖2.2-8，4）。十斗之外，還有5例容五斗者，其中可測量者的高度在36厘米左右，約相當於漢代的一尺五寸，腹徑則在26厘米左右。漢代自名爲"壺"且自記有容量的壺中，容量最大者如"端君五斗壺一隻"。似乎"五斗"是鍾、壺容量的分界限。馬王堆遣册記爲"鍾"者，出土漆鍾自記容量"石"，記爲"壺"者，出土漆壺自記容量"三斗"，這正在鍾、壺的合理範圍之內。上表中還有容三斗、二斗者各1例，可能屬於同類相及。廣州西漢墓M2017：18陶鍾刻銘"小鍾一隻，有蓋"[5]，表明漢代有"小鍾"之稱。疑容五斗及以下的鍾都屬於小鍾，實與壺同。

①　山西省文物管理工作委員會、山西省考古研究所：《太原東太堡出土的漢代銅器》，《文物》1962年第4—5期；山西省文物局：《山西珍貴文物檔案·1》，科學出版社，2018年，第214頁。
②　劉小華、馬先登：《秦漢銘文大銅鍾》，《文物天地》1991年第5期。
③　鄭曙斌：《極簡之銅　大美之器——湖南發現的漢代青銅器賞析》，《收藏家》2017年第11期。
④　中國社會科學院考古研究所等編：《廣州漢墓》（上），文物出版社，1981年，第214頁。
⑤　中國社會科學院考古研究所等編：《廣州漢墓》（上），文物出版社，1981年，第214頁。

　　自名器之外，目前所見漢代容量最大者可能是傳世“元封二年雒陽武庫”銅鍾，其記“容十六斗八升，重六十八斤”，口徑21.7、腹徑44、高53厘米①，遠超上表所見容“十斗”的鍾。獅子山楚王墓出土的一件銅鍾刻銘有“食官”“大官，一鈞五斤，十斗六升”“楚糟”，腹徑35、高47.4厘米②。大概這些大於十斗的鍾，可稱之“大鍾”。

　　關於鍾的用途，在自名器中有的已經有説明，如“孝文廟銅鍾”“食官鍾”“酒，河閒食官鐘（鍾）”“糟鍾”“乘輿御水銅鍾”等，就包含有禮器、飲食器、酒器等重要用途。《説文》金部云“鍾，酒器也”，此或是就鍾的主要用途而言，馬王堆M1遣册所記之鍾，就是用來盛酒的。

圖2.2-8　漢代的鍾

1. 滿城M1：4108“中山内府鍾”　2. 高窰村窖藏17號“南宫鍾”　3. 蘆莊子西漢墓“南宫鍾”

4. 馬王堆M1：209漆鍾

【鈁】

（1）金方（鈁）一[1]　　羅泊灣M1從器志B叁6

（2）金兵（鈁）二[2]　　大墳頭M1遣牘A壹1

（3）瓦器三，貴（績），錫〈錫〉垺（塗），其六鼎盛羹，鈁六盛米酒、温（醖）酒[3]　馬王堆M1遣221

（4）髹（漆）畫枋（鈁）二，有蓋，盛白酒　馬王堆M1遣172

　　　髹（漆）畫枋（鈁）一，有蓋，盛米酒　馬王堆M1遣173

　　　髹（漆）畫枋（鈁）一，有蓋，盛米酒[4]　　馬王堆M1遣174

（5）髹（漆）畫枋（鈁）三，皆有蓋[5]　　馬王堆M3遣240

---

①　旅順博物館：《旅順博物館館藏文物選粹·青銅器卷》，文物出版社，2008年，第143頁。

②　徐州漢文化風景園林管理處、徐州楚王陵漢兵馬俑博物館編：《獅子山楚王陵》，南京出版社，2010年，第55頁。

〖集釋〗

　　［1］**廣西壯族自治區博物館**（1988：84）：方，讀爲鈁，金方即銅鈁。**今按**：此墓M1：9銅鈁當即牘文所記之"金方（鈁）一"。

　　［2］**湖北省博物館**（1981：16）：全部隨葬物中兵器祇有銅劍1件，木牘上明確記爲"金劍"，故"兵"當爲其他器物名稱的假借字。綜觀全部出土物，與此相應的祇有2件銅鈁。《廣韻》兵讀爲"甫明切"，屬非紐庚部；鈁讀爲"府良切"，屬非紐陽部，庚、陽上古同部。《廣雅·釋言》："兵，防也"，即以"防"爲"兵"，可見"兵""防"二字可以通假。故"金兵二"當指出土的2件銅鈁（頭廂34、35）。

　　［3］**馬王堆M1報告**（1973：147）：出土陶鈁2件，皆彩繪，與簡文所記略有出入。

　　［4］**馬王堆M1報告**（1973：79、80、144）：漆木鈁4件，器形大小相同，有蓋，器表黑漆，器内紅漆，彩繪紋飾，器外底部均朱書"四斗"二字，器内均殘存酒類或羹類的沉渣。出土雲紋漆鈁四件，與簡文合。**唐蘭**（1980：34）：枋用爲鈁，《説文》"方鐘也"，出土雲紋漆方壺四件，據説盛羹，恐怕也是酒滓。有銘文"四斗"二字。

　　［5］**馬王堆M3報告**（2004：118）：出土漆木鈁3件，盝頂形蓋，蓋上三個黃色S形鈕，表黑漆，内紅漆，彩繪紋飾，簡240所記當即指此。

〖疏證〗

　　出土文獻所見酒器"鈁"的記録，較早見於長臺關1號楚墓遣册，2-01記"二青方（鈁）"。然出土戰國文獻中並不常見此類器。兩漢尤其是西漢時期，出現大量鈁的自名器，同時，鈁與鼎、盒、壺等一樣，是禮器的重要組成部分。

　　漢代遣册所記之鈁有金鈁、瓦鈁、漆鈁，分別對應銅、陶、漆木三種材質，多有實物與之名實對應（圖2.2-9，1—4）。大墳頭M1遣册所記"金兵"之"兵"，整理者讀爲"鈁"，並將其與墓中出土的銅鈁相對應，可從。在出土文獻與傳世文獻的合證例子中有很好的"兵""方"相通的證據，如《詩·邶風·北風》"雨雪其雱"中的"雱"，阜陽漢簡《詩經》S041作"兵"，胡平生指出："上古音'兵'爲幫母陽部字，'雱'爲滂母陽部字，音近可通。郭璞《穆天子傳》注引《詩》作'霶'，《廣韻》十遇亦作'霶'，《太平御覽》三十四引作'滂'，皆同音相通。"[1]程燕指出敦煌本《詩經》"雱"作"霶"，與古籍所引相合[2]。由此可見，將大墳頭遣册中的

────────────

　　① 胡平生：《阜陽漢簡《詩經》異文初探》，《阜陽漢簡詩經研究》，上海古籍出版社，1988年，第54頁。

　　② 程燕：《詩經異文輯考》，安徽大學出版社，2010年，第72頁；敦煌本《詩經》中的此條記録可參看張涌泉主編、審訂：《敦煌经部文献合集》第2册，中華書局，2008年，第640頁。

“兵”讀爲“鈁”，可信。

從漢代鈁的自名器來看，鈁是橫截面爲方形的壺類器。《説文》金部：“鈁，方鐘也。”朱駿聲《定聲》：“鐘當爲鍾，酒器之方者。”漢代自名爲鈁或雖無自名但記有容量的鈁，可簡要統計爲表2.2-4。

表2.2-4　漢代自名“鈁”之器及記容量之鈁統計表　　（單位：厘米）

出處	銘文	口長	腹長）	高	備注
南小巷漢墓[1]	三月廿日□斤 私官□□六□□□ 十八斗半斗	16	33.5	61.5	銅，實測容35400毫升
賀家園M1：3[2]	重一鈞廿斤，容一石八斗 容一石一斗，重一鈞廿斤	14.9	29.2	47.9	銅，實測容21050毫升
《歷代鐘鼎彝器款識法帖》卷十八	武安侯家銅鈁一，容一石二升，重卅二斤，第一				
東太堡漢墓[3]	晉陽，容六斗五升，重廿斤九兩	11.8	24	46	銅
《秦漢金文録》卷二[4]	銅鈁，容六斗，元延二年，供工長繕、錒，佐晉，守嗇夫建主，守左丞賽、令脩宗省				銅
《秦漢金文録》卷二	銅鈁，容六斗，重卅六斤，建平二年供工=□造				
《夢郼草堂吉金圖》[5]	銅鈁，容六斗，重廿九斤，元始四年，考工=禮造，守佐衆、守令史由、兼掾荆主，左丞平、守令禁省				銅
走馬梁西漢墓[6]	咸陽；重廿六斤十兩；五斗九升；名戊	10.5		21.5	銅，高度數據應誤[7]
雙乳山漢墓[8]	容五斗，重廿斤	12		37.5	銅

①　西安市文物保護考古所：《西安文物精華·青銅器》，世界圖書出版西安公司，2005年，第71頁。

②　安徽省文物工作隊、蕪湖市文化局：《蕪湖市賀家園西漢墓》，《考古學報》1983年第3期。

③　山西省文物管理工作委員會、山西省考古研究所：《太原東太堡出土的漢代銅器》，《文物》1962年第4—5期。

④　容庚：《秦漢金文録》，“史語所”，1931年。

⑤　羅振玉：《夢郼草堂吉金圖》，大通書局，1989年，第1277頁。

⑥　張天恩主編：《陝西金文集成》第16册，三秦出版社，2016年，第32頁。

⑦　從照片看，以口沿的長度爲標準粗略測量，壺的高度大約在35厘米，可證此器著録時的數據輸入有誤。

⑧　李伯謙主編：《中國出土青銅器全集》（6），龍門書局，2018年，第447頁。

续表

出處	銘文	口長	腹長）	高	備注
紅土山西漢墓①	泰；容五斗；中官，西				銅，殘
旅順博物館藏，羅振玉舊藏②	壽春，容四斗六升，重廿四斤二兩，名剛	12.4	22.4	36.1	銅
三門峽市火電廠M25：22	容四斗五升，重十七斤五兩十二朱（銖），辛	12	21	43.5	銅
大孤山M2：53③	廟，容四斗一升，重十七斤四兩，第九	12.5		35	銅
西安東郊竇氏墓M3：14④	竇氏，容四斗，十一斤十兩	11.4	20.4	35.2	銅
馬王堆M1：59、M1：134、M1：136、M1：399	四斗	13	23	51.5	漆木
馬王堆M3：東48、M3：西6、M3：北27	四斗	13.2	23	51.5	漆木
滿城M1：4326	中山内府銅鈁一，容四斗，重十五斤八兩，第一，卅四年，中郎柳市雒陽	11	20.8	36	銅，實測容7150毫升
滿城M1：4327⑤	中山内府銅鈁一，容四斗，重十五斤十兩，第十一，卅四年，中郎柳市雒陽	11	20.1	36	銅，實測容6820毫升
高窰村窖藏21號⑥	上林共府，初元三年受東郡東阿宮鈁，容四斗，重廿一斤，神爵三年，卒史舍人工光造，第一	11	21.5	36	銅，實測容755毫升
《秦漢金文錄》卷二	□廟塗鈁一，容四斗，重十八斤十二兩，長沙元年造				

---

① 山東省菏澤地區漢墓發掘小組：《巨野紅土山西漢墓》，《考古學報》1983年第4期。

② 旅順博物館：《旅順博物館館藏文物選粹·青銅器卷》，文物出版社，2008年，第90頁；羅振玉：《貞松堂吉金圖》卷下，頁十二。

③ 徐州博物館：《江蘇徐州市大孤山二號漢墓》，《考古》2009年第4期。

④ 西安市文物保護考古所：《西安東郊西漢竇氏墓（M3）發掘報告》，《文物》2004年第6期。

⑤ 中國社會科學院考古研究所、河北省文物管理處：《滿城漢墓發掘報告》（上），文物出版社，1980年，第49頁。

⑥ 西安市文物管理委員會：《西安三橋鎮高窰村出土的西漢銅器群》，《考古》1963年第2期。

续表

出處	銘文	口長	腹長）	高	備注
《秦漢金文録》卷二	鄂邑家，趙，容四斗，重十七斤一兩，第武，八十一				
《秦漢金文録》卷二	平陽子家方（鈁）一，容四斗，重……				
《秦漢金文録》卷二	十六斤八兩，三斗九升				
程凹西漢墓[1]	梁尹方（鈁）	12	21.2	35.6	銅
深釘嶺M31：8[2]	胥母方（鈁）	18		39.6	陶
廣州市橫枝崗路M95[3]	茵褻方（鈁）	10.9、105	23	34.4	陶
《秦漢金文録》卷二	賈氏家鈁				
南坪漢墓D3M13：11[4]	玉鈁	7.6	10.4	18.5	滑石，朱書，明器

從表2.2-4可知，鈁的容量以四至六斗者居多，小者少於四斗，大者多至十斗以上。四至六斗可能是西漢時期鈁的常見容量。

 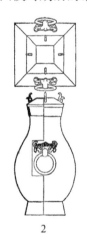  

1　　　　　　　　2　　　　　　　3　　　　　　　　　4

圖2.2-9　漢墓出土的鈁

1.羅泊灣M1：9銅鈁　2.大墳頭M1頭廂：35銅鈁　3.馬王堆M1：280陶鈁　4.馬王堆M3：西6漆畫鈁

---

① 　浙川縣文管會：《浙川縣程凹西漢墓發掘簡報》，《中原文物》1987年第1期。

② 　廣西壯族自治區文物工作隊、貴港市文物管理所：《廣西貴港深釘嶺漢墓發掘報告》，《考古學報》2006年第1期。

③ 　廣州市文物考古研究所：《銖積寸累——廣州考古十年出土文物選萃》，文物出版社，2005年，第43頁。

④ 　湖南省常德市文物局等：《沅水下游漢墓》，文物出版社，2016年，第108頁。

【鋌】

（1）鋌一[1]　　張家山M247遣36貳
（2）一斗鋌一[2]　　大墳頭M1遣牘A壹7
（3）金鋌一[3]　　蕭家草場M26遣22

【集釋】

　　[1] **張家山二四七號漢墓整理小組**（2001：305）：鋌，讀爲“梃”，《小爾雅·廣服》：“杖謂之梃。”**田河**（2010：89）：簡文之“鋌”大概指漢墓或漢代窖藏中時有發現的金餅。**劉國勝**（2012：81）：張家山M247遣册有“鋌一”，墓中隨葬銅器袛有銅鋈、勺、蒜頭壺各1件，除遣册記錄的銅器與出土銅鋈、勺對應外，銅蒜頭壺應是遣册中的“鋌”。

　　[2] “斗”下一字，**湖北省博物館**（1981：17）釋“斜”，《六書溯原》“斜，俗鏗字”，《説文·金部》“鏗，酒器也”，木牘上的“斜”是一種温酒器，“一斗”當爲容量，出土的一件銅蒜頭扁壺（頭廂28），容量2080毫升，與木牘所記“一斗”相合。**劉國勝**（2012：80、81）疑爲“鋌”字，指銅蒜頭壺。

　　[3] **蕭家草場M26報告**（2001：140）：金鋌，熔鑄成條塊等固定形狀、可用於貨幣流通的金銀。《南史·廬陵威王續傳》：“至内庫閲珍物，見金鋌。”出土物不見。**劉國勝**（2012：80）：“金鋌一”所對應的器物是蒜頭壺。

【疏證】

　　鋌，劉國勝通過細緻分析蕭家草場M26、張家山M247、大墳頭M1遣册記錄與出土實物的對照關係後指出：

　　　　遣册中稱“金鋌”“鋌”的器物均是銅蒜頭壺。從出土實物觀察，西漢銅蒜頭壺爲圈足、扁圓腹、細長頸、蒜頭形小口。《説文》：“鉼，似鍾而頸長。”《急就篇》“銅鍾鼎鏗銅鉇銚”，顏師古注：“鏗，温器，圓而直上也。字或作鉼，鉼似鍾而長頸也。”“鋌”從廷得聲，與“鏗”“鉼”聲近。不知“鋌”是否與“鏗”“鉼”字有關。遣册中的“鋌”可能是當時銅蒜頭壺的專稱。[1]

---

　　① 劉國勝：《説“金鋌”》，《文物》2012年第1期。

　　遣册之"鋌"指蒜頭壺的看法可信。據介紹，謝家橋M1遣策記載的銅器中有"金鋌"，同時墓中出有銅蒜頭壺①。大墳頭M1、蕭家草場M26、張家山M247、謝家橋M1出土的銅鋌形制比較接近②（圖2.2-10，1—4）。

　　"鋌"在文獻中含義有多個，但多與長直一類語義有關。《考工記》"桃氏爲劍，臘廣二寸有半寸，兩從半之。以其臘廣爲之莖圍，長倍之"，鄭玄注："鄭司農云：'莖，謂劍夾，人所握鐔已上也。'玄謂莖在夾中者，莖長五寸。"戴震《考工記圖》注："刃後之鋌曰莖，以木傳莖外便持握者曰夾。"③銀雀山漢簡《孫臏兵法》簡352"劍无（無）首鋌，唯（雖）巧士不能進"，整理者注云："首，劍首，劍把的末端。鋌，劍把的莖，手所握持之處。"④張震澤認爲："鋌通莖，即劍柄中連劍身部分，外夾以木，約之以絲，即成劍柄。首鋌通謂劍柄也。"⑤劍柄、植物的莖，它們有共同的特徵——長直。蒜頭壺的頸部也具備相近的特徵，這或許是漢代遣册將蒜頭壺稱作"鋌"的着眼點。

　　《急就篇》顏注："鋞，温器，圓而直上也。字或作鈃，鈃似鍾而長頸也。"師古此注部分可辯。河平三年銅鋞是漢代鋞的自名器⑥，從其特徵看，確如師古所説"圓而直上"。漢代"鍾"的自名器較多（詳參本節"鍾"條），其形制與鋞差異較大。師古云"鈃似鍾而長頸也"，是沿用《説文》訓釋，正與蒜頭壺形制一致。從用途看，鈃屬酒器，《廣韻·青韻》："鈃，酒器，似鍾而長頸也。"鋞屬温器，考古資料所見可作酒器、食器等使用⑦。因此，結合漢代自名器與文獻訓釋，師古謂鋞"字或作鈃"，或不可信。鋞、鈃音雖近，但用字（"名"）不同，所指（"實"）亦不同。漢代遣册所記之"鋌"，疑是傳世文獻之"鈃"。

　　鋌，目前還未見到自名器。考古所見實物，流行於戰國至西漢時期，主要有銅鋌、陶鋌、漆木鋌三種。謝家橋M1出土的銅蒜頭鋌（東室12）保存完好，頸部有箍，箍上纏縛有棕繩提繫，口上有木塞，塞頂穿孔並繫有一條短棕繩，與纏縛在頸部的棕

---

①　曾劍華：《謝家橋一號漢墓簡牘概述》，《長江大學學報》（社會科學版）2010年第2期。

②　張家山M247銅鋌的圖像未見公佈，發掘簡報將其與M249：68銅蒜頭壺一併介紹，兩器的形制應相近，可據以瞭解M247銅鋌的形制。參荆州地區博物館：《江陵張家山三座漢墓出土大批竹簡》，《文物》1985年第1期。

③　（清）戴震撰：《戴震全書》修訂本第5册，黃山書社，2009年，第358頁。

④　銀雀山漢墓竹簡整理小組：《銀雀山漢墓竹簡》（壹），文物出版社，1985年，第63頁。

⑤　張震澤：《孫臏兵法校理》，中華書局，1984年，第82頁。

⑥　裘錫圭：《鋞與桱桯》，《文物》1987年第9期。

⑦　裘錫圭：《鋞與桱桯》，《文物》1987年第9期。

繩相接，是鋋的使用實例[1]。漆木鋋目前似僅見一例，出自沙市二龍戲珠西漢墓M50，保存較好，口上有圓木塞，"頸部及足部有麻繩纏盛圓箍緊固"[2]（圖2.2-10，5）。穀城高鐵北站西漢墓GBM23：1銅蒜頭鋋，底部有環，頸部有箍，"箍下殘存麻繩打結後套繫頸部，可能作提攜之用"[3]（圖2.2-10，6）。四川綿陽王家包西漢墓出土的銅蒜頭鋋頸部有箍，箍上繫有細麻繩[4]（圖2.2-10，7）。四川滎經高山廟西漢墓M5：15銅鋋，蒜頭，頸部有箍，底部有環並繫有一條棕繩圈，發掘報告認爲繩圈"便於倒掛此壺，便於壺内物質清空"[5]（圖2.2-10，8），這屬於合理的使用方式推測。由此可知，頸箍、底部的圓環雖然不是鋋的必要組成部分，但都有實際的功用。

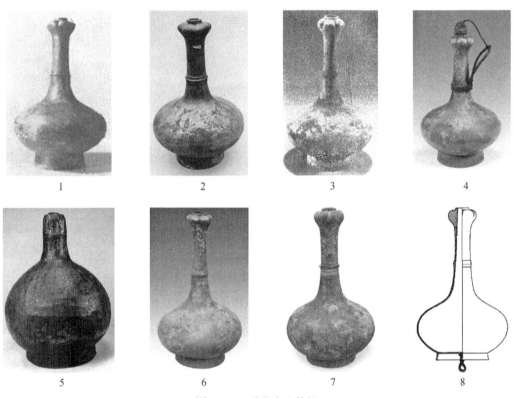

圖2.2-10　漢墓出土的鋋

1. 大墳頭M1頭廂：38銅鋋　2. 蕭家草場M26：82銅鋋　3. 張家山M249：68銅鋋　4. 謝家橋M1東室：12銅鋋
5. 二龍戲珠M50漆木鋋　6. 穀城高鐵北站GBM23：1銅鋋　7. 王家包西漢墓銅鋋　8. 高山廟M5：15銅鋋

---

① 荆州博物館：《湖北荆州謝家橋一號漢墓發掘簡報》，《文物》2009年第4期。
② 陳振裕主編：《楚秦漢漆器藝術·湖北》，湖北美術出版社，1996年，第219頁。
③ 重慶師範大學歷史與社會學院等：《湖北穀城縣高鐵北站墓群西漢墓發掘簡報》，《考古》2019年第9期。
④ 王錫鑒主編：《涪江遺珠：綿陽可移動文物》，科學出版社，2015年，第52頁。
⑤ 四川省文物考古研究院等：《滎經高山廟西漢墓》，文物出版社，2017年，第113頁。

【鉌】【橭】

（1）二斗鉌（錍）一[1]　　大墳頭M1遣牘A壹6

（2）橭（橭）一，盛酒[2]　　港中大遣122

（3）一斗柈（橭）一[3]　　｝　鳳凰山M168遣28

　　　　二斗柈（橭）一[4]　　｝　鳳凰山M168遣29

　　　　大五斗柈（橭）一[5]　　｝　鳳凰山M168遣30

（4）二斗橭（橭）一[6]　　｝　鳳凰山M8遣93

（5）三斗橭一[7]　　｝　鳳凰山M9遣36

（6）大柈（橭）一枚[8]　　鳳凰山M167遣32

（7）酒柈（橭）二斗一[9]　　鳳凰山M10牘1B1

（8）大蓋一[10]　　羅泊灣M1從器志B壹1

〖集釋〗

　　［1］**湖北省博物館**（1981：17）：鉌，一種無耳壺。"二斗"當是"鉌"的容量。出土的一件銅蒜頭扁壺（頭廂30），實測容4000毫升，與木牘所記"二斗"完全符合。

　　［2］"一"上一字，**陳松長**（2001b：52）未釋。今按：當釋"橭"，即橭，《説文》木部："橭，酒器也。"本簡所記之橭"盛酒"，與《説文》合。

　　［3］**陳振裕**（2012：200、203）：柈即橭，是盛酒的器具。《左傳·成公十六年》："使行人執橭承飲。"此簡所記對應出土的小漆扁壺一（163），相符。**鳳凰山M168報告**（1993：472）：163號扁壺，通高22.5厘米，簡28所記當指此器。

　　［4］**陳振裕**（2012：203）在"簡文内容與出土物對照表"中將"二斗柈一"對應出土的中漆扁壺一（157），備注"相符"。**鳳凰山M168報告**（1993：472）：57號扁壺，圓口、直頸、肩上有兩個對稱的銅環作繋、圓蓋、蓋頂中部有一銅環，壺上繋有棕繩，一繩兜底纏肩上銅環，再於口上相連，作爲繩繋；另一繩在頸部纏繞二圈，起加固作用，通高27厘米，簡29所記當指此器。

　　［5］**陳振裕**（2012：203）在"簡文内容與出土物對照表"中將"大五斗柈一"對應出土的大漆扁壺一（117），備注"相符"。**裘錫圭**（1989）：鳳凰山168號墓出土遣册所記的"大五斗柈一"也是指墓中所出的一件大型漆扁壺而言的。**鳳凰山M168報告**（1993：470、472）：117號扁壺，特大，長方形口，短頸，肩上有兩個對稱的銅鋪首作繋，盝狀蓋，通高48厘米，簡30所記當指此器。

　　［6］**彭浩**（2012：37）：橭，讀作橭。《説文·木部》："橭，酒器也。"出土

有漆扁壺一件，可能是容"二斗"的"榼"。

　　[7]**今按**：發掘簡報"江陵紀南城鳳凰山西漢墓出土器物統計表"所示M9出土物中未見扁壺，疑簡文所記"三斗榼"未葬入。

　　[8]**姚孝遂、陳雍**（2012：163）："枇"，與"榼"音同，"大枇"即"大榼"。《説文》："榼，酒器也。"榼有方、圓、扁、橫四形（參見桂氏《義證》），此墓出土漆扁壺一，即榼之扁形者。**鳳凰山M167簡報**（1976：36）在"鳳凰山一六七號墓頭廂隨葬品一覽表"中將"大枇一枚1"對應出土的"扁壺1"。

　　[9]**黄盛璋**（1983：23）：枇即榼，M10遺册也有"酒枇二斗"，出土遺物恰衹有漆扁壺。

　　[10]第一字，**廣西壯族自治區博物館**（1988：83）釋"化"，讀爲"華"，華蓋是彩色車蓋。**李均明、何雙全**（1990：128）釋"大"。**王貴元**（2011：108、109）釋"火"。**趙寧**（2014：289）經過字形比對，亦釋"大"。

　　"大"下一字，**廣西壯族自治區博物館**（1988：83）釋"蓋"。**中國簡牘集成17**（2005：1301）："蓋"指傘。**王貴元**（2011：108、109）釋"盌"，火盌爲取暖器，疑指墓中出土的由銅鼓改制而成的三足盆。

〖疏證〗

　　鈚，大墳頭M1遺册之"鈚"用"二斗"修飾，顯爲盛器，其與馬王堆M1、M3遺册中用爲"匕"的"鈚"衹是同形。春秋戰國時期有自名爲"鈚"的銅盛器，如鄖縣肖家河春秋墓出土的一件銅鈚，長方形直口，鼓腹，腹刻"隹（唯）正十月初吉丁亥，鍚子中（仲）瀕兒擇其吉金，鑄其御鈚"[1]；故宮博物院藏有一件戰國銅鈚，體扁圓，足外刻"魏公釟（鈚—錍），三斗三升取"[2]；又有自名爲"錍"的銅器，如太原冶煉廠揀選到的一件銅錍，扁圓鼓腹，頸部刻銘曰"土勻廩三斗錍"[3]。裘錫圭指出，"比"聲和"卑"聲古音相近可通，用作扁壺名稱的"鈚"和"錍"無疑是一字異體；鈚應該是一種主要供背、挎、提攜用的盛液體的容器；就有關資料來看，在漢代一般已經不再把扁壺稱爲"鈚"了，當時扁壺的通用名稱是《説文》訓爲"酒器"的"榼"；按照名從主人的原則，應該把戰國時代的扁壺稱爲"鈚—錍"，把漢代的扁

---

　　① 黄錫全：《湖北出土商周文字輯證（增補本）》，武漢大學出版社，2019年，第611—617頁。

　　② 杜廼松主編：《故宮博物院藏文物珍品大系·青銅禮樂器》，上海科學技術出版社、商務印書館（香港），2007年，第192頁。

　　③ 胡振祺：《太原檢選到土勻錍》，《文物》1981年第8期；山西省文物局：《山西珍貴文物檔案·1》，科學出版社，2018年，第170頁。

壺稱爲"橢"①。由此看來，西漢初期的大墳頭M1所出遣册木牘將隨葬的銅蒜頭扁壺稱爲"鈚"（圖2.2-11，1），應是沿用戰國時期的稱謂，實與漢代流行的"橢"同。"鈚""橢"稱謂之變可能發生在秦末漢初。

　　橢，漢代有不少自名器，如西安未央區劉北村出土的一件銅扁壺，正面呈扁圓形，蓋上刻銘"酒，河閒食官橢蓋"，腹刻銘"酒，河閒食官橢，容二斗，重十一斤二兩"，發掘簡報指出"從銘文得知酒器銅扁壺當時稱爲橢"②（圖2.2-11，2）。邗江姚莊西漢墓M102：46漆扁壺已殘，"寬平口，喇叭頸，扁球腹，高圈足外侈，蓋爲橢圓形，頂部微弧，銅釦邊"，蓋刻"河平二年，廣漢郡工官，乘輿木二斗橢……"③。朝鮮平壤石岩里丙墳出土的一件漆扁壺已殘，蓋、底均爲橢圓形，殘片上有刻銘"陽朔二年，廣漢郡工官造乘輿髹汧畫木黄釦橢（橢），容二斗……"④。《關中秦漢陶錄》著錄有一件西安東北鄉出土的陶竈殘片拓片，畫面右側有一枚小口方壺，下有二足，兩肩有提繫，腹部有一"橢"字，陳直釋"橢"，謂"橢，蓋酒橢之義"⑤；由此可知漢晉時期出土的類似扁壺實物和圖像，都應是"橢"。總之，從這些自名器的形制看，橢就是指扁壺。

　　遣册中多見"柙"，同時漢晉時期亦有扁壺自名爲"鉀""坤"者，如江西省博物館在九江徵集到一件銅扁壺，上有刻銘"于蘭家銅鉀一，容四斗三升，重廿斤八兩"⑥；江蘇金壇縣三國吴墓出土有一件青瓷扁壺，腹部兩面分別刻"紫是會稽上虞范休可作坤者也""紫是魚浦土也"⑦。筱荷指出："漢晉時期的扁壺本名甲，不過因其質地不同而異其偏旁，銅的從金從甲，漆木的從木從甲，陶瓷的從土從甲，以示有所區別，實皆指扁壺而言。"⑧裘錫圭指出，"鉀""柙""坤"都可看作"橢"的異體，字書裏的"鉀"和"柙"都不當扁壺講，跟作爲"橢"字異體的"鉀""柙"衹是偶然同形而已⑨。

　　漢代的"橢"也稱爲"壺"，如傳世杜陵東園銅扁壺，刻銘曰"杜陵東園銅壺，

①　裘錫圭：《説鈚、橢、椑橢》，《中國歷史博物館館刊》總第13、14期，1989年。
②　王長啓、孔浩群：《西安北郊發現漢代墓葬》，《考古與文物》1987年第4期；西安市文物保護考古所：《西安文物精華·青銅器》，世界圖書出版西安公司，2005年，第76頁。
③　揚州博物館：《江蘇邗江縣姚莊102號漢墓》，《考古》2000年第4期。
④　梅原末治：《支那漢代紀年銘漆器圖説》，日本京都桑名文星堂，1943年，第10頁。
⑤　陳直：《關中秦漢陶錄》，中華書局，2006年，第774、775頁。
⑥　彭適凡：《西漢銅鉀》，《文物工作資料》1977年第7期；彭適凡：《江西收集的西漢銅鉀》，《文物》1978年第7期。
⑦　宋捷、劉興：《介紹一件上虞窯青瓷扁壺》，《文物》1976年第9期。
⑧　見筱荷於《文物》1978年第7期第73頁"編者、作者、讀者"欄目之信中所論。
⑨　裘錫圭：《説鈚、橢、椑橢》，《中國歷史博物館館刊》總第13、14期，1989年。

容二斗，重四斤八兩……"①。此扁壺自名曰"壺"，應是用大共名來命名此榼，榼爲
壺屬。

漢簡中多見"榼"的記録，如：

（1）尹灣漢墓M6出土《武庫永始四年兵車器籍簿》B壹7"榼（榼）四千四百冊
五"，用爲軍用物資的榼大概更多是用作水器，類似後世使用的行軍扁壺。

（2）居延漢簡293.2+293.1"將軍器記"記有"小尊（樽）二，大尊（樽）二，大
榼二，小榼二"②，樽、榼之搭配在畫像材料中亦可見，如沂南北寨畫像石墓中室南壁
横額東段的庖廚圖中就有酒樽、椑榼、榼、壺等酒器相鄰放置③；酒泉丁家閘十六國壁
畫墓M5前室西壁第三層畫面中，有一大曲足案，上置酒樽，下置一大榼④。

（3）金關漢簡73EJD：47記有"榼一，榼落一"，"落"應即"笿"，《説文》
竹部："笿，栖笿也。"從漢代遣册記録來看，笿是多用途器。榼笿大概是盛榼之笿。

（4）居延漢簡220.18"器疏"中與杯、盂、卮、盆、鋻等一起記録的有"盖
一"，"盖"爲"蓋"的俗體。裘錫圭認爲"蓋一""不知是否應該讀爲'榼
一'"⑤。這一見解頗具啓發性。羅泊灣M1《從器志》所記"大蓋一"，有學者
將"蓋"與車蓋一類義項相聯繫，若僅從牘文來看，這些意見都有可能成立，但
該墓出土有一件銅扁壺（17），而扁壺在漢代一般稱"榼"，頗疑"大蓋一"之
"蓋"應讀爲"榼"，即"榼"，指M1：17銅扁壺（圖2.2-11，3）。懸泉漢簡
Ⅰ90DXT0110①：93記有"入蓋一，受郡庫"，Ⅰ90DXT0114③：37記有"十二月餘
蓋六"，這兩處簡中的"蓋"疑也可讀爲榼。受自"郡庫"之"蓋（榼）"，可與尹
灣《武庫永始四年兵車器籍簿》所記"榼（榼）"相聯繫，是郡庫儲存之榼分發使用
的實例。

榼的形制除常見者外，亦有一些異形者，如雙口榼、魚形榼、流口榼等。

雙口榼，裘錫圭有精彩論述："《太平御覽》卷七百六十一引王隱《晉書》：
'宣帝既滅公孫淵還，作榼兩口，二種酒，持著馬上，先飲佳酒，塞口而開毒酒，與
牛金，金飲而死。'王隱《晉書》所説的兩口之榼並非司馬懿的發明，所謂朱鮪石室

---

① 旅順博物館：《旅順博物館館藏文物選粹·青銅器卷》，文物出版社，2008年，第87頁。

② "榼"之釋參邵友誠：《居延漢簡札記》，《考古》1962年第1期。裘錫圭（1989）從邵友
誠釋。近年出版的《居延漢簡》補釋爲"棬"，李洪財指出應釋"榼"，參李洪財：《讀〈居延漢簡
（貳、叁、肆）〉札記》，簡帛網2019年4月2日。

③ 焦德森主編：《中國畫像石全集·山東漢畫像石·1》，山東美術出版社、河南美術出版
社，2000年，第153頁。

④ 俄軍等編：《甘肅出土魏晉唐墓壁畫》，蘭州大學出版社，2009年，第824頁。

⑤ 裘錫圭：《説鈚、榼、椑榼》，《中國歷史博物館館刊》總第13、14期，1989年。

的畫像石上就刻有一個有兩個口的方榼（《漢代畫像全集初編》144），兩口之榼的
器腹中間當有隔板，左右兩半可以盛不同的酒，司馬懿飲了好酒以後，塞住他飲過的
口，開了毒酒的口給牛金飲，便把牛金毒死了。"①朱鮪石室中的兩口之榼的形象見文
末附圖。陝西歷史博物館2014年徵集到一件銅雙口榼，通體鎏金，腹部兩側有對稱鋪
首銜環，設有兩個口，内腹中部有垂直隔板，將存儲空間一分爲二，高32、口徑6.3、
腹徑39厘米，其長方形圈足一側分兩次刻有銘文"容各二斗四升，并蓋重十九斤八兩
十六朱（銖），用黄金三兩七朱（銖）""食官酒"②（圖2.2-11，4）。此器的年代原
被認爲爲戰國中晚期至西漢早期，但從銘文字體看，應是西漢時器。"食官酒"的刻
銘表明此器是食官所掌管的酒器。由此可見，王隱《晉書》所記司馬懿所用之那種兩
口榼，早在西漢時期即已有。

魚形榼，是整體設計成魚形的榼，魚頭朝上，魚口作榼口，榼腹刻畫魚鱗。也有
部分魚形榼腹部不刻魚鱗，但整體造型仍是魚形，口部爲魚嘴形。魚形榼可能是遊牧
文化的産物。陝西扶風石家西漢墓③、榆林走馬梁西漢墓④、山西大同朔城區照什八
莊西漢墓⑤、内蒙古鄂爾多斯市准格爾旗康卜爾⑥各出土有一件銅魚形榼，故宫博物
院⑦、首都博物館⑧、上海博物館⑨（圖2.2-11，5）、鄂爾多斯博物館⑩亦有收藏。陝西
藍田支家溝西漢墓還出有一件分體式的陶質魚形榼（EK1：9）⑪，張海軍認爲這種造
型是唐代雙魚形榼的濫觴⑫。

---

① 裘錫圭：《説鈚、榼、椑榼》，《中國歷史博物館館刊》總第13、14期，1989年。
② 參强躍主編：《披沙揀金廿五載：陝西歷史博物館新徵集文物圖録》，陝西人民出版社，2016年，第26、27頁。此雙口榼銘文原釋"容各二斗四升并蓋重十七斤八兩十六朱用黄金三兩七銖"，其中"十七斤"之"七"當改釋爲"九"；"三兩七銖"之"銖"當改釋爲"朱"，讀爲"銖"。
③ 羅西章：《陝西扶風石家一號漢墓發掘簡報》，《中原文物》1985年第1期。
④ 清華大學藝術博物館、陝西歷史博物館：《與天久長：周秦漢唐文化與藝術》，上海書畫出版社，2019年，第323頁。
⑤ 山西省考古研究所平朔考古隊編：《平朔出土文物》，山西省人民出版社，1994年，第22頁。
⑥ 李伯謙主編：《中國出土青銅器全集》（1），龍門書局，2018年，第215頁；湖北省博物館：《黄金草原：中國古代北方遊牧民族文物》，文物出版社，2013年，第46頁。
⑦ 杜迺松主編：《故宫博物院藏文物珍品大系·青銅禮樂器》，上海科學技術出版社、商務印書館（香港），2007年，第191頁。
⑧ 郁金城、宋大川主編：《北京文物精粹大系·青銅器卷》，北京出版社，2002年，第229頁。
⑨ 上海博物館：《中國青銅器展覽圖録》，五洲傳播出版社，2004年，第123頁。
⑩ 鄂爾多斯博物館：《農耕 遊牧·碰撞 交融：鄂爾多斯通史陳列》，文物出版社，2013年，第232頁。
⑪ 陝西省考古研究院：《陝西藍田支家溝漢墓發掘簡報》，《考古與文物》2013年第5期。
⑫ 張海軍：《唐代酒器"雙魚榼"》，《大衆考古》2015年第2期。

　　流口榼，是將口部設計流口形的榼。徐州獅子山西漢楚王墓西耳室出土2件[①]
（圖2.2-11，6）、羊鬼山陪葬坑出土2件[②]，單月英認爲這些扁壺與沐浴用器同出，
"當屬沐浴器具，是沐浴時用來舀水或往浴者身上澆水用的"，它們"很可能是楚國
工匠吸收草原遊牧文化因素設計製作的"[③]。這種流口榼大概可以稱爲沐榼，與沐缶等
器的用途相近。

　　榼的使用方式除前舉與酒樽等搭配、作爲靜置的盛酒器之外，還可隨身攜帶。南
陽臥龍區七里園東漢畫像石中有一幅侍女圖，其左手提榼，右手捧食奩[④]，應是在送酒
食。甘肅高臺苦水口魏晉壁畫墓M1前室西壁的一幅出行圖中亦能見到，畫面上前有牛
車一兩正在行進，後有一名女子右手提着一枚小榼，左手端着一枚食盤，上有食物[⑤]，
可能是在送行。

　　總之，漢墓遣册所記的枏即榼，都是指扁壺，屬於盛酒水之器。小型榼當亦可作
直飲器。

圖2.2-11　漢代的榼

1. 大墳頭M1頭廂：30銅鈚　2. 劉北村漢墓 "河閒食官榼"　3. 羅泊灣M1：17銅榼
4. 陝西歷史博物館藏西漢雙口榼　5. 上海博物館藏魚形榼　6. 獅子山楚王陵流口榼

　　① 獅子山楚王陵考古發掘隊：《徐州獅子山西漢楚王陵發掘簡報》，《文物》1998年第8期。
　　② 中國國家博物館、徐州博物館：《大漢楚王：徐州西漢楚王陵墓文物輯萃》，中國社會科學
出版社，2005年，第235頁單月英介紹。徐州博物館官網有照片發表。
　　③ 中國國家博物館、徐州博物館：《大漢楚王：徐州西漢楚王陵墓文物輯萃》，中國社會科學
出版社，2005年，第235頁。
　　④ 王建中主編：《中國畫像石全集·河南漢畫像石》，河南美術出版社，2000年，第101頁。
　　⑤ 俄軍等編：《甘肅出土魏晉唐墓壁畫》，蘭州大學出版社，2009年，第474頁。

【缶】

（1）缶五[1]　　大墳頭M1遣牘B貳2
（2）一石缶二枚[2]　　鳳凰山M167遣39

〖集釋〗

　　[1] **湖北省博物館**（1981：19）："缶五"就是墓内出土的5件陶甕（頭廂22、48，邊廂2、3、5）。

　　[2] **姚孝遂、陳雍**（2012：166）：隨葬陶甕二。**鳳凰山M167簡報**（1976：36）在"鳳凰山一六七號墓頭廂隨葬品一覽表"中將"一石缶二枚"對應"甕2"，備注"有蓋，絹方巾封口"。**章水根**（2013：291）："一石缶"即容量爲一石的瓦器，《説文》"缶，瓦器，所以盛酒漿也"，又《儀禮·公食大夫禮》"豆實實於甕"，胡培翬正義："甕，瓦器也。"**今按**：此處"缶"是具體的器名，非泛稱的瓦器。

〖疏證〗

　　《説文》缶部："缶，瓦器，所以盛酒漿。秦人鼓之以節謌。"是秦缶最爲著名。《急就篇》卷三"甄缶盆盎甕罃壺"，顏注："缶即盎也，大腹而斂口。"雖然顏注謂"缶即盎"不確，但謂缶"大腹而斂口"則可從考古出土缶器中得到證實。秦墓中多見缶隨葬，部分缶有自名信息（表2.2-5）。

表2.2-5　秦缶自名器　　　　　　　　　　（單位：厘米）

出處	時代	銘文	口徑	高	備注
高莊秦墓M6：1①	秦	隱成吕氏缶，容十斗			圖2.2-12，1
高莊秦墓M21：17	秦	□里□□缶，容十斗			
高莊秦墓M46：17	秦	下賈王氏缶，容十斗			
高莊秦墓M47：16	秦	北園吕氏缶，容十斗			
高莊秦墓M47：14	秦	北園王氏缶，容十斗			
西溝道秦墓M10：1②	秦	楊氏缶，容十斗	14	35.4	圖2.2-12，2

---

① 吴鎮烽、尚志儒：《陝西鳳翔高莊秦墓地發掘簡報》，《考古與文物》1981年第1期。
② 陝西省雍城考古隊：《陝西鳳翔八旗屯西溝道秦墓發掘簡報》，《文博》1986年第3期。

秦缶自名器的總體特徵是：小口、束頸、廣斜肩、斜收腹、小平底。西漢時期的缶，形制與秦缶大體相同，但有部分缶的肩部斜度趨緩，平底增大，或有弧腹。目前已有不少西漢時期缶的自名器（表2.2-6）。

表2.2-6　西漢缶自名器　　　　　　　　（單位：厘米）

出處	時代	銘文	口徑	高	備注
後川漢墓M3102：4[①]	西漢早期	缶、卅、五、百、缶、三千	12.1	36.5	圖2.2-12，3
唐家寨西漢墓[②]	西漢	蓋："元成家沐鍢（缶）蓋，重七斤""大后家，重六斤十三兩，第巳""大后" 腹："元成家沐鍢（缶），容六斗六升，重卅二斤""容六斗六升""第二""尚浴"	15.5	37	圖2.2-12，4
張奪漢墓M18：1[③]	西漢中期	中里趙道缶	18.6	28	圖2.2-12，5
高莊漢墓M1：445[④]	西漢中期	缶，容十斗，重卅七斤	10	33.8	圖2.2-12，6
《秦漢金文錄》卷四	西漢中期	內者未央尚方乘輿金缶一，容一石，重一鈞九斤，元年十一月二日輸，第初，二百六十七			

結合秦漢缶的自名器所記容量來看，缶的容量多爲"十斗"（一石），是一種容量比較大的容器。

《說文》謂缶"所以盛酒漿"，是就其主要用途而言。濟寧師專西漢墓M10：8陶缶刻銘"任城廚酒器，容十斗，弟（第）七，平"[⑤]，文登縣三區石羊村西漢墓出土的兩件陶缶分別墨書"白酒器""醪"[⑥]，都是缶用爲酒器的實證。但缶也可作他用，如前舉元成家沐鍢（缶），用作沐器；臨淄西漢齊王墓隨葬坑K1：37銅缶刻有"淳于""重一鈞六斤十兩，容十斗，今見容九斗五升"，出土時內盛少量腐朽的小米[⑦]；青島土山屯西漢墓M8出土的4件陶缶，內盛黍殼[⑧]（圖2.2-12，7）。馬王堆M3遣册所記之塯（缶），用於盛食。

① 中國社會科學院考古研究所：《陝縣東周秦漢墓》，科學出版社，1994年，第124頁。
② 冀東山主編，梁彥民分卷主編：《神韻與輝煌：青銅器卷》，三秦出版社，2006年，第170頁；韓建武：《陝西歷史博物館藏幾件漢代刻銘銅器考釋》，《考古與文物》2014年第4期。
③ 南水北調中綫幹綫工程建設管理局等：《內丘張奪發掘報告》，科學出版社，2011年，第245頁。
④ 河北省文物研究所、鹿泉市文物保管所：《高莊漢墓》，科學出版社，2006年，第34—36頁。
⑤ 濟寧市博物館：《山東濟寧師專西漢墓群清理簡報》，《文物》1992年第9期。
⑥ 山東省文物管理處：《山東文登縣的漢木槨墓和漆器》，《考古學報》1957年第1期。
⑦ 山東省淄博市博物館：《西漢齊王墓隨葬器物坑》，《考古學報》1985年第2期；李伯謙主編：《中國出土青銅器全集》（6），龍門書局，2018年，第448頁。
⑧ 青島市文物保護考古研究所、青島市黃島區博物館：《琅琊墩式封土墓》，科學出版社，2018年，第92、187頁。

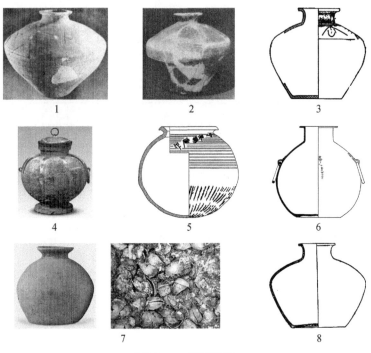

圖2.2-12　漢代的缶

1.高莊M6：1"吕氏缶"　2.西溝道M10：1"楊氏缶"　3.後川M3102：4"缶"　4.唐家寨"元成家沐缶"
5.張奪M18：1"趙道缶"　6.高莊M1：445"缶"　7.土山屯M8陶缶及所盛黍穀　8.大墳頭M1邊廂：5陶缶

　　大墳頭M1木牘所記"缶五"，整理者指出是指墓内出土的5件陶甕（頭廂22、48，邊廂2、3、5）。從發掘報告中的器形圖看，這幾件所謂的"陶甕"與上舉後川漢墓出土的自名"缶"之器形制一樣，故大墳頭M1所出的"陶甕"應該根據木牘上的記録和漢墓出土自名器，更名爲"缶"（圖2.2-12，8）。

【罌】

（1）大瓦嬰（罌）一雙（雙）[1]　⊕　蕭家草場M26遣25
（2）酒罌一[2]　∫　鳳凰山M8遣116
（3）酒甖（罌）二枚[3]　鳳凰山M167遣44
（4）澤罌一[4]　∫　鳳凰山M8遣117
（5）廚酒十三罌　羅泊灣M1從器志B貳3

【集釋】

　　[1] "瓦"下一字，**蕭家草場M26報告**（2001：141）釋"罌"。**今按**：此字寫法更近"嬰"，"女"旁似少寫横筆。蕭家草場M26這批簡書寫潦草，筆畫簡省之

例，還可參看簡12、簡13的"椑"。"甖"讀爲"罌／罋"。

罋，**蕭家草場M26報告**（2001：141）：罋即缶，指罐一類器物，《説文·缶部》"罋，缶也"，段注："罋，缶器之大者。"《漢書·趙廣漢傳》"椎破盧罋"，注："罋，所以盛酒也。"出土大陶甕1件，實物少1件。

［2］**彭浩**（2012：43）：罋，指缶，即罐，《説文·缶部》："罋，缶也。"出土有陶罐一件。

［3］**姚孝遂、陳雍**（2012：168）：甖同罋，《方言》："自關而東趙魏之郊甕或謂之罋。"《漢書·趙廣漢傳》"椎破盧罋"，注："罋，所以盛酒也。"隨葬陶罐二。**鳳凰山M167簡報**（1976：36）在"鳳凰山一六七號墓頭廂隨葬品一覽表"中將"酒甖二枚"對應"罐3"，備注"有蓋，絹方巾封口。實物多1"。**章水根**（2013：292）："酒甖"即盛酒之缶。

［4］**彭浩**（2012：43）：澤，讀作醳，《禮記·郊特牲》"舊澤之酒"，注："澤讀爲醳。舊澤之酒謂昔酒也。"**毛靜**（2011：60）：澤，通"醳"，《集韻·昔韻》："醳，苦酒。一曰醇酒也。或作澤。"

〔疏證〕

罋，又作甖，漢簡中還多用"甖"表"罋"。罋可作大通名，如《方言》卷五："瓵、瓵、甌、䍃、甑、甏、甀、瓮、瓶甄、鬵，甖也。……甖，其通語也。"但狹義上的罋，是與缶、瓶相近的盛器。《説文》缶部："罋，缶也。""䍃，小缶也。"漢代出土器物中尚未見到罋的自名器，但也並非無綫索可尋。儀徵張集團山西漢墓M1足廂出土的6件陶甌，其中3件的蓋内分別墨書"小甌四""小甌廿六""小甌廿八"，M1：22口徑10.1、底徑11、通高20厘米[1]（圖2.2-13，1）。《方言》第五："甌，罋也。"《玉篇·瓦部》："甌，盛五升，小罋也。"這6件陶甌實即小罋，其形制正與缶、瓶相近。罋，大概多指一種大口、短頸或無頸、鼓腹的容器。鳳凰山M8、M9、M169所出陶罐正是這種形制（圖2.2-13，2—4），而其墓所出遣册記爲"罋"。

蕭家草場M26：9陶容器的形制與罋不類，更近甕，發掘報告稱之爲"甕"，應可從。該墓遣册整理者、發掘報告均謂"大瓦罋一雙"是指這件大陶甕，實物少1件，亦可從。這種名實不符的現象可做兩種分析，一種可能是用甕代替罋隨葬，另一種可能是罋、甕用途相近，將甕稱爲"罋"，屬同類相及。

遣册記錄中的罋是多用途器，可盛酒、漿、醬等。西北漢簡中多見罋的記

———————

① 南京博物院、儀徵博物館籌備辦公室：《儀徵張集團山西漢墓》，《考古學報》1992年第4期；儀徵市博物館：《儀徵出土文物集粹》，文物出版社，2008年，第71頁。

録，大致可以分爲食罌和水罌兩類，食罌的記録如"糒罌（罌）一，直二☒"
（73EJT24：152），水罌的記録如"諸（儲）水甖（罌）三"（EPT6：27），"儲水
罌二"（73EJT37：1545），另有用途不明的罌，如"用甖（罌）十九：大甖（罌）
十三，小甖（罌）六"（56.39A），"五石嬰（罌）"（73EJT23：355），"嬰
（罌）三石直卅"（73EJT23：820）等。懸泉漢簡 I 90DXT0114①：64木楬雙面書：

      西樓上嬰（罌）三。凡嬰（罌）百四枚。

      南内中十石嬰（罌）六枚。

      汲車十石嬰（罌）二枚。

      南堂上十石嬰（罌）三枚。

      西樓上十石嬰（罌）一。

      炊内大釜一，·□石釜一。

      南内大釜一；堂上大釜一；又一釜一石。

      南堂上五斗釜一，又一在牛卿舍。

      一石釜一，在糜卿舍，市藉一釜。

      臥内中嬰（罌）維（甕）大小十九枚，十小。

      炊内中嬰（罌）廿枚，六小。

      北堂上嬰（罌）九枚，其十石；慶水都釜一，未見。

      南堂上嬰（罌）完敝廿枚。

      主辦藉嬰（罌）一，外三石一盆一。

      南内中嬰（罌）大小卅三枚。

這些大小不一的罌，廣泛分佈在西樓、南内、南堂、北堂、炊内、臥内等多個房間，
應同時具備儲存生活用水和防火用水的功能。其中"汲車十石嬰（罌）二枚"，十石
罌與汲車相配，顯是取水時的儲水設備。據介紹，懸泉置"東南側山後深處約2公里有
山泉自崖壁汩汩流出，周圍陰濕，低窪處水流蓄集，蘆葦、雜草叢生，成爲茫茫磧海
戈壁中一處難得的自然勝境。雖其泉水含鹹硝，飲之苦咸，然此泉却是安西、敦煌之
間大漠腹地唯一常年不斷可以飲用的水源"①。配有十石罌的汲車，當年可能就是從這
處水源地取水的。

---

　　① 戴春陽：《大漠雄風　絲路魂寶——敦煌懸泉置漢晉驛站遺址考古發掘》，《甘肅紋飾資料
選輯》，甘肅人民出版社，2000年，第31頁。

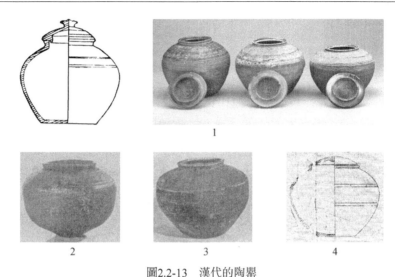

圖2.2-13　漢代的陶甒
1.團山M1陶瓿　2.鳳凰山M8陶甒　3.鳳凰山M9陶甒　4.鳳凰山M169陶甒

【甕】

（1）甕二[1]　　丿　　張家山M247遣39貳
（2）小瓦甕（甕）一雙（雙）[2]　　蕭家草場M26遣26
（3）鯥（漆）畫瓦甕一[3]　　大墳頭M1遣牘A叁8

〖集釋〗

　　[1]"二"上墨迹，張家山二四七號漢墓整理小組（2001：305）釋"口土"。王貴元（2003：86）釋"甕"，《説文·缶部》："甕，汲缾也。"鳳凰山M8遣策"汲甕二"所指當與此同物。田河（2010：89）釋"甕"。

　　[2]蕭家草場M26報告（2001：141）：墓中出土有小口、長頸、鼓腹的大小形制相同的陶器2件，考古學者定名爲陶壺，簡文所記可能指此二器。

　　[3]湖北省博物館（1981：18）：《急就篇》三："甕，謂盛酒漿、米粟之甕也。"木牘所記當是墓裏出土的一件漆衣陶壺（邊廂4）。

〖疏證〗

　　甕，亦作罋、瓮。《慧琳音義》卷六十"盎甕"注"甕"曰："瓦器之大者，或瓷，或瓦，深而且圓，口小而腹廣。"漢墓出土陶甕的形制與之相近。大墳頭M1整理者指出該墓遣册木牘所記"鯥（漆）畫瓦甕一"是指墓中出土的陶甕（邊廂4）。此陶甕的形制是"方唇，口外侈，頸較短，廣肩，亞字形腹，平底"①（圖2.2-14，1）。由此可將漢墓所出的同形制之器定名爲"甕"。

蕭家草場M26遣册所記"小瓦甕一雙"，整理者與考古學者均疑指墓中出土的兩件陶壺，應可從。但10、17號"陶壺"實與大墳頭M1所出陶甕形制相近，應更名爲"甕"，此二器就是簡文所記的"小瓦甕"（圖2.2-14，2）。

張家山M247出有一件瓦甕，發掘簡報稱其爲"瓦壺"。該墓隨葬器物分佈圖43號爲"陶壺"，介紹云："陶小壺，平沿外折，敞口，束頸，斜肩，亞字形腹，平底，飾黑衣；M247：43器身飾彩繪花紋，器腹部在黑衣地上以紅、白兩種顏色繪菱形紋和三角形紋，通高17.4、口徑9.4、底徑8.8厘米"（圖2.2-14，3）。疑這件"陶小壺"就是遣册所記的"甕"，出土數量比簡文記録少一件。此甕有髹漆和彩繪，與大墳頭M1所出陶甕的工藝相近。

甕的用途多樣。《急就篇》卷三"甄缶盆盎甕罃壺"，顏注："甕謂盛酒漿米粟之甕也。"《禮記·雜記》"甕甒筲衡"，陸德明《釋文》："甕，盛醯醢之器。"從漢代遣册記録可知甕可作盛酒器。金關漢簡73EJT22：153記有"醬雍（甕）一枚，直卅☑"，此爲盛醬之甕，屬盛食器。懸泉漢簡Ⅰ90DXT0114①：64B記有"臥内中罌（罌）、維（甕）大小十九枚，十小"，這裏的罌、甕用途相近，大概都是儲水的。居延新簡EPT65：306A記"☑持辱還，夜持甕火，欲相煩□☑"，此簡已殘，"辱"疑讀爲"耨"，可能指鋤；"煩"疑讀爲"焚"②；"甕火"疑指儲存在甕中之火，是古人保存火種的方式之一。《説文》缶部："䍈，汲缾也。"出土漢代陶井中多見配套的束頸罐，即汲甕，如徐州雲龍區銅山路鐵刹山西漢墓M6：14陶井與汲甕③（圖2.2-14，4）。睡虎地西漢墓M77木牘記有"出七十五，買缶二。……出廿買瓦癰（甕）二之冢臧"，此瓦甕爲隨葬之用。

---

① 彩圖見湖北省博物館：《秦漢漆器：長江中游的髹漆藝術》，文物出版社，2007年，第87頁。

② 焚、煩相通，見上博楚簡《三德》簡10"毋焚（煩）古（姑）謨（嫂）"，參劉國勝：《上博（五）零札（六則）》，簡帛網2006年3月31日。

③ 徐州市文物局、徐州市文物考古研究所：《溯·源："十二五"徐州考古》，江蘇鳳凰美術出版社，2016年，第52頁。

圖2.2-14 漢代的罋

1.大墳頭M1邊廂：4陶罋 2.蕭家草場M26：9陶罋 3.張家山M247：43陶罋 4.鐵剎山M6：14陶井與汲罋

【瓺】【瓺甄】

（1）廚瓺十一[1] 羅泊灣M1從器志B壹5
（2）中出瓺卅[2] 羅泊灣M1從器志B壹6
（3）小瓺甄二，盛酒[3] 港中大遣123

〖集釋〗

[1] 廣西壯族自治區博物館（1988：83）：《博雅》："瓺，缶也，又瓶也。"廚瓺即廚房用瓺。

[2] "中"下一字，廣西壯族自治區博物館（1988：83）釋"土"，中土瓺指中原地區製造的陶瓺。王貴元（2011：107）釋"出"，中出指墓主宮中所出。

[3] 第一字，陳松長（2001b：52）未釋。今按：當釋"小"。

"瓺"下一字，陳松長（2001b：52）釋"甊"。今按：當釋"甄"。

〖疏證〗

瓺與罌形制相近，但要比罌卑下一些，也即是要扁一些。《漢書·揚雄傳》"吾恐後人用覆醬瓺也"，顏注云："瓺，小罌也。"《說文》瓦部："瓺，甊也。""甊，似小瓺，大口而卑。用食。"瓺甄就是瓺。《玉篇·瓦部》："瓺，瓺甄，小罌也。"《急就篇》卷三"甄缶盆盎罋甖壺"，顏注："瓺甄，小罌也。""瓺甄"又見於張家山M247遣冊，用於盛脂、漿、沐，而盛這些物質的器具，在港中大遣冊中稱爲"小鉼（瓶）"，在鳳凰山M8遣冊中稱爲"瓶"，在鳳凰山M9遣冊中稱爲"罌"。"瓺甄"的詳細考釋見後文"洗沐之具·脂、漿、沐"部分。

羅泊灣M1從器志B壹5記"廚瓺十一"，B貳3記有"廚酒十三罌"，罌、瓺同見，當有所區別。墓中出土的4件陶罐均"圓口翻唇，短頸，鼓腹，最大徑在腹中上部，平底"，最大的一件M1：347高26.9、口徑18.7、底徑16.6厘米，最小的一件M1：345高17.6、口徑13.4、底徑12厘米，後者扁於前者，疑羅泊灣M1隨葬的M1：347

爲盛酒之罌，而M1：345則爲廚瓿。此墓被盜嚴重，出土器物數量與遣册所記多不相符。

　　廚瓿，羅泊灣M1整理者理解爲廚房用瓿，大體可從。作爲盛器，盛飲、盛食爲其兩大主要用途。港中大遣册所記"小瓿甄二，盛酒"乃是用小瓿盛酒。居延新簡ESC：23記有"將瓿，直十五"，這裏的"將"讀爲"醬"或"漿"均有可能。居延漢簡220.18A記有"卮一，碚（瓿）一，盆二"，此瓿大概可以盛食、盛酒等多用。金關漢簡73EJF3：289記有"嬰（罌）少一枚，汲瓿毋"，則瓿又可作取水器。

【資】

（1）白酒二資　　馬王堆M1遣108

　　　溫（醖）酒二資　　馬王堆M1遣109

　　　助（醛）酒二資　　馬王堆M1遣110

　　　米酒二資　　馬王堆M1遣111

　　■右方酒資九[1]　　馬王堆M1遣112

〖集釋〗

　　[1] **馬王堆M1報告**（1973：139）：本組少一資。**唐蘭**（1980：30）：酒資就是酒瓷，等於現在的酒罈，《既夕禮》"甒二：醴、酒"，注"甒亦瓦器也"，這裏的資等於《儀禮》的甒。

〖疏證〗

　　馬王堆遣册所記之資是大口、短頸、深腹、平底的施釉硬陶罐。酒資，即盛酒之資。五一廣場東漢簡301記"頃（傾）資寫（瀉）酒置杅（盂）中"，這裏的資也是用爲酒資。

【盂】

（1）金□杅（盂）一[1]　　揚家山M135遣5

〖集釋〗

　　[1] 此簡釋文，**胡平生、李天虹**（2004：270）作"金□杅一"。**今按**："金"下一字疑爲"酒"字。"杅"讀爲"盂"。

〔疏證〕

　　酒盂，即盛酒或飲酒之盂。亦見於其他漢簡，如古人堤漢簡59記有"酒于（盂）一"，東牌樓漢簡110記有"平于（盂）一枚，大酒于（盂）一枚"。五一廣場簡301記有"頃（傾）資寫（瀉）酒置杆（盂）中"，366記有"胡客從宏沽酒一杆（盂），直卅。歆復沽一杆（盂），直卅"，這兩條材料中的"杆（盂）"應也是酒盂。

　　漢代的盂，大致有盆形、盤形、碗形三種樣式，見"盛食器·盂"部分的討論。揚家山M135中出土有盆形盂3件，其中M135：9形體較小，窄沿上侈，束頸，圓腹，圜底，素面，口徑21.5、高7.9厘米。這3件銅盂可能有一件是遣册所記的"金酒（？）杆（盂）"。不過，蕭家草場M26遣册將墓中出土的銅盤記作"金盂"，似乎在對揚家山M135所記"金酒（？）杆（盂）"作名實考察時也可以考慮是指墓中出土的72號銅盤。這件銅盤，發掘簡報稱爲"洗"，"胎較薄，器形很大，敞口，寬平沿上侈，淺直腹，圜底，素面，口徑70.5、腹徑61.8、高15厘米"。從漢墓出土的大型盤類器的尺寸看，這件銅盤可能是沐盤。揚家山M135遣册尚未完全發表，"金酒（？）杆（盂）"的器物對應考察留待將來再説。

二、挹　飲　器

【勺】

（1）膝（漆）畫勺一　　馬王堆M1遣198
　　　膝（漆）畫勺一[1]　　馬王堆M1遣199
（2）膝（漆）畫勺三[2]　　馬王堆M3遣242
（3）膝（漆）汧（丹）畫勺一[3]　　大墳頭M1遣牘A叄5

〔集釋〕

　　[1] **馬王堆M1報告**（1973：145）：墓中出浮雕龍紋漆勺2件，與簡文合。

　　[2] **馬王堆M3報告**（2004：123）：出土漆竹勺3件，彩繪紋飾，簡242所記當即指此。

　　[3] **湖北省博物館**（1981：18）：勺爲挹注器，墓内所出一件彩繪漆勺（頭廂44），就是木牘所記的"膝汧畫勺一"。

〔疏證〕

　　勺即科，《説文》勺部："勺，科也，所以挹取也。"

　　馬王堆M1、M3遣册所記之漆畫勺未言用途，但從出土器物的組合關係看，它們應都是與鈁搭配的挹酒器。M1：406、M1：431（圖2.2-15，1）這2件漆勺出自北邊箱正中北側，相鄰放置，共出器物爲漆鈁（399）、陶壺（430），從漆器組合看，疑兩件漆勺與漆鈁配套。M3出土漆勺3件（北28、東47、西4），北28漆勺與北27漆鈁相鄰，東47漆勺與北48漆鈁相鄰，西4漆勺與西6漆鈁相鄰出土。兩墓所出漆勺均與漆鈁相鄰出土，應非巧合。5件漆勺大小相近，斗徑10、全長62厘米，疑都是與漆鈁配套的挹酒器。《儀禮·士冠禮》“有篚，實勺觶角柶”，鄭玄注：“勺，尊斗，所以斟酒也。”

　　大墳頭M1遣册所記之漆汈畫勺亦未言用途，但從出土實物看，此勺爲鳳形勺，以鳳頭、頸作把，勺體爲鳳身形，口長10、寬11.2、連殘把通高10厘米（圖2.2-15，2）。此種勺在秦漢墓中有多件出土，如睡虎地秦漢墓群出土漆木鳳形勺3件，M9：41長14.8、寬10.6、高13.3厘米[1]（圖2.2-15，3），M34：21高14厘米[2]（圖2.2-15，4），M47：74口徑9.2—12.2、殘高10厘米[3]（圖2.2-15，5）；綿陽雙包山西漢墓M2：680漆木鳳形勺長9.2、連耳寬9.6、高13.2厘米[4]（圖2.2-15，6）。西安南郊三爻村東漢墓M12：54陶“燈座”，“爲朱雀狀，尖喙内含珠，頂飾翎毛立起，長頸較直，身體部分做成圓盤狀，左右兩側沿上塑有翅膀造型，尾部上翹，翎毛扇形排列，長23.4、高18厘米”[5]（圖2.2-15，7），這件陶“燈座”未見有火柱，而與之共出器物中，48號爲陶勺（引按：實爲魁），50號爲陶案，51號爲陶耳杯，55號爲陶碟，均爲飲食器具，再聯繫此器與前舉漆畫鳳形勺很接近，頗疑其亦是一件陶質的鳳形勺。由此可見，鳳形勺可能一直到東漢都還在使用。

　　鳳形勺爲仿生設計，體較寬，柄較短，大概並不適合從鈁、壺一類盛酒器中挹取酒。疑其是與酒樽、酒盂等一類大口盛酒器搭配的挹酒器。漢代的酒樽有的出土時内置有勺，而漢代畫像材料中的酒樽上，一般浮有一個曲柄勺，舀酒之用。

　　總之，目前所見漢代遣册記錄的勺，都是挹酒器。

---

　　①　湖北孝感地區第二期亦工亦農文物考古訓練班：《湖北雲夢睡虎地十一座秦墓發掘簡報》，《文物》1976年第9期；《雲夢睡虎地秦墓》編寫組：《雲夢睡虎地秦墓》，文物出版社，1981年，第31頁。

　　②　雲夢縣文物工作組：《湖北雲夢睡虎地秦漢墓發掘簡報》，《考古》1981年第1期。

　　③　湖北省博物館：《1978年雲夢秦漢墓發掘報告》，《考古學報》1986年第4期；湖北省博物館：《秦漢漆器：長江中游的髹漆藝術》，文物出版社，2007年，第84頁。

　　④　四川省文物考古研究院、綿陽博物館：《綿陽雙包山漢墓》，文物出版社，2006年，第131頁。

　　⑤　陝西省考古研究所：《西安南郊三爻村漢唐墓葬清理發掘簡報》，《考古與文物》2001年第3期。

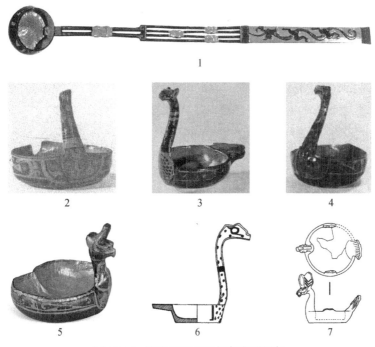

圖2.2-15　秦漢時期的長柄勺與鳳形勺

1.馬王堆M1：431　2.大墳頭M1頭廂：44　3.睡虎地M9：41　4.睡虎地M34：21　5.睡虎地M47：74
6.雙包山M2：680　7.三爻村M12：54

第三節　炊　　器

一、蒸　煮　器

【𤪌】、【釜】【鍑】【鬵】、【甑】【甗】、【盆】

（1）𤪌（𤪌）一枚[1]　　鳳凰山M167遣41

　　　釜一枚[2]　　鳳凰山M167遣45

　　　甑一枚[3]　　鳳凰山M167遣46

　　　盆二枚[4]　　鳳凰山M167遣43

（2）𤪌（𤪌），有二口[5]　丿　鳳凰山M9遣43

　　　甑、㼜（盆）各一[6]　丿　鳳凰山M9遣42

（3）𤪌（𤪌）一[7]　丿　鳳凰山M8遣120

　　　甑二[8]　丿　鳳凰山M8遣121

（4）釜二口[9]　　鳳凰山M169遣32

　　　甂一[10]　　　鳳凰山M169遣30

　　　盎一[11]　　　鳳凰山M169遣31

（5）釜二口[12]　　高臺M6遣8

　　　瓫（盎）□[13]　高臺M6遣13

（6）甂、鍑各一[14]　ノ　張家山M247遣31貳

　　　盎一[15]　　ノ　張家山M247遣27貳

（7）金鍑一[16]　　羅泊灣M1從器志B叁4

　　　甂……☒[17]　羅泊灣M1木楬369

（8）金鬵、甂各一[18]　大墳頭M1遣牘A壹5

（9）瓦簪（鬵）、甂，各錫〈錫〉埱（塗）[19]　　馬王堆M1遣222

（10）瓦簪（鬵）、甂各一[20]　馬王堆M3遣296

　　　瓦雍（甕）、甂一具　馬王堆M3遣297

（11）甑一具[21]　⊕　蕭家草場M26遣28

（12）金盎一[22]　ㄗ　～　謝家橋M1遣-04

【集釋】

　　[1]**姚孝遂、陳雍**（2012：167）：竈即灶。隨葬明器陶灶一。**鳳凰山M167簡報**（1976：36）在"鳳凰山一六七號墓頭廂隨葬品一覽表"中將此簡所記對應"竈1"。**今按**：墓中出土的陶竈爲曲尺形，上置二釜一甂。

　　[2]**姚孝遂、陳雍**（2012：168）：隨葬明器陶釜二。**鳳凰山M167簡報**（1976：36）在"鳳凰山一六七號墓頭廂隨葬品一覽表"中將此簡所記對應"大、小釜各1"，備注"實物多1"。

　　[3]**姚孝遂、陳雍**（2012：168）：《方言》："甑，自關而東謂之甂。"隨葬明器陶甂一。**鳳凰山M167簡報**（1976：36）在"鳳凰山一六七號墓頭廂隨葬品一覽表"中將此簡所記對應"甂1"。

　　[4]**姚孝遂、陳雍**（2012：167）：《爾雅·釋器》"盎謂之缶"，郭注："盆也。"隨葬明器陶盆二。**鳳凰山M167簡報**（1976：36）在"鳳凰山一六七號墓頭廂隨葬品一覽表"中將此簡所記對應"大、小盆各1"。**章水根**（2013：292）：盎，或作瓫，《莊子·德充符》："甕瓫大瘿説齊桓公，齊桓公説之。"

　　[5]首字和末字，**中山**（2012：72）分別釋"帶""鉤"。**李家浩**（2012：72、80）釋首字爲"竈"，末字缺釋，注釋云："本墓出土陶竈一，上置兩釜。簡文'有二口'即指竈上所置二釜。"**章水根**（2013：122）認爲首字不是"竈"或"帶"，待考；末字左似從"金"，但右旁不清。**今按**：首字摹本有部分失真。此字與鳳凰

山M8簡120、M167簡41等中的"竈"字大體相同，釋"竈"可從。今隸作"竈"，即"竈"。末字，結合漢代遣册中的炊器記録、漢墓出土的炊器組合關係、簡文殘筆綜合分析，頗有可能是"鍑"字。疑此簡所記文字内容是"竈（竈）有二鍑（？）丿"，如然，簡文記録與墓中出土實物能夠對應。

　　［6］"甗"下一字，**中山**（2012：71）釋"甍"。**李家浩**（2012：71、80）：下部從"瓦"，上部筆畫不甚清楚。按秦漢時代的甗，是由"甗"和"鍑"兩部分組成的，"鍑"或作"釜"，"甗"下一字當指"鍑"或"釜"。**章水根**（2013：121）認爲此字上部所從與M167簡43的"盄"之所從形近，當從中山大學古文字研究室釋爲"甍"，《說文》以甍爲盄之或體，"盄，盆也，從皿央聲。甍，盄或從瓦"。

　　［7］"一"上一字，**中山**（2012：44）釋"竈"。**彭浩**（2012：44）釋"竈"，簡文作"竈"，《說文》作"竈"。**今按**：M8出有一枚陶竈，即簡文所記。竈上置兩釜，釜上各有一甑。竈前置有薪柴一堆。

　　［8］"二"上一字，**彭浩**（2012：45）釋"甑"，有陶甑二件，置竈上。**今按**：疑是"甗"字，張家山M247遣册簡31、馬王堆M1遣册簡222、馬王堆M3遣册簡296的"甗"字可參看。簡文中的"甗"指甑。

　　［9］**李天虹**（2012：224）在"遣策與出土實物對照表"中將簡32所記對應"陶釜2"，備注"相符"。**今按**：M169出土陶釜2件，直口、方肩、扁腹、小平底，腹飾對稱環耳二，出土時内盛粟，口徑8.1、高5.5厘米。

　　［10］**李天虹**（2012：224）在"遣策與出土實物對照表"中將簡30所記對應"陶甑1"，備注"相符"。**今按**：M169出土陶甑1件，泥條盤築，平沿、直口、折腹、平底，底有小孔五，徑21、高7.5厘米，出土時内盛粟。

　　［11］**李天虹**（2012：222、224）：《爾雅·釋器》："盄謂之缶。"此簡所記無對應實物。**章水根**（2013：348）：盄可能是指隨葬品中的陶罐。**今按**：簡文"盄"字部分筆畫殘失，也可能是"甍"。從同地區遣册記録中的盄與出土實物的對照情况看，盄應指陶盆一類器具，本簡所記之"盄"亦應如是。墓中出土陶缽2件，其一平沿、敞口、折腹、平底，徑22、高5.5厘米，其口徑、高度與同出的陶甑相近，疑爲簡文所記的"盄"，但數量不符。

　　［12］此簡上可辨的三個字，**湖北省荆州博物館**（2000：230）疑爲"□二石"。**于麗微**（2014：18）疑爲"穀二石"。**今按**：釋"二"可從。"二"下一字當釋爲"口"。首字似與鳳凰山M169遣册32的首字寫法接近，疑爲"釜"字。從該墓隨葬器物分佈圖看，有1件陶竈（87），其上有2個火眼，放置2件陶釜（87-1、87-2）。"釜二口"似指陶竈上的2件陶釜。

　　〔13〕此簡殘存墨迹，**湖北省荆州博物館**（2000：230）認爲存三字，均不識。**今按**：簡上應存二字。首字與鳳凰山M169簡31的首字極近，疑爲"盍"或"瓮"。第二字疑爲"一"之殘。據發掘報告，高臺M6出土有陶盂2件（80、86），敞口，折沿圓唇，折腹，小平底。從隨葬器物分佈圖可知，86號陶盂的出土位置緊靠陶竈，而80號距離陶竈較遠。疑簡文所記的"盍一"是指與陶竈相鄰放置的86號陶盂。

　　〔14〕**今按**：據張家山M247隨葬器物分佈圖，未見竈、釜、甑。

　　〔15〕**廣瀨薰雄**（2010a：373）將"盍一"分類歸入"盛水具、盥洗具"。**今按**：盍應是與甑配套的盆類器具，屬炊器，似未隨葬。

　　關於簡序，**廣瀨薰雄**（2010a）所排簡序中，簡31、20、27相次。**今按**：簡27應排在簡31之後。

　　〔16〕**廣西壯族自治區博物館**（1988：84）：金鍑即銅釜。《方言》"釜，自關而西或謂之釜，或謂之鍑"，郭璞注："鍑亦釜之總名。"**中國簡牘集成17**（2005：1302）：鍑，侈口的鍋。《説文·金部》："鍑，如釜而大口者也。"

　　〔17〕**廣西壯族自治區博物館**（1988：85）釋"甑"，下節殘，似無字。此簡疑是陶甑的標簽。

　　〔18〕"金"下一字，**湖北省博物館**（1981：16）釋"鬲"，出土銅釜1件（邊廂19），有四個矮足，正與《方言》郭注"三脚釜"相類似，當即木牘所記的"鬲"。**田河**（2012b：765、766）釋"鬵"。《詩經·檜風·匪風》"溉之釜鬵"，毛亨傳："鬵，釜屬。"《楚辭·九歌·憂苦》"爨土鬵于中宇"，王逸注："鬵，釜也。"《説文·鬲部》："鬵，大釜也。一曰，鼎大上小下若甑曰鬵。"《説文·瓦部》："甑，甗也，一曰穿也。"可見，鬵主要是燒水的，置於甑下，甑是蒸食物的。出土漢墓器物中，釜、甑組合很常見。**今按**：釋"鬵"可從。"鬵"對應墓中出土的銅釜（邊廂19）。

　　甑，**湖北省博物館**（1981：16）：《方言》五："甑，自關而東謂之甗，或謂之鬵。"釜上的一件銅甑（邊廂18）即木牘所記的"甑"。

　　〔19〕"瓦"下二字，**馬王堆M1報告**（1973：147）釋"晉甀"，"晉"當讀爲"鬵"。《爾雅·釋器》："鬵謂之鬵。"《方言》五："甑自關而東謂之甗，或謂之鬵。"甀，當爲鍑之異體。《方言》五"釜自關而西或謂之釜，或謂之鍑"，郭注："鍑亦釜之總名。"墓中出陶釜、陶甑各1件，器表有錫箔，與簡文合。**唐蘭**（1980：38）釋"替甀"，"替"是"晉"的錯字，晉即鬵，《爾雅·釋器》："鬵謂之鬵。"《方言》卷五"甑自關而東或謂之鬵"，《廣雅·釋器》"鬵謂之甑"，《説文》"鬵，大釜也"。甀即鍑。《方言》卷五："釜或謂之鍑。"墓中出土有陶甑和陶鍑，並錫塗，即此。**朱德熙、裘錫圭**（1980：70）釋"簪甀"，簪從晉

聲，仍可讀爲鬵。此簡及221、224號簡的"錫"字都應該釋作"錫"，訛"錫"爲
"錫"，是秦漢文字中極常見的現象。**今按**：鬵、甗並列記録，這裏的"甗"應與其
他漢代遣册中"甗"含義相同，爲甑之别稱。"鬵"似不能訓爲甑。大墳頭M1遣册
中的"鬵"，田河（2012b：765、766）據《詩經》《楚辭》的注解及《説文》訓爲
"釜"，這一看法也適用於馬王堆遣册中的"鬵"。

　　［20］"瓦"下一字，**馬王堆M3報告**（2004：66）釋"箸"，即M1簡222中的
"瞀"，讀爲鬵，即甑之類。**伊强**（2005：11）釋"簪"，與簡104的"鑹"在簡文中
皆讀作"鬵"。

　　［21］**蕭家草場M26報告**（2001：141、178）："甗"，《方言》："甑，自關
而東謂之甗。"出土陶甗1件，甗爲上下二器，上器爲甑，下器爲釜。28號簡記"甑
一具"當指甗的上器。簡文内容與出土文物基本相符。**王貴元**（2016）："甑一具"
即"甗一套"，"甑"這一名稱涵蓋上器和下器，並非如報告所言甑祇指上器。**今
按**：在隨葬器物分佈圖中，邊廂的中部位置，陶釜（43）位於最上層，其下放置陶甑
（86），最下放置陶盉（98）。陶甑口徑19.6、底徑5.6、高8.3厘米，陶盉口徑20、底
徑5.8、高8厘米，大小接近。甑、盉都是敞口器，釜、甑、盉可能是從内到外重疊放置
的。此墓所出陶甑、陶釜與陶盉應是一套完整的組合器物。疑簡文"甑一具"即包含
這三件器物，也即其他漢墓遣册所稱的釜、甗、盉。

　　［22］"金"下一字，**胡平生**（2010：282）、**姜維**（2011：133）釋"盨"。
于淼（2015：175）釋"盆"，"金盆"即發掘簡報中稱之爲"銂"的銅器。銂與盆
皆指盆，《説文·金部》："銂，小盆也"，《説文·皿部》："盆，盆也，從皿央
聲。瓷或從瓦。"鳳凰山M9簡42"甗、瓷各一"，"瓷"可能專指陶質"盆"。此
處盆、甗并提，大概是一種固定搭配，謝家橋一號墓中也出土有銅甗，而鳳凰山M9
墓主大概等級較低，因此陪葬的"甗、瓷"爲陶制，而非銅器。**今按**：謝家橋M1所
出銅甗（E：7）中，銅甑上的銅盆應即遣册所記的"金盆"。據網友"予一古人"
介紹，"謝家橋一號墓中這套銅器確由三部分組成，據遣册所記，從上至下分别爲
'金盆''金甗''金鍑'。同墓還出有一套陶質的小明器，從上至下分别爲'瓦
盆''瓦甗''瓦鍑'。盆，就是那個盆狀的蓋子。甗，在這座墓裏單指甑。鍑，就
是釜"①。**曾劍華**（2010：9）亦云謝家橋M1遣策記載的銅器中有"金甗"，陶器中有
"瓦竃突"。這套瓦鍑、瓦甗、瓦盆是瓦竃突所配之器。

<hr/>

　　①　予一古人：《讀雷海龍先生〈漢代遣册名物考釋二則〉中釋金盆》，簡帛網·簡帛論壇·簡
帛研讀2018年7月2日。

〖疏證〗

　　從上舉遣册記録看，一套完整的蒸煮器包含竈、釜（鍑、鬵）、甗（甑）、盉等。不同遣册中的相關記録詳略不一，以鳳凰山M167、M9所記最完備。以下分别討論。

　　（1）竈

　　《説文》穴部："竈，炊竈也。"《釋名·釋宫室》："竈，造也，創造食物也。"《急就篇》卷三"門户井竈廡困京"，顔注："竈，所以炊也。"

　　漢代出土文物中有竈的自名器，如上海博物館藏一件緑釉陶竈，平面呈馬蹄形，上有火眼1個，置陶釜1件，其餘竈面模印有龜、鴨、魚、鉤、瓢、刀等食物與廚具，尾部有竈突，側面模印文字"用此竈葬者，後世子孫富貴，長樂未央……"①（圖2.3-1，1）。類似自名的陶竈，《金伯興題記漢竈二百品》著録一件，與上博所藏陶竈的器形相同，銘文云："用此竈葬者，後世子孫富貴，長樂未央……萬歲毋曰（咎）"②（圖2.3-1，2）；《洛陽陶文》著録一件此類陶竈殘片，上有銘文"用此竈葬者，後世子孫富貴，長樂未央，從金人往□（萬）□（歲）毋曰（咎）"③。在漢代墓室壁畫中，亦有題名"竈"者，如内蒙古托克托縣東漢壁畫墓左室的左壁，畫有竈一座，上有甑，煙突上畫出火焰，榜題"閔氏竈"，竈旁有一朱衣婢女作折薪燃竈狀，榜題"閔氏婢"，竈下首畫瓦器一，榜題"酒甕"④。在和林格爾壁畫墓後室中，長史舍與馬廄之間的區域爲庖廚間，有井、竈等設施，竈的形制不太清，竈邊榜題"竈"；前室北耳室的壁畫中，有一幅庖廚圖，最上方爲食物架，掛鉤上掛有肉、雉、兔、魚，下方畫面中右爲井，二人作汲水狀，左爲單火眼竈，薪柴在竈膛中燃燒，竈上有甑，甑旁有榜題"竈"⑤（圖2.3-1，3）。

　　漢代竈、造可通，如武威醫簡75記"□……二升□□，復置水一升，其中爲東鄉（向）造（竈），炊以葦薪若桑"。出土文物亦有以"造"自名的竈，如長沙阿彌嶺西漢墓M7出土有一件滑石竈室，内有雙聯滑石竈一具，竈上置有釜，竈室的一面側壁上刻有"造"字，另一側壁刻有"造室"⑥（圖2.3-1，4），造即竈，造室即竈室。漢

----

①　上海博物館編：《柏林·上海：古代埃及與早期中國文明》，上海書畫出版社，2016年，第265頁。

②　王琳、許萌：《金伯興題記漢竈二百品》，中國書店，2012年，第400頁。

③　王沛、俞涼亘、王木鐸：《洛陽陶文》，國家圖書館出版社，2018年，第182頁。

④　羅福頤：《内蒙古自治區托克托縣新發現的漢墓壁畫》，《文物參考資料》1956年第9期。

⑤　陳永志等編：《和林格爾漢墓壁畫孝子傳圖摹寫圖輯録》，文物出版社，2015年，第148、97頁。

⑥　湖南省博物館：《長沙樹木嶺戰國墓阿彌嶺西漢墓》，《考古》1984年第9期。湖南博物院官網藏品介紹中有彩色照片（http://61.187.53.122/collection. aspx?id=1685&lang=zh-CN）。"室"字舊釋"屋"，今改釋。

圖2.3-1　漢代的竈

1. 上海博物館藏綠釉陶竈，自名"竈"　　2. 金伯興所見陶竈，自名"竈"　　3. 和林格爾漢墓壁畫局部
4. 阿彌嶺M7滑石竈

墓中的竈幾乎都是模型明器，以陶竈和銅竈爲主，另有鐵、石、滑石、磚、木等材質者。竈面上的火眼數量以一至三個居多。火眼上擱置釜、鍑、罐等炊煮器。漢代遣册記錄的竈，亦多與釜一類炊器搭配。

（2）釜、鍑、鬶

釜，《急就篇》卷三"鐵鈇鑽錐釜鍑鍪"，顏注："釜，所以炊煮也。"出土漢代文物中有自名爲"釜"者，如河北定縣北莊東漢中山簡王劉焉墓出土的一件單火眼陶竈上置有釜甑各一，釜的肩部刻"大官釜"（圖2.3-2，1），表明此器名"釜"，屬太官掌管[①]，以墓主人的身份而言，這套炊器應屬明器。長沙阿彌嶺西漢墓M7出土滑石竈所置滑石釜上刻銘"釜"（圖2.3-2，2），此釜有蓋，蓋上刻銘"温蓋"[②]。

有甑必有釜，以釜承水，釜底加熱，甑中的食材方可蒸熟。釜也可單獨使用，如《史記·楚元王世家》"已而視釜中尚有羹"。懸泉漢簡Ⅰ90DXT0110②：53記"一石釜一合，容五斗"，量詞用"合"，表明其有蓋，此釜應可單獨使用。五一廣場東漢簡478記有"畫即以故箕爲壽盛飯二莒（筥）、米二斗、小土釜榃（甑）各一與壽，

①　河北省文化局文物工作隊：《河北定縣北莊漢墓發掘報告》，《考古學報》1964年第2期；河北省博物館、文物管理處：《河北省出土文物選集》，文物出版社，1980年，第151頁。

②　湖南省博物館：《長沙樹木嶺戰國墓阿彌嶺西漢墓》，《考古》1984年第9期。

壽持去"，此"小土釜檜"即小型的陶釜甑。這提示我們，漢墓出土的小型陶釜甑，可能並不全都是明器。羅泊灣M1：348、M2：46陶釜的表面都有煙炱①，楊凌郿城漢墓M226：1、M226：5兩件陶釜腹底有煙炱②，這些陶釜可能是實用器。

鍑，一説是大口釜，如《説文》金部："鍑，釜大口者。"一説是小口釜，如《急就篇》卷三顏注："大者曰釜，小者曰鍑。"一説釜、鍑相同，祇是方言上的差别，如《方言》第五"釜，自關而西或謂之釜，或謂之鍑"，郭璞注："鍑亦釜之摠名。"從漢代自名爲"鍑"的器物看，釜、鍑可能差别不大。如陝西茂陵一號無名冢一號叢葬坑出土的陽信家銅甗（K1：006）由釜、甑、盆三器組成（圖2.3-2，3），盆口沿下刻銘"陽信家鑪盆，容一斗……"，甑口沿下刻銘"陽信家鑪甗，容一斗……"，釜肩刻銘"陽信家鑪復，容一斗……"③，可知最下層之器自名"復"，即鍑。陳介祺所藏的一套銅甗中，釜上刻銘"漁""孝廟"，甑上刻銘"孝廟""漁陽郡孝文廟銅甗鍑，重四斤七兩"④（圖2.3-2，4），這裏的"甗鍑"即指"甗"和"鍑"這一套器具，甗指甑，鍑指甑下之器。這些自名爲鍑的器具，都是斂口，並非大口器，與"大官釜"並無大不同。大概漢代文獻中的鍑、釜所指應同。

鬵，一説是甑之異名，如《爾雅·釋器》"鬵謂之鬵"，《方言》第五"甑，自關而東謂之甗，或謂之鬵，或謂之酢饙"，《廣雅·釋器》"鬵謂之甗"等。一説鬵爲釜一類，如《説文》鬲部"鬵，大釜也。一曰，鼎大上小下若甑曰鬵"，《詩·檜風·匪風》"溉之釜鬵"，毛傳："鬵，釜屬。"《楚辭·九歎·憂苦》"爨土鬵於中宇"，王逸注："鬵，釜也。"從出土文獻中的實際用例看，鬵應爲釜一類炊器。馬王堆帛書《養生方》65、66記"有（又）取全黑雄雞，合翼成□□□三雞之心出（腦）旬（肫），以水二升洎故鐵鬵，并煮之"，《五十二病方》5記"煏瓦鬵炭"，481記"以鐵鑹（鬵）煮"。從這幾處文獻看，鬵有鐵質和陶質，其可直接用火烹煮，故其外表積有"炭"，這不是甑所具有的功能和特徵。嶽麓秦簡伍257/1663記"●令曰：諸乘傳、乘馬、傳（使）馬傳（使）及覆獄行縣官，留過十日者，皆勿食縣官，以其傳稟米，叚（假）鬵甗炊之"，這裏的"鬵甗"用於"炊"，而"甗"爲"甑"的另稱，那麼，"鬵"不會指"甑"，"鬵甗"大概與"釜甑"之稱相當。嶽麓秦簡陸096記"●泰官言：共縣所以給假食官器席及簪、箕、篷除（篩）者"，

①　廣西壯族自治區博物館：《廣西貴縣羅泊灣漢墓》，文物出版社，1988年，第25、104、105頁。

②　陝西省考古研究院：《郿城漢墓》，上海古籍出版社，2018年，第596頁。

③　咸陽地區文管會、茂陵博物館：《陝西茂陵一號無名冢一號從葬坑的發掘》，《文物》1982年第9期；張天恩主編：《陝西金文集成》第10冊，三秦出版社，2016年，第153—155頁。

④　冀亞平、曹菁菁編撰：《國家圖書館藏陳介祺藏古拓本選編：青銅卷》，浙江古籍出版社，2008年，第84、85頁。

這裏的"簪"應讀爲"鬲"，也是釜一類炊器。從出土實物看，大墳頭木牘所記之"鬲"對應墓中出土的邊廂19號銅釜（圖2.3-2，5），其有四個乳丁足，而"鬲"字從"鬲"，可能提示"鬲"或是指底部有矮足的釜。這種釜在戰國晚期至西漢早期的遺址和墓葬中有不少出土之例，如四川城壩遺址出土的一套銅甗中，釜底有三乳丁足[1]（圖2.3-2，6）；重慶涪陵小田溪M12：98、M12：99爲一套銅甗，其銅釜底下有三方形小足[2]（圖2.3-2，7）；雲南昭通水富張灘M19：18銅甗的釜下有四支釘[3]（圖2.3-2，8），等。

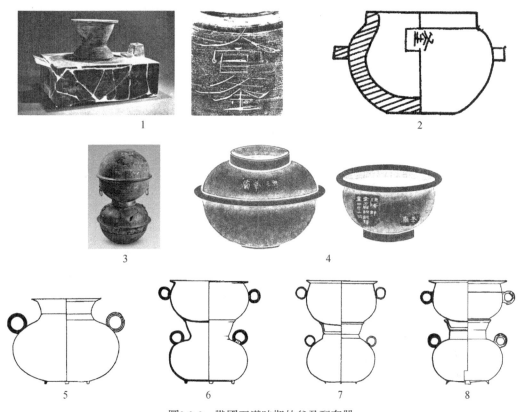

圖2.3-2　戰國至漢時期的釜及配套器

1.北莊漢墓陶竈與陶釜甑（右爲陶釜刻銘）　2.阿彌嶺M7滑石釜　3.陽信家銅鍑、甗、盆（K1：006）

4.漁陽郡孝文廟銅甗鍑（左"鍑"右"甗"）　5.大墳頭M1邊廂：19銅釜　6.城壩遺址01131銅甗

7.小田溪M12：98、M12：99銅甗　8.張灘M19：18銅甗

①　四川省文物考古研究院、渠縣博物館：《城壩遺址出土文物》，上海古籍出版社，2014年，第15、16頁。

②　重慶市文化遺産研究院，等：《重慶涪陵小田溪墓群M12發掘簡報》，《文物》2016年第9期。

③　昭通市文物管理所、水富縣文化館：《雲南昭通水富張灘墓地發掘簡報》，《文物》2015年第9期。

（3）甑、甗

古今甑的使用方式大體相同，都需用到箅。《方言》第五"甑，自關而東謂之甗，或謂之鬻，或謂之酢餾"，錢繹《箋疏》："甑之言蒸也，蒸飯之器也，底有穿，必以竹席蔽之，米乃不漏。《説文》：'箅，蔽也，所以蔽甑底。'又雷公《炮炙論》云：'常用之甑中箅能淡鹽味，煮昆布用弊箅。'《哀江南賦》：'敝箅不能救鹽池之鹹。'皆是也。"《世説新語·夙慧》："炊忘箸箅，飯落釜中。"綿陽雙包山漢墓M2：627銅甑底有四組條形穿，内置一藤條編的圓形蒸箅①；湖北荆沙市瓦墳園西漢墓M4出土的銅甑底部有四組條形穿，另置一圓形竹箅②。

甑有蓋，以使熱能得到更佳的利用。甑蓋大概有兩種，一種是用盎倒扣在甑口上（相關討論詳見"盎"部分），另一種是使用抓手蓋，如西朱村石碣M1：465刻銘"甑一，覆自副"，這裏的"覆"疑讀爲"簠"，指竹製甑蓋。《玉篇·竹部》："簠，竹簠，以蓋也。"在漢代畫像石和畫像磚中可以見到這種甑蓋的形象，如四川新都縣出土的一幅庖廚畫像磚中有一座雙火眼竈，一火眼上有釜和甑，甑上有蓋，一位廚夫伸手抓蓋，另一火眼上有一雙耳大鑊，亦有蓋③（圖2.3-3，1）。

甑，漢簡又寫作䎰、䎰，如居延新簡EPF22：602記有"炊䎰一"，五一廣場東漢簡478記有"小土釜䎰各一"。漢代出土文物中有甑的自名器，如長沙阿彌嶺西漢墓M7出土的滑石甑外壁刻銘"䎰"④（圖2.3-3，2），䎰讀爲甑。滿城漢墓M1：4104銅甗中，甑口刻銘"御銅金雍甗甑一具，盆備……"⑤（圖2.3-3，3），即自名爲"甑"。

"甗"，即甑。《方言》卷五"甑，自關而東謂之甗"，《急就篇》顔注"甑，一名甗"。但甑和甗渾言不别，析言則異。甗本爲無底之甑。《説文》瓦部："甗，甑也，一穿。"《釋名·釋山》："甗，甑也，甑一孔者。"因其無底，需另加箅纔能使用。漢代有無底甗的實物出土，如江陵揚家山M135：51銅甗的甑無底，另配有一蓋形銅箅⑥；朔縣西漢墓3M1：8銅甗由釜、甑、盎組成，甑無底，裝一活動箅⑦。但漢代絶大多數的甑，底部有固定的箅，且孔的數量多於一，故漢代的甗、甑多不細分。

① 四川省文物考古研究院、綿陽博物館：《綿陽雙包山漢墓》，文物出版社，2006年，第117頁。
② 荆州博物館：《湖北荆沙市瓦墳園西漢墓發掘簡報》，《考古》1995年第11期。
③ 《中國畫像磚全集》編輯委員會：《中國畫像磚全集：四川漢畫像磚》，四川美術出版社，2005年，圖版第100頁。
④ 湖南省博物館：《長沙樹木嶺戰國墓阿彌嶺西漢墓》，《考古》1984年第9期。
⑤ 中國社會科學院考古研究所、河北省文物管理處：《滿城漢墓發掘報告》（上），文物出版社，1980年，第52頁；河北博物院：《大漢絶唱：滿城漢墓》，文物出版社，2014年，第244、245頁。
⑥ 湖北省荆州地區博物館：《江陵揚家山135號秦墓發掘簡報》，《文物》1993年第8期。
⑦ 屈盛瑞：《山西朔縣西漢並穴木槨墓》，《文物》1987年第6期。

漢代自名爲鸒的器具也即是甑。如茂陵一號無名冢一號從葬坑出土的陽信家銅甑刻銘"陽信家鑪鸒，容一斗……"[1]；寶雞金臺區陳倉鎮團結村出土的一套銅釜甑中，甑腹刻銘"第五，陳倉成山共金鑪鸒一，容三斗，重九斤十一兩"[2]（圖2.3-3，4）。這兩件"鸒"，與其他銅甑的形制相同。馬王堆帛書《五十二病方》94、95記有"一，亨（烹）三宿雄雞二，洎水三斗，孰（熟）而出，及汁更洎，以金盂逆鸒下。炊五穀（穀）、兔䏑肉陀鸒中，稍沃以汁，令下盂中，孰（熟），歓（飲）汁"，300、301記有"一，諸疽物初發者，取大叔（菽）一斗，熬孰（熟），即急邦〈抒〉置甑□□□□□□□□置其□醇酒一斗淳之至上下，即取其汁盡歓（飲）之"。這兩處材料中的鸒、甑所指相同，屬同物異名。

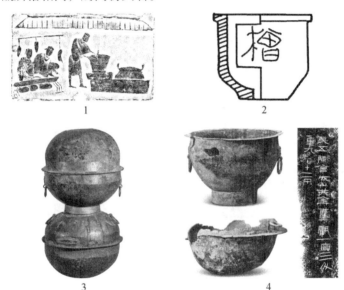

圖2.3-3　漢代的甑及配套器

1.新都庖廚畫像磚　2.阿彌嶺M7滑石甑　3.滿城M1∶4104銅鸒　4.團結村銅鸒及甑上刻銘拓本

（4）盎

盎，一說是缶，如《爾雅·釋器》"盎謂之缶"，《急就篇》"甀缶盆盎甕罌壺"，顏注："缶、盆、盎，一類耳。缶即盎也，大腹而斂口。盆則斂底而寬上。"一說是盆，如《方言》第五"罃甀謂之盎。自關而西或謂之盆，或謂之盎；其小者謂之升甌"，《爾雅·釋器》郭璞注"盎"云"盆也"。

---

① 咸陽地區文管會、茂陵博物館：《陝西茂陵一號無名冢一號從葬坑的發掘》，《文物》1982年第9期。

② 徐彩霞：《"陳倉"現身青銅鸒》，《文博》2007年第4期；張天恩主編：《陝西金文集成》第8冊，三秦出版社，2016年，第242頁。

　　出土漢代器物中有盆的自名器，如西安霸陵陵區江村大墓外藏坑K38隨葬有一件陶盆，口沿朱書"備火盆"三字[1]（圖2.3-4，3）；湖北鄖縣上莊遺址出有兩件陶盆，H2：1口沿刻銘"銅盆一枚"[2]（圖2.3-4，1），T0714⑤：2口沿刻"關亭瓷（盆），□之□遷□王（？）□卿（？）"[3]（圖2.3-4，2），此二器造型相同，均爲侈口、寬平沿、斜弧腹、平底微內凹，應是盆一類容器，可證"盆"爲"盆"器的訓解更可信。

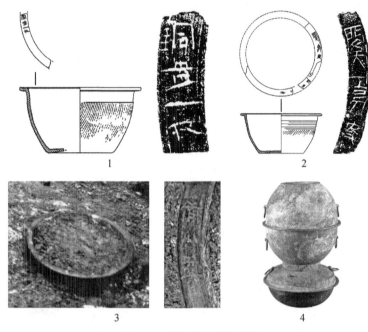

圖2.3-4　漢代的甗及配套器
1. 上莊遺址H2：1陶盆綫圖與刻銘拓本　2. 上莊遺址T0714⑤：2陶盆綫圖與刻銘拓本（局部）
3. 霸陵外藏坑K38陶盆與口沿朱書文字　4. "趙氏"銅甗

　　茂陵一號無名冢一號從葬坑出土的陽信家銅盆刻銘"陽信家鏖盆，容一斗……"，滿城漢墓M1：4104銅盆口沿下刻銘"御銅金鏖甗盆，容十斗……"，這兩件銅盆也可以說就是盆。這兩套銅釜甗盆的組合，可作爲漢代遣冊中的釜、甗、盆的組合參照。與釜甗相搭配的盆，多與甗的造型和大小相近，祇是盆的底部不穿孔，如此設計，可

　　① 馬永嬴、張翔宇、曹龍、朱連華：《西安西漢霸陵遺址2017—2018年發掘收穫》，《2018中國重要考古發現》，文物出版社，2019年，第113—119頁。
　　② 湖北省文物考古研究所：《鄖縣上莊遺址發掘簡報》，《湖北南水北調工程考古報告集》第7卷，科學出版社，2017年，第147頁。發掘報告原釋"銅盅一杈"，今據拓片改釋爲"銅盆一枚"。
　　③ 湖北省文物考古研究所：《鄖縣上莊遺址發掘簡報》，《湖北南水北調工程考古報告集》第7卷，科學出版社，2017年，第147頁。發掘報告原釋"關天亭盅□□□向遷□□王□卿"，今據拓片部分改釋。

使盆倒扣在甑口上，成爲甑蓋。在部分漢墓中，有的盆在出土時正倒扣在甑上，如西安市未央區小白楊第二機磚廠出土的"趙氏"銅甗由釜、甑、盆三部分組成，盆倒扣在甑上，甑套在釜上①（圖2.3-4，4）。"盆"除作爲甑蓋之外，亦可作爲釜蓋，如孔家坡漢墓M8：3、M16：9均爲雙火眼陶竈，前置釜甑一套，後置一釜，釜上倒扣一盆②。盆作爲容器，更重要的作用還是用於淘洗或盛裝食物等，如虎溪山漢簡《食方》13記"☐之復烝（蒸），緤（抴）出置盆中，扇陽（揚）去其大氣。復裝之烝（蒸），反之復烝（蒸），緤（抴）出置盆中，以水半升脩（潃），復"，即是用盆盛裝食物的實例。在某些情況下，盆也可以充當釜來使用，考古出土的某些盆底有煙炱痕跡，即可説明這一點，如蓮花池西漢墓M7：2銅盆的外腹至底有煙炱痕跡③，説明其曾被當作釜使用過。

（5）組合關係

在漢代的炊器中，竈是最基本的燃火設施之一。若蒸製食物，則需要在竈上架設釜和甑，甑上有蓋，蓋可以用盆（即盆）充當。這是漢代遣册記録、漢墓隨葬明器中比較多見的竈、釜、甗、盆組合，其食物製作以蒸製爲主。釜、甗、盆的組合除了在考古出土實物中有大量實證之外，其他文獻中亦有記録，如《周禮·考工記》："陶人爲甗，實二鬴，厚半寸，脣寸。盆，實二鬴，厚半寸，脣寸。甑，實二鬴，厚半寸，脣寸，七穿。"香港中文大學文物館藏西漢"河隄簡"225B記"三月中有令三人儋（擔）瓦大瓵甗各釜儋廟"④。

【鑊】

（1）鑊一[1]　　羅泊灣M1從器志B叁7

〖集釋〗

[1]第一字，**廣西壯族自治區文物工作隊**（1978：54）釋"鑊"；**廣西壯族自治區博物館**（1988：84）釋"鐕"，爲"鐺"之誤寫；**中國簡牘集成17**（2005：1302）釋"鑊"；**王貴元**（2011：108）釋"鑹"。**今按**：此字右下方更近"隻"形，右上方構形不清，字整體與"鑊"相近，釋"鑊"似可從。

① 西安市文物保護考古所：《西安文物精華·青銅器》，世界圖書出版西安公司，2005年，第29頁。
② 湖北省文物考古研究所，隨州市考古隊：《隨州孔家坡漢墓簡牘》，文物出版社，2006年，第19頁。
③ 北京市文物研究所、湖北省文物局南水北調辦公室：《湖北丹江口市蓮花池墓地戰國秦漢墓》，《考古》2011年第4期。
④ "瓵"字原釋"陶"，今據照片改釋。

【疏證】

　　鑊是烹煮食物的大釜，有的附有雙提耳，類似現在的大鍋。《説文》金部："鑊，鑴也。""鑴，甖也。"瓦部："甖，大盆也。"《淮南子·説山訓》"嘗一臠肉，而知一鑊之味"，高誘注："有足曰鼎，無足曰鑊。"《漢書·刑法志》"鑊亨之刑"，顏注："鼎大而無足曰鑊。"這是從器形上作出的描述。《周禮·天官·亨人》"亨人，掌共鼎鑊，以給水火之齊"，鄭玄注："鑊，所以煮肉及魚、腊之器。"《釋名·釋喪制》："煮之於鑊曰烹，若烹禽獸之肉也。"這是從用途上作出的説明。

　　滿城漢墓M1：4110銅鑊是一件鑊的自名器，其口沿刻"中山内府銅鑊，容十斗，重卌一斤……"，口徑41、高22.5厘米[①]（圖2.3-5，1），確爲大型釜。四川新都縣出土的一幅庖廚畫像磚中，廚房左側有兩人在長俎上切肉，身後的肉架上掛有三塊肉，右側有一座長方形雙火眼竈，前火眼上置釜和甑，一廚人正在烹飪，後火眼置一帶雙提耳的大釜[②]（圖2.3-3，1）。這件提耳釜，應就是鑊，於畫面設置的場景中可能用於煮肉。四川彭州出土的一枚庖廚畫像磚中，左側二人在長俎上作切肉狀，身後的肉架上掛有肉一塊、火腿二個，右側有一枚大型釜架在三腳架上，下有薪柴燃燒，邊上一人手拿便面扇風助燃[③]（圖2.3-5，2）。那件尺寸超大的釜，也應是鑊，用於煮肉。

　　羅泊灣M1從器志所記之"鑊"不知是否與M1：152鐵釜有關，其出於器物坑，"圓口，大腹，圜底，腹側有附耳一對，耳上各有圓環一個，底部有厚煙炱，當爲實用器，出土時已殘破，器表有竹箕印痕"，有三件四足鐵架同出，足高分別爲56.4、49、54厘米，似屬大型用器，推測殘破的鐵釜可能尺寸亦較大。

　　　　1　　　　　　　　　　　　　　　2

圖2.3-5　漢代的鑊

1. 滿城M1：4110銅鑊　2. 彭州庖廚畫像磚

　　①　中國社會科學院考古研究所、河北省文物管理處：《滿城漢墓發掘報告》（上），文物出版社，1980年，第56頁；中國青銅器全集編輯委員會：《中國青銅器全集·第12卷·秦漢》，文物出版社，1998年，第35頁。

　　②　《中國畫像磚全集》編輯委員會：《中國畫像磚全集·四川漢畫像磚》，四川美術出版社，2005年，圖版第100頁。

　　③　中國國家文物局、意大利文化遺産與藝術活動部編著：《秦漢—羅馬文明展》，文物出版社，2009年，第133頁。

【甕】

（1）瓦雍（甕）、甂一具[1]　　馬王堆M3遣297

〖集釋〗

　　[1]**伊強**（2005：35）："雍"當讀作"甕"，《急就篇》"甀缶盆盎甕罌壺"，顏師古注："甕，謂盛酒漿米粟之甕也。"簡文中的"雍""甂"大概是配套使用的，故稱爲"一具"，該簡標點當作"瓦雍（甕）、甂一具"。

〖疏證〗

　　甕，同"瓮"。《説文》瓦部："瓮，罌也。"《急就篇》卷三"甀缶盆盎甕罌壺"，顏注："甕謂盛酒漿米粟之甕也。"馬王堆M3遣册將甕與甂（甎）並列記錄，表明這裏的甕大概是一種炊器，具體功用不明。

　　考古出土漢代竈具之中，確有罐一類器，可資參考。如陝西延安甘泉縣道鎮清泉溝村西漢墓出土的一件彩繪陶竈上，與釜、甑、耳杯等一併放置有陶罐①（圖2.3-6，1）；重慶巫山麥沱西漢墓M40：99陶竈上，一火眼置釜和甑各一，另一火眼置釜一，釜口疊置小罐一②（圖2.3-6，2）；江西清江武陵東漢墓M1出土的一件陶竈有三個火眼，其中末尾的火眼置一小罐③（圖2.3-6，3）。這些陶罐的功用可能是多樣的，既可如顏師古所説"盛酒漿米粟"，也可充當溫水之器。

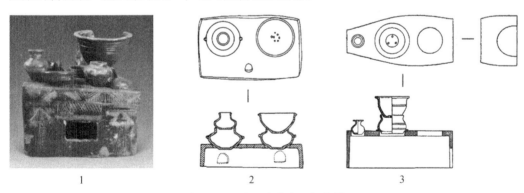

圖2.3-6　漢代的陶竈與疑似甕器
1.清泉溝村漢墓彩繪陶竈　2.麥沱M40：99陶竈　3.武陵M1陶竈

---

①　王天藝：《陝西延安出土的漢代陶竈》，《中國國家博物館館刊》2019年第4期。
②　重慶市文化局，等：《重慶巫山麥沱漢墓群發掘報告》，《考古學報》1999年第2期。
③　黃頤壽：《江西清江武陵東漢墓》，《考古》1976年第5期。

【盂】

（1）金盂[1]、銚各☐　　羅泊灣M1木楬380

〖集釋〗

　　［1］**廣西壯族自治區博物館**（1988：86）：金盂即銅盆。

〖疏證〗

　　關於漢代盂的討論詳參前文"盛食器·盂"部分。

　　羅泊灣此木楬中將盂、銚並列記録，表明金盂和金銚在功用上可能是有關聯的。銚爲一種小釜（詳後文"銚"條），這裏的盂可能也是用作廚具。馬王堆帛書《五十二病方》94、95記有："一，亨（烹）三宿雄雞二，洎水三斗，孰（熟）而出，及汁更洎，以金盂逆甗下。炊五穀（穀）、兔□肉陀甗中，稍沃以汁，令下盂中，孰（熟），歃（飲）汁。"即在炊煮過程中用到了銅盂。羅泊灣M1：19銅器，口微斂，下腹斜收成小平底，口徑42、底徑27、高12.5厘米"（圖2.3-7），簡報稱之爲"鉢"，其可能就是木楬所記之"盂"。

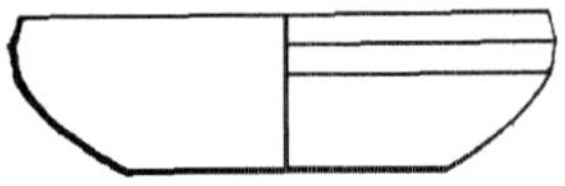

圖2.3-7　羅泊灣M1：19"銅鉢"

【銚】

（1）金盂、銚各☐[1]　　羅泊灣M1木楬380

〖集釋〗

　　［1］"各"上一字，**廣西壯族自治區博物館**（1988：86）釋"銚"。《太平御覽》引《廣雅》："鋗謂之銚。"《説文》金部："鋗，小盆也。""銚，温器也。"**李均明、何雙全**（1990：128）釋"銼"。**中國簡牘集成17**（2005：1304）釋"銚"，煮食的炊器。《説文》金部："銚，温器也。"段注："今煮物瓦器謂之銚字。"

〖疏證〗

　　銚，《廣雅·釋器》"鋗謂之銚"，王念孫疏證："《説文》：'銚，温器也。'《衆經音義》卷十四云：'銚，似鬲，上有鐶。'《急就篇》'銅鍾鼎鋞鋗銚'，顏師古注云：'鋗，温器也。'鋗與銚同類，故亦可通稱。《博古圖》有漢梁山鋗，容二斗，重十斤，元康元年造。"《慧琳音義》卷十二"釜銚"注引《考聲》

云：“燒器也。淺於釜，鬲屬也。”

先來看同鋗之銚。2009年安徽壽縣壽春鎮計生服務站東漢墓出土一件銅銚，折沿、弧腹、矮圈足、器身上部有一道雙凹面寬帶紋及鋪首銜環一對，錐刻雲氣紋、鋸齒紋等，通體鎏金銀，口徑17.9、高5.7厘米，外底近圈足內側刻銘“元和二年，蜀郡西工造乘輿黃白塗丹中銅五升粉銚……”[1]（圖2.3-8，1），元和二年即公元85年，爲東漢章帝時期。

滿城漢墓M2：4034銅鋗，敞口、微鼓腹、矮圈足，腹部有寬帶紋及鋪首銜環一對，口徑27.8、高12.8厘米，口外沿刻銘“中山內府銅鋗一，容三斗，重七斤十三兩……”[2]（圖2.3-8，3）。相比於中山內府銅鋗，元和二年銅粉銚在造型上要小得多，故《廣雅》謂鋗與銚同，是有道理的。考古出土的漢代銅粉銚大多製作精緻，不用於加熱。

陽高古城堡西漢墓M17出土一件銅“小洗”，錐刻紋飾並鎏金（圖2.3-8，2），發掘報告推測其功用“恐怕是化妝用的”[3]。這件“小洗”應即銅粉銚。古城堡漢墓群發掘報告就推測這件“小洗”屬化妝之用，可謂卓識。從現有資料看，這類銅粉銚大概較早出現於西漢晚期。羅泊灣M1的時代屬於西漢早期，則木楬所記的“銚”不會是指這種銅粉銚，而是另有所指。

圖2.3-8　漢代的粉銚與鋗
1.元和二年銅粉銚　2.古城堡M17銅粉銚　3.滿城M2：4034銅鋗

再來看釜屬之銚。宋葉、吳小平對漢代自名爲“銚”的器物作有統計[4]，但不全。目前所見自名“銚”之器，傳世有二件，出土有六件（表2.3-1）：

① 許建強：《東漢元和二年“蜀郡西工造”鎏金銀銅舟》，《文物》2014年第1期；許建強、邱雪峰：《安徽壽縣壽春鎮計生服務站東漢墓遺物及相關問題》，《東南文化》2014年第3期；陸錫興：《粉銚考》，《湖南省博物館館刊》第11輯，嶽麓書社，2015年，第335—339頁。“塗”下一字，簡報釋“舟”，陸錫興改釋“丹”，今從之。
② 中國社會科學院考古研究所、河北省文物管理處：《滿城漢墓發掘報告》（上），文物出版社，1980年，第250頁；河北博物院：《大漢絕唱：滿城漢墓》，文物出版社，2014年，第248頁。
③ 東方考古學會：《陽高古城堡：中國山西省陽高縣古城堡漢墓》，日本東京六興出版，1990年，第66頁。
④ 宋葉、吳小平：《說銚》，《考古》2018年第2期。

表2.3-1　　傳世與出土銚的自名器　　　　　　　（單位：厘米）

時代	器名與器號	器形	自記容量	自記重量	口徑	高	沿寬	實測
武帝時期	陽信家銅鍪銚（K1∶016）		二升		12.6	4.8		400毫升
武帝時期	陽信家銅銚（K1∶017）	同上			9.3	5		
武帝元封三年（前108年）	上林乘輿銅銚		一斗	一斤六兩	18.5	9	1	
武帝元封三年（前108年）	上林乘輿銅銚	同上	一斗	一斤三兩	18.5	9	1	
武帝元封三年（前108年）	上林乘輿銅銚	同上	一斗	一斤三兩	18.5	9	1	
武帝前後	華陰銅銚		五升	八兩	17.5	5.5		120克
元帝初元五年（前44年）	敬武主家銅銚		五升	二斤九兩				
成帝鴻嘉三年（前18年）	鴻嘉三年銅銚		五升	一斤十兩				

（1）傳世“敬武主家銅銚”。目前僅見到拓片留存，器已不知所在。銘文拓片著録於《小校經閣金文拓本》卷一三、《秦漢金文録》卷四[①]。中國嘉德國際拍賣有限公司“中國嘉德2005春季拍賣會”（2005年5月15日）的拍品中有一件張厚穀舊藏的敬武主家銅銚全形拓（左下鈐有“南皮張氏碧葭精舍藏”），由此我們可以知曉此器的形制，其口微斂，外折沿，弧腹較深，圜底，口沿刻“富平家”三字，緊挨口沿的腹上部環刻“敬武主家銅銚，五升，二斤九兩。初元五年五月，河東造。第四”。

────────────

①　宋葉、吳小平《説銚》介紹，“另一件漢富平侯銅銚銘文拓片爲‘漢敬武公主家富平侯張氏銅銚’”，注：“轉引：張文玲：《茂陵博物館收藏的幾件銘文銅器》，《文物》，2012，（2）。”查《茂陵博物館收藏的幾件銘文銅器》一文，其文云：“另外一件爲漢富平侯銅銚銘文拓片，陶北溟長跋，題此器爲‘漢敬武公主家富平侯張氏銅銚’。”注：“2006年春季藝術品拍賣會上海國際商品拍賣有限公司2006年5月25日拍賣的一件拍品。”今按：此拍賣品在網絡上可以找到相關介紹與照片，經比對拓片内容、字體等，其與《小校經閣金文拓本》與《秦漢金文録》所著録的敬武主家銅銚實爲一件。

（2）傳世“鴻嘉三年銅銚”。尺寸不詳，有銘文拓片、器形全形拓公佈①。口微斂，外折沿，弧腹較深、圜底，口沿背面刻銘“乘輿十涷銅銚，容五升，重一斤十兩。鴻嘉三年考工=竟造，嗇夫臣褒主，右丞〔臣〕宫、令臣咸省”②。

（3）出土“陽信家㷅銚”。1981年陕西茂陵一號無名冢一號從葬坑出土兩件，敞口，沿向内折，深腹、圜底，其中K1：016腹部外側刻銘“陽信家㷅銚，容二升”③。

（4）出土“乘輿銅銚”。1990年陕西興平市南位鎮張里村漢陵磚廠出土三件銅銚，器形相同，口微斂，外折沿，弧腹較深，圜底，分別在口沿背面刻銘“上林乘輿銅銚一，容一斗，重一斤六兩。元封三年正月庚子，有詔予水衡都尉給共。第十八”，“□□【乘輿】銅銚一，容一斗，重一斤三兩。元封三年正月庚子有詔予水衡都尉給共。第十九”，“甘泉上林乘輿銅銚一，容一斗，重一斤三兩。元封三年正月庚子有詔予水衡都尉給共。第廿二”④。

（5）出土“華陰銅銚”。2000年發表了一件出土於富平縣、藏於西北大學歷史博物館的銅銚，平沿、淺腹、圜底，口沿刻銘“華陰銅五升銚，重八兩”，時代屬武帝前後⑤。

不難看出，《考聲》謂“銚”屬“燒器”，“淺於釜”應可從，但謂“銚”爲“鬲屬”則不盡準確。這些銅銚都是實用器，形體較小，容量亦較小，大概不是在竈上使用的，而是在爐上加熱使用。類似的銚與爐之搭配情形有考古出土實例可參。如：

（1）洛陽西工紗廠路西漢墓出有2套銅爐，由三足圓爐、承盤和銅銚組成，銚置爐上⑥。

（2）洛陽五女冢新莽墓M267：42鐵方爐，四足，面由數根鐵條鋪成，爐口置一“銅洗”，爐約寬13、高10.5厘米，“銅洗”口徑9、深4.2厘米⑦（圖2.3-9，1）。這件所謂的“銅洗”從造型與尺寸大小來看，應就是銅銚。

---

① 魯九喜：《聽風樓金石題跋》，《藝術工作》2017年第6期。此文著録有該器的銘文拓片和全形拓，但不甚清晰。胡海帆、湯燕：《1996—2017北京大學圖書館新藏金石拓本菁華（續編）》，北京大學出版社，2018年，第45頁，僅著録銘文拓片。

② “右丞宫”脱“臣”字，爲黄浩波與筆者私下討論時所提出，可從，今補出。

③ 咸陽地區文管會、茂陵博物館：《陕西茂陵一號無名冢一號從葬坑的發掘》，《文物》1982年第9期；張天恩主編：《陕西金文集成》第10册，三秦出版社，2016年，第172頁。“家”後一字，發掘簡報、《陕西金文集成》均釋“㷅”。**今按：**此字下從“衣”，當釋“㷅”。

④ 張文玲：《茂陵博物館收藏的幾件銘文銅器》，《文物》2012年第2期。

⑤ 賈麥明：《新發現的華陰銅銚及其銘文》，《文博》2000年第1期，第64、66頁。

⑥ 潘付生、薛方：《洛陽西工紗廠路西漢墓》，《2018中國重要考古發現》，文物出版社，2019年，第107頁。相關測量數據暫未見公布，此據照片描述。

⑦ 洛陽市第二文物工作隊：《洛陽五女冢267號新莽墓發掘簡報》，《文物》1996年第7期。

（3）甘肅酒泉下河清東漢墓M18銅圓爐，爐體如盤形，底有三矮足，盤的口沿等分伸出三支柱用以支撐銅釜，銅釜口徑12.3、高3.5厘米[①]（圖2.3-9，2）。這件銅釜也即是銅銚。

（4）河南鞏義新華小區東漢墓M1：7陶圓爐，內置一圓形陶算，上有少許木炭，爐口置一圓形"銅鉢"（M1：6），口微斂，窄折沿，圜底，內壁鏨刻水波紋，口徑14.8、高7.8厘米，出土時內有"肉羹"殘渣[②]（圖2.3-9，3）。這件"銅鉢"實爲銅銚。

（5）咸陽博物館藏有一套漢代銅爐，爐體呈圓角長方形，下附四蹄足，可滑動的支架上置有一圓形"温酒小鍋"，爐通長17、通寬17.5、通高12.8厘米[③]（圖2.3-9，4）。此爐被稱爲"温酒爐"，小鍋被稱爲"温酒小鍋"，均不可信。學者早已指出配備銅耳杯的"温酒爐"應稱染器，耳杯即染杯，爐即染爐，染杯是用來加熱醬料的，爲食肉的輔助用具[④]。咸陽博物館所藏這件銅方爐上放置的所謂"温酒小鍋"應是銅銚，其功用可能與染杯相近。

（6）汾酒博物館亦收藏有一件所謂的"漢青銅温酒器"[⑤]，實與温酒無關，其由三足圓爐、承盤和銅銚三部分組成，圓爐口徑11.6、承盤口徑14.5厘米（圖2.3-9，5）。由這件銅爐的完整構成作參照，山西襄汾吳興莊西漢晚期墓出土的一件銅圓爐，爐體下有三蹄足，下附承盤，爐體一側有柄，口沿有三個支釘，爐口徑14、盤徑17、通高12厘米[⑥]（圖2.3-9，6），其應缺失一銅銚。

（7）陝西長安縣韋曲鎮北塬出土有一套銅方爐，爐上置一帶柄之釜，爐長16、寬13.5、高15厘米[⑦]（圖2.3-9，7）。這件帶柄銅釜應屬銅銚的一種創新設計，在銅銚外側加入柄，可有效減少被燙傷的風險。巨野博物館亦藏有一件類似的銅爐，其承盤

---

① 甘肅省文物管理委員會：《酒泉下河清第1號墓和第18號墓發掘簡報》，《文物》1959年第10期。

② 鄭州市文物考古研究所、鞏義市文物保護管理所：《河南鞏義市新華小區漢墓發掘簡報》，《華夏考古》2001年第4期。

③ 羅紅俠：《奇特罕見的温酒爐》，《文博》2009年第5期。

④ 孫機：《漢代物質文化資料圖説》，文物出版社，1991年，第308、309頁；孫機：《關於染器——答黄盛璋先生》，《文博》1995年第1期；李開森：《是温酒器，還是食器——關於漢代染爐染杯的考古實驗報告》，《文物天地》1996年第2期；陳昭容：《史語所藏平安侯家染爐——兼談染爐染杯的相關問題》，《古今論衡》第10期，2003年。

⑤ 張琰光：《汾酒博物館歷代酒器選集》，文物出版社，2019年，第25頁。

⑥ 李學文：《山西襄汾縣吳興莊漢墓出土銅器》，《考古》1989年第11期。

⑦ 長安博物館：《長安瑰寶》第1輯，世界圖書出版西安公司，2002年，第31頁。

爲龍首三輪車形，方爐上置一“帶把的鍋”，爐通長20、通高15.9厘米[1]（圖2.3-9，8），其中“帶把的鍋”，應屬銅銚。

　　上舉銅銚多與小型爐搭配，主要用於加熱食物，從這一點上來説，《説文》謂“銚”爲“温器”，《急就篇》“銚”顏注引黃氏謂“銚”爲“燒器”，均可從。再來看陽信家銅“㲩銚”，有學者認爲其是“熨衣之器”[2]，或“是燒水熱敷之用”[3]。我們認爲“㲩銚”之“㲩”可讀爲“熅”，上古音㲩屬影母物部，熅屬影母文部，音近可通。《詩·小雅·車舝》“以慰我心”之“慰”，《韓詩》作“愠”[4]。因此，“㲩銚”疑即“熅銚”，“熅”是對銚的用途説明。羅泊灣“從器志”記有“温督（鋈）一”，其“温”字疑也應讀爲“熅”。熅銚、熅鋈的構詞形式相同，用途亦相近，均爲用微火加熱的炊器。《廣雅·釋詁》“煻、熅、煨、燋，熅也”，王念孫疏證：“《説文》：‘鑪，温器也。’‘鑪’與‘煻’，‘温’與‘熅’，並同義。”《集韻·魂韻》：“熅，燀熅，火微。”

　　馬王堆帛書《五十二病方》383—385記有一條治療癰的病方：“一，白苣、白衡、菌○桂、枯薑（薑）、薪（新）雉，●凡五物等。巳（已）冶五物□□□取牛脂□一升，細刊藥□□，并以金銚熅桑炭，鬵（鬻）茀（沸），發辜（歜），有（又）復熅茀（沸），如此□，即以布□，取汁，即取水銀靡（磨）掌中，以和藥，傅。旦以濡漿細（洗），復傅之，如此□□□傅藥，毋食□彘（彘）肉、魚，及女子。巳（已），面類瘮狀者。”這其中就提到用桑炭加熱金銚熬藥的情形，既用桑炭，金銚應是置於爐一類加熱器具上的。則銚也可用於煎藥。居延漢簡26.29記有“出四百卌，邯鄲銚二枚”，100.32記有“銅銚一，直五十□”，這些銚可能也是釜屬之銚。

　　總之，釜形銅銚是一種小釜，部分帶有柄，置於爐上加熱，可用於煎藥、加熱食物。羅泊灣M1木楬所記之“金銚”，或指這種釜形銅銚。此墓出土的M1：39銅器，“敞口，圓腹，略似半球形。唇沿外折，圜底略平。青黑色，素面。腹側有焊補痕二處。器高9、口徑21.5厘米”（圖2.3-9，9），發掘報告稱之爲“銷”，現在看來，此器與前舉上林乘輿銅銚形制、大小相近，可能就是木楬所記之“金銚”。

　　①　巨野博物館：《巨野文物》，第30頁。
　　②　孫機：《漢代物質文化資料圖説》，文物出版社，1991年，第346頁。宋葉、吳小平《説銚》亦認爲陽信家銅銚“銘文中則提及‘熨’，很可能與熨斗有關。若此，其可能是我國最早的熨斗。”
　　③　陸錫興：《粉銚考》，《湖南省博物館館刊》第11輯，嶽麓書社，2015年，第338頁。
　　④　張儒、劉毓慶：《漢字通用聲素研究》，山西古籍出版社，2002年，第906頁。

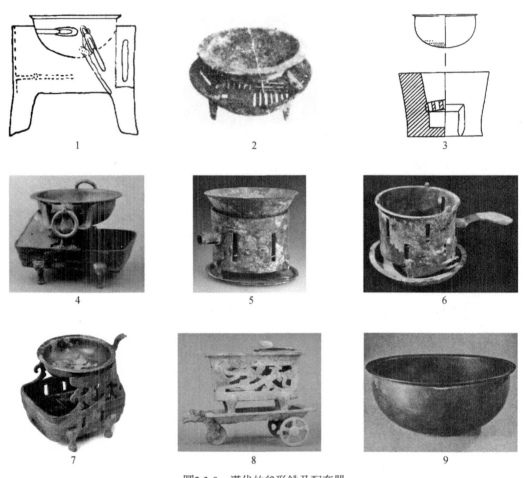

圖2.3-9　漢代的釜形銚及配套器

1. 五女冢M267：42鐵方爐與銅銚　2. 酒泉下河清M18銅圓爐與銅銚　3. 鞏義新華小區M1陶爐與銅銚　4. 咸陽博
物館藏銅方爐與銅銚　5. 汾酒博物館藏銅圓爐與銅銚　6. 吳興莊西漢墓銅圓爐（缺銚）　7. 長安北塬銅方爐與帶
柄銅銚　8. 巨野博物館藏銅方爐與帶柄銅銚　9. 羅泊灣M1：39銅銚

【鑒】

（1）金鑒一[1]　大墳頭M1遺牘B肆2
（2）金鑒一，有科[2]　丿　張家山M247遺26貳
（3）温督（鑒）一[3]　羅泊灣M1從器志B叁5

〖集釋〗

　　［1］**湖北省博物館**（1981：20）："金鑒一"應即墓內邊廂出土的47號銅鑒。

　　［2］**張家山二四七號漢墓整理小組**（2001：305）：鑒，《急就篇》注："小釜
類"，今出土者甚多。**毛靜**（2011：22）：金鑒，對應墓中出土的銅鑒；有科，指銅

鋗配有枓，對應墓中出土的銅勺。**今按**：據此墓隨葬器物分佈圖，31號爲銅鋗，32號
爲銅勺，此二器應即遣册所記的“金鋗一，有枓”，勺的形制未見介紹，鋗的底部有
煙熏痕跡，器身有多處破損後修補的痕跡，應是實用器。“有枓”即有勺與之配套。
類似的考古出土實例可參西安白家口西漢墓M23，墓中出土的銅鋗外有煙炱，銅勺置
於鋗内[①]。

　　[3] **廣西壯族自治區博物館**（1988：84）：督假爲鋗，實爲銅鐎壺。**張振林**
（1980：10）：秦漢時期的鋗，用途如釜，形制極像現在的圓腹痰盂，侈口，窄頸，
肩上有二環耳，無柄。……此物除加有方柄外，形態與通常所見的秦漢銅鋗完全相
同，而與鐎壺迥異，其器底有厚煙炱，證實它即爲同墓出土的“倉器志”所記的“温
督（鋗）”。**中國簡牘集成17**（2005：1302）：督通鋗，釜類炊器，《說文》金部：
“鋗，鍑屬”；温鋗，用於食物保温（或冰鎮）的器皿。**今按**：羅泊灣M1發掘報告雖
然誤將帶柄銅鋗命名爲銅鐎壺，但在器物對應上大體不誤，張振林的名實考察可從。
羅振玉舊藏“十六年”鋗即有柄，自名爲“鋗”，可證張說爲確。中國簡牘集成謂將
“温鋗”之“温”理解爲“保温（或冰鎮）”，“冰鎮”之說似不可從，用於冰鎮的
器物是鑑。“温”當讀爲“煴”，相關討論見前文“銚”疏證。

〔疏證〕

　　鋗是釜的一種。《說文》金部：“鋗，鍑屬。”《廣雅·釋器》：“鋗，釜
也。”《急就篇》卷三“鐵鈇鑽錐釜鍑鋗”，顏注：“鋗，似釜而反脣。一曰：鋗
者，小釜類，即今所謂鍋也，亦曰鏉鑣。”《說文》金部訓爲“温器”的字有鏗、
鎬、鑪、銚，羅泊灣從器志記“温（煴）督（鋗）”，表明鋗也是“温器”。洛陽市
第二文物工作隊徵集的一件雙耳銅鋗上刻有銘文“今元年長信私官”“左廚四”，則
鋗可作廚器[②]。

　　傳世與出土文物中有自名爲“鋗”的器物，簡要統計如表2.3-2、圖2.3-10。

　　①　考古研究所陝西考古調查發掘隊：《寶雞和西安附近考古發掘簡報》，《考古通訊》1955年
第2期。
　　②　趙曉軍：《洛陽發現西漢有銘銅鋗》，《文物》2007年第6期。

表2.3-2　傳世與出土鍪的自名器釋文與形制　　　　　　（單位：厘米）

出處	銘文	口徑	腹徑	高	備註
羅振玉舊藏①	鍪，容五升，重三斤九兩。十六年，工從造。第一。関主				"主"上一字作 ▨，舊釋"閔"，當釋閴
解放前長沙出土，南京大學考古與藝術博物館藏②	閴翁主銅鈘（鍪），容斗	11.6		14	"銅"下一字作 ▨，舊釋"鍾"，當釋鈘，即鍪
陝西神木縣店塔鎮店塔村出土③	濟南鈘（鍪），容二斗，重七斤　千乘	14.7	20	20	首字作 ▨，舊釋"滴"，當釋"濟"。"容"上一字作 ▨，原徑釋"鍪"，當釋鈘，即鍪
江西蓮花羅漢山西漢安成侯墓④	王家銅鍪容一石重廿六斤……　……侯家	24.8	35	28	
解放前長沙楊家山出土⑤	蓋："楊子贛家銅鍪（鍪）蓋，并重十六斤"　身："楊子贛家銅鍪（鍪），容三斗，有蓋，重十六斤"	14	25	20	此鍪出土時内盛粟米。"銅"下一字或依原形隸定，或釋釜，或釋鍪。羅小華隸作鍪，釋爲鎦，疑與鍪有關，卯、矛音近可通⑥。羅氏隸定可從，但讀法可商，羅已指出卯、矛相通，則鍪可讀爲鈘，即鍪

此外，傳世有一件銅鍪刻銘作"蓮西宮銅鍪，容五升，并重六斤九兩。陽朔二年三月，工錯、駿造。七百合。第百卅"⑦，儘見銘文拓片著録，未見器形。湖南長沙伍家嶺西漢墓M270∶32銅鍪已殘破，上有刻銘"時文仲銅鍪一，容二斗，重六斤二兩。黄龍元年七月甲辰治"⑧。

---

① 羅振玉：《貞松堂吉金圖》卷下，頁二十。

② 洪銀興、蔣贊初：《南京大學文物珍品圖録》，科學出版社，2002年，第25頁。

③ 張天恩主編：《陝西金文集成》第16册，三秦出版社，2016年，第18、19頁。

④ 江西省文物考古研究院、萍鄉市蓮花縣文物辦：《江西蓮花羅漢山西漢安成侯墓》，上海古籍出版社，2017年，第55、56頁、彩版78。

⑤ 蔡季襄：《介紹幾件從廢銅中檢選出來的重要文物》，《文物》1960年第3期；袁鑫、游振群：《小議湖南省博物館館藏西漢長沙國銅器》，《湖南省博物館館刊》第12輯，嶽麓書社，2016年。

⑥ 羅小華：《"楊主家般"雜議》，《湖南省博物館館刊》第13輯，嶽麓書社，2017年，第289頁。

⑦ 劉體智：《小校經閣金文拓本》卷十三《雜器》，頁五六。

⑧ 中國科學院考古研究所：《長沙發掘報告》，科學出版社，1957年，第110頁、圖版62。"七"，發掘報告釋"十"，陳直改釋"七"，參陳直：《長沙發掘報告的幾點補正》，《考古》1961年第5期。

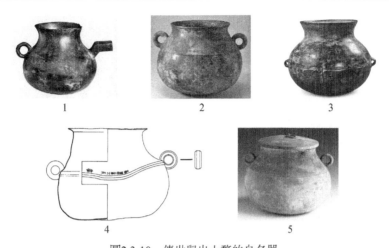

圖2.3-10　傳世與出土鎣的自名器
1.十六年銅鎣　2.闔翁主銅鈢鎣　3.濟南鎣　4.王家銅鎣　5.楊子贛家銅鎣

不難看出，鎣是鼓腹、束頸、有環耳和蓋的釜形器，束頸是其顯著特徵。大墳頭M1邊廂：47銅鎣、張家山M247：31銅鎣、羅泊灣M1：38銅鎣（圖2.3-11，1—3）與上舉鎣的自名器形制基本一致。

戰國至漢時期的銅鎣，根據腹部環耳及柄的不同配置，可以分爲如下幾種類型。

（1）無耳無柄鎣，如睡虎地秦墓M7：5陶鎣[1]（圖2.3-11，4）。

（2）雙耳無柄鎣，雙耳有相同大小者，亦有一大一小者，同大小的雙環耳是用來繫提鏈的，如新鄉火電廠西漢墓M111：5鐵鎣有環耳，耳上套有鐵鏈形提梁[2]；大雲山江都王陵M9：81銅鎣有蓋，肩上有雙環耳，耳上套有提鏈[3]（圖2.3-11，5）。

（3）單耳無柄鎣，單環耳是用來繫連蓋的，如成都百花潭中學戰國墓單耳銅鎣肩上有一辮索紋環耳，耳上有銅鏈與蓋相連[4]（圖2.3-11，6）；類似的銅鎣又見於涪陵小田溪戰國墓[5]。

（4）單柄無耳鎣，如漢陽陵外藏坑K16D4：015單柄銅鎣[6]（圖2.3-11，7），丹江

①　《雲夢睡虎地秦墓》編寫組：《雲夢睡虎地秦墓》，文物出版社，1981年，第51頁。

②　張春媚：《新鄉火電廠漢墓群出土九件鐵制容器》，《中原文物》2005年第4期。

③　南京博物院、盱眙縣文廣新局：《江蘇盱眙大雲山江都王陵M9、M10發掘簡報》，《東南文化》2013年第1期。發掘簡報稱此銅鎣爲鋗鑪，疑誤。

④　李伯謙主編：《中國出土青銅器全集》（18），龍門書局，2018年，第48頁。

⑤　李伯謙主編：《中國出土青銅器全集》（18），龍門書局，2018年，第82頁。

⑥　陝西省考古研究院：《漢陽陵帝陵東側11～21號外藏坑發掘簡報》，《考古與文物》第2008年3期。

口潘家嶺漢墓M12：21單柄陶鋚①。

（5）單柄單耳鋚，耳位於柄之相對一側，如前舉"十六年"銅鋚即此類。

（6）單柄雙耳鋚，雙耳中的一個置於柄上，另一個置於柄之相對一側，如羅泊灣西漢墓M1：38銅鋚②，廣漢二龍崗西漢墓M21：6銅鋚③（圖2.3-11，8）。

鋚多數爲圜底，故亦有部分鋚的圜底下鑄有乳丁足，以增强靜置狀態下的穩定性。如光化五座墳西漢墓M3：8銅鋚爲單柄、底有三乳丁足④（圖2.3-11，9）；石柱磚瓦溪西漢墓M24：4銅鋚爲單柄、雙環耳、三蹄足⑤（圖2.3-11，10）；徐州翠屏山西漢墓M1：46單柄單耳銅的底部附有三矮蹄足⑥（圖2.3-11，11）；天長三角圩西漢墓M1：324雙耳銅鋚底附三矮蹄足⑦（圖2.3-11，12），丹江口肖川水牛坡西漢墓M7：7銅鋚⑧與之形制相同。

出土漢代竈具之上未見鋚，説明鋚並不與竈配合使用。鋚的使用方式實例大致有兩種。

一是將鋚置於三足架上加熱使用，如南越王墓後藏室中部分銅鋚（G75、76）底部存有鐵三足架圓箍殘塊，説明這些銅鋚是置於三足架上的⑨（圖2.3-11，13）；雲南個舊黑螞井漢墓群M27：1銅鋚的形制與前舉安成侯銅鋚相近，出土時置於鐵三足架上，鋚的表面有大量煙炱痕跡⑩。嶺南西漢晚期墓及東漢墓中常出土一種被發掘報告稱爲鐎壺或鐎斗的銅器，如合浦風門嶺漢墓M26：125，其基本形制是鼓腹、束頸、腹部伸出一柄，下附三長足⑪（圖2.3-11，14）。此類器的核心組成部分就是鋚，疑所附

---

①　湖北省文物局等：《丹江口潘家嶺墓地》，科學出版社，2013年，第180頁。

②　廣西壯族自治區博物館：《廣西貴縣羅泊灣漢墓》，文物出版社，1988年，第36頁。

③　四川省文物考古研究院、廣漢市文物保護管理所：《廣漢二龍崗》，文物出版社，2014年，第87頁。

④　湖北省博物館：《光化五座墳西漢墓》，《考古學報》1976年第2期。

⑤　山西省考古研究所等：《石柱磚瓦溪遺址發掘報告》，《重慶庫區考古報告集·2002卷》，科學出版社，2010年，第936頁。

⑥　徐州博物館：《江蘇徐州市翠屏山西漢劉治墓發掘簡報》，《考古》2008年第9期。

⑦　安徽省文物考古研究所：《天長三角圩墓地》，科學出版社，2013年，第18頁。

⑧　湖北省博物館、丹江口市博物館：《丹江口市肖川戰國兩漢墓葬》，《江漢考古》1988年第4期。

⑨　廣州市文物管理委員會等：《西漢南越王墓》（上），文物出版社，1991年，第280頁；西漢南越王博物館：《西漢南越王博物館珍品圖錄》，文物出版社，2007年，第116、117頁。

⑩　雲南省文物考古研究所等：《個舊市黑螞井墓地第四次發掘報告》，科學出版社，2013年，第75頁。

⑪　廣西壯族自治區文物工作隊、合浦縣博物館：《合浦風門嶺漢墓——2003～2005發掘報告》，科學出版社，2006年，第64、65頁。

三長足是將鍪與三足架合二爲一的産物，實際上仍是鍪，其專名可能是"錡"。《方言》第五"鍑，江淮陳楚之間謂之錡"，郭璞於"錡"下注云："或曰三脚釜也。"

二是將鍪置於爐上加熱使用，如丹江口潘家嶺漢墓M12：21陶烤爐總體呈長方形，一端爲矩形，另一端呈圓形，圓形的一端置一單柄陶鍪[1]（圖2.3-11，15）。

鍪的具體用途可從所盛之物、器物組合等材料中窺得一二。

（1）可能用作煮羹，如陝西省交通學校戰國晚期墓ⅡM24：5銅鍪外底有煙炱，内有食物湯浸痕跡[2]；雲陽風箱背新莽墓M1：76銅鍪外腹有煙炱痕，内壁有糊狀食物痕跡[3]。

（2）可能用作煮肉，如宜城楚皇城戰國晚期至西漢早期墓出土LM3：8銅鍪底有煙炱，内盛雞骨[4]；廣州淘金坑西漢墓M3、M7、M25出土銅鍪各一件，器表都有較厚的煙炱，内盛"牲肉的殘骨"[5]。

（3）可能用作煮菜，如臨沂金雀山西漢墓M1：10髹漆鐵鍪内存有破碎的蔬菜，近似芹菜[6]。

（4）可能用作煮飯，如前舉楊子贛家銅鍪出土時内盛粟米。

（5）可能用作盛酒或温酒器，如傳世有一件雙環耳銅鍪，肩部刻有"大中宜酒"四字[7]，若按字面理解，"宜酒"可能是説此鍪適合裝酒，但"大中宜酒"似也可理解爲吉語類文字，如洛陽燒溝漢墓M77：5陶甕上亦有"大中"二字，而"宜酒"或爲"宜酒食"之類的用語，常見於漢代鏡銘。

（6）用作與甑相配的燒水之器，如新鄉火電廠漢墓M111：5鐵鍪出土時上置陶甑[8]；萬州大坪東漢墓M130出有一套炊器，雙耳銅鍪置於鐵三足架上，鍪口置一陶甑[9]（圖2.3-11，16）。

總之，鍪與常見之釜的用途大致相同。從這一點上來説，《説文》《廣雅》等字書謂鍪即釜，應可信。

---

① 湖北省文物局等：《丹江口潘家嶺墓地》，科學出版社，2013年，第180頁。

② 陝西省考古研究所：《西安北郊秦墓》，三秦出版社，2006年，第272頁。

③ 四川大學歷史文化學院考古系等：《重慶雲陽風箱背一號漢墓》，《考古學報》2018年第4期。

④ 楚皇城考古發掘隊：《湖北宜城楚皇城戰國秦漢墓》，《考古》1980年第2期。

⑤ 廣州市文物管理處：《廣州淘金坑的西漢墓》，《考古學報》1974年第1期。

⑥ 臨沂文物組：《山東臨沂金雀山一號墓發掘簡報》，《考古學集刊》第1集，商務印書館，1981年，第135頁。

⑦ 羅振玉：《貞松堂吉金圖》卷下，頁十九。

⑧ 張春媚：《新鄉火電廠漢墓群出土九件鐵制容器》，《中原文物》2005年第4期。

⑨ 重慶市文物遺産研究院等：《萬州大坪墓群2003年度第二次發掘簡報》，《重慶庫區考古報告集·2003卷》第4册，科學出版社，2019年，第2617、2618頁。

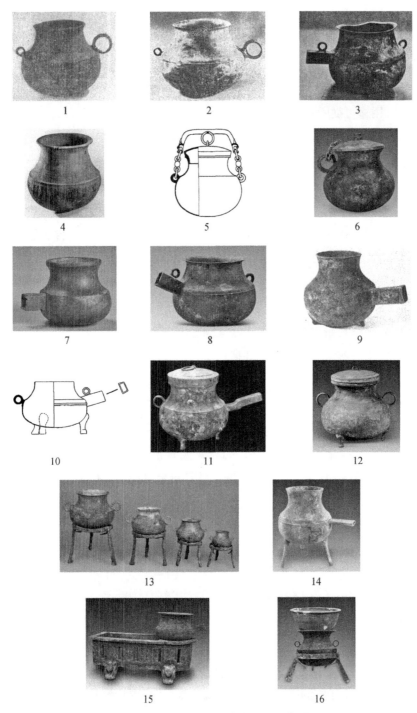

圖2.3-11　戰國至漢時期的鍪及組合器

1. 大墳頭M1邊廂：47銅鍪　2. 張家山M247：31銅鍪　3. 羅泊灣M1：38銅鍪　4. 睡虎地M7：5陶鍪

5. 大雲山M9：81銅鍪　6. 百花潭中學銅鍪　7. 漢陽陵K16D4：015銅鍪　8. 二龍崗M21：6銅鍪

9. 五座墳M3：8銅鍪　10. 磚瓦溪M24：4銅鍪　11. 翠屏山M1：46銅鍪　12. 三角圩M1：324銅鍪

13. 南越王墓銅鍪與鐵三足架　14. 風門嶺M26：125銅鍪（錡）　15. 潘家嶺M12：21陶烤爐與陶鍪

16. 大坪M130銅釜、鐵三足架、陶甑

二、燃　料

【薪】

（1）桑薪三束[1]　　張家山M247遺1叁
（2）桑薪三束[2]　　揚家山M135遺1
（3）桑薪三束[3]　　方　蕭家草場M26遺34
（4）牛車一乘，載桑新（薪）三束[4]　　丿　鳳凰山M8遺85
（5）牛車一乘，載桑薪三束　鳳凰山M9遺21

〖集釋〗

　　[1]第一字，**張家山二四七號漢墓整理小組**（2001：303）未釋，**劉釗**（2003b：3、4）釋"桑"。

　　末字，**張家山二四七號漢墓整理小組**（2001：303）釋"車"。**田河**（2010：89）釋"束"。"桑薪一束"也見於蕭家草場M26遺册簡34，指M26所出一散堆楸木劈成的木柴。

　　[2]此簡釋文，**揚家山M135簡報**未釋，**胡平生、李天虹**（2004：270）釋"□薪三束"。**今按**：首字應是"桑"字。

　　[3]桑薪，**蕭家草場M26報告**（2001：141）：以桑木作的燃料，《説文》："薪，蕘也。"《玉篇·艸部》："薪，柴也。"出土用楸木劈成的木柴一散堆。**曹方向**（2008）：整理者稱是楸木材質，這可能是下葬時用楸木材作爲桑薪的替代品，而在遣册上則仍記作"桑薪"。

　　[4]"載"下二字，**黄盛璋**（1974：75）釋"□薪"，**彭浩**（2012：34）未釋，**中山**（2012：34）釋"焚新"，**曹方向**（2008）疑是"桑薪"。**李家浩**（2012：79注釋11）釋"桑新（薪）"。

　　彭浩（2012：34）：出土有牛車一乘，上載薪柴。

〖疏證〗

　　薪是草木燃料的泛稱。《説文》艸部："薪，蕘也。""蕘，艸薪也。"《玉篇·艸部》："薪，柴也。"桑薪，劉釗指出桑薪即桑木柴，"桑薪"一詞見於《詩經·小雅·隰桑》“樵彼桑薪，卬烘於煁”，朱熹集傳：“桑薪，薪之善者也。”①曹方向亦指出：“《詩經·小雅·白華》毛傳‘桑薪，宜以養人者也’，鄭箋：‘人之樵，取彼桑薪，宜以炊饔饎之爨，以養食人。桑薪，薪之善者也，我反以燎於煁灶，用照事物而已。’桑薪是古代一種上乘的燃料。《齊民要術》卷七記‘白醪曲’釀造工藝時提到要用‘桑薪灰’作鋪墊。《佩文韻府》卷十一‘桑薪’提及三國東吳謀士諸葛恪用桑薪煮鼊。”②

已刊漢代遣册中的桑薪有兩個重要記錄特徵：一是均爲三束，二是部分使用牛車運載。不知此“三束”之“三”是否泛指數量之多。《詩·小雅·采薇》“一月三捷”，馬瑞辰《毛詩傳箋通釋》云：“古者言數值多，每曰三與九。蓋九者數之究，三者數之成，不必數之果皆三、九也。”鳳凰山M8出土牛車一乘，上載薪柴，可與遣册記錄相印證。據王明欽介紹，謝家橋M1南室亦有拉薪牛車1輛③。牛車運載之“桑薪”除了實用功能外，不知是否還有其他文化含義，待考。

漢墓隨葬的薪材除用牛車運載外，也有直接放置於竈前者，如鳳凰山M168、M169出土的陶竈前放置有薪柴④，瓦墳園西漢墓M4陶竈的側邊亦有木柴一堆⑤。

【炭】

（1）炭（炭）四籃[1]

　　布囊[2]　　羅泊灣M1從器志A肆1—2

〔集釋〕

［1］第一字，**廣西壯族自治區博物館**（1988：82）隸作“炭”，爲“炭”之異體。**李均明、何雙全**（1990：127）釋“炭”。

廣西壯族自治區博物館（1988：82）：籃，《方言》“籠，南楚江沔之間謂之筹，或謂之筊”，郭璞注：“亦呼籃。”**王貴元**（2002）：“籃”在這裏是臨時量詞，籃即大籠，《說文解字·竹部》：“籃，大篝也。”

---

①　劉釗：《〈張家山漢墓竹簡〉釋文注釋商榷（一）》，《古籍整理研究學刊》2003年第3期。

②　曹方向：《讀秦漢簡劄記（三則）》，簡帛網2008年11月11日。

③　王明欽：《湖北荆州謝家橋1號漢墓發掘取得重要收藏》，《中國文物報》2008年1月30日第002版。

④　湖北省文物考古研究所：《江陵鳳凰山一六八號漢墓》，《考古學報》1993年第4期；四川大學歷史系考古專業74級實習隊編印：《江陵紀南城鳳凰山西漢墓169號發掘簡報》，紀南城文物保護與考古發掘辦公室，1975年。

⑤　荆州博物館：《湖北荆沙市瓦墳園西漢墓發掘簡報》，《考古》1995年第11期。

　　[2]今按：此“布囊”的記録於此較爲突兀，據從器志整篇記録特徵看，疑“布囊”當與上條“炭（炭）四籃”連讀，布囊爲炭籃的外包裝。

〔疏證〕

　　炭，《説文》大徐本云：“炭，燒木餘也。”小徐本云：“炭，燒木未灰也。”《一切經音義》引《釋名·釋用器》：“火所燒餘木曰炭。”它們都是對炭的原料和形成狀態所作的描述。

　　先秦兩漢之炭一般是指木炭。木炭有兩個重要的特性，一是易燃且少煙，二是吸水性強。鍼對這兩個特性，木炭在漢代有不同的用途。

　　利用易燃且少煙的特性，木炭多用作燃料，具體説來可以分爲生産用炭與生活用炭。生産用炭，主要是在冶煉時使用，如嶽麓秦簡《數》158／0896記：“段（煅）鐵一鈞用炭三石一鈞，斤用十三斤，兩用十三兩。”《二年律令·錢律》簡203記：“智（知）人盜鑄錢，爲買銅、炭，及爲行其新錢，若爲通之，與同罪。”生活用炭是將炭加入到爐一類器具中燃燒，居延新簡ESC：84記“灾（炭）盧（爐）一”，説明爐主要是以炭爲燃料的。相比於普通草木燃料，燃燒時少煙的炭可謂是清潔能源，故炭在漢代貴族與富人的日常生活中有着廣泛的用途。具體而言，炭可放入暖手爐中燃燒取暖，放入烤爐中烤肉，放入染爐加熱醬料，放入炭爐熬藥或煜食，與香料一起熏香等。舉例説來，桑炭是燒烤的優質燃料，《奏讞書》案例十九中，宰人給衛君製作炙肉時所用之炭即爲桑炭，“臣有（又）診炙肉具，桑炭甚美，鐵盧（爐）甚磬”。考古出土實物中有較多生活用炭的例子，如咸陽馬泉西漢墓出土銅染爐的算上殘留有木炭[1]；洛陽五女冢新莽墓IM461：7陶爐火燼內有木炭[2]；河南鞏義新華小區東漢墓M1：7陶爐上置銅銚，爐算中存有少許木炭[3]；銀川平吉堡西漢墓出土的陶博山爐中尚有木炭碎塊[4]；瓦墳園西漢墓M4：13銅熏爐中存有木炭2塊[5]；巢湖北山頭西漢墓M1：9銅熏爐內存草類香料殘餘和木炭粒[6]。

　　利用吸水性強的特性，木炭可用作重要的築墓材料。《淮南子·説山訓》“懸羽與炭，而知燥溼之氣”，高誘注：“燥，故炭輕。溼，故炭重。”由於木炭在漢代

----

① 咸陽市博物館：《陝西咸陽馬泉西漢墓》，《考古》1979年第2期。
② 洛陽市第二文物工作隊：《洛陽五女冢新莽墓發掘簡報》，《文物》1995年第11期。
③ 鄭州市文物考古研究所、鞏義市文物保護管理所：《河南鞏義市新華小區漢墓發掘簡報》，《華夏考古》2001年第4期。
④ 寧夏回族自治區博物館：《銀川附近的漢墓和唐墓》，《文物》1978年第8期。
⑤ 荆州博物館：《湖北荆沙市瓦墳園西漢墓發掘簡報》，《考古》1995年第11期。
⑥ 安徽省文物考古研究所、巢湖市文物管理所：《巢湖漢墓》，文物出版社，2007年，第99頁。

仍是比較珍貴的燃料，故使用木炭築墓無疑是一種奢侈的行爲。更重要的是，漢代法律對築墓用炭有等級規定，如睡虎地M77漢簡《葬律》記："徹侯……藏槨一，厚五寸，得用炭。"馬王堆軑侯家族墓地中，M1墓主爲軑侯夫人，其棺槨上部及四周填塞厚40—50厘米的木炭，共約一萬多斤；M2軑侯墓棺槨四周填以厚10厘米左右的木炭；M3軑侯之子棺槨上下周圍填塞厚15—30厘米的木炭。

羅泊灣從器志所記之炭僅"四籃"，應屬生活用炭。類似這種在墓中儲藏生活用炭者多見於王侯大墓中，如南越王墓後藏室門道內和東南角的地板上發現有3—5厘米厚的木炭堆[①]；章丘洛莊西漢墓4號陪葬坑入口處放置有約100公斤木炭[②]；徐州北洞山西漢楚王墓附屬墓室附8室門道以北堆有約數百公斤木炭[③]。可見，木炭在貴族的生前、生後生活中均發揮着重要的作用。

三、取　水　器

【汲甕】

（1）汲甕（甕）二[1]　丿　鳳凰山M8遺122

〖集釋〗

[1]"汲"下一字，**彭浩**（2012：45）釋"甕"。**中山**（2012：45）釋"癰"，**章水根**（2013：84）從之。**于淼**（2015：165）："雍""癰""癕""甕"在漢代出土文獻中常通用。用爲聲旁的"雍"在早期隸書中或可替換爲"癕"，見鳳凰山M8簡122"甕"。

汲甕，**毛靜**（2011：60）：即打水用的瓦罐。**章水根**（2013：84）：甕，《説文》作罋，"罋，汲缾也"，即汲水之瓶。

〖疏證〗

《廣雅·釋詁》"扱、汲，取也"，王念孫疏證："取水於井謂之汲。"金關漢簡73EJT23：732記有"去河水一里二百一十步汲河"，則取水於河亦曰汲，汲爲取水

---

①　廣州市文物管理委員會等：《西漢南越王墓》（上），文物出版社，1991年，第276頁。

②　濟南市考古研究所等：《山東章丘市洛莊漢墓陪葬坑的清理》，《考古》2004年第8期。

③　徐州博物館，南京大學歷史學系考古專業：《徐州北洞山西漢楚王墓》，文物出版社，2003年，第136頁。

的泛稱。《説文·缶部》："甕，汲缾也。"汲甕，指於井、河等水源地取水用的甕。

信陽長臺關楚墓M1遣册2-014記有"一湛（汲）拼（瓶）"，汲瓶即汲甕[1]。周家臺秦簡340記："·禹步三，汲井。以左手袤繘，令可下免癰（甕）"，這裏的甕，即指汲甕。

汲水之具，概稱"汲器"（73EJT37：1541）。傳世文獻多見各種汲器，如《淮南子·脩務訓》："今夫救火者，汲水而趨之，或以甕瓴，或以盆盂。其方員銳橢不同，盛水各異，其於滅火鈞也。"《淮南子·氾論訓》："木鉤而樵，抱甄而汲。"《左傳》襄公九年："具綆缶，備水器。"出土漢代文獻中亦有豐富的汲器記錄，如"汲瓨"（ESC：29），"汲桐（桶）"（68.63），"汲水桐（桶）若瓨"（282.19），"汲垂（甄）"（73EJT23：305），"汲嬰（罌）"（73EJT31：67），"汲瓶"（73EJF3：289）等。徐州雲龍區銅山路鐵刹山西漢墓M37：23陶井配套的陶汲甕，器形規整，是標準的汲水之甕[2]（圖2.3-12，1）。

長沙阿彌嶺西漢墓出土的滑石井内有一枚"雙耳敞口束頸長腹桶，在腹部上刻有一字，高13厘米"[3]，其字爲"壐"（圖2.3-12，2），當讀爲"甕"；此器未見圖像發表，據簡報表述的形制來看，可能與洛陽燒溝漢墓M1027：33陶井所附之桶相近[4]（圖2.3-12，3），這種桶類器，可能就是居延漢簡所記的"汲桐（桶）"。阿彌嶺西漢墓所出滑石汲水桶上所刻"壐（甕）"可能是泛指汲水用的罐或桶類器。

圖2.3-12　漢墓出土陶井與汲器
1.鐵刹山M37：23陶井、汲甕　2.阿彌嶺滑石汲桶上的刻銘　3.燒溝M1027：33陶井、汲桶

① 劉國勝：《楚喪葬簡牘集釋》，科學出版社，2011年，第26頁注釋［112］。
② 徐州市文物局、徐州市文物考古研究所：《溯·源："十二五"徐州考古》，江蘇鳳凰美術出版社，2016年，第52頁。
③ 湖南省博物館：《長沙樹木嶺戰國墓阿彌嶺西漢墓》，《考古》1984年第9期。
④ 中國科學院考古研究所：《洛陽燒溝漢墓》，科學出版社，1959年，圖版三十。

第三章 起 居

　　起居，廣義上來講，包含了飲食寢興等所有的日常生活狀況，《漢書·哀帝紀》"臣願且得留國邸，旦夕奉問起居"。狹義而言，指睡覺與起身，《管子·形勢》"起居時，飲食節，寒暑適，則身利而壽命益"，《漢書·卜式傳》"以時起居，惡者輒去，毋令敗羣"①。我們對漢代遣册有關起居類名物的討論採用狹義的"起居"，將起居器物分爲臥坐之具、化妝與洗沐之具、熏香之具、雜物。臥坐之具分爲寢具、坐具；化妝與洗沐分爲妝具、化妝品、盛妝具、洗沐之具；熏香之具分爲熏器、香料；雜物有照明器、納涼器、縫紉具、博具等。

第一節　臥坐之具

一、寢　具

【被】

（1）新被一領。送大家　張德宗衣物疏B壹4

（2）故被一領[1]　張德宗衣物疏B貳1

（3）縹被一領[2]　丿　尹灣M6君兄衣物疏A壹3

（4）綠被一領　朱菱衣物疏-12

（5）繎（縹）冰（綾）被一[3]　劉賜衣物名A貳12

（6）絳冰（綾）被一　劉林衣物疏A肆7

（7）綺被一　劉林衣物疏A肆6

（8）綒〈綺〉被一[4]　尹灣M2衣物疏A肆5

（9）綺被一領[5]　朱菱衣物疏-2
　　　綺被一領[6]　朱菱衣物疏-17

（10）繡被一　淩惠平衣物疏A肆2

————————

① 《漢語大詞典》"起居"義項②。

（11）繡被一[7]　三羊墩M1衣物疏A壹1

（12）繡被一[8]　尹灣M2衣物疏A肆4

（13）繡被一 丿　劉林衣物疏A肆5

（14）繡（繡）被一　劉賜衣物名A貳10

（15）繡被二領[9]　レレ　尹灣M6君兄衣物疏A壹2

（16）襌被三　劉賜衣物名A貳9

（17）單（襌）被二領[10]　レ丿　尹灣M6君兄衣物疏A壹4

（18）糸（絲）縷單（襌）被二　劉林衣物疏B壹3

（19）白縷單（襌）被一[11]　尹灣M2衣物疏A肆6

（20）縑單（襌）被　凌惠平衣物疏A肆4

（21）縑襌被一領　西郭寶衣物疏A肆6

（22）綿被，絳緣[12]　丿　海曲M130-03衣物疏B壹3

（23）綿被一　劉賜衣物名A貳11

（24）綿被一領[13]　朱夌衣物疏-16

（25）浴成綿被一[14]　劉林衣物疏B壹1

（26）馳虎綿被一　劉林衣物疏B壹2

（27）綪（青）綺被復（複）〈複被〉一[15]　丿　侍其繇衣物疏A叁2

（28）縹綺複被一領[16]　西郭寶衣物疏A壹2

（29）錦複被一領[17]　西郭寶衣物疏A壹3

（30）繡復（複）被一 丿　侍其繇衣物疏A叁1

（31）紅繡（繡）複被一領[18]　西郭寶衣物疏A壹1

（32）絳繡被，白緣[19]　丿　海曲M130-03衣物疏B壹2

（33）□□復（複）被一[20]　丿　侍其繇衣物疏A叁3

（34）縹冰（綾）薄被[21]　凌惠平衣物疏A肆3

〖集釋〗

　　［1］**黨壽山**（2001：65）：故被即舊被。

　　［2］第一字，**連雲港市博物館**（1997：151）釋"縹"。**馬怡**（2006：249）釋"練"。

　　縹被，**劉洪石**（1999：122）：指用青白色絲織品做的被子。

　　［3］第二字，**彭峪、衛松濤**（2017）釋"冰"。**今按**：當隸作"冰"，"冰"之異體，讀爲"綾"。

　　[4]第一字，**連雲港市博物館**（1997：151）釋"綺"。**周群麗**（2007：81）：疑"綺"爲"綺"的誤字。**李會黶**（2009：101）："綺"字或爲"綉"或"綺"，存疑。**寳磊**（2016：74）釋"綺"。**今按**：此字與A貳6的"綺"字有別，而與A叁13的"綺"字寫法相近，從字形上來説，報告釋"綺"問題不大，但"綺被一"難解。綺、綺形近，馬王堆M1遣册簡251就有"綺"訛寫爲"綺"的例子。因此，牘文"綺"應當是"綺"字的誤寫。

　　[5]**于麗微**（2014：89）引**馮勝君**意見："被"通"帔"。《説文》巾部："帔，弘農謂帬帔也。""被一領"即帬帔一領。**寳磊**（2016：82）："被"或可如字讀，這裏指斂尸用的單被。

　　[6]第一字，**揚州博物館**（1987：13）釋"袴"。**胡平生、李天虹**（2004：479）釋"綺"。

　　[7]此處釋文，**中國簡牘集成19**（2005：1895）作"□□一"。**趙寧**（2014：168）作"繡被一"。

　　[8]**今按**："繡被一"或與棺内出土的兩件真絲繡被有關。

　　[9]**劉洪石**（1999：122）：繡被指覆蓋在尸身上的絲胎刺繡被2件。**今按**：尹灣漢墓群出土2件繡被的是M2，並非M6。

　　[10]**劉洪石**（1999：122）：單被即夾被，中間無胎。

　　[11]**中國簡牘集成19**（2005：2059）：白縷，白色的綫織。**張静**（2005：69）：縷指刺繡。**張顯成、周群麗**（2011：167）：縷，帛。《管子·侈靡》"朝縷綿"，尹知章注："縷，帛也。"

　　[12]"綿"下一字，**劉紹剛、鄭同修**（2013：208）釋"被"。**趙寧**（2014：466）釋"衼"。**寳磊**（2016：92）釋"被"，此字與B壹3的"被"字寫法相同。

　　[13]"綿"下二字，**揚州博物館**（1987：13）釋"袍三"。**西林昭一**（2000：176）釋"袍一"。**中國簡牘集成19**（2005：1902）、**于麗微**（2014：90）釋"被一"。
　　綿，**中國簡牘集成19**（2005：1903）：指絲綿。

　　[14]**今按**："浴成"之"成"照片模糊，暫從整理者釋。"浴成"疑爲絲織品名。

　　[15]**中國簡牘集成19**（2005：1850）：綪，大紅色，《説文》系部："綪，赤繒也。以茜染，故謂之綪。""被復"當爲"復被"之倒，夾被。**今按**："綪綺"之"綪"表顏色，於此疑當讀爲"青"，青色。"被復（複）〈複被〉"是有絮之被。

　　[16]第一字，**連雲港市博物館**（1988：20）釋"繰"。**馬怡**（2006：255）釋"繰"。**田河**（2012c：133—135）釋"繰"。文獻中"繰"一般是"蒸繰"連用，也作"烝栗"。"繰"字没有單用的例證，而"繰"在文獻中習見。**寳磊**（2016：24、25）：此字從馬怡釋"繰"爲宜。

縹，**馬怡**（2006：248、249）：織物之色如蒸孰之栗稱爲"縹"。《玉篇·糸部》："縹，蒸縹，綷色。""綷，五綵備。"《廣韻·質韻》："縹，蒸栗，色綷。"《廣雅·釋器》："蒸縹，綷也。"

　　［17］第一字，**連雲港市博物館**（1988：20）疑爲"錫"。**姜維**（2011：137）缺釋。**中國簡牘集成19**（2005：1875）、**馬怡**（2006：255）、**竇磊**（2016：25）釋"錦"。**今按**：木牘邊緣處的文字有多個上方筆畫稍殘，木牘邊緣或有殘損，釋"錦"可從。

　　［18］第二字，**連雲港市博物館**（1988：20）釋"繡"。**馬怡**（2006：255）釋"繻（繡）"。**今按**：可隸作"繻"，讀爲"繡"。

　　［19］**劉紹剛、鄭同修**（2013：208）：絳繡，在絳色的織物上繪彩畫。此遣策衣、被的邊緣裝飾俱稱"緣"。**今按**：穿鍼引綫刺繡稱"繡"，彩繪稱"畫"，是不同的兩種工藝。

　　［20］第二字，**李均明、何雙全**（1990：95）釋"台"。**中國簡牘集成19**（2005：1850）釋文作"台（？）"。

　　［21］**吕志峰**（2019：93）："薄被"可能是比"單被"質地更薄的被子。

〖疏證〗

　　《説文》衣部"被，寑衣，長一身有半"，段注："《論語·鄉黨》篇曰：'必有寝衣，長一身有半。'孔安國曰：'今被也。'鄭注曰：'今小臥被是也。'引伸爲横被四表之被。"朱駿聲《定聲》："臥衣曰被，大被曰衾。"《釋名·釋衣服》："被，被也，所以被覆人也。"《廣雅·釋器》："寝衣、衾、幬，被也。"正因"被"即寝衣、臥衣，故在漢代衣物疏中多將"被"歸入"衣"類，量詞用"領"。

　　在漢代遣册記錄的"被"中，明確説明材質者有縹、綾、綺、繡、錦等絲織物，五一廣場簡617記有"布被三，直三千"，則當時還有布被，雖然出土文獻所見"布被"不多，但從情理推斷，"布被"在當時使用範圍應當更廣泛。五一廣場簡617還記有"五幅故被一，直六百"，曹操墓石楬M2：326記有"絳杯文綺四幅被一"。漢代"布帛廣二尺二寸爲幅"（《漢書·食貨志》），即一幅的寬度約50厘米，五幅、四幅相當於寬250、200厘米，這已經是很寬的大被了，大被又謂之衾（《説文》衣部）。

　　漢代遣册所記之"被"在形制上有襌被、複被（綿被），暫未見到袷被。西朱村石楬M1：404記有"厚、薄、袷、雜被凡十七領"，據此推測漢代應該也有袷被。

圖3.1-1　高臺許三灣魏晉墓"臥具"圖

江陵鳳凰山西漢墓M167邊廂出土的木俑中，有女俑"托被"[①]，未見詳細介紹。甘肅高臺許三灣古城遺址魏晉壁畫墓中有一幅榜題"臥具"之圖，上繪一張曲足牀，牀上有紅色長條物[②]（圖3.1-1），其表現的大概就是紅被一領。西郭寶衣物疏A壹1記有"紅繡（繡）複被一領"，可參。

禪被，即無裏無絮之被。絲縷禪被，疑指用絲綫編織的禪被。漢代衣物疏所記之"被"多爲絲質，"白縷"疑即白色絲綫。白縷禪被，疑指用白色絲綫編織的禪被。縑禪被，指用縑帛縫製的禪被。

複被，即有表有裏且褚有絮的被。綿被，即褚有綿的被，當然也就是複被。馬圈灣漢簡1043亦記有"綿被一"。劉林衣物疏B壹2"馳虎綿被一"之"馳虎"，疑爲一種絲織物的品牌名稱，其取名或與織物上的虎紋有關。

薄被是從被的厚薄角度取名的，屬相對而言。

【衾】

（1）新□繡衾一[1]　　鳳凰山M8遺28

故錦衾一[2]　　鳳凰山M8遺29

錦衾一[3]　　鳳凰山M8遺30

（2）綊複衾（衾）一[4]　　張家山M247遺10壹

（3）縹（縹）綺衾一[5]　↓　尹灣M6君兄衣物疏B壹5

（4）霜（緗）散（繖）紒一領[6]　　尹灣M2衣物疏A壹1

【集釋】

[1] **彭浩**（2012：20）：衾，大被。**張一諾**（2011：12）：《説文》衣部"衾，大被"，段注曰："寢衣爲小被，則衾是大被。"**章水根**（2013：42）：《釋名·釋衣服》説衾"广也，其下廣大，如广受人也"，可知衾確爲大被子。

[2] **章水根**（2013：43）：故錦衾即舊的用錦製成的大被子。

［3］**毛靜**（2011：51）：與上一簡"故錦衾一"對照，此簡所記疑指新錦衾。

［4］**張家山二四七號漢墓整理小組**（2001：305）：綅，《説文》："白鮮衣貌。"

綅複衾（衾）一，**廣瀬薰雄**（2010b：370注釋②）：此衾當是大斂所用之衾。《儀禮·士喪禮》"死于適室，幠用斂衾"，鄭注："斂衾，大斂所并用之衾。衾，被也。"

［5］**中國簡牘集成19**（2005：2012）：衾，被子。

［6］散，**中國簡牘集成19**（2005：2059）：通緣，《廣韻》："緣，緣絲綾。"**馬怡**（2005：264）：緣爲絲織品"綾"的一種，尹灣M2衣物疏中的"散"大約是指一種光亮細緻而有花紋的絲織品。

紷，**中國簡牘集成19**（2005：2059）：通衿。從小結來看，紷（衿）當釋一種交領的衣服。**馬怡**（2005：263）：紷，單被。**今按：**由衣物疏中"被"的量詞用"領"可知，"被"在當時屬於衣類。若將"紷"理解爲單被，那麼，似乎與該衣物疏A肆6所記"白繚單（禪）被一"之"單被"有重複之嫌。謂"紷"讀爲"衿"指交領之衣的説法，有待檢驗。

〔疏證〕

衾指大被。《説文》衣部："衾，大被。"《釋名·釋衣服》："衾，广也，其下廣大，如广受人也。"《儀禮·士喪禮》"緇衾赬裏無紞"，鄭注："凡衾制同，皆五幅也。"五幅之衾，寬度約250厘米，確爲大被。《二年律令·賜律》簡282記有"衾五丈二尺、緣二丈六尺、絮十一斤"，這裏的衾就是指大被。

複衾，即有表有裏且褚有絮的衾。張家山M247遣册所記"綅複衾"之"綅"，還可再討論。長臺關楚墓M1遣册2-015記有"一綅常（裳）"，望山楚墓M2遣册21記有"☐純綅箸（席），絹（鞔）☐"，對比張家山M247遣册所記"綅複衾一"，可知三處簡文的"綅"字含義很可能是相同的。望山遣册"純綅箸"之"綅"，田河據《説文》"綅，白鮮衣兒，从糸，炎聲。謂衣采色鮮也"，認爲簡文中"綅"也許仍表色彩鮮豔[1]；羅小華疑當從《廣韻·敢韻》訓爲"青黃色"[2]。疑這些記録中的"綅"爲材質名，讀爲"纁"。《二年律令·關市律》簡258、259記有"販賣繒布幅不盈二尺二寸者，没入之。能捕告者，以畀之。絺綌（紷）、縞縛、纔緣、朱纍、纂（纁）、

---

① 田河：《出土戰國遣册所記名物分類匯釋》，吉林大學博士學位論文，2007年，第208頁。

② 羅小華：《戰國簡册中的車馬器物及制度研究》，武漢大學出版社，2017年，第122、123頁。

縐（紵）布、穀（穀）、荃蔓，不用此律”。㲉，整理者讀爲罽，指氊布[1]，《二年律令與奏讞書》據《漢書·東方朔傳》“狗馬被繢罽”顏注：“罽，織毛也，即氍毹之屬”，認爲罽乃毛織品[2]。

　　衾用於歛葬，則稱歛衾。《儀禮·士喪禮》“幠用衾”，鄭玄注：“衾者，始死時歛衾。”《漢書·高帝紀》：“令士卒從軍死者爲槥，歸其縣，縣給衣衾棺葬具。”睡虎地M77漢簡《葬律》記有“㪷（徹）侯衣衾毋過盈棺，衣衾歛束”，這裏的衾即指歛衾。出土所見漢晉時期的歛衾有布衾，如馬王堆M1尸體上包裹有麻布禪衾2件。武威磨咀子漢墓M48男尸、M62男尸出土時均蓋有麻布衾[3]。尼雅遺址1號墓地M8出有一件絹緣綿布衾，出土時覆蓋在男女尸體的頭部至腿部，長160、寬78厘米，兩長邊及一短邊縫綴寬6—7厘米的豆綠色絹邊[4]；青海平安縣古城漢墓M7的三號棺内男尸蓋有短綿衾。[5]又有繡衾，如尹灣M2的女尸裏有兩件繡衾，一件殘長154、殘寬47、40厘米，另一件殘長134、殘寬38、32厘米，所繡圖案有鼎形幢、三足鳳、人、飛人、瑞獸、騎獸者、跪着的人和豹子等[6]（圖3.1-2，1）。日照海曲漢墓中出有一件繡衾，覆蓋在死者的骨架上，面繡花草和雲氣紋，長260、寬96厘米[7]。還有錦衾，如尼雅遺址1號墓地M3出有一件錦禪衾，由兩幅各寬48厘米的“王侯合昏千秋萬歲宜子孫”錦綴接而成，兩長邊縫有白色織物的緣，長168、寬93.5厘米[8]（圖3.1-2，2）。

1　　　　　　　　　　　　　　　　　2

圖3.1-2　漢晉墓葬出土的衾

1. 尹灣M2繡衾　2. 尼雅95MNⅠM3錦衾

①　張家山二四七號漢墓竹簡整理小組：《張家山漢墓竹簡〔二四七號墓〕：釋文修訂本》，文物出版社，2006年，第44頁。

②　彭浩、陳偉、工藤元男主編：《二年律令與奏讞書》，上海古籍出版社，2007年，第195頁。

③　甘肅省博物館：《武威磨咀子三座漢墓發掘簡報》，《文物》1972年第12期。

④　新疆文物考古研究所：《新疆民豐縣尼雅遺址95MNⅠ號墓地M8發掘簡報》，《文物》2000年第1期。

⑤　青海省文物考古研究所：《青海平安縣古城青銅時代和漢代墓葬》，《考古》2002年第12期。

⑥　連雲港市博物館等：《尹灣漢墓簡牘》，中華書局，1997年，第159頁。

⑦　何德亮、鄭同修、崔聖寬：《日照海曲漢代墓地考古的主要收穫》，《文物世界》2003年第5期。

⑧　國家文物局編：《絲綢之路》，文物出版社，2014年，第144頁。

【枕】、【枕巾】

（1）枕一[1]　　∫　　鳳凰山M168遺40

（2）繡枕一[2]　　馬王堆M1遺254

　　　素乘雲繡枕巾一，繢周掾（緣），素綏（緶）[3]　　馬王堆M1遺253

（3）雲越錦沈（枕）一，繢番[4]　　馬王堆M3遺335

　　　沈（枕）巾一[5]　　馬王堆M3遺333

（4）紫三采（彩）斿（游）豹沈（枕）一[6]　　馬王堆M3遺337

　　　紫沈（枕）巾一，素裏、掾（緣）[7]　　馬王堆M3遺336

〖集釋〗

　　　［1］第一字，**中山**（2012：192）釋“械”。**陳振裕**（2012：192）釋“杝”，讀爲“匜”。**許林萍**（2013）：似爲“枕”字。**章水根**（2013：328）釋“枕”。

　　　陳振裕（2012：203）在“簡文内容與出土物對照表”中將“杝一”對應漆匜一（111），備注“相符”。**鳳凰山M168報告**（1993：479）：匜1件（111），簡40所記當指此器。**章水根**（2013：328）：墓中出土的雙虎頭型器應該就是此簡的“枕一”。**今按**：據發掘報告介紹，M168：235雙虎頭型器“用整木雕成，造型別致；扁長形，正面微呈弧形；兩端各雕一虎頭，虎口咬住一橫木，兩前爪亦抓此橫木；背面中部有一把手；整器塗黑漆，虎腹與把手上再塗朱漆，虎前爪、額和頸部有朱漆繪花紋；長56、寬10.5、高9.3厘米”。《荆州出土楚漢文物集萃》將此器命名爲雙虎頭形漆木枕（圖3.1-3，1），“兩端用虎豹形象裝飾的漆木枕，表達了驅逐噩夢、安眠酣睡的祈願”①。章水根認爲這件器物就是簡文所記的“枕一”，可從。

　　　［2］**馬王堆M1報告**（1973：71）：繡枕1件（440），簡254所記應即指此。

　　　［3］**馬王堆M1報告**（1973：71、149）：綏疑當讀爲緶，素綏疑指周緣的外邊再繢素帛緣。北邊廂出繡絹枕巾1件，絹緣，當即簡文所記。枕巾2件，444號長87.5、寬65厘米，“乘雲繡”淡黄絹面，周緣鑲以寬6.5厘米的起毛錦和寬4厘米的淡黄絹，裏襯素絹；446號長100、寬74厘米，“乘雲繡”香色對鳥菱紋綺面，四周邊緣鑲以寬14.5厘米的煙色絹，襯裏亦爲煙色絹。簡253所記應即指M1：444枕巾。

　　　［4］**劉釗**（2020：166）：“越”字“戉”旁訛作“成”形。

　　　“繢”下一字，**馬王堆M3報告**（2004：69）釋“當”。**伊强**（2005：75）釋

---

　　　①　成都華通博物館、荆州博物館：《楚風漢韻：荆州出土楚漢文物集萃》，文物出版社，2011年，第139頁。

“番”。**馬王堆集成**（2014：256）：伊强改釋意見可從，讀法待考。**魯普平**（2018：120、121）：“番”或可讀爲“帔”。“番”上古屬幫母歌部，“帔”上古屬滂母歌部，兩字聲近韻同；古書中從“番”與從“皮”得聲之字可相通，如《周易·賁卦》：“賁如皤如。”《經典釋文》：“賁，荀作波。”《玉篇·巾部》：“帔，巾也。”“繢番”即繪有花紋的枕巾。**今按**：“繢番”之“番”，或可有兩解。其一，馬王堆M1遣册253記“素乘雲繡枕巾一，繢周掾（緣），素綏（緁）”，M3遣册335記“雲越錦沈（枕）一，繢番”，可知“繢番”與“繢周緣”相當，則“番”可能與“周緣”的含義相近。疑“番”讀爲“藩”，《説文》艸部：“藩，屏也。”《左傳》哀公十二年“吳人藩衛侯之舍”，杜預注：“藩，籬也。”《漢書·陳遵傳》“乘藩車入閭巷”，顏注：“藩車，車之有屏蔽者。”《荀子·榮辱》“以相藩飾”，楊倞注：“藩飾，藩蔽文飾也。”“繢番”可能是説用“繢”緣飾枕巾四周，屏蔽繡的四邊綫頭。其二，可能與“邊”有關，上古音“番”屬滂母元部，“邊”屬幫母元部，音近可通。《儀禮·士冠禮》：“緇組紘，纁邊。”“繢番”或即繢邊，亦即繢緣。

　　[5] **馬王堆M1報告**（1973：150）：簡253記枕巾，簡254記繡枕，此沈字疑爲枕字之誤。**唐蘭**（1980：48）：沈即枕字。**馬王堆集成**（2014：212）：沈可讀爲枕，不必視爲枕字之誤。

　　[6] “采”下一字，**馬王堆M3報告**（2004：69）釋“柿（游）”。**伊强**（2005：75）釋“斿（游）”。**今按**：墓中出土有豹紋錦枕（北150）。

　　[7] **伊强**（2005：35）：“素裹、掾（緣）”可能指的“素裹”和“素緣”。

〔疏證〕

　　枕，寢臥時支首所用。《説文》木部：“枕，臥所以薦首者。”《禮記·內則》：“御者舉几，斂席與簟，縣衾，篋枕，斂簟而襡之。”《史記·黥布列傳》：“陛下安枕而臥。”曹操《上雜物疏》：“御物有漆畫韋枕二枚，貴人公主有黑漆韋枕三十枚。”

　　枕巾，即帪。《説文》巾部“帪，枕巾也”，段注：“蓋加枕以藉首，爲易污也。今俗所謂枕頭衣。《廣雅》亦曰：‘帪，巾也。’”

　　洪石從考古學的角度對戰國西漢時期的枕作有分析，她認爲出土戰國和西漢早期的竹木枕是作爲隨葬品出於棺外，西漢中晚期的竹木枕則是作爲枕尸之具出於棺內頭下或附近。與竹木枕配套的物品有枕巾（套）和香料等[1]。

____

[1]　洪石：《戰國西漢墓出土竹木枕及相關問題》，《漢長安城考古與漢文化》，科學出版社，2008年，第419—433頁。

圖3.1-3　漢代的漆木枕、繡枕、枕巾

1. 鳳凰山M168：235漆木虎頭枕　2. 馬王堆M1：440繡枕　3. 馬王堆M1：444繡枕巾

【席】

（1）簟席五十六，繒緣[1]　　羅泊灣M1從器志A肆4

（2）簟長席十　　羅泊灣M1從器志A肆5

（3）逗（桃）=枳（枝）=（桃枝[2]、桃枝）錦因（茵）各一　刀　鳳凰山M168遣44

（4）滑辟席一，廣四尺，長丈，生（青）繒掾（緣）[3]　馬王堆M1遣287

（5）滑辟席一，廣四尺，長丈，生（青）繒掾（緣）　馬王堆M3遣306

（6）滑辟席一，綪（青）掾（緣）[4]　馬王堆M1遣288

（7）滑辟席一，錦掾（緣）　馬王堆M3遣307

（8）涓〈滑〉度席一，繢掾（緣）[5]　　馬王堆M1遣286

（9）滑度席一，繢掾（緣）　馬王堆M3遣308

（10）莞席二，其一青掾（緣），一錦掾（緣）[6]　馬王堆M1遣289

（11）莞席二，其一繢掾（緣），一錦掾（緣）[7]　馬王堆M3遣309

（12）延（筵）席一[8]　刀　鳳凰山M168遣58

〖集釋〗

　　［1］**廣西壯族自治區博物館**（1988：82）：《說文》："簟，竹席也。"

　　［2］前二字，**中山**（2012：193）釋"逗""枳"。**陳振裕**（2012：193、200）
首字缺釋，第二字釋"枳"，《漢書·律曆志上》"八音……木曰枳"，顏注："枳與俶同，俶，始也。樂將作，先鼓之，故謂之柷。狀如漆桶，中有椎，連底動之，令左右擊。”《説文·木部》柷“樂木空也”，段注：“《周頌》毛傳曰：柷，木椌也。圉楬也。”墓中出土物未見。**李家浩**（1996b：2、3）引裘錫圭意見“‘逗枳’讀爲‘桃枝’”。桃枝本是竹名，桃枝席就是用這種竹子編織成的而得名。《周書·器服》：“桃枝、蒲席，皆素獨（襡）。”鳳凰山M168竹簡説：“逗枳、逗枳錦因（茵）各一”，“逗枳”與“桃枝”古音相近。**田河**（2012a：535）：疑“逗枳”讀爲“頭跂”，指墓葬中的“雙虎頭型器”，應是一種枕，“逗（頭）枳（跂）”命名可能與該枕有兩“虎頭”有關，也就是虎頭枕。

［3］“滑”下一字，**馬王堆M1報告**（1973：152）釋“辟”，讀若篾。**唐蘭**（1980：53、54）：辟讀若篾。戴凱之《竹譜》：“桃枝皮赤，編之滑勁，可以爲席，《顧命篇》所謂‘篾席’者也。”據《周禮·司几筵》，有大典禮時，先鋪莞筵，上面加繅席，再上面纔是次席，越是下面的越是粗席，越是上面的越是細席。莞席最粗，次席最細，細的竹席是平而滑的，正如戴凱之所説“編之滑勁”，所以叫做滑薛席。**朱德熙、裘錫圭**（1980：74）：287號簡考釋讀“辟”爲“蔑”，是可疑的。**李家浩**（1983：196）：簡文此字是“辟”字異體。“辟席”當讀爲“篾席”。“辟”“篾”古音相近可通。如《詩·大雅·韓奕》“鞹鞃淺幭”之“幭”，《儀禮·既夕》《禮記·玉藻》等作“幦”，即其證。**李家浩**（2010：5）：在楚文字中，篾席之“篾”寫作從“竹”從古文“闢”。“闢”從“辟”聲，與馬王堆漢墓竹簡寫作“辟席”有相似之處。**王貴元**（2005：159）釋“辟”，讀爲“蒲”。

生，**馬王堆M1報告**（1973：152）：疑應讀爲青，蓋以青繒爲緣。

［4］**馬王堆M1報告**（1973：152）：《説文·糸部》：“綪，赤繒也。”蓋以赤繒爲緣。**唐蘭**（1980：54）：《説文》：“綪，赤繒也。以茜染，故謂之綪。”**今按**：疑“綪”讀爲“青”。“綪”在這裏也可能是“青繒”的專名，與《説文》訓爲“赤繒”的“綪”或許衹是同形。

馬王堆M1報告（1973：152）：墓中出竹席28件，邊緣不用紡織品包縫，其中26件蓋槨板上，似非簡286—288所指；餘2件，其一出西邊廂，長235、寬169厘米，另一出北邊廂底板上，已殘。簡287、288各記“辟（篾）席一”，似即指此二件。

［5］**馬王堆M1報告**（1973：152）：涓當爲滑之筆誤，下二簡可證。滑，似爲形容詞，可作纖細平滑解。度，讀爲芏，《爾雅·釋草》“芏，夫王”，郭注：“芏草生海邊，似莞藺，今南方越人采以爲席。”**李家浩**（2010：7、8）：從“度席”與“篾席”都被“滑”修飾來看，“度席”跟“篾席”一樣，也應該是一種竹席。《方言》卷五：“笲篖，自關而東周洛楚魏之間謂之倚佯，自關而西謂之笲篖，南楚之外謂之篖。”上古音“度”屬定母鐸部，“篖”屬定母陽部，二字聲母相同，韻部陽入

對轉。跟"度"一樣從"石"得聲的"宕"即屬陽部。疑簡文"度席"當讀爲"簹席"。因爲"唐"是席名,所以與"席"構成複合名詞"簹席"。馬王堆漢墓所在地長沙屬"南楚",《史記·貨殖列傳》:"衡山、九江、江南豫章、長沙,是南楚也。"從簡文席名"簹席"來看,在西漢初年,實際上在長沙地區方言裏也把"符簹"稱爲"簹",不一定像《方言》所説是僅限於"南楚之外"。

[6]**馬王堆M1報告**(1973:121、152):《説文·艸部》:"莞,艸也,可以作席。"此簡"莞席"應爲臥席。草席共4條,其中322、323號出土於西邊廂中部的竹笥上,大小基本相同,長220、寬82厘米。323號草席的周緣包錦,322號草席的周緣則包以青絹,出土時分別卷成筒狀,並束以絲帶。簡289所記應即指此。另外2條(306、438)分別出土於南邊廂和北邊廂之中,保存情況較差,已殘。

李家浩(2010:8):"莞席二"跟"坐莞席二"對言,當屬臥席,且均爲下鋪的重席。287、288號簡的"滑篾席一"都屬上藉的加席,它們之中有一張屬於"莞席",另一張屬於"坐莞席";286號簡"滑度席一"可能屬這兩套席中某一套席的加席。西邊箱381號竹席和322、323號草席,原來卷成筒狀。寢席白天要收卷起來,據此,這三張席當是寢席。兩張草席即289號簡所記"莞席二"。381號竹席長235、寬169厘米,據目前發現的西漢尺實物,一尺長在23—23.6厘米之間,以此計算,287號簡所記"篾席"的寬度與381號竹席的寬度雖然不合,但是它們的長度卻相合,不知287號簡所記"篾席"是否指381號竹席。若是,287號簡"篾席一"即屬於289號簡"莞席二"的加席,而288號簡"蔑席一"則屬於190號簡"坐莞席二"的加席。於此可見,馬王堆漢墓竹簡所記"篾席一""莞席二"和"蔑席一""坐莞席二"兩套席的情況,跟包山楚簡所記"一寢席,二薦席"和"一坐席,二莞席"兩套席的情況十分相似,可以互證。**李天虹**(2017:66):墓葬中卷置的席是否都是寢席,尚有討論空間,如沙冢楚墓M1"卷起入葬"的兩件竹席長90、寬50厘米,不適合寢臥,當是坐席。馬王堆M1發掘報告稱,381號竹席放在西邊箱竹笥下的竹籃上,322、323號草席放在西邊箱中部的竹笥上。從出土位置看,381號竹席與322、323號草席配套使用的可能性較大。兩件草席大小基本相同,長220、寬82厘米,按西漢尺度計算,與簡287號所記篾席的長度、寬度均相去不遠。或許這一套席的長、寬本來大體一致,下葬時不知何故加席改用了寬度較大的381號。還可留意的是如果將322、323兩件草席並排鋪陳,寬度與381號竹席基本相合,抑或正是這套席的使用方式。

[7]纈,**馬王堆M3報告**(2004:68):一般指提花織物絨圈紋錦而言。

馬王堆M3報告(2004:235、236):竹席4件,北180、183、185鋪在北槨廂底板上,可能係鋪墊,北184呈捲筒狀,保存狀況差。草席1件(南101),莞草紡織,縱向有麻綫爲徑,周圍以絹和起絨錦緣邊,長約200、寬約80厘米。**今按**:據馬王堆M3

報告（2004：47）"三號漢墓槨廂第二層隨葬器物分佈圖"，南112也是草席。馬王堆M3報告（2004：228）云："南101、112竹席……緣邊都使用有矩紋的起絨錦。"又，從馬王堆M3報告（2004：彩版十六）西槨廂的局部彩色照片看，所示區域内至少有2條捲起來的竹席，但馬王堆M3報告（2004：45）"三號漢墓槨廂第一層隨葬器物分佈圖"祇給了1個出土號（西13. 竹席）。因此，馬王堆M3至少出土了6張竹席（北180、183、184、185、西13、西未編號），2張草席（南101、南112）。這2張草席疑即簡309所記的"莞席二"。

[8] **陳振裕**（2012：200、204）：延即筵，《説文·竹部》："筵，竹席也。"《周禮·春官·司几筵》"設莞筵"，賈疏："凡敷席之法，初在地者，一重即謂之筵，重在上者，即謂之席。"漢初席地而坐，筵和席都是鋪在地上的坐具。《禮記·樂記》："鋪筵席，陳尊俎，列籩豆。"筵席是專指酒席而言，簡文所記延席一件，而墓中出土了各種酒食用具，因而"延席一"亦可指酒席用具。出土物未見。**李家浩**（1993：452）：筵席是先設之席，在下面。江陵鳳凰山M168有"延席一"，記的也是這種席。**章水根**（2013：335）：延席即筵席，應是指酒席。**今按**："筵席"即"筵"，因"筵"爲席名，故與"席"構成複合名詞"筵席"。文獻中將"筵席"與酒席相聯繫是比較晚的事情。

〔疏證〕

《説文》巾部："席，藉也。"《釋名·釋牀帳》："席，釋也，可卷可釋也。"

出土漢代文獻所見席名衆多，取名的依據在於用途、材質、大小、長短等方面。以用途取名的者，有臥席、坐席、車席、箅席、博席等；以材質取名者，主要有草席、竹席等；以大小、長短、尺寸、禪複等形制取名者，有大席、小席、長席、短席、丈二席、丈席、八尺席、六尺席、禪席、複席等。

臥席，又稱寢席、牀席等，是寢臥之席。《玉篇》巾部："席，牀席也。"《禮記·曲禮上》"請席何鄉，請衽何趾"，鄭玄注："衽，臥席也。"上舉詞條例（1）—（11）所記之席多屬寢席。坐席，是用於坐的席。車席，是車中所鋪之席。箅席，是鋪陳或包裹箅簹的小席。博席，是玩六博時投箅的席。

草席，主要有莞席、蒲席、葦席、藺席、薾席等。北大漢簡《蒼頡篇》64："蘿葦菅蒯（蒯），莞蒲藺蔣（蔣）"，水泉子漢簡《倉頡篇》"筵（莞）蒲閭（藺）蔣織"，其中的草類多可用於織席，並據以命名所織之席。

莞席，以莞草編製之席。《説文》艸部："莞，艸也。可以作席。"《詩·小雅·斯干》："下莞上簟，乃安斯寢。"《漢書·東方朔傳》"莞蒲爲席"，顏注："莞，夫離也，今謂之葱蒲。以莞及蒲爲席，亦尚質也。"王褒《僮約》："種莞織

席。"《奏讞書》案例十九"臣有（又）診視媚臥，莞席敝而經絶"，衛君夫人的養
婢媚所臥之席爲莞席，上無加席。

蒲席，以蒲草編製之席。《説文》艸部："蒲，水艸也。可以作席。"里耶秦簡
9-1261"莞席二、蒲席二"，居延新簡EPT5：28"省能作葦席及蒲席"。蒲席又稱
蒲苹。《釋名·釋牀帳》："蒲平，以蒲作之，其體平也。""蒲苹"可簡稱爲"平
（苹）"，西北漢簡多見，如：

> 八尺平（苹）一，緣以青布　　Ⅰ90DXT0114③：56
> 八尺平（苹）二　73EJT37：1412
> 六尺平（苹）五　EPT40：180

蒲苹又稱蒲蒻。《急就篇》第三"蒲蒻藺席帳帷幢"，顔注："蒻謂蒲之柔弱者
也。……蒲蒻可以爲薦。"《説文》艸部"蒻，蒲子。可以爲平席"，段注："蒲
子者，蒲之少者也。凡物之少小者謂之子，或謂之女。……此用蒲之少者爲之，較
蒲席爲細。"懸泉漢簡Ⅰ90DXT0109②：5記有"八尺糸（絲）經弱（蒻）單（禪）
二"，"蒻禪"疑爲"蒻禪席"的簡稱，指用蒻編織的單層席。蒲苹還可稱爲芐。
《禮記·閒傳》"居堊室，芐翦不納"，鄭玄注："芐，今之蒲苹也。"居延新簡
EPT59：74記有："又新賣（買）下六尺三"，"下"疑讀爲"芐"，即蒲苹。

葦席，用蘆葦編製之席。《説文》艸部："葦，大葭也。"《詩·豳風·七
月》"八月萑葦"，孔穎達疏："初生爲葭，長大爲蘆，成則名爲葦。"《集韻·未
韻》："葦，織艸也。""葦席"在西北漢簡中多見，如

> 葦席五枚，廣七尺，長九□☑　　EPT5：28
> 臥内中韋（葦）席、承塵☑　　EPT6：9
> 葦席四枚　EPT44：6A
> 作韋（葦）席工　490.7

藺席，用藺草編製之席。《急就篇》第三"蒲蒻藺席帳帷幢"，顔注："藺，草名
也，亦莞之類也。……藺草可以爲席。"居延漢簡511.39記"元鳳元年計毋餘藺席"。

蔣席，用蔣草編製之席。東牌樓漢簡110記有"蔣十五枚"，整理者認爲"蔣"
應爲"槳"之通假，王子今指出這裏的"蔣"非"槳"，或許即"蔣"，指蔣席[1]。

---

①　王子今：《蔣席·皮席·菱席——長沙東牌樓簡牘研讀札記》，《簡帛研究二〇〇五》，廣
西師範大學出版社，2008年，第167、168頁。

從竹之"籍"是"槳"的本字，《説文》竹部："籍，剖竹未去節謂之籍。"從艸之"蒋"本指蒋草，亦指用蒋草所織之席。《説文》艸部："蒋，苽蒋也。"北大漢簡《蒼頡篇》64"莞蒲藺蒋"，張衡《南都賦》"蒋蒲兼葭"，"蒋"與其他草類並列言之，可知其也是可用以編織器物的草名。王褒《僮約》："雨墮無所爲，當編蒋織簿。"《廣雅·釋器》"薦、籍，席也"，王念孫疏證："籍，通作蒋。"東牌樓簡中的"蒋"可如字讀。

以上草席多屬麤席，鋪陳於地，上加細席，以供坐臥。

簟，一種比較精細的竹席。《説文》竹部："簟，竹席也。"《詩·小雅·斯干》："下莞上簟。"《廣雅·釋器》"簟，席也"，王念孫疏證："《方言》'簟，宋魏之間謂之笙，或謂之籧篨；自關而西，或謂之簟，或謂之箦'，郭注云：'今江東通言笙。'左思《吳都賦》'桃笙象簟'，劉逵注云：'桃笙，桃枝簟也。吳人謂簟爲笙。'案：笙者，精細之名。《方言》云：'自關而西，秦晉之間，凡細貌謂之笙。'簟爲籧篨之細者，故有斯稱矣。"金關漢簡73EJT23：663A記"簟一，直十八"；五一廣場簡377記"俱過女子烝奈舍，慮先到，臥樿上"，"樿"應讀爲"簟"。

簟也可是草席。《禮記·喪大記》"小斂於户内，大斂於阼。君以簟席，大夫以蒲席，士以葦席"，鄭玄注："簟，細葦席也。三者下皆有莞。"孫希旦集解："《詩》箋云：'竹葦曰簟。'《士喪禮》'下莞上簟'，是士之葦席亦謂之簟也。"金關漢簡73EJT27：63記"八尺蒲復（複）椹一"，"椹"從"甚"得聲，上古音"甚"屬禪母侵部，可與屬定母侵部的"覃"相通，疑"椹"讀爲"簟"。

逗枳，見於鳳凰山M168簡44，裘錫圭讀"逗枳"爲"桃枝"，指用桃枝竹編織的席，可信。桃枝席又稱桃笙，光滑而精細。《廣雅·釋器》"笙，席也"，王念孫疏證："左思《吳都賦》'桃笙象簟'，劉逵注云：'桃笙，桃枝簟也。吳人謂簟爲笙。'案：笙者，精細之名。《方言》云：'自關而西，秦晉之間，凡細貌謂之笙。'"《廣雅·釋草》"篡箆、箛篰，桃支也"，王引之疏證："《竹譜》云：'箁箬、射筒、梀棁、桃枝，數竹皮葉相似，桃枝是其中最細者。皮赤，編之滑勁，可以爲席。'案：《周官·司几筵》'加次席黼純'，鄭注云：'次席，桃枝席，有次列成文。'《御覽》引《東觀漢紀》云：'馬棱爲會稽太守，詔詰會稽，車牛不務堅强，車皆以桃枝細簟。'是也。"

筵，指比較麤的席，竹質、草質皆有。《説文》竹席："筵，竹席也。"《周禮·司几筵》"依前南鄉設莞筵紛純"，賈公彦疏："凡敷席之法，初在地者一重，即謂之筵，重在上者即謂之席。"《周禮·春官·敘官》"司几筵"，鄭玄注："筵亦席也。鋪陳曰筵，藉之曰席。然其言之筵席通矣。"孫詒讓《正義》："凡對文，

則筵長席短，筵鋪陳於下，席在上，爲人所坐藉；散文則筵亦爲席。"除鳳凰山M168
遺册58記録的"延（筵）席一"之外，西北漢簡中亦有筵的記録，如：

　　延（筵）席十三　　EPT40：70
　　出臧中延（筵）十五枚　　EPT59：74
　　葦延（筵）席一　　73EJT24：268A+247B

　　大席、小席、長席、短席，均屬相對而言，角度不同，可能所指相同，如大席、
長席就可能同指某種尺寸長、面積大的席。尚德街漢簡101A記有"小席十枚"，漢靈
帝光和四年"無極山碑"記有"前政（正）平，可布兩大席"。羅泊灣M1從器志A肆5
記"篁長席十"，肩水金關漢簡73EJT24：268A+247B記有"短延（筵）席一"。小席
又稱爲菩，《易·豐》"豐其菩"，鄭玄注："菩，小席。"
　　出土漢代文字資料中有的席記録有尺寸，有三尺五寸、六尺、八尺、九尺、丈、
丈二等多種規格，如：

　　六月餘三尺五寸蒲綖（筵）五，緣以青布。今三，完　　ⅡT0216③：16
　　六尺席一　　73EJT24：268A+247B
　　六尺席廿枚　　61.21
　　六尺席一，直百卅五　　EPT50：144A
　　孤山六尺席二　　ESC：84
　　八尺□□席一，六尺席九　　EPT40：70
　　葦席五枚，廣七尺，長九□☑　　EPT5：28
　　丈席一枚，丈二席一枚①　　東牌樓漢簡110

西北漢簡所見之席以長六尺、八尺者居多，或與漢代軍士的平均身高有一定關係。
　　禪席指單層席。複席疑指雙層有絮之席。西北漢簡中有相關記録，如：

　　·告縣置：單（禪）席皆緣以皁　　ⅡT0314②：256
　　持千秋閣單（禪）席詣府　　馬圈灣漢簡988A

————————

　　①　"丈席""丈二席"之"丈"整理者釋"皮"，伊强改釋爲"丈"，其中"丈二"爲"一
丈二尺"之省"。參見伊强：《讀〈長沙東牌樓東漢簡牘〉札記》，《簡帛》第6輯，上海古籍出版
社，2011年，第418、419頁。

內中壯（裝）毋襜（幨），單（禪）、平（苹）席皆敝　Ⅰ90DXT0111②：112

八尺糸（絲）經弱（蒻）單（禪）二　Ⅰ90DXT0109②：5

三尺五寸蒲復（複）席，青布緣二，直三百　267.7

西朱村石碣M1：186記有"☑尺、長一丈□上複席一枚，青地落星錦緣"，所記的這枚"複席"應較高檔。

【茵】

（1）逗（桃）＝枳（枝）＝（桃枝、桃枝）錦因（茵）各一[1]　Ｊ　鳳凰山M168遣44

（2）縞大因（茵）一[2]　鳳凰山M169遣54

（3）錦因（茵）一，續掾（緣）　馬王堆M3遣371

（4）繡因（茵）一，續掾（緣）[3]　馬王堆M3遣372

〔集釋〕

[1]錦因，**陳振裕**（2012：200）：因即茵，《説文·艸部》茵"車重席"，段注："秦風文茵，文虎皮也，以虎皮爲茵也。"錦茵，當是以錦爲茵。墓中絲織物已朽，錦茵在出土物中未見。**孫欣**（2009：134）："錦因"即"錦茵"，是錦製的墊褥，質地爲彩色提花織物。《文選·潘岳〈寡婦賦〉》"易錦茵以苦席兮，代羅幬以素帷"，劉良注："茵，褥也……言居夫喪，故以苦席易錦褥。"**毛靜**（2011：79）："因"通"茵"，坐墊。桃枝錦因，或爲桃枝竹做成的坐墊。**田河**（2012a：535）："因"讀爲"茵"，亦作"絪"，在簡文中指褥子。《禮記·少儀》"茵席枕"，鄭玄注："茵，著蓐也。"司馬相如《美人賦》："絪褥重陳，角枕橫施。"**章水根**（2013：331）：桃枝即桃枝席，桃枝錦茵似爲席上所鋪坐墊。

[2]**李天虹**（2012：222、225）：《漢書·食貨志》"乘堅策肥，履絲曳縞"，顏注："縞，皓素也，繒之精白者也。"因，通作茵。《説文》艸部："茵，車重席。"《漢書·丙吉傳》"此不過汙丞相車茵耳"，顏注："茵，蓐也。"出土物未見。**章水根**（2013：352）："縞大因（茵）"應是比較大的用白色絲織品做成的席子。

[3]**伊强**（2005：76）於簡371、372釋文"因"後擴注"絪"。

〔疏證〕

茵，席之一種，多用布帛或皮毛製作，中儲緜絮或其他蓬鬆物。因爲茵席多比較厚實，故又屬於蓐之一種。《方言》第十二："蓐、臧，厚也。"《爾雅·釋器》

"蓐謂之茲"，郭璞注："茲者，蓐席也。"郝懿行箋疏："蓐者，席薦之名。……其有著者則謂之茵。《少儀》云'茵席'，鄭注：'茵，箸蓐也。'"王引之《經義述聞》卷十《儀禮》"著用茶"云：

> 《記》"茵著用茶"，鄭注曰："茶，茅秀也。"《釋文》"著"字無音。引之謹案："著"讀爲"褚"，謂以茅秀實茵中也。《夏小正》"七月，灌茶"，《傳》曰："灌，聚也。茶萑，葦之秀，爲蔣褚之也。"《廣雅》曰："茵，薦蔣席也。"案：以萑葦之秀褚蔣，猶以茅秀褚茵，故《夏小正》"四月取茶"（此謂茅秀），《傳》曰："茶也者，以爲君薦蔣也。""褚"與"著"古字通。《上篇》說幎目之制云"著，組繫"，注曰："著，充之以絮也。""著"亦與"褚"同。

衛宏《漢官舊儀》："帳中座長一丈，廣六尺，繡茵厚一尺，著（褚）之以絮四百斤。"西朱村石碣M1：443記有"廣六尺、長一丈、丹地承雲錦蓐一枚，著（褚）緜五斤，池練自副"，褚緜之蓐，也即是茵。因此，"茵"實爲複的形制，有表、有裏、有褚。長臺關楚墓M1遺册2-021記"一繰（繒）紫之帰（寢）裀（茵），繰（繒）緑之裏"，望山楚墓M2遺册47記"一丹緅（繡）之因（茵），緑裏"，即以記錄茵的表裏用材、顏色爲主。

　　根據用途、材質等的不同，茵在傳世與出土文獻中有不同的名稱，如車茵、寢茵、坐茵、錦茵、繡茵、縞茵、韋茵、文茵、旆茵、貂茵等。漢墓遺册所記之茵主要有三種，車茵、寢茵、坐茵。車茵、坐茵的討論參"車茵""坐茵"條。

【帷】

（1）布帷一，長丈四，二福（幅）[1]　　鳳凰山M10牘1A叁4
（2）張（帳）帷一笥[2]　　羅泊灣M1從器志B壹2
　　　張（帳）帷柱及丈（杖）一囊[3]　　羅泊灣M1從器志B壹3

〔集釋〕

　　[1] **毛靜**（2011：67）：帷，指用於遮擋的幕布，《禮記·喪大記》："士殯見祍，塗上帷之。"福，通"幅"，《說文·巾部》："幅，布帛廣也。"即布帛的寬度，一幅爲二尺二寸。此處的布帷長爲四丈，寬爲兩幅。

　　[2] **廣西壯族自治區博物館**（1988：83）："張"讀爲"帳"，《釋名·釋牀

帳》：“帳，張也。張施於牀上也。”“帷，圍也。所以自障圍也。”

[3]“及”下一字，**廣西壯族自治區博物館**（1988：83）釋“丈”，讀爲“杖”，指帳棍，張帷柱是張掛帷幕的柱子。**李均明、何雙全**（1990：128）釋“丁”。**中國簡牘集成17**（2005：1301）釋“丁”，指釘子。**趙寧**（2014：299）釋“丈”。

〖疏證〗

帷、帳，析言則别，如《釋名·釋牀帳》：“帷，圍也，所以自障圍也。”“帳，張也，張施於牀上也。”《急就篇》第三“蒲蒻藺席帳帷幢”，顏注：“自上而下覆謂之帳。帳者，張也。在旁蔽繞謂之帷。帷者，圍也。”渾言則不别，《廣雅·釋器》：“帷、幔、幬、幕、帟，帳也。”文獻中多見“帷帳”或“帳帷”連言者，如《漢書·文帝紀》班固贊曰“（文帝）帷帳無文繡”，《後漢書·宣秉傳》“即賜布帛帳帷什物”。羅泊灣M1從器志未言隨葬有牀具，則這裏的“張（帳）帷”大概是泛稱，指帷爲言。

秦漢出土文獻中多見帷的記録。如：

　　　　出白布五幅帷一堵，袤五丈　　里耶秦簡9-126
　　　　錦帷二堵，度給縣用足；
　　　　縑帷一堵，度給縣用足；
　　　　布帷一堵，度給縣用足；
　　　　縵帷二堵，度給縣用足。　　里耶秦簡9-2291
　　　　臣有（又）診夫人食室，涂（塗）澄（墍）甚謹，張帷幕其具
　　《奏讞書》十九166
　　　　堂上置八尺牀臥一，張阜若青帷，閣內□上四臥皆張帷，牀內置……傳
　　舍門內張帷可爲貴人坐者　　Ⅰ90DXT0114①：112A
　　　　☑□邑佐昌受晉夫二丈阜帷三張，時在者張勢、晉夫人皆在旁
　　Ⅰ90DXT0114①：2

從上舉之例可知，其一，依據製作材質、顔色等的不同，有布帷、錦帷、縑帷、縵帷、阜帷、青帷等；其二，臥、坐之時均可用帷，屏蔽、裝飾之用。鳳凰山M10、羅泊灣M1遺册所記之帷的具體用途不詳，本書暫視爲寢具之一。

帷又稱幨。懸泉漢簡Ⅰ90DXT0111②：112記“内中壯（裝）毋襜（幨），單（襌）、平（苹）席皆敝”。其中，“毋”下之字，原釋“裾”，當改釋爲“襜”，讀爲“幨”，《玉篇·巾部》：“幨，帷也。”簡文大意是説，内室沒有裝飾帷帳，

襌席、苹席也都壞敗。

　　西安曲江翠竹園西漢壁畫墓有帷幔裝飾①（圖3.1-4，1），是室內裝飾用帷的代表之一；陝西靖邊楊橋畔東漢壁畫墓中前室東壁下層後段有一幅宴飲百戲圖，觀衆坐於帷內看戲②（圖3.1-4，2），這是户外用帷的例子。

1　　　　　　　　　　　　　　　2

圖3.1-4　漢墓壁畫中的帷

1.翠竹園西漢壁畫墓局部　2.楊橋畔東漢壁畫墓宴飲百戲圖

二、坐　　具

【坐席】

（1）坐莞席三，錦掾（緣），二青掾（緣）[1]　　馬王堆M1遣290
（2）坐莞席二，錦掾（緣）　　馬王堆M3遣310

〖集釋〗

　　[1]簡文中的前後兩個數詞，**馬王堆M1報告**（1973：152）分別釋爲“三”“二”，“三”字下疑脱“一”字，全文應爲“坐莞席三，一錦緣，二青緣”。**李家浩**（2010：7）：“一錦掾”之“一”與“坐莞席”之“二”寫得很攏，誤成“三”字；“二青掾”之“二”當是“一”字之誤。這樣改正之後，286—290號簡所記席的總數方與291號小結簡“右方席七，其四莞”相合。

　　坐莞席，**馬王堆M1報告**（1973：152）：當即莞草製的坐席，而簡289的“莞席”應爲臥席。**唐蘭**（1980：54）：坐莞席，當是莞製的坐席，猶之熏大篝就是大熏篝。莞是專做席子的草。

①　西安市文物保護考古所：《西安曲江翠竹園西漢壁畫墓發掘簡報》，《文物》2010年第1期。
②　陝西省考古研究院編著：《壁上丹青：陝西出土壁畫集》，科學出版社，2008年，第92頁。

〖疏證〗

　　坐席，即用於跽坐、閒坐等用途的席。包山楚墓M2遣册263記"一寝筶（席），二俾（薜）筶（席），一蓙（坐）筶（席），二萁（莞）筶（席），皆又（有）秀（韜）"，寝席、坐席爲兩種不同用途的席。

　　從漢代圖像資料看（圖3.1-5，1—4），坐席有長有短，短者僅容一人，即《漢官儀》所説的"專席""獨坐"；長者可容兩人乃至多人同時就坐。西北漢簡記錄中有一種小尺寸的席，如：

　　六月餘三尺五寸蒲綖（莚）五，緣以青布。今三，完　ⅡT0216③：16

　　☑三尺五寸蒲復（複）席，青布緣二，直三百，六月戊戌令史安世、充、延年共買杜君所　267.7

　　"三尺五寸"約合80厘米，可能是單人坐席的一般尺寸。

圖3.1-5　漢代畫像中的坐席

1.百子村東漢墓後室西壁局部，其中有皁緣獨坐席　2.百子村東漢墓後室東壁局部，其中有供多人跽坐的皁緣坐席[①]　3.塔梁子東漢崖墓M3三室南側室東壁局部，其中有青緣獨坐席[②]　4.成都市郊畫像磚，其中有供單人、雙人、三人跽坐的三種坐席[③]

---

　　①　陝西省考古研究院編著：《壁上丹青：陝西出土壁畫集》，科學出版社，2008年，第153、160頁。

　　②　徐光冀主編：《中國出土壁畫全集·10》，科學出版社，2011年，第148頁。

　　③　《中國畫像磚全集》編輯委員會：《中國畫像磚全集：四川漢畫像磚》，四川美術出版社，2005年，圖版第102頁。

【坐茵】

（1）坐綑（茵）一，囊[1]　　羅泊灣M1從器志A叁9

〖集釋〗

　　［1］廣西壯族自治區博物館（1988：81）：綑亦作茵，《說文》"車重席也。"《韓非子》有"縵帛爲茵"語。坐綑應爲坐墊。

〖疏證〗

　　坐茵，即用於踞坐、閒坐等用途的茵。長臺關楚墓M1遣册2-021記有"一繇（錦）絑（坐）祵（茵）"。《韓詩外傳》卷六："遭齊君重絪而坐，吾君單絪而坐。"

【坐巾】

（1）繡坐巾一[1]　　丿　　鳳凰山M8遣36貳

〖集釋〗

　　［1］彭浩（2012：12）：坐巾不見。章水根（2013：47）：坐巾可能是覆在車綑之上的，黃生《字詁》"覆物者亦謂之巾"。

〖疏證〗

　　鳳凰山M8遣册36所記"繡坐巾一"書於此簡第二欄，可能與車馬器無關。
　　"繡坐巾"疑指用繡品製作的覆於坐具上的巾。遣册所見供坐之器主要有坐席、坐茵，疑"繡坐巾"是覆蓋在坐席、坐茵這類易污的坐具上的巾。

【支踵】

（1）支踵（踵）一[1]　　丿　　鳳凰山M168遣25

〖集釋〗

　　［1］前二字，中山（2012：188）釋"大踵"。陳振裕（2012：188）釋"大踵"，"踵"讀爲"鍾"。章水根（2013：323）釋"大踵"，"踵"讀爲"鍾"，指長頸鼓腹壺。范常喜（2022：186、187）釋"支踵"，"踵"即表示腳後跟的"踵"或"踵"之異體。

陳振裕（2012：202）在“簡文内容與出土物對照表”中將“大踵一”對應大漆壺一（177），備注“相符”。**鳳凰山M168報告**（1993：474）：B型漆壺1件（177），口徑11.5、高29.5厘米，簡25所記當指此器。**范常喜**（2022：187）：“支踵一”所記應即墓中出土的那件編號爲108的丁形木器。

【疏證】

范常喜《漢墓出土丁形木器名“支踵”考》對坐具“支踵”有詳實可信、圖文並茂的考證①，核心論述轉引如下：

山東、湖北、湖南、四川等地漢墓中先後出土了一種形制相同、大小相近的丁形木器。該器整體呈丁形，木質胎體，橢圓形面板，微凹，中間厚而邊緣薄，下有一束腰圓柱底座，長34.6—48，寬13—20，通高9.7—15厘米。由於對其用途不夠清楚，發掘報告曾以“小几”“木兀”“不知名器”“丁形器”“韝杌”等稱之。隨着研究的深入，學者們逐漸認識到，此器當爲古人跪坐時爲了減輕腳跟受力而設計的一種“坐具”。……根據江陵鳳凰山一六八號漢墓出土遣册所記名物，並通過比對該墓所出隨葬物品，發現丁形木器應即遣册中記録的“支踵”。……“支踵”的字面意思即支持腳跟，而對應的實物“丁形木器”主要功用也在於人跪坐時將腳跟架空，使腳跟和小腿免受重壓，正可謂名副其實。

【坐案】

（1）坐案一[1]　　Ｊ　　鳳凰山M168遣42

【集釋】

[1] **陳振裕**（2012：203）在“簡文内容與出土物對照表”中將“坐案一”對應漆几一（254），備注“相符”。**鳳凰山M168報告**（1993：480）：漆木几1件（254），由几面、足和足座三部分以透榫結合而成，几面長方形，兩端各有七個足，長81.3、寬15.7、高39厘米。簡42所記當指此器。**毛静**（2011：78、79）：案，《説文·木部》：“案，几屬。”本指食器，此處爲坐案，指休息時用的坐榻。徐鍇《説文繫傳》：“案，所凴也。”墓中出土漆几一件。

---

① 范常喜：《漢墓出土丁形木器名“支踵”考》，《考古學集刊》第26輯，社會科學文獻出版社，2022年，第181—190頁。

〔疏證〕

　　坐案，疑指坐時憑依之几，可能是其他遣册所記憑几、伏几的異名。《説文》木部：“案，几屬。”《玉篇·几部》：“几，案也。”鳳凰山M168：254漆木几（圖3.1-6，1）的基本形制與馬王堆M3：北158漆變几（圖3.1-6，2）比較接近，疑功用也是相近的。

圖3.1-6　鳳凰山漢墓與馬王堆漢墓中的漆几

1.鳳凰山M168：254漆木几　2.馬王堆M3：北158漆變几

【几】【几巾】

（1）伏机（几）一[1]　張家山M247遣36壹

（2）枛（憑）机（几）一、木狗三，繒囊[2]　羅泊灣M1從器志A叁7

（3）髹（漆）畫木變机（几）一[3]　馬王堆M1遣216

　　　素長壽繡机（几）巾一，繢周掾（緣），素綏（緙）[4]　馬王堆M1遣255

（4）髹（漆）畫木變机（几）一[5]　馬王堆M3遣277

　　　纑（緢）机（几）巾一，素裏，繢掾（緣），素□[6]　馬王堆M3遣334

〔集釋〕

　　［1］田河（2010：86）：“机”即“几”，“伏机”當爲供人憑依的几案。《莊子·齊物論》“南郭子綦隱机而坐”，《大戴禮記·武王踐祚》“于机爲銘焉”。這些“机”即憑依之机。“机（几）”在遣册中習見。劉洪濤（2012：102）：伏、憑音義皆近，二者爲同源詞。伏几即憑几。憑几是可供人依憑休息的臥具。古代几多爲木製，故於“几”上加意符“木”作“机”，“机”是“几”的異體字。

　　［2］第一字，廣西壯族自治區博物館（1988：81）未釋，爲一種物品名。李均明、何雙全（1990：127）釋“柤”。孫欣（2009：107）：“柤機”即“弩機”。劉洪濤（2012：101、102）釋“枛”，讀爲“憑”。“枛几”即包山楚簡260號的“侕几”，均讀爲“憑几”。

　　［3］“木”下一字，馬王堆M1報告（1973：146）隸作“變”，變字所從之

"言"省去"口"。**朱德熙、裘錫圭**（1980：73）：216號簡"變"字，從照片看似有"口"。

髤畫，李家浩（1987：15）：西漢墓出土遺册所記隨葬漆器名稱往往冠以"髤畫"二字。古書裏有"漆畫"一詞，如應劭《風俗通義》"漆畫屐"、曹操《上雜物疏》"上車漆畫重几大小各一枚"等。對照起來看，"髤畫"之"髤"當讀爲"漆"。

變机，馬王堆M1報告（1973：146）：机爲几字繁文。《周禮・春官・司几筵》"凡吉事變几，凶事仍几"，鄭注："鄭司農云，變几變更其質，謂有飾也。"案《司几筵》有五几，玉、雕、彤、漆、素，凶事應用素几，此外都是變几。墓中出幾何雲紋漆几一件，與簡文合。**唐蘭**（1980：37）：墓中出土的是幾何雲紋漆几，在椁首，是摹擬墓主人日常生活中用的，所以是變机。

［4］**机巾，馬王堆M1報告**（1973：71）：几巾1件（439）長152、寬106厘米，"長壽繡"絹面，周緣鑲以寬10.8厘米的起毛錦和寬5.8厘米的素絹，裏襯素絹。簡255所記應即指此。**唐蘭**（1980：48）：長壽是吉語，等於《釋名》所説的長命綺。出土長壽繡圖案是長尾的鳥，其意義未詳。机巾是覆在几上的巾。綏讀如緌。《漢書・賈誼傳》"緌以偏諸"，注："晉灼曰：以偏諸緌著衣也。"這是説用素帛來緝几巾的邊。

［5］**馬王堆M3報告**（2004：155、157）：出土漆木几1件（北158），長方形几面，彩繪紋飾，長90、寬16.5厘米，兩端各有兩組足可以活動升降調節高度。簡277所記即指此。

［6］**第一字，馬王堆M3報告**（2004：69）隸作"鏊"，疑爲"鏊"字。《漢書》"高帝初置，金璽鏊綬"，如淳曰："鏊，綠也。"**伊强**（2005：22）：簡334、366、400此字寫法相同，其上部中間部分可能是"屮"，其上部右邊部分與簡238的"有"字形很接近。此字在簡文中讀爲"鏊"。

末字，馬王堆M3報告（2004：69）釋"栿"。**馬王堆集成**（2014：256）：或可釋"挾"，待考。**魯普平**（2018：120）：或可釋爲"挾"。**劉釗**（2020：1597）：（M1簡251）、（M3簡389）、（M3簡334）這三例字形《集成》隸定不同，但三者所在辭例皆爲"素~"，疑爲一字，疑本從夰。**今按**：從辭例比勘看，三字義項可能與"綏"有關，待考。

〔疏證〕

憑几，是供人席地而坐時依憑身體的家具。《説文》几部："几，踞几也。"《漢書・嚴助傳》："負黼依，馮玉几。"《孔光傳》："黄門令爲太師省中坐置几。"《後漢書·孔融傳》："融隱几讀書，談笑自若。"

几、杖分别是憑坐與扶行之器，故几杖多連言。《史記·孝文本紀》："吴王詐病不朝，就賜几杖。"《後漢書·胡廣傳》："傍無几杖，言不稱老。"席地而坐時，几與坐席配套，故又多見几筵、几席連稱。周代有"司几筵"一職（《周禮·春官·司几筵》）。《史記·禮書》："疏房牀第几席，所以養體也。"西朱村石碣M1：69記"廣二尺、長一丈青地落星錦緣薦二，墨漆畫机（几）二"。疑馬王堆M1、M3遺册所記的"變几"是與坐席配套使用的。

供依憑之几，遺册記爲伏机或憑机。劉洪濤指出伏、憑音義皆近，伏几即憑几。邢義田認爲"'伏几'之'伏'固然可讀作憑，指供伏憩或憑依，應也可供伏而書寫。几的功能不必單一，不宜看死。在河南南陽王莽時代郁平大尹的墓中畫像石上可以看見將几案當椅子坐的清晰畫面。另一例見徐州銅山耿集漢畫像石"[1]。曹操墓石楬M2：293-2記有"木軼机一"，"軼机"也即是"伏几"，這裏的"軼"從車旁，或許應當將這裏的"軼（伏）机"看作是在車中使用的憑几。

几又可用於置放器物，功用與案相同。《釋名·釋牀帳》："几，庪也，所以庪物也。"《説文》木部："案，几屬。"《玉篇·几部》："几，案也。"王隆《漢官篇》："漢家禮儀，叔孫通等所草創，皆隨律令在理官，藏于几閣。"居延新簡EPT6：94記"赤頭食几一"，EPT51：408記"下酒几一長七尺"。甘肅高臺許三灣魏晉墓壁畫中有一幅題記"采（彩）帛机（几）"者，畫面中有一曲足長几，上有8匹表現"采（彩）帛"的繒帛[2]。

几還可指俎一類器具。《廣雅·釋器》："梡、棵、橛、棋、房、杜、虞、桿、㭒、俎，几也。"《山海經·海外西經》"戚操魚鯛，祭操俎"，郭璞於"俎"下注曰："肉几。"懸泉漢簡Ⅰ90DXT0110①：98記有"告縣置：廚更治切肉机（几），長二尺"，居延新簡EPF22：643記"刀几一"，切肉几、刀几也即是俎。

几巾，唐蘭認爲是覆在几上的巾，可從。几巾可能類似現在的桌布，用時覆於几上，既可減少漆几的磨損，又可下垂遮擋憑坐者的部分軀體，還可在漆几不使用時遮灰、擦灰等。

---

①　邢義田：《伏几案而書——再論中國古代的書寫姿勢（訂補稿）》，《今塵集：秦漢時代的簡牘、畫像與文化傳播》，中西書局，2019年，第596頁。

②　俄軍等編：《甘肅出土魏晉唐墓壁畫》，蘭州大學出版社，2009年，第440頁。

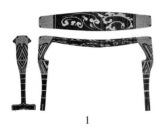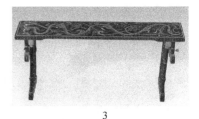

1　　　　　　　　　2　　　　　　　　　3

圖3.1-7　馬王堆漢墓漆几與几巾
1. M1：445漆變几①　2. M1：439繡几巾②　3. M3：北158漆變几

附：【屏風】

（1）木五菜（彩）畫并（屏）風一，長五尺，高三尺[1]　馬王堆M1遣217
（2）木五菜（彩）畫并（屏）風，長五尺，高三尺，一[2]　馬王堆M3遣274

【集釋】

　　[1] **馬王堆M1報告**（1973：93、96、147）：墓中出漆屏風一件，尺寸比簡文所記略小。漆木屏風1件（447），長方形，下有足座承托，彩繪紋飾，製作比較粗糙，可能是明器。通高62、屏板長72、寬58、厚2.5厘米。

　　[2] **馬王堆M3報告**（2004：157）：出土漆木屏風1件（北170），長方板狀，下有矮足，彩繪紋飾，屏高60.5、寬90.5、厚1.2厘米，座高10、長18.8厘米。簡274所記當即指此。

【疏證】

　　《說文》尸部："屏，屏蔽也。"《釋名·釋牀帳》："屏風，言可以屏障風也。"《史記·孟嘗君列傳》："孟嘗君待客坐語，而屏風後常有侍史。"

　　馬王堆遣册所記屏風是漆木彩繪的，屬於畫屏風，墓中出土實物與簡文記錄相符（圖3.1-8，1、2）。《漢書·敍傳》："時乘輿幄坐張畫屏風，畫紂醉踞妲己作長夜之樂。"

　　屏風可樹置於地面上，也可樹置於牀榻上。《太平御覽》卷七〇一《服用部三·屏風》引《東宮舊事》："皇太子納妃，有牀上屏風十二牒，織成漆連銀鉤紐。織成連地屏風十四牒，銅環鈕。"曲阜城關鎮舊縣村東漢畫像石中的堂內置有一丈曲

①　湖南省博物館：《長沙馬王堆漢墓陳列》，中華書局，2017年，第93頁。
②　傅舉有、陳松長：《馬王堆漢墓文物》，湖南出版社，1992年，第91頁。

几，几的右側和後方樹有屏風[①]（圖3.1-8，3）；西安理工大學壁畫墓西壁南部樂舞圖中，居於正中的觀衆坐在長榻上，榻的左側和後方單獨樹立有高大的屏風[②]（圖3.1-8，4）。這兩具屏風即可稱之爲連地屏風。《漢書·陳咸傳》：“萬年嘗病，召咸戒於牀下，語至夜半，咸睡，頭觸屏風。”這裏的屏風可能屬於牀上屏風。

曹操墓石楬M2：319記有“三尺五寸兩葉畫屏風一”，石楬329記有“一尺五寸兩葉絳緣縵屏風一”，縵疑讀爲縵，《説文》糸部：“縵，繒無文也。从糸，曼聲。《漢律》曰：‘賜衣者縵表白裏。’”縵屏風、畫屏風，正相對擧。《儀禮·覲禮》“天子設斧依于户牖之間”，鄭玄注：“依，如今綈素屏風也，有繡斧文，所以示威也。”“綈素屏風”也是以織物作爲屏風擋板者。

圖3.1-8　漢代的屏風

1.馬王堆M1：447漆木五彩畫屏風　2.馬王堆M3：北170漆木五彩畫屏風　3.曲阜城關鎮舊縣村東漢畫像，石堂内陳設曲几與屏風　4.西安理工大學壁畫墓，有長榻與屏風

①　焦德森主編：《中國畫像石全集·山東漢畫像石·2》，山東美術出版社、河南美術出版社，2000年，第19頁。

②　西安市文物保護考古所：《西安理工大學西漢壁畫墓發掘簡報》，《文物》2006年第5期。

第二節　化妝與洗沐之具

一、妝　　具

【梳】【篦】【櫛】【拂櫛】【櫛衣】

（1）小付蔓三，盛節（櫛）、脂、芬（粉）[1]　　馬王堆M1遣227

　　疏（梳）比（篦）一具[2]　　馬王堆M1遣236

　　象疏（梳）比（篦）一雙[3]　　馬王堆M1遣238

（2）小付蔓三，盛脂，其一盛節（櫛）[4]　　馬王堆M3遣263

　　疏（梳）比（篦）一雙[5]　　馬王堆M3遣323

　　象疏（梳）比（篦）□雙[6]　　馬王堆M3遣320

（3）節（櫛）一具[7]　　西郭寶衣物疏B壹6

　　費（拂）節（櫛）一[8]　　西郭寶衣物疏B壹7

（4）節（櫛）一具[9]　　凌惠平衣物疏B壹4

（5）疏（梳）比（篦）一靈（雙）[10]　　張家山M247遣12貳

（6）疏（梳）比（篦）一具[11]　·　尹灣M6君兄節司小物疏B壹2

　　費（拂）節（櫛）一[12]　·　尹灣M6君兄節司小物疏B壹3

　　節（櫛）衣一具[13]　　尹灣M6君兄節司小物疏B肆1

（7）疏（梳）比（篦）一具[14]　　劉林衣物疏B叁1

　　勃（拂）椰（櫛）一[15]　　劉林衣物疏B叁3

（8）比（篦）䋂（梳）二，一笥，繒緣[16]　　羅泊灣M1從器志A壹5

（9）木杼（梳）一[17]　ノ　鳳凰山M168遣43

（10）豫疏（梳）一具[18]　　大墳頭M1遣牘B叁7

（11）比（篦）一具[19]　劉賜衣物名A叁7

　　勃（拂）比（篦）一[20]　　劉賜衣物名A叁11

（12）大婢縛，承疏（梳）[21]　ノ　鳳凰山M8遣55

　　大婢留人，承疏（梳）[22]　ノ　鳳凰山M8遣56

（13）大婢□，承疏（梳）比（篦）　鳳凰山M9遣5

　　大婢守，承疏（梳）比（篦）　鳳凰山M9遣6

（14）☑侍（持）疏（梳）比（篦）一人　鳳凰山M169遣7

（15）女子二人，侍（持）絑（梳）枇（篦），繡，大婢[23]　鳳凰山M167遣10

〔集釋〕

　　[1] **朱德熙**（1972：71）："節"應讀爲"櫛"，是梳篦的總名。**馬王堆M1報告**（1973：147）："節"讀爲"櫛"。《儀禮·士冠禮》鄭注："古文櫛爲節。"《説文》木部："櫛，梳比之總名也。"**唐蘭**（1980：41）：節即櫛。《儀禮·士冠禮》"奠纚、笄、櫛于筵南端"，鄭玄注："古文櫛作節。"《左傳·僖公二十二年》："寡君之使婢子侍，執巾櫛。"《説文》："櫛，疏比之總名也。"

　　馬王堆M1報告（1973：148）：依簡文文義，盛節、脂、粉似各一付簍，對照所出的14件小奩，其中確有1件馬蹄形小奩盛梳篦，另有11件是放脂粉類的東西，簡文似缺記。**唐蘭**（1980：43）：出土實物在九子奩裏有弓形小奩放角質梳篦和黃楊木梳篦各一對，似即盛櫛的小付簍。

　　[2] 第一字，**馬王堆M1報告**（1973：148）釋"疎"，爲"疏"之異體。《急就篇》："鏡籢疏比各異工"，疏比即梳比。梳比之比，後起字作枇、篦。**朱德熙、裘錫圭**（1980：73）：236、238號簡釋文的"疎"字，從照片看本寫作"疏"，衹是右邊"疏"旁寫得跟"束"字比較相似而已。

　　馬王堆M1報告（1973：148）：一具即一套、一副。一梳一篦爲一具。**孫機**（1991：260）：無論三件一套或兩件一套，似均可稱爲一具。"疏比一具"與出土物對照，即其五子奩中的木梳和木篦。對居延簡中之"疏比一具"（41.20），亦應作這種理解。《漢書·匈奴傳》之"比梳一"，則是略去具字，並非合篦、梳爲一物。

　　馬王堆M1報告（1973：120）：木梳、篦各2件，黃楊木（？）製成，均作馬蹄形，其中放在九子奩中馬蹄形小奩（443-15）内的梳、篦各1件，大小全同，梳23齒，篦74齒；放在五子奩（441）内的各1件，梳19齒，篦74齒。簡236提到的"疏比"，應即指此。**唐蘭**（1980：44）：此當即出土物五子奩中的黃楊木疏篦。

　　[3] **唐蘭**（1980：44）："象疏比"指象牙做的梳篦。凡在器物上冠"象"字的，往往都是用象牙做的。梳篦是疏密不同的兩種理髮工具。一雙與二枚同。

　　馬王堆M1報告（1973：148）：九子奩内的馬蹄形小奩中，放黃楊木（？）製和象牙製的梳、篦各1件，似即此二簡所記。**唐蘭**（1980：44）：出土物九子奩裏的弓形小奩盛黃楊木梳篦和角質梳篦各一具。這兩具梳篦，當即此兩簡所記。象疏比而實際爲角質，是明器的原故。**今按**：據介紹，九子奩中的馬蹄形子奩（北443-15）"出土時内盛角質、黃楊木質梳篦各2件"[①]，則發掘報告所謂的"象牙製"實爲角質。

　　[4] **馬王堆M3報告**（2004：65）："節"當爲"櫛"。《説文》木部："櫛，梳比之總名也。"

---

① 陳建明、聶菲：《馬王堆漢墓漆器整理與研究》（上），中華書局，2019年，第52頁。

馬王堆M3報告（2004：152、155）：錐畫雙層六子奩的馬蹄形子奩（北159-11）内有木梳篦2對：北159-15爲橢圓形，北159-16爲長方形。簡263所記可能指北159-11、15、16三件體積較小的奩，所稱"其一盛節（櫛）"當指北159-11，其内有2對木梳篦。

［5］馬王堆M3報告（2004：68）："疏比"即"梳篦"。今按：錐畫雙層六子奩中有未裝入子奩的木梳篦各1件（北159-6、7），應即此處簡文所記。

［6］馬王堆M3報告（2004：68）釋文作"象☐"。熊傳新（1979：36）釋文作"象☐☐☐☐"，此簡出土時夾在陸博遣策簡條中，肯定與陸博有關。馬王堆集成（2014：262）：將殘筆與簡323對比，可釋出"疏比""雙"三字。"比"和"雙"之間記録數量之字完全磨滅，據M1遣册簡238"象疏（梳）、比（篦）一雙"，可推測磨滅之字最有可能是"一"。今按：馬王堆M1遣册所記的"象疏比一雙"對應出土實物是角質的梳篦各1件，同理，M3遣册所記"象疏比"很可能也是隨葬的角質梳篦。M3出土的錐畫雙層六子奩中有未裝入子奩的角質梳篦各2件（北159-4、5、17、18），因此，結合出土實物看，簡文"象疏（梳）比（篦）☐雙"殘缺之字很可能是"二"。

［7］今按：棺内出土木梳2件，木篦1件。這3件木梳篦應即衣物疏所記的"節（櫛）一具"。《廣雅·釋器》："梳、枇、篦，櫛也。"疑這2件木梳、1件木篦，實爲1件木梳、1件木篦、1件木筮的組合。

［8］中國簡牘集成19（2005：1879）：費，東海郡屬縣。馬怡（2009：349—351）："節"即"櫛"，是梳、篦等理髮用具的通稱。"費"讀爲"髴"，"費節"即"髴櫛"，可能是一種插在頭上作裝飾用的梳篦。或説"費""髴"讀爲"鬓"，"費節"或亦用來固定和修飾假髮。或説"費"讀爲"拂"，"費節"即"拂櫛"，可能是一種用於梳理的小刷。馬王堆M1遣册記録的"茀（拂）"及墓中出土的3件"茀"或與"費節"有所不同。劉國勝（未刊稿）：馬怡提到的第三種看法可信。

［9］吕志峰（2019：93）："節一具"指梳髮的一套用具。3號棺出土3件木梳篦，可能即"節一具"所指。今按："節"讀爲"櫛"。這3件木梳篦的齒數未見披露，疑爲梳、枇、篦各1件的組合。

［10］第一字，張家山二四七號漢墓整理小組（2001：303）釋"疏（梳）"。廣瀨薰雄（2010b：365）釋"疏"。

"一"下之字，張家山二四七號漢墓整理小組（2001：303）釋"有☐"。田河（2010：87）：似可釋爲"龠"，一種盛梳篦的器具。廣瀨薰雄（2010b：365、366、374）引陳劍意見："此字上半部分是'雨'，當隸定爲'霎'。'霎'是'雙'之異體字。"

今按：據張家山M247隨葬器物分佈圖，墓中出土有木篦1件，其或即簡文"疏（梳）比（篦）一霎（雙）"中的"比（篦）"。

[11] **劉洪石**（1999：124）：疏比即梳篦。M6男棺出土木梳篦6件。

[12] **劉洪石**（1999：124）：費即第和拂通借，指拂塵。墓中未出土拂。**中國簡牘集成19**（2005：2020）：費節，費縣生産的梳子。**馬怡**（2009：349）：該墓出土6件梳篦，其中有一件彩繪漆篦，或即"費節"。**張顯成、周群麗**（2011：115）："費節"讀爲"拂櫛"，指清潔梳篦的工具。拂，擦拭、揮除。

[13] **劉洪石**（1999：124）：節同笥。節衣指包裹竹笥的包袱。**中國簡牘集成19**（2005：2020）：節通櫛。櫛衣是梳子套。

[14] **今按**："疏（梳）比（篦）一具"對應與銅刷共出的3件木梳篦（棺1：1—3），齒數分別爲111、87、15。《説文》木部"櫛，梳比之總名也"，段注："比，讀若毗。疏者爲梳，密者爲比。《釋名》曰：'梳，言其齒疏也。數言比，比於梳，其齒差數也。比言細相比也。'按，比之尤細者曰篦，見《竹部》。"朱駿聲《定聲》："疏曰比，密曰櫛，尤密者曰篦。"《説文》竹部："篦，取蟣比也。"據此，比、篦都是齒密者，在命名上若細分之，有篦、比之别，若統言之，則稱比。在劉林衣物疏中，111齒的應是篦，87齒的應是比，15齒的應是梳，篦和比統稱爲比。"梳、篦"或"梳、篦、篦"爲漢代梳具的兩種不同隨葬組合方式，也反應了漢人在梳具上的不同使用需求。

[15] **范常喜**（2018：182）釋"勃（拂）椰（櫛）一"。尹灣M6木牘中的"費（拂）節（櫛）"和此處的"勃（拂）椰（櫛）"當是指清理梳篦垢膩的小銅刷，兩墓中均有出土。**今按**：包山楚墓M2遣册259記有"四椰（櫛）"，也是用"椰"表"櫛"。

[16] "比"下一字，**廣西壯族自治區博物館**（1988：79）釋"餗"，讀爲"梳"。比即篦。**李均明、何雙全**（1990：127）釋"疎"。**今按**：當隸作"毓"，讀爲"梳"。"比梳"指梳篦。

[17] **陳振裕**（2012：203）讀"杼"爲"梳"，簡文所記對應墓中出土的一件木梳（74）。**毛靜**（2011：79）："杼"通"梳"，墓中出土木梳1件。**章水根**（2013：329）："杼"讀爲"梳"，墓中出土木梳2件，一爲19齒，一爲12齒。**今按**：鳳凰山M168出土木梳、木篦各2件，其中，74號木梳和38號木篦均出自木俑附近，另一對梳篦出自123號漆圓奩中。疑木俑附近的那兩件梳篦爲侍俑所持，漆奩中的2件梳篦纔是供墓主人使用者。簡文所記"木杼（梳）一"疑與漆奩中的梳篦有關。

[18] "一"上一字，**湖北省博物館**（1981：20）釋"疎"，即梳。"豫疎一具"當即墓内出土的1件木梳（頭廂52-1）。**今按**：此字與馬王堆M1遣册238的"疏"字寫法相同，也當釋爲"疏"，讀爲"梳"。裘錫圭指出，"漢代人往往把'充'旁寫得像'束'。'疏'的異體'疎'，大概就是由於'充'旁被誤認爲'束'而産生

的。但是二者從其頂端筆畫還是容易分辨的。凡頂端與中豎相接的筆畫近於‘人’字形者，必爲‘充’而非‘束’”[①]。“豫”可能表材質，疑讀爲“象”，五一廣場東漢簡中的“象人”又寫作“豫人”[②]，可證。“象梳”又見於馬王堆M1、M3遣册。此處所記的“一具”當包含鏡奩中的木梳1件和木篦3件。

[19]**今按**：A叁7“比（篦）一具”，A叁11“勃（拂）比（篦）一”，都是以梳篦中的核心種類“比（篦）”來代稱梳篦之具，也即是代指“櫛”。棺内竹笥中相鄰出土有木梳2件（30、43），木篦3件（31、32、33），這5件木梳篦應即衣物名所記的“比一具”。

[20]**彭峪、衛松濤**（2017）釋文作“勃（拂）比（篦）一”，陳劍認爲西郭寶衣物疏、尹灣M6衣物疏皆有“費節（櫛）”，疑“費”與此“勃”表同一詞。**范常喜**（2018：182）：“勃比”讀作“拂篦”，指小銅刷。**劉國勝**（未刊稿）：劉賜衣物名中的“勃（拂）比（篦）”即劉林衣物疏的“勃（拂）枊（櫛）”，都是記兩墓中出土的煙斗形銅刷，用作清潔梳篦。劉賜墓中，這種銅刷與梳篦、銅鏡等一併放置在一件竹笥内。劉林墓中，這種銅刷與梳篦、銅鏡等放置在一件七子漆奩及其子漆盒中。**今按**：墓中出土的M147：9煙斗形銅刷應即衣物名所記的“勃比”。此銅刷原置竹笥内，後掉落於竹笥下方，出土時斗内尚存未腐朽的刷毛。

[21]末字，**中山**（2012：27）釋“疎”。**彭浩**（2012：27）釋“疎”，讀爲梳。出土有木梳一件。**章水根**（2013：55、56）：當隸作“疏”，通“梳”。

[22]**彭浩**（2012：27）：出土有木篦一件。**章水根**（2013：56）：梳篦一般連稱，如M9簡5、6，M167簡10，尹灣M6牘13背第一欄第二行。此墓兩簡皆單言“承疏（梳）”，可能與“承疏（梳）比（篦）”“持疏（梳）枇（篦）”的意思一樣。**今按**：據鳳凰山M8發掘簡報，此墓共出木梳1件、木篦2件，而從“圖三四　圓漆奩（M8）”照片中可以看到此奩内盛有木梳、木篦，則M8所出的1件木梳、至少1件木篦是出自漆奩内，這件木梳與簡文中大婢所承之“梳”無關。彭浩將侍俑所承之“疏（梳）”與“木篦一件”相聯繫，則可能另一件木篦並非出自妝奩中，由此可以進一步推測侍俑實際持有的是木篦1件，這可能是用1件篦來代表梳篦隨葬。

[23]“人”下一字，**姚孝遂、陳雍**（2012：155）釋“持”。**中山**（2012：155）釋“侍”。**章水根**（2013：280）：當釋爲“侍”，讀爲“持”。

“侍”下一字，**姚孝遂、陳雍**（2012：155）釋“秡”，**中山**（2012：155）釋“紱”，**章水根**（2013：280）釋“疷”。

---

①　裘錫圭：《讀〈戰國縱衡家書釋文注釋〉札記》，《文史》第36輯，中華書局，1992年，第79頁。

②　黃朴華、羅小華：《長沙五一廣場東漢簡牘中的“象人”》，《出土文獻》2020年第4期。

姚孝遂、陳雍（2012：155）："颒枇"即今之"梳篦"。墓内隨葬女俑中，有執梳篦者各一。**今按**：據鳳凰山M167發掘簡報，車後婢、奴分南北兩隊，東西九排。前五排爲婢，是家内奴隸，其中最前兩排袖手立侍，其後兩排分別捧巾、被，最後一排分別持梳、篦。

〔疏證〕

漢代遣册記録中的梳髮之具主要有梳和篦，其中表梳子的"梳"字，在西漢早期寫作"疏""䟽""杼""綕"等，到了西漢晚期則趨於統一，用"疏"字表示。表篦子的"篦"字，基本都是用"比"字表示，偶見用添加意符"木"的"枇"。疏比（梳篦）多連稱，且疏（梳）在前，比（篦）在後，但在西漢早期也有稱爲篦梳者，如羅泊灣M1從器志記録爲"比（篦）䟽（梳）二"，《史記·匈奴列傳》文帝贈匈奴冒頓單于"比余一"，集解引徐廣云："或作'疏比'也。"索隱："案：《漢書》作'比䟽一'。比音鼻。小顔云'辮髮之飾也，以金爲之'。《廣雅》云'比，櫛也'。《蒼頡篇》云'靡者爲比，麄者爲梳'。按蘇林説，今亦謂之'梳比'，或亦帶飾者也。"《漢書·匈奴傳》作"比疏一"，顔注："辮髮之飾也，以金爲之。比音頻寐反。疏字或作余。"比䟽、比余、比疏、疏比、綕枇等，均爲梳篦的一詞異寫。

"櫛"在漢代遣册記録中又寫作"節""椰"等。在字書中，梳、篦、笓統稱"櫛"。《廣雅·釋器》："梳、枇、笓，櫛也。"《説文》木部："櫛，梳比之總名也。"竹部："笓，取蟣比也。"朱駿聲《定聲》："疏曰比，密曰櫛，尤密者曰笓。"孫機指出，漢墓中所出梳、篦，有時3件爲一套，如山東臨沂金雀山周氏墓、河北陽原三汾溝9號墓、江蘇東海尹灣6號墓等西漢墓所出者，其中齒數最多的一件，應即《説文》所説的笓[1]。但漢代遣册記録中無"笓"，與出土實物對照，不乏隨葬齒數不同的三種梳篦的組合形式，如劉林衣物疏B叁1記"疏（梳）比（篦）一具"，對應3件齒數分別爲15、87、111的木梳篦（圖3.2-1，1），它們應分別是梳、篦、笓。因此，梳篦是櫛的核心組成部分，而笓衹是齒數尤密的篦。

梳、篦（含笓）的形制基本相同，主要樣式有兩種，一種是馬蹄形，一種是長方形，以馬蹄形者居多，故盛裝梳篦的漆盒和櫛衣也多爲馬蹄形。漢墓出土梳和篦的認定是相對而言的，區別主要在於齒數的多少。梳的齒數鮮有少於10齒者，多在15—30齒；篦的齒數多在40—80齒，尤密的"笓"的齒數最多達到122齒（青島土山屯西漢墓M147：31）。遣册記録中很少見到梳篦材質的説明，這主要是因爲漢代梳篦基本都是木質的，無需多作説明，但講究的梳篦，也可使用象牙、玳瑁、牛角等材質製作。由

---

[1] 孫機：《漢代物質文化資料圖説》，文物出版社，1991年，第260頁。

於梳篦是日常生活中最常用的器物，保存較好的漢墓基本都有出土，很難區分哪些木梳篦是專爲隨葬而製作的明器，因此，漢墓隨葬的木梳篦可能都是實用器。銅製的梳篦比較少見，徐州銅山小龜山西漢崖洞墓的一件漆奩內盛有銅鏡、銅刷、銅梳、木梳等物，銅梳呈馬蹄形，齒已鏽折①，這件銅梳或有特殊用途。用滑石製作的梳篦毫無疑問是明器，如湖南中方竹子園西漢墓M11：1、M11：7滑石梳篦、大庸市城區西漢墓M162：11滑石梳等②。

漢代遣册記録中存在用梳篦之一來指代整套梳具的現象，如鳳凰山M168遣册43記"木杍（梳）一"，對應的出土實物有木梳、木篦各1件，則這裏的"杍（梳）"實則指代"梳篦"，"一"則爲"一具"之省。劉賜衣物名A叁7記"比（篦）一具"，墓中實出木梳2件、木篦3件，則這裏的"比一具"應與其他遣册所記的"疏比一具"相當，"比"指代"疏比"。同樣的原理，除垢用的梳刷，在遣册中多稱爲"費（拂）節（櫛）""勃（拂）椰（櫛）"，但也有稱爲"勃（拂）比（篦）"者，這反映出"比（篦）"也可能指代"櫛"，也即梳篦。

"費節""勃椰"均是"拂櫛"的一詞異寫，通常指與梳具同出的煙斗形小銅刷，如土山屯M6所出者③（圖3.2-1，2）。這種小銅刷的斗內裝有刷毛，刷毛易朽，然亦有保存完好或殘存少量者，它們可能多是用棕毛製作的，如山東諸城縣西漢墓出土的一件置於漆奩內的銅刷斗所裝的白色棕毛"堅硬完好"④。刷毛偏硬，可能與其主要用於清除梳篦齒間的污垢有直接關係。

漢代遣册所記的梳篦盛裝用具有兩種，一種是漆器類，遣册稱之爲"付蔓"，對應出土物爲妝奩內的子奩，漢墓中的梳篦在出土時也多盛裝於馬蹄形漆奩內；一種是織物類，遣册稱之爲"櫛衣"，由於織物易朽，故櫛衣少有出土。在新疆尼雅遺址、洛浦縣山普拉墓地中，曾出土有多件漢晉時期的櫛衣，如95MNⅠM8：55櫛衣用錦、毛織物、絹等縫製，整體近橢圓形，相當於兩個馬蹄形的聯合體，外縫有絹質繫帶，內有兩個小袋，分裝有木梳篦各1件⑤。遣册所記的這兩種盛裝用具，與考古出土所見梳篦的盛裝用具基本一致。

① 南京博物院：《銅山小龜山西漢崖洞墓》，《文物》1973年第4期。

② 湖南省考古研究所等：《1986—1987大庸城區西漢墓發掘報告》，《湖南考古輯刊》第5輯，1989年。湖南省文物考古研究所等：《湖南中方竹子園戰國西漢墓葬2013年度考古發掘簡報》，《湖南考古輯刊》第12輯，科學出版社，2016年。

③ 青島市文物保護考古研究所、青島市黃島區博物館：《琅琊墩式封土墓》，科學出版社，2018年，第26頁。

④ 諸城縣博物館：《山東諸城縣西漢木槨墓》，《考古》1987年第9期。

⑤ 新疆文物考古研究所：《新疆民豐縣尼雅遺址95MNⅠ號墓地M8發掘簡報》，《文物》2000年第1期。

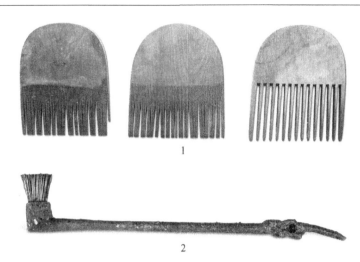

圖3.2-1　漢墓出土梳篦與拂櫛
1. 土山屯M6棺1：1-1、2、3木笥、篦、梳　2. 土山屯M6棺1：1-4銅刷（拂櫛）

【鏡】【除鏡】【鏡衣】

（1）鏡一[1]　　凌惠平衣物疏B壹3

（2）鏡一[2]　　劉賜衣物名A叁6

（3）鑒（鏡）一，有檢（奩）[3]　　丿　鳳凰山M168遣14

（4）鏡及衣各一[4]　　尹灣M6君兄節司小物疏B壹7

（5）大鏡一[5]　　馬王堆M1遣241

　　素長壽鏡衣一，赤掾（緣），大[6]　　馬王堆M1遣264

　　布繒（層）檢（奩）一，中有鏡　馬王堆M1遣233

　　小鏡一，有衣[7]　　馬王堆M1遣242

　　所以除鏡一[8]　　馬王堆M1遣243

（6）畫鏡器一　劉林衣物疏B貳6

　　小鏡一[9]　　劉林衣物疏B貳7

　　鏡衣一　劉林衣物疏B叁4

（7）金竟（鏡）一[10]　　丿　鳳凰山M8遣43貳

　　竟（鏡）檢（奩）一合　　丿　鳳凰山M8遣44貳

（8）象鏡一[11]　　馬王堆M3遣321

　　石鏡一　馬王堆M3遣322

【集釋】

　　〔1〕**今按**：此墓3號棺內的44號四乳四螭銅鏡當即衣物疏所記"鏡一"。

　　〔2〕**今按**：墓中7號竹笥下方有1枚四乳龍虎紋銅鏡（M147：8），簡報推測其原應置於竹笥內，後因竹笥殘破而落至竹笥下方。依此，這枚銅鏡應即衣物名所記之"鏡"。

　　〔3〕**鳳凰山M168報告**（1993：477、478、504）：簡14記"鏡一有檢"之"檢"，當指鍼刻紋奩（123），相符，奩裏有銅鏡、木梳、箟等。

　　〔4〕**劉洪石**（1999：124）："鏡"指銅鏡。"衣"即罩護銅鏡的外套。M6男棺中出土四乳銅鏡1枚。**今按**：據發掘報告介紹，男棺內出土2件銅鏡，其中14號素面鏡出自腰部附近；24號四乳四螭鏡出自左腳附近。14號銅鏡的出土位置遠離男棺足端放置方緹和櫛笥的區域，應與衣物疏所記"鏡"無關。24號銅鏡與梳篦等物鄰近，應即衣物疏所記的"鏡"。

　　〔5〕**馬王堆M1報告**（1973：149）：出土器物中未見此鏡。

　　〔6〕**馬王堆M1報告**（1973：150）、**唐蘭**（1980：44）："長壽"之下脫"繡"字。

　　大，**唐蘭**（1980：44）："大"字可能指大鏡。**馬王堆集成**（2014：213）："大"的字體與其他諸字不同，可能是其他書手補寫的。

　　馬王堆M1報告（1973：72）：墓中出土鏡衣共2件，形制相同，均爲筒狀，出土時分別置於五子奩（441）和九子奩（443）中。443-7號鏡衣爲"長壽繡"絹底，筒緣用絳紫色絹，並絮以薄層絲綿，直徑32、深36厘米，簡264所記應即指此。

　　〔7〕**馬王堆M1報告**（1973：149）：五子奩（441）中有銅鏡1件，裝繡絹鏡衣內，當即簡文所記。

　　〔8〕**馬王堆M1報告**（1973：149）："所以除鏡"意即用以清除鏡上污穢之工具。五子奩（441）中有鏡擦1件，當即簡文所記。**朱德熙**（1972：71）：簡文把鏡擦子叫做"所以除鏡"，用一個句法結構來代表一個名詞，這和《方言》"所以注斛，陳魏宋楚之間謂之篙"是同樣的現象。**朱德熙**（1983：20）：古漢語裏要把一種工具用分析形式說出來，通常總是採用所以"VP"的形式。例如：所以注斛，陳魏宋楚之間謂之篙（《方言》五）；所以除鏡一（《馬王堆一號漢墓》遣册243）。**唐蘭**（1980：44）："除"是清潔的意思。

　　〔9〕**今按**：墓中出土的連弧紋昭明銅鏡（棺1：16），直徑11.1厘米，尺寸較小，似當爲衣物疏所記的"小鏡一"。

　　〔10〕**彭浩**（2012：24）："金竟"即銅鏡，出土銅鏡1件。

　　〔11〕**今按**：墓中出土角鏡1件（北159-3），徑10.2厘米；銅鏡1件（北155-1），徑19.5厘米。馬王堆M1、M3均記有"象疏（梳）比（篦）"，對應的出土實物均爲角

質鏡，那麼，M3簡321所記的“象鏡一”疑指北159-3號角鏡。簡322所記的“石鏡一”疑與北155-1號銅鏡有關，不知此處簡文中的“石”字是否爲“金”之誤寫。

〔疏證〕

銅鏡主要用銅、錫等金屬製作，漢鏡銘即云“湅治銅錫去其宰（滓）”[1]。實用鏡主要有銅鏡和鐵鏡。銅鏡自先秦即已常用，而考古出土鐵鏡大約最早出現於西漢晚期[2]，這或與冶鐵技術的進步和推廣有關。東漢時期，鐵鏡的出土數量逐漸增多。製作考究的鐵鏡，使用錯金或錯銀工藝裝飾其背面，曹操《上雜物疏》云：“御物有尺二寸金錯鐵鏡一枚，皇后雜物用純銀錯七寸鐵鏡四枚，皇太子雜純銀錯七寸鐵鏡四枚，貴人至公主九寸鐵鏡四十枚。”已有多枚錯金鐵鏡出土，如涿州上念頭村東漢墓所出者徑17.2厘米[3]。目前所見尺寸最大的錯金鐵鏡是清華大學藝術博物館收藏的一枚東漢晚期的直徑達32.3厘米者[4]。能使用錯金或錯銀鐵鏡者，身份多較高。

漢墓隨葬的明器鏡中，有相當部分仍用銅錫合金製作，但製作工藝較爲粗糙，尺寸一般也較小。除此之外，最主要的明器鏡是滑石鏡，多見於南方地區的漢墓中。出土所見角鏡、木鏡、陶鏡等均較罕見，實例如馬王堆西漢墓M3出土一枚角鏡，羅泊灣西漢墓M1出土一枚連弧紋木鏡[5]，涿州凌雲集團新廠東漢墓M1出土一枚陶鏡[6]。

出土戰國銅鏡中，圓形和方形者均有，但到了漢代，銅鏡或鐵鏡幾乎都是圓形的。漢代圓形銅鏡的背面上多有紋飾或銘文，正中有紐（簡稱爲紐鏡）；素面鏡比較少見，且多用作葬具如面罩中的構件。雖然圓鏡在漢代鏡類中占統治地位，但仍有少量有柄銅鏡（簡稱爲柄鏡）出土，其主要見於偏遠的游牧地區。幾乎所有的柄鏡背面都沒有紐。漢代中原地區鮮見柄鏡出土，如山東臨淄徐家墓地鳳凰城工地M432出土有一件弦紋柄鏡，徑9.5厘米[7]。

---

①　徐忠義、周長源主編：《漢廣陵國銅鏡》，文物出版社，2013年，第258頁；蚌埠市博物館：《蚌埠市博物館銅鏡集萃》，文物出版社，2014年，第57頁。

②　陝西省考古研究院：《邠城漢墓》，上海古籍出版社，2018年，第799頁；南陽市文物考古研究所：《南陽出土銅鏡》，文物出版社，2010年，第91頁；河北省文物管理委員會：《河北石家莊市趙陵鋪鎮古墓清理簡報》，《考古》1959年第7期。

③　史殿海：《涿州上念頭東漢墓葬發掘簡報》，《文物春秋》2007年第3期；楊衛東等編：《涿州文物藏品精選》，北京燕山出版社，2005年，第133頁。

④　清華大學藝術博物館、陝西歷史博物館：《與天久長：周秦漢唐文化與藝術》，上海書畫出版社，2019年，第356、357頁。

⑤　廣西壯族自治區博物館：《廣西貴縣羅泊灣漢墓》，文物出版社，1988年，第57頁。

⑥　史殿海：《涿州凌雲集團新廠東漢墓群發掘簡報》，《文物春秋》2007年第3期。

⑦　淄博市臨淄區文物管理局：《山東臨淄戰國漢代墓葬與出土銅鏡研究》，文物出版社，2017年，第142頁。

鏡與梳篦多配套使用，保存方式亦大體相同。鏡衣是保護銅鏡的專用囊套，可通過阻隔部分潮氣來延緩銅鏡的氧化，同時可避免鏡面被刮劃。因此，漢代遣册記録中鏡與鏡衣有多處同時記録的例子，可見漢代人對鏡衣的重視。由於漢鏡基本都是圓形的紐鏡，故與之配套的鏡衣也幾乎都是圓形的；爲便於收繫，鏡衣上多縫有繫帶。江陵鳳凰山M167，謝家橋M1，馬王堆M1，陽高古城堡漢墓M12，陽原三汾溝漢墓M9，武威磨嘴子漢墓M1、M62，尼雅遺址1號墓地東漢墓M3，山普拉東漢墓M2等，均有鏡衣出土，它們多用絹、錦、繡等縫製，除實用功能外，也兼有裝飾作用。

銅鏡或鐵鏡均易氧化，且鏡面易蒙塵、沾染污漬等，故與銅鏡配套的器物中還有鏡擦一類工具，馬王堆M1遣册243稱其爲“所以除鏡”，對應墓中與銅鏡共出的一件内絮絲綿，用紅絹和錦縫製而成的鏡擦（441-15）。除此之外，馬王堆M3、江蘇儀徵國慶前莊M12、青島膠州大鬧埠新莽墓M8亦出有鏡擦[①]。

【弗】

（1）弗二，其一赤[1]　馬王堆M1遣240

〖集釋〗

[1] **馬王堆M1報告**（1973：148）：弗，與塵拂稱拂同意。九子奩内的長方形小奩中有弗2件，其一染紅色，與簡文合。**唐蘭**（1980：44、45）：弗是菒的轉語，指刷子。《説文》：“菒，馭也。”《廣雅·釋器》：“篦謂之刷。”《釋名·釋首飾》：“刷，帥也。帥，髮長短皆令上從也。亦言瑟也，刷髮令上瑟然也。”《文選·養生論》注引《通俗文》：“所以理髮謂之刷。”刷子是刷髮的。出土物九子奩的粉彩長方夾紵小奩裏有黑漆柄弗二件，長15厘米，用草紮成，其一染紅色，與簡文合。五子奩裏也還有一個漆柄弗。**汪飛英**（2014：23）：弗是頭油刷子。頭油的作用之一，就是用刷子蘸了，向頭髮上刷，使得頭髮滑順、服帖。**今按**：漆雙層九子奩下層所出443-12號長方形小奩内盛内盛鍼衣2件、弗2件。鍼衣與弗共出，可能僅是空間適合放置，並非二者有密切的組合關係。

〖疏證〗

弗，據與出土實物對照，就是漆柄刷。“弗”的得名，疑與“筆”關係密切。從音韻上看，“弗”從“弗”得聲，“筆”從“聿”得聲，從“弗”“聿”得聲之字有相通之例，如郭店楚簡《緇衣》簡30 “其出女（如）綍（緋）”，整理者讀“綍”
爲“緋”，今本作“綷”，裘錫圭云：“‘緋’‘綷’二字，字書以爲一字異體，
‘聿’‘弗’皆物部字。又疑‘綍’所從的‘聿’實當讀爲‘筆’，‘筆’‘緋’聲
韻皆近”[1]。從形態上看，馬王堆漢墓出土的漆柄刷與筆的外形也是比較接近的。

　　從前文所引唐蘭舉出的文獻例證可知，茀也即刷，主要用於刷髮。馬王堆M1、
M3的妝盒中均出有棕茀，M1所出者均長15厘米，但刷毛上有顏色之分[2]（圖3.2-2，
1）；M3所出者均長16厘米，基本相同[3]（圖3.2-2，2）。在謝家橋M1的漆盒中，亦
出有這種棕茀，數量也是2件，但有大小之分，形態也有差異，一件長15.2厘米，柄部
粗短；另一件長31.2厘米，柄部細長[4]（圖3.2-2，3）。漁陽墓中亦出有類似的角柄茀
（D：72-11），柄長4.3厘米，比較小巧[5]（圖3.2-2，4）。似乎這些墓葬中配置的茀在
功用上仍有部分差異。

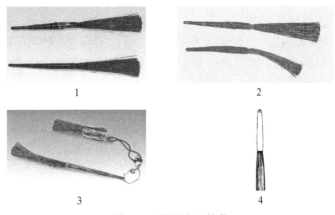

圖3.2-2　漢墓出土的茀
1. 馬王堆M1茀　2. 馬王堆M3：北159-10①、M3：北159-10②　3. 謝家橋M1W：26-3、M1W：26-5
4. 漁陽墓D：72-11

【鬠】【髮】

（1）員（圓）付蔓二，盛印、副（鬠）[1]　　馬王堆M1遣225

（2）㲉（髮）[2]　　馬王堆M3遣281

（3）㲉（髮）橐一[3]　　尹灣M6君兄節司小物疏B貳8

①　荆門市博物館：《郭店楚墓竹簡》，文物出版社，1998年，第135頁。
②　傅舉有主編：《中國漆器全集·3·漢》，福建美術出版社，1998年，第65頁。
③　陳建明、聶菲：《馬王堆漢墓漆器整理與研究》（下），中華書局，2019年，第380頁。
④　荆州博物館：《湖北荆州謝家橋一號漢墓發掘簡報》，《文物》2009年第4期。
⑤　長沙市文物考古研究所、長沙簡牘博物館：《湖南長沙望城坡西漢漁陽墓發掘簡報》，《文
物》2010年第4期。

〖集釋〗

　　［1］**朱德熙**（1972：71）：“副”就是《詩經》“副笄六珈”的“副”，古書上也寫作髻，就是假髮。**馬王堆M1報告**（1973：147）：副通髻，即假髮。《廣雅·釋器》：“假結謂之髻。”《詩·鄘風·君子偕老》“副笄六珈”，毛傳：“副者，后夫人之首飾，編髮爲之。”雙層九子奩中有一圓形小奩，内放假髮一束，與簡文合。**今按**：“印”下一字右旁爲“方”形，疑爲“刀”形上加横畫飾筆。

　　［2］**馬怡**（2009：349、350）：“髲（髮）一”疑即假髮。**今按**：墓中出土的錐畫狩獵紋漆奩（北160）下層有一束假髮，應即簡281所記的“髲（髮）”，相當於M1簡225所記的“副（髻）”。

　　［3］**劉洪石**（1999：124）：髮橐指盛放假髮的袋子。**李會豔**（2009：47）：髮橐疑爲束頭髮的網袋。**馬怡**（2009：350）：一般説來，韜髮的頭衣多爲“巾”“幘”或“帕頭”“絡頭”等，不稱作“橐”“囊”，故“髮橐”“髮囊”可能指盛裝假髮的袋子。**竇磊**（2016：59）：或指放置死者在入斂時散落頭髮的囊袋。**今按**：晉及以後的衣物疏中多將髮囊和爪囊等物一併記録。在“節司小物疏”中，没有爪囊一類信息，不宜將此處“髮橐”與後世衣物疏中的“髮囊”一類相比附。這裏的“髮橐”是裝在“節司（櫛笥）”中的，其應與梳妝有關。聯繫馬王堆遣册中關於假髮的記録看，劉洪石、馬怡的意見應可取。

〖疏證〗

　　漢代遣册記録中的副（髻）、髮，均指假髮，又稱假髻、假紒、髲等。《後漢書·東平憲王蒼傳》“今送光烈皇后假紒、帛巾各一，及衣一篋”，李賢注：“《周禮》：‘追師掌王后之首服爲副編。’鄭玄云：“副，婦人首服，三輔謂之假紒。’《續漢書》‘帛’字作‘皁’。”“假紒”，《東觀漢記·東平憲王蒼傳》作“假髻”。西朱村石碣M1：150記有“雜色鬆（髲）五，柙自副”，李零指出“鬆”讀爲“髲”，假髮[①]。從出土與傳世文獻結合來看，假髮在未使用的狀態下，多用盒子或囊袋盛裝，其可能還被染成不同的顔色。

　　馬怡指出，《廣雅·釋器》“假結謂之髻”，王念孫疏證：“髻，通作副……其實副與編、次，皆取他人之髮，合己髮以爲結，則皆是假結也”；用假髮的風俗，商周時已有，漢晉時則頗爲盛行；漢時男子亦用假髮；製作假髮的材料可來自髡剔，也有其他來源；《釋名·釋首飾》：“髲，被也，髮少者得以被助其髮也。髲，剔也，

---

　　① 李零：《洛陽曹魏大墓出土石牌銘文分類考釋》，《博物院》2019年第5期。

剔刑人之髮爲之也"①。

戰國楚墓,如長沙楚墓的7座墓葬中共出8件假髮②,九連墩楚墓M2出土的一束假髮長達68厘米③。漢墓中,除了馬王堆M1、M3出有裝飾性的假髮外,河北陽原三汾溝西漢晚期墓M9:171漆笥内分4小格,盛有"頭髮、木梳、木篦、銅刷、絲綿、粉球等"④,這裏的"頭髮"與其他妝具共出,應也是假髮。

【簪】

(1)頓(玳)牟(瑁)晉(簪)一[1]　　尹灣M2衣物疏B叁10

(2)頓(玳)牟(瑁)蠶(簪)一[2]　　尹灣M6君兄節司小物疏B貳4

　　簧蠶(簪)二[3]　　尹灣M6君兄節司小物疏B貳5

　　羽林蠶(簪)二[4]　　尹灣M6君兄節司小物疏B貳6

(3)頓(玳)早(瑁)晉(簪)一[5]　　西郭寶衣物疏B貳7

(4)壽(玳)牟(瑁)晉(簪)一[6]　　劉林衣物疏B貳5

(5)頓(玳)茅(瑁)蠒(簪)二[7]　　劉賜衣物名A伍6

　　竹蠒(簪)三[8]　　劉賜衣物名A伍7

　　頓(玳)第〈茅〉(瑁)横蠒(簪)三[9]　　劉賜衣物名A伍8

〔集釋〕

　　[1]"牟"下一字,**連雲港市博物館**(1997:152)釋"簪"。**今按**:當釋爲"晉",讀爲"簪"。

　　馬怡(2005:265、266):"頓牟"讀爲"玳瑁",也作瑇瑁、毒冒,是形似海龜的海洋動物,其角質背板常被用以製作飾物,如髮簪。玳瑁簪是一種較爲貴重的首飾。**今按**:《論衡·亂龍篇》"頓牟掇芥,磁石引針",馬宗霍云:"《太平御覽》八百七《珍寶部》引《春秋考異郵》曰:'承石取鐵,瑇瑁吸褚。'又引注云:'類相致也。褚,芥也。褚音若。'其注即出宋均。據此,知瑇瑁亦能吸芥。然則'頓牟'蓋'瑇瑁'也。'頓牟'與'瑇瑁'爲雙聲字。又慧琳《一切經音義》卷三十一《新翻密嚴經》弟三卷瑇瑁條下引《異物志》:'瑇瑁一名突牟。''突牟'即'頓

①　馬怡:《西郭寶墓衣物疏所見漢代名物雜考》,《簡帛》第4輯,上海古籍出版社,2009年,第349—351頁。

②　湖南省博物館等:《長沙楚墓》(上),文物出版社,2000年,第435頁。

③　湖北省文物考古研究所等:《湖北棗陽九連墩M2發掘簡報》,《江漢考古》2018年第6期。

④　河北省文物研究所:《河北陽原三汾溝漢墓群發掘報告》,《文物》1990年第1期。

牟’也。”①亦可參。

[2]**劉洪石**（1999：124）：“蠶”同“蟬”。

中國簡牘集成19（2005：2020）：頓牟，琥珀，一説玳瑁。墓中出土的玉蟬，可能即“頓牟蠶”。

[3]**劉洪石**（1999：124）：“簧”同“黃”，指振動有聲。M6男棺中出土帶金箔的木蟬2隻，疑即簧蟬。**張顯成、周群麗**（2011：116）：簧，竹名。簧簪指用簧竹製作的簪。**今按**：劉賜衣物名“頓（玭）第〈茅〉（瑁）橫蠶（簪）三”中的“橫”與君兄節司小物疏中的“簧”應表一詞，而劉賜衣物名此條記錄中已有“玳瑁”表材質，則“橫”“簧”應非表材質，其含義待考。

[4]**劉洪石**（1999：124）：羽林，取其“爲國羽翼，爲林之盛”之意。M6男棺中出土的另2枚木蟬即羽林蟬。**張顯成、周群麗**（2011：117）：羽林，星名。羽林蠶指有羽林星狀裝飾物之簪。**陳巧萱**（2012：465）：“羽林”謂盛多的羽葆。**今按**：此處的“羽林”含義暫不明。君兄節司小物疏B貳4、5、6所記錄的簪應是置於櫛笥中，與墓中出土的蟬形玲、木蟬無關。它們在數量上相同僅僅是巧合。與木溫明同出的4枚木蟬中，有兩枚包有金箔，這與土山屯M147劉賜墓中出土木溫明有4枚金銀箔螭虎或有相似用意。要之，4枚木蟬應是木溫明的部件。

[5]前二字，**連雲港市博物館**（1988：20）釋“鉑彳”。**中國簡牘集成19**（2005：1878）釋“頓丘（？）”，爲東海郡屬縣。**馬怡**（2006：257）：“鉑彳”讀爲“頓牟”。**趙寧**（2014：199）釋“頓牟”。**今按**：第一字右旁從“百”，即“首”。“頁”“首”一字分化。“鉑”爲“頓”之異體。第二字，簡報釋“彳”無誤。上古音“彳”屬幫母幽部，“瑁”屬明母幽部，音近可通，故“彳”可讀爲“瑁”。

“一”上一字，**連雲港市博物館**（1988：20）釋“簪”。**馬怡**（2006：257）隸作“筲”，讀爲“簪”。**今按**：當釋寫爲“晉”，讀爲“簪”。棺內出土釵1件，“角質，扁平狀，長20.5、寬1.5厘米”。簡報未發表這件所謂“釵”的圖像，但據簡報説“‘天花板’、灰陶甕、角釵與海州侍其繇墓出土同類物相同”，侍其繇墓出土的“骨釵”有圖像發表，實爲擿，則西郭寶墓中出土的這件“釵”也應是擿。此角擿應即牘文所記的玳瑁簪。

[6]“牟”下一字，**青島市文物保護考古研究所**（2018：32）釋“簪”。**今按**：當釋“晉”，讀爲“簪”。

今按：“壽牟”讀爲“玳瑁”或“瑇瑁”。上古音“壽”屬定母幽部，“瑇”屬

---

①　馬宗霍：《論衡校讀箋識》，中華書局，2010年，第216、217頁。

定母覺部，"玳"屬定母職部，音近可通①。"牟""珇"均屬明母幽部，亦可相通。棺內出土有角擿2件，形制相同，均爲長方條形，尖頭，齒7，其中棺1：21通長21.8、寬0.8、厚0.1厘米。結合其他墓中衣物疏記"玳珇"質，實出角質器的一般規律來看，這裏的"玳珇簪"應即出土的角擿，但數量多1。

〔7〕劉賜衣物名A伍6、7、8的、、，彭峪、衛松濤（2017）均釋"蠶"。今按：當隸作"蜑"，爲"蠶"字異體。

"頓茅"，彭峪、衛松濤（2017）釋，並引**陳劍**按語認爲此處的"頓茅蠶（簪）"即尹灣M6君兄節司小物疏、尹灣M2衣物疏中的"頓牟蠶（簪）"，"茅""牟"音近相通。研究者或説爲"璹珇"，應可信。

今按：墓內竹笥所盛木牘下壓有4枚角質擿（M147：34—37），除36號爲5齒外，另三件均爲7齒。4枚分別長22、20.5、21.5、22厘米，相差不大。疑此4枚角擿即衣物名所記的"頓茅蜑（玳珇簪）"，但數量不符。

〔8〕**今按**：墓中未見可與"竹蜑（簪）三"相對應者。

〔9〕劉賜衣物名A伍6、8的第二字圖版分別作、，彭峪、衛松濤（2017）均釋"茅"。**今按**：此二字並非一字，後者當爲"第"，參看（285.17）。"第""茅"形近，此處將"茅"訛寫成"第"。

〔疏證〕

在傳世文獻中，"簪"多與"笄"互訓。《説文》先部："先，首笄也。从人、匕，象簪形。簪，俗先。"竹部："笄，簪也。"《急就篇》卷三"冠幘簪簧結髮紐"，顏注："簪，一名笄。"《釋名·釋首飾》："簪，兂也，以兂連冠於髮也。又枝也，因形名之也"，"笄，係也，所以係冠，使不墜也"，畢沅云："《士冠禮》有'皮弁笄''爵弁笄'。鄭注：'笄，今之簪。'"《荀子·賦篇》"簪以爲父，管以爲母"，楊倞注："簪，形似箴而大。"《慧琳音義》卷第八十八"簪紱"："《蒼頡篇》云：'簪，笄也。'男子以固冠，婦人爲首飾。"故"簪"多指固冠或飾髮的長條狀物。《釋名·釋首飾》："釵，叉也，象叉之形因名之也。"敦煌漢簡681記："敦煌壽王里田儀，年廿八歲，長六尺五寸，青白色，右頰有黑子。簪、杈（釵）各二，珥一具。"因此，簪與釵是不同的器物。可戴在頭上的此類髮

———————
① 張儒、劉毓慶：《漢字通用聲素研究》，山西古籍出版社，2002年，第180、181頁"毒通弋""毒通邑"條。關於"玳"的上古音，《漢字通用聲素研究》歸爲定母覺部，《上古音手册》歸爲定母職部，今從後者。參唐作藩：《上古音手册》，中華書局，2013年，第31頁。

飾，除了簪、釵之外，還有多齒的擿。《釋名・釋首飾》："揥，摘也，所以摘髮也。"孫機指出，擿有齒，外形有些像窄而長的梳子，不適於梳髮，亦與簪笄類不盡相同；擿又作揥，可用於搔髮、綰髮和簪髮①。

漢代衣物疏所記的"簪"與傳世文獻中常見之"簪"並不完全一致。與出土實物對照，西郭寶衣物疏記"頓（玳）乎（瑁）瞀（簪）一"，墓中隨葬品未被盜且保存較好，與髮飾相關的物品僅有一件角擿。劉林衣物疏記"壽（玳）牟（瑁）瞀（簪）一"，棺内亦出土二件角擿。劉賜衣物名記有"頓（玳）茅（瑁）蟴（簪）二"，出土四件角擿。因此，從名實對應的角度來看，這幾份衣物疏中的"簪"，實際上都是指扁平、細長、多齒的"擿"。要之，簪、擿都是長條形物，都可以戴在頭上，且都可以用來搔頭，等等，這或許是將二者混稱的部分原因。也有可能"簪"可作大共名，用於通指簪、釵、擿等。

【尺篦】

（1）尺比（篦）二枚[1]　馬王堆M1遣237

〖集釋〗

[1] 第一字，**馬王堆M1報告**（1973：148）釋"欠"，即"次"，亦即"櫛"。**唐蘭**（1980：44）：欠比即櫛比，等於梳篦。**朱德熙、裘錫圭**（1980：73）：似乎還是釋作"尺"比較妥當。**馬王堆集成**（2014：208）：疑"尺"修飾"比"，指"比"的長度爲一尺。

〖疏證〗

《說文》比部："比，密也。"《釋名・釋首飾》："梳，言其齒疏也，數言比。比於梳，其齒差數也。比，言細相比也。"比（篦）因其齒密而得名。疑頭飾中齒密的"擿"亦可稱比。從《釋名・釋首飾》的訓解看，"笄，係也，所以係冠，使不墜也。""簪，兟也，以兟連冠於髮也。又枝也，因形名之也。""釵，叉也，象叉之形因名之也。""揥，摘也，所以摘髮也。"結合其他文獻記載和考古出土實物看，長鍼形（也即單齒）者名笄或簪，主要用於固冠；叉形（也即雙齒）者名釵；多齒者名揥（擿）。有學者指出，"擿是一種扁平細長且一端有細密長齒的髮飾，……

---

① 孫機：《漢代物質文化資料圖説》，文物出版社，1991年，第246頁。

尾端的齒數多少不一，以七齒的爲最多，但是也不乏多至十餘齒者"①。相較於釵而言，掃（擿）的齒數要更密一些，從這個角度來看，將掃（擿）泛稱爲比，或可成立。梳箆與掃（擿）的外在形態也有部分相似性。《玉篇·竹部》："箆，釵箆也。""釵箆"疑即擿。

　　馬王堆遣册中的"尺比"，《集成》疑是長度爲一尺的"比"，很有道理。"尺比"很可能就是長一尺的擿。《後漢書·輿服志》："太皇太后、皇太后入廟服，……簪以瑇瑁爲擿，長一尺。……公、、卿、列侯、中二千石、二千石夫人，魚須擿，長一尺。"出土所見漢代之擿的長度也多在一尺左右，如江蘇揚州邗江胡場漢墓M1棺内"頭骨下有一骨笄，長23.1、寬1.5厘米，分6齒"②，這件骨笄（應稱骨擿）即長一尺。馬王堆M1墓主髮髻上插有瑇瑁質、角質和竹質的梳形擿三支，瑇瑁擿長19.5厘米，11齒；角擿長24厘米，15齒；竹擿長24.5厘米，20齒。尚不知這三件擿是否與簡文所記的"尺比（箆）二枚"構成對應或部分對應關係。

【導】

（1）道（導）一枚[1]　　·　　尹灣M6君兄節司小物疏B貳1

〖集釋〗

　　[1] **馬怡**（2005：266、267）："道"讀爲"導"。《釋名·釋首飾》："導，所以導櫟鬢髮，使入巾幘之裏也。或曰'櫟鬢'，以事名之也。""櫟鬢"即"掠鬢"。古人束巾後，用導將鬢髮引入巾内，然後插在髮中。導的形制類似髮簪，又稱作"幘導""笄導""簪導"。其材質有玉石、象牙、瑇瑁、犀角等。由"笄""簪"二字皆從竹來看，普通的導亦應有竹製品。**中國簡牘集成19**（2005：2020）："道"通"導"，一種梳子，見《釋名·釋首飾》。

〖疏證〗

　　《釋名·釋首飾》"導，所以導櫟鬢髮，使入巾幘之裏也。或曰櫟鬢，以事名之也"是從功用角度進行的解釋，並沒有對形制進行説明。《説文新附·竹部》："箆，導也，今俗謂之箆。"《玉篇·竹部》："箆，釵箆也。"要實現《釋名》所説的"導櫟鬢髮，使入巾幘之裏"，其形制疑與"釵箆"相近。但在《釋名·釋首

---

　　①　李芽、王永晴：《"擿"考》，《故宫博物院院刊》2019年第10期。
　　②　揚州博物館、邗江縣文化館：《揚州邗江縣胡場漢墓》，《文物》1980年第3期。

飾》中，有關於簪、釵、擿、導等不同的條目，説明"導"與簪、釵、擿均不完全相同。因材料有限，存疑待考。

【鬠】【帶】

（1）青幕（鬠）一　　尹灣M2衣物疏B叁2

（2）白幕（鬠）一[1]　　尹灣M2衣物疏B叁3

（3）員（圓）付蔓二，盛帶[2]，一空　　馬王堆M1遣226

（4）詘（屈）帶一[3]　　·　尹灣M6君兄節司小物疏B貳2

〖集釋〗

　　[1] **中國簡牘集成19**（2005：2061）：幕，帷幕。**陳巧萱**（2012：462）："幕"所指不明，可能是帷幔，或是覆蓋用的布。**竇磊**（2013：127、128）："青幕一、白幕一"前文所記"薄巾絮、白綸、黄綸、靡絮、盧絮"、後文所記"□絮、□□絮"均指頭衣，故"幕"亦指一種頭衣。"幕"或可讀爲"鬠"，指一種繞在婦女髮髻上的結帶。《説文》彡部"鬠，帶結飾也"，王筠《句讀》："言帶結謂之鬠也。帶結者，《西京賦》注引作'帶結'，謂以帶繞髻也，即李注所云：'以麻雜爲髻，如今撮者'是也。"《廣韻·禡韻》："鬠，婦人結帶。"《類篇·彡部》："鬠，襪額也。一曰帶結飾。又未各切，髻飾。"發掘報告稱："墓主人爲一中年女性"，亦可作爲"鬠"爲婦女頭衣的旁證。**今按**：在江西靖安李洲坳春秋墓G26墓主人頭部髮髻用幾何紋髮帶包扎①，這大概是出土所見比較早的"鬠"實物。

　　[2] **馬王堆M1報告**（1973：147）：絲組帶1件出九子奩上層中，不是放小奩内，與簡文所記略有出入。**唐蘭**（1980：43）：出土九子奩裏有一條絲帶，但不在小奩裏。**今按**："付蔓"是多子奩中的小子奩，尺寸較小，所能容納的物品的體積應不會太大。馬王堆M1出土的這條組帶長達145厘米，寬度達11厘米，應非"付蔓"所容，其置於九子奩上層中（空間較大），這本身已説明此組帶與簡文所記置於"付蔓"中的"帶"無關。此處簡文之"帶"與簡275中的"紅組帶一"亦無涉。頗疑此簡中的"帶"是小型帶，也即用於束髮的"鬠"（尹灣M2衣物疏），可能與"詘（屈）帶"（尹灣M6君兄節司小物疏）相當。

　　[3] **劉洪石**（1999：124）："詘"通"屈"。屈帶指繫衣服的帶子。**中國簡**

---

　　①　江西省文物考古研究所、靖安縣博物館：《江西靖安李洲坳東周墓發掘簡報》，《文物》2009年第2期。

牘集成19（2005：2020）："詘"同"屈"。詘帶可能是短帶子。**張顯成、周群麗**（2011：115）：詘帶爲可彎曲的帶子，指衣帶。**今按**：不管是革帶還是織物帶，其可彎曲是固有屬性。這裏的"詘"與彎曲等類意思無關。疑讀"詘"爲"屈"的意見可從。《説文》尾部"屈，無尾也"，段注："《淮南》'屈奇之服'，許注云：'屈，短也。奇，長也。'凡短尾曰屈。《玉篇》巨律切。《玄應書》《廣韻》衢勿切，今俗語尚如是。引伸爲凡短之偁。山短高曰崛，其類也。今人'屈伸'字古作'詘申'，不用'屈'字，此古今字之異也。鈍筆曰掘筆，短頭船曰撅頭，皆字之假借也。"在"君兄節司小物疏"中，"詘帶"記錄在"道（導）"和"簪"之間，頗疑其就是尹灣M2衣物疏中的"鬠"。

【鑷】【鉸刀】

（1）鑷、鉸刀一具[1]　劉賜衣物名A叁10
（2）交（鉸）刀、聶（鑷）各一[2]　凌惠平衣物疏B壹5
（3）交（鉸）刀一具[3]　·　尹灣M6君兄節司小物疏B壹5

〚集釋〛

[1]**今按**：據土山屯M147發掘簡報披露的信息，似未有可與衣物疏所記"鑷、鉸刀"對應者，疑此二物已朽或未葬入。

[2]首字，**連雲港市博物館**（2012：9）釋"直"。**竇磊**（2016：39）釋"交"。交刀即剪刀，或寫作"鉸刀"。

"刀"下一字，**連雲港市博物館**（2012：9）疑爲"鬲"。**趙寧**（2014：220）釋"聶"，讀爲"鑷"。**竇磊**（2016：39）："聶（鑷）"是修剪毛髮的器具。馬王堆M1、M3及漁陽墓皆出有角質鑷。

[3]**劉洪石**（1999：124）：交刀即剪刀。出土實物未見。**中國簡牘集成19**（2005：2020）："交"，後作"鉸"。

〚疏證〛

從凌惠平衣物疏、劉賜衣物名將鉸刀與鑷並列記錄來看，此二器很可能爲組合器，故本書將二者一併考察。

從遣册記錄中可知"交刀"又寫作"鉸刀"。交（鉸）刀即剪刀。"交刀"的命名着眼於器物形態，"剪刀"的命名着眼於用途。《釋名·釋兵》"封刀、鉸刀、削刀，隨時用作名也"，王啓原云："'鉸刀'本爲'交刀'。《初學記》引《東宮舊事》：‘太子納妃，有龍頭金縷交刀四。’亦作‘交刀’，翦刀兩刀相交，故名‘交刀’耳。”《玄應音義》卷十一：“鉸刀，交刃刀也。今亦謂之剪刀。”《六書故》卷四：“鉸，交刃刀也。利目劑。”《説文》刀部：“剪，齊斷也。”由此可知，鉸刀即交股的有刃刀，主要用於剪物。

凌惠平、師饒、劉賜三人之墓均記有鉸刀，且與其他梳妝用具相鄰，表明這裏鉸刀也屬於妝具，且男女均可用。三墓均未出土鉸刀，這或緣於漢代的鉸刀主要爲鐵質，且造型較小，易氧化朽壞，故難以保存。筆者所見漢墓出土的剪刀均爲鐵質，交股。根據刃部的長短可以粗略分爲兩種類型，一是短刃，如咸陽馬泉西漢墓M2：3鐵剪長9.3厘米，其刃較短[①]；二是長刃，如廣州淘金坑西漢墓M17：25鐵剪，長12.8厘米，刃部的長度超過一半[②]。二者之中，以長刃者爲多。

作爲妝具的鉸刀，可能主要用於修剪頭髮、鬍鬚、指甲等。《急就篇》卷三“沐浴揥挶寡合同”，顏注：“揥挶謂鬋拔眉髮也，蓋去其不齊整者。”北大漢簡《蒼頡篇》簡36“靧髦鬍（揥）挶，須顏（鬚）髮膚”。形制、大小不同，可能意味着其用途有部分差異，比如短刃或是小尺寸的剪刀，可能就不太適合用於剪髮。天長三角圩西漢墓M19：133鐵剪總長7厘米，刃部僅長4厘米[③]，這件比較小巧的鐵剪的主人是一名男性，推測其可能是專用於修剪鬍鬚之用的。

妝具中的蠹即鑷，也即爾。《釋名·釋首飾》“鑷，攝也，攝取髮也”，畢沅云：“鑷，此俗字也。依《説文》當作‘爾’。”《説文》竹部“爾，箝也”，段注：“二字雙聲。夾取之器曰爾。今人以銅鐵作之，謂之鑷子。”朱駿聲《定聲》：“字亦作鑷。凡脅持物，以竹曰爾、曰箝，以鐵曰鑷、曰鉗、曰鈷、曰鈺，蘇俗謂之鑷子。”傳世《蒼頡篇》卷三“鏡籢疏比各異工”，北大漢簡《蒼頡篇》相關文句作“鏡爾比疏”，北大漢簡整理者參考音理和傳世本所記，認爲爾與籢相通，爾讀爲籢，將“鏡爾（籢）”視爲一詞。爾、籢相通的書證尚顯不足，不排除爾、歈二字存在訛誤的可能，傳世本與北大本中此句的關係也還有待進一步考察。從北大簡此句的表述來看，將“爾”如字讀，鏡、爾、比（篦）、疏（梳）都是梳妝的直接使用工具，四者是並列關係。相比較而言，其文意似要好於傳世本。在漢墓出土實物中，確有鏡、鑷、梳篦等妝具同出的情形（詳後）。

鑷的形制與材質有一定關係。由於角質材料不宜彎曲，故角質鑷可先製出鑷片，再進行安裝，如馬王堆M1、M3所出的角鑷，一端是簪，在簪的末尾鑿出嵌縫，用以安

---

① 咸陽市文物考古研究所：《咸陽馬泉鎮西漢空心磚墓清理報告》，《文博》2000年第6期。

② 廣州市文物管理處：《廣州淘金坑的西漢墓》，《考古學報》1974年第1期。

③ 安徽省文物考古研究所：《天長三角圩墓地》，科學出版社，2013年，第269頁。

裝鑷片，當不需要使用鑷片時，可方便取下，故它們同時具備簪與鑷的功用。金屬鑷主要有銅質和鐵質，製作方法和使用方法大體相同。將扁平的金屬長條於正中間的位置彎曲，使兩端併攏，即成鑷，如咸陽馬泉漢墓M2：4鐵鑷[①]。有的金屬鑷爲了維持外形和彈性，還在彎曲處加有箍；爲了增加鑷尖的夾取力度，有的端口向內折，如輝縣路固漢墓BM17：9銅鑷[②]。

　　從漢代遣册記錄看，鉸刀、鑷並列記錄，且二者與鏡、梳篦等妝具相鄰，這在漢墓出土實物中可以得到映證。如，咸陽馬泉西漢墓M2的鐵剪與鐵鑷、耳勺、銅鏡同出於漆奩中[③]；山西陽高古城堡西漢墓M12的鐵剪、鐵鑷、銅鏡等同出於漆奩内[④]；廣州淘金坑西漢墓M17的鐵剪、鐵鑷"均出銅鏡下，出土時，鏽蝕粘連在一起，上有絹、繩殘留，推知原來有繩縛連，再以絹帛包裹盛裝於漆盒中"[⑤]。總之，正如北大漢簡《蒼頡篇》"鏡籢比疏"所表述的那樣，銅鏡、梳篦、鉸刀、鑷子等，都是漢代人常用的梳妝用具。

【刀】

（1）象刀一，有鞞[1]　　馬王堆M1遣234
（2）象刀一，有鞞[2]　　馬王堆M3遣28
（3）刀帶具[3]　　尹灣M6君兄節司小物疏B貳7

〔集釋〕

　　［1］**馬王堆M1報告**（1973：148）：象刀，疑爲象牙刀。簡文與實物質地不符者尚多。鞞，《説文·革部》："鞞，刀室也。"五子奩中有大小環首刀3把，角質，似即簡文所記，但皆無鞘。**唐蘭**（1980：46）：出土物五子奩内有角質環首小刀3把，應是用角質刀來代替象刀，與象梳比同例。鞞是刀室，出土物中未見。**今按**：五子奩中三件角質環首刀的長度分別爲20.2、15.5、10.4厘米，似以5厘米左右爲差，可能意味着它們在具體的用途上有一定差異。馬王堆M1出土物中除了這三件角質刀外，並無其他刀具出土。因此，整理者將此"象刀"與五子奩中的角質刀相聯繫，是有道理的。儘管

①　咸陽市文物考古研究所：《咸陽馬泉鎮西漢空心磚墓清理報告》，《文博》2000年第6期。
②　中國社會科學院考古研究所：《輝縣路固》，科學出版社，2017年，第623頁。
③　咸陽市文物考古研究所：《咸陽馬泉鎮西漢空心磚墓清理報告》，《文博》2000年第6期。
④　東方考古學會：《陽高古城堡：中國山西省陽高縣古城堡漢墓》，日本東京六興出版，1990年，第82、94頁。
⑤　廣州市文物管理處：《廣州淘金坑的西漢墓》，《考古學報》1974年第1期。

簡文所記與出土實物僅部分相符，但從角質刀與妝具共出可以看出，“象刀”爲化妝之用。

　　［2］**馬王堆M3報告**（2004：49）：《説文》革部“韒，刀室也”，段注：“刀部曰：‘削，韒也。’削、鞘古今字。”**今按**：馬王堆M3共出三件刀，材質不同，分别是出自六博棋盒中的象牙割刀（鐁）1件、角質環首削刀1件，出自雙層六子奩中的鐵環首削刀1件。遣册記録中亦有與它們相關的三處記録分别是簡28“象刀一，有韒”，簡29“象割刀一”，簡30“象削一”。由於M3遣册簡序已亂，原整理者擬定的簡序並不完全可信。結合馬王堆M1簡234所記的“象刀一，有韒”部分對應漆奩内的角質刀來看，頗疑M3簡28所記的“象刀一，有韒”也是指漆奩内的那件鐵環首刀，祇是其材質不同、亦未有鞘。這件鐵削刀與妝具共出，疑是化妝之用。

　　［3］**劉洪石**（1999：124）：“刀帶具”即佩刀一具。M6男棺中未發現。**張顯成、周群麗**（2011：117）：“具”前當脱一數詞。刀、帶，指刀和刀帶，二者是配套的，故稱量用“具”。**今按**：“刀帶具”記在“節司小物疏”中，且與篸、髮橐等相鄰記録，説明其很可能與妝具有關。在漢墓出土妝奩中，有與銅鏡、梳箆等一併放置的削刀（詳後）。漢代的削刀多有環首，“帶”可能指繫於環首的刀帶。疑“刀帶具”的“具”前漏寫了“一”，是指刀、帶一具，或刀帶一具。

〔疏證〕

　　《釋名·釋兵》：“封刀、鉸刀、削刀，隨時用作名也。”根據不同的用途，削刀稱名多樣，如書刀、佩刀、廚刀等。化妝用的刀，可稱爲妝刀，可能主要用於刮眉、修鬚等。

　　在漢墓出土實物中，有多處可判斷爲妝刀的例子，比如馬王堆M1的五子奩（441）内，三把角質環首刀與銅鏡、梳箆、弗、鑷等共出；馬王堆M3的雙層六子奩（北159）内，一把環首鐵刀與銅鏡、梳箆、弗等共出；銀雀山西漢墓M4：65雙層漆奩的上層放銅鏡，下層放不同形狀的子奩七枚，其中一件盝頂長方形子奩内有小銅刀2枚[1]；廣州先烈路麻鷹崗西漢墓M8的一件漆奩内，2件鐵削刀與2枚玉印、1枚玉韘、1件鐵刮刀、2件銅刷柄共出[2]；邗江甘泉雙山東漢廣陵王劉荆墓的一件漆奩内，一把金鞘鐵刀與鐵鏡共出[3]，此刀雖然未見詳細介紹，但其置於漆奩内，且與銅鏡同出，應是尺寸較小的削刀，化妝之用。

---

① 山東省博物館、臨沂文物組：《臨沂銀雀山四座西漢墓葬》，《考古》1975年第6期。
② 中國社會科學院考古研究所等編：《廣州漢墓》（上），文物出版社，1981年，第47、48頁。
③ 南京博物院：《江蘇邗江甘泉二號漢墓》，《文物》1981年第11期。

刀有鞘，遣册稱之爲韠。韠、鞘，也即是刀衣。《士冠禮》“玄端黑屨，青絇”，鄭玄注：“絇之言拘也，以爲行戒，狀如刀衣鼻，在屨頭。”“刀衣鼻”即刀衣之鼻，即璏，刀衣即嵌璏的鞘。漢墓出土之削刀多配有鞘，材質以漆木爲多。

【疏牙】

（1）須（疏）牙一[1]　·　尹灣M6君兄節司小物疏B壹4
（2）疏牙一[2]　劉林衣物疏B叁2

〔集釋〕

［1］**劉洪石**（1999：124）：須牙即銅刷。男棺出土小銅刷1件。**中國簡牘集成19**（2005：2020）：須牙疑爲一種銅刷。疑指墓中出土的小銅刷。**寶磊**（2016：58）：據發掘報告，小銅刷僅出土於女棺，男棺未出，待考。

［2］**范常喜**（2018：181—187）：尹灣M6君兄節司小物疏所記“須牙”前後内容是：“疏（梳）比（篦）一具，費（拂）節（櫛）一，須牙一，交（鉸）刀一具，粉橐二，鏡及衣各一”。土山屯M6所記“須牙”前後内容是：“疏（梳）比（篦）一具，疏牙一，勃（拂）椥（櫛）一，鏡衣一”。對比可知二者都被置於梳洗清潔類器物當中，前後相鄰之物也相差無幾。“須牙”讀爲“疏牙”，即疏通牙齒縫隙、清潔齒垢之意，作爲隨葬器物，指清潔牙齒的牙籤類小物件。由《抱朴子·備闕》“摘齒則松檟不及一寸之筳”可知，古人的剔牙工具與今之牙籤相仿佛。此二處“疏牙”和“須牙”，應當是我國目前所知出土文獻中關於牙籤的最早記錄。

〔疏證〕

關於“疏牙”的解釋，范常喜已做了很好的研究。本書試補充一些考古出土材料。

疏牙即牙籤，最重要的特徵有三：細長、小、尖。儀徵國慶前莊西漢墓M12出土一套共17枚竹籤，“一端削尖、飽水殘斷，長5—11厘米”①；從此墓的“出土器物分佈圖”中可以看到這些竹籤（116）與竹擿（115）、木篦（112）等相鄰出土，這似可作爲君兄節司小物疏、劉林衣物疏中將“須牙”“疏牙”與其他妝具並記的一個注腳。前莊漢墓中的這些竹籤疑爲牙籤，也即其他漢墓衣物疏所記的“疏牙”。馬王堆漢墓M1出土的五子奩中，盛有銅鏡、梳篦、削刀、弗等，其中有一件所謂的“角質笄”（441-12），“中間粗，兩頭尖，長9.5厘米”（圖3.2-3，1），若其作爲“笄”使

① 儀徵市博物館：《江蘇儀徵國慶前莊12號墓發掘簡報》，《東南文化》2017年第2期。

用，疑比較難以牢固插入髮髻中；從形狀、長度及後世衣物疏中關於疏牙的記録綜合考慮，疑這件"角質笄"實爲牙籤；這或也是將牙籤與其他妝具共置的實例。洛陽中州路戰國墓M2717共出土"骨籤"8件，"似鍼，頂部平鈍，尖端鋒鋭。最長6.9，最短5.8厘米。出土時雜在骨叉内，大約也是一種食具"[1]（圖3.2-3，2）；四川滎經高山廟西漢墓M5出有5枚竹籤，兩端削尖成鍼尖狀、長9.2厘米[2]（圖3.2-3，3）；這些骨籤、竹籤疑均爲牙籤。在内蒙古額濟納流域的破城子A8、金關A32遺址中亦出土有少量竹製的牙籤，細長形，一端削尖，長度多在9—12厘米[3]（圖3.2-3，4）。

　　總之，從考古出土材料來看，牙籤多一端削尖，可能存在兩端均削尖者；均比較短小；材質以竹質爲主，可能還有角質的。漢代人在日常生活中使用牙籤大概具有一定的普遍性。

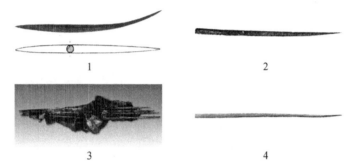

1　　　　　　　　　　　　　2

3　　　　　　　　　　　　　4

圖3.2-3　考古出土戰國至漢時期的牙籤
1.馬王堆M1：441-12（疑似角牙籤）　2.中州路骨牙籤　3.高山廟M5：78竹牙籤　4.破城子A8竹牙籤

二、化　妝　品

【脂】【粉】【膏】

（1）小付蔓三，盛節（櫛）、脂、芬（粉）[1]　馬王堆M1遣227
（2）小付蔓三，盛脂，其一盛節（櫛）[2]　馬王堆M3遣263
　　　粉付蔓二[3]　馬王堆M3遣262
　　　員（圓）付蔓二，盛闌（蘭）膏[4]　馬王堆M3遣264
（3）粉橐二[5]　尹灣M6君兄節司小物疏B壹6

①　中國科學院考古研究所：《洛陽中州路（西工段）》，科學出版社，1959年，第125頁。
②　四川省文物考古研究院等：《滎經高山廟西漢墓》，文物出版社，2017年，第198頁。
③　弗克·貝格曼考察，博·索瑪斯特勒姆整理，黃曉宏等翻譯：《内蒙古額濟納河流域考古報告》，學苑出版社，2014年，第45、76、334、338頁。

　　　脂管二[6]　　尹灣M6君兄節司小物疏B貳9
（4）粉橐二[7]　　劉賜衣物名A叁8
（5）繡（縹）粉橐一[8]　　劉林衣物疏B叁6
　　　緗粉橐一[9]　　劉林衣物疏B叁5
（6）相（緗）丸（紈）粉橐一[10]　　西郭寶衣物疏A伍8
　　　□□粉橐一[11]　　西郭寶衣物疏A伍9
（7）☑縠粉橐一[12]　　牡宜M1衣物疏殘牘3壹2

〖集釋〗
　　　[1] **馬王堆M1報告**（1973：148）：《急就篇》"芬熏脂粉膏澤筒"，顏注："脂謂面脂及脣脂，皆以柔滑膩理也。粉謂鉛粉及米粉，皆以傅面，取光潔也。"依簡文文義，盛節、脂、粉似各一付簹，對照所出的14件小奩，其中確有1件馬蹄形小奩盛梳箆，另有11件是放脂粉類的東西，簡文似缺記。**唐蘭**（1980：41—43）：脂有面脂和脣脂兩種，簡文中的脂爲面脂。芬即粉。粉有米粉和胡粉兩種。簡文中的粉爲米粉，西漢初年還不應有胡粉。出土實物在九子奩裏有兩個小奩放粉狀化妝品，一個小奩放方塊形白色化妝品，五子奩中也有一個小奩是粉狀化妝品，當是此簡所説的脂粉之類。**今按**：墓中出土妝奩有九子奩（443）和五子奩（441）各1件，它們都盛放有梳箆和化妝品等，但有部分差異。五子奩中的梳箆未置於子奩內，三件小圓奩（441-4、441-7、441-8）所盛化妝品的種類不詳。九子奩中的子奩及盛裝物品情況爲：1件馬蹄形子奩（443-15）盛梳箆2雙；2件橢圓形子奩（443-11、443-13）分別盛方塊形白色化妝品和白色粉狀化妝品；4件圓形子奩中最大者（443-8）盛絲綿1塊和假髮1束，其次443-14盛粉狀化妝品和絲綿粉撲，443-16盛油狀物質和絲綿粉撲，最小者（443-10）盛胭脂；長方形子奩（443-9）盛油狀化妝品，443-12盛鍼衣2件和弗2件。相比較而言，簡227所記似與九子奩中的子奩關係更密切一些，祇是數量多有不符。
　　　[2] **今按**：墓中出土的雙層六子奩（北159）下層子奩及盛裝物品情況爲：1件馬蹄形子奩（北159-11）盛木梳箆2雙，2件圓形子奩中的大者（北159-13）所盛之物不詳，小者（北159-12）盛"黑色醬狀物，疑爲鉛粉一類化妝品"，2件長方形子奩中的大者（北159-14）盛角鑷1件、角簪1件、竹笄1件，小者（北159-16）所盛之物不詳，1件橢圓形子奩（北159-15）所盛之物不詳。馬王堆M3報告（2004：152、155）認爲"簡263'小付簹三，盛脂，其一盛節（櫛）'可能指標本北159-11、北159-15、北159-16三件體積較小的奩，所稱'其一盛節（櫛）'當指標本北159-11，其內有兩對木梳箆。"其關於"其一盛節（櫛）"的名實考察應可從，但其認爲"盛脂"的兩件"付蔓"對應北159-15、北159-16，不知何據。又，馬王堆M3報告（2004：147—

149）認爲簡264 “員（圓）付篹二，盛闌膏” 應指北159-12、北159-13這兩件小圓盒，但北159-12圓盒所盛之物爲 “黑色醬狀物，疑爲鉛粉一類化妆品”，鉛粉與蘭膏不同物，此處表述似有矛盾之處。《長沙馬王堆漢墓陳列》在介紹此六子盒時，對各個子盒所盛物品均有標示①，不知圖中所標示的 “胭脂”“蘭膏”“鉛粉類化妆品” 是否有檢測依據。不過，僅從簡文記録來看，簡262—264所記的 “付篹” 就已達7件之多，而M3出土的漆盒中，多子盒僅有這件六子盒，這就必然造成簡文所記與出土實物定有不符的情形。在進行名實考察時，由於簡文記有 “圓付篹二，盛闌（蘭）膏”，而六子盒中恰有兩件圓形子盒，似難以由此判斷這此二子盒盛的就是蘭膏。

　　［3］**今按**：墓中出土的雙層六子盒中，北159-12子盒 “内有黑色醬狀物，疑爲鉛粉一類化妆品”。胡粉爲白色粉末物，而此盒中所盛之物爲 “黑色醬狀物”，故疑此物非胡粉。若此所謂的 “鉛粉” 爲金屬鉛的粉末，則疑其與妆粉無關。總之，疑北159-12子盒所盛之物與簡文中的 “粉” 無關。

　　［4］**馬王堆M3報告**（2004：65、148、149）：“闌” 即 “蘭”，簡264所記應指錐畫雙層六子盒下層的子盒中的北159-12、北159-113兩件小圓盒。**馬王堆集成**（2014：253）：《楚辭·招魂》“蘭膏明燭，華容備些”，王逸注：“蘭膏，以蘭香煉膏也。” 晉張華《雜詩》：“朱火青無光，蘭膏坐自凝。” **汪飛英**（2014：24）：小圓盒内的黑色醬狀物，應是漢代頭油 “蘭膏”。香澤、蘭膏、蘭澤都是頭油，與澤髮用具弗出於同一套化妆用具中，很顯然它們是配套使用的。**今按**：簡文中的 “蘭膏” 盛裝於 “圓付篹” 中，則其更可能是與妆具相關者，而與燃料無涉。《急就篇》卷三 “芬薰脂粉膏澤筩”，顔注：“膏澤者，雜聚取衆芳以膏煎之，乃用塗髮，使潤澤也。” 此處的 “蘭膏” 疑即潤澤頭髮者。汪飛英謂這裏的 “蘭膏” 爲頭油是有道理的，但小圓盒中的黑色醬狀物是否就是 “蘭膏”，則不敢遽定。

　　［5］**劉洪石**（1999：124）：粉橐即盛粉的小袋子。**中國簡牘集成19**（2005：2020）：粉橐是盛放化妆敷面用的脂粉袋子。**今按**：橐袋不宜裝油脂類物質。衣物疏中的 “粉橐” 應指盛裝妆粉的橐袋。

　　［6］**劉洪石**（1999：124）：脂管疑指盛放胰子類或油類，用以擦手、臉的竹管。**張顯成、周群麗**（2011：118）：脂，油脂、脂膏，可塗於面部等以保護皮膚，還可製成化妆品。脂管，盛裝脂膏的管筒。**中國簡牘集成19**（2005：2020）：脂管，裝脂粉的管子。**毛靜**（2011：101）：脂管，指裝胭脂的器具。**馬怡**（2015）：脂管，盛妆脂的管。**竇磊**（2016：59）：脂，含胭脂的化妆品。**今按**：馬怡的觀點比較中肯。

　　［7］**羅小華**（2017b）：“粉橐” 指裝有 “粉” 的橐袋。

---

① 湖南省博物館：《長沙馬王堆漢墓陳列》，中華書局，2017年，第180頁。

　　[8] **今按**：《急就篇》卷二 "縹綀緑紃皁紫硟"，顏注："縹，青白色也。" "縹粉橐" 指青白色的裝粉之橐。

　　[9] **今按**：《急就篇》卷二 "鬱金半見緗白紵"，顏注："緗，淺黃也。"《釋名·釋采帛》："緗，桑也，如桑葉初生之色也。" "緗粉橐" 指淺黃色的裝粉之橐。

　　[10] **馬怡**（2009：347、348）："粉" 指傅面飾膚的妝粉，"橐" 指囊袋，"粉橐" 指裝粉的袋子。"相丸" 即 "緗紈"，指緗色之紈，即一種淡黃色的細滑的絲織品。妝粉分爲米粉與胡粉。"不著胡粉，不著人面"，米粉附着力較差，使用時往往需要摻入一些胡粉。胡粉即鉛粉，亦稱鉛華。戰國漢晉時期均有將妝粉作爲男子隨葬品的例子。

　　[11] 首字，**連雲港市博物館**（1988：20）、**田河**（2012c：134）釋 "縹"。**馬怡**（2006：256）缺釋。**竇磊**（2016：24、25）釋 "綠"。

　　"粉" 上一字，**連雲港市博物館**（1988：20）、**馬怡**（2006：256）未釋。**中國簡牘集成19**（2005：1877）、**竇磊**（2016：31）釋 "錦"。**田河**（2012c：134）釋 "綺"。

　　中國簡牘集成19（2005：1877）："粉" 指化妝時傅在臉上的粉末。

　　[12] 此條記錄原未釋。**今按**：可釋作 "☒縠粉橐一"。牘文所記疑指用某種縠製作的裝粉之橐。《漢書·江充傳》 "充衣紗縠襌衣"，顏注："紗縠，紡絲而織之。輕者爲紗，縐者爲縠。"

〖疏證〗

　　《急就篇》卷三 "芬薰脂粉膏澤筩" 將 "脂、粉、膏澤" 並舉，馬王堆M3遣册所記的化妝品種類有脂、粉、膏，這與《急就篇》所總結的常用化妝品種類一致。通觀上舉漢代遣册中關於化妝品的記錄，以馬王堆M3所記種類最完備，馬王堆M1和尹灣M6君兄節司小物疏中記其中兩項，餘下衣物疏中祇記 "粉"，可知脂、粉、膏三者之中，似以 "粉" 更重要一些。同時這些化妝品男女均有使用。馬王堆M1、M3妝奩中殘存化妝品的成分和種類目前未見發表，衣物疏中所記的粉和脂也因無實物保存，亦無法進行名實考察。但部分漢墓中有脂、粉、膏的遺物留存，可借以對漢代的這三種化妝品有個大致的瞭解。

　　粉，《説文》米部："粉，所以傅面者也。"《釋名·釋首飾》："粉，分也，研米使分散也。胡粉：胡，餬也，脂合以塗面也。赬粉：赬，赤也，染粉使赤，以著頰上也。"《急就篇》顏注："粉謂鉛粉及米粉，皆以傅面，取光潔也。粉之言分也，研使分散也。" 據上引文獻，漢代敷面的妝粉主要有米粉和鉛粉。居延新簡EPT50：61B記有 "粉二斗"，其數量較少，疑所記之 "粉" 有可能是妝粉。經檢測的漢墓出土妝粉主要有鉛粉、滑石粉、珍珠粉等。如壽縣茶庵馬家古堆東漢墓出土有成團的白粉，"研開後，細膩潔白，無香味"①，經檢測分析，"該白粉爲碳酸鉛、石英和其他少量雜質的混合物，碳酸鉛含量83％"，"此白粉含有石英，很可能是白鉛礦的精製品，其用途不外乎繪畫和化妝"②。朝鮮樂浪王盱墓出有一件七子奩，圓形子奩中一個裝滑石粉，一個裝鉛粉，一個裝含大量蠟的黄色土塊，可能是澤；長方形子奩内盛有玻璃耳璫2件、鈴璫1件、弄1件及少量白粉塊③。河南輝縣路固的20餘座墓中共出土23份白色粉塊，經檢測，"主要化學成分爲碳酸鈣，其含量在90％左右，與現代珍珠粉的碳酸鈣含量（91％）十分接近，因此可以推斷其由珍珠經研磨而成的可能性較大，即史料記載的古代妝粉品種之一——珍珠，這説明漢代可能已使用珍珠粉作化妝品"④。由於大多數出土妝粉未經檢測，不知其中是否含有米粉（米粉屬植物性白粉，易炭化，恐難存留）。

漢墓出土的一些白色粉塊，雖未經檢測，但根據其盛裝用具、放置位置、共出器物等信息，也可判斷其應是妝粉。妝粉多盛裝於小型漆奩之中，伴出物多爲銅鏡、梳篦、梳刷等，出土位置多位於棺内骨架附近。如山東膠州大闆埠漢墓M7：5方形漆奩，内盛銅鏡、梳刷和白色粉塊，這枚粉塊（M7：3）"近圓餅狀，出土時爲白色，細膩，直徑約5、厚0.4厘米"；另一座東漢早期墓的銅鏡和梳刷邊上伴出有1塊妝粉（M9：3），"近圓餅形，灰色，細膩，直徑約7、厚約1厘米"⑤，推測M9所出的銅鏡、梳刷與妝粉原是共置於一件漆奩中。咸陽馬泉西漢墓出土有一件三子奩，其中馬蹄形子奩内盛木梳4件，橢圓形子奩裝有用絲綢包裹、用綫纏縛的粉包4個，方形子奩盛鍼筒1件，鐵鍼已鏽結⑥。西安十里鋪東漢墓的一件漆奩内裝粉團⑦，從隨葬物分佈圖看，此粉團的出土位置與銅鏡相鄰，均位於骨架頭部附近，可能原置於一件大的妝奩中。河南鞏義新華小區東漢墓M1的6件大漆盒"内裝有小漆盒或饅頭、銅錢"⑧，

①　安徽省文化局文物工作隊、壽縣博物館：《安徽壽縣茶庵馬家古堆東漢墓》，《考古》1966年第3期。

②　徐位業、周國信：《安徽壽縣東漢墓出土白粉分析》，《考古》1983年第12期。

③　東京帝国大学文学部編：《樂浪：五官掾王盱的墳墓》，日本東京刀江書院，1930年，第52頁。

④　趙春燕、岳洪彬、岳佔偉：《輝縣路固漢墓出土粉塊的化學分析及相關問題》，《輝縣路固》附録一，科學出版社，2017年，第792—800頁；原以《南水北調河南輝縣路固漢代墓群出土白色粉塊的化學分析及相關問題》爲題發表於《華夏考古》2013年第3期。

⑤　青島市文物保護考古研究所：《膠州大闆埠漢墓發掘報告》，《青島考古·1》，科學出版社，2011年。

⑥　咸陽市博物館：《陝西咸陽馬泉西漢墓》，《考古》1979年第2期。

⑦　雒忠如：《西安十里鋪東漢墓清理簡報》，《考古通訊》1957年第4期。

⑧　鄭州市文物考古研究所、鞏義市文物保護管理所：《河南鞏義市新華小區漢墓發掘簡報》，《華夏考古》2001年第4期。

簡報所謂的“饅頭”疑爲凝結成饅頭狀的妝粉。江蘇盱眙東陽漢墓M7出土小圜底銅鉢（69）盛白粉[1]，其與奩盒（65）、馬蹄形漆子奩（67）、長方形漆子奩（68）、銅刷（73）相鄰出土，疑銅鉢中所盛的白粉爲妝粉。

從遺册記錄看，妝粉的盛裝方式有兩種，一是用付蔓（即小型漆奩）盛裝，二是用囊袋盛裝。漢墓出土所見妝粉的盛裝方式也是以這兩種方式爲主。用漆奩盛妝粉的實例可參前所舉之例。粉囊即盛妝粉之囊袋。包山楚墓M2遺册259記有“一緯（幃）粉”，劉信芳指出“緯”讀爲“幃”，幃粉即粉囊[2]。説明至遲從戰國時起就已用囊袋盛放妝粉。由於織物易朽，故粉囊很難保存下來。新疆民豐尼雅遺址1號墓出有一件繡花粉袋，呈倒置花托形，長13、寬12、高6.2厘米[3]。這大概是目前所見保存比較好的一件粉囊。此外，山東東平王陵山東漢墓出土有1件粉團，直徑2.4厘米，“外面包以絹類絲織品，留有痕跡”[4]。此粉團可能原是盛於粉囊之中。尼雅遺址M8：47皮囊，長12、寬5、帶長33厘米，袋内存深褐色粉末狀物[5]。尚不清楚此“深褐色粉末”爲何物，但至少漢晉時期也存在用皮囊盛裝粉的情形。

漢代化妝用的脂有面脂和唇脂。《釋名・釋首飾》：“脂，砥也，著面柔滑如砥石也。”“唇脂，以丹作之，象唇赤也。”《急就篇》顔注：“脂謂面脂及唇脂，皆以柔滑膩理也。”從漢代遺册中與“脂”有關記錄看，尚無法明確其中的“脂”是指面脂還是唇脂。在馬王堆M1：443九子奩中，圓形子奩（443-10）盛胭脂，另有長方形子奩（443-9）和圓形子奩（443-16）盛有油狀化妝品。它們的成分未經檢測，暫無法有效進行遺册記錄與出土物的名實對應考察。其他漢墓中亦有關於妝脂的發現。如連雲港海州西漢霍賀墓女棺内出有一件八子奩，其中的一件圓形小子奩“出土時裝有紅色脂粉，經鑒定，爲硫化汞（即辰砂）”[6]。山東巨野紅土山西漢墓的一件七子奩中盛有銅鏡、木梳、角簪等，其中2個圓形子奩“内裝紅色脂粉”[7]。廣州漢墓M4013：丙9雙層橢圓形漆奩的上層置兩個馬蹄形子奩，“一個内盛白粉1塊，另一個尚有少許

① 　南京博物院：《江蘇盱眙東陽漢墓》，《考古》1979年第5期。

② 　劉信芳：《包山楚簡解詁》，藝文印書館，2003年，第273頁。

③ 　新疆維吾爾自治區博物館：《新疆民豐縣北大沙漠中古遺址墓葬區東漢合葬墓清理簡報》，《文物》1960年第6期；金維諾總主編，趙豐卷主編：《中國美術全集・紡織品一》，黄山書社，2010年，第65頁。

④ 　山東省博物館：《山東東平王陵山漢墓清理簡報》，《考古》1966年第4期。

⑤ 　新疆文物考古研究所：《新疆民豐縣尼雅遺址95MNⅠ號墓地M8發掘簡報》，《文物》2000年第1期。

⑥ 　南京博物院、連雲港市博物館：《海州西漢霍賀墓清理簡報》，《考古》1974年第3期。

⑦ 　山東省菏澤地區漢墓發掘小組：《巨野紅土山西漢墓》，《考古學報》1983年第4期。

紅脂"①。

化妝品中的膏澤主要用於潤髮。《釋名·釋首飾》"香澤者,人髮恒枯領,以此濡澤之也",葉德炯云:"《御覽·服用》二十一引蔡邕《女誡》曰:'傅脂則思其心之和,澤髮則思其心之潤。'"《急就篇》顏注:"膏澤者,雜聚取衆芳以膏煎之,乃用塗髮,使潤澤也。"《僮約》:"當爲婦女求脂澤。"《後漢書·光烈陰皇后紀》:"會畢,帝從席前伏御牀,視太后鏡奩中物,感動悲涕,令易脂澤裝具。"同妝脂一樣,膏澤亦很難保存至今。朝鮮樂浪王盱墓的七子奩中,一個圓形子奩內裝有含大量蠟的黃色土塊,"推斷那是'鬢付膏'的腐蝕物","可能是澤"②。在尹灣M6君兄節司小物疏中,"脂管"記於"髮槖"之後,這或許提示我們,不僅真髮可能用到澤,容易乾枯的假髮或也需要用到澤,以保持其柔順,便於長期使用。

馬王堆遣册中的脂和蘭膏使用不易滲漏的漆奩盛裝,尹灣M6君兄節司小物疏中的脂用管盛裝,或是因爲面脂和髮澤均爲油性的化妝品,故不宜使用織物囊袋。

三、盛 妝 具

【櫛笥】

(1)節(櫛)笥一[1]　西郭寶衣物疏A伍7
(2)節(櫛)笥一[2]　淩惠平衣物疏B壹2
(3)君兄節(櫛)司(笥)小物疏[3]　尹灣M6君兄節司小物疏B壹1

【集釋】

[1] **中國簡牘集成19**(2005:1877):節,符節,可能指墓中出土的一枚長50、徑1.3厘米的竹條。**竇磊**(2016:31):"節笥"讀爲"櫛笥"。**今按**:疑此處的"節(櫛)笥"爲盛裝梳篦等妝具的漆笥。同衣物疏A伍8、A伍9所記的"粉槖",B壹6、B壹7所記的"櫛""茀櫛"等可能都是盛裝於此"節(櫛)笥"中的。

[2] **吕志峰**(2019:93):節即櫛。"節笥"即裝梳髮用具的竹箱。3號棺內出土1件竹笥,已殘碎;又3號棺內出土3件木梳篦,"節笥"即裝這套梳髮用具的竹箱。**今按**:漢代的笥,主要有竹笥和木笥兩種。此處"節(櫛)笥"疑指3號棺內的

---

① 中國社會科學院考古研究所等編:《廣州漢墓》(上),文物出版社,1981年,第354頁。
② 東京帝国大学文学部編:《樂浪:五官掾王盱の墳墓》,日本東京刀江書院,1930年,第52、53頁。

漆笥（M1：49），内盛鍼筒、綫繞、長尺、印章等。同衣物疏B壹3—7所記的鏡、節（櫛）、交（鉸）刀、聶（鑷）、印、尺、刀等物，疑皆盛於此"節（櫛）笥"中。

　　〔3〕**連雲港市博物館**（1996：69）："節司"即"櫛笥"。**胡平生、李天虹**（2004：494）："節司"或讀爲"櫛笥"，裝梳洗器物的竹箱。

〖疏證〗

　　笥是方形或長方形的盛器。"節司""節笥"均是"櫛笥"的一詞異寫。從尹灣M6君兄節司小物疏的記録來看，這些"小物"都是盛裝於"節司"中的。因此，櫛笥可能並非衹用於盛裝梳篦，而是泛指盛放梳妝用具的容器，也即廣泛意義上的妝奩。

【鏡奩】【鏡器】

（1）竟（鏡）檢（奩）一[1]　大墳頭M1遣牘B貳3
（2）竟（鏡）檢（奩）一合[2]　╯　鳳凰山M8遣44貳
（3）鏡斂（奩）一枚[3]　張德宗衣物疏B叁2
（4）畫鏡器一[4]　劉林衣物疏B貳6

〖集釋〗

　　〔1〕**湖北省博物館**（1981：19）："竟"即"鏡"，"檢"即"奩"。《急就篇》三顏注："鏡籢（奩），盛鏡之器，若今鏡匣也。"墓内出土1件雙層圓奩（頭廂52），裏面放置銅鏡和梳、篦等梳妝用具，當即木牘所記的"竟檢一"。

　　〔2〕**彭浩**（2012：24）："檢"讀爲"奩"，出土有漆奩1件，内裝銅鏡1件。**今按**：此墓出土有盛裝銅鏡的鏡奩，同時也出土有木梳1件、木篦2件，疑梳篦亦置於鏡奩内。

　　〔3〕**黨壽山**（2001：66）："斂"當爲"籢"，鏡籢指盛鏡之器。**胡婷婷**（2013：24）引田河意見："籢"讀爲"奩"，漢晉遣册多用"檢""簽""斂"表"奩"。

　　〔4〕**今按**：疑"畫"表彩繪紋飾，"鏡器"指容鏡之器。1號棺出有一件彩繪漆妝奩（1）内盛木梳篦3件、銅刷1件，没有銅鏡。"畫鏡器"可能指此奩，但也可能指另一件未被編號和介紹的疑似爲漆笥者。首先，此墓發掘簡報和發掘報告的文字介紹與出土器物分佈圖（圖3.2-4）有不相符的情形①，其云木梳篦有"兩套，共4件"，其

────────────

　　① 青島市文物保護考古研究所等：《山東青島市土山屯墓地的兩座漢墓》，《考古》2017年第10期；青島市文物保護考古研究所、青島市黃島區博物館：《琅琊墩式封土墓》，科學出版社，2018年。

中"一套3件，出於漆奩内"；在介紹1號漆奩時説其内有木梳篦3件。則非出自1號漆奩的梳篦應祇有1件纔符合上述介紹，但從出土器物分佈圖看，1號漆奩位於棺内的西南角，位於棺内的西北方有木篦1件（14），東北角也有1件梳具（未編號），故疑棺内出土的木梳篦應有5件。同時，棺内東北角亦有一方形之器（未編號），大小與西南角的1號漆奩相差無多。綫圖上此未編號的方形之器内有3件器物：竹笄（19）、玉蟬（22），梳具（未編號），緊鄰此器西側，有一枚連弧紋昭明銅鏡（16），直徑11.1厘米，此鏡疑即衣物疏所記的"小鏡一"。結合以上信息分析，頗疑這個未編號的方形之器是一枚漆笥，銅鏡（16）、木篦（14）、梳具（未編號）、竹笄（19）、玉蟬（22）等，可能原置於此笥中，因其朽壞，内盛之物散出。若以上推論成立，則這件未編號的漆笥可能纔是衣物疏所記的"畫鏡器"。當然，這祇是據隨葬器物分佈圖作出的推測，實際情形如何，有待證實。

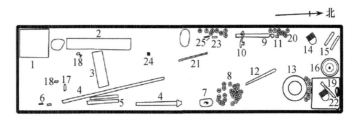

圖3.2-4　土山屯M6棺1隨葬器物平面分佈圖

1.漆奩　2.木棍狀器　3.木牘　4.漆鞘鐵劍　5、15.木器　6、18.玉塞　7.玉佩　8、20、23.銅錢　9.鐵削
10.玉帶鉤　11.玉印　12.木簪　13.銅銷　14.木篦　16.銅鏡　17.銅帶鉤　19.竹笄　21.角摘　22.玲蟬
24.木印　25.角飾品

〔疏證〕

　　鏡奩，即盛鏡之奩。大墳頭M1遣册記録中的"竟檢"對應之漆奩除了盛有銅鏡之外，還有其他梳妝用具（圖3.2-5，1），這説明"鏡奩"可能是妝奩的通稱，並非祇用於盛裝銅鏡。這或許是因爲鏡是化妝所用的核心器具之一，故將妝奩稱爲鏡奩。《急就篇》卷三顏注："鏡籢，盛鏡之器，若今鏡匣也。"出土文獻所見的"竟檢""鏡斂""鏡薂"等都是鏡奩的一詞異寫，如敦煌馬圈灣漢簡828記有"□□鏡斂（奩）一"[1]；甘肅高臺許三灣古城遺址魏晉墓的壁畫中，有一幅墨繪兩枚奩，上有榜題"鏡薂"[2]（圖3.2-5，2）。

① 鏡斂，原釋"〔竟〕文"，陳晨改釋。參陳晨：《敦煌漢簡考釋拾遺》，《中國文字研究》第30輯，社會科學文獻出版社，2019年，第104頁。

② 俄軍等編：《甘肅出土魏晉唐墓壁畫》，蘭州大學出版社，2009年，第441頁。

圖3.2-5　漢晉時期的鏡盒
1.大墳頭M1頭厢：52鏡奩　2.許三灣魏晉墓壁畫中的鏡奩

【奩】【付蔓】

（1）五子檢（奩）一合[1]　馬王堆M1遣231

　　　九子曾（層）檢（奩）一合[2]　馬王堆M1遣230

　　　布繒（層）檢（奩）一，中有鏡[3]　馬王堆M1遣233

　　　布縢（漆）檢（奩）一合，盛小付蔓四[4]　馬王堆M1遣229

　　　小付蔓三，盛節（櫛）、脂、芬（粉）[5]　馬王堆M1遣227

　　　員（圓）付蔓二，盛印、副（髻）[6]　馬王堆M1遣225

　　　員（圓）付蔓二，盛帶，一空[7]　馬王堆M1遣226

（2）布繒（層）檢（奩）一[8]　馬王堆M3遣270

　　　布曾（層）檢（奩）一，鏵（錐）畫，廣尺二寸[9]　馬王堆M3遣271

　　　☐鏵（錐）畫，廣尺三寸　馬王堆M3遣272

　　　布付蔓一，長尺一寸[10]　馬王堆M3遣265

　　　小付蔓三，盛脂，其一盛節（櫛）[11]　馬王堆M3遣263

　　　粉付蔓二[12]　馬王堆M3遣262

　　　員（圓）付蔓二，盛闌（蘭）膏[13]　馬王堆M3遣264

（3）五子檢（奩）一具[14]　尹灣M2衣物疏B貳3

〖集釋〗

　　［1］**馬王堆M1報告**（1973：148）：墓中出單層五子奩1件，內有小奩5個，與簡文合。

　　［2］**馬王堆M1報告**（1973：148）：曾通層，墓中出雙層九子奩1件，內有小奩9個，與簡文合。**唐蘭**（1980：41）：曾即層；檢即籢，又作奩、匲等。"曾檢"就是雙層有蓋的奩。慧苑《華嚴經音義》引《珠叢》："凡戚（盛）物小器，皆謂之匲。"漢末魏晉往往稱妝奩爲嚴具，或單稱爲嚴。墓中所出夾層粉彩雲氣紋木胎漆奩，應即此。

　　〔3〕**馬王堆M1報告**（1973：148）："布繒檢"即合布與繒作胎的漆奩；簡文"繒"字下刮去一字；出土漆器中未見此奩。**唐蘭**（1980：41、58）："布繒檢"的"繒"就是"九子曾檢"的"曾"，並非夾紵器中既用紵布胎又用繒帛胎。出土物中未見。下文有"大鏡"，應在此奩中。**傅擧有**（2019：138）："布繒檢"就是用麻布和繒帛爲胎的漆奩，如M1遣册簡233"布繒檢一，中有鏡"，該墓發掘報告說，這件布繒檢的"器壁裂縫處，還可以清楚看到麻布紋路和細密的絲帛紋路，估計是在麻布胎上再裱一層絲帛"。繒帛比麻布柔軟細密，用它來製胎，能使漆器表面更加光潔美觀，造型更加輕巧，其價值當較布胎漆器高，多爲富貴和有錢人家使用。馬王堆漢墓墓主人是軑侯，故多繒布胎漆器。

　　〔4〕**馬王堆M1報告**（1973：148）："布膝"與"膝布"義同；出土漆器中未見此器。**今按**："盛小付蔓四"說明其爲四子奩。

　　〔5〕簡225—227所記的3件"小付蔓"和4件"員（圓）付蔓"，在小結簡228中統計爲"■右方付蔓七"，**馬王堆M1報告**（1973：148）：墓中出小奩14件，實物比簡文多一倍。

　　〔6〕**馬王堆M1報告**（1973：147）：簡225—228的"員付蔓""小付蔓"和"付蔓"皆指放在雙層九子奩和單層五子奩内的小奩。**朱德熙**（1972：71）：跟實物對照，可以證明簡文所謂"付蔓"指的就是九子奩盒裏的這些小奩盒。**馬王堆集成**（2014：206）：鳳凰山M168遣册簡64"食符痩一"，"符痩"亦同"付蔓"，即瓶甄。

　　〔7〕"一"下一字，**馬王堆M1報告**（1973：147）於釋文中依原形摹寫，於注釋中疑此字爲"空"字，但小奩皆盛物，無一空者。**裘錫圭**（1992a：495）釋"空"。

　　〔8〕**馬王堆M3報告**（2004：155）：雙層長方奩（東57），夾紵胎，黑素無紋飾，兩層，蓋爲盝形頂，上層放置絲帶和一束絲織品，下層分五格，放置帛書、竹簡、竹笛等，簡270"布繒檢一"疑指此。**今按**：M3簡268"冠小大各一，布冠笥，五采（彩）畫，一合"，對應的出土實物爲北162油彩雙層長方奩，"夾紵胎，盝頂形蓋，外髹黑漆，内髹紅漆，蓋、上層外壁口沿部位花紋與油彩雙層圓奩相似，底層外壁無花紋，内置漆纏紗冠1頂，並有其附屬品絲織物、木棍等"，依據簡文記錄看，這件盝頂的"油彩雙層長方奩"應稱"布冠笥"。那麼，與"布冠笥"形制相近的東57不能稱"奩"，而應是"笥"，則簡270"布繒檢一"與東57漆笥無關。M3出土食圓奩3件（南34、南36、南37）、橢圓形脯奩1件（東52）、錐畫狩獵紋圓奩1件（北160）、錐畫雙層六子圓奩1件（北159）、油彩雙層圓奩1件（北155），與遣册記錄對照，食奩3件爲簡261、273所記，脯奩1件爲簡267所記，錐畫奩2件爲簡271、272所記。頗疑北155紵胎油彩雙層圓奩即簡270"布繒檢一"所指，"布"對應紵胎工藝，"繒"對應雙層結構，"檢（奩）"對應圓形形制。

［9］"畫"上一字，**馬王堆M3報告**（2004：65）釋"錐"。**馬王堆集成**（2014：253）釋文作"錼（錐）"。

曾，**馬王堆M3報告**（2004：65）讀爲"繒"。

馬王堆M3出土的錐畫漆奩有北159和北160，均爲紵胎、雙層，所盛之物也基本都是妝具，北159口徑28.5、高17.2厘米，北160器身口徑31.3、高11.2厘米[①]。**馬王堆M3報告**（2004：140、141、143）認爲簡271所記之奩疑指北160漆奩，簡272所記之奩當指北159漆奩。

今按：遣册簡272、271所記之奩的尺寸分別爲"廣尺三寸""廣尺二寸"，以西漢一尺約23厘米換算，前者直徑約29.9厘米，後者直徑約27.6厘米。按照大對大、小對小的名實考察路徑，疑簡271所記"廣尺二寸"之奩對應北159漆奩，簡272所記"廣尺三寸"之奩對應北160漆奩。

馬王堆M1、M3遣册中有四處記有"曾檢"或"繒檢"，分別是：M1簡230記"九子曾檢一合"，簡233記"布繒檢一，中有鏡"，M3簡271記"布曾檢一，錼畫，廣尺二寸"，簡270記"布繒檢一"。M1整理者將簡230"曾檢"之"曾"讀爲"層"，簡233"繒檢"之"繒"如字讀。唐蘭認爲"繒檢"之"繒"與"曾檢"之"曾"所指相同，均讀爲"層"。M3整理者將簡270"繒檢"之"繒"如字讀，簡271"曾檢"之"曾"讀爲"繒"。我們認爲四處簡文中的繒、曾，均當讀爲層，層奩指雙層奩。層爲曾的分化字，自可相通，如上博楚簡八《李頌》"蠿（亂）本曾（層）枳（枝）"[②]。《説文》尸部"層，重屋也"，段注："曾之言重也。曾祖、曾孫皆是也，故从曾之層爲重屋。……引伸爲凡重疊之稱。古亦假增爲之。"與墓中出土實物對照，M1簡230所記"九子曾檢一合"對應443號雙層九子奩，M3簡271所記"布曾檢一"對應北159紵胎雙層錐畫子奩，簡270所記"布繒檢一"對應北155紵胎油彩雙層圓奩。它們都是雙層的。疑相關簡文中的"布"用以説明胎質，而"曾"或"繒"用以説明此奩有隔層。

［10］**馬王堆M3報告**（2004：149、152）：簡265所記之器應指六子奩中的長方形小奩（北159-14），長25.6、寬6.7、通高6.1厘米，内有角鑷1件、角簪1件、竹笄1件。**今按**：簡文中的"尺一寸"約等於25.3厘米，北159-14漆子奩的長度與之相近，且

---

① 據馬王堆M3報告（2004：140、141、143）給出的數據，北160頂徑32.5、通高18厘米，北159漆奩口徑29、通高17.5厘米，兩件漆奩的測量雖然位置不同，但可據此推斷北160漆奩的口徑應大於北159漆奩。在新近出版的《馬王堆漢墓漆器整理與研究（上）》（陳建明、聶菲主編，中華書局，2019年）"三號墓漆器登記表"中發表有此二器的尺寸數據，與發掘報告有部分差異。本書採用新發表的測量數據。

② 白於藍：《簡帛古書通假字大系》，福建人民出版社，2017年，第943頁。

此奩爲紵胎，與簡文中的胎質説明"布"也相符，故發掘報告的名實對應考察應可從。

　　［11］**馬王堆M3報告**（2004：152、155）：簡263所記之器可能指標本北159-11、北159-15、北159-16，"其一盛節（櫛）"當指標本北159-11。

　　［12］簡262—265"付"下一字，**馬王堆M3報告**（2004：65）均釋"簍"。**馬王堆集成**（2014：253）均釋"蔞"。

　　［13］**馬王堆M3報告**（2004：148、149）：簡264所記應指北159-12、北159-13小圓奩。

　　［14］**劉洪石**（1999：125）："五子檢一具"指五子漆奩盒一套。**中國簡牘集成19**（2005：2061）："檢"通"奩"，指梳妝匣；五子奩是内裝五個小盒的梳妝匣。**今按**：衣物疏中記錄的奩一般情況下都是妝奩，此五子奩應不例外。根據漢墓出土妝奩的大體情況看，妝奩中除化妝品外，還多有銅鏡，故這種奩又常被稱爲鏡奩。墓中出土的銅鏡1件、木梳篦各1件、削刀1件等，疑原盛於此五子奩中。

〔疏證〕

　　《慧琳音義》卷二十二"花奩香篋"："《珠叢》曰：'凡盛物小器皆謂之奩。'奩字又作籢。籢，篋也。並是竹器衣箱小者之類耳。"奩主要由器身與蓋組成，器身與蓋的形狀基本相同，扣合之後，蓋的底緣多位於器身的一半之下，接近器底。

　　妝奩即盛裝化妝用具的奩盒。化妝需用到銅鏡、妝粉、妝脂、膏澤、梳篦等，爲了有條理地收納這些用具，多在妝奩中配置多個小型的奩盒，這就是多子奩。孫機指出，漢、晉間人習慣於錢幣"子母相權"的説法，常把一件器物上的小部件或小組成部分稱爲"子"[1]。遣册記錄中即有"九子奩""五子奩"。考古出土實物所見多子妝奩中，子奩的數量從三至十一，均可見到。子奩的形狀主要有長方形、方形、圓形、橢圓形、馬蹄形五種。

　　多子奩中的子奩，馬王堆遣册稱之爲"付蔞"。大雲山江都王陵北區陪葬墓M6出有一件紵胎漆圓奩，僅存器底，内外通體髹黑漆。器底錐刻銘文，簡報釋爲"粉符菁文一十年中郎屯伏陽工青造"，其摹本作[2]：

粉 枅 蔞 ＿ 十 羊 中 郎 屯 伏 閶 工 首 造

此刻銘由兩部分内容組成：器物名稱、製造記錄。在製造記錄部分，簡報原釋"屯"

---

　　①　孫機：《三子釵與九子鈴》，《文物天地》1987年第6期。
　　②　南京博物院、盱眙縣文廣新局：《江蘇盱眙縣大雲山西漢江都王陵北區陪葬墓》，《考古》2014年第3期。

之字與常見 "屯" 字形差距較大，宜存疑；"工" 後一字應爲工匠之名，簡報釋 "青"，亦需存疑。在器物自名部分，"符" 下一字簡報釋爲 "菁文"，細審，其很可能是 "蔓" 字。將此字摹本（🖼）與馬王堆遣册中的 "蔓" 字（M1簡227）、（M3簡262）進行比對，可知，此字釋 "蔓" 的可能性很大。我們將漆盒銘文重新釋寫作："粉符蔓一。十年中郎□伏陽工□造。" "符蔓" 即馬王堆遣册中的 "付蔓"，"粉符蔓一" 表示此漆圓盒是用來盛妝粉的。疑馬王堆M3遣册262所記 "粉付蔓二" 中的 "粉付蔓" 與大雲山陪葬墓中出土的這種小漆盒相近。

關于 "付蔓" 的考證，這裏稍做學術史梳理。馬王堆M1報告（1973：147、148）在記有 "付蔓" 的簡文釋文中於 "蔓" 之後擴注 "簝"，注釋云："'付蔓' 爲疊韻聯綿詞。與付蔓音近的有 '瓿甊' '部婁'（亦作培塿）。王念孫《廣雅疏證》卷七下：'小阜謂之部婁，猶小罌謂之瓿甊也'。'付蔓' 之義與 '部婁' '瓿甊' 相通，當爲一語之轉。小盒謂之付蔓，猶小罌謂之瓿甊。"朱德熙（1972：71）："付蔓" 是一個疊韻聯緜詞。《爾雅·釋木》説 "瘣木，苻蔓"，郭璞注："謂木病尪傴瘦腫無枝條。"《左傳·襄公二十四年》説 "部婁無松柏"，杜預注："部婁小阜。" 又《爾雅·釋器》"甌瓿謂之瓵"，郭璞注："瓿甊小罌。" "尪傴瘦腫無枝條" 的樹木必然低矮，這和訓爲小阜的 "部婁"，訓爲小罌的 "瓿甊" 意義相通，顯然是一語之轉。知道了這些，我們也就懂得爲什麽簡文把小盒叫做 "付蔓" 了。唐蘭（1980：41）：小付蔓即盒内有小盒。付蔓疊韻連語，同附婁，《説文》："附婁，小土山也。" 一作部婁、培塿。又小罌叫做瓿甊，都是同音語。這裏的附蔓，應該是簝的異名，漢人書竹字頭常變爲艸頭，所以簝蔓是一個字。《方言》十三："簝，籦也。籦小者南楚謂之簝。"簝讀爲付蔓，等於塿讀爲培塿、附婁，貍讀爲不來，在發簝音時先合脣作聲的緣故。馬王堆M3報告（2004：65）將 "付蔓" 徑釋爲 "付簝"，注釋云："付簝，指小漆盒。"伊强（2005：73）在釋文中將 "付簝" 擴注 "瓿甊"。馬王堆集成（2014：206、253）於M1、M3在記録有 "付蔓" 的釋文均擴注 "瓿甊"，注釋云："鳳凰山M168遣册簡64 '食符痏一'，'符痏' 亦同 '付蔓'，即瓿甊。"

我們認爲，將 "付蔓" 與 "符痏" 相聯繫是有道理的，但將它們都讀爲 "瓿甊"，則有些不合適。雖然 "瓿甊" 與 "付蔓" 的命名機理相近，但它們是用途不同的器物。漢代遣册中有關於 "瓿甊" 的記録（詳見後文 "洗沐之具" 部分的討論），其爲小型陶罐，用於盛裝液體。而遣册記録中的 "付蔓" 或 "符痏" 對應的都是小漆盒，主要用於盛裝非液態之物。因此，遣册記録中的 "瓿甊" 與 "付蔓" 是有區別的，用字不同，代表的含義也就不同，不宜在關於"付蔓"或"符痩"的記録中將它們讀爲"瓴甄"。總之，"付蔓""符蔓""符痩"爲一詞異寫，指小型漆盒，與陶器類的"瓴甄"並不相同。

附：【奩幭】

（1）素信期繡檢（奩）戩（幭）一，素周掾（緣），繻緩綃（條）飭（飾）[1]
　　　馬王堆M1遣256
　　　素信期繡檢（奩）戩（幭）一，赤繻掾（緣）[2]　　馬王堆M3遣370
（2）素長壽繡小檢（奩）戩（幭）一，赤周掾（緣）[3]　　馬王堆M1遣257
（3）赤繡撿（奩）戩（幭）一[4]　　馬王堆M3遣368
（4）斿（游）豹檢（奩）戩（幭）一，素裏，桃華掾（緣）[5]　　馬王堆M3遣369

〖集釋〗
　　[1] "檢"下一字，**馬王堆M1報告**（1973：150）釋"戩"，訓載訓覆，古書習見。檢戩即包裹（或覆蓋）奩盒的包袱。包裹九子奩的素繡絹夾袱，當即簡文所記。**朱德熙、裘錫圭**（1980：71）：M1簡256—258的這個字在三號墓遣策裏寫作"戩"，馬王堆帛書本《周易》用爲"葭"字。由此可知"戩"當是"葭"或"薎"的省體，"戩"應該釋爲"幭"。古書"幭"或作"幦"（見《禮記·曲禮》），與"戩"很相似，衹是所從"目"形前者在"戈"上，後者在"戈"下，"目"上之"𠃌"後者簡化爲"𠂇"而已。《説文·巾部》："幭，蓋幭也。"《廣雅·釋器》釋"幭"爲"幞"，即覆物、包物之巾。墓中出土的九子奩和五子奩外都裹着繡花絹夾袱，這就是簡文所謂"幭"。

　　繻緩綃飭，**馬王堆M1報告**（1973：150）："綃"當爲"條（絛）"之或體，絛爲編織成的彩色絲帶。繻緩，似爲絛條的一種。"飭"當爲"飾"之或體，讀爲"飾"。**唐蘭**（1980：48）：繻緩綃是條的一種。《説文》："繻，繒采色。"緩是柔緩的意思。繻緩綃當爲織法比較松緩的彩色條帶，出土包袱上所飾與千金條差不多。

　　[2] "赤"下一字，**馬王堆M3報告**（2004：71）釋"繻"。**陳松長**（2001a：529）釋"繻"。**今按**：此字右下方已訛從"巾"。

　　"一"上一字，**馬王堆M3報告**（2004：71）隸作"戩"。**伊强**（2005：25、26）：可釋寫作"戩"，即"幭"字。

　　馬王堆M3報告（2004：71）：信期，是一種候鳥圖形，狀如飛雁。

　　[3] **馬王堆M1報告**（1973：150）：包裹五子奩的繡絹夾袱，當即簡文所記。

［4］"繡"下一字，**馬王堆M3報告**（2004：71）釋"檢"。**今按**：當隸作"撿"，讀爲"奩"。

"一"上一字，**馬王堆M3報告**（2004：71）隸作"韱"。**伊强**（2005：25、26）：當釋寫爲"韱"，即"幧"字。

［5］首字，**馬王堆M3報告**（2004：71）隸作"柠"，讀爲"游"。**伊强**（2005：27）：可直接釋爲"斿"，祇是其字形左邊部分與"木"形已無甚差别。

"一"上一字，**馬王堆M3報告**（2004：71）隸作"韱"。**伊强**（2005：25、26）：當釋寫爲"韱"，即"幧"字。

馬王堆M3報告（2004：140）：出土漆紵胎錐畫狩獵紋奩（北160）蓋上放置豹紋錦包袱。簡369所記可能指此奩蓋上的豹紋錦包袱。

〔疏證〕

奩幧指包裹奩之巾。長沙左家公山楚墓M15的一件盛有銅鏡的漆奩外，也有使用絲帛包住[1]。由於漆奩的蓋與身並不能牢固扣合，用"幧"包裹漆奩的主要作用或是防止遷徙或移動過程中，漆奩的蓋與身脱離，造成所盛之物散出。

四、洗沐之具

【脂】【漿】【沐】

（1）小鉼（瓶）三，盛著（脂）、漿、沐[1]　　港中大遣120

（2）著（脂）部（瓿）婁（甄）一[2]　　丿　張家山M247遣24貳

　　漿部（瓿）婁（甄）一[3]　　丿　張家山M247遣23貳

　　沐部（瓿）婁（甄）一[4]　　丿　張家山M247遣40貳

（3）菅（脂）、漿瓶☒[5]　　鳳凰山M8遣119

（4）將（漿）罌（罋）一[6]　　丿　鳳凰山M9遣37

　　沐罌（罋）一[7]　　丿　鳳凰山M9遣38

（5）漿罌（罋）二枚　　鳳凰山M167遣40

（6）漿（漿）器一枚[8]　　⊕　蕭家草場M26遣29

　　沐器一枚[9]　　⊕　蕭家草場M26遣17

---

① 湖南省文物管理委員會：《長沙出土的三座大型木槨墓》，《考古學報》1957年第1期。

〖集釋〗

　　[1] 銒，**毛靜**（2011：107）：銒通缾，即“瓶”字。**今按**：此處之“銒”與鳳凰山M8遣册119的“瓶”表一詞，二字爲異體關係。

　　“盛”下一字，**陳松長**（2001b：52）釋“著”。**毛靜**（2011：108）：“著”通“箸”，筷子。**今按**：似當釋“箸”，其與張家山M247遣册24的“箸”當爲同一字。

　　“沐”上一字，**陳松長**（2001b：52）釋“杯”。**今按**：似當釋“漿”，從水將省聲。這種寫法的“漿”字，簡牘屢見。

　　[2] 首字，**張家山二四七號漢墓整理小組**（2001：305）釋“諸”，《文選·南都賦》注：“甘蔗也。”**田河**（2010：88）：疑“著”即“箸”，“著（箸）部（瓿）婁（甄）”似指盛放筷子的小罐。**何有祖**（2013：1067）釋“蓍”，蓍草。**劉國勝**（2011：117）贊同釋“著”，讀爲“脂”，指面脂一類的化妝品。

　　[3] **張家山二四七號漢墓整理小組**（2001：305）讀“漿”爲“蔣”，《漢書·司馬相如傳》注：“菰也。”部婁，讀爲“杯落”，此處指小籠。**劉釗**（2003b：4）：“漿”爲湯汁，“部婁”應讀作“瓿甄”，指小罌。《方言》卷五：“瓿甄，罌也，自關而西，晉之舊都河汾之間，其大者謂之甄，其中者謂之瓿甄。”又見於簡24、40的“部婁”也都應該讀爲“瓿甄”。**田河**（2010：88）：“漿瓿甄”當與鳳凰山M167遣册所記“漿罌”相同。文獻中“漿”是古代一種帶酸味的飲料。

　　[4] **張家山二四七號漢墓整理小組**（2001：305）：沐，不知何物，疑讀爲“柿”，《説文》“冬桃也”。**劉釗**（2003b：4）：“沐”即米汁，古人常用來洗髮；“沐部（瓿）婁（甄）”就是裝米汁的罐子。**田河**（2010：89）：疑此器是一種濯髮用的水器，類似蕭家草場M26遣册之“沐器”。**廣瀨薰雄**（2010a：509注釋㉝）：“沐部婁”應該是與“沐缶”用途相類的東西，可惜不見於張家山M247出土的隨葬器物中。

　　[5] 首字，**彭浩**（2012：44）疑爲“菁”，中山（2012：44）釋“菡”。**劉國勝**（2011：118）釋“菁”，疑讀爲“脂”，似指面脂一類的化妝品，“脂、漿瓶”即盛脂、漿的小瓦瓶。

　　彭浩（2012：44）：此簡殘，可能指出土的二件小陶壺。

　　[6] **李家浩**（2012：70、80）：漿，古代一種飲料，屬於《周禮·天官》的“酒正”所説的“四飲”和“漿人”所説的“六飲”之一。這種飲料是用糟釀造的，略帶酸味。本墓出土陶罐四件，當是37號簡至40號簡所記四罌。

　　[7] **李家浩**（2012：70、80）：沐罌，盛洗髮水用的罌。《説文》水部：“沐，濯髮也。”

　　[8] **蕭家草場M26報告**（2001：141）：漿，古代的一種酸性飲料。漿器，指盛漿之器皿，應爲陶質器類。出土帶蓋的陶罐3件，當包括此器在内。

[9] **蕭家草場M26報告**（2001：140）：《説文·水部》："沐，濯髮也。"沐器即洗滌用的器物。出土物未見。**吕志峰**（2016：102）："沐器"是盛裝米汁的容器，可能指XM26：22陶盤，所盛米汁可能主要用於洗頭髮。

〖疏證〗

　　從張家山M247遺册及港中大遺册所記來看，脂、漿、沐三者組合記録，表明此三種物質的功用應是相近的。在鳳凰山M8、M9、蕭家草場M26遺册中，"脂""漿"（1例）或"漿""沐"（2例）組合記録，也説明脂、漿、沐三者關係密切。劉國勝疑鳳凰山M8簡119所記之"脂"指面脂一類的化妝品，張家山M247，蕭家草場M26，鳳凰山M8、M9遺册所記之"漿""沐"皆指用來潔髮、潔面的洗滌品[1]。疑遺册記録中的脂、漿、沐三者都是洗沐用品。

　　沐，《説文》水部："沐，濯髮也。"此爲動詞用法。遺册記録中的"沐"均是名詞，即濯髮之物，指淘米水。《史記·外戚世家》"姊去我西時，與我決於傳舍中，丐沐沐我，請食飯我，乃去"，索隱："丐者，乞也。沐，米潘也。謂后乞潘爲弟沐。"潘，《説文》水部："潘，淅米汁也。"米潘即淘米水，也即是沐。

　　漿，一般指釀製的微帶酸味的飲料。《説文》水部"漿，酢漿也。從水將省聲。𤖅，古文漿省"，朱駿聲《定聲》："漿，今隸作漿"。《周禮·天官·酒正》"辨四飲之物，一曰清，二曰醫，三曰漿，四曰酏"，鄭玄注："漿，今之酨漿也。"孫詒讓《正義》："漿酨同物，累言之則曰酨漿，蓋亦釀糟爲之，但味微酸耳"。另一方面，"漿"又可指某些混合汁液，如馬王堆帛書《五十二病方》263、264"牝痔"之"爲藥漿方：取藖莖幹冶二升，取諸蔗汁二斗以漬之，以爲漿，飲之，病已而已。"

　　脂，本指動物油脂。《説文》肉部："戴角者脂，無角者膏。"《玉篇·肉部》："脂，脂膏也。"《國語·越語上》"勾踐載稻與脂於舟以行"，韋昭注："脂，膏也。"[2]

　　目前尚無法確知西漢遺册中的"漿"具體所指，但名詞"沐"的含義是確定的，由此可推測與"沐""脂"並列記録的"漿"用於飲用的可能性不大，疑是洗髮之用的某種液體。同理，與"沐""漿"並列記録的"脂"大概亦與洗髮有關。

　　除"沐"之外，脂、漿亦可用來洗髮。東漢蔡琰所作《胡笳十八拍·第五拍》："水頭宿兮草頭坐，風吹漢地衣裳破。羊脂沐髮長不梳，羔子皮裘領仍左。"[3]因其

①　劉國勝：《讀西漢喪葬文書札記》，《江漢考古》2011年第3期。

②　徐元誥撰，王樹民，沈長雲點校：《國語集解》，中華書局，2002年，第571頁。

③　（宋）郭茂倩編：《樂府詩集》卷第五十九，中華書局，1979年，第866頁。

爲詩歌，用詞簡練，尚無法確定這裏是衹用了羊脂，還是用羊脂加入其他物質進行洗髮。僅據詩文所記，"羊脂沐髮長不梳"的意思或是説，用（煮温的）羊油洗髮，較長的時間内都不用梳理。其原因可能是羊脂洗髮既可洗淨頭髮，又可使頭髮柔順。某些特殊的漿有護髮之功效，如《肘後備急方》"染髮須白令黑方"："醋漿煮豆，漆之，黑如漆色。"[①]《證類本草》："（椰子）漿，服之主消渴，塗頭益髮令黑。"[②]

古人洗髮時，亦有將脂、漿、沐配合使用之例。如《詩·衛風·伯兮》"自伯之東，首如飛蓬，豈無膏沐，誰適爲容"，范處義云："婦人自謂自其夫之役於東也，不復塗飾，首如蓬之狀，非無脂膏瀋沐，以夫不在，無適爲容也。"[③]朱熹云："膏，所以澤髮者；沐，滌首去垢也。"[④]《證治準繩·類方·髭髮》"訶子散"最後一個步驟是"用温漿水加清油數點在内洗盡其髮，黑且光"[⑤]。《千金要方》卷十三"染鬚髮方"："胡粉三兩，石灰六兩，絹篩，火熬令黄。右二味，以榆皮作湯，和之如粉。先以皂莢湯洗髮，令極淨，不得令有膩氣，好曝乾，夜即以藥塗髮上，令勻，訖，取桑葉相綴，著頭巾上，遍以裹髮一夜，至旦，取醋漿熱暖三遍，淨洗髮，又以醋泔熱暖洗髮，又取生胡麻苗，搗取汁三升，和水煮一二沸，淨濾以濯髮，訖，又用油湯濯之，百日黑如漆。……又方，以鹽湯洗沐，生麻油和蒲葦灰傅之。"[⑥]

遣册所記盛裝脂、漿、沐的容器有瓶、瓿甊、罌。《方言》卷五："缶謂之瓿甊，其小者謂之瓶。""瓺、瓶、瓵、䍃、甀、瓷、甄、瓮、瓿甊、䁺、罌也。……罌，其通語也。"《廣雅·釋器》："瓿甊、罌，瓶也。"因此，瓶、瓿甊、罌都是指小罐。

與出土實物進行對照，張家山M247遣册所記的三件瓿甊疑對應墓中出土的三件小陶罐（7、25、34），其形制與大小爲："弧形蓋，正中一柱狀紐。直口，廣肩，'亞'字形腹，小平底。飾黑衣。M247：7腹部在黑衣地上以紅、白兩種顏色繪菱形紋和三角形紋。通高14.2、口徑10.4、底徑7厘米。"[⑦]（圖3.2-6，1）

蕭家草場M26亦出土陶罐三件，"大小形制完全相同，口微斂，直領、廣肩、扁圓腹，中腹弧圓，底微凹。口上有蓋，蓋與器口以子母口相扣合，圓拱形蓋頂中央立有一竹節形捉手。頸上飾凸弦紋一周，蓋面、肩部各飾凹弦紋一周，並有波折紋、平

---

① （晉）葛洪撰：《葛洪肘後備急方》，商務印書館，1955年，第201頁。

② （宋）唐慎微撰，尚志鈞等校點：《證類本草》，華夏出版社，1993年，第420頁。

③ （宋）范處義撰：《逸齋詩補傳》卷第五，通志堂藏板，第13頁a。

④ （宋）朱熹集注：《詩集傳》，上海古籍出版社，1958年，第40頁。

⑤ （明）王肯堂著，吴唯等校注：《證治準繩》，中國中醫藥出版社，1997年，第666、667頁。

⑥ 《影宋本備急千金要方》卷十三，金澤文庫本，第35頁。

⑦ 荆州地區博物館：《江陵張家山三座漢墓出土大批竹簡》，《文物》1985年第1期。

行綫紋等暗紋裝飾。腹部飾凸旋紋二周，二周凸弦紋之間飾有菱形網格暗紋。標本M26：85，口徑11.8厘米，底徑7厘米，通高16.6厘米"[①]（圖3.2-6，2）。從此墓隨葬器物分佈圖看，M26：85、M26：84相鄰放置，其中M26：38置於M26：85之上，緊挨這三件陶瓿的周邊器物均爲漆器，因此，疑這三件陶罐是成組放置的。遣册所記"漿器一枚""沐器一枚"，疑即這三件陶罐中的其中兩件。結合張家山M247遣册及港中大遣册將脂、漿、沐並列記録來看，疑蕭家草場M26餘下的一件陶罐是用來裝"脂"的。此墓遣册中尚有簡35無法辨識，有可能其上原記有與"脂器一枚"相類似的文字。

鳳凰山M1、2、6—10、12、13這九座墓中共出土陶罐16件，其具體情況是："除六號墓一件爲紅陶外，餘皆灰陶。形制皆直口、短頸、廣肩、平底，惟腹部造型和紋飾有所區別：……有的扁腹小平底，身劃弦紋、斜方格紋、變形雲紋、水波紋，並有傘形蓋，亦滿劃與器身相同的紋飾，蓋上還有圓圈鈕，最大的一件，帶蓋通高18.2、腹徑21.5厘米。"[②]據簡報圖二九"陶罐（M8）"（圖3.2-6，3）可知此罐出自M8，其外形與張家山M247、蕭家草場M26所出陶罐基本相同。疑鳳凰山M8遣册119所記盛裝"脂"和"漿"的"瓶"就是這種小陶罐。

因此，張家山M247、蕭家草場M26、鳳凰山M8遣册記録中盛裝脂、漿、沐的"瓿甄"或"瓶"都是形制相近的小陶罐，短頸、廣肩、扁圓腹、平底，有蓋，蓋頂有鈕，用多種紋飾進行裝飾，雖大小不一，但總體比較小巧而精緻。

西安東郊席王鄉出土2件形制大小相同的鎏金銅缶，其中一件蓋上刻銘"元成家沐鍢（缶）蓋，重七斤""大后"，腹上刻銘"元成家沐鍢（缶），容六斗六升，重卅二斤"，"容六斗六升"，"第二"，"尚浴"，口徑15.5、腹深28.3、高37厘米，容小米12200毫升[③]（圖3.2-6，4）。其自名"沐鍢（缶）"，又歸"尚浴"掌管，可知這件銅沐缶與遣册記録中的沐瓿甄、沐瓶、沐罍在功能上應是相同的，即都是用來盛洗髮水的。不同之處在於它們的使用者身份等級不同，大概高等級貴族使用銅質且容量大的缶來盛裝洗沐用品。

除此之外，考古出土漢代器物中亦有關於洗沐用品的記録。如寧夏海原石硯子東漢初期墓出土的M7：19陶罐，口徑5、底徑7.5、高11.5厘米，肩部書有"沐"字[④]

①　湖北省荆州市周梁玉橋遺址博物館：《關沮秦漢墓簡牘》，中華書局，2001年，第178、179頁。

②　長江流域第二期文物考古工作人員訓練班：《湖北江陵鳳凰山西漢墓發掘簡報》，《文物》1974年第6期。

③　韓建武、趙峰、朱天舒：《陝西歷史博物館新徵集文物精萃》，《陝西歷史博物館館刊》第1輯，三秦出版社，1994年，第156、157頁；韓建武：《陝西歷史博物館藏幾件漢代刻銘銅器考釋》，《考古與文物》2014年第4期，第67頁。

④　寧夏文物考古研究所：《寧夏海原石硯子漢墓發掘簡報》，《文博》2018年第4期。

（圖3.2-6，5），這件小巧的陶罐也可稱之爲沐瓿甄。洛陽五女冢新莽墓出土的M267：48陶壺，口徑15、腹徑26.5、底徑15、通高40厘米，其上腹部朱書"沐"字[1]（圖3.2-6，6）。山西運城鹽湖區董家營村西漢墓出土的一件陶罐上墨書"沐一器"[2]。

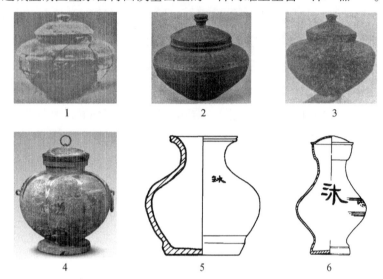

圖3.2-6　漢墓出土盛洗沐用品之器
1. 張家山M247：7陶罐（瓿甄）　2. 蕭家草場M26：85陶罐（瓿甄）　3. 鳳凰山M8陶罐（瓶／瓿甄）
4. 元成家銅沐缶　5. 石硯子M7：19陶罐　6. 五女冢M267：48陶壺

【澡巾】

（1）澡巾一　丿　張家山M247遣28貳

〔疏證〕

《説文》水部"澡，洒手也"，段注："皿部曰：'盥，澡手也。'《儒行篇》曰：'澡身而浴德。'其引伸之義。"《慧琳音義》卷二十五"漱口澡手"注引《玉篇》云："盪口曰漱，在手曰澡，在頭曰沐，在面曰頮，在身曰浴，在足曰洗。"澡本指洗手，引申之，亦可指澡身，即洗澡，在此意義上與"浴"同訓。"澡巾"大概是用於擦手或擦身的巾。

曹操《上雜物疏》："御雜物之所得孝順皇帝賜物，有容五石銅澡盤一枚。"能容"五石"的澡盤應是盛洗澡水的。貴州赫章可樂漢墓M8：39小銅盤口徑27、高7

① 洛陽市第二文物工作隊：《洛陽五女冢267號新莽墓發掘簡報》，《文物》1996年第7期。
② 武俊華、鐘龍剛：《山西運城董家營西漢墓出土題銘陶罐》，《大衆考古》2022年第8期。

厘米，口沿上刻銘“同勞澡槃（盤）比五尺周一，元始四年十月造”^①。這件澡盤的尺寸小於漢代常見的沐盤，若將用此澡盤盛洗澡水，也不太夠用。“澡”有洗手義，疑這件銅澡盤是用於洗手的。《世說新語·紕漏》：“王敦初尚主，如廁，見漆箱盛乾棗，本以塞鼻，王謂廁上亦下果，食遂至盡。既還，婢擎金澡盤盛水，琉璃盌盛澡豆，因倒著水中而飲之，謂是乾飯。群婢莫不掩口而笑之。”文中的“金澡盤”就是用以洗手的。要之，澡盤的具體用途與其容量有密切關係。

洗手時，亦可使用澡豆。曹操《上雜物疏》：“純銀澡豆匲，純銀括鏤匲，又銀鏤漆匲四枚”，曹操墓石碣M2：322記“文澡豆囊二具”，則澡豆的盛裝既可以使用匲，也可以使用囊袋。

綜上觀之，在講究的場合中，澡盤、澡豆、澡巾，大概是可以配套使用的。

【盤】【匜】

（1）緊（漆）畫大般（盤），俓（徑）三尺一寸，一枚^[1]　　馬王堆M1遺189

　　　緊（漆）畫桅（匜）二^[2]　　馬王堆M1遺190

（2）緊（漆）畫大般（盤），俓（徑）三尺一寸，一枚^[3]　　馬王堆M3遺255

（3）金小盂一^[4]　　大墳頭M1遺牘A壹2

　　　金鉈（匜）一^[5]　　大墳頭M1遺牘A壹3

（4）浣槃（盤）一^[6]　　ノ　鳳凰山M8遺94

（5）桅（匜）一枚^[7]　　鳳凰山M167遺23

〔集釋〕

　　［1］**馬王堆M1報告**（1973：145）：出土漆器中未見。**唐蘭**（1980：36）：墓中出土雲龍紋漆盤，底有“軑侯家”銘，當即此。徑53.6厘米，合漢尺二尺三寸餘，較此略小。

　　［2］**馬王堆M1報告**（1973：145）：墓中出雲紋漆匜2件，與簡文合。

　　［3］**鄭曙斌**（2011：289、290、293）：“徑三尺一寸”的“漆大盤”對應墓中出土的M3：南49漆木盤，口徑72.5、高13厘米，從體量來看，它不同於食盤輕巧便於盛食，無法用雙手托捧，明顯不同於盛食器。馬王堆M1、M3遺策所記“徑三尺一寸”的“漆大盤”應爲沐髮承水器，或是沐浴兼用的承水器。

---

　　① 貴州省文物考古研究所：《赫章可樂二○○○年發掘報告》，文物出版社，2008年，第434頁；熊水富：《“同勞澡槃”刻銘考釋》，《黔博耕耘録》，貴州人民出版社，1998年，第210—216頁。

　　［4］**湖北省博物館**（1981：16）："金小盂一"指墓中出土的一件銅盂（邊廂42）。

　　［5］**湖北省博物館**（1981：16）：鉈，即匜，周代金文中常見。古代盤、匜是結合在一起使用的，木牘上"金鉈"與"金銑（？）般一"相鄰而記，也正説明"金鉈一"就是墓内出土的一件銅匜（邊廂39）。**今按**：從圖版及摹本看，此字右邊很可能從"它"，當隸作"鉈"，讀爲"匜"。

　　［6］"浣"下一字，**彭浩**（2012：37）釋"槃"，即"槃"字；**中山**（2012：37）、**章水根**（2013：70）釋"槃"。

　　槃，**彭浩**（2012：37）：《説文·木部》"承槃也"，浣盤可能是指盛水之盤。出土有大圓漆盤一件。**毛靜**（2011：58）：浣盤，指盛洗滌用水的盤。**章水根**（2013：70）：《禮記·内則》"少者奉槃，長者奉水，請沃盥"，鄭玄注："槃，盛盥水者。"槃，今作盤，《説文》以盤爲槃之籀文。**鄭曙斌**（2011：293）：《公羊傳·莊公三十一年》"臨民之所漱浣也"，注曰："去垢曰浣，齊人語也。"可知浣盤是潔具，既可作潔身承水盤，也可作洗滌盛水盤。此言"浣盤"，當是洗滌用盤。

　　［7］首字，**鳳凰山M167簡報**（1976：36）、**中山**（2012：160）釋"梃"。**姚孝遂**、**陳雍**（2012：160）缺釋，認爲此字"不識，或當是出土器物中之匜，存以待考"。**章水根**（2013：284）釋"柂"，讀爲"匜"。**今按**：此字摹本似有誤。據劉國勝（2012）考釋，漢墓遣策中的"鋌"指蒜頭壺。鳳凰山M167墓中未出蒜頭壺一類盛具，則釋"梃"的意見可疑。細審照片，此字中上部有一撇筆，疑此字與馬王堆M1遣冊簡191的"柂"寫法相同，可隸作"柂"，讀爲"匜"。雖然簡報釋字可疑，但其認爲此簡所記對應墓中出土的漆匜1件，當可從。

　　鳳凰山M167簡報（1976：36）在"鳳凰山一六七號墓頭廂隨葬品一覽表"中將此簡所記對應"匜1"。**今按**：M167頭箱内尚有遣策無載的隨葬品中含有平盤1個，而據《楚漆器研究》《中國漆器全集·3·漢》二書著録的此盤圖片與説明文字來看，其爲漆木畫平盤，口徑46.7、高4.2厘米[①]。從發掘簡報圖二"頭廂内隨葬品放置情況"看，這件平盤與漆匜都出自頭廂，不知它們是否爲組合器。

〔疏證〕

　　先秦秦漢時期，盤、匜多組合使用，故考古發掘中的盤、匜亦多組合出土。馬王堆M1遣冊簡189、190在小結簡191中並列記録，説明這裏的盤、匜是組合器。

────────────

　　① 滕壬生：《楚漆器研究》，兩木出版社，1991年，第82頁；傅舉有主編：《中國漆器全集·3·漢》，福建美術出版社，1998年，第82頁。

　　大墳頭M1遣册木牘所記"金小盂"對應墓中出土的哪件器物，尚需重新考慮。邊廂42銅器"口微斂，平沿外折，圜底，素面，口徑22.3、高8.2厘米"（圖3.2-7，1），其形制與謝家橋M1東室：10銅銚[①]（圖3.2-7，2）、上林乘輿銅銚（圖3.2-7，3）相近（詳參前文"銚"條討論），應也是銚。從蕭家草場M26遣册將銅盤記爲"金盂"的現象看，頗疑大墳頭木牘所記"金小盂一"是指墓中出土的銅盤（邊廂38），其"寬平沿外折，腹壁上部較直，下部急劇内收，平底，素面，背面底上有絲織物痕跡，口徑36.4、底徑17、高6.6厘米"（圖3.2-7，4）。在大墳頭木牘中，A壹2、3相鄰記録"金小盂一""金鉈（匜）一"；在邊廂隨葬器物中，38號銅盤與39號銅匜（圖3.2-7，5）相鄰放置。因此，把"金小盂"對應銅盤，與銅匜形成常見的盤匜組合，不管是從簡文記録，還是從隨葬器物分佈看，都是很合適的。

　　浣盤，又見於長臺關楚墓M1遣册2-08"二澮（沬）鎜（盤），一洸（浣）鎜（盤），一鉈（匜）"，李家浩指出："'浣''盥'聲近義通。《儀禮·士冠禮》'贊者盥於洗西'，鄭玄注：'古文盥皆作浣'。武威漢簡本《儀禮》'盥'亦多作'浣'。江陵鳳凰山八號漢墓遣册有'浣盤'，是古代稱盥洗用的盤爲'浣盤'的確證。……'浣盤'與'盥盤'同意，是洗手用的盤"[②]。

圖3.2-7　漢代的銚、盤、匜
1.大墳頭M1邊廂：42銅銚　2.謝家橋M1東室：10銅銚　3.上林乘輿銅銚　4.大墳頭M1邊廂：38銅盤
5.大墳頭M1邊廂：39銅匜

---

　　① 謝家橋M1東室：10，發掘簡報稱爲"銅銅"，網友"予一古人"指出其"在遣册裏名爲'金銚'"，參予一古人：《讀雷海龍先生〈漢代遣册名物考釋二則〉中釋金盉》，簡帛網·簡帛論壇·簡帛研讀2018年7月2日。

　　② 李家浩：《信陽楚簡"澮"字及從"𩇕"之字》，《中國語言學報》第1期，商務印書館，1983年，第191、192頁。

第三節　熏香之具

一、熏　　器

【熏爐】

（1）熏盧（爐）一[1]　」　鳳凰山M8遣124

（2）熏盧（爐）二，皆畫[2]　馬王堆M1遣220

（3）熏盧（爐）二[3]　馬王堆M3遣299

【集釋】

[1] **彭浩**（2012：45）："盧"讀爲"爐"。出土有陶熏1件，無蓋。

[2] **馬王堆M1報告**（1973：147）：熏盧即熏爐。墓中出彩繪熏爐2件，與簡文合。**唐蘭**（1980：38）：熏盧即薰爐，漢劉向有《熏爐賦》。熏是"火煙上出"的意思，在爐裏燒薰草，使香氣上出，所以在蓋上是鏤空的，後來的博山爐，就是從熏爐發展而成的。墓中出土彩繪熏爐兩個，與簡合。

[3] **傅舉有**（1999：51）：馬王堆M3出土2件豆形陶熏爐，墓中遣册記載"熏爐二"。

【疏證】

熏爐，即熏香之爐。豆形熏爐是漢代使用範圍最廣的一種熏爐，著名的博山爐多是將蓋設計成博山形，基本形制仍是豆形。一套完整的熏爐包含爐身、爐蓋和承盤三部分。《藝文類聚》卷七十引劉向《熏鑪銘》："嘉此正器，嶄巖若山；上貫太華，承以銅盤；中有蘭綺，朱火青煙。"曹操《上雜物疏》："御物三十種，有純金香爐一枚，下盤自副；貴人公主有純銀香爐四枚，皇太子有純銀香爐四枚，西園貴人銅香爐三十枚。"西朱村石碣M1：179記："三合銀香鑪一，槃、丹縑囊自副。"

傳世與出土漢代熏爐中有一些自名器，如故宮博物院藏傳世陽泉熏爐刻銘：

陽泉使者舍熏盧（爐）一，有殷（盤）及蓋，并重四斤一……五年，六安十三年正月乙未，内史屬賢造，雒陽付守長則、丞善、掾勝、傳舍嗇夫兑。①

---

① 杜廼松主編：《故宮博物院藏文物珍品大系：青銅生活器》，上海科學技術出版社、商務印書館（香港），2007年，第113頁。

茂陵一號無名冢一號從葬坑出土的K1：003鎏金竹節博山爐，蓋口沿、底座側沿分別刻銘：

> 内者未央尚臥金黄涂（塗）竹節熏盧（爐）一具，并重十斤十二兩。四年，内官造，五年十月輸，第初三。
> 内者未央尚臥金黄涂（塗）竹節熏盧（爐）一具，并重十一斤。四年，寺工造，五年十月輸，第初四。①

邗江甘泉秦莊西漢墓出土的一件銅熏爐（圖3.3-1，1），腹刻：

> 孝文廟銅熏盧（爐），容三升，重四斤十四兩，五鳳二年九月造。②

西安博物院藏揀選的一件銅熏爐（圖3.3-1，2），蓋、腹分別刻銘：

> 梁山宫。元鳳五年造。
> 梁山宫一斗薰（熏）盧（爐），并重九斤半。元鳳五年造。③

陝西鳳縣鳳州鎮鳳州故城出土的一件熏爐，腹、盖側沿分別刻銘：

> 雒陽武庫熏盧（爐），重三斤。
> 蓋，一斤十四兩。④

長沙湯家嶺西漢墓出土2件銅熏爐，分別墨書：

> 張端君熏爐一。
> 張端君錯盧（爐）一。⑤

---

① 咸陽地區文管會、茂陵博物館：《陝西茂陵一號無名冢一號從葬坑的發掘》，《文物》1982年第9期。

② 李健廣：《江蘇省邗江縣文管會收藏的一件紀年銅薰爐》，《文物》1997年第7期；揚州市文物局：《韞玉凝暉：揚州地區博物館藏文物精粹》，文物出版社，2015年，第115頁。

③ 王長啓：《西安市文物中心藏戰國秦漢時期的青銅器》，《考古與文物》1994年第4期；西安市文物保護考古所：《西安文物精華·青銅器》，世界圖書出版西安公司，2005年，第177頁。

④ 張天恩主編：《陝西金文集成》第6冊，三秦出版社，2016年，第242頁。

⑤ 湖南省博物館：《長沙湯家嶺西漢墓清理報告》，《考古》1966年第4期。

由此可知，這種豆形、有鏤孔蓋的器具，就是熏爐。

漢代畫像材料中亦有不少熏爐出鏡。如南陽英莊漢畫像石墓前室中門柱上有一侍女手持博山爐站立，博山蓋的細節刻畫得較好①（圖3.3-1，3）；類似人物手執熏爐的畫面在南陽地區的八一路墓畫像石、高廟墓畫像石、麒麟崗墓畫像石等亦有見到②。西安曲江翠竹園西漢壁畫墓中有一名侍女雙手攏於袖内，胸前方畫有一枚下有承盤的豆形博山熏爐③（圖3.3-1，4）；鄂爾多斯巴日松古敖包東漢壁畫墓M1前室北壁右側樓閣前，一名侍女右手持博山爐的蓋、左手持爐身④（圖3.3-1，5）。

從劉向《熏鑪銘》"中有蘭綺，朱火青煙"、《急就篇》顏注"薰者，燒取其煙以爲香也"等文獻記録可知，在使用熏爐燃香時至少需要燃料和香料兩種。考古出土漢代熏爐中，有部分存留有香料、炭等，如：寧夏銀川平吉堡西漢墓出土陶博山爐"爐内有木炭碎塊"⑤；山東微山馬陵山漢墓出土的一件銅熏爐"出土時内裝已炭化的物質，似爲香料"⑥；安徽巢湖北山頭西漢墓M1∶9銅鼎形熏爐"出土時爐内尚存有草楷（香料）和木炭粒"⑦；江西南昌東郊西漢墓M14∶19銅熏爐"器内尚存香草殘跡"⑧；湖北荆州謝家橋西漢墓M1北室∶54陶熏爐"爐内盛香草"⑨；湖北荆沙市瓦墳園西漢墓M4∶13銅熏爐"出土時器内放有兩塊木炭，保存完好"⑩；湖南長沙馬王堆西漢墓出土的陶熏爐中，M1∶286"出土時爐盤内滿盛燃燒後殘存的茅香炭狀根莖"，M1∶433"爐盤内盛有茅香、高良薑、辛夷和藁本等香草"⑪（圖3.3-1，6），

①　南陽地區文物工作隊、南陽縣文化館：《河南南陽縣英莊漢畫像石墓》，《文物》1984年第3期；凌皆兵、王清建、牛天偉主編：《中國南陽漢畫像石大全》第2卷，大象出版社，2015年，第251頁。

②　凌皆兵、王清建、牛天偉主編：《中國南陽漢畫像石大全》，第1卷第100頁，第2卷第106、113、124、131頁。

③　西安市文物保護考古所：《西安曲江翠竹園西漢壁畫墓發掘簡報》，《文物》2010年第1期。

④　鄂爾多斯博物館等：《内蒙古鄂爾多斯巴日松古敖包漢代壁畫墓清理簡報》，《文物》2019年第3期。

⑤　寧夏回族自治區博物館：《銀川附近的漢墓和唐墓》，《文物》1978年第8期。

⑥　宮衍興：《山東微山縣馬陵山出土一批漢代文物》，《文物》1985年第5期。

⑦　安徽省文物考古研究所、巢湖市文物管理所：《巢湖漢墓》，文物出版社，2007年，第99頁。

⑧　江西省博物館：《南昌東郊西漢墓》，《考古學報》1976年第2期。

⑨　荆州博物館：《湖北荆州謝家橋一號漢墓發掘簡報》，《文物》2009年第4期；滕壬生主編：《荆州重要考古發現》，文物出版社，2009年，第195頁。

⑩　荆州博物館：《湖北荆沙市瓦墳園西漢墓發掘簡報》，《考古》1995年第11期。

⑪　湖南省博物館、中國科學院考古研究所編：《長沙馬王堆一號漢墓》（上），文物出版社，1973年，第125頁；傅舉有、陳松長：《馬王堆漢墓文物》，湖南出版社，1992年，第70頁。

圖3.3-1 漢代的熏爐

1.孝文廟銅熏盧 2.梁山宮一斗薰盧 3.南陽英莊畫像石中的博山爐 4.西安翠竹園壁畫墓中的博山爐
5.巴日松古敖包壁畫中的博山爐 6.馬王堆M1：433陶畫熏盧 7.羅泊灣M2：47銅熏爐及盛物
8.風門嶺M24B：3陶熏爐及殘留的香料

M3：北167"出土時盤內有少許茅香"[1]；廣東廣州西漢前期墓群出土有7件銅熏爐
"爐腹內常有灰燼或炭粒狀香料殘存"，西漢中期墓M2029：7銅熏爐"爐內尚存香
料的灰燼"[2]；廣西貴縣羅泊灣西漢墓M2：47銅熏爐"出土時內盛兩塊白色橢圓形粉
末塊狀物"[3]（圖3.3-1，7）；合浦文昌塔西漢墓M70：23博山爐"出土時爐內盛裝
有黑炭粒"[4]；合浦風門嶺東漢墓M24B：3陶熏爐"爐內有黑色的香料殘餘分子"[5]
（圖3.3-1，8）；廣西合浦堂排漢墓M2B：39銅熏爐"出土時內有少量香料和灰

---

① 湖南省博物館、湖南省文物考古研究所：《長沙馬王堆二、三號漢墓》，文物出版社，2004
年，第231頁。

② 中國社會科學院考古研究所等編：《廣州漢墓》（上），文物出版社，1981年，第139、232頁。

③ 廣西壯族自治區博物館：《廣西貴縣羅泊灣漢墓》，文物出版社，1988年，第107頁。

④ 廣西文物保護與考古研究所：《廣西合浦文昌塔漢墓》，文物出版社，2017年，第214頁。

⑤ 廣西壯族自治區文物工作隊、合浦縣博物館：《合浦風門嶺漢墓——2003～2005年發掘報
告》，科學出版社，2006年，第61頁。

爐"①；貴港深釘嶺漢墓M39：7銅熏爐出土時"爐腔內有燒過的香料炭末"②；雲南晉寧石寨山西漢墓M6：53銅熏爐出土時"爐內盛滿炭屑，當是隨葬以前的遺留"③。從這些豐富的考古出土實例來看，在隨葬的熏爐中盛裝炭、香料，乃至在祭奠時實際使用，是一種在漢代全國範圍內比較普遍的葬俗，同時也反映出漢代人在追求高品質生活時對熏香的喜愛和重視。

【熏籧】

（1）熏籧（籧）一答[1]　　丿　鳳凰山M8遣168
（2）熏大篝（籧）一，素鞔，赤掾（緣）下[2]　　馬王堆M1遣281
　　　熏小篝（籧）一，素鞔，繢掾（緣）下[3]　　馬王堆M1遣282
（3）熏大篝（籧）一，赤掾（緣）下　馬王堆M3遣313
　　　熏小篝（籧）一，繢掾（緣）下[4]　馬王堆M3遣314

〖集釋〗

[1] **彭浩**（2012：57）：竹熏籠一件。**程平山**（1995：77）：熏籧，即周圍有孔作杯形的竹熏。**章水根**（2013：102）：籧即籧，《説文·竹部》："籧，答也，可熏衣。从竹，菁聲。宋楚謂竹籧墙居也。"熏籧答即熏衣用的竹籠。馬王堆M1和M3遣策記有"熏大篝""熏小篝"，整理者認爲篝從車算聲，朱德熙、裘錫圭説從竹疊聲當比較合理。

[2] **唐蘭**（1980：53）：出土圓錐形大熏籠，高21、底徑30、口徑10厘米，周圍用絹包，即素鞔，頂上錦緣。篝本是籧或籠，倒轉來把底向上，後來纏開的口，故簡文説赤緣下。

[3] **馬王堆M1報告**（1973：119、151、152）：簡281、282記熏篝一大一小，與出土物對照，熏篝當即熏罩。篝字從車算聲，算及從算聲之匴、篡等字，古籍中多有用作竹編器名之例。繢緣下，疑爲在篝底加彩緣。篝倒覆纏成罩，篝底彩緣就成了罩頂彩緣了。北邊廂出竹熏罩2件，一大一小，罩周敷細絹，罩頂封錦，與簡文基本符合。兩件熏罩是與熏爐配合使用的。**唐蘭**（1980：53）：篝即篝，熏篝即

---

① 廣西壯族自治區文物工作隊：《廣西合浦縣堂排漢墓發掘簡報》，《文物資料叢刊》（4），文物出版社，1981年，第50頁。
② 廣西壯族自治區文物工作隊、貴港市文物管理所：《廣西貴港深釘嶺漢墓發掘報告》，《考古學報》2006年第1期。
③ 雲南省博物館：《雲南晉寧石寨山古墓群發掘報告》，文物出版社，1959年，第69頁。

熏篝，也稱熏籠。《方言》五"篝，陳楚宋衛之間謂之牆居"，郭璞注："今熏籠也。"《説文》："篝，笿也。可熏衣。"篝可讀爲篹，篹可讀爲籔，字又作匧，匧又作簍。此簡借篝爲簍，熏簍就是熏篝。**朱德熙、裘錫圭**（1980：72）：把篝分析爲從"竹""轟"聲，似乎更好些。《説文·車部》："轟，直轅車轑也。从車，具聲。""轟"與"篝"都是見母字，"篝"屬侯部，"轟"屬侯部入聲，音近可通，"篝"應該讀作"篝"。雲夢睡虎地秦簡日書有"暴屋"之語，似應讀爲"構屋"，可以與此互證。《説文·竹部》："篝，笿也，可熏衣……宋楚謂竹篝牆以（段玉裁謂"以"爲衍文）居也。"《方言》五"篝，陳楚宋魏之間謂之牆居"，郭璞注："篝，今熏籠也。""考釋"已經指出"熏大篝""熏小篝"指墓中出土的一大一小兩個熏罩，把"篝"讀作"篝"是很合理的。竹熏罩"周圍敷以細絹"，即簡文所謂"素鞄"；"底緣用絹包邊"，即簡文所謂"緣下"。**馬王堆集成**（2014：215、216）：鳳凰山M8遺册168"熏篝笿一"，足證朱、裘兩位先生的分析可信。**樊波成**（2020：108）："篝"爲竹器，以"算"爲義符，"車"爲聲符，"車""居"古音皆在見紐魚部（《詩·邶風·北風》"攜手同車"，阜陽漢簡本作"居"）。"熏小篝""熏大篝"之"篝"亦當爲"牆居"之"居"，字或作"笘"。

[4] **馬王堆M3報告**（2004：68）：M1簡281、282也分別爲"熏大篝"和"熏小篝"。經考證，熏篝即熏罩。篝字从車算聲。**伊强**（2005：45）：朱德熙、裘錫圭已指出"篝"應該分析爲從"竹""轟"聲。

〔疏證〕

篝，本指笿、籠一類器具，用於熏衣被的篝即稱爲熏篝，以用途取名。"篝"字從竹，則熏篝可能主要是以竹材爲骨的。《説文》竹部："篝，笿也。可熏衣。"《急就篇》卷三"笘篝篋筥奩篹篝"，顔注："篝，一名笿，盛杯器也，亦以爲薰籠。楚人謂之牆居。"《太平御覽》卷七百一十一引劉向《別録》："淮南王有《熏籠賦》。"西朱村石碣M1：318記"一升墨漆畫篝籠一"，"篝籠"爲同義複詞，《史記·滑稽列傳》"甌窶滿篝"，集解引徐廣曰："篝，籠也。"則熏篝、熏籠、篝籠爲一物異名。同時，結合西朱村石碣所記來看，熏篝不單有竹製者，也有漆木製者。滿城漢墓M1：5003銅提籠内置行燈式的小熏爐一枚[①]（圖3.3-2，1），則熏篝也有銅製者。學者多已指出，熏篝需要配合熏爐使用。馬王堆漢墓出土竹熏篝的周圍敷有細絹（圖3.3-2，2），當是起到過濾熏香之灰的作用。滿城漢墓M1：5003銅熏籠在使

---

① 中國社會科學院考古研究所、河北省文物管理處：《滿城漢墓發掘報告》（上），文物出版社，1980年，第66頁。

用時，很可能其外也是要蒙上細緻織品的，祇是由於織物易朽，故而不存。

　　從馬王堆遣册記録看，熏籠有大有小。1954年發掘的沂南北寨漢畫像石墓後室靠南壁的承過樑的隔墻東面，有一樹置的柱架，“柱的兩旁，各放着一個柳條或竹條編成的罩子，一大一小，可能是一種烘衣服的烘籠”[①]（圖3.3-2，3）。北寨漢墓考古工作者的推測意見應可信。這一大一小“烘籠”的形制與馬王堆漢墓出土的熏籠頗爲相似，應即是“熏籠”。《太平御覽》卷七百一十一引《東宫舊事》：“太子納妃，有漆畫手巾薰籠二、條大被薰籠三。”手巾較小、被子較大，疑“漆畫手巾薰籠”屬小熏籠，“條大被薰籠”屬大熏籠。一大一小，尺寸不同，應用場景亦不相同，需要配套的熏爐大小亦隨之而擇。西朱村石碣所記“一升墨漆畫籌籠”應是比較小巧的漆木熏籠，可能就是《東宫舊事》所説的“漆畫手巾薰籠”。

1　　　　　　　　　　　2　　　　　　　　　　　3

圖3.3-2　漢代的熏籠

1. 滿城M1：5003銅熏籠與熏爐　2. 馬王堆M1：417、M1：418竹熏籠　3. 沂南北寨畫像石中的大小熏籠

二、香　料

【薫】、【薌】

（1）熏（薫）＝（薫、薫）囊一，綺[1] ∫ 鳳凰山M8遣137

（2）赤繡囊一，盛薫[2] 鳳凰山M167遣51

（3）鄉（薌）橐四[3] 尹灣M6君兄節司小物疏B叁2

　　　勲（薫）橐二[4] 尹灣M6君兄節司小物疏B叁6

（4）□熏（薫）囊一[5] 張家山M247遣5貳

（5）繡薫橐一 劉林衣物疏B叁7

（6）日〈白〉綃信期繡熏（薫）囊一，素掾（緣）[6] 馬王堆M1遣269

　　　紺綺信期繡熏（薫）囊一，素掾（緣）[7] 馬王堆M1遣270

---

　　①　曾昭燏、蔣寶庚、黎忠義合著，南京博物院、山東省文物管理處編著：《沂南古畫像石墓發掘報告》，文化部文物管理局，1956年，第28、29頁。

　　素信期繡熏（薰）囊一，沙（紗）素掾（緣）[8]　　馬王堆M1遣271

　　紅綺熏（薰）囊一，素掾（緣）[9]　　馬王堆M1遣272

（7）青綺熏（薰）囊一，桃華掾（緣）　　馬王堆M3遣383

　　赤繡熏（薰）囊一，素掾（緣）　　馬王堆M3遣384

【集釋】

　　[1]首字，**中山**（2012：49）釋"薰"，**彭浩**（2012：49）釋"熏"，可能指熏香用的香草。

　　[2]"繡"下一字，**中山**（2012：170）、**姚孝遂、陳雍**（2012：170）釋"橐"。**章水根**（2013：294）釋"囊"。

　　"盛"下一字，**姚孝遂、陳雍**（2012：170）缺釋，**中山**（2012：170）、**章水根**（2013：294）釋"薰"。

　　鳳凰山M167簡報（1976：37）在"鳳凰山一六七號墓頭廂隨葬品一覽表"中將簡51、54、56所記對應"繡囊3"。

　　[3]**劉洪石**（1999：124）：鄉即薌，薌橐是盛放香料的袋子。**竇磊**（2016：60）："鄉"讀爲"香"，香橐疑即香囊。

　　[4]**劉洪石**（1999：124）：勳即薰，薰橐指盛放薰衣被香料的袋子。**張顯成、周群麗**（2011：117）：上文所言"鄉橐"當是指一般的香橐，此"勳橐"當是專指內盛薰草之香橐。

　　[5]此處釋文，**張家山二四七號漢墓整理小組**（2001：303）作"□囊一"。

　　"囊"上一字，**何有祖**（2013：1066）釋"熏"。又疑"熏"上一字也是"熏"字。**今按**："熏囊"上似有殘筆，很可能是表示薰囊的質地或顏色之字。

　　[6]**唐蘭**（1980：48、49）：熏即薰，熏橐是盛香草的囊，大概是放在罄囊裏而用纓來繫掛的。罄和橐一聲之轉。出土物中有白絹信期繡熏囊。

　　信期繡，**史樹青**（1972：71）：遣冊上記載的絲繡名稱有"信期繡"，"信期"應是人名，與從前出土的漢代織有"韓仁繡"文字的彩錦同一稱法。信期可能是當時有名的匠師，也可能是管理絲織官手工業的令丞。應劭《風俗通義》（據《姓氏書辨證》三十二引）所記"趙有信期"；又《十鐘山房印舉》卷十五著録一方穿帶印，印文一面"信期"，一面"郢人"，皆白文小篆，應是西漢時人。他是否即"信期繡"的作者，有待進一步研究。**唐蘭**（1980：46、47）：信期是繡名，《戰國策·趙策》"忠可以寫意，信可以遠期"，"信期"大概是從這類成語來的，意即誠信可以期待。信期繡的主題是鳳，秦漢之際的傳說把鳳代表信。

　　〔7〕**唐蘭**（1980：49）：出土65號竹笥内有香色菱紋羅信期繡熏囊。

　　〔8〕**唐蘭**（1980：49）：沙素當是輕素。出土65號竹笥内有香色對鳥菱紋綺信期繡熏囊。

　　〔9〕**馬王堆M1報告**（1973：71、151）：墓中出香囊4個，即"信期繡"絹香囊（出北邊廂），"信期繡"綺香囊，"信期繡"羅綺香囊和香色羅綺香囊（以上3件放在65號竹笥内），當即簡267—372所記。這四個香囊，一個全裝有茅香根莖，一個全裝花椒，兩個裝有茅香和辛夷等。

〔疏證〕

　　薰是芳香之草的泛稱。《急就篇》卷三"芬薰脂粉膏澤箭"，顏注引或説："芬薰，總舉香草之大稱也。"《説文》艸部"薰，香艸也"，段注："《左傳》曰：'一薰一蕕。'《蜀都賦》劉注曰：'葉曰蕙，根曰薰。'張揖注《上林賦》曰：'蕙，薰艸也。'陳藏器曰：'薰即是零陵香也。'郭注《西山經》曰：'蕙，蘭屬也。'非薰葉。"《廣雅·釋草》"薰草，蕙草也"，王引之疏證："僖四年《左傳》'一薰一蕕'，杜注云：'薰，香草。'《西山經》云：'浮山有草焉，名曰薰草，麻葉而方莖，赤華而黑實，臭如蘪蕪，佩之可以已癘。古者祭則煮之以裸。'《周官·鬱人》疏引《王度記》云：'天子以鬯，諸侯以薰，大夫以蘭芷。'是也。"馬王堆M1出土的4件薰囊，經鑒定，"一個裝有茅香，一個全裝花椒，其餘兩個均裝有茅香及辛夷"[1]。由此可知"薰"並不專指某一種香艸。馬王堆遣册另記有蕡、蕙，亦可説明這一點。薰草也即是芳草，里耶秦簡9-1305記："都鄉黔首毋良藥、芳草□☒"，《里耶秦簡牘校釋（二）》注云："芳草，香草。班固《西都賦》：'竹林果園，芳草甘木。郊野之富，號爲近蜀。'"[2]

　　薰囊，即盛薰之囊。遣册所記的薰囊大概主要是用於佩戴的。佩戴用的薰囊，又稱香囊。曹操墓石楬M2：96記有"香囊卅雙"。曹操《内誡令》："昔天下初定，吾便禁家内不得香熏。後諸女配國家爲其香，因此得燒香。吾不好燒香，恨不遂所禁，今復禁不得燒香，其以香藏衣著身亦不得。""以香藏衣著身"即佩戴香囊。《楚辭·離騷》："扈江離與辟芷兮，紉秋蘭以爲佩。"尹灣M6君兄節司小物疏同篇共見"鄉（薌）囊""勳（薰）囊"，張顯成、周群麗認爲"鄉囊"指一般的香囊，"勳囊"專指内盛薰草之香囊，似可從。

―――――――――

　　①　南京藥學院、中國科學院植物研究所等：《藥物鑒定報告》，《長沙馬王堆一號漢墓出土動植物標本的研究》，文物出版社，1978年，第41頁。

　　②　陳偉主編：《里耶秦簡牘校釋》第2卷，武漢大學出版社，2018年，第288頁。

【蕡】【芬】

（1）蕡（蕡）=（蕡、蕡）囊一，綺[1]　亅　鳳凰山M8遣135

（2）蕡（蕡）十四囊[2]　馬王堆M3遣205

（3）蕡（蕡）十四囊　馬王堆M3遣407貳7

（4）蕡（蕡）一笥[3]　馬王堆M3遣186

（5）蕡（蕡）一笥[4]　馬王堆M1遣159

　　　贜（藏）蕡（蕡）笥[5]　馬王堆M1木楬44

（6）青奇（綺）囊一，盛芬[6]　鳳凰山M167遣53

（7）芬橐二[7]　海曲M129-04衣物疏A肆5

〖集釋〗

[1] 首字，**中山**（2012：48）未釋。**彭浩**（2012：48）釋“蕡”，似“蕡”字簡寫，蕡，香草名，《説文》：“雜香艸。”出土物中不見。**許林萍**（2013）釋“蕡”。該部分簡文説的都是農作物，“蕡”在此顯然是指大麻的種子而言。**章水根**（2013：89）：首字上從由三“止”形演變而來的“卉”，可直接隸作“蕡”字。**今按**：此批簡135、136、137記録形式相同，而與簡128“縑囊稻米一石三斗”、146“蒼綺五穀”等糧食類的記録形式不同，那麼，這裏的“蕡”大概不會是指大麻籽。彭浩謂這裏的蕡指一種香草，可從。

[2] **伊强**（2005：55）：據小結簡407（木牘）所記，簡355“緒緫襌衣一”、205“蕡（蕡）十四囊”分別排在簡398、406之後正合適。**馬王堆集成**（2014：244）：伊説不可從。本簡及簡407之“蕡”可能當讀爲“蕡”，指麻的種子。《周禮·考工記·弓人》“牛筋蕡溉”，鄭玄注：“蕡，枲實也。”字又作“黂”，《爾雅·釋草》：“黂，枲實。”蕡常和菽、麥、稻、黍等一起供尊者所食，詳參《禮記·內則》。**今按**：同墓簡200“麻穜（種）一石，布囊”，則簡205的“蕡”大概與麻籽的關係不大，疑還是讀爲“蕡”好一些。

[3] 首字，**馬王堆M3報告**（2004：60）隸作“蕡”，釋爲“蕡”，爲雜香草。

[4] **馬王堆M1報告**（1973：143）：蕡即蕡。《漢晉西陲木簡彙編》有《急就篇》句：“蕡熏脂粉膏澤筩”，蕡作蕡可證。《説文·艸部》：“蕡，雜香草。”竹笥中有“贜（藏）蕡笥”木牌。**唐蘭**（1980：51）：蕡是蕡的別寫，蕡即蕡，《説文》：“蕡，雜香艸。”出土竹笥木牌有“臧（藏）蕡（蕡）笥”。**馬王堆集成**（2014：196、197）：“蕡（蕡）”亦見於M1簡160、簽牌44，M3簡186、205、407，鳳凰山M8遣策簡135等，其中後三處“蕡（蕡）”所指可能與本簡不同。

　　〔5〕**馬王堆M1報告**（1973：117）："贊貴笥"木牌出土時已散落，參見簡159。

　　〔6〕**姚孝遂、陳雍**（2012：171）：繡囊中所盛爲花椒。芬，當泛指香料而言之。**鳳凰山M167簡報**（1976：37）在"鳳凰山一六七號墓頭廂隨葬品一覽表"中將簡52、53所記對應"羅綺囊2"，備注"内盛花椒"。**陳振裕**（1982：68）：簡53所記對應墓中出土的"羅綺囊"1，"内盛小茴香"。**章水根**（2013：295）：芬，《説文》以爲芬之或體，"芬，艸初生，其香分布也"，即草之芳香。芬又可指香草，司馬相如《長門賦》"搏芬以爲枕兮"，吕延濟注："芬，香草。"芬於此泛指香料，吉大考古之説可從。

　　〔7〕**劉紹剛、鄭同修**（2013：206）：鳳凰山M167遣策有"青奇（綺）囊一，盛芬。""分""介"在戰國秦漢文字中字形常易相混。"芬"或爲"芥"之誤。《説文》艸部："芥，菜也。"與第五欄"薑"均爲菜名。**竇磊**（2016：90）："芬"或可讀爲"粉"，"粉囊"於漢晉衣物疏習見。**今按**："芬"指香草。

〔疏證〕

　　《説文》艸部"蕡，雜香艸"，段注："當作'雜艸香'，蓋此字之本義，若'有蕡其實'，特假借爲墳大字耳。"

　　《説文》屮部"芬，艸初生，其香分布"，段注："《衆經音義》兩引《説文》：'芬，芳也。'其所據本不同。按艸部'芳，艸香也。'《詩》説馨香多言苾、芬，《大雅》毛傳曰：'芬芬，香也。'然則玄應所據正是古本。"

　　我們注意到：漢代遣册記錄中，"芬""蕡"不同時出現在某一批材料中。傳世本《急就篇》卷三"芬薰脂粉膏澤筩"，敦煌漢簡2356A記爲"蕡薰脂粉膏膟筩"，張傳官於"芬"字下校注：

　　　　"芬"，《敦煌》2356A作"蕡"，松江本、趙草本、宋甲本、宋乙本、《鈕校》引趙楷本作"蕡"。○《莊考》謂："'蕡'爲雜香艸，與'芬'相近，兩可通。"○《新定》謂："'蕡'省草……'芬''蕡'誼可通。"○《陳研》謂："'芬''蕡'皆爲花草之香氣，'蕡'爲'蕡'之省。"○**今按**："芬""蕡"於義皆通，諸家説是。"蕡"當讀爲"蕡"。①

———————————

　　① 張傳官：《急就篇校理》，中華書局，2017年，第249頁。

古書從賁、從分之字多相通。由《急就篇》傳世本與出土本的異文可知，在表"香草"一類意義上，賁、芬相通。故漢代遣册所記"賁（賁）""芬"所指相同，均爲香草，與薰的含義相近。顏注《急就篇》"芬薰"曰："芬者，薀糅其質以爲香也。薰者，燒取其煙以爲香也。一曰：芬薰，總舉香草之大稱也。"《史記·禮書》："椒蘭芬茝，所以養鼻也。"椒、蘭、芬、茝，皆爲香料。

　　盛"賁（芬）"的囊橐，大概也是隨身佩戴的香囊，而用竹笥盛裝的"賁（芬）"可能是存儲備用。

【蕙】

（1）蒽〈蕙〉一笥[1]　　馬王堆M1遣158
　　　蒽〈蕙〉笥[2]　　馬王堆M1木楬43
（2）惠（蕙）一鈞，一笥[3]　　馬王堆M3遣185
　　　惠（蕙）笥[4]　　馬王堆M3木楬31

〔集釋〕

　　［1］**馬王堆M1報告**（1973：142）：蒽乃蕙的訛別。《廣雅·釋草》："薰草，蕙草也。"**唐蘭**（1980：50、51）：蒽即蕙。從田是叀之省變。蕙是香草。**馬王堆集成**（2014：196）：此字亦見於M3簡185，均可直接釋爲"惠"。

　　［2］**馬王堆M1報告**（1973：117）："蒽笥"木牌出土時已散落，參見簡158。

　　［3］首字，**馬王堆M3報告**（2004：60）釋爲"蒽"，"蕙"之異體字。**王貴元**（2007：279）釋"惠"。M1和M3竹簡"惠"字形的差别是字形上部由"中"變"艸"，M1字形是"蕙"字簡寫，M3"惠"是"蕙"的借字。**黄文傑**（2015：226）：蒽，從艸思聲。"患"乃"蒽"删簡"艸"爲"中"之形。

　　鈞，**馬王堆M3報告**（2004：60）：衡名，重三十斤。

　　［4］首字，**馬王堆M3報告**（2004：194）釋爲"蒽"，乃蕙字的訛别。《廣雅·釋草》："薰草，蕙草也。"**伊强**（2005：15、16）：M1簡158的"蒽"，《一號漢墓》原注釋説"蒽乃蕙字的訛別"。就M1簡158的"蒽"字而言，此可備一説。但簡185和M1簡158的"蒽"原字形有别，不可一概而論。另外，《三號漢墓》將"蒽乃蕙字的訛别"轉述爲"蒽爲'蕙'之異體字"也不合適。"蒽"，簡185作""（木牌31"蒽"字寫法與之相同），M1簡158原字形作""，這兩個字形實可釋爲"惠"。"惠"，睡虎地秦簡《爲吏之道》簡2寫作""，馬王堆帛書《戰國縱横

家書》133寫作 "" ，將這兩個字形所从 "叀" 上部的 "凵" 與下邊部分斷開，就變成了 "" 這種寫法。因此，簡185的 "蒀" 應釋爲 "惠" ，讀作 "蕙" 。在小篆和早期隸書中， "叀" 上部的 "凵" 形，與 "屮" 寫法一致；在作爲偏旁用時， "屮" 和 "艸" 又有通用的情況。加之，簡文 "惠" （蕙）指的是一種草，因此， "" 又可以寫成上从艸（草）的 "" 形。而 "" ，單從字形上看，就與 "畏懼" 義（《玉篇·艸部》）的 "蒀" 字同形了。M1簡158的 "蒀" 實是 "惠" 字，亦讀作 "蕙" 。

馬王堆M3報告（2004：194、201）： "蒀笥" 木牌出土時脱落，根據出土部位，疑屬南169笥。簡185所記當即指此。南169竹笥内空。

〖疏證〗

蕙，即蕙草，屬芳草。曹操《内誡令》： "房室不潔，聽得燒楓膠及蕙草。" 唐蘭在考察馬王堆M1遣册所記的 "蕙一笥" 時指出：

> 陶宏景注《名醫别録》説： "俗人呼燕草，狀如茅而香者爲薰草，人家頗種之。" 此簡説蕙一笥，出土物的竹笥木牌有蒀（蕙）笥，而出土物中確有香草一笥，經鑒定爲茅香。又出土熏爐裏滿裝香草，據鑒定也是茅香。耿鑒庭先生告訴我此簡之蕙，實際應即茅香，我認爲是正確的。當然，蕙草可用於熏爐，所以也可稱爲薰草。屈原《離騷》裏的蕙，確即陶宏景所謂如茅而香的燕草，也就是後來的茅香無疑。[1]

馬王堆M1：352竹笥所盛之物，經鑒定 "爲禾本科（Gramineae）植物茅香〔Hierocë ofodorata (L.) Beauv.〕的根莖。别名香草"[2]。

【杜衡】

（1）■右方土（杜）衡（蘅）、賁（蕡）三笥[1]　　**馬王堆M1遣160**

---

① 唐蘭：《長沙馬王堆漢軑侯妻辛追墓出土隨葬遺策考釋》，《文史》第10輯，中華書局，1980年，第50、51頁。

② 南京藥學院、中國科學院植物研究所等：《藥物鑒定報告》，《長沙馬王堆一號漢墓出土動植物標本的研究》，文物出版社，1978年，第22—28、41、42頁。

〔集釋〕

　[1] **馬王堆M1報告**（1973：143）：土衡即杜衡。《離騷》"雜杜衡與芳芷"，王逸注："杜衡似葵而香，葉似馬蹄，故俗云馬蹄香也。"《廣雅·釋草》："楚蘅，杜蘅也。"**唐蘭**（1980：51）：土衡即杜衡，是楚地的香草。

　馬王堆M1報告（1973：143）：本組皆爲香草，簡數較小結簡記數少一，顯係缺土衡一簡。

〔疏證〕

　杜蘅，是一種香草。《玉篇·艸部》："蘅，杜蘅，香草。"

　馬王堆M1：335竹笥共出盛藥草的絹囊6枚，5個袋內都盛有花椒、桂、茅香、高良薑和薑；其中2袋除這五種藥草外，又有辛夷和杜衡，3袋又有藁本，另外一袋則僅盛花椒。經鑒定，杜衡"爲馬兜鈴科（Aristolochiaceae）植物蓮花細辛（Asarum fargesii Franch.）的根。杜衡《名醫別錄》列爲中品，《本草綱目》又名土細辛"[1]。

　《楚辭·離騷》"余既滋蘭之九畹兮，又樹蕙之百畝。畦留夷與揭車兮，雜杜衡與芳芷"，王逸注："杜衡也，似葵而香。《山海經》云：'天帝山有草，狀似葵，其臭如蘪蕪，名曰杜衡。'《本草》云：'葉似葵，形如馬蹄，故俗云馬蹄香。'"《史記·司馬相如列傳〈子虛賦〉》"其東則有蕙圃衡蘭"，索隱："張揖云：'衡，杜衡，生下田山'。案《山海經》云'天帝之山有草，葉如葵，臭如蘪蕪，可以走馬'。《博物志》云'一名土杏，其根一似細辛，葉似葵'。故《藥對》亦爲似細辛是也。"北大漢簡《妄稽》35："衡（蘅）若蘪（麋）無（蕪），苣惠（蕙）連（蘭）房（芳）。"蘅、若、蘪蕪、苣、蕙、蘭、芳均爲香艸名。

　杜蘅、細辛可能是在分別用作香料和藥物時的不同稱謂。里耶秦簡9-43記"高里户人大女子杜衡"，"杜衡"即"杜蘅"，此用香草名作人名，好比里耶秦簡8-2152"隸大女子符容"，"符容"即"芙蓉"，也是用佳草名爲私名。《古詩十九首解》："涉江采芙蓉，蘭澤多芳草。"

---

① 南京藥學院、中國科學院植物研究所等：《藥物鑒定報告》，《長沙馬王堆一號漢墓出土動植物標本的研究》，文物出版社，1978年，第39、41頁。

第四節　雜　物

【燭豆】【燭鐙】

（1）燭豆一[1]　　大墳頭M1遣牘B肆4
（2）大燭庸二[2]　　馬王堆M1遣239
（3）大燭庸二[3]　　馬王堆M3遣300
（4）燭徵（鐙）一[4]　　羅泊灣M1從器志B叁8

〖集釋〗

　　[1]首字，**湖北省博物館**（1981：20）釋“楬”，爲“燭”的假借字。**李家浩**（1986：85）於引文中釋“燭”。

　　豆，**湖北省博物館**（1981：20）：當即燈，《爾雅·釋器》“瓦豆謂之登”，王念孫《廣雅疏證·釋器》：“鐙之形狀，略如禮器之登，故《爾雅》‘瓦豆謂之登’。”墓内出土的1件鐵燈（邊廂26），當即木牘所記的“楬豆一”。

　　[2]“燭”下一字，**馬王堆M1報告**（1973：148）依形隸寫，《説文·刀部》剿，從刀荙聲，隸變作前，前即剪的本字。燭剪，夾燭燼用。**周世榮**（1974：53）：此字從庚從用，即庸字，而不是剪。**朱德熙、裘錫圭**（1980：74）：239號簡“燭”下一字，周世榮同志對照M3遣策釋爲“庸”字，可信。“考釋”認爲此字從“前”，非是。**李家浩**（1986：85）：疑“燭庸”當讀爲“燭豆”。**劉釗**（2003a：89）：“燭庸”之“庸”應讀爲“鐙”。**伊强**（2005：43、44）贊同李家浩讀“燭庸”爲“燭豆”的意見。**范常喜**（2017：245—251）認爲研究者將“庸”讀作“豆”或“鐙”，最大的問題都在於無法找到直接相通的佳證。周世榮先生對“燭庸”的解釋最爲可信；“燭庸”應源自包山楚簡遣册中的“燭鋪（庸）”，此詞可能是漢初楚地長沙對燭鐙的一種方言稱謂，其中的“庸”本來指舉燭之僕庸，“燭俑”亦即人擎燈中執燭的人物造型，引申後亦可泛指燭鐙。

　　[3]“燭”下一字，**馬王堆M3報告**（2004：67）隸作“甯”，即“庸”，僕庸。**馬王堆集成**（2014：208）：解“庸”爲“僕庸”實不可信。今按：墓中北邊箱出土豆形陶燈1件（北161），豆形木燈1件（北52），此二器當即簡300所記的“大燭庸二”。

　　[4]**廣西壯族自治區博物館**（1988：84）：徵讀爲檠。燭檠即燈臺。**李家浩**（1986：85）：“燭徵”猶“燭豆”，當是點燭之器。“徵”“鐙”上古音同屬端母

蒸部，音近可通。"燭徵"當讀爲"燭鐙"。此墓出土一件銅九枝燈，應即木牘所記的"燭徵一"。

〔疏證〕

遺册所記的"燭豆""燭庸"，李家浩曾有討論：

> 古人把點燭的鐙或稱爲"燭豆"，如"燭豆一"（雲夢大墳頭一號漢墓木牘），"土軍侯燭豆，八斤十三兩"（《秦漢金文録》3·34·1），"□民燭豆，容一升半升，重六斤十六兩"（《秦漢金文録》3·36·4）。古音"豆"屬侯部，"庸"屬東部，侯東二部陰陽對轉。"庸"的聲母在中古屬喻母四等，按曾運乾上古音喻四歸定的説法，與"豆"同屬定母。因此，疑"燭庸"當讀爲"燭豆"。[①]

容庚《秦漢金文録》僅著録銘文，未著録器形。陳介祺曾藏有"土軍侯燭豆"全形拓[②]（圖3.4-1，1），可知此器爲豆形燈，柄爲竹節形。

結合包山楚墓M2遺册262所記"二燭鋪"、馬王堆M1、M3遺册所記"大燭庸二"及它們各自對應的出土實物來看，疑"鋪""庸"與竹箶之"箶"有關。這些稱爲"燭鋪""燭庸"的豆形高燈有一個相同特徵，即柄爲細長的竹箶形，其取名或是着眼於此。器物的柄部可以作爲取名的重要參考，如茂陵一號無名冢一號叢葬坑出土的K1：003熏爐即自名爲"金黄涂竹節熏盧"[③]。《周禮·冬官·鳧氏》"鳧氏爲鍾，兩欒謂之銑，銑間謂之于，于上謂之鼓，鼓上謂之鉦，鉦上謂之舞；舞上謂之甬，甬上謂之衡"，鄭玄注"甬""衡"曰："此二名者，鍾柄。"孫詒讓《正義》："鍾以甬縣於虡，故通謂之鍾柄。"《玉篇》马部："甬，鍾柄也。"

考古發掘出土漢代器物中亦有"燭豆"的自名器。如河北高莊西漢墓出土有3件銅燈，均有自名信息，其中M1：17爲高座豆形燈（圖3.4-1，2），底内側刻銘：

> 宦者銅金大立燭豆一，容四升，重九斤。

---

① 李家浩：《關於鄀陵君銅器銘文的幾點意見》，《江漢考古》1986年第4期。

② 中國文化遺産研究院編：《中國文化遺産研究院藏陳介祺吉金全形拓精選集》，文物出版社，2017年，第330頁。

③ 咸陽地區文管會、茂陵博物館：《陝西茂陵一號無名冢一號從葬坑的發掘》，《文物》1982年第9期。

M1：18爲配有承盤的豆形燈（圖3.4-1，3），燈盤内側、承盤底分别刻銘：

> 宦者銅金行立燭豆一，容大半升，重二斤□兩。
> 永巷行燭豆般（盤），重四斤十兩，容四升。

M1：10爲帶承盤的行燈（圖3.4-1，4），燈盤底内側、承盤底分别刻銘：

> 常山宦者銅金行燭豆一，容一升，重一斤十三兩。
> 永巷行燭豆般（盤），重二斤十二兩，容四升。[1]

此外，《貞松堂集古遺文》著録有一件燭豆，其銘云：

> 元成家行燭豆，重二斤十四兩。第十七。[2]

洛陽文物收藏學會徵集有一件西漢初年的豆形銅燈（圖3.4-1，5），座上刻銘：

> 櫟陽高平宫金燭豆，容大半升，重二斤七兩。名曰百五十一。[3]

漢代銅燈自名器中，又有稱"行燭登（鐙）""燭行錠""行燭薄（鋪）"者。如陝西鳳翔出土的一件行燈的腹外、底分别刻：

> 熒陽宫銅行燭登（鐙），重二斤十三兩。
> 雒陽北宫，容一升半升，重二斤十三兩。[4]

陝西武功縣出土的一件銅行燈的柄背刻銘云：

> 陽邑銅燭行錠，重三斤十二兩。初元年三月，河東造，第三。[5]

---

①　河北省文物研究所、鹿泉市文物保管所：《高莊漢墓》，科學出版社，2006年，第39頁。
②　羅振玉：《貞松堂集古遺文續編》卷下，頁廿六。
③　趙曉軍、張應橋、蔡運章：《河南洛陽市發現一件西漢銘文銅燈》，《考古》2009年第12期。
④　張天恩主編：《陝西金文集成》第7册，三秦出版社，2016年，第94頁。
⑤　吳鎮烽、羅英傑：《記武功縣出土的漢代銅器》，《考古與文物》1980年第2期。

寶雞市銅件廠廢銅中揀選的一件行燈外底刻：

> 銅行燭薄，重□斤九兩。九年，工從造，第二鼻①。

郭永秉讀"薄"爲"鋪"，指東周以降普遍使用、並爲人熟知的淺盤平底豆形器，"燭薄（鋪）"與"燭豆"所指相同②。

漢代銅燈自名器中，又有稱"行燭"者，如：

> 曲成家行燭，容一升升，重一斤十兩。第一。③
>
> 内者未央尚浴府乘輿金行燭鐙一，容二升，重二斤十二兩。元年，内官造，第初八十四。④
>
> 内者器府乘輿金行燭一，容二升，重三斤二兩。三年寺工造，第初十二。⑤

又有將徑稱爲"豆"者，如山東昌樂東圈西漢墓出土的高柄豆形銅燈的盤外側刻：

> 菑川宦謁右般北宫豆。元年五月造，第十五。

發掘簡報説"雖銘文稱'豆'，但從其形制足證爲燈，銘文中'豆'指豆燈"⑥，可從。

綜合以上自名信息來看，"行燭豆"又稱"燭行錠""行燭登（鐙）""行燭薄（鋪）""行燭""燭豆""豆"等。"燭豆"雖然可以理解爲燃燭用的豆，但從"燭""豆"都可以獨立指稱鐙來看，"燭豆"也可以視爲一個同義複詞。

---

①　高次若：《寶雞市博物館藏青銅器介紹》，《考古與文物》1991年第5期；張天恩主編：《陝西金文集成》第8册，三秦出版社，2016年，第252頁。

②　郭永秉：《〈陝西金文集成〉識小録》，《古今論衡》第32期，2019年，第126—130頁。

③　容庚：《秦漢金文録》卷三，"史語所"，1931年。

④　中國文化遺産研究院編：《中國文化遺産研究院藏陳介祺吉金全形拓精選集》，文物出版社，2017年，第87頁。

⑤　韓自强：《阜陽·亳州出土文物文字編》，第45頁。

⑥　濰坊市博物館、昌樂縣文管所：《山東昌樂縣東圈漢墓》，《考古》1993年第6期。

鐙多配套有承盤，有的自名器稱爲“行燭豆般（盤）”（高莊M1：18）、“錠槃（盤）”（滿城M1：4274）[①]、“行鐙下槃（盤）”（乾縣文化館藏）[②]等。這一整套燈具可稱之爲“盤鐙”。西朱村石碣M1：378記“銀槃（盤）鐙一，丹緤囊自副”。

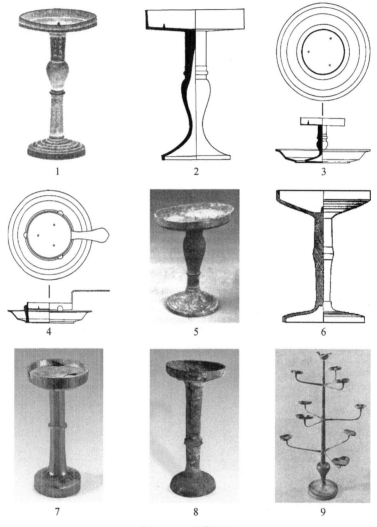

圖3.4-1　漢代的燈

1.土軍侯燭豆　2.高莊M1：17“銅金大立燭豆”　3.高莊M1：18“銅金行立燭豆”　4.高莊M1：10“銅金行燭豆”

5.櫟陽高平宮金燭豆　6.大墳頭M1邊廂：26鐵燈（燭豆）　7.馬王堆M3：北52木燈（燭庸）

8.馬王堆M3：北161陶燈（燭庸）　9.羅泊灣M1：8銅多枝燈（燭徵）

① 中國社會科學院考古研究所、河北省文物管理處：《滿城漢墓發掘報告》（上），文物出版社，1980年，第71頁。

② 張天恩主編：《陝西金文集成》第9册，三秦出版社，2016年，第93頁。

【杖】

（1）杖一，在棺中^[1]　　ノ　　鳳凰山M168遺54
（2）膝（漆）丈（杖）二^[2]　　張家山M247遺5叁

〔集釋〕

　　［1］**陳振裕**（2012：204）在"簡文内容與出土物對照表"中將"杖一在棺中"對應木杖一（285），備注"相符"。

　　［2］**今按**：據張家山M247隨葬器物分佈圖，棺室内有鳥形拐杖1件（53），張家山漢簡整理小組稱其爲"鳩杖"①。疑此杖即遺册所記的"漆杖"，數量少一。

〔疏證〕

　　漢代遺册所記之"杖"指手杖。《説文》木部"杖，持也"，段注："凡可持及人持之，皆曰杖。"《集韻·漾韻》："杖，所以扶行也。"《史記·萬石張叔列傳》："萬石君以元朔五年中卒。長子郎中令建哭泣哀思，扶杖乃能行。"曹操《與太尉楊彪書》："今贈足下……八節銀角桃杖一枚。"

　　實用之杖，在漢墓中有出土，木製、竹製皆有，如山東日照海曲西漢墓M130棺内出土有竹杖②；湖北荆州蕭家草場西漢墓M26棺蓋上出土有竹杖1根，長103、直徑2.5—2.8厘米③；隨州周家寨西漢墓M8出土圓木杖1根，復原長140、直徑3—4厘米④；廣西貴縣羅泊灣西漢墓M1五號殉葬棺死者胸前放置有木杖1根，通長136、杖首橫長20.5厘米⑤（圖3.4-2，1）。

　　爲使杖更加耐用，或是爲裝飾之用，部分杖會經髹漆處理。如江蘇邗江西湖胡場西漢墓M22出土有漆杖3根，"其杖柄爲八角形，杖身爲四方體執杖式，長1.2米，四面

---

　　① 張家山漢墓整理小組後稱其爲鳩杖。見張家山漢墓竹簡整理小組：《江陵張家山漢簡概述》，《文物》1985年第1期。
　　② 劉紹剛、鄭同修：《日照海曲漢墓出土遣策概述》，《出土文獻研究》第12輯，中西書局，2013年，第207頁。
　　③ 湖北省荆州市周梁玉橋遺址博物館編：《關沮秦漢墓簡牘》，中華書局，2001年，第165、178頁。
　　④ 湖北省文物考古研究所、隨州市曾都區考古隊：《湖北隨州市周家寨墓地M8發掘簡報》，《考古》2017年第8期，第6頁。
　　⑤ 廣西壯族自治區博物館：《廣西貴縣羅泊灣漢墓》，文物出版社，1988年，第60頁。

飾四神圖案，並有鳥篆體書寫的各種讖語"①；山東臨沂金雀山西漢周氏墓群M14於棺與隔板之間出土木杖1根，斷面作八角形，外塗白漆，再外包一層樹皮，長141厘米②；山東文登西漢晚期墓出土漆木杖1根，長104厘米，"六棱，兩端一粗一細，粗端徑2.6、細端徑2.4厘米，從折斷處知係裹絹後再髹漆的"③。

另一種保護杖的方式是給杖配置杖衣。長沙馬王堆1號墓北邊廂出土杖衣1件，内裝木杖1根，杖衣爲筒狀，用絳紫絹縫製而成，殘長130、寬10厘米；杖長132、直徑1.2—2厘米，杖外套有絹衣，頂端用帶束緊④（圖3.4-2，2）；馬王堆漢墓M1所出"非衣"帛畫中，墓主人側向站立，手握一黑色細長拄地的條狀物，應即杖，其長度達到畫像人物的胸前（圖3.4-2，3）。

鳩杖，即杖首爲鳩鳥造型的杖。《後漢書·禮儀志》："仲秋之月，縣道皆案户比民，年始七十者，授之以王杖，鋪之糜粥。八十九十，禮有加賜。王杖長【九】尺，端以鳩鳥爲飾。鳩者，不噎之鳥也。欲老人不噎。"《禮記·曲禮上》："大夫七十而致事，若不得謝，則必賜之几杖。"

鳩杖在漢墓中多有出土，一般杖首、杖幹均爲木質，且多置於棺上。如北京大葆臺西漢墓中棺蓋板上放置有木鳩杖1根，已被外棺壓扁，涂有一層薄漆，長90厘米⑤；江蘇連雲港海州西漢霍賀墓南邊廂出土木鳩杖1根，已殘，鳩鳥長18.2、寬5.3厘米，連柄通長208厘米⑥；侍其繇墓男棺蓋上出土圓木木鳩杖1根，表面黑漆並繪以紅色斜綫紋，全長1.85米⑦；湖南長沙砂子塘西漢墓1941年被盜時，曾出土鳩杖1根，據參與者後來回憶，此杖"用樹藤做成，富有彈性，有鳳（或即鳩）首，長約1.5米"⑧。甘肅武威漢墓群出土有多件鳩杖，如1972年於旱灘坡發掘的一座東漢墓棺前豎立着1根木鳩杖，徑3厘米，殘長約1米⑨；1989年於旱灘坡發掘的另一座東漢墓的男棺上面出土木鳩杖1根，幹徑約3厘米，殘長約1.1米，此墓隨葬木簡中有兩枚内容屬於王杖詔令的殘

---

① 據李則斌介紹。參看李則斌：《漢廣陵國漆器藝術》，《漢廣陵國漆器》，文物出版社，2004年，第11頁。

② 臨沂市博物館：《山東臨沂金雀山周氏墓群發掘簡報》，《文物》1984年第11期。

③ 山東省文物管理處：《山東文登縣的漢木椁墓和漆器》，《考古學報》1957年第1期。

④ 湖南省博物館、中國科學院考古研究所編：《長沙馬王堆一號漢墓》（上），文物出版社，1973年，第72、119頁。

⑤ 大葆臺漢墓發掘組：《北京大葆臺漢墓》，文物出版社，1989年，第56頁。

⑥ 南京博物院、連雲港市博物館：《海州西漢霍賀墓清理簡報》，《考古》1974年第3期。

⑦ 南波：《江蘇連雲港市海州西漢侍其繇墓》，《考古》1975年第3期。

⑧ 湖南省博物館：《長沙砂子塘西漢墓發掘簡報》，《文物》1963年第2期。

⑨ 甘肅省博物館、甘肅省武威縣文化館：《武威旱灘坡漢墓發掘簡報——出土大批醫藥簡牘》，《文物》1973年12期。

簡[1]；磨嘴子東漢墓M18棺蓋上平置木鳩杖2根，有鳩一端朝向棺首，一根圓徑4厘米，長1.94米（圖3.4-2，4）[2]，另一根已殘，殘長40厘米，其中一根鳩杖上纏有10枚木簡；M13出土木鳩杖1根，長1.81米[3]。

《後漢書·禮儀志》所記鳩杖長九尺（約2米）。從實際出土情況看，西漢前中期的鳩杖較短，且長度不一，似乎表明王杖制度還未成爲定制。西漢後期、東漢的鳩杖大多在1.8—2米，與文獻記録大致相符。九尺之長的鳩杖，超出一般人的身高，正如王杖詔令所希望的那樣，更便於"使百姓望見之"，從而保障持杖者的相應禮儀和待遇。四川彭州太平鄉出土有養老畫像磚，右下角有一老者荷鳩杖踞坐在地上，身體前傾[4]（圖3.4-2，5）。成都新都區新民鄉亦出土有相同題材的畫像磚，右下角有一老者踞坐，雙手持囊等待官府僕役注入糧食，鳩杖倚靠在身體内側[5]（圖3.4-2，6）。此二畫像磚上的鳩鳥形象清晰，杖較長，與出土的鳩杖形制接近。

圖3.4-2 漢代的杖
1.羅泊灣M1殉棺木杖 2.馬王堆M1：436木杖 3.馬王堆M1帛畫局部 4.磨嘴子漢墓彩繪木鳩杖
5.彭州太平鄉養老畫像磚局部 6.成都新都區養老畫像磚局部

① 武威地區博物館：《甘肅武威旱灘坡東漢墓》，《文物》1993年第10期。

② 俄軍主編，甘肅省博物館編：《甘肅省博物館文物精品圖集》，三秦出版社，2006年，第139頁。

③ 甘肅省博物館：《甘肅武威磨咀子漢墓發掘》，《考古》1960年第9期，第19頁、圖版柒。

④ 四川博物院：《四川博物院文物精品集》，文物出版社，2009年，第127頁。

⑤ 高文、王錦生編著：《中國巴蜀漢代畫像磚大全》，國際港澳出版社，2002年，第46頁。

【扇】

（1）扇一[1]　　丿　鳳凰山M8遣164
（2）扇二[2]　　丿　鳳凰山M168遣57
（3）扇一枚[3]　鳳凰山M167遣64
（4）大扇一，錦周掾（緣）、鞔秉（柄）[4]　馬王堆M1遣279
　　　小扇一，錦緣[5]　馬王堆M1遣280
（5）大扇一　馬王堆M3遣311
　　　小扇二[6]　馬王堆M3遣312

〖集釋〗

[1] **彭浩**（2012：56）：不見實物。**章水根**（2013：99）：馬王堆M1和M3遣策中皆記有"大扇""小扇"，鳳凰山M167遣策46亦載有"扇一枚"，出土物皆爲竹扇。此簡的扇也可能是竹扇。

[2] **陳振裕**（2012：204）在"簡文内容與出土物對照表"中將"扇二"對應竹扇二（222、223），備注"相符"。

[3] **姚孝遂、陳雍**（2012：175）：隨葬短柄竹扇一。**鳳凰山M167簡報**（1976：37）在"鳳凰山一六七號墓頭廂隨葬品一覽表"中將"扇一枚"對應"竹扇1"。

[4] 扇，**唐蘭**（1980：52）：《方言》五："扇，自關而東謂之箑，自關而西謂之扇。"《説文》："箑，扇也。"扇本指門扇，箑纔指扇子，箑扇一聲之轉。此大扇祇有一個，顯然是代表生前所用的扇。

鞔秉，**馬王堆M1報告**（1973：119、151）：《一切經音義》十四引《倉頡篇》："鞔，覆也。"秉與柄通，古書常見。西邊廂出大竹扇1件（321），扇面作梯形，外側長55、内側長76、寬45厘米，扇面邊緣包縫以寬3.5厘米的素絹，柄長1.76米，外面裹以黄絹，柄的上部劈成兩半，將扇面的内側夾住，再用4道寬3—4厘米的錦條捆牢，簡279提到的"大扇一"，應即指此。

[5] **馬王堆M1報告**（1973：119、151）：這批竹簡，"緣"字數十見，皆作"掾"，獨此簡作緣，可證當時緣掾通用。北邊廂出短柄小竹扇1件（420），錦周緣並包柄，與簡文合。**唐蘭**（1980：52、53）：出土小扇在椁首，是代表日常所用的。

[6] **今按**：發掘報告謂墓中出土竹扇2件，其中南132已朽爛，北181"扇面作梯形，内側沿用細竹杆作骨，延伸緣骨並用竹篾編成管狀的柄，再裹以紅矩紋起絨錦條。邊緣包縫寬1.5厘米的錦條"，柄長50厘米，扇面外側長28、内側長38、寬20厘

米。參照馬王堆M1出土大小扇的尺寸，M3：北181竹扇應屬小扇之一。已朽的南132竹扇出自南邊廂，遠離北邊箱生活區，是否與遣冊記録的扇有關，不詳。

〔疏證〕

扇，本指門扉，《説文》户部："扇，扉也。"後引申爲扇子，指手持揮動以取風的器具。《古文苑》卷五班固《竹扇賦》："青青之竹形兆直，妙華長竿紛寔翼。杏條叢生於水澤，疾風時紛紛蕭颯。削爲扇翣成器美，託御君王供時有。度量異好有圓方，來風辟暑致清涼。安體定神達消息，百王傳之賴功力。壽考康寧累萬億。"

扇，又名"便面"（見《漢書·張敞傳》及顏注等），又名"翣/箑"（《説文》、《玉篇》、《方言》等），上引班固《竹扇賦》"削爲扇翣成器美"，扇、翣義同，"扇翣"連言，構成複合名詞。扇又名"聶譽"，北大漢簡《蒼頡篇》"羽扇聶譽"，整理者注："'聶譽'可讀作爲'攝與'。《禮記·檀弓上》'飾棺牆，置翣'，鄭玄注：'牆柳衣翣，以布衣木，如攝與。'孔穎達疏：'攝與，漢時之扇。與，疑辭。''攝與'連言，似是一詞。'攝'之扇子義當爲'翣'字假借。攝、翣音近可通。"懸泉漢簡 I T0114③：113記有"竹攝二，皆皁繒緣"，曹操墓石楬M2：324記有"竹翣一"，"竹攝"即"竹翣"。

名"扇"爲"翣/箑"，於楚簡中多見，且形制豐富，有長扇、短扇、大扇、小扇、竹扇、羽扇，如[1]：

一長羽翣，一鮮翣，二竹箑（翣）。 長臺關楚簡2-019
一翼（文）竹箑（翣）。 長臺關楚簡2-028
二竹箑（翣）。 長臺關楚簡2-022
一羽箑（翣），二竹箑（翣）。 包山楚簡260-1
一大羽翣。一大竹翣。一少（小）箑（翣）。一少（小）敃（雕）羽翣。 望山楚簡47
二羽箑（翣）。 曹家崗楚簡7

扇的基本構成包含扇面和扇柄兩部分。扇面用於承風，扇柄用於固定扇面及持握。戰國楚墓中的羽扇，因羽毛易腐朽，墓中所出者僅殘留扇柄，完整的形制已難考。

孫機指出："自出土物中所見，戰國、西漢時多用竹篾編的長方形扇，即張敞所執的便面之類。東漢時紈扇增多，形狀也有方有圓。即所謂'織竹廓素，或規或矩'

---

① 楚遣册釋文均引自劉國勝：《楚喪葬簡牘集釋》，科學出版社，2011年。

（傅毅《扇賦》）；‘裂素制圓，剖竹爲方’（張載《扇賦》）。”①

竹扇在楚、漢墓中均有發現（表3.4-1）。楚墓所出竹扇以馬山楚墓M1的短柄竹扇最精美，扇面略近梯形，扇緣長弧形，外側長24.3、内側長30.4、寬14.7、16.8厘米，用紅色經篾，黑色緯篾編織而成，扇柄通長40.8、寬2.5、厚0.6厘米，由兩塊黑色寬竹片和兩片紅色窄竹片拼疊而成②（圖3.4-3，1）；鳳凰山漢墓群、馬王堆漢墓群中，多數出土了與遣册所記相符的竹扇實物，如鳳凰山M167出土竹扇1枚，M168出土竹扇2件，馬王堆M1出土竹扇大小各1件（圖3.4-3，2、3），M3出土竹扇2件（圖3.4-3，4）。連雲港高高頂漢墓棺蓋上出土長柄竹扇1件。

表3.4-1 楚、漢墓出土竹扇統計簡表　　　　　（單位：厘米）

墓葬	器號	材質	扇面			柄			備注	简文對照
			外側長度	内側長度	寬度	長	寬	厚		
馬山楚墓M1	10	竹	24.3	30.4	14.7、16.8	40.8	2.5	0.6		
鳳凰山M167		竹							不詳	扇一枚
鳳凰山M168		竹	28	35	23	45	2		2件	扇二
馬王堆M1	321	竹	55	76	45	176				大扇一，錦周揉（緣）、鞊秉（柄）
	420	竹	29	39	22	52				小扇一，錦緣
馬王堆M3	南132	竹							朽	
	北181	竹	28	38	20	50				小扇二
高高頂漢墓		竹	32	42	30					

漢墓中亦有木扇出土，如羅泊灣M1主棺蓋板上有長柄木圓扇1件，扇柄長1.2、扇徑0.4米③。尹灣漢墓M6出有一枚木扇，通長10.3、柄長3.3、扇面寬4.2厘米④，應是明器。

扇子的使用場景，除了扇風降溫納涼之外，還廣泛應用於其他社會生活中。如漢代畫像石、畫像磚、壁畫中常見的出行、燒竈扇風、烤肉扇風、扇舞等⑤。

① 孫機：《諸葛亮拿的是“羽扇”嗎？》，《文物天地》1987年第4期。
② 湖北省荆州地區博物館：《江陵馬山一號楚墓》，文物出版社，1985年，第84頁。
③ 廣西壯族自治區博物館：《廣西貴縣羅泊灣漢墓》，文物出版社，1988年，第11頁。
④ 連雲港市博物館等：《尹灣漢墓簡牘》附錄《尹灣漢墓發掘報告》，中華書局，1997年，第163頁。
⑤ 沈從文：《扇子史話》，萬卷出版社，2004年，第27—38頁。

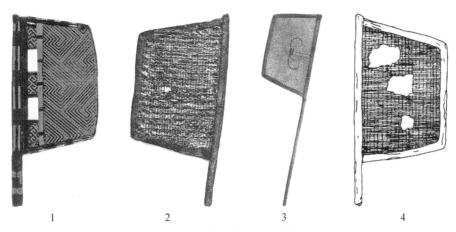

圖3.4-3 楚、漢墓出土竹扇

1.馬山M1竹扇 2.馬王堆M1：420小竹扇 3.馬王堆M1：321大竹扇 4.馬王堆M3：北181小竹扇

【遷蓋】

（1）遷蓋一[1]　　馬王堆M3遣8

（2）偶（偶）人二人。其一人操遷蓋，一人操矛[2]　　馬王堆M3遣7

〖集釋〗

　　[1] **馬王堆M3報告**（2004：48）："遷"即"僊"。《釋名·釋長幼》："仙，遷也，遷入山也。"

　　[2] "蓋"上一字，**馬王堆M3報告**（2004：48）釋"遷"，通"僊"。《釋名·釋長幼》："老，朽也。老而不死曰仙。仙，遷也，遷入山也。"**馬王堆集成**（2014：228）釋"僊"，讀爲"遷"。"僊"即簡8之"遷"，"遷""仙"相通之例，見《天下至道談》："將欲治之，必害其言，蹱（踵）以玉閉，可以壹遷（仙）。"然"仙蓋"似未見於其他文獻，此處存疑。**劉釗**（2020：199）將此字收入"遷"字條下。

〖疏證〗

　　遷蓋，鄭曙斌較早將"遷蓋"與帛畫中墓主人身後侍從所持之物相聯繫，"從同墓隨葬的《車馬儀仗圖》和T形帛畫所畫墓主人及侍從操遷蓋緊隨其後的形象來看，遷蓋是墓主人所用之物。偶人操遷蓋與矛可能是模仿墓主人生前生活狀態而出現的"[①]。尹遜（伊强）疑"遷蓋"即"繖蓋"："'遷'上古音是清母元部，'繖'是心母

———————

① 鄭曙斌：《馬王堆三號漢墓遣策之"明童"問題研究》，《考古與文物》2005年第1期。

元部，二者疊韻，清母和心母同是齒音。從古音上説，‘遷’讀作‘纖’是可以成立的。"①范常喜認爲缺乏"遷""纖"直接相通假的例證，故尹説并不可信，而是認爲：

    M3出土T形帛畫中有出行場面，墓主人身後隨侍二人，其中一人持蓋，一人操矛，這一情景正與簡7所記契合。《車馬儀仗圖》中也有侍者持蓋，所持之蓋與T形帛畫中的相同。馬王堆集成所引鄭曙斌先生的觀點可從。

    簡文中的"遷蓋"當與帛畫中所繪侍者執持之圓形傘蓋相類似。"遷"可如字解，遷徙、移動之義。《爾雅·釋詁下》："遷，徙也。"《廣雅·釋詁》："遷，移也。"包山楚簡遺册簡259—264所記皆爲外出攜帶之物，包括服裝、臥具、梳妝具、几杖、扇子、燈具、武器等，簡文起首將這些物品記作"相徙之器所以行"。馬王堆三號漢墓帛畫所繪出行場面中，侍從所持"傘蓋"應該也屬於"相徙之器"，遺册中記作"遷蓋"概因於此②。此外，漢代將在行動中持以照明的燈具稱作"行燈"，亦可與"遷蓋"之命名合觀。③

鄭曙斌、尹遜（伊强）對"遷蓋"的文意把握是有可取之處的，而范常喜進一步考釋的意見更優。我們認爲，"遷蓋"指步蓋，也即是簦。《淮南子·氾論訓》"蘇秦，匹夫徒步之人也，靻蹻嬴蓋，經營萬乘之主，服諾諸侯"，高誘注："蓋，步蓋也。"徒步時使用的蓋，稱爲步蓋。步蓋是與車蓋相對的，即手持之簦。簦，《史記·平原君虞卿列傳》"躡蹻擔簦説趙孝成王"，集解引徐廣曰："簦，長柄笠，音登。笠有柄者謂之簦。"《奏讞書》案例二十二中，婢女寏被搶劫前，"操簦，簦鳴匋匋然"。典籍中，"遷"的常用義項是"徙"，"步"的常用義項是"行"，包山遺册"相徙之器所以行"，疑"遷蓋""步蓋"爲近義詞，均指徒行所用之蓋，也即是簦。

除馬王堆M3帛畫中有簦的使用場景（圖3.4-4，1）外，其他漢代畫像或雕塑材料中也有一些，如濟南無影山西漢墓出土的一件彩繪載人載鼎陶鳩上，兩翼各立一

---

① 尹遜（伊强）：《"遷蓋"小考》，簡帛網2006年7月19日。

② 原注：由於其他傘蓋或置車上，或置室內，都相對固定，因此也不排除"遷蓋"是因可持之四處移動而得名的可能。

③ 范常喜：《〈長沙馬王堆漢墓簡帛集成〉遣策校讀札記四則》，《簡帛研究二〇一六秋冬卷》，廣西師範大學出版社，2017年。

鼎，兩鼎側邊站立三人，其中一人在後面撐蓋，應是侍者，另兩人在蓋下相向對拜[①]（圖3.4-4，2）。四川郫縣新勝鄉竹瓦鋪一號石棺的側面畫像中有一人站立，右手執一把蓋，蓋向身右側傾斜，頗具生活氣息[②]（圖3.4-4，3）。

1　　　　　　　　2　　　　　　　　3

圖3.4-4　漢代圖像資料中的遷蓋（簦）

1.馬王堆M3帛畫局部　2.無影山西漢墓陶載人載鼎鳩　3.郫縣一號畫像石棺局部

【渠如】

（1）渠如一具　　尹灣M2衣物疏B叄8

〖疏證〗

馬怡對尹灣M2衣物疏所記的"渠如"作有考證：

> "渠如"即"渠挐"，也作渠疏、涼挐、涼檲等。本是一種農具，爲有齒的杷子。《方言》卷五："杷，宋魏之間謂之渠挐。或謂之渠疏。"《集韻·魚韻》："涼，宋魏之間謂杷爲涼挐。或作槤，通作渠。"木牘所記"渠如"與手衣、簪、尺、刀等雜物並列，疑其爲一種形似小杷的器具，或即"爪杖"。爪杖，晉代稱作"如意"。[③]

1977年山東曲阜魯國故城戰國墓出有一件牙雕如意杷，"撓癢用具，人手形，五指併攏，微微内灣，指甲突出，柄部細長，掌心刻卷雲紋，腕部飾如意紋，柄部刻畫三角形紋，柄首作獸頭"，殘長40厘米[④]（圖3.4-5）。漢代的"渠如"或與這件撓癢器形制相近。

---

①　劉振清主編：《齊魯文化：東方思想的搖籃》，上海遠東出版社，1996年，第183頁。

②　高文主編：《中國畫像石棺全集》，三晉出版社，2011年，第125頁。

③　馬怡：《尹灣漢墓遣策札記》，《簡帛研究二〇〇二、二〇〇三》，廣西師範大學出版社，2005年，第265頁。

④　國家文物局主編：《中國文物精華大辭典·金銀玉石卷》，上海辭書出版社、商務印書館（香港），1996年，第408頁。

圖3.4-5　曲阜魯國故城戰國墓牙雕如意耙

【器巾】

（1）器巾小大六枚[1]　⊕　蕭家草場M26遣31
（2）綌纖（幭）一[2]　　張家山M247遣32壹

〖集釋〗

　　[1] **蕭家草場M26報告**（2001：141）：器巾，覆蓋器皿口部用的織物。《國語·周語》"淨其巾冪，敬其被除"，韋昭注："巾冪，所以覆蓋樽彝也。"出土物未見，因棺内服飾織物已腐朽無存，推測器巾也難以保存下來。

　　[2] 首字，**張家山二四七號漢墓整理小組**（2001：305）釋"締"，《文選·過秦論》注："連接也。"古代襪爲布質，後部開口，用帶繫結。**廣瀨薰雄**（2010b：374、375）引**陳劍**意見："當釋'綌'。《說文·系部》云：'綌，治敝絮也。''綌布'一詞見睡虎地4號秦墓出土6號木牘。'綌幭'就是用綌布做的幭。"**陶安、陳劍**（2011：384）：張家山漢簡"音""啻（商）"兩旁易混，"音"旁常中間加一橫，變與"啻（商）"旁形同。**今按**：里耶秦簡9-2027記"☐青綌小橐一，袤四尺"，《里耶秦簡牘校釋（二）》注釋："綌，某種織物。睡虎地4號墓6號木牘云：'顯（願）母幸遺錢五六百，綌布謹善者毋下二丈五尺。'可參看。"①

　　第二字，**張家山二四七號漢墓整理小組**（2001：305）釋"繍（締）"。**廣瀨薰雄**（2010b：375）引**陳劍**意見"此字從'女'，從'巾'，從'戠'（'戠'字見《說文·目部》）。此字可隸定爲'纖'。""幭"是覆物、包物之巾。

〖疏證〗

　　幭爲覆物之巾。器巾是幭的通俗稱謂。《說文》巾部："幭，蓋幭也。"《方言》第四"帗褛謂之幭"，郭璞注："即帊幞也。"錢繹《箋疏》："幭、幎、幦、幏、幝、幠、幕、幂、幎、冖，聲義並同。是凡言'幭'者，皆覆冒之義也。"《廣雅·釋器》"幭、帊、帗褛，帟，幞也"，王念孫疏證："此皆巾屬，所以覆物者

───────────

① 陳偉主編：《里耶秦簡牘校釋》第2卷，武漢大學出版社，2018年，第406、407頁。

也。”馬王堆M1、M3遣册記有“奩幦”“衣幦”，其命名是就“幦”的具體用途而言的。馬王堆M1北邊廂的五子漆奩、九子漆奩出土時均包裹有袷奩幦，均爲絹裏、絹緣，441-1爲長壽繡絹面，長85.5、寬75厘米，443-1號信期繡絹面，長104、寬93厘米[①]（圖3.4-6，1、2）。

1　　　　　　　　　　　　2

圖3.4-6　馬王堆M1奩幦

1. M1：443九子奩出土情形　2. M1：443-1袷奩幦

【鍼衣】

（1）縊（縹）綺鍼衣一，赤掾（緣）[1]　　馬王堆M1遣265

〖集釋〗

　　[1]首字，**馬王堆M1報告**（1973：150）隸作“縊”，“縶”之省，縶爲縹的通借字。此指縹色的綺。**伊强**（2005：22）：“縊”可能是M3簡407“慯”的省寫，也可能是承襲金文“塗”而來。

　　鍼衣，**馬王堆M1報告**（1973：72、150）：綴鍼所用。《禮記·内則》：“右佩箴管綫纊。”九子奩内的長方形小奩中，放有鍼衣2件，形制基本相同，均爲長16、寬8.8厘米，用細竹條編成簾狀，兩面蒙以綺面，四周再加絹緣和帶，鍼衣的中部都攔腰綴一絲帶，其上隱約可見鍼眼痕迹，當爲插鍼之用。443-12①爲素緣，443-12②爲赤緣，簡文祇記赤緣，素緣缺記。

〖疏證〗

　　《説文》金部：“鍼，所以縫也。”《急就篇》卷二“鍼縷補縫綻紩緣”，顔注：

---

　　①　湖南省博物館、中國科學院考古研究所編：《長沙馬王堆一號漢墓》（上），文物出版社，1973年，第72頁。

“鍼，所以縫衣也。”《秦律十八種》簡110：“隸妾及女子用箴（鍼）爲緇繡它物。”

　　漢墓出土置鍼之器主要有兩種：鍼衣、鍼管。與馬王堆M1所出鍼衣（圖3.4-7，1）形制相近者，鳳凰山M167亦有出土，出土時鍼衣上插有穿綫的金屬鍼一枚，“鍼衣長11.5、寬7.6厘米，以小篾爲骨，外罩褐紗，四周有絳色絹緣。出土時疊爲三摺，以絹帶繫之”①（圖3.4-7，2）。

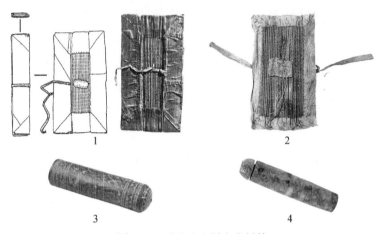

圖3.4-7　漢墓出土鍼衣與鍼管

1.馬王堆M1：443-12鍼衣　2.鳳凰山M167鍼衣與鍼　3.海州M1：52錐刻木鍼管　4.九龍山M1：22錐刻骨鍼管

　　鍼管爲貯鍼的筒形器，有蓋。《禮記·内則》：“右佩箴、管、綫、纊。”《荀子·賦》“簪以爲父，管以爲母”，楊倞注：“管，所以盛鍼。”曹操《上雜物疏》：“中宫雜物，雜畫象牙鍼管一枚。”陝西咸陽馬泉西漢墓90號小子奩“出土時裏面有鐵鍼七、八個，放在鍼筒裏。鐵鍼已鏽在一起，有的已殘斷”②。江蘇連雲港海州西漢墓M1三號棺所出一件長方形漆木笥内有鍼管、繞綫、印章等，其中M1：52木鍼管長6.5、直徑1.6厘米③（圖3.4-7，3）。甘肅武威磨咀子東漢墓M22錦面鍼黹盒中有銅鍼管1件，粗徑約0.1，長約0.5厘米，内裝金屬鍼2枚，同出者還有木紡綫錠1件，綫軸1枚，纏綫板1枚④。寧夏固原九龍山漢墓M1：22鍼管用動物骨骼磨製而成，有蓋，“腔内有鏽蝕的鐵鍼”，外腹和蓋錐刻有精美紋飾，口徑0.9、通高6.8厘米⑤（圖3.4-

　　①　鳳凰山一六七號漢墓發掘整理小組：《江陵鳳凰山一六七號漢墓發掘簡報》，《文物》1976年10期。

　　②　咸陽市博物館：《陝西咸陽馬泉西漢墓》，《考古》1979年第2期。

　　③　連雲港市博物館：《江蘇連雲港海州西漢墓發掘簡報》，《文物》2012年第3期。

　　④　甘肅省博物館：《甘肅武威磨咀子漢墓發掘》，《考古》1960年第9期；中國國家文物局、意大利文化遺産與藝術活動部編：《秦漢—羅馬文明展》，文物出版社，2009年，第161頁。

　　⑤　寧夏文物考古研究所：《固原九龍山漢唐墓葬》，科學出版社，2012年，第16頁。

7，4）。曹操墓石楬M2：309記有"文（紋）鋁母一"，"文"疑讀爲"紋"，指有紋飾；鋁，指"郭衣鍼"（《說文》金部）；母，可指容納體積更小的較大容器，如馬王堆遣册記錄中有"五子檢（奩）"，子奩即大奩所容納的小奩，與子相對者或即爲母。文鋁母，疑爲放置鍼的器具。海州M1三號棺所出木鍼管的器鑢鍼刻有鳥形紋飾和雲氣紋，不知曹操墓石楬所記"文鋁母"是否與這類有紋飾的鍼管有關。

【刀】【尺】

（1）尺、刀各一[1]　凌惠平衣物疏B壹7
（2）骨尺及刀各一[2]　尹灣M2衣物疏B叁11

〖集釋〗

　　[1] **吕志峰**（2019：93）："尺、刀各一"或指尺子、剪刀各一。3號棺出土漆繪木尺1件。

　　[2] **張顯成**、**周群麗**（2011：169）：骨尺，骨質的尺。刀，書刀。**今按**：墓中出土鐵"書刀"1件，已殘，當即此所所記之"刀"，但不明確是否爲"書刀"。

〖疏證〗

　　尺，爲測量工具。刀，爲切割工具。凌惠平、尹灣M2墓主，均爲女性。疑這兩處簡文中的刀和尺，爲做女紅之用。《禮記·内則》："婦事舅姑：……左佩紛帨、刀、礪、小觿、金燧，右佩箴、管、綫、纊、施繫袠。"曹操《上雜物疏》："中宫用物，雜畫象列尺一枚，貴人公主有象牙尺三十枚，宫人有象牙尺百五十枚，骨尺五十枚。"晉郭泰機《答傅咸》詩"衣工秉刀尺"，《顔氏家訓·風操》"女則刀尺鍼縷"，杜甫《秋興八首》詩"寒衣處處催刀尺"。

【博】【梮】【棋】【箄】【博席】

（1）博一具[1]　大墳頭M1遣牘B壹5
　　　鏊（漆）沜（丹）畫曲（局）一[2]　大墳頭M1遣牘B壹6
（2）博一具[3]　馬王堆M3遣315
　　　博局一[4]　馬王堆M3遣316
　　　象其（棋）十二[5]　馬王堆M3遣317
　　　象直食其（棋）廿[6]　馬王堆M3遣318

象筭卅枚[7]　　馬王堆M3遣319

象割刀一[8]　　馬王堆M3遣29

象削一[9]　馬王堆M3遣30

赤緅（纏）博席，長五尺，廣四尺，白裏，蔡（縩）周掾（緣）[10]

馬王堆M3遣305

（3）博、筭（筭）、綦（棋）、桐（局）、博席一具，博囊一[11]　丿　鳳凰山M8遣165

（4）博具，一笥，繒緣[12]　卩　羅泊灣M1從器志A叁4

〔集釋〕

［1］**湖北省博物館**（1981：19）：“博一具”指整個六博用物而言。出土物中僅見桐一具。

［2］**湖北省博物館**（1981：19）：《說文》曲部：“乚，古文曲。”曲與局古音相通。六博行棊之局又稱曲道，指局上的格道而言。墓內出土一件彩繪規矩紋格道的六博木局，當即“膝汋畫曲一”。

［3］**馬王堆M3報告**（2004：68、162—166）：“博”或作“簙”。《說文》竹部：“簙，局戲也。六箸十二棊也。从竹，博聲。古者烏曹作簙。”出土博具1具，含：博具盒1件，方木板形博局1件，箸狀象牙籌碼（筭）42根（有長短兩種，長的12根，短的30根），象牙削1件，角質割刀1件，象牙大棋子12枚，象牙小棋子18枚。“博一具”“博局一”“象其（棋）十二”“象直食其（棋）廿”“象筭卅枚”，當即指上述博具、博局（棋盤）、大小棋子和籌碼。**熊傳新**（1979：35）：“一具”可能指整套陸博的用物而言，包括博局（棋盤）、其（六黑六白棋）、直食棋、筭、骰、割刀、削及盛放這些東西的漆盒。

［4］**馬王堆M3報告**（2004：68）：博局指棋盤而言。**熊傳新**（1979：35）：博具合內的一塊長寬45、厚1.2厘米，上有TLV曲折形格道的正方形木板，應即“博局”。

［5］**熊傳新**（1979：36）：“象”指質地，“其”即棋子。匣內盛六黑六白12枚象牙棋。出土數量與記載相符。

［6］**熊傳新**（1979：36）：“直食”可能作爲“魚”用。出土20枚象牙小棋子。出土數量與記載相符。**今按**：實出18枚小棋子（北163-7①—⑱），缺2。

［7］**熊傳新**（1979：36、38）：“筭”即算籌。盒內出12枚長算籌，30枚短算籌。與實物對照，遣册所記30枚，應指短者。長短兩種“筭”可能是便於換算。**馬王堆M3報告**（2004：68、166）：《說文》竹部：“筭，長六寸，計歷數者。从竹从弄。言常弄乃不誤也。”“筭”又叫做“算籌”。簡文中籌碼（筭）爲30枚，應指較

短的一種，而較長的一種12枚未見記載。**孫欣**（2009：122）："象箅"即象牙質地的箅籌。

［8］**馬王堆M3報告**（2004：49）："象割刀"應指象牙製品。出土博具中有象牙質刀。**今按**：據發掘報告，"一長條形格中置放象牙削1件，角質割刀1件。削（北163-4），灰黑色，呈竹葉形，斷面'人'字形，兩邊有刃，木柄，通長17.2厘米。割刀（北163-5），環首，長22厘米"。疑這裏的命名有誤。那件"斷面'人'字形，兩邊有刃"的所謂"削"，從形制上看，與戰國秦漢時期多見的"鐭"（考古報告多稱爲"刮刀"）相同，疑即簡文所記的"割刀"；疑那件"環首"的所謂"割刀"纔是簡文所記的"削"。

［9］**馬王堆M3報告**（2004：49）：博具中出有角質削刀，應指此。**今按**：簡文所記疑指六博盒中的環首削刀（北163-5）。

［10］"赤"下一字，**馬王堆M3報告**（2004：67）釋文作"綆（纏）"。**馬王堆集成**（2014：255）：原釋可疑。此字右下部是"人"形，非"又"，可與簡405之"便"對比。**魯普平**（2018：119、120）：整理者釋"綆"可從。西北漢簡中的"便""更"字形中右下方有寫作"人"形者。**鄭曙斌**（2019：305）："綆"同"纏"。《玉篇》："纏，縫衣也。"又《説文通訓定聲》："纏，縫緝其邊曰纏。"即博席緣邊。**劉釗**（2020：1362）釋"綆"。**今按**：簡文"蔡周掾"是對席子包邊的説明，"綆"應與席緣無關。北槨廂共出竹席4件，其中北180、北183、北185鋪在底板上。北184竹席呈捲筒狀，破裂成多塊，無法拼復；其出土位置位於博具盒的西側，這可能就是簡文所記的博席。"綆"疑讀爲"綆"，《説文》系部："綆，交枲也。""赤綆（綆）"可能指綁縛被捲起來的席子的赤色繩索。

蔡，**馬王堆M3報告**（2004：67）讀爲"彩"。**伊强**（2005：44、45）：從讀音上講，將"蔡"讀爲"彩"不合適。簡文中的"蔡"似可讀作"繰"。《玉篇·系部》："繰，絹縠也。"簡305的"蔡（繰）周掾（緣）"就是用繰作周緣的意思。比較簡396的"褚（緒）續掾（緣）"，可知簡373、381、386等簡"蔡（繰）續掾（緣）"的"蔡（繰）""續"，當是並列的關係。

［11］**鳳凰山M8簡報**（1974：50、51）：出土六博具1套，包括：長方立體形骨質棋12枚，6枚呈黑色，6枚呈灰白色，與文獻記載相符[①]，出土時盛於圓漆盒内；漆竹筷6根，長23.7、寬0.9厘米；木棋盤1個，長21.8、寬21.1、厚1.9厘米。"遣策"記載"博、算、綦、楄、博席一具，博囊一"應即指上述博具而言，其中有的物品未

[①] 原注：《楚辭·招魂》"有六簿些"，王逸注："投六箸，行六綦，故爲六簿也。"簿亦作博。鮑宏《博經》曰："用十二綦，六綦白、六綦黑。"

見。**彭浩**（2012：56）：“博”讀作“簿”；算籌也稱箸；“綦”與“棋”通，鏡奩
中有12枚骨質棋子，六白六黑。“梮”指博盤。算籌6根。博席、博橐不見。**傅舉有**
（1986：22、30）將簡文標點爲“博。筭、綦、梮、博席一具、博橐一。”博指全套
博具；筭即算字，也叫箸；綦是綦字的異體或減體；梮就是木博局。墓中出土縣漆局
1件，箸6根，棋子12顆。博席、博橐未見實物。此遣策“稱箸爲筭。……漢代算籌外
形與箸酷似，故箸也叫筭”。**蒲朝府**（2012）：鳳凰山M8出土的是六根箸，並無筭。

　　［12］**廣西壯族自治區博物館**（1988：81）：博，《説文》作“簿”，“局戲
也。六箸十二綦也”。墓出土六博棋盤1件，木削多件，其他博具已散佚。

【疏證】

　　與六博相關的“博”有廣義和狹義之分。廣義的“博”指博戲，也即《説文》所
説的“局戲”，“博具”之“博”即取廣義；狹義的“博”指“博箸”，《方言》卷
五“簿謂之蔽”，《楚辭·招魂》王逸注：“蔽，簿箸以玉飾之也。”鳳凰山M8簡
165記“博、算（筭）、綦（棋）、梮（局）、博席一具，博橐一”，“博”與“算”
之間有句讀符號，顯示它們應是並列關係，此處的“博”用狹義，專指“博箸”，有
學者在“博”後著句號是不對的。已有學者指出博箸與筭是六博中功用不同的器具，
鳳凰山M8也僅出6枚博箸。這6枚博箸即對應簡文中的“博”。

　　漢人喜玩六博。在大型漢墓中，隨葬博具幾乎是標配。漢鏡銘文即言“置酒高
堂，投博至明”，“從（縱）酒高堂，投簿（博）至明”[1]，這裏的“博”疑指“博
箸”，“投博”即投擲博箸[2]，也即玩六博。漢畫像所見玩六博的場景中，也多在六博
博具邊上放置酒鉅或酒樽，另置耳杯等飲具，部分場景中還有雜技與歌舞表演，這是
飲酒玩六博的形象表現。

　　漢代遣册中的六博記錄主要集中在西漢早期。博戲需要用到多種道具，故一整
套用具稱爲“博具”或“博一具”。具體而言，博具的組成部分中包含有局、棋、
箸、筭、席等。馬王堆M3遣册記錄的棋子中有“象其（棋）十二”“象直食其（棋）
廿”，墓中亦出土大小不同的棋子，這與文獻記載、出土實物、畫像材料中的常見六
博棋子不同，似乎西漢早期的六博有着不同的玩法。漢墓出土的棋子，雖然有相當部
分確實是配備12枚棋子，但更多地是不足12枚，這體現出漢代人在事死如事生的同時

---

① 王剛懷、李傑：《後溝古鏡》，上海書畫出版社，2018年，第71、67頁。
② 《後溝古鏡》著者認爲“投博”可有兩種釋讀，一是“投博”即博戲，二是“投博”指“投
壺與博戲”；在語譯中將“投博”譯爲“投壺博戲”，顯示著者傾向於後一種解釋。但聯繫漢畫像材
料中的六博場景，鮮有同時表現投壺者。因此，我們認爲“投博”應按照及物動詞+名詞來理解。

亦注重死生有別。“筭”並不是專屬於六博的用具，有的與六博相關的簡文中未記録筭，或是墓中未與博具同出算籌，其中緣由大概是可以共用文具中的算籌，無需專門在博具中配置。馬王堆M3所記博具中有割刀、削刀一類器具，用途不詳，不知是否是爲應對臨時缺乏算籌而削製算籌準備的。

　　六博作爲當時流行的娛樂項目，用到的道具較多，這必然要求有收納用具。在馬王堆M3遺册記録中，雖然未對此類容器進行詳細説明，但從出土實物看，棋子、算籌等道具都是裝在一個漆木盒中的（圖3.4-8，3），從名物角度分析，此包裝盒應有專名，可惜我們目前不能詳知。西朱村石碣M1：440、M1：479記“〖象〗牙錐畫博具一具，某、攟（籌）、柙自副”“墨漆畫博具一具，某、攟（籌）、丹綈衣、箱、柙自副”，其中的“丹綈衣”大概相當於鳳凰山M8遺册中的“博囊”，而“柙”可能就是類似馬王堆M3出土的博具盒那樣的器具。西漢早期的漆木盒類容器中，最有可能與之相關的名稱就是“函”或“械”。從鳳凰山M8遺册記録看，“博囊”似乎是包容了箸、筭、棋、局、席，但從實用角度考慮，可能此“博囊”僅用於盛裝小型博具，如棋、箸、筭等。鳳凰山M8隨葬的12枚棋子盛裝於漆圓奩中，這件圓奩在簡文中似未有詳細説明。在羅泊灣從器志中，一套博具裝在竹笥中保存。此外，漢墓出土的六博盛具還有如下之例。江蘇儀徵張集團山西漢早期墓M1所出的一件博局兩側各有一長方形抽屜，内各裝6枚木博箸[1]；安徽天長三角圩西漢中期墓M19所出的漆木博局亦有類似的設計，其左右兩側各設一長方形抽屜，盒内共放置有18枚鉛博籌[2]。這種帶抽屜的博局，在邗江楊廟鄉燕莊西漢墓、儀徵劉集聯營M1中亦有出土。江蘇盱眙東陽西漢晚期至新莽時期的M7出土有一套博具，博局之外，另有一件漆木盒，長方形、盝頂蓋，内分三格，盛有棋子和算籌[3]；儀徵新集國慶前莊西漢晚期墓M12所出的一套博具中，六博棋盤之外，另置一件木臥羊，其前胸開口，内中空，内置木棋子12枚，金屬博箸6枚[4]。由漢墓遺册記録與漢墓出土博具實物來看，六博棋子、博箸、算籌都可以有單獨的盛具，也可以將它們組合盛裝在一起。總之，漢代博具的收納具有多樣性。此外，漢代遺册中記録博具的這幾座墓都是男性墓，值得注意。

①　南京博物院、儀徵博物館籌備辦公室：《儀徵張集團山西漢墓》，《考古學報》1992年第4期。
②　安徽省文物考古研究所：《天長三角圩墓地》，科學出版社，2013年，第286頁。
③　南京博物院：《江蘇盱眙東陽漢墓》，《考古》1979年第5期。
④　儀徵市博物館：《江蘇儀徵國慶前莊12號墓發掘簡報》，《東南文化》2017年第2期。

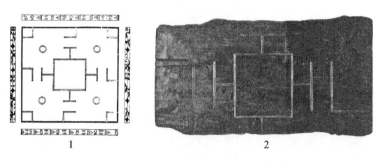

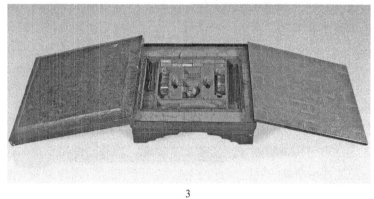

圖3.4-8　漢墓出土博具

1. 大墳頭M1頭廂：18木博局　2. 羅泊灣M1木博局　3. 馬王堆M3：北163博具

第四章　車　　船

考古發掘的西漢早期墓葬如蕭家草場M26，大墳頭M1，張家山M247，鳳凰山M8、M9、M167、M168、M169，馬王堆M3等隨葬的遺册中均有關於車馬的記録；鳳凰山M8、M168，張家山M247遺册中還有船的記録。漢代遺册所記之車名衆多，以驅動力的不同，可以劃分爲馬車、牛車、輦車三類。其中駕馬之車有軺車、安車、輼車、輬車、大車等，駕牛之車有輜車、牛車，人挽之車有輦車。按照乘坐方式的不同，馬車中的軺車爲立乘之車，安車爲坐乘之車，輼、輬車爲臥乘之車。與馬車配套人員的職務各有不同，御者駕車，馬僕或馬豎飼馬，從騎護衛或跟隨。牛車有牛僕等，負責趕車或飼牛等。船有櫂者，負責划船。

第一節　馬　　車

【車】

（1）車一乘[1]　⊕　蕭家草場M26遣1
　　馬一匹[2]　蕭家草場M26遣2
　　御者一人[3]　⊕　蕭家草場M26遣3

〖集釋〗

　　[1] **蕭家草場M26報告**（2001：138、175）：出土彩繪木軺車模型1件（18），由輪、軸、輿、傘等部分所組成，未見轅、衡、軛等部件。簡1所記當指此軺車模型器。

　　[2] **蕭家草場M26報告**（2001：138、176）：出土1件彩繪木馬（23），應爲軺車模型之挽馬。簡2所記當指此馬。

　　[3] **蕭家草場M26報告**（2001：138、174）：出土1件彩繪圓雕跪坐式男木俑（67），簡3所記當指此俑。

　　蕭家草場M26報告（2001：181）在"簡文内容與出土文物對照表"中將簡1—3所記分别對應墓中所出的木車1件、木馬1件、跪坐式男木俑1件，備注"相符"。

【疏證】

車是有輪、轅、輿等核心構件的陸路交通工具。《説文》車部："車，輿輪之總名。"《釋名·釋車》："車，右者曰車，聲如居，言行所以居人也。今曰車，車，舍也，行者所處若車舍也。"

漢代的車名衆多，以馬、牛爲動力的雙輪車，分別稱馬車、牛車。根據用途、載重、功能、材質等方面的不同，又有輻車、安車、輼輬車、輺車、重車、空車、布車、革車、方相（箱）車等不同稱謂。然未説明形制和動力的"車"通常是指"馬車"。居延漢簡340.27A記有"馬車一乘"，金關漢簡73EJT23：897A記有"馬車一兩，用馬一匹，齒十二歲。"蕭家草場M26遣册所記"車一乘"之"車"可能是"馬車"或"輻車"的簡稱。

馬，據漢代遣册所見，基本可以分爲兩大類：駕車之馬、騎乘之馬，對應的墓中出土實物均爲木馬。駕車之馬與車伴出。騎乘之馬常與騎俑伴出。漢代遣册中有關馬的簡文呈現出不同的記録特徵，最常見的是"馬+數詞+量詞"，其餘的則是對馬進行不同角度的界定，如標明馬的顏色（黑、白、黃、騮、驪等）、用途（騎、駕）、性別（牡）、年齡（齒六歲）、地位（駙馬）、數量等，未見到有關馬的身高記録。其中以鳳凰山M167簡2"騮牝（牡）馬二匹，齒六歲"所包含的要素最多，這與漢代馬籍或通關記録中對馬的詳細記録較爲接近，如居延漢簡65.12"馬一匹，白、牡，齒七歲，高六尺"，金關漢簡73EJT9：95"方相（箱）車一乘，駹、牡馬一匹，齒十四歲，高六尺"。鳳凰山M167簡2中的馬"齒六歲"，可能旨在説明其役使的馬是符合法律規定的。役使之馬，需要達到法定的年齡（齒多少歲），齒四歲是馬成年的標誌，如嶽麓秦簡肆簡127、128記"金布律曰：禁毋敢以牡馬、牝馬高五尺五寸以上，而齒未盈至四以下，服輂車及狠（墾）田、爲人就（僦）載……"，簡130記"馬齒【盈】至四以上當服輂車、狠（墾）田、就（僦）載者，令廄嗇夫丈齒令、丞前，久（灸）右肩，章曰：'當乘'"，《二年律令·津關令》簡509記"相國議：關外郡買計獻馬者，守各以匹數買所內史、郡守，內史、郡告守謹籍馬職（識）物、齒、高，移其守，及爲致告津關"。森鹿三指出，"中國對一、二、三歲的馬也各有其特別的稱呼（見於《説文》），而與四歲以上的成年馬清清楚楚區分開來，這是因爲馬是從四歲開始換乳齒的緣故"；在統計了居延漢簡中的馬之後，又指出："馬在八歲前後最强壯，最能幹活，所以，在中國對八歲的馬甚至有特別的稱呼（馬字旁加八字，見於《説文》）"[1]。張俊民統計了懸泉漢簡中133例傳馬的口齒年齡，認爲森鹿三的説

① 森鹿三著，姜鎮慶譯：《論居延簡所見的馬》，《簡牘研究譯叢》第1輯，中國社會科學出版社，1983年，第87頁。

法"同懸泉漢簡中馬匹年齡的統計是吻合的"，據其統計數據，口齒四歲爲最小者，
1例，八歲的40例，九歲的26例，七歲的13例，七八九歲共79例，約佔總數的59%[①]。

　　御者，即駕駛馬車的人。《説文》彳部："御，使馬也。"從遣册記録看，御者
的身份多是大奴。鳳凰山M167、蕭家草場M26遣册所記"御者"雖未説明身份，但可
據其他遣册記録推測爲大奴。

【輯車】

（1）輯一乘[1]　　鳳凰山M167遣1
　　　紪（紫）蓋一[2]　　鳳凰山M167遣4
　　　驪坏（牡）馬二匹，齒六歲[3]　　鳳凰山M167遣2
　　　御者一人[4]　　鳳凰山M167遣3
（2）輯車一乘，蓋一[5]　〢　鳳凰山M8遣36壹
　　　豹首車綱（茵）　〢　鳳凰山M8遣37
　　　馬二匹[6]　〢　鳳凰山M8遣38壹
　　　大奴賢，御[7]　〢　鳳凰山M8遣39壹
（3）大車、輯車各一，有蓋[8]　　大墳頭M1遣牘B叁2
　　　黑馬二[9]　　大墳頭M1遣牘B叁3
　　　白馬五[10]　　大墳頭M1遣牘B叁4
　　　黄馬一[11]　　大墳頭M1遣牘B叁5
（4）【輯車一乘】，有蓋[12]　　鳳凰山M9遣16
　　　薄（轉）土（鞋）一　鳳凰山M9遣18
　　　馬二匹[13]　鳳凰山M9遣17
　　　大奴宬，御[14]　鳳凰山M9遣19
（5）輯車一乘，蓋一，馬二匹，御一人，大奴[15]　〢　鳳凰山M168遣2
　　　案（安）車一乘，馬四匹，有蓋，御一人，大奴　〢　鳳凰山M168遣1
　　　簿（轉）土（鞋）二　〢　鳳凰山M168遣66
（6）輯車一乘，有蓋，御一人，巾一[16]　　鳳凰山M169遣1
　　　溥（轉）土（鞋）一　鳳凰山M169遣55
　　　驪牡馬二匹[17]　　鳳凰山M169遣5

---

　　① 張俊民：《懸泉置出土簡牘文書所見的馬》，《居延敦煌漢簡出土遺址實地考察論文集》，
上海古籍出版社，2012年，第232、233頁。

（7）軺車一乘　　╯　馬一【匹】☑[18]　　張家山M247遣18貳
（8）軺車二乘=（乘，乘）駕三匹[19]　　馬王堆M3遣66

〖集釋〗

　　[1]**姚孝遂、陳雍**（2012：151）：軺即小馬車；西漢墓内所出明器馬車，遣策均稱"軺"；墓内隨葬明器馬車一。**鳳凰山M167簡報**（1976：33）：軺車模型通體黑彩，雙轅一衡，車蓋基本保存，套雙馬，御者跪坐車上。**章水根**（2013：277）：軺即軺車；姚孝遂、陳雍等人説西漢墓内出土的明器車馬，遣策均稱爲"軺"，這種説法值得商榷，應該是不同種類的馬車稱呼不同，M168就記有"案（安）車"。

　　[2]**姚孝遂、陳雍**（2012：152）：紕即紫。隨葬軺車上覆一紫絹車蓋。

　　[3]**姚孝遂、陳雍**（2012：152）：騮，《説文》"赤馬黑髦尾也"；牝，即牡；墓内隨葬木馬兩個，服驂各一。《史記·平準書》"乘牸牝者儐而不得聚會"，遣策强調牡馬，同死者身份和當時社會習俗有關。

　　[4]**姚孝遂、陳雍**（2012：152）："御者一人"，車蓋下一跪俑當是。

　　[5]**彭浩**（2012：12）：軺車，馬駕輕便車輛，乘人。出土有軺車一乘，車傘帽一件。

　　[6]**彭浩**（2012：22）：出土有木馬共4件，有2匹是騎馬。這裏的"馬二匹"指軺車的服馬和驂馬。

　　[7]**彭浩**（2012：23）：出土有跪坐木俑1件，爲御者。賢，御者名。

　　[8]**湖北省博物館**（1981：20）："大車、軺車各一"指出土的2件木軺車明器（頭廂50）。

　　[9]**湖北省博物館**（1981：20）："黑馬二"指出土的2匹黑地彩繪木馬（頭廂51、邊廂25）。

　　[10]**湖北省博物館**（1981：20）："白馬五"指出土的5匹白地彩繪木馬（頭廂23、24、25、42、43）。

　　[11]**湖北省博物館**（1981：20）："黄馬一"指出土的1匹黄地彩繪木馬（頭廂16）。

　　[12]**李家浩**（2012：65、79）："有蓋"指車蓋；頗疑"有蓋"之上殘泐的字是"軺車一乘"四字。

　　[13]**李家浩**（2012：65、79）："馬二匹"當是駕簡16所記之車的馬。

　　[14]"奴"下一字，**中山**（2012：66）釋"宬"。**李家浩**（2012：66）釋"宬"。**今按**：漢代遣册所見以"宬"作奴婢名者又見於謝家橋M1遣册，其記"炊筭奴一，名曰宬"，"宬"字舊釋"家"或"寇"，不確。

[15] **陳振裕**（2012：201）在“簡文内容與出土物對照表”中將此簡所記對應輻車1（34）、木馬2（31、32）、御奴男俑1（40），備注“相符”。

鳳凰山M168報告（1993：488）：輻車、安車的車輿中部有1傘，柄竹質，傘帽木質，竹蓋弓帽24根。輻車挽馬2件（31、32），赤身黑髦，竹牘記“駟馬二匹”，簡2記“輻車一乘，有蓋，馬二匹”，當指此2馬。

鳳凰山M168報告（1993：487）：御車男俑2件（21、40），分置安車、輻車附近，簡1、簡2各記“御一人，大奴”當指這2件御俑。

[16] **鳳凰山M169簡報**（1975）：簡8、42、45（引按，新簡號分別爲2、1、5）的記載與出土物相符，出土物中即有木牛一，黑彩木馬二，車二及木俑等。

章水根（2013：341）：鳳凰山M168簡2作“御一人，大奴”，M169簡1的“御”身份當爲大奴。

[17] **李天虹**（2012：221、223）：驪，《説文》馬部：“馬深黑色。”“驪牡馬二匹”對應出土的馬2匹，相符。**今按**：據發掘簡報介紹，“木馬2件，通體黑彩，頭和身用整木雕成，下接四足，其中一件一足提起，作昂首嘶鳴狀，留有紅彩綫條殘跡，身長32.5厘米”。

[18] 匹，**張家山二四七號漢墓整理小組**（2001：303）缺釋。田河（2010：87）補釋“匹”。

張家山漢墓竹簡整理小組（1985：15）：“輻車一乘，馬一……”對應墓中出土“木車一件，木馬一件”。

[19] **馬王堆M3報告**（2004：52）：《説文》車部：“輻，小車也。從車，召聲。”《釋名·釋車》：“輻車，輻，遥也；遥，遠也。四向遠望之車也。”**傅舉有**（1983：169、170）：輻車是輕便車之一種，一般是一馬駕駛，但高級貴族也用多馬駕駛。**鄭曙斌**（1996：110）：《漢書·平帝紀》“立輻並馬”，顔注引服虔曰：“輻，立乘小車也。”漢畫像石上所見的輻車，大多數祇駕一匹馬，《史記·季布列傳》索隱：“謂輕車，一馬車也。”又有《文選·吳都賦》六臣吕向曰：“兩馬駕車曰輻。輻，輕車也。”此處所記輻車駕三馬。

〖疏證〗

輻車，簡稱輻。《急就篇》“輜輻轅軸輿輪轑”，顔注：“輻，輕車也。”吳哲夫、吳昌廉結合各種文獻的記録，總結輻車的特點有：輕便之馬車；乘人可，載物亦可；立乘可，坐乘亦可；一人乘可，二、三人乘亦可；一匹駕可，二、三匹駕亦可；

用途多、速度大、造材貴重，故其價格特昂①。孫機認爲，輻車的定義以《釋車》之説最可取，即是一種四面敞露之車；它可以坐乘，也可以立乘，可以駕馬，也可以駕牛；然而無論坐乘、立乘，駕馬或駕牛，這種車皆以敞露爲特點，與其相對的衣車則是車箱掩閉之車②。

　　漢代遣册記録中，輻車所駕之馬的數量爲一至三匹，以二匹者居多。在其他漢簡中，輻車所駕馬匹數量以一至二匹者居多，但也有多至四匹者，如金關漢簡73EJT30：93記有"輻車一乘，馬四匹"。在漢代畫像材料中，可見到輻車駕一至四馬者，這與簡牘材料中的輻車駕馬數量範圍是一致的。如和林格爾壁畫中，輻車駕一至三馬③（圖4.1-1，1—3）；在其他漢墓壁畫中，輻車基本都是駕一馬（圖4.1-1，4）；漢代畫像磚中，輻車駕一至四馬（圖4.1-1，5—8）；畫像石中，輻車駕一馬或二馬（圖4.1-1，9、10）。漢代畫像鏡中，輻車比較少見（圖4.1-1，11），更多的是輜車、軿車、軒車等較高等級的車輛。《晉書·輿服志》曰："漢世貴輜軿而賤輻車，魏晉重輻車而賤輜軿"，這可在漢代銅鏡畫像中得到一定程度的映證。"貴輜軿而賤輻車"，或許是因爲輻車實乃漢代最常見的馬車。

　　蓋，即車蓋，主要用以遮陽、遮雨。《釋名·釋車》："蓋，在上覆蓋人也。"《急就篇》"蓋轑俾倪枙縛棠"，顔注："蓋，車上蓋也。轑，蓋弓之施爪者也。謂之轑者，言若屋之椽轑也。俾倪，持蓋之杠，在軾中央，環爲之，所以止蓋弓之前卻也。"漢代遣册所見8處輻車記録中，有6處特別説明有"蓋"。一些漢墓未隨葬整套模型車，而以車蓋來代表整輛車，如孔家坡漢墓M8告地書記"車一乘，馬三匹"，墓中出土與車體相關的僅有木車蓋1件（M8：27）④，應是以車蓋代表整輛木車。周家寨漢墓M8出土了車輪1枚（M8：57）、木車蓋1枚（M8：25）⑤，應是以車輪加車蓋來代替整輛車體。朝鮮貞柏里M127王光墓隨葬的是車蓋1套，含蓋柄、蓋斗、蓋弓，同出有木弩1枚⑥，則應是以車蓋、弩共同代表這是隨葬的一輛戰車，戰車也是輻車的一種。"蓋"又可作爲馬車的代稱，如《漢書·食貨志上》鼂錯上書言"千里游敖，冠

---

　　①　吳哲夫、吳昌廉：《中華五千年文物集刊：簡牘篇（一）》，中華五千年文物集刊編輯委員會，1983年，第157頁。

　　②　孫機：《漢代物質文化資料圖説》，文物出版社，1991年，第90、92頁。

　　③　陳永志等編：《和林格爾漢墓壁畫孝子傳圖摹寫圖輯録》，文物出版社，2015年，第77頁。

　　④　湖北省文物考古研究所，隨州市考古隊：《隨州孔家坡漢墓簡牘》，文物出版社，2006年，第27頁。

　　⑤　湖北省文物考古研究所、隨州市曾都區考古隊：《湖北隨州市周家寨墓地M8發掘簡報》，《考古》2017年第8期。

　　⑥　小場恒吉、榧本龜次郎：《樂浪王光墓》，朝鮮古蹟研究會，1935年，第48頁。

圖4.1-1　漢代的軺車

1. 和林格爾壁畫局部（一馬軺車）　2. 和林格爾壁畫局部（二馬軺車）　3. 和林格爾壁畫局部（三馬軺車）　4. 定邊郝灘壁畫墓局部（一馬軺車）[①]　5. 彭州太平鄉畫像磚局部（一馬軺車）[②]　6. 成都跳蹬河畫像磚局部（二馬軺車）[③]　7. 成都市郊畫像磚局部（三馬軺車）[④]　8. 新野樊集畫像磚局部（四馬軺車）[⑤]　9. 郫縣太平鄉畫像石局部（一馬軺車）[⑥]　10. 南陽七孔橋畫像石局部（二馬軺車）[⑦]　11. 六安出土銅鏡局部（一馬軺車）[⑧]　12. 馬王堆M3車馬儀仗圖局部（四馬軺車）[⑨]　13. 謝家橋M1二馬軺車（複製品）[⑩]　14. 砂子塘M1漆奩彩繪局部（一馬軺車出行圖，後跟二從騎）[⑪]

① 徐光冀主編：《中國出土壁畫全集·6·陝西》（上），科學出版社，2011年，第62頁。

② 《中國畫像磚全集》編輯委員會：《中國畫像磚全集·四川漢畫像磚》，四川美術出版社，2005年，第17頁。

③ 《中國畫像磚全集》編輯委員會：《中國畫像磚全集·四川漢畫像磚》，四川美術出版社，2005年，第5頁。

④ 高文、王錦生編著：《中國巴蜀漢代畫像磚大全》，國際港澳出版社，2002年，第156頁。

⑤ 《中國畫像磚全集》編輯委員會：《中國畫像磚全集·河南畫像磚》，四川美術出版社，2005年，第101頁。

⑥ 中國畫像石全集編輯委員會編：《中國畫像石全集·四川漢畫像石》，河南美術出版社、山東美術出版社，2000年，第47頁。

⑦ 中國國家文物局、意大利文化遺產與藝術活動部編著：《秦漢—羅馬文明展》，文物出版社，2009年，第273頁。

⑧ 安徽省文物考古研究所、六安市文物局編：《六安出土銅鏡》，文物出版社，2008年，第146頁。

⑨ 傅舉有、陳松長：《馬王堆漢墓文物》，湖南出版社，1992年，第26頁。

⑩ 成都華通博物館、荊州博物館：《楚風漢韻：荊州出土楚漢文物集萃》，文物出版社，2011年，第136頁。

⑪ 李正光編繪：《漢代漆器藝術》，文物出版社，1987年，第108頁。

蓋相望，乘堅策肥，履絲曳縞”，《食貨志下》“使者冠蓋相屬於道護之”，即以車蓋代指有蓋之馬車。由於馬車一般都有車蓋，故一般不需要特別説明某車有蓋，這或許是爲什麼張家山M247、馬王堆M3所記“輻車”未言“蓋”的部分原因。在金關漢簡所見大量車馬通關記錄中，也幾乎看不到特別記錄馬車是否有蓋之例。

　　車蓋的顏色、材質與裝飾等，被納入到了秦漢時期禮制之中，用以區別不同的身份，各有等差。《史記·秦始皇本紀》“子嬰度次得嗣，冠玉冠，佩華紱，車黃屋”，集解引蔡邕云：“黃屋者，蓋以黃爲裏。”《項羽本紀》“紀信乘黃屋車”，正義引李斐云：“天子車以黃繒爲蓋裏。”《淮南衡山列傳》：“淮南王長廢先帝法，不聽天子詔，居處無度，爲黃屋蓋乘輿，出入擬於天子。”《後漢書·輿服志》對不同身份的人使用不同的車蓋記錄較詳，如“乘輿金根安車、立車……羽蓋華蚤”；“皇太子、皇子皆安車，……青蓋”，“公、列侯安車，……皁繒蓋”，“中二千石、二千石皆皁蓋”，“景帝中元五年，始詔……三百石以上皁布蓋，千石以上皁繒覆蓋，二百石以下白布蓋，皆有四維杠衣”。鳳凰山M167遣册簡4所記輻車有“紪（紫）蓋一”，紫色屬正色之外的間色，紫色車蓋並不在等級身份的象徵之列，應是百姓所用的一種車蓋。

【安車】

（1）案（安）車一乘，馬四匹，有蓋，御一人，大奴[1]　　　╱　鳳凰山M168遣1
（2）安車一乘，駕六馬[2]　　馬王堆M3遣60

〖集釋〗

　　[1] **陳振裕**（2012：199、201）：案車即安車，安坐之車。《禮記·曲禮上》“大夫七十而致事……適四方，乘安車”，鄭注：“安車，坐乘，若今小車也。”孔疏：“古者乘四馬之車，立乘，此臣既老，故乘一馬小車，坐乘也。”《漢書·武帝紀》：“遣使者安車蒲輪，束帛加璧，徵魯申公。”此簡所記對應安車1（15）、木馬4（7—10）、御奴男俑1（21），相符。**鳳凰山M168報告**（1993：489）：安車挽馬4件（7—10），簡1記“案車一乘，馬四匹”當指此4馬。

　　簡1所記“案（安）車一乘”，簡2所記“輻車一乘”，在同墓所出告地書竹牘中記爲“輻車二乘”。**陳振裕**（2012：182）：輻車一乘，挽馬二匹，案（安）車一乘，挽馬四匹，正與出土的車馬實物相符合，但是牘文卻疏記爲“輻車二乘”。

　　[2] **鄭曙斌**（1996：110）：安車一般爲坐乘車，常駕四馬。《漢書·陸賈傳》“賈常乘安車駟馬”，鳳凰山M168遣策亦記有“案（安）車一乘，馬四匹”。《後

漢書·輿服志》“公乘安車，則前後並馬立乘”，天子諸侯“所御駕六，餘皆駕四，後從爲副車”。駕六馬之安車應非一般吏之所乘，是否是僭越漢制天子安車“駕六馬”，不得而知。駕六馬之安車爲喪葬所用，亦可能是車身較大的車。

〖疏證〗

　　《釋名·釋車》：“安車，蓋卑，坐乘，今吏之乘小車也。”傅舉有认爲，安車本是一種小車，因可以安坐，故名；一般安車祇駕一馬，但因地位和身份等級的不同，駕馬的匹數也不同①。陳劍指出，“安”字古有“坐”意，“安車”之得名，也應該是由“安”的古義“坐”而來的②。孫機指出，“安車”特指坐乘之車，常駕四匹馬，孝堂山石祠所刻出行圖中的“大王車”，應爲諸侯王所乘之安車③。秦始皇陵陪葬坑二號銅車馬的右服馬外轡尾端上朱書“安車第一”四字，表明此轡爲安車即二號車的配件，也即説，這輛駕四馬、有封閉車廂的車爲“安車”④（圖4.1-2，1），此車可坐、可臥，不可站立。鳳凰山M168遣册1記“案（安）車一乘”，連同簡2記“軺車一乘”，同墓所出告地書竹牘中記爲“軺車二乘”，墓中實際出土的2件馬車模型中，安車的車輿結構與軺車大體相同，表明車廂敞露、駕四馬的安車也可稱之爲軺車。因此，駕四馬及以上的可坐乘之車均可稱之爲安車，與車廂的形制無必然關係。金關漢簡73EJT30：93記有“軺車一乘，馬四匹”，此駕四馬的軺車如果採用坐乘的方式，也即是安車。

【輼車】【輬車】

（1）温（輼）車二乘＝（乘，乘）駕六馬[1]　　馬王堆M3遣62
（2）輬車二乘＝（乘，乘）駕六馬[2]　　馬王堆M3遣63

〖集釋〗

　　[1]馬王堆M3報告（2004：52）：温（輼）車，《説文》車部：“輼，臥車也。”傅舉有（1983：169）：“温車”即“輼車”，是一種臥車，可以保温，故名。《太

①　傅舉有：《關於長沙馬王堆三號漢墓的墓主問題》，《考古》1983年第2期。
②　陳劍：《説“安”字》，《語言學論叢》第31輯，商務印書館，2005年，第356頁。
③　孫機：《漢代物質文化資料圖説》，文物出版社，1991年，第93頁。
④　袁仲一、程學華：《秦陵二號銅車馬》，《考古與文物叢刊》第1號，1983年，第33、44頁；秦始皇兵馬俑博物館：《秦始皇陵銅車馬發掘報告》，文物出版社，1998年，第237頁；秦始皇帝陵博物院編：《秦始皇帝陵出土二號青銅馬車》，文物出版社，2015年，第38、43、410頁。

圖4.1-2　漢代的安車

1. 秦陵2號車（四馬安車）　　2. 孝堂山石祠“大王車”（四馬安車）①　　3. 謝家橋M1四馬安車（複製品）②

4. 山東畫像石中的四馬安車③

平御覽》卷三九四引陸賈《楚漢春秋》：“上體不安，臥輼車中。”**鄭曙斌**（1996：111）：《漢書·霍光傳》“載光屍柩以輼輬車，黃屋左纛，發材官輕車北軍五校士，軍陣至茂陵以送其葬”，顏師古注引文穎曰：“輼輬車，如今喪轜車也。”顏師古曰：“輼輬本安車也，可以臥息，後因載喪，飾以柳翣，故遂爲喪車耳。輼者密閉，輬者旁開窗牖，各别一乘，隨事爲名。”M3遣策記“温車二乘乘駕六馬”“輬車二乘乘駕六馬”，爲載柩之車，與《既夕禮》所言棧車爲柩車，名不同其實一。

　　［2］**馬王堆M3報告**（2004：52）：輬車，《説文》車部：“輬，臥車也。”“輼”“輬”車往往合稱“輼輬車”，段氏注引孟康曰：“如衣車有窗牖，閉之則温，開之則涼，故名之輼輬車也。”**傅舉有**（1983：169）：“輬車”是一種臥車，輬音涼，此車通風涼爽，故名。《楚辭·招魂》“軒輬既低”，王逸注：“軒、輬，皆輕車名也。”洪興祖《補注》：“音涼，臥車也。”

---

　　①　蔣英炬等：《孝堂山石祠》，文物出版社，2017年，第127頁。

　　②　成都華通博物館、荆州博物館：《楚風漢韻：荆州出土楚漢文物集萃》，文物出版社，2011年，第134頁。

　　③　法國巴黎大學北京漢學研究所編：《漢代畫像全集：初編》，上海商務印書館，1950年，第199頁圖二七八。

〖疏證〗

　　馬王堆M3遺册記録中的輼車、輬車各有二輛，不會是“載柩之車”，更可能是高級别的出行乘用車輛。

　　文獻中關於輼車、輬車的訓釋，主要在兩個方面。其一，形制上，《史記·李斯列傳》“置始皇居輼輬車中，百官奏事、上食如故，宦者輒從輼輬車中可諸奏事”，集解引孟康云：“如衣車，有窗牖，閉之則温，開之則涼，故名之‘輼輬車’也。”又引如淳云：“輼輬車，其形廣大，有羽飾也。”其二，功能上，《説文》車部“輼”“輬”均訓“臥車也”；《史記·李斯列傳》集解引文穎云：“輼輬車，如今喪轜車也。”《漢書·霍光傳》“載光尸柩以輼輬車，黄屋左纛”，臣瓚云：“秦始皇道崩，祕其事，載以輼輬車，百官奏事如故，此不得是轜車類也。”文穎認爲輼輬車類似轜車，臣瓚反對這一意見，顏師古則調和這幾種意見：“輼輬本安車也，可以臥息。後因載喪，飾以柳翣，故遂爲喪車耳。輼者密閉，輬者旁開窗牖，各别一乘，隨事爲名。後人既專以載喪，又去其一，總爲藩飾，而合二名呼之耳。倅，副也，音千内反。”

　　王關成考證認爲：

　　　　司馬遷筆下輼輬二車不太加區别，但在先秦人頭腦中兩種車的稱謂是涇渭分明的。《韓非子·内儲説上·七術》：“戴驩爲宋太宰，夜使人曰：‘吾聞數夜有乘輼車至李史門者’。”宋玉《九辯》云：“前輕輬之鏘鏘兮，後輬乘之從從。”《楚辭·招魂》曰“軒、輬既低”，王逸注：“軒、輬皆輕車名也。”洪興祖補注：“輬，音涼，臥車也。”可見在先秦文人墨客筆下，輼車、輬車各爲一車，行則相隨，而且都是服務於上流社會的較輕便的臥車，而且人們行文時將其區分得一清二楚。

　　　　輼輬各爲一種車，本是古代形制相近的屬安車系列的高級乘臥馬車，秦時曾入選天子鑾駕，人們習慣“合二爲一”呼之。它後來不常入鑾駕行列，偶被充作王侯將相的柩車，然自秦漢迄隋唐，社會上普遍使用的柩車一直是轜車，將輼輬車作爲專門上車的觀點是偏頗的、不全面的。秦陵二號銅車的原型是秦代的輬車。[①]

　　輼車、輬車形制小有差異，合稱的“輼輬車”疑屬連類相及的用詞現象。换個角度看，有窗的輬車關上窗户就能達到遮蔽、保暖的效果，也即是輼車。這或許是傳世

---

　　①　王關成：《輼輬車芻議——兼論秦陵二號銅車的相關問題》，《文博》1989年第5期。

漢代文獻多用“輼輬車”一詞的部分原因。

　　輼輬車也是輼車的一種。孫機指出，“輼、輧、輼輬、蔥靈都有與車蓋相連接的、將四面屏蔽起來的車箱”①。《韓非子·内儲説上》“戴驩，宋太宰，夜使人曰：‘吾聞數夜有乘輼車至李史門者，謹爲我伺之。’使人報曰：‘不見輼車，見有奉笥而與李史語者，有間，李史受笥’”，王先慎《集解》引盧文弨云：“《荀子·解蔽》篇注引‘輼’作‘輼’。”《史記·李斯列傳》“置始皇居輼輬車中”，集解引徐廣曰：“一作‘輼車’。”“輼車”“輼車”存在異文的現象，可能是緣於二者有相同特徵。

　　其他出土秦漢文獻中亦有關於輼車、輬車的記録。如里耶秦簡8-175記：“☒□敢言之：令曰：上見輼輬軺乘車及”，《里耶秦簡牘校釋（一）》注釋：“輼輬，車名，或以爲兩種車。”②水泉子漢簡《倉頡篇》中的一枚殘簡内容是“☒軒轞輼輬輂郎極□☒”③。前例中的“軺乘”爲軺車、乘車的簡稱。後例中的軒、轞、輂爲軒車、轞車、輂車的簡稱。里耶秦簡8-175爲官文書，其内容與庫存物資核查有關，這決定了在文書書寫時對於調查的具體項目用詞要求準確，不能引起歧義，此文書裏的“輼輬”似應看做輼車、輬車的簡稱，“輼、輬、軺、乘車”爲四種不同的車，可能都是官府的常備車類。《急就篇》是當時識字辨物的教材，其所記“輼輬”似也應看做輼車、輬車的簡稱，“軒、轞、輼、輬、輂”爲五種不同的車。

　　“輼輬車”是以車廂的形制爲取名着眼點的，與駕馬的數量無必然關係。除秦陵2號車爲輬車外，漢墓中亦有輼輬車的出土或圖像表現。如山東章丘洛莊漢墓陪葬坑K11爲車馬坑，共陪葬實用馬車3輛，各駕4馬，“1號車爲立車，形制與秦陵1號銅車相同；2號車爲安車，形制與秦陵2號車相同；3號車爲一輛大安車，或爲輼輬車，長6米，僅後車廂長就達2.1米”④。洛莊漢墓的馬車復原成果尚未完整發表⑤，僅據考古發掘簡報介紹來看，2號車、3號車應都是廣義上的輼輬車。山東臨沂白莊出土的一幅畫像石中有車馬出行圖，前爲導騎，後爲駕一馬的輂車，中爲駕一馬的輬車，此車爲重輿結構，御者坐在前輿中駕車，後輿爲封閉車廂，左側開有窗牖⑥（圖4.1-3，1）。

---

①　孫機：《漢代物質文化資料圖説》，文物出版社，1991年，第92頁。

②　陳偉主編：《里耶秦簡牘校釋》第1卷，武漢大學出版社，2012年，第104、105頁。

③　復旦大學出土文獻與古文字研究中心讀書會：《讀水泉子簡〈倉頡篇〉札記》，復旦古文字網2009年11月11日。

④　濟南市考古研究所等：《山東章丘市洛莊漢墓陪葬坑的清理》，《考古》2004年第8期。

⑤　崔大庸《洛莊漢墓1號馬車與秦陵1號銅車馬的初步對比研究》一文對1號車有較爲詳細的介紹。見《東方考古》第3集，科學出版社，2006年，第365—378頁。

⑥　焦德森主編：《中國畫像石全集·山東漢畫像石·3》，山東美術出版社、河南美術出版社，2000年，第4頁。

浙江紹興上灶出土有一件神仙車馬畫像鏡，紋飾中有六馬輜車和五馬輜車各一輛[①]（圖4.1-3，2），車廂前面和側面開有窗牖，應也是輬車。

圖4.1-3 漢代畫像中的輬車

1. 臨沂白莊畫像石中的輬車 2. 紹興畫像銅鏡中的輬車

【大車】

（1）大車、軺車各一[1]，有蓋 大墳頭M1遣牘B叁2
（2）大車一乘[2]，駕六馬 馬王堆M3遣61

　　大車一乘，駕四馬 馬王堆M3遣64

〖集釋〗

　　[1] **湖北省博物館**（1981：20）："大車、軺車各一"指出土的2件木軺車明器（頭廂50）。

　　[2] **傅舉有**（1983：169）：大車可能就是轝車，《説文》説轝車乃是"大車駕馬也"。**鄭曙斌**（1996：110）：小車、大車是根據車身大小而言。《周禮·冬官·車人》"大車"，鄭玄注曰："平地載任之車。"《續漢書·輿服志》："公卿中二千石、郊廟、明堂、祠陵、法出皆大車，立乘，駕駟，他出乘安車。"馬王堆M3遣策所記大車兩輛，分別駕六馬和駕四馬，應爲載任之車。**王貴元**（2016）："大車"的

———

① 王士倫、王牧編著：《浙江出土銅鏡》，文物出版社，2006年，彩版12及126頁"説明"。

本來意義應是大型車，指車型寬大的車，"大"乃大小之"大"。載物的牛車相比於大多數日常乘人車而言，車型要大得多，所以牛車也可稱大車。實際上當牛車稱大車時，還是由於其車型大，而不是因爲其是牛拉還是馬拉。大車的邏輯詞義應是"大型車，也特指載物的牛車"。

〖疏證〗

　　從遣册之外的秦漢簡牘所記"大車"的用例來看，秦漢人觀念中的"大車"通常意義上是指"牛車"。里耶秦簡更名木牘8-461記"以大車爲牛車"，即中央政府從官方層面規定用"牛車"取代"大車"的稱謂。這一規定可能被切實執行過，如睡虎地秦簡中有較多的"大車"用例，里耶秦簡8-62是一份"卅二年三月"文書，其中有"令曰'上葆繕牛車薄（簿）'"一句，已改爲使用"牛車"一語。這一關於車名更替的法令在發佈後的具體實施情況有待更多出土秦代材料的綜合考察。在漢代，駕牛的"大車"與"牛車"均有使用。西北漢簡較多的"大車"記錄中往往會清楚説明用牛數量，如在金關漢簡中，有"大車一兩"用一牛者（73EJD：205、73EJD：236等），用二牛者（73EJT8：84、73EJT23：13等）；"大車二兩"用四牛者（73EJF1：26、73EJF3：240等），用六牛者（73EJF1：88）；還有大車十兩用牛二十頭的記錄（73EJF3：477）。由此可見，大車所用牛的數量有一、二、三，可能有四，以一牛、二牛者比較常見。

　　從大墳頭M1、馬王堆M3遣册中的"大車"記錄看，都是駕馬的，則遣册中的"大車"不是指牛車。有學者指出"大車"的"大"是就車的體積大小而言的（見上文集釋部分），但記錄某種馬車爲"大車"，並不能讓人清晰知道此車到底是何種類別的車。遣册記錄中的"大車"是與其他車種一併記錄出現的，似可根據相關的記錄關係推測大墳頭M1、馬王堆M3遣册所記的大車可能是哪種車。

　　大墳頭M1遣册木牘所記的"大車"位於"軺車"之前，墓中出土木軺車2輛，"形制基本相同，車輿兩側有扶手，故可稱施耳軺車"，發掘簡報未介紹此二木車模型是否有尺寸上的差異。牘文又記黑、白、黄馬共8匹，墓中出土有與牘文相符的木馬8匹，同時出土有騎俑2件，則木馬中的2匹是與騎俑配套的。剩下的6匹馬，可能與車有關。其他漢墓遣册記錄的軺車所駕馬匹數量主要是2匹，疑大墳頭M1隨葬的軺車可能也是駕2馬。剩下的4匹馬可能爲"大車"所駕。孫機曾指出，漢代的小車並不駕四匹馬，安車特指坐乘之車，常駕四匹馬[①]。大墳頭M1所記的大車，可能是四馬安車或四馬軺車，其相當於鳳凰山M168簡1的"案（安）車一乘，馬四匹"或金關漢簡

---

① 孫機：《漢代物質文化資料圖説》，文物出版社，1991年，第90、93頁。

73EJT30：93的"輎車一乘，馬四匹"。

馬王堆M3遺册出土時已散亂，無法準確判斷其所記駕馬"大車"與其他車種的關係，但簡文所記"大車"分别駕四馬、六馬，表明其車廂體積也是比較大的。有一個綫索可供參考。山東章丘洛莊漢墓陪葬坑K11爲車馬坑，共陪葬實用馬車3輛，各駕4馬，"1號車爲立車，形制與秦陵1號銅車相同；2號車爲安車，形制與秦陵2號車相同；3號車爲一輛大安車，或爲輻輬車，長6米，僅後車廂長就達2.1米"①。這説明在出行隊伍中，雖然駕馬數量相同，車類相同，不同車的車廂可能有大小上的差别。一般來説，駕馬數量越多，車的體積可能也就越大。馬王堆M3遺册所記的馬車中，安車（簡60）、輻車（簡62）、輬車（簡63）都是駕六馬的，簡61的"大車"駕6馬，其具體的車類可能是安車、輻車、輬車中的一種，而輻車、輬車都是安車，因此，可以推測簡61的"大車"應是駕六馬的大安車。同理，馬王堆M3遺册所記的馬車中，能與簡64所記四馬大車相配套者，有簡66的三馬輎車、簡65的四馬未知車種（此簡所記車名部分殘斷）。馬王堆M3遺册中的兩處"大車"雖然名稱相同，但因所駕馬匹數量不同，其具體所指應有差别，六馬的大車可能指大安車，而四馬的大車可能指大輎車或其他類型的四馬之車。

附：【轉軷】【車茵】

（1）輎車一乘，蓋一　 ノ 　鳳凰山M8遣36壹

　　　豹首車緺（茵）[1]　 ノ 　鳳凰山M8遣37

　　　溥（轉）土（軷）一[2]　 ノ 　鳳凰山M8遣169

（2）【輎車一乘】，有蓋　鳳凰山M9遣16

　　　薄（轉）土（軷）一[3]　鳳凰山M9遣18

（3）輎一乘　鳳凰山M167遣1

　　　薄（轉）土（軷）一枚[4]　鳳凰山M167遣58

（4）案（安）車一乘，馬四匹，有蓋，御一人，大奴　 ノ 　鳳凰山M168遣1

　　　輎車一乘，蓋一，馬二匹，御一人，大奴　 ノ 　鳳凰山M168遣2

　　　簿（轉）土（軷）二[5]　 ノ 　鳳凰山M168遣66

（5）輎車一乘，有蓋，御一人，巾一　鳳凰山M169遣1

　　　溥（轉）土（軷）一[6]　鳳凰山M169遣55

（6）溥（轉）土（軷）一[7]　高臺M6遣11

---

① 濟南市考古研究所等：《山東章丘市洛莊漢墓陪葬坑的清理》，《考古》2004年第8期。

〔集釋〕

［1］**彭浩**（2012：22）：絪，即茵。《説文》艸部“茵，車重席也”，段注：“《秦風》‘文茵’，文，虎皮也，以虎皮爲茵也。”此簡所説“豹首”即指車絪所用織物圖案的名稱。《急就篇》“豹首落莫兔雙鶴”，顏師古注：“豹首，若今獸頭錦。”“豹首車絪”是以豹首爲圖案的織錦做成。

［2］**彭浩**（2012：57）：在一件竹笥内有一堆泥土。

［3］首字，**中山**（2012：65）、**章水根**（2013：114）釋“薄”，**李家浩**（2012：65）釋“溥”。

薄土，**李家浩**（2012：65、79）：溥土，亦見於鳳凰山M8、M168、M169竹簡，M167木簡作“薄土”。裘錫圭據松江本章草《急就篇》“茵茯薄杜窜鑢錫”之語，認爲簡文“溥土”或“薄土”，即《急就篇》“薄杜”，指車中薦（見《古文字論集》564、565頁）。其説可從，故將此簡附在屬軺車“馬二匹”簡之後。

［4］**姚孝遂**、**陳雍**（2012：173）：“薄”即“簿”，薄土，指入册的土地，應是地主私人佔有土地的直接象徵。**章水根**（2013：297）：許多學者都認爲“薄土”與土地有關，從所用的量詞“枚”來看，也可知“薄土”應讀爲“轉軒”，指墊在車茵下的薦。

［5］首字，**中山**（2012：199）釋“薄”。**陳振裕**（2012：199、200、204）釋“溥”，溥土，同墓地M167曾出土用絲織物包裹着的長方形土塊。此墓因槨室長期積水浸泡，發掘時未見。**田河**（2012a：536、537）釋“簿”，“簿土”很可能是死者攜向冥世土地的象徵物。**章水根**（2013：339）：簿土當從裘錫圭之説讀爲轉軒，指車中薦，即坐墊。

［6］**李天虹**（2012：225）在“遣策與出土實物對照表”中備注簡55所記出土物未見。

［7］**湖北省荆州博物館**（2000：230）釋“□十一”，第一字殘缺，疑爲閜，即大耳杯。**劉國勝**（2008）：比照鳳凰山M8遣册簡41“溥土一”，11號簡簡文似當釋爲“溥土一”，裘錫圭先生指出，薄土應該是車上鋪墊用的一種東西，與泥土毫無關係。《急就篇》的“薄杜”跟遣策的“薄土”無疑是一回事。薄杜又稱軒轉，《釋名·釋車》：“軒轉，車中重薦也。”軒轉應是墊在鞦下面的薦。裘先生的意見是可信的。

〔疏證〕

漢代遣册記錄中的車墊有兩種：軒轉、車茵。其中車茵僅在鳳凰山M8遣册中出現，其與軒轉搭配使用。

車茵，即車中使用的茵，其形制可能與家居使用的茵有別，差異可能體現在長度、寬度等方面。《釋名·釋車》："文鞇，車中所坐者也。用虎皮，有文采。因與下罨相連著也。"《急就篇》"鞇靯鞃轊鞍鑣錫"，顏注："鞇，車中所坐蓐也。"王應麟補注："黄氏曰：'鞇，車席。'《詩》'文茵'，疏云：'車上之褥。'《説文》：'茵，車重席。鞇，司馬相如説茵从革。'"

居延漢簡183.13記録杜光"初亡時，駕騆牡馬，乘闌轝車，黄韋茵、伏"，此車使用的車茵即"鞇"。鞇是坐車、臥車中的常用之物，懸泉漢簡中有相關記録：

縣泉置：傳車六乘，……因（鞇）八，其一幣（敝） Ⅱ90DXT0114⑥：31
出護羌使者傳車一乘：……鞇、靯、章書簿各一 Ⅰ90DXT0110①：53
十一月餘因（鞇）八：其二黄章；六白章，四幣，二完 Ⅰ90DXT0109③：5
出鞇、靯各二 Ⅰ90DXT0114①：70

從《急就篇》、出土文獻等材料看，鞇、靯爲常組合出現。靯即靰，《急就篇》顏注："靯，韋囊，在車中，人所憑伏也。今謂之隱囊。"鞇、靯的功用可能類似於現在的坐墊與靠墊。鳳凰山M167發掘簡報介紹軺車模型時説"輿外彩繪，内飾繡絹，以爲坐墊和遮罩"，似乎此模型車中有車茵，可惜未見詳細介紹。

溥土、薄土、簿土，所指相同，裘錫圭指出：

薄土應該是車上鋪墊用的一種東西，與泥土毫無關係。《急就篇》第十八章"鞇靯鞃轊鞍鑣錫"，松江碑本作"茵茯薄杜鞤鑣錫"。碑本出於吳皇象本，應該較近於漢代原本。"杜"從"土"聲，《急就篇》的"薄杜"跟遣策的"薄土"無疑是一回事。《釋名·釋車》："鞃轊，車中重薦也。"《廣雅·釋器》"鞃轊謂之鞇"，王念孫《疏證》："鞃轊，疊韻字。《廣韻》：鞃，他胡切。轊鞃，屐也。屐，履中薦也。轊鞃亦疊韻字。履中薦謂之轊鞃，猶車中薦謂之鞃轊矣。"漢語雙音節單純詞的兩個音節或並列式雙音節複合詞的兩個詞素，其前後位置往往可以變動。……薄杜又稱鞃轊，是毫不足怪的。王念孫所舉的轊鞃，音節次序也與鞃轊相顛倒。……鞃轊應是墊在鞇下面的薦。鳳凰山8號和167號二墓都陪葬軺車一乘，所以都需要薄土。8號墓遣策37號爲"豹首車絪"，絪（鞇）與薄土并用，與《急就篇》相合。絪是坐蓐，講究的用絲織品縫製，"豹首"是絲織品的花紋（《急就篇》"豹首落莫兔雙鶴"，顏注："豹首若今獸頭錦。"）。又據鳳凰山168號墓遣策，該墓陪葬安車、軺車各一乘，與此相應，遣策所記薄土數也是"二"。這更可以確證薄土就是車中薦。①

　　懸泉漢簡中有不少"薄土"的記録，如Ⅰ90DXT0110③：6記有"八月餘薄土三"，Ⅰ90DXT0112①：108記有"薄土一，幣（敝），不可用"，Ⅰ90DXT0110①：53又記有"宣帶二，幣（敝）；鞀、靯、韋土薄各一"，"土薄"即"薄土"，讀爲"韉靯"。此外，懸泉漢簡Ⅱ90DXT0114③：461記有"皁繪并塗一具"、居延漢簡157.24A記有"所乘車馬更乘騂牡馬白蜀車膝布併塗載布"，伊强、羅小華分別指出"并塗""併塗"即"靯韉"②。

附：【騎】【從馬】【馬僕】【馬豎】

（1）大奴宜，騎[1]　　丿　　鳳凰山M8遺43壹
　　　大奴瘨，騎[2]　　丿　　鳳凰山M8遺44壹
（2）胡騎二匹＝（匹，匹）一人，其一人操附（駙）馬[3]　　馬王堆M3遺69
　　　胡人一人，操弓、矢、韇（韇）觀（丸），牽附（駙）馬一匹[4]　　馬王堆M3遺68
　　　附（駙）馬二匹[5]　　馬王堆M3遺67
（3）騎九十六匹＝（匹，匹）一人　　馬王堆M3遺70
（4）從馬男子四人，大奴[6]　　丿丿　　鳳凰山M168遺3
（5）騎馬二匹[7]　　丿　　鳳凰山M8遺42壹
（6）大奴獲，馬僕，操鉤[8]　　鳳凰山M9遺20
（7）馬豎五十人，衣布[9]　　馬王堆M3遺41

〖集釋〗

　　[1] **彭浩**（2012：24）：出土有騎俑1件。

　　[2] "奴"下一字，**中山**（2012：24）隸作"瘨"。**彭浩**（2012：24）隸作"塵"。**魏靈水**（2006：60）隸作"塵"。**許林萍**（2013）釋"壅"。**章水根**（2013：50）釋"瘨〈壅〉"。

　　[3] **伊强**（2005：50）：據簡文文例，兵器、樂器一般用"操"，馬匹用"牽"，疑簡69中的"操"是"牽"字之誤。

　　[4] "附"上一字，**馬王堆M3報告**（2004：52）釋"率"。**何有祖**（2004a）、

　　① 裘錫圭：《説"薄土"》，《文史》第11輯，中華書局，1981年，第174頁。原署名"求是"。
　　② 伊强：《試説漢簡中的"并塗"、"併塗"》，簡帛網2010年11月8日。

王貴元（2007：279）釋"牽"。

　　[5] **伊强**（2005：49）：簡67—69中的"附"當讀作"駙"，《說文》馬部："駙，副馬也。"古書裏有配於騎兵的"副馬"，如《漢書·趙充國傳》"發郡騎及屬國胡騎伉健各千，倅馬什二，就草"，顏師古注："倅，副也。什二者，千騎則與副馬二百匹也。"簡67"附（駙）馬二匹"即簡68、69所記的"附（駙）馬"。

　　[6] **陳振裕**（2012：201）在"簡文内容與出土物對照表"中將此簡所記對應騎馬男俑4（3、4、23、30）、雕有坐鞍的木馬4（5、6、26、29），備注"相符"。

　　鳳凰山M168報告（1993：486、487、489）：騎馬男俑4件（3、4、23、30），均出於頭箱，放置安車前後，簡3所記當指此4俑。乘騎4件（5、6、26、29），馬背雕有坐鞍，彩繪，與4件騎馬男俑搭配，但出土時已分離，竹牘記"騎馬四匹"，當指此4木馬。

　　[7] **彭浩**（2012：23）：出土有木馬2件，有鞍。**今按**：重慶豐都鎮江觀石灘槽房溝出土的一件東漢陶馬右後腿部刻文"巴郡平都蔡君騎馬"①，意即此馬爲蔡君騎乘之馬。是爲漢代"騎馬"之自名器。

　　[8] "奴"下一字，**中山**（2012：66）、**章水根**（2013：116）釋"玃"，**李家浩**（2012：66）釋"獲"。

　　[9] **馬王堆M3報告**（2004：50）：豎，未成年男僕，馬豎即馬童。**馬王堆集成**（2014：230）："馬豎"猶文獻之"牛豎"（《六韜·王翼》"賞及牛豎馬洗廝養之徒"）、"魚豎"（《文選》"耕父推畔，魚豎讓陸"）；另遣册中還有"車豎"，見鳳凰山M8簡41"大奴甲，車豎"。

　　〔疏證〕

　　騎，可指騎士，如《史記·高祖本紀》"沛公從百餘騎，驅之鴻門"；也可指騎士所騎之馬，如馬王堆M3遣册70記"騎九十六匹=（匹，匹）一人"，鳳凰山M8遣册42記"騎馬二匹"。鳳凰山M8遣册43、44所記的二位"騎"疑是軺車的從騎，是車馬出行隊伍中的的重要組成部分，可能兼具護衛職能。長沙砂子塘西漢早期墓M1出土的彩繪漆盒中即有類似的出行隊伍②，軺車在前，從騎在後（圖4.1-1，14）。鳳凰山遣册中的出行隊伍可與之參照。

　　從馬，鳳凰山M168發掘報告指出"從馬男子"指騎馬男俑，可從。漢代文獻中又

---

① 重慶中國三峽博物館·重慶博物館編：《重慶中國三峽博物館·重慶博物館》，文物出版社，2005年，第64、65頁。
② 李正光編繪：《漢代漆器藝術》，文物出版社，1987年，第108頁。

有"從騎",如《史記·高祖本紀》"從騎百餘往見之",《魏公子列傳》"從騎皆竊罵侯生",《後漢書·廉范傳》"命從騎下馬與之";和林格爾壁畫中有一輛駕一馬的黑色軿車,後跟二騎,車後有榜題"主人軿車從騎",從騎即指車後的二騎①。疑鳳凰山M168遣册所記的"從馬"也即是"從騎"。

馬僕,王子今指出其職能應當與"馬"有關②。疑馬僕是牽馬或飼馬的奴僕。

馬豎,從漢代遣册記錄看,"豎"與成年與否無關③。疑"馬豎"與"馬僕"所指相同。

第二節　牛　　車

【牛車】

（1）牛車一乘,載桑新（薪）三束[1]　∫　鳳凰山M8遣85

　　牛一匹,名黑[2]　鳳凰山M8遣86

　　大奴甲,車豎[3]　∫　鳳凰山M8遣41

（2）牛車一乘,載桑薪三束　鳳凰山M9遣21

　　大奴園,牛僕,操鉤[4]　鳳凰山M9遣22

（3）牛=（牛、牛）車一乘[5]　鳳凰山M167遣11

　　牛者一人,大奴一人[6]　鳳凰山M167遣9

（4）牛車一兩（輛）,豎一人,大奴[7]　鳳凰山M168遣9

（5）☐【牡】牛一,有車一乘,件（牛）者一人[8]　鳳凰山M169遣2

（6）牛=（牛、牛）車各十,豎十人[9]　馬王堆M3遣72

〔集釋〕

〔1〕**彭浩**（2012：34）：出土有牛車1乘,上載薪柴。

〔2〕**彭浩**（2012：34）：出土有黑色木牛1件。**章水根**（2013：66）疑簡文中的"名"可能爲"色"字之訛。**今按**：出土黑色的木牛與命名此牛爲"黑"並不衝突。

〔3〕**彭浩**（1982：89）："豎"通假爲"僕",指牛車的御者。**毛靜**（2011：

---

① 陳永志等主編：《和林格爾漢墓壁畫孝子傳圖摹寫圖輯錄》,文物出版社,2015年,第110、111頁。

② 王子今：《馬王堆三號漢墓遣策"馬豎"雜議》,《文博》2015年第2期。

③ 鳳凰山M168遣册遣册9記"牛車一兩（輛）,豎一人,大奴",陳振裕（2012：199）指出"豎一人"的身份爲大奴,即成年的男奴,非未冠的童僕。

53）：彭説是，豎爲御者；豎當爲御者的泛指。**章水根**（2013：49）：彭浩説豎、僕相通，並無充分的證據。豎就是奴僕的一種稱呼。

　　［4］**王子今**（2015）：“牛僕”可能與“牛者”身份相近。

　　［5］**姚孝遂、陳雍**（2012：155）：墓内隨葬木牛、模型牛車各一。

　　［6］**姚孝遂、陳雍**（2012：155）：牛者，趕牛車的人，有的遣策亦稱“牛豎”；隨葬模型牛車前後各有一男俑，當分别爲“牛者”“大奴”。**鳳凰山M167簡報**（1976：33）：牛車載薪，居奴的北側，牛車前後各有一奴，前者當即“牛者”。**章水根**（2013：279）：“大奴”可能相當於M8簡41中的身份爲“大奴”的“車豎”。**今按**：聯繫簡6“侍女子二人，大婢”的記録形式來看，疑簡9的“大奴一人”是補充説明“牛者一人”的身份，而不是説在牛者之外還有一名大奴。細察簡文書寫形態，“大奴一人”後寫，更可證實這是對“牛者”的身份説明。鳳凰山M168遣册簡8記“田者男、女各四人，大奴、大婢各四人”，其記録形式與M167簡9相近，“大奴、大婢各四人”是對“田者男、女各四人”的身份説明。

　　［7］**陳振裕**（2012：199、201）：“豎一人”的身份爲大奴，即成年的男奴，非未冠的童僕。馬王堆M3出土木牘有“牛車十兩，牛十一，豎十一人”，“豎”的人數與牛數相等，參照本簡，知豎是趕牛車的成年男奴。此簡所記對應牛車1（44）、木牛1（43）、趕牛車男俑1（56），相符。**鳳凰山M168報告**（1993：487）：趕牛車男俑1件（56），出於頭箱北部，放牛車附近，簡9當指此男俑。**田河**（2012a：531）：簡文用“豎”來指“輜車”“牛車”的趕車人，是爲了與“安車”“軺車”高檔車的“御者”相别，“豎”應含有賤稱之意。**章水根**（2013：317）：這裏的“豎”即指牛車的御者。

　　［8］**李天虹**（2012：221）：件，疑爲“牛”的繁寫，M167遣策稱趕牛車的奴僕爲“牛者”。**今按**：據發掘簡報介紹，墓中出土木牛1件；又出土木車2件，“出土時已散亂，尚可拼合，車廂爲長方形，爲多塊薄木片拼成，似爲軺車和牛車”。

　　［9］**馬王堆M3報告**（2004：48）簡6注釋：牛車，是一種低等交通工具，故《漢書·食貨志》載：“漢興，接秦之敝，諸侯並起，民失作業而大饑饉。凡米石五千，人相食，死者過半……自天子不能具醇駟，而將相或乘牛車”。**傅舉有**（1983：1170）：牛車是用牛駕駛之車，是最一般的車。

〖疏證〗

　　“牛車”的取名方式屬於“以所駕名之”①，即駕牛之車。牛是漢代最重要的家畜

---

　　① 《釋名·釋車》：“贏車、羔車，各以所駕名之也。”“牛車”的取名方式與此相同。

之一，用途廣泛，最主要的功用是駕車、犁田。在不駕車的時候，牛也可用於田間勞作。《漢書·食貨志上》：“自天子不能具醇駟，而將相或乘牛車”，顏師古注“牛車”云：“以牛駕車也。”牛車又名“大車”（見前文“大車”條）。

從畫像材料和出土實物看，大部分牛車是無篷的，車廂大體呈方形，四周有欄，中載物資，是漢代最主要的貨車。

一般來説，牛車地位低於馬車。《史記·五宗世家》：“其後諸侯貧者或乘牛車也。”《史記·酷吏列傳》：“湯死……載以牛車，有棺無椁。”《後漢書·祭遵傳》：“臨死遺誡牛車載喪，薄葬洛陽。”

作爲漢代的主要貨車，牛車使用廣泛，如官方有“官牛車”用於運輸官方物資，懸泉漢簡Ⅰ90DXT0210①：66“所假官牛車五兩，爲傳馬載茭、運薪、水”，這份文書中的牛車就有運茭、運薪、運水的用途。鳳凰山M8、M9遣册中的牛車均載三束桑薪，也是運薪的。

運糧是牛車的重要功能。磨嘴子西漢墓出土的牛車，有的車廂内殘存糧食。沂南漢畫像石墓中室南壁上橫額東段的畫面中，有三輛牛車車廂内有滿載的散裝糧食。曾家包漢墓畫像石中的牛車滿載有糧食，盛裝糧食的糧袋應即“帣”之一種，這種糧袋直到近代仍有使用。以牛車運糧在西北漢簡中屢見不鮮，如金關漢簡73EJT24：105“牛車一兩，載粟”，73EJT29：28A“牛車一兩，麥五十石”。此外，漢簡中還可見用牛車運魚、運壙等記録，不備舉。

漢簡記録中的牛車仍以駕一牛或二牛常見。有多至用牛四頭者（73EJT37：175“牛車一兩，用牛四頭”），這種情況少見。除馬王堆M3之外，其他記有“牛車”的遣册所在墓中，基本都出有一輛牛車，用牛數量均爲一。在高等級的漢墓中，可以見到駕二牛的牛車，如臨淄山王村漢代兵馬俑坑中隨葬的牛車駕二牛①。

馬王堆M3遣册所記車輛中，供人乘坐的軺車、安車等車共計10輛，駕牛的輂車1輛，而牛車達到10輛，數量約佔馬車和牛車總車數的47%，若以車類劃分，牛車遠多於其他單種車類。因爲軺車、安車等馬車已承擔了出行時載人的職能，則數量衆多的牛車在馬王堆M3中應是用於載物的。

【輂車】

（1）甾（輂）車一乘，牛一，豎一人[1]　　馬王堆M3遣71

① 山東省文物考古研究所、臨淄區文物管理局編著：《臨淄山王村漢代兵馬俑》，文物出版社，2017年，第11、52、83頁。

【集釋】

[1]"車"上一字，簡73有相同之字，**馬王堆M3報告**（2004：52）均隸作"畾"，讀爲"輜"。**何有祖**（2004a）隸作"甾"，讀爲"輜"。

輜車，**馬王堆M3報告**（2004：52）：《説文·車部》："輜軿，衣車也。軿，車前衣也。車後爲輜。从車，甾聲。"《釋名·釋車》："輜車，載輜重臥息其中之車也。輜，廁也，所載衣物雜廁其中也。"**傅舉有**（1983：1170）：甾車即輜車，是一種有帷蓋的大車，既可以作臥車，又可以載物。**鄭曙斌**（1996：110）：《説文·户部》："戾，輜車旁推户也。"又《周禮·春官·巾車》注："輜車後户。"據《續漢書·輿服志》所載，輜車爲貴族婦女所乘之車，車廂像一間小屋似的。又《史記·孫子吳起列傳》："於是乃以田忌爲將，而孫子爲師，居輜車中，坐爲計謀。"《漢書·韓安國傳》"去輜重"，注曰："輜謂衣車，重謂載重，故行者之資，總曰輜重。"此處可能指載物之車。

【疏證】

輜車，《急就篇》"輜軺轅軸輿輪轅"，顔注："輜，衣車四面皆蔽也。"是輜車爲衣車的一種，四面皆蔽。《史記·淮南衡山列傳》："於是乃遣淮南王，載以輜車，令縣以次傳。……傳淮南王者皆不敢發車封。"輜車可以"封"，正是輜車内部可以形成較爲封閉空間的實例。

孫機指出，"衣車中最有代表性的車型則是輜車"[1]。輜車一般是臥乘之車。《史記·留侯世家》："上雖病，彊載輜車，臥而護之，諸將不敢不盡力。"可臥，也就可以坐。《史記·孫子吳起列傳》："於是乃以田忌爲將，而孫子爲師，居輜車中，坐爲計謀。"漢代畫像石中有自名爲"輜車"者。山東嘉祥出土的一塊畫像石出行圖中的一輛馬車有榜題（圖4.2-1），有學者釋爲"輜重"[2]，孫機正確釋爲"輜車"[3]。此車車蓋爲近似弓形，車廂部分的圖像表現中僅可見外圍的輪廓，表明其爲封閉的車廂。榜題、車型、傳世文獻，三者相合。

輜車也可載物。《釋名·釋車》："輜車，載輜重、臥息其中之車也。"《史記·穰侯列傳》："於是秦昭王悟，乃免相國，令涇陽之屬皆出關，就封邑。穰侯出關，輜車千乘有餘。"又《日者列傳》："今夫卜筮者之爲業也，積之無委聚，藏之

---

① 孫機：《漢代物質文化資料圖説》，文物出版社，1991年，第95頁。

② 法國巴黎大學北京漢學研究所編：《漢代畫像全集·初編》，上海商務印書館，1950年，第130頁。

③ 孫機：《始皇陵二號銅車馬對車制研究的新啓示》，《文物》1983年第7期。

圖4.2-1　嘉祥畫像石中的 “輜車”

不用府庫，徙之不用輜車，負裝之不重，止而用之無盡索之時。” 這裏的輜車，應都是載輜重之車。

漢代有一種有車蓋的輂車，可載物，也可載人，應即《釋名·釋車》所説的輜車。《説文·車部》： “輂，大車駕馬也。” 和林格爾東漢壁畫墓中室南壁右側壁畫中有一輛駕棗紅馬、有後轅、車廂爲蓬蓋、一人坐駕的車，輪下有墨書 “輂車”①（圖4.2-2，1）。貴州興義萬屯出土有一輛駕一馬的銅輂車②（圖4.2-2，2）。這種有蓬蓋的輂車在其他漢代圖像材料中較爲常見，如沂南北寨漢墓中室北壁上橫額東段的出行圖末尾一輛車（圖4.2-2，3）、前室南壁上橫額左側第一輛車、臨沂白莊畫像石出行圖的後一輛車③。成都市郊出土的一枚畫像磚上有輂車一輛，車廂前坐御者一人，車内有一人探頭出來，側邊有三枚橢圓狀的器物④（圖4.2-2，4）。這輛同時載人、載物（似爲甕）的輂車，可與《釋名·釋車》中的輂車互證。除御者外，輂車載人的例子還可以在甘肅高臺縣苦水口魏晉墓所出畫像磚上看到，其車蓋爲平頂，輂車内的一人，從繪畫比例看，應是臥着的⑤。

駕馬的輂車中，有車蓋的是輂車，無車蓋的敞篷馬車也是輂車。武威雷臺西晉墓出土有二輛駕一馬的輂車，車廂爲長方形，後方有板門，與常見的牛車車廂相近，銅馬胸前分別有刻銘 “冀張君夫人輂車馬，將車奴一人，從婢一人” “守張掖長張君後夫人輂車馬，將車奴一人，從婢二人”⑥（圖4.2-2，5）。這一定名的直接證據雖然晚至西晉，但這種無蓋的輂車在漢代已存在。蘭州華林坪東漢晚期墓中出有與雷臺西晉墓所出輂車相近的銅輂車⑦（圖4.2-2，6）。成都市徵集的一枚漢畫像磚上的駕一馬輂

①　陳永志等編：《和林格爾漢墓壁畫孝子傳圖摹寫圖輯録》，文物出版社，2015年，第110頁。
②　貴州省博物館考古組：《貴州興義、興仁漢墓》，《文物》1979年第5期；中國青銅器全集編輯委員會：《中國青銅器全集·第12卷·秦漢》，文物出版社，1998年，第145頁。
③　山東博物館：《沂南北寨漢墓畫像》，文物出版社，2015年，第62、15頁。
④　《中國畫像磚全集》編輯委員會：《中國畫像磚全集·四川漢畫像磚》，四川美術出版社，2005年，第30頁。
⑤　甘肅省文物局編：《高臺縣博物館》，甘肅人民美術出版社，2011年，第52頁。
⑥　甘肅省博物館：《武威雷臺漢墓》，《考古學報》1974年第2期。孫機認爲此墓屬於西晉時期。參孫機：《武威出土的銅奔馬不是漢代文物》，《光明日報》2003年4月29日；《關於甘肅武威雷臺出土銅奔馬的年代》，《南方文物》2010年第3期。
⑦　陳炳應：《蘭州、張掖出土的漢代銅車馬》，《文物》1988年第2期。

車中坐有一人①（圖4.2-2，7）。

《釋名·釋車》："騈車，騈，屏也。四面屏蔽，婦人所乘牛馬也。輜、騈之形同。有邸曰輜，無邸曰騈。"其中"牛馬"二字，又有作"牛車"者②。和林格爾漢墓中室南壁甬道門上方壁畫中有一輛駕一馬，車輛兩側連蓋的馬車，車後有二從騎，從騎與車之間有榜題"夫人騈車從騎"③，則此榜題是對從騎的説明，其所從之車無疑就是"騈車"了。蒼山南朝劉宋元嘉元年畫像石墓題記中有一句"小車騈，驅馳相隨到都亭"，對應的畫像石中有一輛駕一馬的馬車，畫面祇展現了車的側面，車輿左側立板連接車蓋，開有窗牖，除御者外，内坐一人④。雖不能窺見此車的全貌，但從側面看，其與和林格爾漢墓壁畫中的騈車是相近的。二者的車輿前方均有御者，和林格爾的還能通過前方看見車内所坐之人。畫像材料中的兩例"騈車"均駕馬，這又與《釋名》"婦人所乘牛車"的描述不盡相符。《釋名》成書於東漢晚期，這個時期牛車的地位已經上升，乘牛車已較普遍，並逐漸成爲風尚，這或許是《釋名》説騈車是"婦人所乘牛車"的社會背景。

既然騈車可駕牛，輜車、騈車形同，則輜車也是可以駕牛的。孫機指出，"帶篷牛車的車箱本與輜、騈相近，文獻中所稱輜、騈，有時其實是指牛車"⑤。陝西米脂官莊漢墓墓室北壁橫額中有一輛牛車，車廂有篷⑥（圖4.2-2，8）。銅鏡畫像中亦有牛車，如一枚"田氏"銘重圈神獸鏡中，牛已卸下車轅，車廂仰靠在一側，車廂有網格狀的篷⑦（圖4.2-2，9）。

敞篷的牛車一般車廂前後有擋板，主要功用是運輸物資，也可供人乘駕。甘肅武威磨嘴子漢墓出土的木牛車中，有的木牛在出土時駕着車轅，有的車箱内裝有糧食⑧（圖4.2-2，10）。四川成都曾家包漢墓畫像石中有一輛運糧的敞篷牛車，由一名將車

①　高文、王錦生編著：《中國巴蜀漢代畫像磚大全》，國際港澳出版社，2002年，第140頁。

②　參看任繼昉纂：《釋名匯校》，齊魯書社，2006年，第410頁。

③　此處榜題文字已殘泐，發掘報告釋文如此。但在摹本中，文字或有部分失真。參看内蒙古自治區博物館文物工作隊：《和林格爾漢墓壁畫》，文物出版社，1978年，第33頁；陳永志等編：《和林格爾漢墓壁畫孝子傳圖摹寫圖輯録》，文物出版社，2015年，第111頁。

④　山東省博物館、蒼山縣文化館：《山東蒼山元嘉元年畫象石墓》，《考古》1975年第2期。

⑤　孫機：《漢代物質文化資料圖説》，文物出版社，1991年，第96頁。

⑥　湯池主編：《中國畫像石全集·陝西、山西漢畫像石》，山東美術出版社、河南美術出版社，2000年，第106頁。

⑦　王綱懷：《漢鏡銘文圖集》，中西書局，2016年，第405頁。

⑧　甘肅省博物館：《甘肅武威磨咀子漢墓發掘》，《考古》1960年第9期；俄軍主編，甘肅省博物館編：《甘肅省博物館文物精品圖集》，三秦出版社，2006年，第148頁。

圖4.2-2　漢晉時期的輂車、牛車

1.和林格爾壁畫中的輂車　2.萬屯漢墓銅輂車　3.北寨畫像石中的輂車　4.成都市郊畫像磚中的輂車

5.雷臺西晉墓所出輂車　6.華林坪漢墓銅輂車　7.成都畫像磚中的載人輂車　8.官莊畫像石中的牛車

9.田氏畫像銅鏡中的牛車　10.磨嘴子漢墓木牛車　11.曾家包畫像石中的運糧牛車

12.鳳凰山壁畫中的載人牛車

者牽引前進①（圖4.2-2，11）。内蒙古鄂爾多斯鄂托克旗鳳凰山東漢墓壁畫中，有一輛敞篷牛車，除御者坐在車廂前部外，車廂中部還坐有一名出行者②（圖4.2-2，12）。

馬王堆M3遺册71中的輼車是駕牛的，同時，第72號簡記有牛車。

<blockquote>

甾（輼）車一乘，牛一，豎一人　　馬王堆M3遺71

牛=（牛、牛）車各十，豎十人　　馬王堆M3遺72

</blockquote>

駕牛的輼車與牛車同時記録在這批遺册中，可能它們的車廂形制有差別。簡72中的牛車，可能更近於漢代常見的敞篷牛車，而簡71的駕牛輼車可能是有篷的牛車，即駕牛的輂車。

附：【芻牛】【從車】

（1）小奴□，多〈芻〉牛[1]　〉　鳳凰山M8遺87
（2）小奴堅，從車[2]　〉　鳳凰山M8遺40

〔集釋〕

　　[1]“奴”下一字，**中山**（2012：35）隸作“忘”。**彭浩**（2012：35）隸作“皀”。**俞偉超**（1981：53）釋“君”。**胡平生、李天虹**（2004：331）釋“皀”。**毛靜**（2011：57）釋“宫”。

　　“牛”上一字，**中山**（2012：35）釋“多”。**彭浩**（2012：35）釋“芻”。**毛靜**（2011：57）：“多”當爲“芻”之誤；芻牛，即給牛喂草。**章水根**（2013：67）：“芻牛”當是一個整體，用來表示此小奴的職務。

　　[2]**毛靜**（2011：52）：從，跟從、隨從之義；從車，即跟在車後面。**今按**：疑簡40所記“小奴堅”所從之“車”爲牛車，其與簡87所記芻牛的“小奴□”，都是與牛車相關者。

---

　　①　成都市文物管理處：《四川成都曾家包東漢畫像磚石墓》，《文物》1981年第10期；中國畫像石全集編輯委員會編：《中國畫像石全集·四川漢畫像石》，河南美術出版社、山東美術出版社，2000年，第38頁。

　　②　魏堅編著：《内蒙古中南部漢代墓葬》，中國大百科全書出版社，1998年，第170頁、彩色圖版柒；徐光冀主編：《中國出土壁畫全集·3·内蒙古》，科學出版社，2011年，第6頁。

第三節　輦　車

【羊車】

（1）羊車，宦者四人服[1]　　馬王堆M3遣6
（2）宦者九人，其四人服羊車[2]　　馬王堆M3遣5

〚集釋〛

　　[1]簡5、簡6"車"上一字，**馬王堆M3報告**（2004：48）釋"牛"。**鄭曙斌**（1996：111）、**何有祖**（2004a）、**王貴元**（2007：277）均釋"羊"。

　　鄭曙斌（1996：111）：文獻中常提到羊車，包山楚簡遣策亦記有羊車。所言羊車用於喪葬中，並非一般的羊拉之車。《釋名·釋車》："羊車，羊，祥也；祥，善也；善飾之車，今犢車是也。"《禮記·曲禮上》"祥車曠左"，鄭玄注："空神位也，祥車，葬之乘車。"所言祥車，喪葬時爲魂車，魂車亦爲將葬遣送之車，"象生時將行陳駕"。**何有祖**（2004a）："羊車"疑讀作"祥車"。《包山楚簡》275號簡有"羊車"，整理者讀作"祥車"，指喪車。**王貴元**（2004）：羊車是一種裝飾精美的車，用人拉，而非羊拉。**伊強**（2005：5）：《大戴禮記·夏小正》："攻駒也者，教之服車數舍之也。"《楚辭·吊屈原》"驥垂兩耳，服鹽車兮"，朱熹集注："服，駕也。"簡文中的"服"跟上引《大戴禮記》《楚辭》中"服"字的意思應該是一樣的，可見簡文中的'羊車'是由人來駕的，因此，王貴元的意見似乎更合適一些。**王貴元**（2007：277）：羊車是一種裝飾精美的車，《隋書·禮儀志五》："羊車，一名輦。其上如軺，小兒衣青布褲褶，數人引之。時名羊車小史。漢氏或以人牽，或駕果下馬。"此説正與上二簡內容相合。服，義爲駕。輦是用人拉挽的車，羊車也是用人拉的，所以羊車也可稱輦車。**羅小華**（2013：53—57）疑《説文》竹部訓爲"羊車騶箠"的"笍"應是"羊車上用以驅羊的'箠'"，結合考古出土實物資料"推測當時確實存在着一種以羊爲動力提供者的車——羊車"，傳世文獻中羊車爲"輦車"之説得到馬王堆漢墓出土遣策中"羊車"的記載證實。

　　[2]**馬王堆M3報告**（2004：48）：宦者，宮中之官，後來專指閹者而言。**傅舉有**（1983：168）：宦者又稱閹人（奄人）、中官、內官、內臣，本是宮廷內侍奉皇帝及其家族的官員。諸侯王亦有宦者，是王宮內侍奉王及其家族的官員。文獻未見關於列侯宦者的記載，但列侯既然有夫人、美人、才人等後宮之制，且多至百數，那麼必然要設置宦者之官。**鄭曙斌**（2005：39）：宦者可能是家吏一類的屬官。

〔疏證〕

《舊唐書·輿服志》"其外有指南車、記里鼓車、白鷺車、鸞旗車、辟惡車、軒車、豹尾車、羊車、黃鉞車，屬車十二乘，並爲儀仗之用"，《新唐書·車服志》"七曰羊車"，孫機校釋云：

羊車這一名稱的内涵較複雜，可包括以下諸種：

（a）犢車 《釋名·釋車》："羊、祥也，善飾之車，今犢車是也。"

（b）人挽之車 《隋志》："羊車一名輦，其上如軺。小兒衣青布褲褶，五辮髻，數人引之；時名羊車小史。"

（c）人舁之輦 《北史·李諧傳》説："賜斛律金羊車上殿。"車豈能登殿，此羊車蓋指人舁之輦。

（d）駕果下馬 《隋志》説："（羊車）漢氏或以人牽，或駕果下馬。"又説："（羊車）開皇無之，至是（大業元年）始置焉。其制如軺車，金寶飾，紫錦幰，朱絲網。……駕以果下馬，其大如羊。"

（e）駕羊 《釋名·釋車》："驛車、羊車，各以所駕名之也。"《御覽》卷七五五引《晉書》："武帝平吳之後，掖庭殆將萬人。常乘羊車，恣其所之。"《南史·文元袁皇后附潘淑妃傳》："潘淑妃者、本以貌進，始未見賞。帝好乘羊車，經諸房，淑妃每裝飾褰帷以候，並密令左右以鹹水灑地。帝每至户，羊輒舐地不去。帝曰：'羊乃爲汝徘徊，況於人乎？'"對於奢縱的封建帝王説來，以羊駕車，亦不無可能。清·俞正燮《癸巳類稿》卷三《羊車説》力辯並無駕羊之羊車；但其説證據不足。羊車本不止一種，俞氏未將它們區別開，就不容易説得清楚了。

據《新唐書·儀衛志》所記，唐代的羊車也駕果下馬。《漢書·霍光傳》顏注引張宴曰："漢廏有果下馬，高三尺。"《三國志·魏志·濊國傳》裴注也説："果下馬高三尺，乘之可於果樹下行，故謂之果下。"《舊唐書·百濟傳》説："武德四年，其王扶餘璋遣使來獻果下馬。"可見唐廷確有果下馬，故可用以駕羊車。《宋史·輿服志》則祇説羊車駕小馬[①]。

---

① 孫機：《中國古輿服論叢·兩唐書輿（車）服志校釋稿》，文物出版社，1993年，第251頁注釋⑨。

彭衛認爲：

中國古代的"羊車"不僅"內涵較複雜"，同時也是一個在歷史上發生
了變化的概念。在形制上包括小車、羊駕之車、馬或牛牽引的喪葬用車、犢
車、果下馬駕車、人牽之車等。其中，以羊爲駕的"羊車"的出現不晚於商
代晚期，西漢時這種"羊車"可能是皇帝的禮儀用車。東漢和晉以羊爲駕的
"羊車"依然存在，但自此之後"羊車"與以羊爲駕便無關聯了。[①]

從漢代遣册記錄馬車、牛車的一般規律來看，記載畜力之車時，一般會説明使用
的畜力物種、數量等信息，但馬王堆M3遣册簡6所記"羊車"爲"宦者四人服"，並
未説明畜力，在關於車類的小結木牘73中，也未提及"羊"或"羊車"，這説明簡文
中的"羊車"並非羊拉之車，且"羊車"與一般的車輛不同。鄭曙斌較早指出簡文中
的"羊車"並非羊拉之車。王貴元認爲羊車用人拉，而非羊拉，也可稱輦車。這是目
前較爲合理的解釋。馬王堆遣册所記的"羊車"所使用的人力"宦者"達四人，我們
認爲這裏的"羊車"既可能指四人挽行的輦，也可能指四人抬行的輿，理由如下。
　　先秦至漢時期，以人力爲驅動力的車主要有輦車和鹿車。
　　鹿車，《後漢書·趙憙傳》："因以泥塗仲伯婦面，載以鹿車，身自推之。"
《太平御覽》卷七七五《車部四·鹿車》引應劭《風俗通》："鹿車狹小，裁容一鹿
也。"孫機指出："在漢代用手推的車祇有鹿車，它是一種獨輪車。"[②]鹿車獨輪、窄
小，多爲單人推行，與馬王堆遣册所記"羊車"由"宦者四人服"的特徵不符，鹿車行
進時的穩定性、安全性不高，大概高級貴族也不會乘坐鹿車，故"羊車"非"鹿車"。
　　輦車，《説文》車部"輦，輓車也。從車，從㚘在車前引之"，段玉裁改爲
"輦，輓車也。從車㚘。㚘在車前引之也"，注云："謂人輓以行之車也。"《漢
書·霍光傳》"作乘輿輦，加畫繡絪馮，黃金塗，韋絮薦輪，侍婢以五采絲輓顯，游
戲第中"，顔注："輓謂牽引車輦也。"春秋、戰國、兩漢時期的墓葬出土器物或圖
像表現中，可以見到人力挽行之有輪輦車，如：
　　（1）陝西隴縣邊家莊春秋墓M5出土一輛木車，"由轅、衡、輪、軸、輿等組
成"，輪徑115厘米，車輿前後進深60、左右寬70厘米，衡木兩端各有一木俑（圖4.3-
1，1），發掘簡報指出，這"表明木車是以人爲動力的，而以人謂動力的車古代謂
輦，《説文》曰：'輦，輓車也，從車，從㚘，在車前引之也'，所以，邊家莊春秋

①　彭衛：《"羊車"考》，《文物》2010年第10期。
②　孫機：《漢代物質文化資料圖説》，文物出版社，1991年，第116頁。

五號墓出土的木車，應定名爲輂"①。

（2）湖北棗陽九連墩楚墓M2：394小木車"由車輪、軸、輈、衡、輿組成，通體髹黑漆"，兩輪較小，通長252.8、通寬88、通高69.2厘米②（圖4.3-1，2）；有學者認爲這是一輛"人拉小車，即禮書所載之'羊（祥）車'，通常在宮室庭院内使用，供老人婦孺乘坐"③。這件小木車的形制與邊家莊M5所出輦車比較接近，疑也是一輛輦車。

（3）九連墩M1：728彩繪木弩所繪畫面中有一段被考古學者命名爲"遊玩圖"的畫面，10人1車呈前後縱列緩行狀，車單轅、單衡，輪上8根輻條，長方形矮輿，前部兩人雙手扶住車衡，第三人側身坐車，第四人在車後右手向前下伸作推車狀，第五至第八人依次作徐行狀，第九人爲一小孩，第十人身體前傾，雙手似前推一物（圖4.3-1，3），"整段畫面反映的是僕人陪小主人遊玩的情景"④。徐文武認爲"小車前有二人挽車，與文獻中所説的輦車完全一致"⑤。

（4）四川樂山麻浩崖墓M1畫像石中有一人"挽着有圍的雙輪輦"，車廂中卧着一人⑥（圖4.3-1，4）。

（5）江蘇東海昌梨水庫漢畫像石墓M1南立面横額上畫面中有一人"雙手握車把，右肩背着拉繩，右足前邁，在拉一車"⑦（圖4.3-1，5）。孫機將此圖命名爲"挽輦"⑧。

（6）徐州賈汪出土的一枚漢畫像石中，有"一人兩手拉車，車上坐一人手持便面"⑨（圖4.3-1，6）。

（7）山東長清孝堂山石祠東壁有一幅畫面内容是四人前後相次挽着一輛輦車前行，輦車上坐一人，雙手執枹，車後跟一人，似在推車⑩（圖4.3-1，7）。

①　陝西省考古研究所寶雞工作站、寶雞市考古工作隊：《陝西隴縣邊家莊五號春秋墓發掘簡報》，《文物》1988年第11期。

②　湖北省文物考古研究所等：《湖北棗陽九連墩M2發掘簡報》，《江漢考古》2018年第6期。

③　湖北省博物館：《九連墩：長江中游的楚國貴族大墓》，文物出版社，2007年，第112頁。

④　湖北省文物考古研究所、襄陽市文物考古研究所：《湖北棗陽九連墩楚墓出土的漆木弩彩畫》，《文物》2017年第2期。

⑤　徐文武：《湖北九連墩楚墓M1：728木弩漆畫再釋》，《江漢考古》2018年第6期。

⑥　中國畫像石全集編輯委員會編：《中國畫像石全集・四川漢畫像石》，河南美術出版社、山東美術出版社，2000年，第4頁。

⑦　南京博物院：《昌梨水庫漢墓群發掘簡報》，《文物參考資料》1957年第12期。

⑧　孫機：《漢代物質文化資料圖説》，文物出版社，1991年，第117頁。

⑨　楊孝軍：《徐州新徵集的漢畫像石研究》，《東南文化》2009年第4期。

⑩　（清）馮雲鵬、馮雲鵷：《金石索》（下），書目文獻出版社，1996年，第1035頁；焦德森主編：《中國畫像石全集・山東漢畫像石・1》，山東美術出版社、河南美術出版社，2000年，第22頁。

輦也有無輪者。邱德修認爲："'輦'在金文形構而言，其上是像人雙手高舉，踮企雙腳；其下有一輛車子，所以説古人用手舉車以運載人物的工具，就是'輦'了。後來，有輪子，供人拖拉的叫它做'輦'；沒有輪子，袛有輿與杠供人抬舉的也叫它做'輦'。先秦時代，有'有輪'的'輦'與'無輪'的'輦'是同時並存的，交替使用。到了秦漢以後，偏重在沒有輪子，專供人用力負荷抬舉的'輦'。至於輦的形制，可從固始侯堆一號墓出土的實物與北魏司馬金龍墓出土的屏風漆畫《漢成帝乘輦圖》清楚地看出來。這個系列是沒有輪子的'輦'的代表作。"①孫機亦指出，"輦主要有兩種，一種以人挽或推，另一種以人舁"②。《太平御覽》卷一三五《皇親部一·總序后妃》引《漢舊儀》曰："皇后、婕妤乘輦，餘皆以茵，四人輿以行。"這裏的"輦"的行進方式是"四人輿以行"，"輦"也即是輿。《史記·梁孝王世家》："以太后親故，王入則侍景帝同輦，出則同車游獵"，"入與人主同輦，出與同車。"輦、車對舉，也即是《急就篇》顏注所説"著輪曰車，無輪曰輿"，無輪之輦也即是輿。《集韻·御韻》："輿，舁車也，或作轝。"有欄的輿，又可稱爲輿牀。里耶秦簡9-465+9-1412記有"木輿牀三"，《里耶秦簡牘校釋（二）》注釋云："輿牀，似指一種抬人的器具。《漢書·溝洫志》：'陸行載車，水行乘舟，泥行乘毳，山行則桐，以別九州。'韋昭注云：'桐，木器，如今輿牀，人舉以行也。'"③輿、桐又可稱爲轎、輿轎。《漢書·嚴助傳》："輿轎而隃領"，顏注引臣瓚曰："今竹輿車也，江表作竹輿以行是也。"《集韻·宵韻》："轎，竹輿。"《方言》第十二："堪、輂，載也"，錢繹《箋疏》："輦也、桐也、轎也、欘也實一物也。"長臺關楚墓M1遣册2-04記有"一乘良轝。二乘緣迖轝"，轝，整理者釋作"軿"；何琳儀釋作"軼"，同"軿"；劉國勝釋"轝"，似當爲"橇"的異構，通"轎"；劉信芳讀爲"橇"，泥行車具；陳偉讀爲"轎"或"橋"，如《漢書·嚴助傳》"輿轎而隃嶺"之轎，是一種代步工具，河南固始侯古堆東周大墓隨葬坑出土的三乘肩輿是先秦使用"轎"的實物遺存④（圖4.3-1，8）。漢代的輿有肩輿和腰輿

① 邱德修：《説"輦"及其相關問題》，《第三屆中國文字學國際學術研討會論文集》，輔仁大學出版社，1992年，第254頁。

② 孫機：《中國古輿服論叢·兩唐書輿（車）服志校釋稿》，文物出版社，1993年，第262頁注釋②。

③ 陳偉主編：《里耶秦簡牘校釋》第2卷，武漢大學出版社，2018年，第133頁。

④ 相關討論意見參看劉國勝：《楚喪葬簡牘集釋》，科學出版社，2011年，第10頁；武漢大學簡帛研究中心、河南省文物考古研究所：《楚地出土戰國簡册合集·2·葛陵楚墓竹簡、長臺關楚墓竹簡》，文物出版社，2013年，第150頁；侯古堆肩輿資料參河南省文物考古研究所：《固始侯古堆一號墓》，大象出版社，2004年，第73—79頁、彩版三二。

兩種，前者平肩抬行，後者齊腰抬行。漢代及後世的畫像材料中有這兩種輿的形象表現，如：

（1）陝西西安交通大學西漢晚期壁畫墓頂部兩同心圓之間西南方向的井宿、鬼宿圖中，"輿鬼"的圖像表現爲"前後二人用一個像擔架的架子抬着一個似人非人的東西"，"擔架當是一種輿，而在輿中躺臥着的就是所謂的'輿鬼'了"①（圖4.3-1，9）。這種簡便的板狀輿也即是版輿，《文選》潘岳《閒居賦》"太夫人乃御版輿"，李善注："版輿，車名。……一名步輿。"

（2）山東嘉祥武梁祠畫像石中，有一幅"孝孫原穀"圖（圖4.3-1，10），中有一版輿，《孝子傳》稱之爲"輿"②。《太平御覽》卷五一九《宗親部九·孫》引《孝子傳》："原穀者，不知何許人。祖年老，父母厭患之，意欲棄之。穀年十五，涕泣苦諫。父母不從，乃作輿舁棄之。穀乃隨，收輿歸。父謂之曰：'爾焉用此凶具？'穀云：'後父老，不能更作得，是以取之耳。'父感悟愧懼，乃載祖歸侍養，尅己自責，更成純孝，穀爲純孫。"洛陽發現的一件北魏畫像石棺上亦刻有孝孫原穀圖，"山谷深處，一皮骨奇瘦的老人坐於肩輿上，原穀在前，作遲疑狀，其父步後，似在催促，描繪了這一故事的主要情節"③（圖4.3-1，11）。楊泓指出："抬輿的人不是以肩擔荷，而是雙手下垂提竿，因此板輿高衹與輿夫腰高相同，極似現代人抬擔架的情況，這可算是'腰輿'而非'肩輿'，與當時流行的步輿的扛抬方式有別，或許因板輿輕便而採取這種方式。"④

（3）雲南江川李家山西漢晚期至東漢初期的M69出土一件鼓形"貯貝器"，頂部雕塑中有四人抬行的肩輿，輿內跪坐一人，扁體鎏金，當爲中心人物。輿前後各列二人，右肩掮穿繫於輿抬杠兩端寬帶的圓杆，右手扶杆，步調一致，齊邁左足，抬肩輿行⑤（圖4.3-1，12）。

---

① 陝西省考古研究所、西安交通大學：《西安交通大學西漢壁畫墓》，西安交通大學出版社，1991年，第40頁；徐光冀主編：《中國出土壁畫全集·6·陝西》（上），科學出版社，2011年，第11頁。

② 參看李發林：《漢畫考釋和研究》，中國文聯出版社，2000年，第289、290頁；焦德森主編：《中國畫像石全集·山東漢畫像石·1》，山東美術出版社、河南美術出版社，2000年，第30頁。

③ 王樹村主編：《中國美術全集·繪畫編·19·石刻綫畫》，上海人民美術出版社，1988年，圖版第62頁圖一八，圖版説明第7頁。

④ 楊泓：《步輿·平肩輿·步輦》，《文物天地》1990年第5期。

⑤ 雲南省文物考古研究所等：《江川李家山第二次發掘報告》，文物出版社，2007年，第123—125頁。

圖4.3-1　春秋至北魏時期的輦車與肩輿

1. 邊家莊M5木雙人輦車　2. 九連墩M2：394木輦車　3. 九連墩M1：728彩繪木弩上的雙人輦車　4. 麻浩M1畫像石中的單人輦車　5. 昌梨水庫M1畫像石中的單人輦車　6. 賈汪畫像石中的單人輦車　7. 孝堂山畫像石中的四人輦車　8. 侯古堆M1P：116漆木肩輿（複製品）　9. 西安交大壁畫中的"輿鬼"圖　10. 武梁祠畫像石"孝孫原穀"圖中的版輿　11. 北魏畫像石棺中的孝孫原穀圖　12. 李家川M69四人肩輿　13. 北魏司馬金龍墓木板畫中的肩輿

（4）山西大同石家寨北魏司馬金龍墓出土的木板畫中，有一幅肩輿圖，由四人各執抬杠之一端前進，"漢成帝"坐於肩輿内①（圖4.3-1，13）。

從上舉之例可以看出，不論是有輪的輦，還是無輪的輿，都是以人爲驅動力的，且都可以作爲高等級的坐乘工具。因此，疑馬王堆M3遺册所記由"宦者四人服"的"羊車"是指這類由多人驅動的坐乘工具。《詩·小雅·車攻》"徒御不驚，大庖不盈"，《爾雅·釋訓》"徒御不驚，輦者也"，郭璞注"步挽輦車"。疑服"羊車"的四名"宦者"是"徒御""輦者"一類職務的人，負責挽行或抬行"羊車"。

第四節　船

【船】

（1）舩（船）一楼（艘）[1]　鳳凰山M8遺78
　　大奴孝，擢[2]　鳳凰山M8遺79
　　大奴虞人，擢[3]　鳳凰山M8遺80
　　大奴服，擢　鳳凰山M8遺81
　　大奴郤，糴（擢）[4]　鳳凰山M8遺82
　　大奴定，擢[5]　鳳凰山M8遺83
　　大奴狀，擢　鳳凰山M8遺84
（2）■凡車二乘，馬十匹，人卅一，舩（船）一楼（艘）[6]　鳳凰山M168遺10
（3）舩（船）一楼[7]　Ｊ　張家山M247遺19貳

〖集釋〗

　　[1] 首字，**中山**（2012：33）釋"舩"，**彭浩**（2012：33）釋"船"。

　　楼，**章水根**（2013：64）：《說文》"船總名也"，現在多作艘字。

　　[2] **鳳凰山M8簡報**（1974：52）在結語部分總結木俑情況時於"擢"後括注"划槳"。**譚維四**（1975：10）於引文"擢"後括注"駕船"。**彭浩**（2012：33）：擢，讀爲櫂，《方言》九："楫謂之橈，或謂之櫂。"《釋名·釋船》："在旁撥水曰櫂。"可見這類俑是划船的，出土有6件小木俑。**胡平生、李天虹**（2004：331）："擢"指船夫，《釋名·釋船》："在旁撥水曰櫂。"

---

　　①　山西省大同市博物館、山西省文物工作委員會：《山西大同石家寨北魏司馬金龍墓》，《文物》1972年第3期；山西省文物資料信息中心編：《晉寶藏》，山西人民出版社，2016年，第165頁。

　　［3］**施謝捷**（2015：523）："虞人",掌山澤之官,秦漢時期人常見用爲名字,見於秦、漢私印及《漢書》;以"虞人"爲名,亦屬於以官名作人名字之例。

　　［4］"奴"下一字,**中山**（2012：34）釋"郶"。**彭浩**（2012：34）釋"舒"。**章水根**（2013：65）:右旁可能爲"邑",也可能爲"予",暫釋爲舒字。**今按**:邑、予形近,但"予"的左側没有作一豎筆者,此字當從中山（2012：34）釋"郶"。參看里耶秦簡9-23的人名用字"郶"。

　　"郶"下一字,**中山**（2012：34）釋"糴"。**彭浩**（2012：34）、**章水根**（2013：65）釋"擢"。**今按**:此字左從米,當從中山（2012：34）釋爲"糴",讀爲"擢"。

　　［5］"奴"下一字,原皆釋"宦"。**今按**:此字與本批簡67的"宦"字不同,當釋爲"定",參看 （馬王堆帛書《陰陽五行乙篇·天一》18）。

　　［6］末字,**鳳凰山M168簡報**（1975：4）、**中山**（2012：185）等釋"艘"。**陳振裕**（2012：185、199、201）:"艘"即艘字,墓中出土物也有木船一件,與這條簡文相符,但分類簡未記。

　　鳳凰山M168報告（1993：488）:船1件（70）,全長71厘米,船上有木槳5隻,划船俑5件,簡10所記當指此器,但未記划船木俑。**陳振裕**（2012：199）:人册一,分類簡總和僅四十人,但竹牘所記的奴婢總數爲四十六人,而且出土木俑也是四十六件。這裏少記五人,很有可能是划船的五人。

　　［7］第一字和第三字,**張家山二四七號漢墓整理小組**（2001：303）釋介、椑。**廣瀬薰雄**（2010b：366、367）釋船、艘,鳳凰山M8遣策有"船一艘",走馬樓西漢簡牘也有"船一艘"的例子,"艘"字還見《漢書·溝洫志》"謁者二人發河南以東漕船五百艘",顏師古注云:"一船爲一艘。"墓中没有出土這種明器。

〔疏證〕

　　船與車,分別是最主要的水、陸交通工具。《史記·夏本紀》"陸行乘車,水行乘船","予陸行乘車,水行乘舟",《貨殖列傳》"旱則資舟,水則資車,物之理也"。船是利用水的浮力在水上運輸的交通工具,又名舟。《説文·舟部》:"船,舟也。"《釋名·釋船》:"船,循也,循水而行也。又曰舟,言周流也。"嶽麓秦簡《占夢書》28壹記"夢乘周（舟）船,爲遠行。"

　　因形制不同、地域不同,船名各異。《方言》第九:"舟,自關而西謂之船,自關而東或謂之舟,或謂之航。南楚江湘凡船大者謂之舸,小舸謂之艖。艖謂之艒䑽,小艒䑽謂之艇,艇長而薄者謂之艜,短而深者謂之䑠,小而深者謂之樤,東南丹陽會稽之間謂艖爲欚。泭謂之簰,簰謂之筏。筏,秦晉之通語也。江淮家居簰中謂之

薦。方舟謂之濿，觛舟謂之浮梁。"樑，郭璞注"即長舼也"。五一廣場東漢簡中有
觛、栱（舼）的記録，2010CWJ1③：303記有"事已，俱渡湘，棄栱西市渚下"，
2010CWJ1③：325-1-139記有"俱乘栱船上之沂溪中市魚"，二處中的"栱"，孫濤讀
爲"舼"[1]；2010CWJ1③：263-59記有"持栅船一椄"，孫濤讀"栅"爲"觛"[2]。

　　擢，在簡文中是職務名，指划槳的人，也即是擢者。因划船是體力消耗較大的勞
務，故漢代遣册所見擢者的身份都是大奴。

①　孫濤：《長沙五一廣場東漢簡牘"栱船"釋義補正》，簡帛網2017年4月24日。
②　孫濤：《讀〈長沙五一廣場東漢簡牘選釋〉札記兩則》，簡帛網2017年5月7日。

結　語

　　漢代遣册記錄有豐富的名物，本書選取衣食住行類名物進行了分類整理。我們在已有研究的基礎上，充分吸收學界研究成果，以漢代遣册内容爲基礎，廣泛收集相關實物及文獻資料，分"紡織品與服飾""飲食""起居""車船"四部分對漢代遣册衣食住行類名物進行集釋和疏證。

　　"紡織品與服飾"分紡織品、服裝、佩飾、雜物等四類。其中"紡織品"分帛、布、縣絮三小類，分別討論繒（帛）、素、綃、縑、綺、緹、錦、繡、布、紵、絮、縣等；"服裝"按照身體部位的不同，分爲首服、項衣、上衣、手衣、腰帶、下裳、鞋襪，分別討論冠、幘、帣、笠、面衣、項衣、上衣、襲、襌衣、袷衣、複衣、袍、襦、襜褕、諸于、裾衣、短袖、中衣、手衣、帶、裙、綺、褌、蔽膝、履、襪等；"佩飾"討論傍囊、決、印、綬、五彩絲等；"雜物"討論巾、衣幋、衣笥等。在研究這些與"衣"相關名物的過程中，我們提出了一些新的看法，如：

　　海曲M130-03衣物疏"青䋠復衣，白□……""□□復衣，□丸領……"之"復"舊皆釋"領"，本書均改釋並讀爲"複"；"……□單帣一"之"帣"，原未釋，本書新釋；海曲M130-05衣物疏"☑□流黄復衣一領"之"流"，舊釋"綏"，本書改釋；尹灣M6君兄節司小物疏"印巾二"之"印"，舊釋"卸"或"卻"，本書改釋；海昏侯墓木楬"第廿"所記"細練單屬十四"之"細練"，有學者釋爲"□綵"，本書改釋；"鮮支單屬六"之"鮮支"，有學者釋爲"絳書"，本書改釋；木楬"第百一十"所記"白丸書帛一匹，鍤五寰，絳繡笥盛"之"書"，有學者釋"畫"，本書改釋；"寰"，原未釋，本書新釋；"鍤"，有學者釋"銀"，本書改釋；胡場M20漆笥"栂、需一笥"之"需"，舊釋"栗"，本書改釋並讀爲"楔"；武大藏衣物數"毌尊繹衣一領"之"繹"，原釋"襌"，本書改釋並讀爲"襌"；"【緥】丸合衣一領"之"緥"，原未釋，本書改釋；"緣長襦一領"首字原釋"緣"，本書認爲是"緑"之譌寫，"長"原釋"單"，本書改釋；三羊墩M1衣物疏"緑丸襜褕一"之"緑"，原未釋，本書新釋；懸泉漢簡 I 90DXT0208S：11所記"汙襦一，直三百"之"汙"，原釋"汙"，本書改釋。

　　侍其繇衣物疏"枝縠合衣、縷上襌各一"之"枝"，與馬王堆M1遣册簡246、247、248所記"絞緒"之"絞"表一詞，"枝縠"之"枝"似當讀爲"緹"；劉賜衣物疏"蒙絮二"之"蒙絮"，本書讀爲"幏帤"；鳳凰山M8遺册簡144"雜繒一束"中的"雜繒"，本書認爲是指不同種類的成匹繒帛合捆爲一束。

張家山M247遺册簡15、41可綴合，綴合後第二欄釋文作"□史先笥一合"。

劉林衣物疏所記"玉決一"即棺内出土的玉鞢形佩（棺1∶7），由此可知漢代貴族墓中出土的這種鞢形玉佩可稱作"決"。

《儀禮·士喪禮》"襚者以褶"，鄭玄注："古文褶爲襲"；《禮記·玉藻》"帛爲褶"，鄭玄注："褶，有表裏而無著"；侍其繇衣物疏記有"紗縠復（複）襲"，則"襲"有"複"者，《急就篇》卷二"襜褕袷複褶袴褌"，顔注："衣裳施裏曰袷，褚之以綿曰複。"則"複"有表有裏褚綿，故鄭玄所注不確。

《漢書·匈奴傳》："服繡袷綺衣、長襦、錦袍各一"，顔注："袷者，衣無絮也。繡袷綺衣，以繡爲表，綺爲裏也。"根據漁陽木楬C∶4記"素繡、沙縠繡、皁緒複騎衣三，綀釡禪騎衣一，熏綺繡、沙綺繡合騎衣三"等漢代遺册中衣物記録的規律看，禪、袷、複之後的名詞多爲專有名詞，顔色、質料等詞一般都在禪、袷、複等詞語之前。故《匈奴傳》"服繡袷綺衣"之"綺衣"似與漁陽木楬所記的"騎衣"所指相同，顔注"綺爲裏"恐不確。

"飲食"分食器、飲器、炊器等三類。其中"食器"分盛食器、取食器、承食器，分别討論杯、閶、具杯、醬杯、醬卮、盤、平盤、椑梡、盛、鼎、奩、盂、罍、瓺、資、缶、箵、枓、匕、箸、案等；"飲器"分盛飲器、挹飲器，分别討論杯、杼、飲閶、卮、角鱓、壺、鍾、鈁、鋌、榼、缶、罍、勺等；"炊器"分蒸煮器、燃料、取水器，分别討論竈、釜、甑、盎、鑊、銚、鏊、薪、炭、汲甕等。在研究這些與"食"相關名物的過程中，我們提出了一些新的看法，如：

高臺M18遺册牘"釘一雙"之"釘"，舊釋"鉈"，本書改釋並讀爲"鼎"；張家山M247遺册簡37"牧杯七"之"牧"，舊釋"枚"，本書改釋，"牧杯"讀爲"墨杯"；鳳凰山M8遺册簡121"甒二"之"甒"，舊釋"瓺"，本書改釋；簡49"小平樊一"之"樊"，本書讀爲"盤"；港中大藏遺册簡122"檻一，盛酒"之"檻"，原未釋，本書新釋，"檻"即"榼"；簡123"小瓿甄二，盛酒"之"小"，原未釋，本書新釋；"甄"，原釋"甒"，本書改釋；揚家山M135遺册"桑薪三束"之"桑"，舊未釋，本書新釋。

羅泊灣M1從器志記有"温瞀（鏊）一"，茂陵一號無名冢出土陽信家銅銚刻銘"陽信家裂銚，容二升"，"温""裂"似當讀爲"熅"，《詩·小雅·車舝》"以慰我心"之"慰"，《韓詩》作"㥖"。熅銚、熅鏊均爲用微火加熱的炊器；從器志"大蓋一"之"蓋"，本書讀爲"榼"，即"榼"，指墓中出土的一件銅扁壺。

鳳凰山M168遺册39所記"角單（鱓）一隻，金足"之"角鱓"即墓中出土的發掘報告稱之爲"銅書形器座"（M168：249、M168：250）。所謂"銅書形器座"即大墳頭M1出土的"銅器座"（M1頭廂：45、M1頭廂：46）。"銅書形器座""銅器座"即是漢墓出土的高足杯。這類高足杯中有以複合材料做成者，一般是銅圈足座，漆木或玉質杯身。

　　"起居"分臥坐之具、化妝與洗沐之具、熏香之具、雜物等四類。其中"臥坐之具"分寢具、坐具，分別討論被、衾、枕、席、茵、帷、坐席、坐茵、支踵、坐案、几等；"化妝與洗沐之具"分妝具、化妝品、盛妝具、洗沐之具，分別討論梳、箆、鏡、弗、鬊、簪、導、鬃、鑷、鉸刀、疏牙、脂、粉、膏、櫛笥、鏡奩、脂、漿、沐、澡巾、盤、匜等；"熏香之具"分熏器、香料，分別討論熏爐、熏籠、薰、芬、蕙、杜蘅等；"雜物"討論鐙、杖、扇、遷蓋、渠如、器巾、鍼衣、博具等。在研究這些與"住"相關名物的過程中，我們提出了一些新的看法，如：

　　港中大藏遣册簡120"小鉼三，盛菁、漿、沐"之"菁"，原釋"著"，本書改釋並讀爲"脂"；"漿"，原釋"杯"，本書改釋。

　　劉林衣物疏"壽牟晉一"之"壽牟"，本書讀爲"玧瑁"，即"瑇瑁"；馬王堆M3遣册簡270"布繒檢一"的"繒"可讀爲"層"，層奩指雙層奩。墓中出土的一件紵胎油彩雙層圓奩（北155）即此處所記"布繒檢一"。

　　江蘇盱眙縣大雲山西漢江都王陵北區陪葬墓M6：20漆奩上的錐刻銘書，整理者釋作"粉符菁書一十年中郎屯伏陽工青造"，本書將"粉符菁書一"改釋爲"粉符蔓一"，"符蔓"即馬王堆遣册中的"付蔓"，"粉符蔓一"表示此漆圓奩用來盛妝粉的。此漆奩是目前所見唯一一件付蔓自名器。

　　"車船"分馬車、牛車、輂車、船等四類。討論車、軺車、安車、輼車、輬車、大車、轒輼、車茵、牛車、輻車、羊車、船等。在研究這些與"行"相關名物的過程中，我們提出了一些新的看法，如：

　　鳳凰山M8遣册簡83"大奴定，擢"之"定"，舊釋"宦"，本書改釋；謝家橋M1遣册"炊竿奴一，名曰寃"之"寃"，舊釋"家"或"寇"，本書改釋。

　　鳳凰山M168遣册簡8記"田者男、女各四人，大奴、大婢各四人"，整理者理解此處共計16人，本書認爲所記田者男女的總數量是8人。"大奴、大婢各四人"是對"田者男、女各四人"的補充説明，意即"田者男四人"的身份是"大奴"，"田者女四人"的身份是"大婢"。

　　由於本人學識與精力有限，本書在漢代遣册的簡序編排、名物分類以及疑難名物的考釋等方面，還需要進一步深入討論。在文本整理基礎上展開相關問題的綜合研究，也希望日後有時間開展。

參考書目

（説明："【作者（年份）】"爲前文集釋引用時的簡稱）

［1］ 白於藍：《簡帛古書通假字大系》，福建人民出版社，2017年。

［2］ 白軍鵬：《敦煌漢簡校釋》，上海古籍出版社，2018年。

［3］ （漢）班固：《漢書》，中華書局，1962年。

［4］ 北京大學出土文獻研究所編：《北京大學藏西漢竹書》（壹—伍），上海古籍出版社，2012、2014、2015年。

［5］ （三國）曹操：《曹操集》，中華書局，2013年。

［6］ 曹方向：《讀秦漢簡劄記（三則）》，簡帛網2008年11月11日。【曹方向（2008）】

［7］ 長江流域第二期文物考古工作人員訓練班：《湖北江陵鳳凰山西漢墓發掘簡報》，《文物》1974年第6期。【鳳凰山M8簡報（1974）】

［8］ 長沙市文物考古研究所編：《西漢長沙王陵出土漆器輯録》，嶽麓書社，2016年。

［9］ 長沙市文物考古研究所、中國文物研究所編：《長沙東牌樓東漢簡牘》，文物出版，2006年。

［10］ 長沙市文物考古研究所、望城縣文物管理局：《湖南望城風篷嶺漢墓發掘簡報》，《文物》2007年第12期。

［11］ 長沙市文物考古研究所、長沙簡牘博物館：《湖南長沙望城坡西漢漁陽墓發掘簡報》，《文物》2010年第4期。【長沙市文物考古研究所（2010）】

［12］ 長沙市文物考古研究所編：《長沙尚德街東漢簡牘》，嶽麓書社，2016年。

［13］ 朝鮮古蹟研究會：《樂浪彩篋冢》，日本京都便利堂，1935年。

［14］ 陳劍：《説"安"字》，《語言學論叢》第31輯，商務印書館，2005年。

［15］ 陳劍：《楚簡"羿"字試解》，《簡帛》第4輯，上海古籍出版社，2009年。

［16］ 陳劍：《試説戰國文字中寫法特殊的"兂"和從"兂"諸字》，《出土文獻與古文字研究》第3輯，復旦大學出版社，2010年。

［17］ 陳劍：《關於"營="與早期出土文獻中的"省代符"》，復旦古文字網"學術討論區"，2011年7月9日。

［18］ 陳劍：《據出土文獻説"懸諸日月而不刊"及相關問題》，《嶺南學報》復刊第10輯《出土文獻：語言、古史與思想》，上海古籍出版社，2018年。【陳劍（2018）】

［19］ 陳建明：《馬王堆漢墓文物中的漢代冠式初探》，《湖南省博物館館刊》第1期，《船山學刊》雜誌社，2004年。【陳建明（2004）】

［20］ 陳建明、聶菲：《馬王堆漢墓漆器整理與研究》，中華書局，2019年。

［21］ 陳練軍：《〈尹灣漢墓簡牘〉中的量詞》，《周口師範學院學報》2003年第3期。【陳練軍（2003）】

［22］ 陳巧萱：《漢代徐州刺史部一帶喪葬簡牘類型分析》，《甘肅省第二屆簡牘學國際學術研討會論文集》，上海古籍出版社，2012年。【陳巧萱（2012）】

［23］ （晉）陳壽：《三國志》，中華書局，1982年。

［24］ 陳松長：《馬王堆三號漢墓木牘散論》，《文物》1994年第6期。【陳松長（1994）】

［25］ 陳松長：《馬王堆簡帛文字編》，文物出版社，2001年。【陳松長（2001a）】

［26］ 陳松長：《尹灣漢簡研究三題》，《簡帛研究二〇〇一》，廣西師範大學出版社，2001年。

［27］ 陳松長：《香港中文大學文物館藏簡牘》，香港中文大學文物館，2001年。【陳松長（2001b）】

［28］ 陳松長主編：《嶽麓書院藏秦簡》（肆、伍），上海辭書出版社，2015、2017年。

［29］ 陳松長主編：《嶽麓書院藏秦簡（壹—叄）釋文修訂本》，上海辭書出版社，2018年。

［30］ 陳偉：《周家寨8號墓〈告地書〉中的"不幸"》，簡帛網2018年11月13日。【陳偉（2018）】

［31］ 陳偉主編：《秦簡牘合集》（壹—肆），武漢大學出版社，2014年。

［32］ 陳偉主編：《秦簡牘合集·釋文注釋修訂本》（壹—肆），武漢大學出版社，2016年。

［33］ 陳偉主編：《里耶秦簡牘校釋》第1、2卷，武漢大學出版社，2012、2018年。

［34］ 陳偉武：《秦漢簡牘考釋拾遺》，《簡帛》第2輯，上海古籍出版社，2007年。

［35］ 陳偉武：《銀雀山漢簡釋讀小札》，《出土文獻與古文字研究》第6輯，上海古籍出版社，2015年。

［36］ 陳雍：《儀徵胥浦101號西漢墓〈先令券書〉補釋》，《文物》1988年第10期。【陳雍（1988）】

［37］ 陳增弼：《漢、魏、晉獨坐式小榻初論》，《文物》1979年第9期。

［38］ 陳增弼：《論漢代無桌》，《考古與文物》1982年第5期。

［39］ 陳昭容：《史語所藏平安侯家染爐——兼談染爐染杯的相關問題》，《古今論衡》第10期，2003年12月。

［40］ 陳振裕：《雲夢西漢墓出土木方初釋》，《文物》1973年第9期。

［41］ 陳振裕：《從鳳凰山簡牘看文景時期的農業生產》，《農業考古》1982年第1期。【陳振裕（1982）】

［42］ 陳振裕：《江陵鳳凰山西漢簡牘·一六八號墓》，中華書局，2012年。【陳振裕（2012）】

［43］ 陳直：《長沙發掘報告的幾點補正》，《考古》1961年第5期。【陳直（1961）】

［44］ 程平山：《鏤孔杯淺議》，《華夏考古》1995年第4期。【程平山（1995）】

［45］ 遲鐸：《小爾雅集釋》，中華書局，2008年。

［46］ 初師賓主編，胡平生、陳松長校注：《中國簡牘集成》2編第17冊，敦煌文藝出版社，2005年。【中國簡牘集成17（2005）】

［47］ 初師賓主編，胡平生、陳松長校注：《中國簡牘集成》2編第19冊，敦煌文藝出版社，2005年。【中國簡牘集成19（2005）】

［48］ 黨壽山：《介紹武威出土的兩件隨葬衣物疏木方》，《武威文物考述》，2001年。【黨壽山（2001）】

［49］ 黨壽山：《武威出土的兩件隨葬衣物疏》，《隴右文博》（《武威專輯》）2004年。

［50］ 竇磊：《凌惠平衣物疏補說》，簡帛網2012年4月20日。【竇磊（2012）】

［51］ 竇磊：《漢晉衣物疏補釋五則》，《江漢考古》2013年第2期。【竇磊（2013）】

［52］ 竇磊：《漢晉衣物疏集校及相關問題考察》，武漢大學博士學位論文，2016年。【竇磊（2016）】

［53］ 杜朝暉：《敦煌文獻名物研究》，中華書局，2011年。

［54］ 樊波成：《東周銅籩銅筥考——兼論"樽"與"觶"》，《考古與文物》2020年第2期。【樊波成（2020）】

［55］ 范常喜：《尹灣六號漢墓遣册木牘考釋二則》，《簡帛》第7輯，上海古籍出版社，2012年。【范常喜（2012）】

［56］　范常喜：《〈長沙馬王堆漢墓簡帛集成〉遣策校讀札記四則》，《出土文獻
　　　　與古文字研究》第9輯，上海古籍出版社，2020年。

［57］　范常喜：《馬王堆漢墓遣册“燭庸”與包山楚墓遣册“燭筩”合證》，《戰
　　　　國文字研究的回顧與展望》，中西書局，2017年。【范常喜（2017）】

［58］　范常喜：《青島土山屯6號漢墓木牘所記“疏牙”爲牙籤考》，《簡帛》第17
　　　　輯，上海古籍出版社，2018年。【范常喜（2018）】

［59］　范常喜：《嶽麓秦簡〈爲吏治官及黔首〉札記三則》，“古文字與上古音研
　　　　究”青年學者論壇會議論文集，廈門大學，2019年11月8—11日。

［60］　范常喜：《海昏侯劉賀墓出土漆書“丹臾”“醜布”考》，《語言科學》
　　　　2020年第3期。

［61］　范常喜：《北大漢簡〈妄稽〉所記美人用具詞語疏釋》，《中國文字》二〇
　　　　二〇年夏季號，萬卷樓，2020年。【范常喜（2020）】

［62］　范常喜：《漢墓出土丁形木器名“支蹱”考》，《考古學集刊》第26輯，社
　　　　會科學文獻出版社，2022年。【范常喜（2022）】

［63］　（宋）范曄：《後漢書》，中華書局，1965年。

［64］　方勇：《秦簡牘文字編》，福建人民出版社，2012年。

［65］　方勇：《讀江陵鳳凰山漢簡札記（二則）》，《古文字研究》第30輯，中華
　　　　書局，2014年。【方勇（2014）】

［66］　鳳凰山一六七號漢墓發掘整理小組：《江陵鳳凰山一六七號漢墓發掘簡
　　　　報》，《文物》1976年第10期。【鳳凰山M167簡報（1976）】

［67］　傅舉有：《關於長沙馬王堆三號漢墓的墓主問題》，《考古》1983年第2期。
　　　　【傅舉有（1983）】

［68］　傅舉有：《論秦漢時期的博具、博戲兼及博局紋鏡》，《考古學報》1986年
　　　　第1期。【傅舉有（1986）】

［69］　傅舉有：《春秋戰國秦漢熏爐綜論》，《中國文物世界》第129期。【傅舉有
　　　　（1999）】

［70］　傅舉有：《馬王堆漢墓漆木器藝術》，《馬王堆漢墓漆器整理與研究》
　　　　（中），中華書局，2019年。【傅舉有（2019）】

［71］　甘肅簡牘保護研究中心等編：《肩水金關漢簡》（壹、貳），中西書局，
　　　　2011年、2012年。

［72］　甘肅簡牘博物館等編：《肩水金關漢簡》（叁—伍），中西書局，2013年、
　　　　2015年、2016年。

［73］　甘肅簡牘博物館等編：《地灣漢簡》，中西書局，2017年。

［74］ 甘肅簡牘博物館等編：《懸泉漢簡（壹）》，中西書局，2019年。

［75］ 甘肅省文物考古研究所：《甘肅敦煌漢代懸泉置遺址發掘簡報》，《文物》2000年第5期。

［76］ 甘肅省文物考古研究所編：《敦煌漢簡》，中華書局，1991年。

［77］ 高春明：《中國歷代服飾文物圖典：先秦、秦漢、魏晉南北朝》，上海辭書出版社，2018年。

［78］ （晉）葛洪撰，周天遊校注：《西京雜記》，三秦出版社，2006年。

［79］ 廣瀨薰雄：《釋卜缶》，《古文字研究》第28輯，中華書局，2010年。【廣瀨薰雄（2010a）】

［80］ 廣瀨薰雄：《張家山二四七號漢墓遣策釋文考釋商榷》，《出土文獻與古文字研究》第3輯，復旦大學出版社，2010年。【廣瀨薰雄（2010b）】

［81］ 廣瀨薰雄：《釋卜鼎——〈釋卜缶〉補說》，《古文字研究》第29輯，中華書局，2012年。

［82］ 廣瀨薰雄：《“霝”字小記》，《出土文獻綜合研究集刊》第1輯，巴蜀書社，2014年。

［83］ 廣瀨薰雄：《簡帛研究論集》，上海古籍出版社，2019年。【廣瀨薰雄（2019）】

［84］ 廣西壯族自治區文物工作隊：《廣西貴縣羅泊灣一號墓發掘簡報》，《文物》1978年第9期。【廣西壯族自治區文物工作隊（1978）】

［85］ 廣西壯族自治區博物館：《廣西貴縣羅泊灣漢墓》，文物出版社，1988年。【廣西壯族自治區博物館（1988）】

［86］ 廣州市文物管理委員會、中國社會科學院考古研究所、廣東省博物館編輯：《西漢南越王墓》，文物出版社，1991年。

［87］ 廣州市文物考古研究所等：《廣州市南越國宮署遺址西漢木簡發掘簡報》，《考古》2006年第3期。

［88］ （晉）郭璞注，（宋）邢昺疏，王世偉整理：《爾雅注疏》，上海古籍出版社，2010年。

［89］ 郭永秉：《〈陝西金文集成〉識小錄》，《古今論衡》第32期，2019年。

［90］ 韓厚明：《張家山漢簡字詞集釋》，吉林大學博士學位論文，2018年。【韓厚明（2018）】

［91］ 郝樹聲、張德芳：《懸泉漢簡研究》，甘肅文化出版社，2009年。

［92］ （清）郝懿行撰，王其和、吳慶峰、張金霞點校：《爾雅義疏》，中華書局，2017年。

［93］河南省文物考古研究院編著：《曹操高陵》，中國社會科學出版社，2016年。

［94］何寧撰：《淮南子集釋》，中華書局，1998年。

［95］何有祖：《馬王堆二、三號漢墓遣策釋文與注釋商榷》，簡帛研究網2004年12月19日。【何有祖（2004a）】

［96］何有祖：《張家山漢簡釋文與注釋商補》，簡帛研究網2004年12月26日。【何有祖（2004b）】

［97］何有祖：《張家山漢簡校釋札記》，《楚簡楚文化與先秦歷史文化國際學術研討會論文集》，湖北教育出版社，2013年。【何有祖（2013）】

［98］賀强：《馬王堆漢墓遣策整理研究》，西南大學碩士學位論文，2006年。

［99］洪石：《東周至晉代墓所出物疏簡牘及其相關問題研究》，《考古》2001年第9期。

［100］洪石：《戰國秦漢漆器研究》，文物出版社，2006年。

［101］洪石：《戰國西漢墓出土竹木枕及相關問題》，《漢長安城考古與漢文化》，科學出版社，2008年。

［102］洪石：《馬王堆漢墓出土油畫漆器研究》，《江漢考古》2017年第1期。【洪石（2017）】

［103］湖北省博物館等：《湖北雲夢西漢墓發掘簡報》，《文物》1973年第9期。

［104］湖北省博物館：《光化五座墳西漢墓》，《考古學報》1976年第2期。

［105］湖北省博物館：《雲夢大墳頭一號漢墓》，《文物資料叢刊》（4），文物出版社，1981年。【湖北省博物館（1981）】

［106］湖北省荆州地區博物館：《江陵高臺18號墓發掘簡報》，《文物》1993年第8期。【湖北省荆州地區博物館（1993）】

［107］湖北省荆州地區博物館：《江陵揚家山135號秦墓發掘簡報》，《文物》1993年第8期。

［108］湖北省荆州博物館：《荆州高臺秦漢墓》，科學出版社，2000年。【湖北省荆州博物館（2000）】

［109］湖北省荆州市周梁玉橋遺址博物館：《關沮秦漢墓清理簡報》，《文物》1999年第6期。

［110］湖北省荆州市周梁玉橋遺址博物館：《關沮秦漢墓簡牘》，中華書局，2001年。【蕭家草場M26報告（2001）】

［111］湖北省文物考古研究所：《江陵鳳凰山一六八號漢墓》，《考古學報》1993年第4期。【鳳凰山M168報告（1993）】

［112］湖北省文物考古研究所、隨州市文物局：《隨州市孔家坡墓地M8發掘簡

報》，《文物》2001年第9期。

［113］　湖北省文物考古研究所、隨州市考古隊：《隨州孔家坡漢墓簡牘》，文物出
　　　　　版社，2006年。

［114］　湖北省文物考古研究所、雲夢縣博物館：《湖北雲夢睡虎地M77發掘簡
　　　　　報》，《江漢考古》2008年第4期。

［115］　湖北省文物考古研究所編：《江陵鳳凰山西漢簡牘》，中華書局，2012年。

［116］　湖北省文物考古研究所、隨州市曾都區考古隊：《湖北隨州市周家寨墓地
　　　　　M8發掘簡報》，《考古》2017年第8期。

［117］　湖南省博物館：《長沙砂子塘西漢墓發掘簡報》，《文物》1963年第2期。

［118］　湖南省博物館、中國科學院考古研究所、文物編輯委員會合編：《長沙馬王
　　　　　堆一號漢墓發掘簡報》，文物出版社，1972年。

［119］　湖南省博物館、中國科學院考古研究所：《長沙馬王堆二、三號漢墓發掘簡
　　　　　報》，《文物》1974年第7期。

［120］　湖南省博物館：《長沙馬王堆漢墓陳列》，中華書局，2017年。【湖南省博
　　　　　物館（2017）】

［121］　湖南省博物館、中國科學院考古研究所編：《長沙馬王堆一號漢墓》，文物
　　　　　出版社，1973年。【馬王堆M1報告（1973）】

［122］　湖南省博物館、湖南省文物考古研究所編著：《長沙馬王堆二、三號漢
　　　　　墓·第1卷：田野考古發掘報告》，文物出版社，2004年。【馬王堆M3報告
　　　　　（2004）】

［123］　湖南省文物考古研究所編：《里耶秦簡》（壹、貳），文物出版社，2012、
　　　　　2017年。

［124］　湖南省文物考古研究所編著：《沅陵虎溪山一號漢墓》，文物出版社，2020年。

［125］　胡平生：《説“紙緣”》，《文物天地》1991年第2期。【胡平生（1991）】

［126］　胡平生、張德芳：《敦煌懸泉漢簡釋粹》，上海古籍出版社，2001年。

［127］　胡平生：《荊州新出簡牘釋解》，《湖南省博物館館刊》第6輯，嶽麓書
　　　　　社，2010年。【胡平生（2010）】

［128］　胡平生、李天虹：《長江流域出土簡牘與研究》，湖北教育出版社，2004
　　　　　年。【胡平生、李天虹（2004）】

［129］　胡婷婷：《甘肅出土散見簡牘集釋》，西北師範大學碩士學位論文，2013
　　　　　年。【胡婷婷（2013）】

［130］　華夫主編：《中國古代名物大典》，濟南出版社，1993年。

［131］　華學誠匯證：《揚雄方言校釋匯證》，中華書局，2006年。

［132］ 黄鳳春、黄婧：《楚器名物研究》，湖北教育出版社，2012年。

［133］ 黄暉：《論衡校釋》，中華書局，1990年。

［134］ 黄金貴：《古代文化詞義集類辨考》，商務印書館，2016年。

［135］ 黄金貴主編：《古代漢語文化百科詞典》，上海辭書出版社，2016年。

［136］ 黄靈庚：《楚辭章句疏證》（增訂本），上海古籍出版社，2018年。

［137］ 黄朴華、羅小華：《長沙五一廣場東漢簡牘中的"象人"》，《出土文獻》
2020年第4期。

［138］ 黄盛璋：《江陵鳳凰山漢墓簡牘及其在歷史地理研究上的價值》，《文物》
1974年第6期。【黄盛璋（1974）】

［139］ 黄盛璋：《關於壺的形制發展與名稱演變考略》，《中原文物》1983年第2
期。【黄盛璋（1983）】

［140］ 黄盛璋：《江陵高臺漢墓新出"告地策"、遣策與相關制度發覆》，《江漢
考古》1994年第2期。【黄盛璋（1994）】

［141］ 黄文傑：《秦漢文字的整理與研究》，社會科學文獻出版社，2015年。【黄
文傑（2015）】

［142］ 黄曉芬：《漢墓的考古學研究》，嶽麓書社，2003年。

［143］ 紀南城鳳凰山一六八號漢墓發掘整理組：《湖北江陵鳳凰山一六八號漢墓發
掘簡報》，《文物》1975年第9期。【鳳凰山M168簡報（1975）】

［144］ 季旭昇：《説文新證》，藝文印書館，2014年。

［145］ 簡牘整理小組：《居延漢簡》（壹—肆），史語所，2014年、2015年、2016
年、2017年。

［146］ 姜維：《近二十年散見漢簡牘輯録》，武漢大學碩士學位論文，2011年。
【姜維（2011）】

［147］ 江蘇省文物管理委員會、南京博物院：《江蘇鹽城三羊墩漢墓清理報告》，
《考古》1964年第8期。

［148］ 江西省文物考古研究所等：《南昌市西漢海昏侯墓》，《考古》2016年第7期。

［149］ 江西省文物考古研究所、首都博物館：《五色炫曜：南昌漢代海昏侯國考古
成果》，江西人民出版社，2016年。

［150］ 江西省文物考古研究院、北京大學出土文獻研究所、荆州文物保護中心：
《江西南昌西漢海昏侯劉賀墓出土簡牘》，《文物》2018年第11期。

［151］ 蔣魯敬、李志芳：《荆州胡家草場西漢墓M12出土的簡牘》，《出土文獻研
究》第18輯，中西書局，2019年。

［152］ 蔣文：《長沙望城出土木楬簽牌釋文補正》，《語言研究集刊》第11輯，上

海辭書出版社，2013年。【蔣文（2013）】

[153] 金菲菲：《長沙馬王堆一號漢墓遣策集釋》，首都師範大學碩士學位論文，2010年。

[154] 金立：《江陵鳳凰山八號漢墓竹簡試釋》，《文物》1976年第6期。【金立（1976）】

[155] 荊州地區博物館：《江陵張家山三座漢墓出土大批竹簡》，《文物》1985年第1期。

[156] 荊州地區博物館：《江陵張家山兩座漢墓出土大批竹簡》，《文物》1992年第9期。

[157] 荊州博物館：《湖北荊州謝家橋一號漢墓發掘簡報》，《文物》2009年第4期。【荊州博物館（2009）】

[158] 考古研究所湖南調查發掘團：《長沙近郊古墓發掘記略》，《文物參考資料》1952年第2期。【考古研究所湖南調查發掘團（1952）】

[159] 雷海龍：《睡虎地秦墓竹簡法律簡字詞補釋》，《簡帛研究二〇一七春夏卷》，廣西師範大學出版社，2017年。

[160] 雷海龍：《〈長沙尚德街東漢簡牘〉釋字補札》，《楚學論叢》第7輯，湖北人民出版社，2018年。

[161] 李會豔：《尹灣漢墓簡牘詞語通釋》，華東師範大學碩士學位論文，2009年。【李會豔（2009）】

[162] 李家浩：《信陽楚簡"澮"字及從"关"之字》，《中國語言學報》第1期，商務印書館，1983年。【李家浩（1983）】

[163] 李家浩：《關於郪陵君銅器銘文的幾點意見》，《江漢考古》1986年第4期。【李家浩（1986）】

[164] 李家浩：《從戰國"忠信"印談古文字中的異讀現象》，《北京大學學報》（哲學社會科學版）1987年第2期。【李家浩（1987）】

[165] 李家浩：《仰天湖楚簡十三號考釋》，《中國典籍與文化論叢》第1輯，中華書局，1993年。【李家浩（1993）】

[166] 李家浩：《毋尊、縱及其他》，《文物》1996年第7期。【李家浩（1996a）】

[167] 李家浩：《信陽楚簡中的"柿枳"》，《簡帛研究》第2輯，法律出版社，1996年。【李家浩（1996b）】

[168] 李家浩：《楚簡中的袷衣》，《中國古文字研究》第1輯，吉林大學出版社，1999年。

[169] 李家浩：《仰天湖楚簡剩義》，《簡帛》第2輯，上海古籍出版社，2007年。

［170］李家浩：《讀江陵鳳凰山漢墓遣策札記三則》，《中國文字學報》第2輯，商務印書館，2008年。【李家浩（2008a）】

［171］李家浩：《關於〈詛楚文〉“鞈輈”的釋讀》，《中國語言學》第1輯，山東教育出版社，2008年。

［172］李家浩：《談包山楚簡263號所記的席》，《出土文獻研究》第9輯，中華書局，2010年。【李家浩（2010）】

［173］李家浩：《江陵鳳凰山西漢簡牘·九號墓》，中華書局，2012年。【李家浩（2012）】

［174］李家浩：《〈易林〉校勘一得——兼談江陵鳳凰山漢簡中的“杞”字》，《上古漢語研究》第3輯，商務印書館，2019年。【李家浩（2019）】

［175］李靜：《武漢大學簡帛研究中心藏衣物數試釋》，《簡帛》第10輯，上海古籍出版社，2015年。【李靜（2015）】

［176］李均明：《讀〈尹灣漢墓簡牘〉雜記》，《簡帛研究二〇〇一》，廣西師範大學出版社，2001年。【李均明（2001）】

［177］李均明：《秦漢簡牘文書分類輯解》，文物出版社，2009年。【李均明（2009）】

［178］李均明、何雙全：《散見簡牘合輯》，文物出版社，1990年。【李均明、何雙全（1990）】

［179］李零：《洛陽曹魏大墓出土石牌銘文分類考釋》，《博物院》2019年第5期。

［180］李天虹：《“隻”字小考》，《追尋中華古代文明的蹤迹——李學勤先生學術活動五十年紀念文集》，復旦大學出版社，2002年。【李天虹（2002）】

［181］李天虹：《居延漢簡簿籍分類研究》，科學出版社，2003年。

［182］李天虹：《江陵鳳凰山西漢簡牘·一六九號墓》，中華書局，2012年。【李天虹（2012）】

［183］李正光編繪：《漢代漆器藝術》，文物出版社，1987年。

［184］李志芳、蔣魯敬：《湖北荆州市胡家草場西漢墓M12出土簡牘概述》，《考古》2020年第2期。

［185］里耶秦簡博物館等編：《里耶秦簡博物館藏秦簡》，中西書局，2016年。

［186］連雲港市博物館：《連雲港市陶灣黃石崖西漢西郭寶墓》，《東南文化》第3輯，1988年。【連雲港市博物館（1988）】

［187］連雲港市博物館等：《尹灣漢墓簡牘初探》，《文物》1996年第10期。【連雲港市博物館（1996）】

［188］連雲港市博物館：《江蘇東海縣尹灣漢墓群發掘簡報》，《文物》1996年第

8期。

［189］　連雲港市博物館等：《尹灣漢墓簡牘》，中華書局，1997年。【連雲港市博物館（1997）】

［190］　連雲港市博物館：《江蘇連雲港海州西漢墓發掘簡報》，《文物》2012年第3期。【連雲港市博物館（2012）】

［191］　梁靜：《出土〈蒼頡篇〉研究》，科學出版社，2015年。

［192］　林巳奈夫：《漢代の文物》，京都大學人文科學研究所，1976年。

［193］　臨沂市博物館：《山東臨沂金雀山周氏墓群發掘簡報》，《文物》1984年第11期。

［194］　劉芳芳：《戰國秦漢妝奩研究》，南京大學博士學位論文，2011年。

［195］　劉國勝：《讀漢墓遣册筆記（二則）》，簡帛網2008年10月23日。【劉國勝（2008）】

［196］　劉國勝：《謝家橋一號漢墓〈告地書〉牘的初步考察》，《江漢考古》2009年第3期。

［197］　劉國勝：《讀西漢喪葬文書札記》，《江漢考古》2011年第3期。【劉國勝（2011）】

［198］　劉國勝：《楚喪葬簡牘集釋》，科學出版社，2011年。

［199］　劉國勝：《説“金鋌”》，《文物》2012年第1期。【劉國勝（2012）】

［200］　劉國勝：《孔家坡漢簡日書“五勝”篇芻議》，《簡帛》第9輯，上海古籍出版社，2014年。

［201］　劉國勝：《青島土山屯漢墓M6出土衣物疏考釋三則》，未刊稿。【劉國勝（未刊稿）】

［202］　劉國勝、趙敏敏：《談江陵鳳凰山8號漢墓穀物簽牌與西漢遣册所記穀物》，《古籍新詮——先秦兩漢文獻論集》，香港中文大學出版社，2020年。

［203］　劉浩：《漢晉簡牘相關論著的圖版比較研究》，吉林大學碩士學位論文，2013年。

［204］　劉洪石：《遣册初探》，《尹灣漢墓簡牘綜論》，科學出版社，1999年。【劉洪石（1999）】

［205］　劉洪濤：《釋羅泊灣一號墓〈從器志〉的“憑几”》，《考古與文物》2012年第4期。【劉洪濤（2012）】

［206］　劉麗：《北大藏秦簡〈製衣〉簡介》，《北京大學學報》（哲學社會科學版）2015年第2期。

［207］　劉紹剛、鄭同修：《日照海曲漢墓出土遣策概述》，《出土文獻研究》第12

輯，中西書局，2013年。【劉紹剛、鄭同修（2013）】

[208]　劉紹剛、郭思克主編：《書於竹帛——中國簡帛文化》，上海書畫出版社，2017年。

[209]　（漢）劉熙撰，（清）畢沅疏證，王先謙補：《釋名疏證補》，中華書局，2008年。

[210]　劉興均、黃曉冬：《“三禮”名物詞研究》，商務印書館，2016年。

[211]　（漢）劉珍等撰，吳樹平校注：《東觀漢記校注》，中華書局，2008年。

[212]　劉釗：《讀書叢劄十三則》，《吉林大學古籍整理研究所建所十五周年紀念文集》，吉林大學出版社，1998年。【劉釗（1998）】

[213]　劉釗：《馬王堆漢墓簡帛文字考釋》，《語言學論叢》第28輯，商務印書館，2003年。【劉釗（2003a）】

[214]　劉釗：《〈張家山漢墓竹簡〉釋文注釋商榷（一）》，《古籍整理研究學刊》2003年第3期。【劉釗（2003b）】

[215]　劉釗：《古文字構形學》，福建人民出版社，2011年。

[216]　劉釗主編，鄭健飛、李霜潔、程少軒協編：《馬王堆漢墓簡帛文字全編》，中華書局，2020年。【劉釗（2020）】

[217]　魯普平：《馬王堆簡帛字詞校補》，華東師範大學博士學位論文，2018年。【魯普平（2018）】

[218]　羅福頤：《內蒙古自治區托克托縣新發現的漢墓壁畫》，《文物參考資料》1956年第9期。

[219]　羅小華：《“羊車”補說》，《四川文物》2013年第5期。【羅小華（2013）】

[220]　羅小華：《漁陽漢墓出土木楬選釋七則》，簡帛網2015年6月2日。【羅小華（2015）】

[221]　羅小華：《漢代名物選釋七則》，《出土文獻研究》第15輯，中西書局，2016年。【羅小華（2016）】

[222]　羅小華：《〈堂邑令劉君衣物名〉雜識（一）》，簡帛網2017年12月26日。【羅小華（2017a）】

[223]　羅小華：《〈堂邑令劉君衣物名〉雜識（二）》，簡帛網2017年12月27日。【羅小華（2017b）】

[224]　羅小華：《海昏侯墓出土遣策札記》，簡帛網2018年12月4日。【羅小華（2018）】

[225]　羅小華：《五一廣場簡牘所見名物考釋（一）》，《出土文獻》第14輯，中西書局，2019年。

［226］ 羅小華：《五一廣場簡牘所見名物考釋（三）》，《出土文獻研究》第18
輯，中西書局，2019年。【羅小華（2019）】

［227］ 羅振玉、王國維：《流沙墜簡》，中華書局，1993年。

［228］ 吕志峰：《讀〈關沮秦漢墓簡牘〉札記三則》，《中國文字研究》第24輯，
上海書店出版社，2016年。【吕志峰（2016）】

［229］ 吕志峰：《連雲港海州西漢墓M1：60衣物疏詞語詁解》，《中國文字研
究》第29輯，上海書店出版社，2019年。【吕志峰（2019）】

［230］ 麻賽萍：《漢代燈具研究》，復旦大學出版社，2016年。

［231］ （清）馬瑞辰撰，陳金生點校：《毛詩傳箋通釋》，中華書局，1989年。

［232］ 馬怡：《尹灣漢墓遣策札記》，《簡帛研究二〇〇二、二〇〇三》，廣西師
範大學出版社，2005年。【馬怡（2005）】

［233］ 馬怡：《"諸于"考》，《簡帛研究二〇〇二、二〇〇三》，廣西師範大學
出版社，2005年。

［234］ 馬怡：《西郭寶墓衣物疏所見漢代織物考》，《簡帛研究二〇〇四》，廣西
師範大學出版社，2006年。【馬怡（2006）】

［235］ 馬怡：《西郭寶墓衣物疏所見漢代名物雜考》，《簡帛》第4輯，上海古籍
出版社，2009年。【馬怡（2009）】

［236］ 馬怡：《漢代的麻布及相關問題探討（修訂稿）》，簡帛網2014年12月25日。

［237］ 馬怡：《一個漢代郡吏和他的書囊——讀尹灣漢墓簡牘〈君兄繒方緹中物
疏〉》，簡帛網2015年12月1日。【馬怡（2015）】

［238］ 毛靜：《漢墓遣策校注》，西南大學碩士學位論文，2011年。【毛靜（2011）】

［239］ 毛玉蘭：《對漢簡所見器物及其歷史文化意義的幾點探討》，安徽大學碩士
學位論文，2007年。【毛玉蘭（2007）】

［240］ 梅原末治：《支那漢代紀年銘漆器圖説》，日本京都桑名文星堂，1943年。

［241］ 繆啓愉校釋：《齊民要術校釋》2版，中國農業出版社，1998年。

［242］ 寧立新、楊純淵：《四神染爐考辨》，《北方文物》1988年第1期。

［243］ 南波：《江蘇連雲港市海州西漢侍其繇墓》，《考古》1975年第3期。【南
波（1975）】

［244］ 南京博物院、連雲港市博物館：《海州西漢霍賀墓清理簡報》，《考古》
1974年第3期。

［245］ 南京博物院、盱眙縣文廣新局：《江蘇盱眙縣大雲山西漢江都王陵一號
墓》，《考古》2013年第10期。

［246］ 南京博物院、盱眙縣文廣新局：《江蘇盱眙縣大雲山西漢江都王陵北區陪葬

墓》，《考古》2014年第3期。

［247］　南京博物院、盱眙縣文化廣電和旅遊局：《大雲山：西漢江都王陵1號墓發
　　　　　掘報告》，文物出版社，2020年。

［248］　南京博物院、儀徵博物館籌備辦公室：《儀徵張集團山西漢墓》，《考古學
　　　　　報》1992年第4期。

［249］　南越王宮博物館編：《南越木簡》，南越王宮博物館，2015年。

［250］　彭浩：《鳳凰山漢墓遣策補釋》，《考古與文物》1982年第5期。【彭浩
　　　　　（1982）】

［251］　彭浩：《江陵張家山漢墓262出土大批珍貴竹簡》，《江漢考古》1985年第2期。

［252］　彭浩：《江陵鳳凰山西漢簡牘·八號墓》，中華書局，2012年。【彭浩
　　　　　（2012）】

［253］　彭浩、陳偉、工藤元男主編：《二年律令與奏讞書：張家山二四七號漢墓出
　　　　　土法律文獻釋讀》，上海古籍出版社，2007年。

［254］　彭琴華：《秦漢三國兩晉簡牘所見服飾詞彙釋》，吉林大學碩士學位論文，
　　　　　2019年。【彭琴華（2019）】

［255］　彭適凡：《西漢銅鉀》，《文物工作資料》1977年第7期。

［256］　彭適凡：《江西收集的西漢銅鉀》，《文物》1978年第7期。

［257］　彭衛：《"羊車"考》，《文物》2010年第10期。

［258］　彭衛、楊振紅：《秦漢風俗》，上海文藝出版社，2018年。

［259］　彭峪、衛松濤：《青島土山屯墓群147號墓木牘》，復旦古文字網2017年12
　　　　　月27日。【彭峪、衛松濤（2017）】

［260］　平壤名勝舊蹟保存會編纂：《樂浪彩篋塚遺物聚英》，日本京都便利堂，
　　　　　1936年。

［261］　蒲朝府：《六博之箸、箅研究》，《神州》2012年第18期。【蒲朝府
　　　　　（2012）】

［262］　錢玄：《三禮名物通釋》，江蘇古籍出版社，1987年。

［263］　錢玄：《三禮通論》，南京師範大學出版社，1996年。

［264］　錢玄、錢興奇：《三禮辭典》，江蘇古籍出版社，1998年。

［265］　（清）錢繹撰集，李發舜、黃建中點校：《方言箋疏》，中華書局，2013年。

［266］　秦宗林：《揚州胡場漢代墓葬》，《大眾考古》2015年第11期。

［267］　青島市文物保護考古研究所等：《山東青島市土山屯墓地的兩座漢墓》，
　　　　　《考古》2017年第10期。

［268］　青島市文物保護考古研究所：《青島土山屯墓群考古發掘獲重要新發現》，

《中國文物報》2017年12月22日。

［269］ 青島市文物保護考古研究所、青島市黃島區博物館：《琅琊墩式封土墓》，科學出版社，2018年。【青島市文物保護考古研究所（2018）】

［270］ 青島市文物保護考古研究所、黃島區博物館：《山東青島土山屯墓群四號封土與墓葬的發掘》，《考古學報》2019年第3期。【青島市文物保護考古研究所（2019）】

［271］ 裘錫圭：《考古發現的秦漢文字資料對於校讀古籍的重要性》，《中國社會科學》1980年第5期。

［272］ 裘錫圭：《漢簡零拾》，《文史》第12輯，中華書局，1981年。【裘錫圭（1981）】

［273］ 裘錫圭：《説“薄土”》，《文史》第11輯，中華書局，1981年，原署名“求是”。

［274］ 裘錫圭：《斗卮和題湊》，《裘錫圭學術文化隨筆》，中國青年出版社，1999年。

［275］ 裘錫圭：《鏗與桱桯》，《文物》1987年第9期。【裘錫圭（1987）】

［276］ 裘錫圭：《説鈚、枱、椑枱》，《中國歷史博物館館刊》總第13、14期，1989年。【裘錫圭（1989）】

［277］ 裘錫圭：《〈秦漢魏晉篆隸字形表〉讀後記》，《古文字論集》，中華書局，1992年。【裘錫圭（1992a）】

［278］ 裘錫圭：《讀〈戰國縱衡家書釋文注釋〉札記》，《文史》第36輯，中華書局，1992年。【裘錫圭（1992b）】

［279］ 裘錫圭：《釋古文字中的有些“悤”字和從“悤”、從“兇”之字》，《出土文獻與古文字研究》第2輯，復旦大學出版社，2008年。【裘錫圭（2008）】

［280］ 裘錫圭：《江陵鳳凰山西漢簡牘·一〇號墓》，中華書局，2012年。【裘錫圭（2012）】

［281］ 裘錫圭：《文字學概要》，商務印書館，2013年。

［282］ 裘錫圭主編：《長沙馬王堆漢墓簡帛集成·陸》，中華書局，2014年。【馬王堆集成（2014）】

［283］ 任繼昉纂：《釋名匯校》，齊魯書社，2006年。

［284］ 任攀：《連雲港海州漢墓衣物疏所見“甲襦”考》，《“古文字與出土文獻”青年學者論壇論文集》，吉林大學，2019年9月21—23日。【任攀（2019）】

［285］　容庚：《秦漢金文録》，“史語所”，1931年。

［286］　山東省文物管理處：《山東文登縣的漢木槨墓和漆器》，《考古學報》1957年第1期。

［287］　（清）邵晉涵撰，李嘉翼、祝鴻杰點校：《爾雅正義》，中華書局，2017年。

［288］　沈從文：《中國古代服飾研究》，上海書店出版社，2011年。

［289］　沈剛：《居延漢簡語詞匯釋》，科學出版社，2008年。

［290］　施謝捷：《簡帛文字考釋札記》，《簡帛研究》第3輯，廣西教育出版社，1998年。

［291］　施謝捷：《江陵鳳凰山西漢簡牘與秦漢印所見人名（雙名）互證（之一）》，《古文字研究》第30輯，中華書局，2014年。【施謝捷（2014）】

［292］　施謝捷：《江陵鳳凰山西漢墓簡牘與秦漢印所見人名（雙名）互證（之二）》，《出土文獻與古文字研究》第6輯，上海古籍出版社，2015年。【施謝捷（2015）】

［293］　石雪萬：《西郭寶墓出土木謁及其釋義再探》，《簡帛研究》第2輯，法律出版社，1996年。

［294］　史家珍等主編：《流昞洛川：洛陽曹魏大墓出土石楬》，上海書畫出版社，2021年。

［295］　史樹青：《座談長沙馬王堆一號漢墓》發言，《文物》1972年第9期。【史樹青（1972）】

［296］　史樹青主編：《中國歷史博物館藏法書大觀·第12卷·戰國秦漢唐宋元墨跡》，上海教育出版社，2001年。【史樹青（2001）】

［297］　（漢）司馬遷：《史記》，中華書局，2014年。

［298］　四川大學歷史系考古專業74級實習隊編印紀南城：《江陵紀南城鳳凰山西漢墓169號發掘簡報》，紀南城文物保護與考古發掘辦公室，1975年。【鳳凰山M169簡報（1975）】

［299］　宋華強：《青島土山屯衣物名木牘小札》，簡帛網2017年12月27日。【宋華強（2017）】

［300］　宋培超：《尹灣漢墓簡牘集釋》，吉林大學碩士學位論文，2014年。【宋培超（2014）】

［301］　宋少華：《長沙出土的簡牘及相關考察》，《簡帛研究二〇〇六》，廣西師範大學出版社，2008年。

［302］　宋少華：《長沙西漢漁陽墓相關問題芻議》，《文物》2010年第4期。

［303］　宋少華：《漁陽墓出土絲織品名木楬》，《長沙國寶檔案》，國防科技大學

出版社，2013年。

［304］ 孫晨陽、張珂編著：《中國古代服飾辭典》，中華書局，2015年。

［305］ 孫機：《説"柙"》，《文物》1980年第10期。

［306］ 孫機：《諸葛亮拿的是"羽扇"嗎？》，《文物天地》1987年第4期。

［307］ 孫機：《三子釵與九子鈴》，《文物天地》1987年第6期。

［308］ 孫機：《漢代物質文化資料圖説》，文物出版社，1991年。【孫機（1991）】

［309］ 孫機：《中國古輿服論叢》，文物出版社，1993年。

［310］ 孫機：《關於漢代漆器的幾個問題》，《文物》2004年第12期。

［311］ 孫機：《漢代物質文化資料圖説》（增訂本），上海古籍出版社，2008年。

［312］ 孫慰祖、徐谷富：《秦漢金文匯編》，上海書店出版社，1997年。

［313］ 孫欣：《漢墓遣策"襜褕"、"襝褕"小識》，《中國文字研究》2008年第
2輯，大象出版社，2008年。【孫欣（2008）】

［314］ 孫欣：《漢墓遣策詞語研究》，華東師範大學博士學位論文，2009年。【孫
欣（2009）】

［315］ 孫欣：《漢服"襜褕"、"襝褕"論》，《江漢考古》2012年第4期。

［316］ （清）孫星衍等輯，周天遊點校：《漢官六種》，中華書局，1990年。

［317］ （清）孫詒讓著，汪少華整理：《周禮正義》，中華書局，2015年。

［318］ 譚維四：《關於鳳凰山一六八號漢墓座談紀要》發言，《文物》1975年第9
期。【譚維四（1975）】

［319］ 唐蘭：《座談長沙馬王堆一號漢墓》發言，《文物》1972年第9期。

［320］ 唐蘭：《長沙馬王堆漢軑侯妻辛追墓出土隨葬遣策考釋》，《文史》第10
輯，中華書局，1980年。【唐蘭（1980）】

［321］ 唐宇：《漢代六博圖像研究——以墓葬材料爲中心》，中央美術學院碩士學
位論文，2013年。

［322］ 唐作藩：《上古音手册（增訂本）》，中華書局，2013年。

［323］ 陶安、陳劍：《〈奏讞書〉校讀札記》，《出土文獻與古文字研究》第4
輯，上海古籍出版社，2011年。【陶安、陳劍（2011）】

［324］ 滕壬生主編：《荆州重要考古發現》，文物出版社，2009年。

［325］ 滕昭宗：《尹灣漢墓簡牘概述》，《文物》1996年第8期。

［326］ 田河：《出土戰國遣册所記名物分類匯釋》，吉林大學博士學位論文，2006年。

［327］ 田河：《張家山二四七號漢墓遣册補正》，《社會科學戰綫》2010年第11
期。【田河（2010）】

［328］ 田河：《江陵鳳凰山168號漢墓遣册校釋》，《甘肅省第二屆簡牘學國際學

術研討會論文集》，上海古籍出版社，2012年。【田河（2012a）】

［329］ 田河：《漢簡遣册文字叢考》，《古文字研究》第29輯，中華書局，2012年。【田河（2012b）】

［330］ 田河：《連雲港市陶灣西漢西郭寶墓衣物疏補釋》，《中國文字學報》第4輯，商務印書館，2012年。【田河（2012c）】

［331］ 田天：《西漢遣策“偶人簡”研究》，《文物》2019年第6期。

［332］ 田天：《衣不如故——漢晉隨葬衣物與衣物記録研究（初稿）》，“第一届出土文獻與中國古代史學術論壇暨青年學者工作坊會議論文集”，復旦大學，2019年11月1—4日。【田天（2019）】

［333］ 田天：《馬王堆漢墓的遣策與喪葬禮》，《文史》2020年第1輯。

［334］ 佟豔澤：《漢代陶文研究概況及文字編》，吉林大學碩士學位論文，2012年。

［335］ 王長啓、孔浩群：《西安北郊發現漢代墓葬》，《考古與文物》1987年第4期。

［336］ 汪飛英：《漢代化妝用具試析》，西北大學碩士學位論文，2014年。【汪飛英（2014）】

［337］ （漢）王符撰，（清）汪繼培箋，彭鐸校正：《潛夫論箋校正》，中華書局，1985年。

［338］ 王方：《徐州北洞山漢墓陶俑佩綬考——兼論秦漢印綬之制》，《中國國家博物館館刊》2015年第8期。

［339］ 王谷：《劉林衣物疏所記服飾釋文補正》，《簡帛》第20輯，上海古籍出版社，2020年。【王谷（2020）】

［340］ 王貴元：《漢代簡牘遣策的物量表示法和量詞》，《簡帛語言文字研究》第1輯，巴蜀書社，2002年。【王貴元（2002）】

［341］ 王貴元：《馬王堆三號漢墓竹簡遣策釋讀補正》，簡帛研究網2004年12月26日。【王貴元（2004）】

［342］ 王貴元：《馬王堆一號漢墓竹簡字詞考釋》，《簡帛研究二〇〇二、二〇〇三》，廣西師範大學出版社，2005年。【王貴元（2005）】

［343］ 王貴元：《馬王堆三號漢墓竹簡字詞考釋》，《中國語文》2007年第3期。【王貴元（2007）】

［344］ 王貴元：《廣西貴縣羅泊灣一號漢墓木牘字詞考釋》，《西北大學學報》2011年第1期。【王貴元（2011）】

［345］ 王貴元：《從出土文獻看漢語詞彙研究的問題與前景》，《復旦學報》（社會科學版）2016年第3期。【王貴元（2016）】

［346］ 王輝：《揚州平山漢墓遣策釋讀試補》，《文物》1987年第7期。【王輝

（1987）】

［347］　王輝：《古文字通假字典》，中華書局，2008年。

［348］　王力主編：《中國古代文化常識》，北京聯合出版公司，2015年。

［349］　王利器校注：《鹽鐵論校注》，中華書局，2015年。

［350］　王明欽：《湖北荊州謝家橋1號漢墓發掘取得重要收藏》，《中國文物報》
　　　　　2008年1月30日第002版。

［351］　王巍主編：《中國考古學大辭典》，上海辭書出版社，2014年。

［352］　（清）王引之撰；虞思徵、馬濤、徐煒君校點：《經義述聞》，上海古籍出
　　　　　版社，2016年。

［353］　王振鐸：《論漢代飲食器中的卮和魁》，《文物》1964年第4期。

［354］　王子今：《漢代人飲食生活中的"鹽菜""醬""豉"消費》，《鹽業史研
　　　　　究》1996年第1期。【王子今（1996）】

［355］　王子今：《蔣席·皮席·蕠席——長沙東牌樓簡牘研讀札記》，《簡帛研究
　　　　　二〇〇五》，廣西師範大學出版社，2008年。

［356］　王子今：《馬王堆三號漢墓遣策"馬豎"雜議》，《文博》2015年第2期。
　　　　　【王子今（2015）】

［357］　王子今：《秦漢名物叢考》，東方出版社，2015年。

［358］　王子今：《河西簡文所見漢代紡織品的地方品牌》，《簡帛》第17輯，上海
　　　　　古籍出版社，2018年。

［359］　王子今：《試說居延簡文"魯絮""襄絮""堵絮""彭城系絮"—漢代衣裝
　　　　　史與紡織品消費史的考察—》，《동서인문（東西人文）》第12號，2019年。

［360］　魏靈水：《漢墓出土遣策選釋》，安徽大學碩士學位論文，2006年。【魏靈
　　　　　水（2006）】

［361］　魏宜輝、張傳官、蕭毅：《馬王堆一號漢墓所謂"妾辛追"印辨正》，《文
　　　　　史》2019年第4輯。

［362］　聞人軍：《考工記譯注》，上海古籍出版社，2008年。

［363］　吳方浪：《海昏侯墓新出木楬所見漢代絲織物初探》，《文博》2020年第1
　　　　　期。【吳方浪（2020）】

［364］　吳浩軍：《河西衣物疏叢考——敦煌墓葬文獻研究系列之三》，《甘肅省第
　　　　　二屆簡牘學國際學術研討會論文集》，上海古籍出版社，2012年。【吳浩軍
　　　　　（2012）】

［365］　吳哲夫、吳昌廉：《中華五千年文物集刊：簡牘篇（一）》，中華五千年文
　　　　　物集刊編輯委員會，1983年。【吳哲夫、吳昌廉（1983）】

［366］ 武可榮：《連雲港市歷年出土簡牘簡述》，《書法叢刊》1997年第4期。

［367］ 咸陽地區文管會、茂陵博物館：《陝西茂陵一號無名冢一號從葬坑的發掘》，《文物》1982年第9期。

［368］ 西林昭一編集：《江蘇連雲港·揚州新出土簡牘選》，連雲港博物館、揚州博物館、每日新聞社、（財）每日書道會，2000年。【西林昭一（2000）】

［369］ 西林昭一編：《簡牘名蹟選2·湖南篇（二）》，日本東京二玄社，2009年。【西林昭一（2009）】

［370］ 冼光位：《西漢木牘〈從器志〉及其特點研究》，《廣西地方誌》2001年第2期。

［371］ 蕭旭：《"桃華（花）馬"名義考》，《中國文字研究》第22輯，上海書店出版社，2015年。【蕭旭（2015）】

［372］ 熊北生、陳偉、蔡丹：《湖北雲夢睡虎地77號西漢墓出土簡牘概述》，《文物》2018年第3期。

［373］ 熊傳新：《談馬王堆三號西漢墓出土的陸博》，《文物》1979年第4期。【熊傳新（1979）】

［374］ 新疆維吾爾自治區博物館：《新疆民豐縣北大沙漠中古遺址墓葬區東漢合葬墓清理簡報》，《文物》1960年第6期。

［375］ 邢義田：《伏几案而書——再論中國古代的書寫姿勢（訂補稿）》，《今塵集：秦漢時代的簡牘、畫像與文化傳播》，中西書局，2019年。

［376］ 許林萍：《讀〈江陵鳳凰山西漢簡牘〉札記》，復旦古文字網2013年3月3日。【許林萍（2013）】

［377］ （清）段玉裁：《説文解字注》，上海古籍出版社，1988年。

［378］ 許維遹撰，梁運華整理：《吕氏春秋集釋》，中華書局，2009年。

［379］ 徐文武：《湖北九連墩楚墓M1：728木弩漆畫再釋》，《江漢考古》2018年第6期。

［380］ 徐正考：《漢代銅器銘文綜合研究》，作家出版社，2007年。

［381］ 徐州博物館：《江蘇徐州市翠屏山西漢劉治墓發掘簡報》，《考古》2008年第9期。

［382］ 楊軍：《江西南昌西漢海昏侯墓》，《2015中國重要考古發現》，文物出版社，2016年。

［383］ 楊開勇：《謝家橋1號漢墓》，《荆州重要考古發現》，文物出版社，2009年。

［384］ 揚之水：《説"勺藥之和"》，《中國歷史文物》2004年第2期。

［385］ 揚州博物館：《江蘇儀徵胥浦101號西漢墓》，《文物》1987年第1期。【揚

州博物館（1987）】

［386］ 揚州博物館：《漢廣陵國漆器》，文物出版社，2004年。

［387］ 揚州博物館、邗江縣文化館：《揚州邗江縣胡場漢墓》，《文物》1980年第3期。

［388］ 姚磊：《肩水金關漢簡綴合、編連及相關問題研究》，武漢大學博士學位論文，2018年。

［389］ 姚孝遂、陳雍等：《江陵鳳凰山西漢簡牘・一六七號墓》，中華書局，2012年。【姚孝遂、陳雍（2012）】

［390］ 伊强：《談〈長沙馬王堆二、三號漢墓〉遣策釋文和注釋中存在的問題》，北京大學碩士學位論文，2005年。【伊强（2005）】

［391］ 伊强：《試說漢簡中的“并塗”、“併塗”》，簡帛網2010年11月8日。

［392］ 伊强：《讀〈長沙東牌樓東漢簡牘〉札記》，《簡帛》第6輯，上海古籍出版社，2011年。

［393］ 伊强：《試論居延新簡中的“縣絮”》，《簡帛研究二○一三》，廣西師範大學出版社，2014年。

［394］ 伊强：《〈肩水金關漢簡〉名物詞考釋二則》，簡帛網2014年11月19日。【伊强（2014）】

［395］ 伊强：《青島土山屯墓群147號墓木牘中的“紳”字》，簡帛網2017年12月27日。【伊强（2017）】

［396］ 銀雀山漢墓竹簡整理小組：《銀雀山漢墓竹簡》（壹、貳），文物出版社，1985、2010年。

［397］ 尹遜（伊强）：《“遷蓋”小考》，簡帛網2006年7月19日。

［398］ （漢）應劭撰，王利器校注：《風俗通義校注》，中華書局，2010年。

［399］ 于豪亮：《居延漢簡釋叢》，《文史》第12輯，中華書局，1981年。

［400］ 于麗微：《高臺、關沮、胥浦漢墓簡牘集釋與文字編》，吉林大學碩士學位論文，2014年。【于麗微（2014）】

［401］ 于淼：《漢代隸書異體字表與相關問題研究》，吉林大學博士學位論文，2015年。【于淼（2015）】

［402］ 于淼：《漢代實物文字校釋六則》，《中國文字學報》第8輯，商務印書館，2017年。【于淼（2017）】

［403］ 余廼永校注：《新校互注宋本廣韻：定稿本》，上海人民出版社，2008年。

［404］ 俞偉超：《座談長沙馬王堆一號漢墓》發言，《文物》1972年第9期。

［405］ 俞偉超：《古史分期問題的考古學觀察（一）》，《文物》1981年第5期。

【俞偉超（1981）】

［406］雲南省文物考古研究所等：《廣南牡宜東漢墓清理報告》，《雲南邊境地區
　　　　（文山州和紅河州）考古調查報告》附録一，雲南科技出版社，2008年。

［407］曾劍華：《謝家橋一號漢墓簡牘概述》，《長江大學學報》（社會科學版）
　　　　2010年第2期。【曾劍華（2010）】

［408］張傳官：《説南昌西漢海昏侯墓新出木楬的“絹紈”》，《中國文物報》
　　　　2016年7月8日第6版。【張傳官（2016）】

［409］張傳官：《急就篇校理》，中華書局，2017年。

［410］張德芳：《敦煌馬圈灣漢簡集釋》，甘肅文化出版社，2013年。

［411］張德芳主編：《居延新簡集釋》（一——七），甘肅文化出版社，2016年。

［412］（晉）張華撰，范寧校證：《博物志校證》，中華書局，1980年。

［413］張家山漢墓竹簡整理小組：《江陵張家山漢簡概述》，《文物》1985年第1
　　　　期。【張家山漢墓竹簡整理小組（1985）】

［414］張家山二四七號漢墓整理小組編：《張家山漢墓竹簡〔二四七號墓〕》，文
　　　　物出版社，2001年。【張家山二四七號漢墓整理小組（2001）】

［415］張靜：《尹灣漢簡遺册名物詞語札記——兼談〈漢語大字典〉、〈漢語大詞
　　　　典〉之不足》，《樂山師範學院學報》2005年第2期。【張靜（2005）】

［416］張沛：《算籌的産生、發展及其向算盤的演變》，《東南文化》1988年第6期。

［417］張儒、劉毓慶：《漢字通用聲素研究》，山西古籍出版社，2002年。

［418］張如栩：《長沙馬王堆三號漢墓遣策研究》，鄭州大學碩士學位論文，2011
　　　　年。【張如栩（2011）】

［419］張萬高：《高臺墓地的發現與發掘》，《荆州重要考古發現》，文物出版
　　　　社，2009年。

［420］張顯成：《“笥”器所指新解》，《文史雜誌》1994第1期。

［421］張顯成、周群麗：《尹灣漢墓簡牘校理》，天津古籍出版社，2011年。【張
　　　　顯成、周群麗（2011）】

［422］張學正：《甘谷漢簡考釋》，《漢簡研究文集》，甘肅人民出版社，1984年。

［423］張一諾：《江陵鳳凰山漢墓遣策集釋》，首都師範大學碩士學位論文，2011
　　　　年。【張一諾（2011）】

［424］張振林：《關於更正器名的意見》，《文物》1980年第7期。【張振林
　　　　（1980）】

［425］張震澤：《孫臏兵法校理》，中華書局，1984年。

［426］章水根：《江陵鳳凰山漢墓簡牘集釋》，吉林大學碩士學位論文，2013年。

【章水根（2013）】

［427］ 趙寵亮：《行役戍備：河西漢塞吏卒的屯戍生活》，科學出版社，2012年。

［428］ 趙蘭香、朱奎澤：《漢代河西屯戍吏卒衣食住行研究》，中國社會科學出版社，2015年。

［429］ 趙寧：《散見漢晉簡牘的蒐集與整理》，吉林大學碩士學位論文，2014年。
【趙寧（2014）】

［430］ 鄭曙斌：《馬王堆三號漢墓遣策中的喪葬用車》，《湖南省博物館四十周年紀念論文集》，湖南教育出版社，1996年。【鄭曙斌（1996）】

［431］ 鄭曙斌：《馬王堆三號漢墓遣策之“明童”問題研究》，《考古與文物》2005年第1期。【鄭曙斌（2005）】

［432］ 鄭曙斌：《馬王堆漢墓遣策所記漆盤考辨》，《湖南考古輯刊》第9集，嶽麓書社，2011年。【鄭曙斌（2011）】

［433］ 鄭曙斌：《遣冊漆木竹器簡文考釋》，《馬王堆漢墓漆器整理與研究》（上），中華書局，2019年。【鄭曙斌（2019）】

［434］ 鄭曙斌：《長沙馬王堆三號漢墓遣策簡序復原研究》，《出土文獻研究》第18輯，中西書局，2019年。

［435］ （漢）鄭玄注，（唐）賈公彥疏，彭林整理：《周禮注疏》，上海古籍出版社，2010年。

［436］ （漢）鄭玄注，（唐）賈公彥疏，王輝整理：《儀禮注疏》，上海古籍出版社，2008年。

［437］ （漢）鄭玄注，（唐）孔穎達正義，呂友仁整理：《禮記正義》，上海古籍出版社，2008年。

［438］ 中國科學院考古研究所：《長沙發掘報告》，科學出版社，1957年。【中國科學院考古研究所（1957）】

［439］ 中國科學院考古研究所：《洛陽燒溝漢墓》，科學出版社，1959年。

［440］ 中國科學院考古研究所、湖南省博物館寫作小組：《馬王堆二、三號漢墓發掘的主要收穫》，《考古》1975年第1期。【中國科學院考古研究所（1975）】

［441］ 中國科學院考古研究所洛陽發掘隊：《洛陽西郊漢墓發掘報告》，《考古學報》1963年第2期。

［442］ 中國科學院考古研究所、甘肅省博物館：《武威漢簡》，文物出版社，1964年。

［443］ 中國社會科學院考古研究所：《漢長安城未央宮》，中國大百科全書出版社，1996年。

［444］中國社會科學院考古研究所：《漢長安城武庫》，文物出版社，2005年。

［445］《中國文物報》報社：《江西南昌西漢海昏侯墓考古取得重要發現》，《中國文物報》2015年11月6日。

［446］中山大學古文字研究室：《江陵鳳凰山西漢簡牘》摹本、手寫釋文，中華書局，2012年。【中山（2012）】

［447］周波：《戰國時代各系文字間的用字差異現象研究》，綫裝書局，2013年。【周波（2013）】

［448］周錦屏：《連雲港市唐莊高高頂漢墓發掘報告》，《東南文化》1995年第4期。

［449］周群麗：《尹灣漢牘衣物諸詞考——讀〈尹灣漢簡〉札記之一》，《法制與社會》2006年第10期。【周群麗（2006）】

［450］周群麗：《尹灣漢墓簡牘整理研究》，西南大學碩士學位論文，2007年。【周群麗（2007）】

［451］周世榮：《座談長沙馬王堆漢墓帛書》發言，《文物》1974年第9期。【周世榮（1974）】

［452］周世榮：《湖南出土漢魏六朝文字雜考》，《湖南考古輯刊》第6集，1994年。【周世榮（1994）】

［453］周小鈺：《先秦秦漢六博材料整理及相關問題研究》，復旦大學碩士學位論文，2018年。

［454］朱德熙：《座談長沙馬王堆一號漢墓》發言，《文物》1972年第9期。【朱德熙（1972）】

［455］朱德熙：《座談長沙馬王堆漢墓帛書》發言，《文物》1974年第9期。【朱德熙（1974）】

［456］朱德熙、裘錫圭：《馬王堆一號漢墓遣策考釋補正》，《文史》第10輯，中華書局，1980年。【朱德熙、裘錫圭（1980）】

［457］朱德熙：《自指和轉指——漢語名詞化標記"的、者、所、之"的語法功能和語義功能》，《方言》1983年第1期。【朱德熙（1983）】

［458］朱漢民、陳松長主編：《嶽麓書院藏秦簡》（壹—叁），上海辭書出版社，2010、2011、2013年。

［459］（清）朱駿聲：《説文通訓定聲》，中華書局，1984年。

［460］宗福邦、陳世鐃、蕭海波主編：《故訓匯纂》，商務印書館，2003年。

後　　記

　　我所撰寫的博士學位論文《漢代遣册衣食住行類名物集釋與疏證》於2020年11月通過答辯。本書即是在這篇學位論文的基礎上修改而成的。

　　博士學位論文的選題定的比較早（2013年秋季碩士研究生二年級時），是導師劉國勝教授結合簡帛研究中心的研究特色和我的個人興趣爲我量身打造的。當時是想做已刊漢代遣册所記全部名物的分類匯釋與相關文化專題研究，能夠充分結合簡帛文獻學、考古學、先秦秦漢史來做一些有趣的學術探討。讀博期間，在劉老師的傾力教導之下，逐步體會、學習名物考證與研究的路徑，深感名物研究需要的知識儲備極爲龐大，傳世文獻、出土文獻與考古文物需要有機結合，相互映證，方可使考證結論取信於人；名物背後的制度、文化與社會需要深刻洞察，透物見人，才能令論證過程和觀點更有學術高度和趣味。論文撰寫過程中，以漢代遣册文獻爲基本盤，圍繞傳世文獻、出土文獻、考古文物三個領域展開，盡可能地蒐集與遣册所記名物有關的資料。不料，三領域的任一方向都是無底洞，需要極大的精力投入。雖然臨近畢業時在能力範圍内盡可能地佔有了資料，但也同時導致撰寫進度不夠理想，不得不主動延期一年，又一年，乃至迎來令人絶望的新冠疫情，個中心酸，記憶猶新。受疫情影響，電腦和資料被封武漢，令臨時返渝的我無法觸及，長達數月，導致論文撰寫大受影響，待到2020年7月通過層層審批之後返校才得緩解。至9月，祇完成了論文設想的上編部分，以《漢代遣册名物分類匯釋》爲題提交了預答辯。因預答辯稿的文字體量過大，在老師們的建議下，最終選取了與日常生活關係最爲緊密的衣、食、住、行四類名物作集釋與疏證，改題《漢代遣册衣食住行類名物集釋與疏證》提交外審和答辯。

　　2021年以來，又有幾批遣册及相關材料與大家見面。它們有的是早前被發掘，在近兩年得到整理與發表，有的是新發掘出土的材料得到及時整理與公佈。如之前僅有零星公佈的長沙望城坡漁陽墓出土木楬資料現已全部發表，胡家草場12號墓出土遣册竹簡已有進一步披露。黄山576號墓、鄭家湖277號墓、張家山336號墓等出土遣册竹簡，小楊莊28號墓出土封檢，也已完整公佈。它如武隆關口1號墓出土遣册、林場遺址車馬坑出土木楬等已見報道或部分披露。這幾批材料所記的名物大多是之前已見過的，學者們對這幾批材料的討論也還未充分展開。本書在修訂的過程中，除修正個别錯誤論述外，大體上祇做了一些技術性修改（主要是文字精簡和引圖編號），材料範圍、學者們的討論意見收集仍以2020年9月之前的爲主。新材料的出土、發表與研究有一個持續的過程，我們將在適宜的階段吸收和整理學界對這些資料的討論成果。

　　衷心感謝導師劉國勝教授。劉老師是出土文獻名物研究的名家，能夠在其指導下研究感興趣的課題，我無疑是幸運的。老師除了將其多年的名物研究心得傾囊相授、指引我踏上學術研究征程之外，還帶領我體會、學習整理簡帛文獻的方法，並有機會參與其中，這對一位研究生來説，也是不可多得的寶貴經歷。在爲人處世方面，老師更是言傳身教，教我待人真誠寬厚，做事盡心盡力。老師時常提醒我，不要對他人錯誤的觀點老發議論，要回到原題的解答上來。這不僅是治學的方法，也是做人的態度，令我受用終身。

　　感謝陳偉、李天虹、宋華强、何有祖、魯家亮、李靜、郭華諸位老師。簡帛中心優良的學風、團結一致親如一家人的氛圍、幾乎完美的求學環境，是老師們帶領大家一起創造出來的，在簡帛中心求學更是一件令人特別享受的樂事。中心已是第二個家！

　　感謝一起在簡帛中心學習的師兄弟姐妹們。很懷念在老中心與大家一起學習，一起用投影儀看電影，一起鬥地主、狼人殺，一起用簡單的廚具炸酥肉、蒸粉蒸肉、燜小龍蝦，一起騎行東湖、賞月櫻頂……快樂的時光永留心間。

　　當今的學術道路，已遍佈荆棘，對青年人的挑戰尤其大，要在"權威出版社"出書即是其中之一。特別感謝李靜老師、杜傑先生、王光明先生、郝莎莎女士。這本小書能夠出版，没有大家的幫忙，是完全不可想象的事情。小書的文字體量較大，王先生、郝女士幫忙審看書稿，高質量編輯，盡心竭力，深致謝意。

　　歷史學在近幾年已經成爲一個較爲熱門的專業，但在十幾年前可不是這個樣子。在常人看來，這是一個冷門、掙不了大錢的專業。我要感謝我的父母，在涉乎未來職業方向的大學專業選擇上，二老並不理會親朋的質疑，更關心的是我是否感興趣。讀完本科讀碩士、博士，一直未離開歷史學的領域，父母都是我最堅强的後盾。妻子楊慶女士與我相識相知二十餘年，聚少離多，從戀愛到婚後一直都是異地，仍能堅定支持我完成學業，追逐學術理想，等待一年又一年，無奈和心酸是家常便飯，我很愧疚，更多的是感激，往後餘生，希望能聚多離少。

雷海龍

二〇二四年七月四日

於武漢大學簡帛研究中心